Vor der Reise

Land und Leute

Reisetipps A–Z

Delhi

Agra

Ost-Rajasthan

Süd-Rajasthan

West-Rajasthan

Shekhawati

Anhang

712ra Foto: tb

Martin und Thomas Barkemeier

Rajasthan mit Delhi und Agra

Die Leidenschaft des Reisens
ist das weiseste Laster,
welches die Erde kennt.
Bruno H. Bürgel

Impressum

Martin und Thomas Barkemeier
Reise Know-How Rajasthan mit Delhi und Agra

erschienen im
Reise Know-How Verlag, Bielefeld
Osnabrücker Str. 79
33649 Bielefeld

8., neu bearbeitete und komplett aktualisierte Auflage Sept. 2012

Gestaltung
Umschlag: G. Pawlak, P. Rump (Layout);
Caroline Tiemann (Realisierung)
Inhalt: Günter Pawlak (Layout);
Caroline Tiemann (Realisierung)
Fotonachweis: Thomas Barkemeier (tb), Martin Barkemeier (mb)
Titelfoto: Thomas Barkemeier
Karten: Thomas Buri, Bernhard Spachmüller (Umschlagklappe hinten)

Lektorat: Caroline Tiemann

Druck und Bindung:
Media-Print, Paderborn

ISBN 978-3-8317-2233-4
Printed in Germany

Dieses Buch ist erhältlich in jeder Buchhandlung Deutschlands, der Schweiz, Österreichs, Belgiens und der Niederlande.
Bitte informieren Sie Ihren Buchhändler über folgende Bezugsadressen:
Deutschland
Prolit GmbH, Postfach 9
D-35461 Fernwald (Annerod)
sowie alle Barsortimente
Schweiz
AVA Verlagsauslieferung AG
Postfach 27, CH-8910 Affoltern
Österreich
Mohr Morawa Buchvertrieb GmbH
Sulzengasse 2, A-1230 Wien
Niederlande, Belgien
Willems Adventure
www.willemsadventure.nl

Wer im Buchhandel trotzdem kein Glück hat, bekommt unsere Bücher auch über unseren **Büchershop im Internet: www.reise-know-how.de**

Wir freuen uns über Kritik, Kommentare und Verbesserungsvorschläge, gern auch per E-Mail an info@reise-know-how.de.

Alle Informationen in diesem Buch sind von den Autoren mit größter Sorgfalt gesammelt und vom Lektorat des Verlages gewissenhaft bearbeitet und überprüft worden.

300ra Foto: tb

Vorwort

Mit Gold und Juwelen geschmückte Maharaja-Paläste, Kamelkarawanen vor der Silhouette der untergehenden Sonne, sich endlos bis zum Horizont ziehende Sanddünen, Frauen mit brokatüberzogenen Saris, Männer mit leuchtend bunten Turbanen, uralte Karawanenstädte, legendenumwobene Trutzburgen, einzigartige Festtagsumzüge mit geschmückten Elefanten, Gauklern und Musikern – Rajasthan, das mit 342.000 km² nach Madhya Pradesh zweitgrößte Bundesland im äußersten Nordwesten Indiens, scheint alle Bilder des Märchenlandes in sich zu vereinigen. Tatsächlich erweckt dieses ehemalige Rajputana, das Land der Königssöhne, wie kaum eine andere Region Fantasien von Tausendundeiner Nacht. In vielen historischen Reiseberichten wird immer wieder von der landschaftlichen Schönheit, dem sagenumwobenen Reichtum der Herrscherhäuser und den exotischen Farben Rajasthans geschwärmt. Und niemals fehlten die fantasievoll ausgeschmückten Geschichten, die den legendären Stolz der Bewohner hervorhoben.

Bevor man jedoch in eine allzu vorschnelle Rajasthan-Schwärmerei verfällt, sollte man sich mit jener Realität vertraut machen, die in keinem Werbeprospekt auftaucht. Bittere Armut, ausbeuterische Arbeitsverhältnisse, Kinderheiraten, die Tötung von Neugeborenen unmittelbar nach der Geburt, Umweltzerstörung und das Schicksal der ihren Ehemännern sklavisch untergebenen Frauen gehören zur alltäglichen Lebenserfahrung der 69 Millionen Rajasthanis. Ebenso wie in Indien liegen auch in Rajasthan Schönheiten und Scheußlichkeiten eng beieinander. Gerade zu Beginn der Reise tun sich an die wohlgeordnete und wohlbehütete Mittelstandsgesellschaft gewöhnte westliche Reisende bei der Verarbeitung des lebensvollen und in jeder Beziehung extremen indischen Alltagslebens oftmals schwer. Hilfreich wäre es hierbei sicherlich, vorurteilsfrei die gänzlich neuen Eindrücke auf sich wirken zu lassen, ohne die sonst übliche Gewohnheit, alles sofort etikettieren und bewerten zu müssen.

Neben der jahrhundertelangen Ausplünderung der Bevölkerung durch die verschwendungssüchtigen Maharajas ist der Grund für die Rückständigkeit der Region in den extrem ungünstigen geografischen Bedingungen zu finden. Über 50 % der Gesamtfläche Rajasthans nimmt die landwirtschaftlich nur sehr begrenzt nutzbare Wüste Thar ein. In dieser äußerst regenarmen westlichen Region Rajasthans, in der der Monsun oft jahrelang ganz ausbleibt, müssen über 50 % der Bevölkerung ihren kargen Lebensunterhalt durch Viehzucht verdienen, wobei das Kamel als Arbeitstier von unschätzbarem Wert ist.

Dabei ist es gerade die bis heute geringe industrielle Erschließung und das dadurch bedingte Überleben traditioneller Lebensformen, die die eigentliche Faszination Rajasthans ausmacht. Natürlich ist der in Indien deutlich spürbare Wandel auch am Land der Königssöhne nicht spurlos vorbeigegangen, doch noch immer bieten sich dem Besucher Bilder unvergleichlicher Schönheit. So ist Rajasthan heute zu Recht der mit Abstand meistbesuchte Bundesstaat Indiens, wobei die Zahl der zu besichtigenden Ziele schier unerschöpflich ist. Letztlich ist es fast egal, ob man sich nun in die märchenhafte Wüstenstadt Jaisalmer aufmacht, ins romantische Udaipur, zum atemberaubenden Meherangarh Fort nach Jodhpur oder in die touristisch noch relativ unentdeckte und gerade deshalb um so faszinierendere Shekhawati-Region – hier wie dort gilt, trotz aller Probleme: Rajasthan ist märchenhaft schön

Zum Schluss möchten wir allen Lesern, die uns mit Hinweisen und Berichtigungen geholfen haben, das Buch up-to-date zu halten, herzlich danken.

Martin und Thomas Barkemeier

Inhalt

Vor der Reise

(unter Mitarbeit von E. H. M. Gilissen)

Praktische Reisetipps A–Z

Land und Leute

Delhi

Agra

Ost-Rajasthan

Süd-Rajasthan

West-Rajasthan

Shekhawati

Anhang

Exkurse

Hinweise zur Benutzung

Preise

Mehr noch als bei anderen Ländern steht ein Reiseführer Indien in der Gefahr, dass die genannten Preise im Moment der Drucklegung schon wieder überholt sind. Unglücklicherweise gilt dies besonders für die Tourismusindustrie. Vor allem im Hotelwesen, aber auch bei öffentlichen Verkehrsmitteln ist in den nächsten Jahren mit saftigen Aufschlägen zu rechnen. Obwohl die meisten der hier genannten Preise auf dem Stand vom Frühjahr 2012 beruhen, liegt man sicher nicht falsch, wenn man ein paar Prozente hinzurechnet. Eintrittspreise werden nur dann aufgeführt, wenn sie mindestens 10 Rs (= ca. 0,15 €) betragen.

Begriffe und Ortsnamen

Es ist verwirrend: Selbst in Indien gibt es verschiedene Schreibungen für einen Ortsnamen in lateinischer Schrift, entweder mehr oder weniger korrekt der offiziellen Transkription oder der englischen Schreibweise folgend. Im Deutschen wird beispielsweise der *Maharadscha* immer häufiger in der englischen Weise geschrieben: *Maharaja.*

Daher wird in diesem Buch die linguistisch korrekte Transkription für Begriffe aus dem Hindi übernommen. Nur gelegentlich, vor allem bei Namen und bei bekannten Begriffen, wird die englische Schreibweise benutzt.

Häufig benutzte **Hindi-Begriffe** werden in einem Glossar im Anhang dieses Buches erklärt, **geografische Begriffe** im Kapitel „Land und Leute: Geografie".

Kartenverweise

Hinter jeder Ortsüberschrift steht ein Verweis auf das Planquadrat, in dem der Ort auf der **Karte im hinteren Umschlag** zu finden ist. Beispiel:

Jaipur ↗ C2

Der Ort Jaipur liegt im Planquadrat C2.

Bahnverbindungen

Zusätzlich zu den Hinweisen zu Verkehrsverbindungen in den Ortsbeschreibungen findet sich eine detaillierte Auflistung wichtiger Bahnverbindungen im **Anhang.**

Abkürzungen

1. Kl.	Erste Klasse
2. Kl.	Zweite Klasse
Abf.	Abfahrt
AC	Air Condition (Klimatisierung)
Ank.	Ankunft
ATM	Automatic Teller Machine (Geldautomat)
Av.	Avenue
Bldg.	Building (Gebäude)
Del.	Deluxe-Bus
DZ	Doppelzimmer
Exp.	Express-Zug/-Bus
EZ	Einzelzimmer
GPO	General Post Office (Hauptpost)
ISD/STD	Telefonamt
ITDC	Indische Tourismusorganisation
Ord.	Ordinary (einfacher) Bus
Rd.	Road (Straße)
Rs	Rupies
RTDC	Tourismusorganisation Rajasthan
St.	Street (Straße)

Symbole in den Kästen

- **Empfehlung**
- **Hinweis**
- **Warnung**
- **Verbot**

Kartenverzeichnis

Legende zu den Ortsplänen

- Sehenswürdigkeiten
- Unterkunft
- Essen und Trinken
- Nachtleben
- Einkaufen
- Verkehr
- ★ Sehenswürdigkeit
- Museum
- Tempel
- Moschee
- Kirche
- Fort
- Theater
- Tourist-Information
- Post
- Bank
- Flughafen
- Krankenhaus
- Apotheke
- @ Internetcafé
- Kino
- Bibliothek
- Fahrradverleih

Highlight:

Mit „Highlight“ sind Orte und Sehenswürdigkeiten gekennzeichnet, die von besonderem touristischen Interesse sind, die kulturellen und landschaftlichen Höhepunkte Rajasthans. Aufgeführt sind die lohnendsten Ziele, die von den meisten Reisenden angesteuert werden. Bei der Planung der eigenen Reiseroute sollte man die „Highlights“ auf keinen Fall auslassen.

Der besondere Tipp:

Als „besonderer Tipp“ sind in den Ortsbeschreibungen jene Orte markiert, die nicht auf der üblichen Route der meisten Indienreisenden liegen. Es sind spezielle Empfehlungen der Autoren, die nicht weniger sehenswert sind als die „Highlights“. Manchmal handelt es sich um Orte oder Gegenden, die wegen ihrer besonderen Atmosphäre einen Besuch lohnen.

Rajasthan auf einen Blick

842ra Foto: tb

Die Sightseeing-Highlights

Das Fort von Jaisalmer erhebt sich wie eine Fata Morgana über der uralten Karawanenstadt

Die besonderen Tipps

Der „besondere Blick" auf Jaipurs Altstadt am Chhoti Chaupar

832ra Foto: tb

504ra Foto: tb

Die Pushkar Mela in der Wüstenoase Pushkar ist zugleich Pilgerziel, Viehmarkt, Volksfest und Heiratsmarkt - bis zu 20.000 Kamele nehmen teil

Die lebendigsten Feste

- **Desert Festival** in Jaisalmer, Februar S. 431
- **Elefantenfestival** in Jaipur, Februar/März S. 302
- **Gangaur** in Jaipur, März/April S. 302
- **Dussehra-Festival** in Kota, Oktober S. 348
- **Pushkar Mela** in Pushkar, Oktober/November S. 334
- **Chandrabahaga-Viehmarkt** in Jhalawar, November S. 359

Im „schwimmenden" Lake Palace Hotel kann man den märchenhaften Lebensstil der Maharajas nachempfinden - das spektakulärste Hotel Indiens ist jedoch nicht gerade preiswert

Rajasthan – Zahlen und Fakten

Regierungsform: Bundesstaat
Hauptstadt: Jaipur
Fläche: 342.239 km²
Einwohner: 69 Mio.
Amtssprache: Hindi
Bevölkerungsdichte: 201 Einw./km²
Stadtbevölkerung: 25 %
Aphabetisierungrate: 67 %
Lebenserwartung: 65 Jahre
Religionen: 89 % Hindus, 8,5 % Muslime, 1,4 % Sikhs, 1,2 % Jains

Die schönsten Hotels

- **The Oberoi Raj Vilas** in Jaipur S. 297
- **Khem Villas** im Ranthambore-Nationalpark S. 324
- **Inn Seventh Heaven** in Pushkar S. 335
- **Bassi Fort Palace** in Chittorgarh S. 366
- **Fort Begu** in Begu S. 366
- **Jagat Niwas Palace Hotel** in Udaipur S. 379
- **Taj Lake Palace Hotel** in Udaipur S. 380
- **Heritage Hotel Deogarh Mahal** in Deogarh S. 392
- **Raas** in Jodhpur S. 411
- **Manvar Desert Camp** zwischen Jodhpur und Jaisalmer S. 412
- **Boutique-Hotel Mihir Garh** in der Wüste bei Rohet S. 415
- **Hotel Garh Jaisal** in Jaisalmer S. 428

836ra Foto: tb

301ra Foto: tb

Vor der Reise

768ra Foto: tb

901ra Foto: mb

In indischen Bussen kann es recht eng werden

Kamele – verbreitetes Transportmittel in der Wüste Thar

Festlich geschmückte Frauen beim Elefantenfest in Jaipur

Diplomatische Vertretungen

In Deutschland

- **Indische Botschaft,** Tiergartenstr. 17, 10785 Berlin, Tel.: 030-257950, Fax: 25795102, www.indianembassy.de.
- **Indisches Generalkonsulat,** Friedrich-Ebert-Anlage 26, 60325 Frankfurt/M., Tel.: 069-1530050, Fax: 554125.
- **Indisches Generalkonsulat,** Graumannsweg 57, 20087 Hamburg, Tel.: 040-338036, Fax: 323757.
- **Indisches Generalkonsulat,** Widenmeyerstr. 15, 80538 München, Tel.: 089-2102390, Fax: 21023970.

In Österreich

- **Indische Botschaft,** Kärntner Ring 2, 1015 Wien, Tel.: 01-5058666, Fax: 5059219, www.indianembassy.at.

In der Schweiz

- **Indische Botschaft,** Kirchenfeldstr. 28, Postfach 406, 3000 Bern 6, Tel.: 031-35011310, Fax: 3511557, www.indembassybern.ch.
- **Indisches Generalkonsulat,** Bahnhofplatz 9, 8001 Zürich, Tel.: 043-3443214, Fax: 2685102.
- **Indisches Generalkonsulat,** Rue du Valais 9, 1202 Genf, Tel.: 022-9068686, Fax: 9068696.

In Delhi

Die Anlaufstellen und Telefonnummern für den **Notfall:**

- **Embassy of Germany,** 6/50G, Shanti Path, Chanakyapuri, Tel.: 011-44199199 oder in dringenden Notfällen (0)9810004950.
- **Embassy of Austria,** Ep-13, Chandragupta Marg, Chanakyapuri, Tel.: 011-24192700.
- **Embassy of Switzerland,** Nyaya Marg, Chanakyapuri, Tel.: 011-49959500.

Informationsstellen

- **Indisches Fremdenverkehrsamt,** Baseler Str. 48, 60329 Frankfurt/Main Tel.: 069-242949-0, Fax: 242949-77, www.india-tourism.de. Man kann online Kataloge bestellen.
- **Deutsch-Indische Gesellschaft** (Bundesgeschäftsstelle), Oskar-Lapp-Str. 2, 70565 Stuttgart, Tel.: 0711-297078, Fax: 2991450, www.dig-ev.de. Zweigstellen gibt es in 33 deutschen Städten.

Informationen zur aktuellen allgemeinen Sicherheitslage und Warnungen vor besonders gefährdeten Gebieten erhält man hier:

- **Deutschland:** www.auswaertiges-amt.de (Reise & Sicherheit), Tel.: 03018-17-2000, Fax: 03018-17-51000.
- **Österreich:** www.bmeia.gv.at (Bürgerservice), Tel.: 05-01150-4411, Fax: 05-01159-0 (05 muss immer vorgewählt werden).
- **Schweiz:** www.dfae.admin.ch (Vertretungen), Tel.: 031-3238484.

Touristeninformationen vor Ort

Die staatlichen Touristenämter werden von den Touristenbüros der einzelnen Bundesstaaten und von **IndiaTourism** geleitet, deren kleinere Filialen oft auch *Tourist Facilitation Centre* oder *Tourist Reception Centre* heißen. Neben allgemeinen Informationen bieten sie die Organisation von Ausflügen oder Taxifahrten für Touristen. Die Qualität der einzelnen Ämter variiert von Ort zu Ort stark. Manche Mitarbeiter sind sehr hilfsbereit, bei vielen scheint hingegen die Vermittlung der von ihnen angebotenen Touren im Mittelpunkt zu stehen.

Um Kunden anzulocken, geben sich viele private Reisebüros Namen, die denen der staatlichen Informationsstellen ähneln, um sich den Anstrich von Seriosität zu verleihen. Nicht alle von ihnen sind schlecht, aber man sollte im Auge behalten, dass es sich um gewinnorientierte Privatunternehmen handelt.

Indien im Internet

- Die offizielle Website des Indischen Fremdenverkehrsamts mit einem breiten Informationsangebot auf Deutsch, umfangreichen Reiseinformationen, Einreisebestimmungen und Gesundheitstipps, Hilfe zur Routenplanung und Stadtführer, Adressen von Hotels, Reisebüros, Fluggesellschaften u.v.m.: **www.india-tourism.com.**
- Auf der Homepage von Indian Railways sind die wichtigsten innerindischen Zugverbindungen einzusehen, Informationen für Touristen, das Streckennetz, ein historischer Abriss und einiges mehr: **www.indianrail.gov.in.**
- Eine indische Suchmaschine mit einigen Chat-Rooms, Nachrichten, Wetterbericht u.v.m.: **www.123india.com.**
- Das National Informatics Centre (NIC) der indischen Regierung hat ein weiterverweisendes Verzeichnis staatlicher indischer Websites (Ministerien, Botschaften, Unionsstaaten, Organisationen etc.): **www.nic.in.**
- Aktuelle Nachrichten (auch nach Unionsstaaten geordnet), Archiv und mehr beim indischen Nachrichtendienst Rediff On the Net: **www.rediff.com**.
- Ein breit gefächertes Internetforum zu Indien mit praktischen Infos, aktuellen Meldungen aus Politik und Zeitgeschichte, einem Forum zum Austausch von Fragen und Meinungen, einem Kalender für alle im Fernsehen zum Thema Indien gezeigten Sendungen sowie touristische Beiträge: **www.indien-aktuell.de.**
- Einen guten Überblick über Rajasthan bietet die offizielle Site: www.rajasthan.gov.in.
- Online-Reiseagentur für Rajasthan: **www.rajasthanhub.com.**
- Landeskundliche Informationen zu Rajasthan bietet: **www.rajasthanonline.net.**
- Landkarten von Indien und Rajasthan zu verschiedenen Themen sowie Stadtpläne findet man unter: **www.mapsofindia.com.**

Ein- und Ausreisebestimmungen

> ! Die genannten Einreisebestimmungen sind Stand Juli 2012. Man sollte sich unbedingt vor der Reise bei der indischen Botschaft bzw. in Deutschland auch beim zuständigen Konsulat (s.o.) erkundigen, ob sie noch gelten.

Visum

Visaanträge werden nicht mehr von den indischen Botschaften und Konsulaten, sondern von zwei **Agenturen** bearbeitet, die jeweils für unterschiedliche Regionen zuständig sind. Die Beantragung kann nur noch **online** erfolgen. Dies bedeutet, dass zunächst das Antragsformular auf den jeweiligen Webseiten ausgefüllt werden muss.

Für Nord- und Westdeutschland ist die Agentur **Indo-German Consultancy Services (IGCS)** zuständig: www.igcsvisa.de (den Button „Visabeantragung“ anklicken). Für Süd- und Ostdeutschland ist es die **Cox & Kings GmbH:** www.in.de.coxandkings.com/berlin1/apply_visa.html (bzw. „munich1“ bei Beantragung in Süddeutschland). Man folgt den Anweisungen auf dem Bildschirm. Am Ende dieser Prozedur ist das online ausgefüllte **Formular auszudrucken** und bei Vor-Ort-Beantragung zusammen mit zwei **Fotos** im ungewöhnlichen Format 5x5 cm und der **Visumsgebühr** in bar mitzunehmen. Bei postalischer Beantragung ist das ausgedruckte Formular zusammen mit zwei Fotos und dem Einzahlungsbeleg der Visagebühr und einem frankierten Rückumschlag per Einschreiben an die zuständige Agentur zu senden. Selbstverständlich ist in beiden Fällen auch der **Reisepass,** der ab dem Ankunftsdatum in Indien noch mindestens sechs Monate gültig sein muss, einzureichen bzw. zu versenden.

Visabeantragungen vor Ort dauern in der Regel **drei Werktage.** In dringenden Fällen kann das Visum auch bei Abgabe am frühen Vormittag bis zum Nachmittag des darauf folgenden Tages ausgestellt werden. Hierfür wird jedoch keine Garantie übernommen. Bei postalischer Beantragung sollte man von ca. zehn Tagen ausgehen. Weitere Anweisungen finden sich auf den oben angegebenen Webseiten.

Öffnungszeiten der Cox & Kings-Büros für Visaanträge: Mo–Fr 8.30–14.30 Uhr, Abholung zwischen 16.30 und 17.30 Uhr (Abgabe ist immer nur vormittags, Abholung nur nachmittags möglich). Anträge über die Indo-German Consultancy Services (Mo–Fr 9.30–11.30 und 14–16 Uhr) können vor- und nachmittags sowohl abgegeben als auch abgeholt werden. Die Öffnunsgzeiten sollten online oder telefonisch auf eventuelle Änderung hin überprüft werden.

Zuständige Agenturen:

- Für **Ostdeutschland** (Berlin, Brandenburg, Sachsen, Thüringen, Sachsen-Anhalt, Mecklenburg-Vorpommern): **Cox & Kings GmbH,** India Visa Application Center, Wichmannstr. 6, 10787 Berlin, Tel.: 030-26949750, Fax: 26949751, www.in.de.coxandkings.com.
- Für **Süddeutschland** (Bayern, Baden-Württemberg): **Cox & Kings GmbH,** India Visa Application Center, Bruderstr. 5a, 80538 München, Tel.: 089-23231590, Fax: 23231591, www.in.de.coxandkings.com.
- Für **Westdeutschland** (Nordrhein-Westfalen, Hessen, Rheinland-Pfalz, Saarland): **Indo-German Consultancy Services (IGCS),** Friedrich-Ebert-Anlage 3, 60327 Frankfurt, Tel.: 069-7422200, Fax: 7422200180, www.igcsvisa.de.
- Für **Norddeutschland** (Hamburg, Schleswig-Holstein, Bremen, Niedersachsen): **Indo-German Consultancy Services (IGCS),** Mundsburger Damm 6, 22087 Hamburg, Tel.: 040-2880560, Fax: 2885629, www.igcsvisa.de.

Visagebühren

Eine Bearbeitungsgebühr von 11,78 € ist jeweils hinzuzurechnen:

- **Transitvisum,** gültig für 15 Tage (zur ein- oder zweifachen Einreise): 25 €
- **Touristenvisum,** 6 Monate gültig ab Datum der Ausstellung, berechtigt zur mehrmaligen Einreise: 50 € (bis zu einem Jahr 80 €)
- **Geschäftsvisum,** gültig für ein Jahr ab Datum der ersten Einreise: 145 € (länger 235 €)
- **Studentenvisum,** gültig für die Dauer des Studiums oder maximal fünf Jahre, ein Nachweis der indischen Universität ist erforderlich: 90 €
- **Entry- und Arbeits-Visum,** gültig ein halbes Jahr, spezielles Visum für Vielfach-Indien-Besucher und Geschäftsleute, entsprechende Nachweise erforderlich: 95 € (bis zu einem Jahr 160 €)

Visumverlängerung

Wer sein im Ausland erhaltenes Visum in Indien voll ausgeschöpft hat, braucht sich gar nicht erst der bürokratischen Mühe einer Visumverlängerung auszusetzen, da man als Tourist nur 180 bzw. 360 Tage des Jahres in Indien verbringen darf. Erst wieder nach einem halben Jahr darf man erneut ins Land einreisen.

Ansonsten sind für Visumverlängerungen in Großstädten die sogenannten **Foreigners Regional Registration Offices,** in Distrikthauptstädten die lokalen Polizeibehörden zuständig. Eine Verlängerung wird aber so gut wie nie gewährt, außer man hat seinen Reisepass und Visum verloren. Dann bekommt man ein neues, 14 Tage gültiges **Ersatzvisum,** das nur zur Ausreise bestimmt ist.

Österreich und Schweiz

Der Ablauf der Visabeantragung für Österreich und die Schweiz ist derselbe wie für Deutschland. Nur die zuständigen Agenturen und Gebühren sind andere:

Für Österreich:

- **BLS International Visa Services Center,** Hegelstr. 17 (nahe Schwartzenbergplatz), 1010 Wien, Tel.: 01-94372720, www.blsindiavisa-austria.com, Mo–Fr 9–13 Uhr (Abgabe des Antrags), 16–17 Uhr (Abholung des Visums). Ausfüllung des Antrags unter www.indianvisaonline.gov.in/visa. Die Visagebühren sind die gleichen wie in Deutschland. Es kommen 10,50 € Bearbeitungsgebühr hinzu.

Für die Schweiz:
- **VSL Global,** India Visa Application Centre, Seilerstr. 25, 3011 Bern, 8.30–14 Uhr (Abgabe des Antrags), 16–17.30 Uhr (Abholung des Visums). Ausfüllen auf des Antrags unter in.vfsglobal.ch/english/guidance.html, dann den Anweisungen folgen. Gebühren: Transitvisum 45 SFr, Touristenvisum 6 Monate 80 SFr, Geschäftsvisum 150 SFr, Studentenvisum 140 SFr. Zu den Visagebühren jeweils noch 30,80 SFr Bearbeitungsgebühr hinzurechnen.

Ein- und Ausfuhr

In Indien gelten die international üblichen **Zollbestimmungen,** d.h. man darf neben Artikeln des persönlichen Bedarfs u.a. 200 Zigaretten oder 50 Zigarren sowie Geschenke bis zu einem Wert von 800 Rs einführen.

Spezielle Beschränkungen gibt es für **elektronische Geräte** wie z.B. Kameras, Videogeräte oder Laptops. Wer mehr als eine Kamera mit zwei Objektiven und 30 Filme dabei hat, muss diese auf einem speziellen Formular offiziell deklarieren, welches bei der Ausreise wieder vorzulegen ist. Hiermit soll verhindert werden, dass man seine Reisekasse mit dem Verkauf dieser Waren aufbessert. Uns ist jedoch bisher kein einziger Fall bekannt geworden, bei dem man bei der Ausreise tatsächlich nach dem Formblatt gefragt hätte.

Es darf **keine indische Währung** ein- oder ausgeführt werden. Reisende, die mehr als 5.000 US-Dollar (bar oder Reiseschecks) einführen wollen, müssen diese auf der *Currency Declaration Form,* die sie bei der Einreise erhalten, angeben. Bei Verstößen hiergegen und gegen Zollvorschriften droht Verhaftung bei der Ausreise.

Einfuhrbestimmungen für Europa

Bei der Rückeinreise gibt es auch auf europäischer Seite Freigrenzen, Verbote und Einschränkungen. Folgende Freimengen darf man zollfrei einführen in die EU und die Schweiz:
- **Tabakwaren** (für Personen ab 17 Jahren): 200 Zigaretten oder 100 Zigarillos oder 50 Zigarren oder 250 g Tabak oder eine anteilige Zusammenstellung dieser Waren.

Die kleinen indischen **Beedis-Zigaretten** werden bei der Einreise in Europa einzeln gezählt, also nicht nach ihrem geringen Gewicht berechnet, sodass man schnell die erlaubte Einfuhrmenge überschritten hat. Dann muss zu dem zusätzlichen Zoll für die überschrittene Menge auch noch die Strafgebühr hinzugezahlt werden. Es ist bei der Zollkontrolle nicht mehr möglich, die überzähligen Zigaretten einfach zurückzulassen.
- **Alkohol** (für Personen ab 17 Jahren) in die EU: 1 l Spirituosen (über 22 Vol.-%) oder 2 l Spirituosen (unter 22 Vol.-%) oder eine anteilige Zusammenstellung dieser Waren, und 4 l nicht-schäumende Weine und 16 l Bier; in die Schweiz: 2 l bis 15 Vol.-% und 1 l über 15 Vol.-%.
- **Andere Waren** in die EU: bis zu einem Warenwert von insgesamt 430 €, Reisende unter 15 Jahren 175 € bzw. 150 € in Österreich; in die Schweiz: neu angeschaffte Waren für den Privatgebrauch bis zu einem Gesamtwert von 300 SFr. Bei Nahrungsmitteln gibt es innerhalb dieser Wertfreigrenze auch Mengenbeschränkungen.

Wird die Wertfreigrenze überschritten, sind **Einfuhrabgaben** auf den Gesamtwert der Waren zu zahlen und nicht nur auf den die Freigrenze übersteigenden Anteil. Die Berechnung erfolgt entweder pauschal oder nach dem Tarif jeder einzelnen Ware zuzüglich sonstiger Steuern.

Einfuhrbeschränkungen bestehen u.a. für Tiere, Pflanzen, Arzneimittel, Betäubungsmittel, Feuerwerkskörper, Lebensmittel, Raubkopien, verfassungswidrige Schriften, Pornografie, Waffen und Munition; in Österreich auch für Rohgold und in der Schweiz auch für CB-Funkgeräte.

Nähere Informationen:
- **Deutschland:** www.zoll.de oder unter Tel.: 0351-44834510.
- **Österreich:** www.bmf.gv.at oder unter Tel.: 01-51433564053.
- **Schweiz:** www.ezv.admin.ch oder unter Tel.: 061-2871111.

Anreise

Nonstop-Verbindungen aus dem deutschsprachigen Raum nach Nordindien bieten derzeit nur Air India und Lufthansa von Frankfurt nach Delhi, Lufthansa von München, Swiss von Zürich und Austrian Airlines von Wien. Die Flugzeit beträgt etwa 7 Std.

Daneben gibt es interessante Umsteigeverbindungen von vielen Flughäfen in Deutschland, Österreich und der Schweiz mit Aeroflot (über Moskau), Air France (über Paris), British Airways (über London), Emirates (über Dubai), Etihad Airways (über Abu Dhabi), Gulf Air (über Bahrain), KLM (über Amsterdam), Kuwait Airways (über Kuwait City), Qatar Airways (über Doha), Royal Jordanian (über Amman), Sri Lankan Airlines (über Colombo) und Turkish Airlines (über Istanbul). Die Umsteigeverbindungen können zwar billiger sein als die Nonstop-Flüge, aber man muss hier auch eine längere Flugdauer einkalkulieren.

Flugpreise

Je nach Fluggesellschaft, Jahreszeit und Aufenthaltsdauer in Indien bekommt man ein Economy-Ticket von Deutschland, Österreich und der Schweiz hin und zurück nach Delhi **ab 600 Euro** (inkl. aller Steuern, Gebühren und Entgelte). Am niedrigsten sind die Flugpreise im Zeitraum von Mitte Januar bis Mitte Juni und von Anfang September bis Ende November. Die Hauptsaison, in der die Flüge deutlich teurer sind, ist im Juli/August und Dezember/Januar.

Preiswertere Flüge sind mit **Jugend- und Studententickets** (je nach Airline bis 29 Jahre und Studenten bis 34 Jahre) möglich. Außerhalb der Hauptsaison gibt es einen Hin- und Rückflug von Frankfurt nach Delhi oder Mumbai ab etwas über 500 Euro.

Kinder unter zwei Jahren fliegen ohne Sitzplatzanspruch für 10 % des Erwachsenenpreises, ansonsten werden für ältere Kinder die regulären Preise je nach Airline um 25–50 % ermäßigt. Ab dem 12. Lebensjahr gilt der Erwachsenentarif oder ein besonderer Jugendtarif (s.o.).

In Deutschland gibt es von Frankfurt aus die häufigsten Verbindungen nach Delhi. Tickets für Flüge von und nach anderen deutschen Flughäfen sind oft teurer. Da kann es für Deutsche attraktiver sein, mit einem **Rail-and-Fly-Ticket** per Bahn nach Frankfurt zu reisen (entweder bereits im Flugpreis enthalten oder nur 30 bis 60 Euro extra).

Man kann auch einen preiswerten **Zubringerflug** der gleichen Airline von einem kleineren Flughafen buchen. Außerdem gibt es **Fly & Drive-Angebote,** wobei eine Fahrt zum und vom Flughafen mit einem Mietwagen nur einen geringen Zuschlag kostet.

Indirekt sparen kann man als Mitglied eines Vielflieger-Programms wie www.star-alliance.com (Mitglied u.a. Lufthansa), www.skyteam.com (Mitglieder u.a. Air France, KLM) oder www.oneworld.com (Mitglied u.a. British Airways).

Buchung

Für die Tickets der Linienfluggesellschaften kann man bei folgendem zuverlässigen Reisebüro meistens günstigere Preise als bei vielen anderen finden:

- **Jet-Travel,** In der Flent 7, 53773 Hennef, Tel. 02242-868606, Fax 868607, www.jet-travel.de. Buchungsanfragen oder Onlinebuchungen auf der Webseite unter „Flüge".

Last-Minute-Flüge

Wer sich erst im letzten Augenblick für eine Reise nach Indien entscheidet oder gern pokert, kann Ausschau nach Last-Minute-Flügen halten, die von einigen Airlines mit deutlicher Ermäßigung ab etwa 14 Tage vor Abflug angeboten werden, wenn noch Plätze zu füllen sind. Diese Last-Minute-Flüge lassen sich nur bei Spezialisten buchen.

- **L'Tur,** www.ltur.com, Tel.: 00800-21212100 (gebührenfrei für Anrufer aus Europa); 165 Niederlassungen europaweit.
- **Lastminute.com,** www.lastminute.de, (D-)Tel.: 01805-777257 (0,14 €/Min.).
- **5 vor Flug,** www.5vorflug.de, (D-)Tel.: 01805-105105 (0,14 €/Min.), (A-)Tel.: 0820-203085 (0,14 €/Min.).
- **Restplatzbörse,** www.restplatzboerse.at, (D-)Tel.: 0991-29679653, (A-)Tel. 01-580850.

Kleines „Flug-Know-how"

Check-in

Nicht vergessen: Ohne **gültigen Reisepass (auch für Kinder) und Visum** kommt man nicht an Bord eines Fluzeugs in Richtung Indien. Bei den meisten internationalen Flügen muss man **zwei bis drei Stunden vor Abflug** am Schalter der Airline eingecheckt haben. Viele Airlines neigen zum Überbuchen, d.h. sie buchen mehr Passagiere ein, als Sitze im Flugzeug vorhanden sind, und wer zuletzt kommt, hat dann möglicherweise das Nachsehen. Wenn ein **vorheriges Reservieren** der Sitzplätze nicht möglich war, hat man die Chance, einen Wunsch bezüglich des Sitzplatzes zu äußern.

Bei Flügen in Indien: Bevor man sich am Check-in-Schalter anstellt, gilt es noch einige Formalitäten zu erledigen, die bei der auf vielen indischen Flughäfen herrschenden chronischen Desorganisation oftmals recht langwierig ausfallen können. Überzähliges **indisches Geld** kann aber nun gegen Vorlage einer Bankquittung, die bestätigt, dass man den Betrag offiziell getauscht hat, an einem Bankschalter in der Abfertigungshalle gegen westliches Geld zurückgetauscht werden. Da es immer wieder vorkommt, dass einige Bankangestellte dabei etwas schummeln und in ihre eigene Tasche wirtschaften, sollte man den ausgezahlten Betrag genau nachzählen.

Schließlich gilt es noch sein **Gepäck** durchleuchten und versiegeln zu lassen. In der Regel ist der Name des Zielflughafens am Röntgengerät angebracht. Wer vergessen hat, sein Gepäck versiegeln zu lassen, wird am Check-in-Schalter nicht abgefertigt.

Das Gepäck

In der Economy-Class darf man in der Regel nur **Gepäck bis zu 20 kg pro Person** einchecken (steht auf dem Flugticket) und zusätzlich ein Handgepäck von 7 kg in die Kabine mitnehmen, welches eine Größe von 55x40x23 cm nicht überschreiten darf. In der Business Class sind es meist 30 kg pro Person und zwei Handgepäckstücke, die insgesamt nicht mehr als 12 kg wiegen dürfen. Man sollte sich beim Kauf des Tickets über die Bestimmungen der Airline informieren.

Aus Sicherheitsgründen **dürfen** Taschenmesser, Nagelfeilen, Nagelscheren, sonstige Scheren und Ähnliches nicht mehr im Handgepäck untergebracht werden. Diese sollte man unbedingt im aufzugebenden Gepäck verstauen, sonst werden sie bei der Sicherheitskontrolle einfach einbehalten und weggeworfen. Darüber hinaus gilt, dass Feuerwerke, leicht entzündliche Gase (in Sprühdosen, Campinggas), entflammbare Stoffe (in Benzinfeuerzeugen, Feuerzeugfüllung) etc. nichts im Passagiergepäck zu suchen haben.

Flüssigkeiten oder vergleichbare Gegenstände in ähnlicher Konsistenz (z.B. Getränke, Gels, Sprays, Shampoos, Cremes, Zahnpasta, Suppen) dürfen nur noch in der Höchstmenge von jeweils 0,1 Liter als Handgepäck mit ins Flugzeug genommen werden. Die Flüssigkeiten müssen in einem durchsichtigen, wiederverschließbaren Plastikbeutel transportiert werden, der maximal einen Liter Fassungsvermögen hat.

Rückbestätigung

Bei den meisten Airlines ist heutzutage die **Bestätigung des Rückfluges** nicht mehr notwendig. Allerdings empfehlen alle Airlines, sich dennoch telefonisch zu erkundigen, ob sich an der Flugzeit nichts geändert hat, denn kurzfristige Änderungen der genauen Abfluguhrzeit kommen beim zunehmenden Luftverkehr heute immer häufiger vor.

Wenn die Airline allerdings eine Rückbestätigung *(reconfirmation)* **bis 72 oder 48 Stunden vor dem Rückflug** verlangt, sollte man auf keinen Fall versäumen, kurz anzurufen, sonst kann es passieren, dass die Buchung im Computer der Airline gestrichen wird; der Flugtermin ist dahin. Das Ticket verfällt aber nicht dadurch, es sei denn, die Gültigkeitsdauer wird überschritten. Unter Umständen ist aber in der Hochsaison nicht sofort ein Platz auf einem anderen Flieger frei.

Die **Rufnummer** kann man von Mitarbeitern der Airline bei der Ankunft, im Hotel oder im Telefonbuch erfahren.

- **Buchtipps:** „Fliegen ohne Angst" und „Clever buchen – besser fliegen", aus der Reihe Praxis, Reise Know-How Verlag, Bielefeld.

Anreise von Asien

Von Nepal

- **Flug:** 2x tgl. mit Air India, Jet Airways und Royal Nepal Airlines (RNA) von Kathmandu nach Delhi (142 US-$).
- **Landweg:** Von **Kathmandu** in ca. 12 Std. (von Pokhara 9 Std.) zum Grenzort Sunauli, dort über die Grenze, auf indischer Seite mit Bus in ca. 3,5 Std. nach Gorakhpur, von dort in ca 14 Std. per Zug nach **Delhi.**

Von Pakistan

- **Flug:** Zur Recherchezeit gab es keine Flugverbindung.
- **Landweg:** Bus- und Bahnverbindungen zwischen Pakistan und Indien sind wegen des Kashmir-Konflikts und der 2008 maßgeblich von Pakistan aus verübten Anschläge in Mumbai unterbrochen. Ansonsten per Bus/Jeep bis zum Grenzübergang Wagah (10–16 Uhr geöffnet) und nach Grenzüberschreitung per Jeep/Bus von Attari bis ins 35 km entfernte Amritsar.

Geldangelegenheiten

Indische Währung

Die indische Währungseinheit ist die indische **Rupie,** die in 100 **Paisa** unterteilt wird. Auf Preisangaben ist das Wort Rupie meist als Rs angegeben.

Die **Münzen** gibt es in Stückelungen von 5, 10, 25, 50 Paisa und 1, 2, 5 und 10 Rupien, wobei die kleinsten Münzeinheiten kaum noch in Umlauf sind. **Banknoten** gibt es in Werten von 5, 10, 20, 50, 100, 500 und 1.000 Rupien.

Reiseschecks, Karten oder Bargeld?

„The wind of change" hat auch im ewigen Indien in den letzen Jahren ein ganz neue, für Reisende sehr erfreuliche Richtung eingeschlagen. Das bargeldlose Zahlen bzw. Geld Abheben per Karte hat stark zugenommen. Der gute alte Reisescheck verliert dadurch

721ra Foto: tb

immer mehr an Bedeutung. Dennoch lohnt die Mitnahme eines kleinen Betrages in Schecks für Gegenden, wo das bargeldlose Zahlen noch nicht Einzug gehalten hat. **Bargeld** sollte man für den **Notfall** dabei haben, etwa wenn Banken geschlossen sind oder, was in abgelegenen Orten gelegentlich noch vorkommt, überhaupt keine Umtauschmöglichkeit besteht. Dann kann man die fällige Hotel- oder Restaurantrechnung meist problemlos mit dem guten alten Dollarschein bezahlen.

Auch bei der Frage der **Ausstellungswährung** sollte man eine elegante Doppellösung wählen, schlägt man so doch zwei Fliegen mit einer Klappe. Es ist es sinnvoll, etwa die Hälfte des Reisebudgets in Euro bzw. Schweizer Franken mitzunehmen, da man dann den doppelten Umtauschverlust (zunächst in Dollar und dann in Rupien) vermeidet. Andererseits ist der Dollar nach wie vor die Weltwährung Nr. 1 und im Zweifelsfall auch in Indien immer noch lieber gesehen als anderes Geld. Überdies besitzt diese Kombinationslösung den enormen Vorteil, dass man Kursschwankungen von Euro oder Dollar elegant für sich ausnutzen kann.

Wegen des in Indien chronischen Mangels an großen Geldscheinen empfiehlt es sich, bei der **Stückelung** auf die Mitnahme allzu großer Schecks zu verzichten, weil man sonst nach dem Geldwechsel mit einem riesigen Bündel Geldscheine die Bank verlässt.

Schecks in kleinerer Stückelung sollte man bis zum Ende der Reise aufbewahren, da man diese im Falle eines Einkaufs kurz vor dem Abflug verwenden kann. Ansonsten müsste man große Schecks anbrechen und das nicht ausgegebene Geld unter nicht unerheblichen Verlusten wieder zurücktauschen.

Es empfiehlt sich, die Reiseschecks zu Hause von einem international anerkannten Geldinstitut ausstellen zu lassen, da anderenfalls die Gefahr besteht, dass sie nicht akzeptiert werden. Zudem erhält man im Falle des Verlustes bei internationalen Banken wesentlich zügiger und unproblematischer Ersatz. American Express und Thomas Cook sind für Indien die wohl empfehlenswertesten Geldinstitute.

Kaufbeleg und Quittung müssen unbedingt von den Schecks getrennt aufbewahrt werden. Beide müssen zusammen mit dem Polizeibericht bei eventuellem **Verlust** vorgelegt werden. Ist das nicht möglich, dauert die Rückerstattung selbst bei den oben genannten Geldinstituten zermürbend lang.

Kreditkarten der bekannten Geldinstitute Amex, Visa und MasterCard sind in Hotels, Restaurants, vielen Geschäften und bei Fluggesellschaften ein gern gesehenes Zahlungsmittel. Leider wird es in Indien wie in vielen anderen asiatischen Ländern in letzter Zeit immer üblicher, bei der Bezahlung mit Kreditkarte einen Aufpreis von bis zu 5 % zu verlangen. Inzwischen kann selbst in kleineren Städten mit der **EC-(Maestro-)Karte** bezahlt werden. Debitkarten mit dem neuen **V-PAY-Logo** funktionieren nicht außerhalb Europas!

Geldautomaten, in Indien **ATMs** genannt, sind selbst in kleineren Städten vielerorts zu finden, wobei nicht alle die international üblichen Kreditkarten akzeptieren. Ist dies der Fall, kann man meist problemlos mit Visa-, Master-, Cirrus-, und Maestro-(EC-)Karten, seltener auch mit American-Express-Karten, natürlich unter Eingabe der Geheimnummer (PIN), Geld abheben. Die Gebühren werden leider nicht angezeigt und variieren stark je nach Kreditinstitut.

Ob und wie hoch die **Kosten für die Barabhebung** sind, ist abhängig von der kartenausstellenden Bank und von der Bank, bei der die Abhebung erfolgt. Man sollte sich daher vor der Reise bei seiner Hausbank informieren, mit welcher Bank sie vor Ort zusammenarbeitet. Im ungünstigsten Fall wird pro Abhebung eine Gebühr von bis zu 1 % des Abhebungsbetrags per Maestro-Karte oder gar 5,5 % des Abhebungsbetrags per Kreditkarte berechnet.

Für das **bargeldlose Zahlen per Kreditkarte** werden ca. 1–2 % für den Auslandseinsatz berechnet.

Gute Adressen, um mit seiner Kreditkarte **Bargeld** abzuheben, sind die effizient arbeitende Bank of Baroda und auch größere private Geldwechsler wie das für zügigen Service bekannte UAE Exchange oder Thomas Cook.

Warnung: Acht geben sollte man auch bei der Bezahlung selbst. Immer häufiger gibt es **Trickbetrügereien** mit kopierten Karten oder gefälschten Rechnungen, deren unangenehme Folgen man dann oft erst beim Blick auf den Kontoauszug nach der Rückkehr erkennt. Als Vorbeugung sollte man die Karte bei der Abrechnung nie aus den Augen lassen.

Diebstahl und Verlust

Bei Verlust oder Diebstahl der Kredit- oder Maestro-(EC-)Karte sollte man diese umgehend sperren lassen. Für deutsche Maestro- und Kreditkarten gibt es die einheitliche Sperrnummer 0049-116116 und im Ausland zusätzlich 0049-30-40504050. Für österreichische und schweizerische Karten gelten:

- **Maestro-Karte,** (A-)Tel.: 0043-1-2048800; (CH-)Tel.: 0041-44-2712230, UBS: 0041-848-888601, Credit Suisse: 0041-800-800488.
- **MasterCard,** internationale Tel.: 001-636-7227111 (R-Gespräch).

Wechselkurse

1 Euro = 68 Rs, 100 Rs = 1,47 Euro
1 Schw. Franken = 57 Rs, 100 Rs = 1,76 SFr
1 US-$ = 56 Rs, 100 Rs = 1,78 US-$

(Stand: Juli 2012)

- **VISA,** internationale Tel.: 001-410-581-9994.
- **American Express,** (A-)Tel.: 0049-69-9797-2000; (CH-)Tel.: 0041-44-6596333.
- **Diners Club,** (A-)Tel.: 0043-1-501350; (CH-)Tel.: 0041-58-7508080.

Bei **Maestro-(EC-)Karten** muss man für die computerisierte Sperrung seine Kontonummer nennen können. Nur wenn man den Kaufbeleg mit den Seriennummern der **Reiseschecks** sowie den Polizeibericht vorlegen kann, wird der Geldbetrag von einer größeren Bank vor Ort binnen 24 Stunden erstattet. Also muss der Verlust oder Diebstahl umgehend bei der örtlichen Polizei und auch bei American Express bzw. Travelex/Thomas Cook gemeldet werden. Die Rufnummer für das jeweilige Reiseland steht auf der Notrufkarte, die man mit den Reiseschecks bekommen hat.

Geld wechseln

War es früher eine zeit- und nervenaufreibende Prozedur, seine Reiseschecks oder Bargeld in einer indischen Bank gewechselt zu bekommen, ist dies inzwischen, auch durch das Aufkommen vieler privater Geldwechselketten wie Thomas Cook, UAE Exchange oder LKP Forex und auch bei den Banken eine meist unkomplizierte Angelegenheit. Dennoch gilt es einige Dinge zu beachten, wenn man seinen Stapel Rupien ausgehändigt bekommt. Zunächst sollte man vor allem prüfen, ob dem Geld eine offizielle **Umtauschquittung** beigelegt ist. Diese ist beim eventuellen späteren Rücktausch ebenso vorzulegen wie für den Fall, dass man bei Fluggesellschaften oder offiziellen Touristenschaltern an Bahnhöfen mit einheimischer Währung bezahlen will. Der Staat will mit dieser umständlichen und letztlich auch völlig sinnlosen Vorschrift den Schwarzmarkt eliminieren.

Tauscht man größere Beträge, sollte man darum bitten, sein Geld hauptsächlich in **500- oder 1.000-Rupien-Scheinen** ausgezahlt zu bekommen, da man ansonsten schon beim Gegenwert von 100 US-$ ein dickes Bündel Geldscheine in der Hand hat. Nach der Übernahme des Geldes empfiehlt es sich, nachzuzählen. In Indien ist das eine Selbstverständlichkeit und wird nicht, wie eventuell hierzulande, als Misstrauen gedeutet. Keinesfalls sollte man allzu **schmutzige oder zerfledderte Scheine** annehmen, die gerade westlichen Touristen gern untergejubelt werden. Die Inder selbst meiden solches Geld wie der Teufel das Weihwasser, und so wird man es dann später nicht mehr los. Schließlich sollte man um genügend **Kleingeld** bitten, da Indien auch in dieser Beziehung unter chronischen Mangelerscheinungen leidet. „Sorry, no change" sind die wohl meistgehörten Worte eines Indienreisenden. Oftmals ist es schon unmöglich, einen 50-Rupien-Schein gewechselt zu bekommen. Zwar ist dies vielfach nur ein Trick, um das Restgeld als zusätzliches Trinkgeld einzustecken, doch wer sich gleich beim Geldwechseln in der Bank genügend kleine Scheine bzw. Münzen aushändigen lässt, braucht sich auf das Spiel gar nicht erst einzulassen.

Wer in **Hotels der oberen Preisklasse** wohnt, kann dort fast immer Reiseschecks und Bargeld zu einem nur um etwa 2 % unter dem offiziellen Kurs liegenden Wechselkurs eintauschen.

Schwarztausch

Vor allem an beliebten Touristenorten wie dem Connaught Place in Delhi wird man häufig angesprochen: „You want to change money?" Bekanntermaßen war schwarztauschen immer **strafbar,** doch sollte man angesichts des nur äußerst geringen Gewinns und dem Risiko, übers Ohr gehauen zu werden, erst recht die Finger davon lassen. Der angebotene Kurs liegt nur maximal 5 % über dem offiziellen Bankkurs. Bedenken sollte man auch, dass man bei dieser Art des illegalen Geldwechsels selbstverständlich keinerlei Wechselquittung erhält, die bei vielen offiziellen Transaktionen wie etwa beim Bahn- oder Flugticket-Kauf vorzulegen sind, wenn man in einheimischer Währung bezahlen möchte. Ein weiterer Grund, die Finger vom Schwarztausch zu lassen, ist der Umstand, dass immer mehr Falschgeld in Umlauf kommt.

Überweisungen

Wer dringend eine größere Summe ins Ausland überweisen lassen muss, wegen eines Unfalles, Diebstahl oder Ähnlichem, kann sich auch nach Indien über **Western Union** Geld schicken lassen. Für den Transfer muss man die Person, die das Geld schicken soll, vorab benachrichtigen. Diese muss dann bei einer Western-Union-Vertretung (in Deutschland u.a. bei der Postbank) ein entsprechendes Formular ausfüllen und den Code der Transaktion telefonisch oder anderweitig übermitteln. Mit dem Code und dem Reisepass geht man zu einer beliebigen Vertretung von Western Union in Indien (siehe Telefonbuch oder unter www.westernunion.com), wo das Geld nach Ausfüllen eines Formulars binnen Minuten ausgezahlt wird. Je nach Höhe der Summe wird eine Gebühr ab derzeit 10,50 € erhoben. Einen ähnlichen Service bieten auch UAE Exchange und Thomas Cook mittels Moneygram an.

Preise und Kosten

Obwohl die Preise in den letzten Jahren zum Teil erheblich gestiegen sind, gilt Indien immer noch als günstiges Reiseland.

Um die aufgeführten Preise in das innerindische Gehaltsgefüge einordnen zu können, sollte man sich das **Einkommensniveau** vor Augen führen:

- **Mindestlohn** pro Tag in für ungelernte Arbeiter in Tamil Nadu: 150 Rs
- **Monatseinkommen Hausmeister:** 4.000–5.000 Rs
- **Monatseinkommen Busfahrer:** 11.000–15.000 Rs
- **Monatseikommen Lehrer/Bankangestellter:** 10.000–25.000 Rs
- **Monatseinkommen Programmierer:** 40.000–60.000 Rs
- **Monatseinkommen Flugbegleiter** auf internationalen Strecken: 90.000 Rs

Durchschnittliche Preise

Die im Folgenden aufgeführten Durchschnittspreise für gängige Waren und Dienstleistungen beinhalten zur Veranschaulichung auch Preise wie Transportkosten, die nicht verhandelbar sind. Es versteht sich von selbst, dass sie Schwankungen unterliegen und zudem von Region zu Region unterschiedlich sind. Dementsprechend können sie, ebenso wie die oben genannten durchschnittlichen Einkommen, nur als Anhaltspunkt dienen:

100 km Bahnfahrt (2. Kl., Express)	35 Rs
Flug Mumbai – Delhi	50 US-$
1 l Benzin/Diesel/Gas	4/71/35 Rs
Glas Tee in Teebude	6 Rs
Flasche Bier im Spirituosenladen	70 Rs
Softdrink am Kiosk	50 Rs
Packung Zigaretten/Beedis	45/10 Rs
1 kg Reis (mittlere Qualität)	50–100 Rs
Portion Reis und Curry	50 Rs
Kinoticket im Multiplex-Kino	150 Rs
1 l Milch	30 Rs
Haarschnitt	30–100 Rs

Feilschen

Preise, das ist weithin bekannt, sind fast überall in Asien Verhandlungssache, und da macht Indien keine Ausnahme. Das dem Europäer oftmals unangenehme, ja peinliche Feilschen ist Bestandteil einer solch kommunikativen Gesellschaft wie der indischen. So gehört Handeln hier eben nicht nur zum Geschäft, sondern ist selbstverständlicher Teil des Lebens, ob nun auf dem Basar, am Straßenrand oder in vielen Geschäften. Im Grunde steht der westliche Tourist sogar noch weit mehr unter dem Zwang, den Preis aushandeln zu müssen, sehen doch viele Verkäufer in ihm einen laufenden Dukatenesel auf zwei Beinen und verlangen oftmals astronomische Summen. Generell lässt es sich schwer sagen, wieviel man vom Ausgangspreis herunterhandeln kann, doch mit 30 bis 50 % liegt man meist ganz gut. Andererseits sollte man bedenken, dass in gewissen Bereichen, wie etwa bei öffentlichen Verkehrsmitteln und Restaurants, Festpreise gelten.

Im Übrigen gilt es zu akzeptieren, dass man als reicher Westler immer ein bisschen mehr zahlt als ein Einheimischer. Allein die

Tatsache, dass man es sich leisten kann, vom fernen Europa nach Indien zu reisen, macht einen in den Augen der Inder reich, und das sicher nicht ganz zu Unrecht. So wirkt es auf mich auch immer wieder peinlich, zu erleben, wie manche Traveller um den Preis eines Kilos Bananen minutenlang feilschen, weil der Verkäufer sie partout nicht für 2 Rs verkaufen will. Je länger man sich im Lande aufhält, desto mehr bekommt man ein Gespür für das einheimische Preisniveau.

Bakschisch und Trinkgeld

Bakschisch hat in Indien eine wesentlich weitergehende Bedeutung als unser deutsches Trinkgeld. Mehr noch als gutes Servieren in einem Restaurant zu belohnen, hilft es, einen kurz zuvor noch angeblich total überfüllten Flug zu bekommen oder eine Genehmigung innerhalb weniger Tage, auf die man ansonsten Monate gewartet hätte. Bakschisch lässt die notorisch unterbezahlten und damit oftmals wenig einsatzfreudigen Beamten urplötzlich wahre Wunder vollbringen.

Während viele Reisende durchaus bereit sind, hierfür ab und zu in die Tasche zu greifen, sitzt bei ihnen die Rupie für Trinkgeld im europäischen Sinne wesentlich weniger locker. Dies mag mit daran liegen, dass bei vielen Restaurants ein in der Speisekarte als *service charge* vermerkter Aufschlag von vornherein erhoben wird.

Davon sehen die Kellner, für die es eigentlich gedacht war, herzlich wenig, und so sollte man trotzdem ein wenig *tip* zusätzlich geben. Dies gilt insbesondere für einfache Restaurants, wo die Ober meist ein lächerlich geringes (und oftmals so gut wie kein) Gehalt zwischen 1.000 und 2.000 Rupien erhalten und dementsprechend auf das Trinkgeld angewiesen sind. Man sollte auch bedenken, dass die Speisen gerade deshalb so extrem billig sind, weil der Kostenfaktor Bedienung praktisch wegfällt. So ist es also nur gerecht, ein Trinkgeld zu geben. Zwischen 5 und 10 % ist meist angebracht, mehr nur bei herausragendem Service. Taxifahrer hingegen erwarten kein Trinkgeld und freuen sich um so mehr, wenn sie welches bekommen.

Reisekosten

Im Land der Extreme kann auch der westliche Tourist zwischen Bahnfahrt 3. Klasse oder Flugzeug 1. Klasse, einem Bett in einer moskitoverseuchten Absteige oder einer luxuriösen Schlafstätte in einem Maharaja-Palast, einem Teller *dhal* im Bahnhofslokal oder einem Festmahl in einem Nobelrestaurant wählen. Insofern ist es unmöglich, eine allgemeine Aussage über die Reisekosten zu machen, mit der Ausnahme, dass, egal auf welchem Niveau man reist, der Gegenwert fast immer extrem gut ist.

Einzelreisende können bei niedrigem Ausgabenniveau mit täglichen Ausgaben von 10 bis 15 € für Unterkunft und 5 bis 10 € für Verpflegung rechnen, bei mittlerem Ausgabenniveau sind 15 bis 50 € für Unterkunft und 10 bis 20 € für Verpflegung anzusetzen. Luxus ist auch in Indien teuer und so findet man zumindest in den Touristenhochburgen und vor allem in den Metropolen Hotels und Restaurants, deren Preisniveau auf einer Stufe mit dem in europäischen oder amerikanischen Großstädten liegt. Bei Doppelzimmerbenutzung liegt der Preis für die Unterkunft z.T. erheblich niedriger, da Doppelzimmer oft nur wenig teurer sind als Einzelzimmer.

Reisegepäck

Jeder, der auf Reisen eine unbeschwerte Zeit verbringen will, sollte seine Reisetasche oder seinen Rucksack nicht unnötig überladen. Bei der Frage nach der mitzunehmenden Ausrüstung sollte man dementsprechend nach dem Prinzip „soviel wie nötig, sowenig wie möglich" verfahren. Selbst wenn man nach der Ankunft in Indien feststellt, dass man etwas vergessen hat, ist das kein Bein-

Fast jeder westliche Tourist verbindet eine Rajasthan-Reise mit dem Besuch des Taj Mahal in Agra

bruch, lässt sich das meiste doch auch im Lande selbst und zudem noch wesentlich billiger kaufen.

Kleidung

Die Auswahl der richtigen Kleidungsstücke hängt in erster Linie von der Reisezeit und Reiseart ab und kann dementsprechend völlig unterschiedlich ausfallen.

Generell sollte man bedenken, dass es in der Hauptreisezeit von Oktober bis Februar nachts in Rajasthan recht kühl werden kann. Speziell bei längeren Bus- und Zugfahrten ist zumindest ein **warmer Pullover** oder eine Jacke ratsam. Bei allen Kleidungsstücken sind schweißaufsaugende Naturmaterialien synthetischen Waren vorzuziehen. Auch ein Paar **feste Schuhe** ist bei den oftmals schmutzigen Straßen empfehlenswert. Wer des öfteren in Billigunterkünften mit Gemeinschaftsdusche übernachtet, sollte ein Paar **Badelatschen** dabei haben. Gegen die pralle Sonne hilft eine **Kopfbedeckung** oder alternativ ein **Regenschirm.** Einem Mitteleuropäer mag der Gedanke, sich mit einem Regenschirm vor der Sonne zu schützen, recht albern vorkommen, doch viele Inder machen es genauso. Im Übrigen ist ein Regenschirm während der Monsunzeit ein unverzichtbares Utensil.

Schludrige Kleidung sieht man in Indien generell nicht gern, bei vermeintlich reichen Westlern schon gar nicht. Man sollte also zumindest eine Garnitur gepflegter Kleidung mit sich führen, allein schon, um bei Behördengängen oder privaten Einladungen einen seriösen Eindruck zu hinterlassen. **Lange Hosen** und **langärmelige Oberbekleidung** sind nicht nur zum Besuch von Tempeln, Moscheen und anderen heiligen Stätten angebracht, sondern dienen auch als Schutz vor Moskitos (siehe auch „Praktische Reisetipps A–Z: Verhaltenstipps/Kleidung").

Toilettenartikel

Übliche **Hygieneartikel** wie Shampoo, Zahnpasta, Deo und Rasierschaum sind problemlos und sehr preiswert in Indien zu bekommen. Viele indische Seifen sind recht al-

735ra Foto: tb

Viele westliche Besucher zeigen sich immer wieder überrascht, dass sie vor Betreten eines **Tempels** die **Schuhe ausziehen** müssen. Wer aus hygienischen oder gesundheitlichen Gründen nicht barfuß durch die weitläufigen Hallen, Flure, Höfe und Korridore gehen möchte, die oftmals vom Unrat der zahlreichen Pilger gekennzeichnet sind, sollte stets **„Tempelsocken"** griffbereit haben, mit denen man fast überall problemlos Einlass bekommt.

kalisch, so sollte man auf die etwas teureren ayurvedischen Produkte zurückgreifen, die in fast allen größeren Städten erhältlich sind. Auch Produkte international bekannter Marken sind meist problemlos zu bekommen.

Toilettenpapier ist inzwischen fast im ganzen Land zu bekommen, mit etwa 20 Rs pro Rolle jedoch relativ teuer. Wo es keines gibt, ist man auf die indische Methode angewiesen: einen Wasserkrug in die rechte Hand, säubern mit der linken. Händewaschen wird danach niemand vergessen ...

Tampons sind in Indien relativ unbekannt und wenn vorhanden teuer. Deshalb empfiehlt es sich, genügend von zu Hause mitzunehmen.

Sonnenschutzmittel sind in den größeren Städten erhältlich, allerdings zu einem recht hohen Preis. So schadet es nicht, diese schon aus dem Heimatland mitzubringen.

Während der trocken-heißen Jahreszeit von März bis Juli sind eine **Hautcreme** und ein **Lippenpflegestift** sehr nützlich, da Haut und Lippen sonst sehr schnell spröde werden.

Zum **Schutz vor Mücken** empfiehlt sich die Mitnahme eines entsprechenden Präparates. Es gibt allerdings auch in Indien brauchbare, preiswerte Mittel.

Karten

Eine gute **Landkarte** für die Region ist im world mapping project bei Reise Know-How erschienen: **„Indien Nordwest"** im Maßstab 1:1,3 Mio. Eine Indien-Gesamtkarte im Maßstab 1:2,9 Mio. aus der gleichen Reihe ist ebenfalls erhältlich. Die Karten sind GPS-tauglich und haben ein ausführliches Ortsregister sowie farbige Höhenschichten.

In Indien selbst gibt es in vielen Buchhandlungen eine große Auswahl an Landkarten und **Stadtplänen,** diese sind jedoch meist veraltet und zudem oftmals recht ungenau. Eine Ausnahme bilden die sehr guten, vom Eicher-Verlag herausgegebenen Karten zu Delhi. Nicht kaufen sollte man Pläne von Straßenhändlern, da diese speziell von Touristen meist den doppelten bis dreifachen Ladenpreis verlangen.

Sonstiges

- Wegen der immer wieder auftretenden Stromausfälle ist auf Zugfahrten und bei nächtlichen Spaziergängen eine **Taschenlampe** unverzichtbar.
- **Wasserflasche** und **Wasserentkeimungstabletten** (Mikropur) machen unabhängig vom teuren und im Übrigen auch nicht ganz sicheren Mineralwasser. Zudem produziert man mit dem Kauf von Plastikwasserflaschen auch unnötig Müll.
- **Kondome** schützen nicht nur gegen ungewollte Schwangerschaft und Geschlechtskrankheiten, sondern auch gegen das sich in Indien rasant ausbreitende Aids.

Die indischen Busse der unteren Preisklassen sind meist hart gefedert, die Sitze schlecht gepolstert und die Straßen holprig. Ein **aufblasbares Kissen** lässt einen die Schläge besser ertragen.

- Nicht so sehr als Wärmeschutz, sondern vor allem, um unabhängig von der oftmals nicht gerade persilreinen Bettwäsche in Hotels zu sein, empfiehlt sich ein **Jugendherbergsschlafsack** – auch auf Nachtfahrten im Zug von großem Vorteil.
- In Hotels sollte man sein Zimmer mit einem eigenen **Vorhängeschloss** versperren. Auch ein kleineres Schloss für den Rucksack ist sinnvoll. Will man sein Gepäck in der Gepäckaufbewahrung eines Bahnhofs abgeben, wird die Annahme oft verweigert, wenn das Gepäckstück nicht verschlossen ist.

- Zum Schälen von Obst, Öffnen von Flaschen, Schneiden von Brot – das **Schweizermesser** ist immer noch die Allzweckwaffe eines jeden Travellers (beim Flug nicht im Handgepäck verstauen!).
- Wer seine Wäsche selbst waschen möchte, sollte eine **Wäscheleine** nebst einigen Klammern mitnehmen. Hierzu gehört auch ein **Waschbeckenstopfen,** um nicht ständig bei laufendem Wasser waschen zu müssen.
- In Hotelzimmern, auf langen Zugfahrten und in vielen anderen Situationen sind im lauten Indien **Ohrenstöpsel** von unschätzbarem Wert.
- Zur sicheren Verwahrung von Papieren, Geld und Tickets: **Bauchgurt, Brustbeutel** und **Geldgürtel** mit Sicherungsverschluss.
- **Weiteres:** mehrere Passfotos, Sonnenbrille, Ersatzbrille für Brillenträger, Tagesrucksack, Sprachführer Englisch/Deutsch und Deutsch/Hindi, Nähzeug, Sicherheitsnadeln, Bindfaden, Ladegerät für Batterien, Wecker, Kopien von Pass, Reiseschecks und Tickets.

Warnung vor Tollwut

Eine häufig unterschätzte Gefahr stellt die Ansteckung durch Tollwut dar, denn Indien weist die **weltweit höchste Tollwutrate** auf. Dies ist umso alarmierender, als für jeden Indienreisenden der Anblick streunender, übel zugerichteter Hunde zum Alltag gehört. Dementsprechend hört man immer wieder von Reisenden, die von Hunden gebissen wurden. Nach einem Biss ist die Wunde sofort mit fließendem Wasser, Seife und – falls vorhanden – Wasserstoffsuperoxyd zu reinigen. Danach muss so schnell wie möglich ein Arzt aufgesucht werden. Da Tollwut häufig tödlich verläuft, empfiehlt es sich dringend, bereits vor Reiseantritt eine **Impfung** durchführen zu lassen!

Gesundheitsvorsorge

Der Hauptgrund, warum viele Indienreisende krank werden, ist, dass sie Angst haben, krank zu werden. Dritte-Welt-Länder im Allgemeinen und Indien im Speziellen rufen im Westen immer noch Angst vor Ansteckung und Krankheiten hervor. Es besteht aber kein Grund zu meinen, dass nur deshalb, weil man auf dem Subkontinent Urlaub macht, die Krankheitsgefahr besonders hoch ist. Man sollte nämlich – wie bei jeder Reise – insbesondere in der ersten Woche nach dem Motto „weniger wäre mehr gewesen" nicht gleich von einer Sehenswürdigkeit zur nächsten reisen, sondern Geist, Körper und Seele **Zeit zur Eingewöhnung** lassen. Das ist viel wichtiger, als sich mit unzähligen Medikamenten vollzustopfen, die den Körper nur noch zusätzlich belasten.

Im Übrigen sind es nicht die klassischen Tropenkrankheiten, sondern ganz banale Unpässlichkeiten wie Erkältungen oder Magen-Darmerkrankungen, die einem das Reisen in Indien zuweilen erschweren. Man schützt sich am besten, indem man sich den Hals und das Gesicht vor dem Betreten eines klimatisierten Raumes oder Busses abtrocknet und einen Pullover anzieht und sich bei allzu scharfen Gerichten zunächst zurückhält.

Weitergehende Informationen zum Thema Gesundheit finden sich im Kapitel „Reisetipps A–Z, Medizinische Versorgung" und im Anhang unter **„Reise-Gesundheits-Information Indien".**

Impfungen

Für Indien sind keine Impfungen vorgeschrieben, es sei denn, man reist aus einem Gelbfieber-Gebiet ein. In jedem Fall sollte man sich frühzeitig vor Reisebeginn (ca. zwei Monate) bei einem Arzt oder Tropeninstitut über empfohlene Impfungen und besonders auch Malariaschutz informieren.

Reiseapotheke

Neben den Medikamenten, die man sowieso regelmäßig einnehmen muss, sollten die folgenden Mittel auf jeden Fall im Gepäck sein:

- **Mückenschutz**

- **Mittel gegen** Schmerzen/Fieber, Durchfall, Übelkeit/Erbrechen, Allergie und Juckreiz, Insektenstiche
- **Antibiotika, antibiotische Salbe**
- **Wundsalbe**
- **Desinfektionsmittel**
- **Augentropfen**
- **Zur Wundversorgung:** Mullbinden, Heftpflaster, Wundpflaster, elastische Binden, Alkoholtupfer, steril verpackt, Sicherheitsnadeln und Pinzette, möglichst steril verpackt
- **Fieberthermometer**

AIDS

Gemäß Berichten der WHO (Weltgesundheitsbehörde) steht Indien vor einer **AIDS-Epidemie,** die afrikanischen Verhältnissen in keiner Weise nachstehen wird. Derzeit sind, offiziellen Statistiken zufolge, etwa 2,3 Mio. Personen HIV-infiziert, die Dunkelziffer liegt wohl um einiges höher.

Die aus diesen Zahlen zu ziehenden Konsequenzen dürften auf der Hand liegen. Aufgrund der weit verbreiteten Furcht vor der Krankheit erlebt Indien derzeit einen wahren **Kondom-Boom.** Gab es früher nur die unbeliebten, billigen „Government-Gummis" namens *Nirodh,* so sind heute einige Dutzend Marken im Angebot. Eine nennt sich passenderweise *Kama Sutra,* nach dem alten indischen Liebeshandbuch.

Versicherungen

Für alle abgeschlossenen Versicherungen sollte man die **Notfallnummern notieren** und mit der **Policenummer** gut aufheben! Bei Eintreten eines Notfalles sollte die Versicherungsgesellschaft sofort telefonisch verständigt werden!

Der Abschluss einer **Jahresversicherung** ist in der Regel kostengünstiger als mehrere Einzelversicherungen. Günstiger ist auch die **Versicherung als Familie** statt als Einzelpersonen. Hier sollte man nur die Definition von „Familie" genau prüfen.

503ra Foto: tb

Auslandskrankenversicherung

Die Kosten für eine ärztliche Behandlung in Indien werden von den gesetzlichen Krankenversicherungen in Deutschland und Österreich nicht übernommen, daher ist der Abschluss einer privaten Auslandskrankenversicherung unverzichtbar.

Bei Abschluss der Versicherung – die es mit bis zu einem Jahr Gültigkeit gibt – sollte auf einige Punkte geachtet werden. Zunächst sollte ein **Vollschutz ohne Summenbeschränkung** bestehen, im Falle einer schweren Krankheit oder eines Unfalls sollte auch der Rücktransport übernommen werden. Diese Zusatzversicherung bietet sich auch über einen Automobilclub an, insbesondere wenn man bereits Mitglied ist. Sie bietet den Vorteil billiger Rückholleistungen (Helikopter, Flugzeug) in extremen Notfällen.

Wichtig ist auch, dass im Krankheitsfall der Versicherungsschutz über die vorher festgelegte Zeit hinaus automatisch verlängert wird, wenn die Rückreise nicht möglich ist.

Schweizer sollten bei ihrer Krankenversicherungsgesellschaft nachfragen, ob die Auslandsdeckung auch für Indien inbegriffen ist. Sofern man keine Auslandsdeckung hat, kann man sich kostenlos bei Soliswiss (Gutenbergstr. 6, 3011 Bern, Tel.: 031-3810494, www.soliswiss.ch) über mögliche Krankenversicherer informieren.

Zur Erstattung der Kosten benötigt man ausführliche **Quittungen** (mit Datum, Namen, Bericht über Art und Umfang der Behandlung, Kosten der Behandlung und Medikamente).

Andere Versicherungen

Ob es sich lohnt, weitere Versicherungen abzuschließen wie eine Reiserücktrittsversicherung, Reisegepäckversicherung, Reisehaftpflichtversicherung oder Reiseunfallversicherung, ist individuell abzuklären. Gerade diese Versicherungen enthalten viele Ausschlussklauseln. Die **Reiserücktrittsversicherung** lohnt sich nur für teure Reisen und für den Fall, dass man vor der Abreise einen Unfall hat, schwer erkrankt, schwanger wird, gekündigt wird oder nach Arbeitslosigkeit einen neuen Arbeitsplatz bekommt, die Wohnung abgebrannt ist u.Ä. Es gelten hingegen nicht: Terroranschlag, Streik, Naturkatastrophe etc.

Die **Reisegepäckversicherung** lohnt sich seltener, da z.B. bei Flugreisen verlorenes Gepäck oft nur nach Kilopreis und auch sonst nur der Zeitwert nach Vorlage der Rechnung ersetzt wird. Wurde eine Wertsache nicht im Safe aufbewahrt, gibt es bei Diebstahl keinen Ersatz. Kameraausrüstung und Laptop dürfen beim Flug nicht als Gepäck aufgegeben worden sein. Gepäck im unbeaufsichtigt abgestellten Fahrzeug ist ebenfalls nicht versichert. Die Liste der Ausschlussgründe ist endlos. Überdies deckt häufig die Hausratversicherung schon Einbruch, Raub und Beschädigung von Eigentum auch im Ausland. Für den Fall, dass etwas passiert ist, muss der Versicherung als Schadensnachweis ein **Polizeiprotokoll** vorgelegt werden.

Hat man eine **Unfallversicherung,** sollte man prüfen, ob diese im Falle plötzlicher Arbeitsunfähigkeit aufgrund eines Unfalls im Urlaub zahlt. Auch durch manche (Gold-) **Kreditkarten** ist man für bestimmte Fälle schon versichert. Die Versicherung über die Kreditkarte gilt jedoch meist nur für den Karteninhaber.

> ! Wer sich schon zu Hause in großen Städten nicht wohl fühlt, sollte sie in Indien erst recht meiden. Menschenmassen, Luftverschmutzung, Dreck, Elend, Hektik, Lärm – all die negativen Begleiterscheinungen urbaner Entwicklung sind in Indien, wo so etwas wie Stadtplanung kaum existiert, besonders ausgeprägt. Vor allem zu Beginn einer Reise, wenn Klima-, Zeit- und Essensumstellung schon genug Anpassungsschwierigkeiten bereiten, empfiehlt es sich, nur so kurz wie irgend möglich in Städten wie Delhi zu bleiben. Hat man die ersten Wochen der Eingewöhnung hinter sich, sind Geist und Seele besser auf die Negativaspekte vorbereitet.

Heritage Hotel in Rajasthan

302ra Foto: tb

Praktische Reisetipps von A bis Z

013is Foto: tb

003is Foto: tb

Tee und Gebäck am Ende eines langen Tages in der Wüste

Chili – indischer Scharfmacher, der ursprünglich aus Südamerika stammt

Die Autoriksha – das Taxi des kleinen Mannes

Behinderte

Indien gilt zu Recht als eines der für Individualtouristen am schwierigsten zu bereisenden Länder der Erde. Um so problematischer gestaltet sich eine Reise für Rollstuhlfahrer. Das allgemeine Durcheinander auf Bahnhöfen und Straßen, die Mühen beim Besteigen eines Busses oder Zuges, ganz zu schweigen von den fast ständig hoffnungslos überfüllten öffentlichen Verkehrsmitteln – dies alles macht eine Indienreise für Behinderte zu einem kaum zu bewältigenden Unterfangen. Wie in fast allen Ländern Asiens sind in Indien behindertengerechte **Einrichtungen fast völlig unbekannt.** Herabgesenkte Bordsteinkanten, Rampen oder Aufzüge findet man nur äußerst selten. Dies ist um so problematischer, als viele Tempel und Pagoden auf Hügeln oder in unwegsamen ländlichen Gebieten errichtet wurden. Die **Hilfsbereitschaft** der Inder lässt zwar viele Hindernisse überwinden, doch ohne eine mitreisende Begleitperson, die sich ganz in den Dienst des Behinderten stellt, muss von einer Indienreise abgeraten werden.

- Ein **Reiseveranstalter,** der sich auf Reisen mit Behinderten in Indien spezialisiert hat, ist die in Jaipur ansässige Agentur Aasma Tours (www.aasmatoursandtravels.com).

Einkaufen und Souvenirs

Während Bangkok, Hongkong und Singapur als Einkaufsparadiese weltweit bekannt sind, gibt es wohl kaum ein anderes Land dieser Erde, welches eine derartige **Auswahl an Handwerkskunst** zu bieten hat wie Indien. Jede einzelne der vielfältigen Ethnien des Landes hat ihre eigene Handwerkstradition entwickelt, wobei die unterschiedlichsten Materialien Verwendung finden. Dem Lockruf von Gold, Silber, Juwelen, Seide und Marmor folgten schon vor Jahrtausenden die Kaufleute aus Übersee, die ganze Schiffsladungen mit nach Hause nahmen. Etwas bescheidener gibt sich da der neuzeitliche Tourist, doch wie die übervollen Koffer und Taschen beim

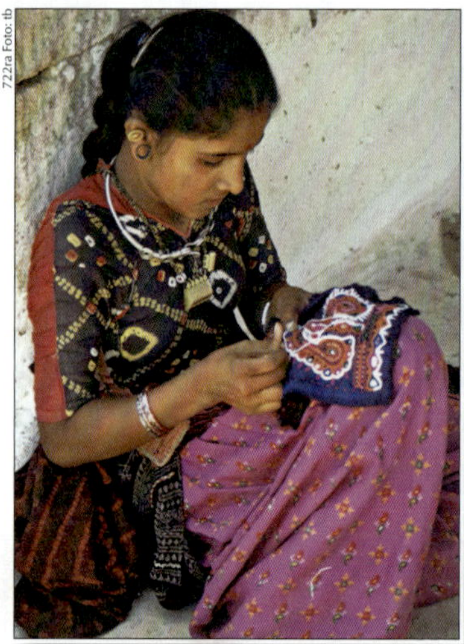

722ra Foto: tb

Kleidung mit eingenähten Spiegelornamenten – typisch für Rajasthan

Rückflug belegen, kann auch er dem reichlichen Angebot nur schwerlich widerstehen.

Allerdings steht der Neuankömmling ob dieser großen Auswahl zunächst einmal vor der Qual der Wahl. Den besten Ort, um sich einen **Überblick** zu verschaffen, bieten die sogenannten *government cottages* oder *emporiums,* staatliche Läden, von denen sich die größten und schönsten in Delhi befinden. Hier werden auf überschaubarem Raum hochwertige Produkte aus ganz Indien zu festgesetzten Preisen angeboten. Selbst für diejenigen, die nicht kaufen wollen, empfiehlt sich ein Besuch, gewinnt man doch hier einen verlässlichen Anhaltspunkt über das Preisniveau und hat so später beim Handeln auf Basaren und Geschäften eine bessere Ausgangsposition.

Selbstverständlich ist, dass derjenige, der sich von einem **Schlepper** in den Laden locken lässt, einen z.T. erheblichen Aufpreis zu zahlen hat. Dies ist vor allem in Touristenorten wie Agra oder Jaipur zu bedenken.

Erübrigen sollte sich eigentlich der Hinweis, dass **Tierfelle, Elfenbeinarbeiten, Korallen** und Ähnliches als Souvenir absolut tabu sind. Die Einfuhr solcher Produkte ist in Deutschland strafbar.

Schmuck

Nicht nur viele indische Frauen, für die er eine Kapitalanlage für das Alter darstellt, sondern auch eine Großzahl westlicher Reisender kaufen gern und häufig Schmuck. Besonders beliebt ist dabei der schwere **Nomadenschmuck aus Rajasthan** und der filigranere **Silberschmuck der Tibeter.** Gerade wegen seiner Beliebtheit bei westlichen Touristen ist er inzwischen über das ganze Land verteilt in Geschäften zu erhalten. Wie die oftmals extrem niedrigen Preise vermutem lassen, ist dabei vieles, was als reines Silber angeboten wird, kaum mehr als billiges Metall. Wen das jedoch nicht stört, der findet besonders in Jaipur und Pushkar eine große Auswahl.

Jaipur ist auch die Hochburg für die **Edelsteinverarbeitung.** Großhändler aus aller Welt decken sich hier ein. Der verführerische Schein der edlen Klunker hat schon manchen Touristen tief in die Tasche greifen lassen, der später enttäuscht feststellen musste, dass der Edelstein eine billige Glaskopie war. Am größten ist die Gefahr, minderwertige oder unechte Ware angeboten zu bekommen, bei den fliegenden Händlern. Wer führt schon Rubine und Saphire in einem schäbigen Holzkoffer mit sich?

Brillen

Indien ist ein Schlaraffenland für Brillenträger. Zu einem Bruchteil des Preises in Europa können sowohl **Brillenrahmen** wie auch gute **Gläser,** auch aus Kunststoff, gekauft werden. Die Auswahl an ansprechenden Rahmen ist groß. Die Brille ist häufig bereits am Tag der Anprobe oder am nächsten fertig. Zu empfehlen sind Verkaufsketten wie *Frames and Lense,* aber auch viele Einzelhandelsoptiker haben große Auswahl. Auch **Kontaktlinsen** der international bekannten Firmen sind sehr preiswert zu haben.

Teppiche

Einen weltweit hervorragenden Ruf genießen **Kashmirteppiche,** doch auch in Rajasthan existiert eine lebhafte und qualitativ hoch stehende Teppichproduktion. Aufgrund des faktischen Zusammenbruchs des Tourismus in Kashmir finden sich viele kashmirische Händler über ganz Indien verteilt, sodass das Angebot sehr vielfältig ist.

Bereichert wird die Palette noch durch die tibetanische Exilgemeinde in Indien, die auf eine lange Teppichknüpftradition zurückschauen kann. Viele westliche Touristen bevorzugen **tibetanische Teppiche** wegen der charakteristischen farblichen Gestaltung.

Entscheidende **Qualitätsmerkmale** und damit preisbestimmend sind neben den verwendeten Materialien (Wolle, Seide und eine Mischung aus beidem) die Knotendichte, Knotenart und die verwendeten Farben (natürlich oder synthetisch). Ärgerlich ist es jedoch, nach der Rückkehr im Heimatland festzustellen, dass der lokale Großhändler den gleichen Teppich, den man im Urlaubsland gekauft hat, 20 % billiger anbietet. Gerade bei Teppichen eine nicht selten gemachte Erfahrung. Daher ist es ratsam, vor Abflug die Preise zu Hause zu checken.

Antiquitäten

Ein Land mit einer derart reichen Vergangenheit an Kunsthandwerk und pompösen Herrscherhäusern, die ihre Paläste bis unters Dach vollstopften mit antiken Kostbarkeiten, müsste eigentlich eine Fundgrube für Antiquitätenliebhaber sein. Ist es auch, doch hat die Sache zwei Haken: Zum einen ist die Ausfuhr von Gegenständen, die älter als 100 Jahre sind, nur mit einer **Sondergenehmigung** erlaubt und zweitens ist der einstmals so reiche Markt inzwischen von ausländischen Händlern so gut wie abgegrast. Zwar sind die Antiquitätenläden in Delhi noch immer gut bestückt, doch vieles von dem, was dort angeboten wird, ist nicht viel mehr als eine, allerdings z.T. hervorragende Imitation. **Altersschätzungen** ebenso wie **Ausfuhrgenehmigungen** kann man beim *Archaeological Survey of India* in Mumbai, Srinagar und Kalkutta einholen.

Malerei

Kaum eine andere Kunstart hat einen derartigen Aufschwung durch den Tourismus genommen wie die **Miniaturmalerei,** die nach dem Untergang der alten Rajputenreiche lange Zeit in Vergessenheit geraten war. Zwar werden die Miniaturbilder inzwischen wegen ihrer Beliebtheit vielerorts angeboten, doch die größte Auswahl hat man nach wie vor in ihrem Heimatland Rajasthan. Auch hier variiert die Qualität erheblich, wobei neben der Detailgenauigkeit auch die verwendeten Farben und das Material eine Rolle spielen. Neben den auf Bürgersteigen in Delhi angebotenen Massenprodukten aus reinem Papier, die für 200 bis 300 Rupien pro Stück zu haben sind,

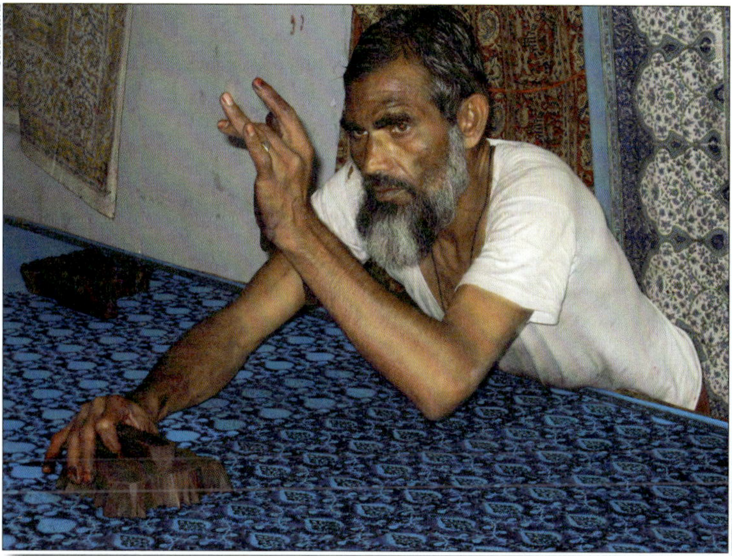

gibt es auch exquisite Einzelstücke aus Seide, die ein kleines Vermögen kosten. Vorsicht ist auch hier wieder bei angeblich antiken Bildern geboten.

Holz- und Metallarbeiten

Jeder staatliche Laden führt eine große Abteilung von Holzarbeiten, wobei es eine riesige Variationsbreite in Größe, Form und Material gibt. Von winzigen, besonders in Kashmir hergestellten, oftmals lackbemalten Schmuckkästchen über Paravents und Möbelgarnituren bis zu Elefanten im Maßstab 1 zu 1 reicht die Bandbreite des Angebots. Besonders beliebt sind die ausdrucksstarken indischen **Götterskulpturen** wie Kali, Krishna oder Vishnu, die es sowohl aus edlem Sandel- oder Rosenholz geschnitzt als auch in Metall gegossen gibt.

Bedrucken von Stoff
mit Hilfe der Holzblocktechnik

Vielfach werden einem von privater Hand **alte Tempelschnitzereien** angeboten. So schön diese auch manchmal sein mögen, man sollte von dem Kauf auf jeden Fall Abstand nehmen, unterstützt man doch andernfalls den eh schon verheerenden Handel mit gestohlenen Tempelschätzen und trägt so aktiv zum Ausverkauf einer jahrhundertealten Kultur bei.

Kleidung und Lederwaren

Indien bietet eine große Auswahl an qualitativ hochwertigen Kleidungsstücken. Auch hier profitiert das Land wieder von seiner territorialen Größe und ethnischen Vielfalt. Kashmir ist berühmt für seine **Wolle** und **Schals,** Assam für seine **wilde Seide,** Varanasi für seine **Brokatseide,** Rajasthan und Gujarat für seine eingearbeiteten **Spiegelornamente.** Daneben gibt es noch unzählige andere Varianten. Neben dieser lokalen Tradition ist Indien jedoch auch Heimat der größten Textilindustrien der Erde mit einem hohen Exportanteil.

Moderne Kleidung in vorzüglicher Qualität findet sich in guten Geschäften der Metropolen, aber auch vieler Mittelstädte zu einem Bruchteil des Preises in Europa – eine günstige Möglichkeit, sich vor dem Rückflug noch einmal rundum einzukleiden. Gleiches gilt für **Schuhe.** Für etwa 40 € bekommt man bereits erstklassige Qualität.

Extrem billig ist auch die **Maßanfertigung** bei einem Schneider – ein Luxus, den man sich bei uns kaum noch leisten kann. Allerdings scheinen viele Schneider mit der modischen Entwicklung nicht ganz mitgehalten zu haben und pflegen einen etwas antiquierten Schnitt. Außerdem lässt die Verarbeitungsqualität manches Mal zu wünschen übrig. Ein Katalogfoto des gewünschten Anzuges und genügend zeitlicher Spielraum für Reklamationen ist also angebracht.

Die meisten der vor allem in Delhi angebotenen **Lederjacken** und **Taschen** stammen aus Kashmir und variieren stark in Preis und Qualität. Wer sich Zeit nimmt, kann immer noch eine hübsche Lederjacke für 40 € ergattern. Doch so etwas soll es ja auch im Winterschlussverkauf in Deutschland geben.

Elektrizität

Wie in Europa wird in Indien Wechselstrom von 230 bis 240 Volt und 50 Hz benutzt. Elektrogeräte wie Rasierapparat, Radio oder Akkuladegerät können also problemlos betrieben werden. Vielfach finden dreipolige Steckdosen Verwendung, mit denen jedoch nicht alle europäischen Zweipolstecker kompatibel sind. Will man ganz sicher gehen, empfiehlt sich die Mitnahme eines internationalen **Adapters,** der für wenig Geld in Elektrogeschäften erhältlich ist. Da **Stromausfälle** besonders am frühen Abend in Indien immer noch vorkommen, gehört eine **Taschenlampe** zur Standardausrüstung jedes Indienreisenden.

Essen und Trinken

Indische Küche

Neben der chinesischen und thailändischen hat sich die indische Küche hierzulande zur beliebtesten asiatischen Küche entwickelt. So wissen inzwischen viele, dass sich hinter dem Wort Curry nicht ein Gewürz, sondern eine höchst aufwendige Kräuter- und Gewürzmischung verbirgt.

Manche Vorurteile hingegen halten sich nach wie vor hartnäckig. So z.B. jenes, dass indisches Essen grundsätzlich scharf sei, Reis das Hauptnahrungsmittel darstelle und Tee das beliebteste Getränk ist. Richtig hingegen ist, dass im Norden eher würzig als scharf gegessen wird und Brot die eigentliche Nahrungsgrundlage bildet, während man im Süden wesentlich mehr Kaffee als Tee trinkt.

Ursache für diese regionalen Unterschiede sind die verschiedenen historischen Prägungen und unterschiedlichen klimatischen Bedingungen der beiden Landesteile. Der klimatisch kühlere Norden ist auch heute noch stark beeinflusst durch die sechshundertjährige muslimische Fremdherrschaft, die bekanntlich im tropischen Süden nie so recht Fuß fassen konnte. Als Folge hiervon findet man in Nordindien auch die Küche der Moguln, verhältnismäßig schwere, fettreiche Kost mit viel Fleisch, während im Süden vegetarisches und leichteres, aber auch schärferes Essen bevorzugt wird. So findet man eine Vielfalt an Gerichten und Geschmackserlebnissen, die einmalig ist.

Warum es dennoch immer wieder Touristen gibt, die sich während ihrer gesamten Indienreise mit Spaghetti, Fried Rice und Pommes Frites durchschlagen, ist mir wirklich schleierhaft. Überdies schmeckt **westliches Essen in Indien** fast immer langweilig bis lausig und ist zudem um ein Vielfaches teurer als das einheimische.

Gesundheitliche Gründe können bei der selbstauferlegten Abstinenz auch keine Rolle spielen. Hält man sich an einige einfache Grundregeln, wie keine rohen Salate und kein rohes Gemüse und Schweinefleisch zu essen bzw. das in fast allen Restaurants bereitgestellte Trinkwasser zu meiden, dann sind Gaumenfreuden in Indien genauso unbedenklich wie in Thailand, Hongkong oder Singapur.

Restaurants

Im Unterschied zu vielen anderen Ländern Südostasiens wie etwa Thailand, Malaysia oder Indonesien, in denen man an fast jeder Straßenecke über mobile Garküchen stolpert, kann es in kleineren Orten Indiens vorkommen, dass man erst einmal längere Zeit suchen muss, um seinen Hunger stillen zu können. Zwar finden sich auch in Indien viele **Essensstände,** doch diese offerieren meist nur kleinere Snacks bzw. Süßigkeiten.

Als Helfer in der Not bieten sich da *dhabas* bzw *bhojanalayas* (wörtl.: „Ort der Speise") an, sehr einfache, meist zur Straße hin offene Lokale, die sich vor allem um Bahnhöfe gruppieren. Die einzelnen Gerichte befinden sich in großen Töpfen, unter denen ständig eine Gasflamme brennt. Zwar sind sie äußerst preisgünstig, doch aufgrund der ununterbrochenen Erhitzung oft auch etwas fad im Geschmack. Zudem hat man ihnen die meisten Vitamine regelrecht ausgebrannt.

Eine preiswerte Alternative bieten die häufig allerdings sehr schlichten **Bahnhofsrestaurants,** in denen man selten mehr als 50 Rupien für ein sättigendes Mahl berappen muss. Englische Speisekarten sind in diesen Restaurants zwar nicht die Regel, kommen aber mehr und mehr in Gebrauch. Oftmals wird an der Kasse speziell für Besucher eine bereitgehalten. Diese Speisekarten haben jedoch zuweilen den Nachteil, dass dort nur solche Gerichte aufgeführt sind, die man dem westlichen Gaumen für würdig empfindet. Dabei fehlen oft gerade die so schmackhaften lokalen Spezialitäten. Manchen dieser Speisekarten fehlen jegliche Preisangaben. In diesem Fall sollte man vor der Bestellung den zu zahlenden Betrag abklären, um späteren Missverständnissen vorzubeugen.

Der **Service** ist bei all diesen Restaurants eher bescheiden, manchmal geradezu unfreundlich. Essen wird in Indien in erster Linie als notwendige Nahrungszufuhr verstanden und weit weniger als kulturelles Erlebnis. So strahlen viele Restaurants den Charme einer Bahnhofshalle aus. Kaum hat man den letzten Bissen heruntergeschluckt, wird einem die Rechnung unter die Nase gehalten.

In den letzten Jahren hat in den Metropolen und Touristenhochburgen eine Vielzahl von exzellenten **Nobelrestaurants** ihre Pforten geöffnet. Die Klientel setzt sich dabei in erster Linie aus der indischen Mittel- und Oberschicht sowie Geschäftsleuten zusammen – ausländische Touristen sind eher die Ausnahme. Preis und Leistung sind gleichermaßen hoch und entsprechen zum Teil schon internationalem Standard. Das gleiche gilt für die Restaurants der First-Class-Hotels in den Großstädten, bei denen besonders die üppigen Mittags- und Abendbuffets zu empfehlen sind.

Wie wird gegessen?

Einen Kulturschock besonderer Art erleben Europäer, wenn sie das erste Mal ein einheimisches Restaurant betreten und sehen, dass in Indien traditionell **mit der Hand gegessen** wird. Das wirkt auf viele zunächst reichlich unappetitlich. Es sei jedoch daran erinnert, dass es umgekehrt den Indern nicht anders ergeht, wenn sie die zivilisierten Europäer mit solch martialischen Metallwerkzeugen wie Messer und Gabel im Essen herumstochern und -schneiden sehen.

Letztlich ist es eine Geschmacksache, und so wird es in Indien auch praktiziert. In fast jedem Restaurant wird dem westlichen Touristen selbstverständlich **Besteck** ausgehändigt, und so kann man an seinen alten Gewohnheiten festhalten. Im Übrigen wird auch in den höherklassigen Hotels inzwischen von vielen Indern mit Messer und Gabel gegessen.

Einige üben sich dennoch, zunächst aus Neugierde, in der indischen Art der Nahrungsaufnahme und stellen dabei überrascht fest, dass das Essen so viel besser schmeckt. Wer zum ersten Mal mit den Fingern isst, wird sich dabei zunächst wahrscheinlich recht ungeschickt anstellen und nicht so recht wissen, wie er die Speisen in den Mund bekommt, ohne sich zu bekleckern, doch eigentlich ist es recht

723ra Foto: tb

Knoblauch und Chilis sind Grundbestandteile der indischen Küche

einfach: Man bildet mit den Fingern der rechten Hand (die linke Hand gilt als unrein, da in Indien traditionell kein Toilettenpapier benutzt wird – seinen Zweck erfüllen ein Krug Wasser und die linke Hand) eine Rinne, in der man die Mahlzeit mit dem Daumen in den Mund schiebt. Vor wie nach dem Essen säubert man die Hände in dem in jedem Restaurant speziell dafür bereitstehenden Waschbecken.

Gewürze

Indiens Ruf als Heimat einer der besten Küchen der Erde beruht auf der unvergleichlichen Anzahl unterschiedlicher Gewürze. Dafür war Indien im Westen schon seit alter Zeit berühmt. Namen wie Pfeffer, Kardamom, Zimt und Ingwer übten auf die europäischen Kaufleute eine ähnliche Faszination aus wie Gold und so sandten sie ihre Schiffe rund um den Erdball, um die heiß begehrten Gewürze zu finden.

Curry, jener Begriff, der heute als Synonym für die indische Küche gilt, stand jedoch nicht auf ihren Fahndungslisten verzeichnet. Das konnte er auch nicht, gab es den Begriff zu jener Zeit doch noch gar nicht. Erst die englischen Kolonialherren machten aus dem *karhi* – was lediglich Soße bedeutet – jenes Einheitsgewürz, als welches es inzwischen weltweit bekannt ist. In Indien selbst ist unser „Curry“ als *garam masala* bekannt. Man muss den Briten, deren Beitrag zur internationalen Küche bekanntlich recht unbedeutend ist, allerdings zugestehen, dass sie von Anfang an überfordert waren, die überaus raffinierte und komplizierte Küche Indiens zu verstehen.

Im Grunde gibt es Hunderte verschiedener *karhis*. Die Mischung der verschiedenen Gewürze ist das große Geheimnis jeder indischen Hausfrau. Bei all ihrer Unterschiedlichkeit beinhalten fast all diese geheimnisvollen Mixturen Koriander, Zimt, Kümmel, Nelken, Kardamom und Pfeffer. Die gelbe Färbung erhält Curry durch den Gelbwurz (*haldi*), eine medizinische Pflanze, die desinfizierend wirkt. Jedes indische Gericht hat sein spezielles *masala* (Gewürzmischung), denn es ist die Auswahl, die Menge und die Mischung der einzelnen Gewürze, die den individuellen Geschmack eines Gerichtes ausmachen.

Eine kulinarische Entdeckungsreise in Indien ist schon deshalb mit einem „Risiko" verbunden, weil sich hinter jedem *masala* oder *curry* ein anderer Geschmack – und Schärfegrad – verbergen kann. Es kommt halt ganz auf die Mischung an.

Brot

Wie schon erwähnt, ist des Nordinders täglich Brot nicht, wie vielfach angenommen wird, Reis, sondern – Brot. Auf jeder Speisekarte Nordindiens findet sich eine Vielzahl dieser Fladenbrote.

Fladenbrotsorten

- **Chapati** ist die einfachste, populärste und billigste Brotsorte. Im Grunde ist es nichts weiter als ein dünner, auf heißer Herdplatte gebackener Fladen aus Wasser und Mehl.
- **Paratha** sieht im Gegensatz zum dünnen, knusprigen Fladenbrot eher wie ein dicklicher Pflaumenkuchen aus. Der Vollkornfladen wird mit geklärter Butter **(ghi)** in der Pfanne gebacken und oft mit einer Kartoffelfüllung angeboten **(alu paratha).**
- **Puris** sind Fladen aus Mehl, Wasser und Salz, die in Öl schwimmend gebacken werden, wobei sie sich aufblähen wie Luftballons. Keine sehr weit verbreitete Variante, dafür um so schmackhafter.
- **Nan** ist dagegen wesentlich fettärmer, da es im Tonofen **(tandur)** bei offenem Feuer gebacken wird. Das große dreieckige Fladenbrot gibt es in verschiedenen Varianten, so z.B. mit Butter bestrichen **(butter nan)** oder mit Käse gefüllt **(cheese nan).**
- **Papad** (oder **papadam)** ist ein hauchdünner, oftmals scharf gewürzter Fladen, der meist als Appetitanreger vor der Hauptmahlzeit serviert wird.

Reis

Obwohl der Reis im Norden als Grundnahrungsmittel nicht die dominierende Stellung einnimmt wie im Süden, ist er natürlich trotzdem überall selbstverständlicher Bestandteil des Speiseplans. Es gibt ihn in den vielfältigsten Varianten vom *plain rice* über den besonders bei Travellern beliebten *fried rice* bis zu den *biriyanis*. Dies ist eine köstliche Reis-Gemüse-Mischung, die mit Nüssen und Trockenfrüchten wie z.B. Rosinen angereichert wird und häufig auch mit Fleisch, speziell Lamm, serviert wird. Die schlichtere Form des *biriyani*, gedünsteter Reis mit Erbsen, *pulau* oder *pilaw* genannt, wird in Indien gern mit Safran gekocht, was ihm seine charakteristisch gelbliche Farbe verleiht. Der in Europa so beliebte, weil naturbelassene braune Reis ist in Indien weitgehend unbekannt. Nur die Nachfrage in Touristenorten hat dort den für das indische Auge schmutzigen Reis salonfähig gemacht.

Vegetarisches Essen

Kein anderes Land bietet eine derartige Vielfalt an vegetarischen Köstlichkeiten wie Indien. Hier kann sich das eigentliche Geheimnis der indischen Küche, die unvergleichliche Vielfalt an orientalischen Gewürzen, richtig entfalten. So zaubern indische Köche selbst aus den banalsten Nahrungsmitteln wie Linsen oder Kartoffeln himmlische Leckerbissen. Da verwundert es nicht, dass viele Reisende sich während ihrer mehrmonatigen Indienrei-

sen zu reinen Vegetariern wandeln. Der Umstieg auf fleischlose Kost wird einem außerdem noch dadurch versüßt, dass sie die Reisekasse weit weniger belastet als Fleischliches. Ein köstliches und magenfüllendes vegetarisches Gericht ist fast überall für weniger als umgerechnet einen Euro zu bekommen.

Das meistgegessene vegetarische Gericht der Inder ist **Thali.** Hierbei handelt es sich um eine reichhaltige Mahlzeit, die auf einem Metallteller serviert wird. Um den in der Mitte angehäuften Reis sind kleine Metallschälchen platziert, die verschiedene Currys, Gemüse, scharfe *pickles* und würzige Soßen enthalten. Das alles wird mit der (rechten!) Hand zu einem äußerst schmackhaften Gemisch vermengt. Meist kosten diese magenfüllenden Gerichte nicht mehr als 60 Rs. In fast jeder Stadt gibt es ein Restaurant, welches ausschließlich *thali* serviert.

Vegetarische Gerichte

- **Alu Dum –** Kartoffel-Curry
- **Alu Ghobi –** Kartoffeln und Blumenkohl
- **Matter Paneer –** Erbsen und Käse
- **Palak Paneer –** Spinat und Käse
- **Shahi Paneer –** Rahmkäse in Sahnesoße, Rosinen und Mandeln
- **Dhal –** Linsenbrei (Allerweltsgericht)
- **Baigan Pora –** Gebratene Aubergine
- **Navratan Korma –** Gemüse und Fruchtmischung mit würziger Soße
- **Malai Kofta –** Gemüsebällchen in Sahnesoße
- **Shahi Mirch –** Gefüllte Paprikaschote in pikanter Soße

Fleisch

In einem Land, in dem täglich Millionen von Menschen nur mit Mühe ein karges Mahl auf den Teller bekommen, bedarf es keiner großen Fantasie, um sich auszumalen, wie es um die Gesundheit der meisten Tiere bestellt ist. Verwundern kann es da kaum, dass so manches vermeintliche Fleischgericht weniger aus Fleisch als aus Haut und Knochen besteht, die in einer fettigen, scharfen Soße herumschwimmen. Im Schatten der dominierenden vegetarischen Küche Indiens fristet die Fleisch enthaltende Kost ein eher kümmerliches Dasein. Hierzu haben auch die unterschiedlichen Essenstabus der verschiedenen Religionsgemeinschaften beigetragen. Allseits bekannt ist, dass die Hindus kein Rindfleisch essen und die Moslems kein Schweinefleisch (welches auch bei den Hindus selten verspeist wird und wegen der Trichinosegefahr auch zu meiden ist).

Während einem als Vegetarier oft gerade in kleinen bescheidenen Lokalen die schmackhaftesten Gerichte serviert werden, sollte man beim Fleisch essen die gehobenen Restaurants vorziehen. Hier sind nicht nur die hygienischen Verhältnisse vertrauenerweckender, sondern die Köche verfügen auch über mehr Erfahrung im Zubereiten von Fleischgerichten, da sich diese der kleine Mann kaum leisten kann. Das gilt besonders für Restaurants, die sich auf die **Mughlai-Tradition** berufen, eine Kochkunst, die mit den Moguln vor über 800 Jahren nach Indien kam und die größte Erfahrung in der nicht-vegetarischen Küche Indiens aufweist.

Fleischgerichte

- **Tandoori** – typisch für Mughlai-Gerichte. Zubereitet wird es im Lehmofen **(tandur).** Das Fleisch wird vorher in Joghurt und Gewürzen mariniert; ein sehr würziges, fettarmes und nicht scharfes Gericht.
- **Vindaloo** – eine südindische Spezialität, die jedoch auch im Norden gern gegessen wird. Ein scharfes, mit Essig zubereitetes, üppiges Gericht.
- **Korma** – Curry-Gericht aus geschmortem Fleisch
- **Kofta** – Hackfleischspieß, meist in Curry zubereitet
- **Sizzler** – eine moderne Kreation: auf glühend heißer Steinplatte serviertes kurz gebratenes Fleisch
- **Tikka** – geschnetzeltes Fleisch ohne Knochen
- **Murgh** – Huhn
- **Gosht** – eigentlich Lammfleisch, oft jedoch auch Ziegenfleisch
- **Kebab** – marinierte Fleischspießchen

Fisch

In den Küstenprovinzen ist der Fisch neben dem Fleisch für Nichtvegetarier die wichtigste Kost. Tunfisch, Garnelen, Krabben, Haifisch und Hummer sind hier ein selbstverständlicher Bestandteil der Speisekarte guter Restaurants – und für einen Bruchteil des hierzulande üblichen Preises zu haben. Im Landesinneren allerdings sind frische Fische eine Rarität, weil dort traditionell wenig Fisch gegessen wird.

Zwischenmahlzeiten

Ideal für kurze Pausen während langer Zug- und Busfahrten sind die überall von kleinen Garküchen auf dem Gehsteig oder vor Bahnhöfen angebotenen Snacks.

Kleine Gerichte

- **Pakora** – gebackene Teigtaschen mit einer scharfen Gemüsefüllung aus Zwiebeln, Blumenkohl, Kartoffelstückchen, Aubergine und vielem mehr.
- **Samosa** – frittierte Teigtaschen mit einer Kartoffelfüllung
- **Dosas** – vor allem in Südindien äußerst beliebte, hauchdünn gebackene, knusprige Teigrollen, gefüllt mit Gemüse
- **Sambar** – leicht säuerliche, mit Gemüse angereicherte Linsensuppe
- **Bombay Bhelpuri** – Puffreis, Linsen, Zwiebeln, Kartoffelpaste, Chilies und gehackte Kräuter, übergossen mit einer Minze- und Tamarindensoße - köstlich!

Süßspeisen

Die Inder lassen ihrer Vorliebe für Süßspeisen besonders beim Nachtisch freien Lauf. Die Auswahl an Nachspeisen und Süßigkeiten ist schier unerschöpflich, wobei Kuh- oder Büffelmilch vielfach die Basis bildet. Sie muss langsam gekocht werden, bis sie eindickt. Zimt, Kardamom, Safran, zerlassene Butter, Nüsse, Rosinen und vor allem viel, viel Zucker sind die wichtigsten Zutaten. Die geläufigsten Sorten kann man auf dem Basar kaufen, umhüllt von hauchdünner Silberfolie und verpackt in bunte Kartons.

Typisch indische Desserts

- **Gulab Jamun** – kleine Bällchen aus dicker Milch, Zucker und Mehl, gewürzt mit Kardamom und Rosenwasser
- **Rosgulla** – Frischkäsebällchen in Sirup
- **Bebinca** – Mischung aus Mehl, Eiern, Kokosnussmilch, Butter und Zucker
- **Kulfi** – Eiscreme mit Pistaziengeschmack
- **Halwa** – Süßigkeit mit Nüssen
- **Shrikhand** – Joghurt mit Safran und Kardamom
- **Chaler Payesh** – Reispudding
- **Barfi** – aus Kokosnuss, Mandeln und Pistazien zubereitet

Rezepte

Die Rezepte für zwei der gängigsten indischen Gerichte sollen Einblick in die Zubereitung indischer Speisen geben. Für das einfache Linsen-Gericht *dhal* gibt es eine Vielzahl von Varianten.

Dhal (Linsen)

Zutaten:

1¾ Tassen (350 g) rote und gelbe Linsen
2 TL Salz
1 TL *turmeric* (Kurkuma)
2–3 getrocknete Chilis
4 Tassen (1 l) Wasser
ein Stück frischer Ingwer
3–4 Knoblauchzehen
1 große Zwiebel
2 EL *ghee* (geklärte Butter)
2 mittelgroße Tomaten, feingehackt
1½ TL *garam masala* (Currygewürz) oder ein mildes, fertiges Currypulver
2–3 EL Doppelrahm

Zubereitung:

Die Linsen gut durchspülen, abtropfen lassen und mit Salz, *turmeric* und getrockneten Chilis in einen Topf geben. Das Wasser dazu gießen und zum Kochen bringen. Die Hitze reduzieren und zwölf Minuten köcheln lassen, bis die Linsen weich sind. Mehrmals abschäumen und dabei die zerbrochenen Linsenpartikel entfernen.

Ingwer, Knoblauch und Zwiebel schälen, fein hacken und in der geklärten Butter drei bis vier Minuten dünsten. Die gehackten Tomaten und das Currygewürz dazu geben und zwei bis drei Minuten schmoren. Überschüssiges Wasser vom *dhal* abgießen oder abschöpfen und zusammen mit der geschmorten Zwiebel-Tomaten-Mischung aufkochen. Den Rahm einrühren, kurz erhitzen und anrichten. Mit Chili-Pulver bestreuen oder mit gehacktem Koriander oder Minze garnieren.

Hähnchencurry

Zutaten:

600 g Hähnchenbrust, in mittelgroße Würfel geschnitten
2 Zwiebeln, in Streifen geschnitten
200 ml Sahne
2 EL Butterschmalz
1 TL Salz
½ TL Chilipulver
1 TL Knoblauchpulver
1 TL Ingwerpulver
½ TL Kurkuma
1 TL Koriander
1 TL Tomatenmark

Zubereitung:

Das in Würfel geschnittene Hähnchenbrustfilet wird in wenig Butterschmalz mit sehr wenig Salz, Knoblauch und Ingwer leicht angebraten. Nicht bräunen!

In einem anderen Topf wird die Currysoße zubereitet: Im restlichen Butterschmalz die in feine Würfel geschnittenen Zwiebeln goldgelb anbraten. Die restlichen Gewürze und das Tomatenmark dazugeben. Vorsicht, die Gewürze dürfen nicht anbrennen. Etwas Wasser dazugeben, ca. 10 Minuten langsam köcheln lassen und ab und zu umrühren. Das Fleisch dazugeben, 2–3 Minuten erhitzen. Sahne dazugeben, aufkochen und Herd ausschalten.

Getränke

Im Gegensatz zur raffinierten indischen Kochkunst sind die Trinksitten in Indien eher bescheiden. Man trinkt, um den Durst zu stillen und nicht, um das Getränk zu genießen.

Die meisten Inder bevorzugen zum Essen schlicht **Wasser,** welches einem dementsprechend immer als erstes ungefragt auf den Tisch gestellt wird. Da das Wasser jedoch, wie bereits erwähnt, selbst in besseren Hotels fast nie vorher abgekocht wurde, lasse man besser die Finger davon und trinke lieber das in Plastikflaschen abgefüllte **Mineralwasser,** welches inzwischen vielfach erhältlich ist. Allerdings ist es mit gut 10 Rupien nicht gerade billig, mitnichten „Mineral"wasser und, wie neueste Untersuchungen ergaben, auch nicht so keimfrei wie behauptet. Außerdem: Wo landen bloß all die Millionen Plastikflaschen? Am besten reaktiviert man die gute, alte Wasserflasche und füllt sie mit durch Entkeimungstabletten oder Abkochen sterilisiertem Leitungswasser.

Den köstlichen indischen **Tee,** mit viel Zucker, Milch und Gewürzen wie Ingwer, Zimt, Kardamom und Nelken gekocht, bekommt man meist nur dann, wenn man ausdrücklich *masala chai* ordert, andernfalls wird einem normaler Tee serviert. Der ist jedoch immer noch besser als der **Kaffee,** den man selbst in besseren Hotels zu trinken bekommt. Am besten schmeckt er wohl noch in den Filialen der über ganz Indien verbreiteten Indian Coffee Houses. Echte Kaffeeliebhaber sollten lieber nach Südindien fahren, wo es sogar ganz vorzügliche Kaffeesorten gibt.

Als hervorragender Durstlöscher bietet sich der vielfach an Straßenständen angebotene Saft der frisch geschlagenen **Kokosnuss** (*nariyel*) an. Sehr lecker, erfrischend und wirksam gegen Durst ist auch **Lassi,** ein in vielfachen Varianten (z.B. mit Früchten) erhältliches Joghurtgetränk, das jedoch oft mit nicht abgekochtem Wasser versetzt ist.

Besonders in Pushkar beliebt sind **Bhang Lassis.** Hier sind dem Joghurtgetränk Eiswasser und Marihuana-Extrakte beigesetzt, was vor allem bei heißem Wetter Übelkeit und Erbrechen hervorrufen kann.

Erfrischend ist **Lemon Soda:** Der prickelnde Geschmack des Mineralwassers zusammen mit dem Saft einer frisch gepressten Limone und einer Prise Salz wirkt nicht nur äußerst belebend, sondern ist auch hervorragend zum Durstlöschen geeignet. Allerdings ist das „Soda" oft nichts anderes als Leitungswasser, das mit Kohlensäure angereichert wurde. In kleinen Städten kann man oft „Fabriken" sehen, in denen ein rostiger alter Gaszylinder an die Wasserleitung angeschlossen ist. Man halte sich folglich an die bekannten Marken, wie z.B. Bisleri.

Sehr lecker sind auch die mit Hilfe von Pressen gewonnenen **Zuckerrohrsäfte,** wobei man auch hier wiederum darauf achten sollte, dass der Saft nicht mit Leitungswasser vermischt ist bzw. der gepresste Saft nicht über einen Eisblock läuft, bevor er ins Glas gegossen wird.

Alkoholische Getränke, lange Zeit verpönt, kommen gerade mit dem Aufstieg der westlich geprägten Mittelschicht immer mehr in Mode. Besonders deutlich zeigt sich diese Entwicklung beim **Wein,** welcher bis vor einigen Jahren in Indien fast gänzlich unbekannt war. Inzwischen gibt es sogar einige vor allem im Süden des Landes ansässige Weinbauern. **Bier** ist bis auf den alkoholfreien Bundesstaat Gujarat überall in Indien problemlos zu erhalten. Der Alkoholgehalt der bekanntesten Biersorten wie Shivalik, Black Label und Kingfisher liegt bei 5 %. Die meisten einheimischen Marken verwenden als Konservierungsmittel Glycerol, welches Kopfschmerzen verursachen kann.

Speziell in den Küstenregionen werden die hochprozentigen, aus Palmsaft hergestellten **Toddy** und **Arak** getrunken. Wem das immer noch nicht reicht, der sollte ein Schnapsglas **Feni** (Kokos- oder Cashew-Schnaps, eine Spezialität aus Goa) hinter die Binde kippen – ein im wörtlichen Sinne umwerfender Erfolg ist garantiert!

Fotografieren

Es gibt kaum ein Land der Erde, welches ein derartiges Kaleidoskop an wunderschönen Motiven anbietet wie Indien. Gerade Rajasthan faziniert mit seinen Menschen und ihrer unvergleichlichen Vielfalt an Kleidern, Kopfbedeckungen und Schmuck, seinen wunderschönen Landschaften sowie den immer wieder aufs Neue faszinierenden Szenen des abenteuerlichen indischen Alltagslebens und den fantastischsten Bauwerken – der Finger scheint geradezu am Auslöseknopf zu kleben.

Digitalfotografie wird inzwischen von den meisten Reisenden favorisiert.

805ra Foto: tb

Dementsprechend gibt es mittlerweile in den meisten größeren bzw. touristisch bedeutenden Orten immer mehr **Fotogeschäfte** und auch **Internetcafés,** die mit Speicherkarten-Reader ausgestattet sind. Die Preise für **Ausdrucke** liegen um 10 Rs pro Stück, wenn man die Bilder des gesamten Chips ausdrucken lässt. Will man selektiv Fotos ausdrucken, kostet das um 12 Rs pro Bild. Dies sollte man wegen eventueller Reklamationen besser in den Fotogeschäften durchführen lassen. Für das Brennen der Bilder auf **CD** ist man in den entsprechend ausgerüsteten Internetcafés billiger bedient, die dafür inkl. CD um 60 Rs verlangen, während Fotoläden etwa das Doppelte nehmen. Nahezu alle weltweit gängigen **Speicherkarten** sind zumindest in größeren Städten und Touristenzentren erhältlich.

Extrem wichtig bei einer Indienreise ist eine gut gepolsterte und staubdichte **Kameratasche.** Gerade hier wird oft am falschen Ende gespart. Was nützt der beste Fotoapparat, wenn er nach kurzer Zeit aufgrund der gerade in Indien enormen Belastung seinen Dienst aufgibt? Die nicht zu vermeidenden Erschütterungen auf den langen Bus- und Bahnfahrten sowie die Staubentwicklung in der Trockenzeit setzen den hochsensiblen Geräten

In Läden mit der Aufschrift „ISD/STD“ kann man auch telefonieren

Das Fotografieren von **militärischen Anlagen** wie Flughäfen, Staudämmen, Brücken, Militärkolonnen und Kasernen ist verboten. Wo man sich sonst noch mit der Kamera zurückhalten sollte, erfährt man unter „Verhaltenstipps: Fotografieren".

enorm zu. Während der Regenzeit benötigt man natürlich eine wasserfest ausgerüstete Kameratasche.

• **Buchtipp:** *Helmut Hermann,* „Praxis: Reisefotografie", und *Volker Heinrich,* „Praxis: Reisefotografie digital", Reise Know-How Verlag, Bielefeld.

Frauen unterwegs

Für Frauen, ob alleine oder zu zweit, ist Indien kein leichtes Reiseland. Der Anblick westlicher Frauen kehrt bei vielen indischen Männern den Don Juan hervor. Selbst Frauen, die mit einem männlichen Partner reisen, bleiben nicht unbehelligt. Meist begnügt „mann" sich mit **Rufen oder Schnalzen,** um auf seine offensichtlich nicht sehr attraktive Persönlichkeit aufmerksam zu machen, oder mit einigen anzüglichen Bemerkungen. Gelegentlich (besonders Delhi ist für dieses Problem bekannt) kommt es aber auch zu **Grabschereien,** ein Problem, mit dem auch die indischen Frauen leben müssen. Nicht umsonst gibt es z.B. in den Vorortzügen in Mumbai spezielle Waggons nur für Frauen.

Derzeit erlebt Indien den Ansatz einer bescheidenen „sexuellen Revolution", ausgelöst durch das ausländische Satelliten-Fernsehen wie auch durch das immense AIDS-Problem, das eine offene Diskussion des Themas Sex nötig macht. An der Spitze der Liberalisierung stehen die Städte Mumbai, Delhi und Bangalore. Der Kurzzeiteffekt der wachsenden Freizügigkeit scheint aber nicht unbedingt positiv, denn der Sprung von einer stark traditionsgebundenen zu einer freiheitlicheren Gesellschaft lässt manchen die Maßstäbe verlieren. Derzeit scheint es, dass die Belästigungen in der jüngsten Vergangenheit eher etwas zu- als abgenommen haben.

Frauen können ihren Teil dazu beitragen, möglichst wenig behelligt zu werden. Dass keine provozierende **Kleidung** getragen werden sollte – dazu zählen in Indien eben auch Shorts, kurze Röcke oder ärmellose Hemden, versteht sich von selbst. Zudem sollte „frau" den **Blickkontakt** mit fremden Männern meiden. Einem fremden Mann in die Augen schauen, das tun nur Prostituierte, der offene Blick wird als Einladung zur Kontaktaufnahme verstanden. Außerdem ist auf allzu große **Freundlichkeit** zu Kellnern, Hotelangestellten, Verkäufern u.Ä. zu verzichten – die indische Frau aus guter Familie (auch der Mann) wird mit solch „niedergestellten" Personen nie mehr reden als unbedingt nötig. Tut „frau" es doch, fordert sie dadurch Annäherungsversuche heraus. Als Frau heißt es, **Distanz** zu den Männern wahren, alles andere kann leicht falsch ausgelegt werden.

Internet

In den touristisch stark frequentierten Metropolen und Regionen gibt es Internetcafés zuhauf. Sie sind überwiegend mit schnellen DSL- und Breitbandverbindungen ausgestattet und schließen meistens zwischen 21 und 22 Uhr. In kleineren Orten, aber auch touristisch wenig frequentierten, großen Städten kann es gelegentlich schwierig sein, Internetcafés zu finden. Es kommt dort auch heute noch häufiger zu Überlastungen des Netzes. Manchmal muss man eine Viertelstunde warten, aber das ist eher die Ausnahme. Allerdings gibt es oft einen recht langsamen Seitenaufbau, wenn zuviele PCs an ein Modem angeschlossen sind.

Durchschnittlich liegen die Preise für Internetsurfen bei 15–30 Rs pro Stunde, in einigen Touristenorten mit hoher Nachfrage haben sich die örtlichen Anbieter oft auch auf einen Einheitspreis von 40 bis 60 Rs geeinigt, Konkurrenz wurde also ausgeschaltet. Auch die schnellen DSL- und ISDN-Verbindungen sind mit bis zu 60 Rs gelegentlich teurer. In Hotels zahlt man erheblich mehr. Da Stromausfälle mancherorts immer noch regelmäßig vorkommen, sollte man beim Abfassen von Dokumenten oder E-Mails immer wieder zwischenspeichern.

Alle großen Kommunikationsfirmen in Indien wie Airtel, Reliance, BSNL und Tata indicom bieten **USB-Internetsticks** an, mit denen man landesweit rund um die Uhr per Laptop mit dem Internet verbunden ist. Die Modems kosten im Anschaffungspreis zwischen 2.500 und 3.500 Rs, hinzu kommen monatliche Gebühren, die je nach Geschwindigkeit und Anbieter stark variieren. Für I-Pad-Benutzer bieten die gleichen Anbieter das sogenannte 3 G an.

Mit Kindern reisen

Während es in vielen Ländern Südostasiens wie Thailand, Malaysia und Indonesien nicht mehr außergewöhnlich ist, dass Eltern mit ihren **Kleinkindern** individuell durchs Land reisen, stellt dies in Indien immer noch eine Ausnahme dar. Und so wird es wohl auch noch eine Weile bleiben, gilt doch Indien zu Recht als eines der am schwersten zu bereisenden Länder. Die weiten Entfernungen auf verstaubten, von Schlaglöchern übersäten Straßen in kaum gefederten und überfüllten Bussen sind kleinen Kindern sicherlich ebensowenig zuzumuten wie die oftmals wenig einladenden sanitären Einrichtungen. Die Hitze und das alltägliche Elend auf den Straßen kommen zu den täglichen Belastungen hinzu.

Anders sieht es da schon bei **Kindern über zwölf Jahren aus.** Für sie bietet Rajasthan mit seinem bunten Alltagsleben, den fantasiebeladenen Burgen, den durch die Straßen stolzierenden Elefanten und Kamelen oder den Schlangenbeschwörern und bunten Festen eine exotische Welt, die sie wohl nur aus Märchenbüchern kennen.

Allerdings sollte man gerade wegen der Vielzahl der Eindrücke immer wieder einige Ruhetage einlegen und in höherklassigen **Hotels** übernachten, um so Zeit zum Verarbeiten und zur Erholung einzuräumen. Fast alle besseren Hotels bieten die Möglichkeit, für einen geringfügigen Aufpreis das Kind im Zimmer der Eltern übernachten zu lassen.

Ermäßigungen für Kinder im Alter von bis zu zwölf Jahren (1–4 Jahre frei, 5–12 Jahre 50 %) geben nicht nur die indische Eisenbahn, sondern auch die inländischen Fluggesellschaften. Ist man mit Kindern unterwegs, bietet sich als bestes **Fortbewegungsmittel** der Mietwagen an, da man so die fast ständig überfüllten öffentlichen Verkehrsmittel vermeidet und zudem besser auf die individuellen Wünsche der Kinder eingehen kann.

Auch bei der Wahl des **Restaurants** lohnt es sich, etwas tiefer in die Tasche zu greifen. Nur bessere Restaurants verfügen über eine Auswahl an europäischen Gerichten, falls die in der Regel recht scharfen indischen Speisen nicht nach dem Geschmack des Kindes sind.

Sollte ein Kind **erkranken,** besteht zunächst kein Grund zur Panik, gibt es doch in jedem größeren Ort einen englischsprechenden Arzt. Fast immer handelt es sich um leichtere Erkrankungen, für die auch die eventuell notwendigen Medikamente problemlos zu besorgen sind. Dennoch kann es nicht schaden, wenn man eine bereits zuhause besorgte Auswahl der gängigsten Medikamente in der Reiseapotheke mitführt. Im Falle einer ernsthafteren Erkrankung gilt bei Kindern das gleiche wie bei Erwachsenen: auf keinen Fall in ein Provinzkrankenhaus gehen, sondern in eines der hervorragenden Krankenhäuser Delhis - oder gleich abreisen.

Medizinische Versorgung

Delhi verfügt über einige hervorragende Krankenhäuser mit **internationalem Standard.** Das kann jedoch nicht darüber hinwegtäuschen, dass die meisten Städte und erst recht die kleineren Orte bei weitem nicht über die medizinischen Versorgungsmöglichkeiten verfügen, wie man sie im Westen gewohnt ist. Die hygienischen Zustände sind in vielen Krankenhäusern noch weit hinter den in Europa üblichen zurück. Das mag bei kleineren Untersuchungen noch zu ertragen sein, wem jedoch seine Gesundheit lieb und teuer ist, der sollte sich bei ernsthafteren Erkrankungen so schnell wie möglich zur Behandlung in eines der wenigen guten Krankenhäuser des Landes begeben. Deren Anschriften werden in den jeweiligen Städtekapiteln genannt. Im Übrigen verfügen die Botschaften bzw. Konsulate über Listen von empfehlenswerten **Privatärzten,** bei denen die Honorare dann allerdings auch dementsprechend hoch sind.

Nachtleben

Indien ist zwar immer noch kein idealer Ort für Nachtschwärmer, aber in den letzten Jahren hat sich sehr viel getan. Zwar sind in den kleineren Städten Cafés, Kneipen und Diskotheken sowie kulturelle Abendveranstaltungen kaum bekannt, aber in Metropolen wie Delhi und Mumbai haben diese kulturellen Errungenschaften aufgrund der hohen Nachfrage der indischen Mittelschicht einen ungeahnten Aufschwung genommen. Hier wie auch in den touristischen Zentren Rajasthans hat sich in den letzten Jahren eine umfassende Freizeit- und Unterhaltungskultur entwickelt. Sehr beliebt sind hier auch die in den letzten Jahren in den großen Städten entstandenen Shopping Malls mit den ihnen angeschlossenen Multiplexkinos.

Andernorts ist meist gegen 22 Uhr Zapfenstreich. In diesen Orten bleibt einem abends nur ein mit der Zeit zunehmend frustrierendes „Abhängen" an den meist wenig einladenden Hotelbars. Kinos sind jedoch selbst im kleinsten Dorf anzutreffen.

Öffnungszeiten

Banken

Banken sind in der Regel wochentags durchgehend von 10 bis 14 Uhr geöffnet. Da Bankangestellte in Indien nicht gerade einsatzfreudig sind, öffnen sie ihre Schalter gerne 15 Minuten

500ra Foto: tb

später bzw. schließen etwas früher. Manche internationalen Banken in Großstädten haben verlängerte Öffnungszeiten (Adressen siehe Städtekapitel). Alle Banken sind am 31. März und am 30. September geschlossen. Meist sind die großen privaten Wechselstuben wie Thomas Cook, UAE Exchange oder VKC Forex tagsüber wesentlich länger und teils auch sonntags geöffnet und zudem effizienter.

Behörden

Behörden sind in der Regel zwischen 10 und 16 Uhr geöffnet mit einer Mittagspause zwischen 13 und 14 Uhr. Ebenso wie die Bankangestellten schlafen indische Beamte lange und gehen gerne früh ins Bett, d.h. es kann sich alles um eine halbe Stunde nach hinten oder vorne verschieben.

Post

Werktags meist durchgehend von 10 bis 17 Uhr, samstags 10 bis 12 Uhr. Die Telefonzentralen *(telecommunication centers)* sind im Allgemeinen 24 Stunden geöffnet.

Geschäfte

Geschäfte haben keine geregelten Öffnungszeiten. Vor 10 Uhr morgens wird man jedoch auch hier fast immer vor verschlossenen Türen stehen. Zwischen 21 und 22 Uhr werden dann die Rolläden wieder heruntergelassen. Auch die Mittagspausen werden variabel gehandhabt, meist zwischen 12 und 14 Uhr, manchmal jedoch auch gar nicht. Zwar gilt der Sonntag als offizieller Ruhetag, doch viele Läden haben auch dann geöffnet, und in manchen Basarvierteln ist der Sonntag sogar der lebhafteste Tag.

Post

Briefe und Postkarten

Die wichtigste Regel beim Verschicken von Briefen bzw. Postkarten lautet: **Niemals in den Briefkasten werfen,** sondern immer persönlich beim Postamt abgeben und dort vor den eigenen Augen abstempeln lassen. Erstens weiß man nie, wann und ob der Briefkasten überhaupt geleert wird, und zweitens kommt es auch in Indien wie in anderen Ländern Asiens vor, dass die Postler nicht abgestempelte Briefmarken ablösen, um sie wieder zu verkaufen.

In den meisten Postämtern gibt es mit dem **stamps counter** für den Briefmarkenverkauf und dem **cancellation counter** für das Abstempeln zwei unterschiedliche Schalter. Speziell vor dem *stamps counter* bilden sich oft lange Warteschlangen. Es empfiehlt sich deshalb Briefmarken auf Vorrat zu kaufen.

Die Beförderungsdauer von Indien nach Europa beträgt etwa 10 Tage, gelegentlich aber auch noch wesentlich länger. Von Delhi und Mumbai aus kann es aber auch mal schneller ge-

Frauen in Deogarh

hen. Inlandsbriefe sind mit 1 Rs, Postkarten mit 0,75 Rs zu frankieren.

Eine **Postkarte** nach Europa kostet 12 Rs, ein **Brief bis 20 g** 20 Rs, ein **Luftpostbrief** 15 Rs. Post auf dem Seeweg benötigt etwa 2 bis 4 Monate bis zum Empfänger, per Luftpost etwa 1 bis 3 Wochen.

Pakete

Kleine Pakete bis 100 g kosten 40 Rs, für jede weitere 100 g zahlt man 30 Rs, Höchstgrenze 2 kg. **Größere Pakete** können bis 20 bzw. 30 kg verschickt werden. Die Gebühren hierfür sind abhängig von Art der Versendung (See- oder Luftfracht) sowie ziel- und gewichtsabhängig.

Das Versenden von Paketen ist in Indien eine sehr **aufwendige Prozedur,** die unter Umständen mehrere Stunden in Anspruch nehmen kann. Das beginnt bereits mit der Verpackung. In Indien geht man mit Paketen äußerst unsanft um und so gilt es, die verschiedenen Gegenstände so stabil wie möglich zu verpacken. Hierzu bieten sich entweder Holzkisten an, die man z.B. in Obstläden für wenige Rupien erhält, oder, noch besser, Metallkoffer, die es auf vielen Basaren in unterschiedlichen Größen zu kaufen gibt. Danach muss das Paket **in Stoff eingenäht und versiegelt** werden, ansonsten wird es von der Post nicht angenommen. Am besten lässt man dies von einem Schneider oder einem Packing Service, der häufig vor den Postämtern anzutreffen ist, erledigen. Je nach Paket zahlt man **zwischen 15 und 50 Rs.**

Danach begibt man sich mit dem versiegelten Paket zum **Paketschalter,** wo einem eine Paketkarte und mehrere **Zolldeklarationsformulare** ausgehändigt werden, auf denen u.a. der Inhalt näher spezifiziert werden muss. All dies ist gut lesbar, am besten in Druckbuchstaben, auszufüllen. Bei der zu beantwortenden Frage nach dem Inhalt am besten *gift* bzw. *cadeau,* d.h. Geschenk, ankreuzen. Außerdem sollte der **Wert des Pakets** mit nicht mehr als 1.000 Rs angegeben werden, da sonst ein spezielles *bank clearance certificate* verlangt wird. Man kann die Sendung zwar für ein paar Rupien versichern lassen, doch in der Praxis ist das nicht mehr wert, als das Papier, auf dem es geschrieben steht.

Schriftstücke/Buchsendungen sind per International Book Post bis 5 kg für 350 Rs zu verschicken. Auch diese müssen eingenäht werden, sind jedoch an einer Seite zur Inhaltskontrolle geöffnet zu lassen.

Seefrachtpakete sind nach Europa gewöhnlich etwa zwei Monate unterwegs, es kann jedoch noch länger dauern. **Luftpostpakete** sollten innerhalb von 15 Tagen ihr Ziel erreichen. Außerdem gibt's die Möglichkeit, per **Speedpost** zu versenden. Damit sollte die Sendung innerhalb von 6 Tagen

Nicht nur verbeult, sondern auch unzuverlässig – Briefe sollte man immer zum Postamt bringen

806ra Foto: tb

den Empfänger erreichen. Preise: je nach Zielland (Deutschland, Österreich, Schweiz) kosten die ersten 250 g zwischen 705 und 900 Rs, jede weiteren 250 g zusätzlich zwischen 80 und 100 Rs. Für aktuelle Preise ist die Website der indischen Post zu Rate zu ziehen: www.indiapost.gov.in.

Vorsicht ist geboten, wenn von privaten Händlern das Angebot gemacht wird, die eingekaufte Waren per Post ins Heimatland zu senden. Hier hat die Ware manches Mal nicht ihren Empfänger erreicht. So sollte man den Postversand selbst in die Wege leiten. Ausnahme hiervon sind die staatlichen Government Emporiums, bei denen der Versand in der Regel komplikationslos vonstatten geht.

Routenvorschläge

Rajasthan ist derart reich an touristischen Sehenswürdigkeiten, dass sich Besucher mit begrenzter Zeit vor die Qual der Wahl gestellt sehen. Einerseits möchte man so viel wie möglich sehen, andererseits nicht durch das Land hetzen und nur reinen „Abhaktourismus" betreiben.

Die vier in der **Karte im vorderen Umschlag** eingezeichneten Reiserouten versuchen, einen Kompromiss zu finden und möglichst viel von der landschaftlichen und kulturellen Vielfalt der Region zu vermitteln. Als kleine Hilfestellung beim „Basteln" an einer individuellen Reiseroute wurden, geordnet nach bestimmten Themen, reizvolle Ziele in Rajasthan zusammengestellt – auch hier nur eine subjektive Auswahl, die selbstverständlich keinen Anspruch auf Vollständigkeit erhebt.

Shekhawati per Mietwagen

Wegen der geringen Entfernungen der Städte eignet sich die Shekhawati-Region besonders gut, um mit einem Mietwagen erkundet zu werden. So kann man nicht nur relativ viele Städte innerhalb kurzer Zeit besuchen, sondern auch auf den landschaftlich schönen Fahrten immer wieder dort anhalten lassen, wo es einem gerade gefällt.

Als ebenso freundlichen wie fachkundigen Fahrer und Führer kann man Herrn *Laxmikant Jangit* vom Hotel Shekhawati in Jhunjhunu (s. dort) empfehlen, der Tagestouren mit seinem Minibus für 800 Rs anbietet.

Sicherheit

Auch wenn es bei Betrachtung der ausländischen Berichterstattung nicht immer so scheint, ist Indien im Allgemeinen und Rajasthan im Besonderen ein **relativ sicheres Reiseland.** Bedenkt man, welche ungeheuren sozialen Spannungen im Lande herrschen und dass 40 % der Bevölkerung unter der sogenannten Armutsgrenze leben, kann man sich nur wundern, dass alles im Grunde so friedlich ist. Die Religion übt sicher einen die Kriminalität dämpfenden Einfluss aus: Man fügt sich lieber in sein Karma, als sich mit Brachialgewalt in eine bessere finanzielle Position zu bugsieren. Herrschten dieselben sozialen Verhältnisse in Europa, könnte wohl niemand mehr vor die Haustür gehen.

Sicherheitslage für Indienreisen

Das Auswärtige Amt sieht im Juli 2012 keinen Anlass, von Reisen nach Indien generell abzuraten. Die folgenden **Warnungen** werden aber ausgesprochen: Mit Anschlägen in Indien muss gerechnet werden. Ziele können auch von Touristen bevorzugte Orte sein. Es wird daher generell zu erhöhter Wachsamkeit geraten, besonders beim Besuch von Märkten, öffentlichen Plätzen und großen Menschenansammlungen sowie Regierungsgebäuden und nationalen Wahrzeichen.

Die Heftigkeit von **Bombenanschlägen** und gewalttätigen Auseinandersetzungen hat durch den Angriff auch auf touristische Ziele in Mumbai im November 2008 eine neue Qualität bekommen. Viele Anschläge jüngeren Datums stehen im Zusammenhang mit dem Pakistan-Konflikt, sie werden islamistischen Terroristen zugeschrieben. Über die aktuelle Sicherheitslage informiert das Auswärtige Amt unter:

- **www.auswaertiges-amt.de.**

Menschenmassen unterwegs – hier muss man mit Taschendieben rechnen

807ra Foto: tb

Betrug

Vorsicht ist bei der **Bezahlung mit Kreditkarten** geboten. Abgesehen von staatlichen Geschäften, seriösen Läden und First Class Hotels, kommt es immer wieder zu Trickbetrügereien, die man oftmals erst bemerkt, wenn man wieder im Heimatland ist – und dann ist es zu spät.

Eine ähnlich unliebsame wie häufige Überraschung mussten Touristen erleben, die sich auf das Versprechen des Verkäufers verließen, der als besonderen Service für sie die erstandene Ware **per Post** nach Hause zu schicken vorgab. Für viele entwickelte sich das sehnsüchtige Warten auf die vielen schönen Souvenirs zum Warten auf Godot. Am besten ist es immer noch, man gibt die Pakete persönlich bei der Post auf oder nimmt sie persönlich mit nach Hause. Damit kein Missverständnis entsteht: Hier soll nicht allgemeinem Misstrauen gegenüber indischen Geschäftsleuten Vorschub geleistet werden – aber Geld ist nun mal verführerisch, vor allem in einem Land, in dem die Armut groß ist. Die Tricks der Betrüger, ihre Opfer in Sicherheit zu wiegen, sind vielseitig. Generelle Vorsicht ist bei allen allzu verlockenden Geschäften geboten, besonders solchen am Rande der Legalität oder gar Gesetzesverstößen (z.B. **Schwarztausch oder Schmuggel**). Hier wird besonders gern betrogen, da sich das Opfer nicht an die Polizei wenden kann.

Notfall-Tipps

Vorsorgemaßnahmen vor Reiseantritt

- Vor der Reise ist es unbedingt ratsam, eine **Auslandsreise-Krankenversicherung** abzuschließen (siehe „Vor der Reise: Versicherungen"). Bei erhöhtem Sicherheitsbedarf kann auch eine Reise-Notfall-Versicherung bzw. ein Schutzbrief nützlich sein.
- Ein **Impfpass** und evtl. ein **Gesundheitspass** mit Blutgruppe, Allergien, benötigten Medikamenten u.Ä. sollte mit auf die Reise genommen werden, ebenso natürlich die Medikamente selbst.
- Bei der Hausbank sollte man sich über die Möglichkeiten der **Geldüberweisung** informieren, außerdem sollte man ggf. rechtzeitig eine Kreditkarte beantragen und sich über Notfallhilfen und Sperrmodalitäten des **Kreditkarteninstituts** kundig machen.
- Für Postempfang und Kontoverfügung sollten bei der Post bzw. Bank an vertrauenswürdige Personen **Vollmachten** ausgestellt werden. Gegebenenfalls sollte man seinem Rechtsanwalt eine Vertretungsvollmacht für Notfälle geben.
- **Zu Hause** ist zu klären, wer im Notfall telefonisch erreichbar ist, R-Gespräche übernimmt (siehe „Telefonieren") und einem Geld überweisen kann. Dort sollten auch die eigene Bankverbindung und die Versicherungsadressen hinterlassen werden.
- **Dokumente** sollten wassergeschützt am Körper (Bauchtasche, Geldgürtel u.Ä.) aufbewahrt oder im Hotelsafe gegen ausführliche Quittung hinterlegt werden.
- Auf alle Fälle sollte man sich **Kopien** von Pass (incl. Visumseite), Flugticket, Kredit- und Scheckkarten, Reiseschecks, Versicherungen und sonstigen Dokumenten anfertigen, einen Satz wasserdicht verpacken und getrennt von den Originalen mitnehmen, einen zweiten Satz zu Hause hinterlegen.

  Die Kopien können auch bei der Beschaffung von Geld mittels *Money Transfer*, wie er von mehreren Anbietern in Indien offeriert wird, sehr von Nutzen sein. Die meisten Firmen verlangen zwar die Vorlage eines Orginaldokuments (dies kann außer dem Pass auch der Führerschein oder Personalausweis sein) als Identitätsnachweis. In Ausnahmefällen ist der Geldtransfer aber auch mit einer Kopie des Passes oder Ausweises möglich, wenn zusätzlich das polizeiliche Aufnahmedokument des Diebstahls oder Verlustes vorgelegt werden kann. Leider wissen das, besonders in kleineren Orten, die Bediensteten der jeweiligen Filiale nicht immer.
- Ein ausreichend hoher **Sicherheitsgeldbetrag** sollte getrennt von der Reisekasse aufbewahrt werden.
- Sinnvoll ist es, sich einen **persönlichen Notfall-Pass** zu erstellen und ihn wasserdicht und sicher am Körper aufzubewahren. Eingetragen werden sollten: eigene persönliche Daten, die eigene Adresse und die von Kontaktpersonen zu Hause inkl. Telefonnummer (und Faxnummer), die eigene Bankverbindung, Notruf-Telefonnummern der Kranken- und/oder Reise-Notfall-Versicherung oder der Schutzbrieforganisation, Adresse und Telefonnummer der Botschaft (siehe „Vor der Reise: Diplomatische Vertretungen"), Deutschland-Direkt-Nummer für R-Gespräche, Nummern des Passes, des Flugtickets, der Reiseschecks, der Kreditkarten usw.

Im Krankheitsfall

- Wenn ein Auslandskrankenschein nicht akzeptiert wird und man die Kosten selber zu tragen hat, muss man sich vom Arzt eine **ausführliche Bescheinigung** über Diagnose und Behandlungsmaßnahmen, einschließlich verordneter Medikamente, sowie eine **Quittung** über die bezahlte Behandlung ausstellen lassen. Auch von Apotheken sollte man sich Quittungen ausstellen lassen.
- Bei **schweren Fällen** sollte außer dem Notfallservice der Versicherung auch die Botschaft bzw. das Konsulat informiert werden.

Verlust von Dokumenten/Geld

- Von der **Polizei** bei Verlusten ein ausführliches Protokoll ausstellen lassen.
- Den betroffenen Stellen sollte der **Verlust zügig gemeldet** werden, möglichst zusammen mit Nummern bzw. Kopien der verlorenen Dokumente (Pass: Botschaft bzw. Konsulat; Tickets: Fluggesellschaft; Schecks, Kreditkarten: Bank).
- Botschaften bzw. Konsulate (siehe „Vor der Reise: Diplomatische Vertretungen") stellen bei Passverlust einen **Ersatzpass** aus, nachdem die Identität geklärt ist. Beste Voraussetzung dafür ist eine Kopie des Originals. Sonst wird beim Einwohnermeldeamt der Heimatstadt angefragt, was Zeit und Geld kostet.

Beschaffung von Geld

Zum Verlust von Geld, Geldkarten oder Schecks siehe „Vor der Reise: Geldangelegenheiten".

- **Überweisung** von der **Hausbank.** Dazu sollte man schon vor der Reise die jeweiligen Bedingungen, insbesondere die Korrespondenzbank im Reiseland, klären.
- **Blitzüberweisung** durch eine **Vertrauensperson.** Spezialisiert auf schnellste Verbindungen ist Western Union (siehe „Vor der Reise: Geldangelegenheiten, Überweisungen"). Der Betrag wird zusammen mit einer Gebühr eingezahlt, der Überweisungsvorgang erhält in Deutschland innerhalb weniger Minuten eine zehnstellige Nummer, diese kann telefonisch ins Reiseland übermittelt werden und dient neben dem Ausweis als Identifikation des Abholers. Auch Thomas Cook und UAE Exchange bieten diese Serviceleistung zu ähnlichen Konditionen an.
- Vertreter des **Kreditkarteninstituts** zahlen nach Klärung der Identität ein Notfallgeld. Auf eine rasche Ausstellung der Ersatzkarte sollte man nicht in jedem Fall vertrauen.
- **Reise-Notfall-Versicherungen** zahlen je nach Vertragsklauseln bis zu 1.500 Euro Notfalldarlehen, direkt über Vertreter im Reiseland, falls vorhanden.
- Die **Botschaften bzw. Konsulate** leihen nur in absoluten Ausnahmefällen Geld, zumeist auch nur in Form von Rückflugticket oder Zugfahrkarte. Allerdings kann in Notfällen eine Information an Verwandte in Deutschland erfolgen, die das benötigte Geld dann auf ein Konto des Auswärtigen Amtes einzahlen.

Diebstahl

Das Delikt, das noch am ehesten zu erwarten ist, sind Diebstähle in Hotelzimmern oder Taschendiebstähle. Verlässt man sein Zimmer, sollten alle **wertvollen Gegenstände** verschlossen werden. Zu „wertvollen" Gegenständen können auch Kugelschreiber, Feuerzeuge und Taschenrechner gezählt werden.

Wer ganz sicher gehen will, sollte auch seine **Kleidung** nicht im Zimmerschrank ablegen, sondern im Gepäck belassen: Ein schönes T-Shirt oder ein teurer BH kann auf manche(n) Hotelangestellte(n) eine unwiderstehliche Anziehungskraft ausüben. Dabei geht es den Dieben weniger um den materiellen Wert des Objektes, als darum, ein ausländisches (bzw. im Ausland hergestelltes) Kleidungsstück zu besitzen. Foreign ist „in".

Wer **Parterre** wohnt, sollte dafür sorgen, dass keine Gegenstände durchs Fenster „erangelt" werden können. Zimmertüren sollten nachts gut verschlossen sein. Zur doppelten Sicherheit kann man von innen ein batteriebetriebenes **Alarmgerät** an die Türklinke hängen. Fasst jemand von außen an die Klinke, ertönt ein schriller Alarm. Das Gerät lässt sich mit dem gleichen Effekt auch in verschlossenen Gepäckstücken unterbringen.

Gegen **Taschendiebstähle** ist das allerbeste Mittel, gar nichts Wichtiges in den Hosentaschen herumzutragen. Geld, Schecks und Pass sollten in einem **Bauchgurt** untergebracht werden, den man unter der Kleidung tragen kann. Da der fast permanent auftretende Schweiß oft durchdringt, empfiehlt es sich, den Inhalt noch einmal in eine Plastikhülle zu packen. **Brustbeutel** sind zum einen deutlich sichtbar, lassen sich zum anderen auch zu leicht abnehmen – am liebsten vom Besitzer, wenn er unter indischer Hitze schwitzt.

Geldgürtel sind auch nicht schlecht, für Pässe allerdings zu schmal. Außerdem sollten sie diskret genug sein, um nicht als Geldgürtel erkannt zu werden.

Vor der Reise sollten von allen Dokumenten (Pass, Visum, Scheckquittungen, Tickets) mehrere **Fotokopien** angelegt und an verschiedenen Stellen verstaut werden. Geld und Schecks sollte man nicht an einer Stelle unterbringen.

Überfälle

Weitaus seltener als Diebstähle sind Überfälle. Gelegentlich – sehr selten – kommt es zu Überfällen auf Busse oder Züge. Sich dagegen zu schützen ist fast unmöglich; im unwahrscheinlichen Falle einer solchen Attacke gilt es aber, nicht den indischen Filmhelden spielen zu wollen. Inder, und damit auch Kriminelle, haben Respekt vor westlichen Ausländern, und wahrscheinlich wird man behutsamer behandelt als die Einheimischen.

Bahn

Bahnhöfe und Züge sind ein ideales Jagdrevier für Diebe, weil dort oftmals chaotische Zustände herrschen. Zudem führt der Tourist während des Reisens meist seine gesamten Wertsachen mit sich. Besonders beliebt bei

Gaunern sind häufig bereiste Strecken wie Delhi – Agra, Delhi – Varanasi oder Jodhpur – Jaisalmer. Vorsicht ist vor allem in den Minuten vor der Abfahrt des Zuges und während der oft langen Zwischenstopps geboten, da dann ein ständiges Kommen und Gehen herrscht. Wer jedoch einige Grundregeln konsequent befolgt, ist vor Diebstahl so gut wie sicher. Mir selbst ist während zehn Jahren in Indien absolut nichts abhanden gekommen.

Die wichtigste Regel ist: Nie die **Wertsachen,** d.h. Flugticket, Reiseschecks, Bargeld, Pass, Kreditkarte und Kamera, aus den Augen lassen. Am besten macht man es sich zum Prinzip, den Geldgurt während einer Zugfahrt nie abzulegen. Die **Kameratasche** sollte man nachts am besten mit einem Metallkettchen gesichert (an vielen Straßenständen für wenige Rupien erhältlich) im Kopfbereich ablegen. Viele Traveller in Indien schließen ihre Rucksäcke oder Koffer ebenfalls mit einer **Metallkette** ans Bett. Das ist sicher sinnvoll, doch die Diebe haben es meist sowieso mittlerweile auf die wertvollen kleinen Gegenstände abgesehen.

Besonders gefährdet sind naturgemäß **Einzelreisende.** Schließlich ist es gerade während der oftmals langen Zugfahrten unmöglich, ständig hellwach zu bleiben. In einem Notfall sollte man vorher eine vertrauenerweckende Person (Frauen, Familienväter) darum bitten, für die Zeit der Abwesenheit auf das Gepäck zu achten. Achtgeben sollte man auch, wenn sich eine Gruppe junger, auffällig modisch gekleideter Männer um einen versammelt. Besonders, wenn sie mit einem großen Gegenstand, etwa einer Holzplatte oder einem Bild, hantieren. Oft schon wurden solche Objekte nur zur Tarnung eines Raubes zwischen den Besitzer und seinen Rucksack geschoben.

Bus

Bei den staatlichen Bussen stellt die dort übliche **Gepäckaufbewahrung** auf dem Dach ein echtes Sicherheitsrisiko dar. Man sollte auf jeden Fall darauf achten, das Gepäck gut festzuzurren und es möglichst mit einer eigenen Kette sichern. Gerade während der vielen Teepausen sollte man immer mal wieder einen prüfenden Blick auf sein Gepäck werfen. Besser ist es jedoch, seine Habseligkeiten im Inneren des Busses zu deponieren. Platz findet sich eigentlich immer, ob nun unter den Sitzbänken, im Gang oder neben der Fahrerzelle. Gern gesehen wird das zwar meist nicht, doch nach einigem Insistieren stört sich dann meist keiner mehr daran. Bei privaten Busgesellschaften kann man sein Gepäck in der Regel sicher verstauen.

Demonstrationen, Menschenansammlungen und Feste

Inder sind die meiste Zeit zwar sehr umgängliche und freundliche Zeitgenossen, diese Regel kann sich gelegentlich aber auch in Sekundenschnelle umkehren. Das gilt vor allem bei großen Menschenansammlungen, Demonstrationen u.Ä. Sind die Gemüter erhitzt, kann eine friedliche Versammlung in Windeseile in eine Massenkeilerei, einen Religionskrieg oder sonstiges Chaos ausarten, bei dem die indische Polizei manchmal sehr brutal eingreift. Bei politischen Versammlungen oder ähnlichen Menschansammlungen hält man sich am besten am Rande des Geschehens auf, um notfalls schnell aus der Gefahrenzone verschwinden zu können.

Ähnliches gilt auch bei den ausgelassenen Festen, vor allem beim **Frühlingsfest Holi.** Gelegentlich stellt die Alkoholisierung einzelner Männer ein Belästigungspotenzial dar. Zu Holi berauschen sich viele Nordinder mit Alkohol oder mit *bhang,* einem Getränk aus Milch, Zucker, Gewürzen und Marihuana. Traditionell bewerfen die Feiernden ihre Mitmenschen mit buntem Farbpulver, wobei Ausländer bevorzugte Zielscheiben darstellen. Farbpulver ist ja nicht schlimm, leider wird das Fest aber von Jahr zu Jahr rowdyhafter – im Vollrausch wird gelegentlich schon mit Lackfarbe und Exkrementen geworfen. Zu Festen wie Holi gilt es, die Atmosphäre des Ortes auszuloten. Machen zu viele rabaukenhafte Jugendliche die Straßen unsicher, zieht man sich lieber in sein Hotelzimmer zurück. Diese Vorsichtsmaßnahme gilt im erhöhten Maße für Frauen.

Anzeige erstatten

Ist es zu einer Straftat gekommen, sollte auf der nächsten Polizeiwache *(thana)* Anzeige erstattet werden *(darj karana).* Das kann jedoch zu einem Hindernislauf ausarten. Indische Polizisten können sehr hilfreich, oft aber auch völlig unkooperativ sein. Ihre Landsleute müssen nicht selten erst einen Obulus entrichten, ehe der Fall bearbeitet wird.

Ausländer werden in der Regel zuvorkommender behandelt. Falls man bei den niederen Polizeirängen auf **Probleme** stößt, darauf insistieren, mit einem höheren Polizeioffizier zu sprechen. Das kann der Inspector *(thanedar)* sein oder der Sub Inspector *(daroga).* Bei sexuellen Vergehen können Frauen bitten, mit einer Polizistin *(pulis ki mahila sipahi)* zu sprechen. Ob es auf der Wache eine gibt und falls ja, ob sie Englisch spricht, ist wiederum eine andere Sache.

Bei Erstattung einer Anzeige ist am Ende ein **Protokoll** *(vigyapti)* zu unterschreiben. Das ist je nach Ort des Geschehens wahrscheinlich in Hindi oder einer anderen Lokalsprache verfasst, seltener in Englisch. Man hat also im Normalfall keine Ahnung, was man unterschreibt. Danach gibt es einen Zettel mit der Registriernummer *(panjikaran sankhya)* des Falles, auch dieser wahrscheinlich in Lokalsprache. Im Falle von Diebstählen muss der Versicherung *(chori bima)* daheim eine Kopie des Verlustprotokolls und eventuell die **Registriernumer** des Falles vorgelegt werden. Für eine **amtliche Übersetzung** hat der Geschädigte selber zu sorgen. Normalerweise erstellen die Heimatbotschaften solche Übersetzungen, allerdings nicht umsonst.

Falls der Missetäter auf frischer Tat erwischt worden ist, sollte man sich nicht wundern, wenn dieser auf der Wache gleich mit ein paar saftigen Ohrfeigen bedacht wird – das ist normale Polizeipraxis. Was weiter in der Zelle passiert, lässt sich nur erahnen.

Buchtipp

- **„Schutz vor Gewalt und Kriminalität unterwegs“**, erschienen in der Praxis-Reihe des REISE KNOW-HOW Verlages.

Telefonieren

Auslandsgespräche

Verglichen mit vor ein paar Jahren geht dies heute fast schon paradiesisch einfach über die Bühne. Die wenigen Reisenden, die sich in Indien keine eigene SIM-Karte kaufen bzw. über Skype vom eigenen Tablet-PC telefonieren, sollten sich zu den verbliebenen, dennoch meist in jeder Stadt vorhandenen **ISD/STD-Läden** begeben oder, meist unproblematischer, ihr Gespräch in einem Internetcafé mit Telefon führen. Meist befindet sich in der Telefonzelle eine Leuchtanzeige, auf der der bereits vertelefonierte Betrag fortlaufend angezeigt wird.

Eine Minute nach Mitteleuropa kostet zwischen 7 und 15 Rs (abhängig von der Konkurrenzsituation der Telefongesellschaften am Ort, das heißt: je größer der Ort, desto billiger der Minutenpreis). Dieser Preis gilt den ganzen Tag, es wird sekundengenau abgerechnet. Selten verfahren Telefonläden noch nach dem alten System, wonach man mindestens drei Minuten

Vorwahlnummern

• **Indien:**	0091
Von Indien nach:	
• Deutschland	0049
• Österreich	0043
• Schweiz	0041

telefonieren und bezahlen muss. Leider nur selten gibt es in Internetläden die Möglichkeit, per Internet nach Europa zu telefonieren. Diese Methode nennt sich „net to phone“ und kostet nur 7,25 Rs pro Minute.

Es ist möglich, über den Telefon-Direkt-Service **R-Gespräche** von Indien nach Hause zu führen. Dazu muss man die Direkt-Nummer für Deutschland (0049/17), Österreich (0043/17) oder die Schweiz (0041/17) wählen und wird dann mit einem Operator verbunden, der die Angerufenen in Deutschland fragt, ob sie die Gebühren für die Verbindung übernehmen wollen. Der Anrufer zahlt dann die Gebühren für ein indisches Ortsgespräch in Rupien, den Rest zahlt der Angerufene. Der Spaß ist aber nicht gerade billig, da allein der Tarif für den Operator pro Gespräch bei ca. 6 € liegt. Hinzurechnen muss man noch 0,59 € für jede Minute.

Wer diese Kosten nicht den Angerufenen, sondern der eigenen Telefonrechnung in Deutschland aufbürden will, kann sich bei der Telekom eine **Telekarte** mit persönlichem Kennwort kaufen. Dem Operator wird dann bei jedem Anruf das Kennwort mitgeteilt. Bei längeren Gesprächen spart man mit dieser Methode Geld. Die Minutengebühr ist mit 0,59 € günstiger als die in Indien berechneten 62 Rs (über 1,50 €).

Gespräche innerhalb Indiens

Telefongespräche im Festnetz sind in den Hauptzeiten immer noch **problematisch** und kommen, wenn überhaupt, oft erst nach mehreren Versuchen zustande. Obendrein ist die Verbindung häufig schlecht. Hinzu kommt, dass noch lange nicht alle Orte in Indien per Direktwahl zu erreichen sind. In diesen Fällen muss man sich von einem Operator verbinden lassen. Ortsgespräche kosten 1 Rs für 2 Minuten.

Will man eine **Handynummer** eines indischen Anbieters anrufen, ist vor der immer mit „9" beginnenden Handynummer eine **„0" zu wählen,** falls man von **außerhalb des Bundesstaates** anruft, in dem das Handy angemeldet ist, das erreicht werden soll.

Handy

Alle deutschen, österreichischen und Schweizer Provider haben Roamingpartner in Indien. D.h. wenn es die Vertragsart erlaubt, kann man mit seinem Mobiltelefon auch in Indien telefonieren. Man muss jedoch mit **hohen Roaming-Kosten** rechnen. Preiswerter geht es, wenn man bei seinem Provider nachfragt oder auf der Website nachschaut, welcher der Roamingpartner in Indien am preiswertesten ist und diesen per **manueller Netzauswahl** bei den Telefonaten voreinstellt. In Indien nutzt man üblicherweise 900 MHz GSM wie in Europa (seltener 1800 MHz).

Falls das eigene Mobiltelefon **SIM-lock-frei** ist (keine Sperrung anderer Provider vorhanden ist) und man viele Telefonate innerhalb Indiens führen möchte, kann man sich eine indische **Prepaid-SIM-Karte** besorgen. In diesem Fall ist neben der Kopie des Reisepasses und ein, manchmal zwei Passfotos oft auch eine schriftliche Bestätigung mit Stempel des jeweiligen Gasthaus-/Hotelmanagers über die dortige Übernachtung vorzulegen.

Hat man kein eigenes, in Indien funktionsfähiges Handy mitgenommen, kann man sich auch in Indien für einen etwas geringeren Preis als in Europa eines zulegen.

Gespräche **indischer Prepaid-Anbieter** innerhalb Indiens sind mit 1 Rs ins Festnetz und zwischen 2 und 4 Rs in andere Handy-Netze konkurrenzlos günstig. Per Handy nach Europa zahlt man ca. 10 Rs, wobei der Angerufene oft einen eigenen Anteil bezahlt. Eine SMS schlägt mit durchschnittlich 2 Rs, nach Europa mit 5 Rs zu Buche. Ruft man von außerhalb des Bundesstaates an, in dem man die Prepaid-Karte erworben hat, fallen zusätzlich zu den Geprächskosten noch Roaming-Gebühren an. Dies gilt auch für Gespräche ins Ausland.

Kauft man sich also eine Prepaid-SIM-Karte eines indischen Anbieters, sind meist 100 bis 150 Rs Grundgebühr zu zahlen, man erwirbt jedoch meist mit der Prepaid-Karte auch gleich das erste Gesprächsguthaben, wobei sich der Gesamtpreis gewöhnlich auf etwa 1.000 Rs beläuft, von denen 800 bis 900 Rs eine bestimmte Zeitdauer, abhängig vom jeweiligen Anbieter, zu vertelefonieren sind. Die bekanntesten Firmen für Prepaid-Verträge auf dem hart umkämpften indischen Markt sind Airtel, Hutch, Reliance und BSNL, die alle ihr jeweils eigenes Netz in Indien haben, sodass ein Anbieter in einer Gegend Indiens, ein anderer Anbieter in einer anderen die bessere Verbindungsqualität hat. So sollte man sich vor Ort erkundigen, welcher Anbieter für die jeweils bereiste Region die beste Verbindungsqualität aufweist.

Neben den Kiosken und Geschäften, in denen das Guthaben durch ein Telefonat des Kioskbesitzers mit der Zentrale des Anbieters aufgestockt werden kann, ist die Aufladung in den Vertragsgeschäften der Anbieter, etwa Vodaphone, auch per zu kaufender Prepaid-Karte zu bewerkstelligen, Indem man die Nummer freirubbelt und den Nummerncode eingibt, wodurch man die volle gekaufte Summe vertelefonieren kann. Die zweite Methode ist also die sicherere. Bei der ersten sollte man sich auf jeden Fall schon beim Erwerb der SIM-Karte beim jeweiligen Anbieter erkundigen, welche Aufladesummen die vollständige Sprechzeit *(talktime)* garantieren, auch in anderen Bundesstaaten als dem, in dem die Karte gekauft wird. Vor Ort wissen es die Zuständigen (häufig Kiosk- oder Ladenbesitzer) oft nicht. Wenn man dann eine frei gewählte Summe durch ein Telefonat unter Angabe der eigenen Telefonnummer aufladen *(top-up)* lässt, bekommt man teilweise eine erheblich geringere Sprechzeit als die bezahlte Summe. Die Aufladung wird wenig später durch eine SMS bestätigt.

Gelegentlich gibt's Probleme mit dem Versenden von SMS, die zwar gesendet, aber dann für längere Zeitabschnitte nicht vom Gegenüber beantwortet werden können. Zum Kauf einer Prepaid-Karte wird in den meisten Geschäften die Vorlage des Ausweises verlangt, der dann kopiert wird.

Diebstahl und Verlust

Sollte das Mobiltelefon im Ausland verloren gehen oder gestohlen werden, sollte man bei einem **Laufzeitvertrag,** aber auch bei bestimmten **Prepaid-Abonnements** die Nutzung der SIM umgehend beim Provider sperren lassen (nicht immer kostenfrei!). Für deutsche Betreiber kann man das über die zentrale Sperrnummer **0049/116116** machen, die auch zur Sperrung von Maestro-(EC-), Kredit- und Krankenkassenkarten gilt. Dazu muss man in der Regel **folgende Angaben** machen können, die man sich vorab irgendwo notieren sollte: Rufnummer, SIM-Kartennummer (auf SIM vermerkt), Kundennummer oder Kundenkennwort.

Unterkunft

Wer die Wahl hat, hat die Qual. Diese alte Weisheit gilt bei der Wahl der Unterkunft in Indien wohl noch mehr als anderswo. Die Zahl der Möglichkeiten ist schier unbegrenzt und reicht vom stickigen, moskitodurchsetzten Schlafsaal bis zum fürstlichen Schlafgemach in einem ehemaligen Rajputenpalast.

Die in diesem Buch beschriebenen Unterkünfte sind in **drei Haupt-Preiskategorien** unterteilt, welche wiederum in jeweils zwei Unterkategorien gegliedert sind. Sie werden durch hochgestellte Eurozeichen (€€€€) symbolisiert.

Untere Preiskategorie

€ (bis 600 Rs)

Naturgemäß kann man bei einem Maximalpreis von etwa 6 € keine allzu hohen Ansprüche stellen. Speziell in den Metropolen bekommt man für diesen Billigtarif selten mehr als ein kleines, spartanisch möbliertes, nicht sonderlich sauberes, oft fensterloses Zimmer mit pritschenartigen Betten und Neonröhre, teils mit Gemeinschaftsbad. Etwas mehr fürs Geld gibt es da schon in manchen Travellerhochburgen.

Empfehlenswert sind kleine, wie **Privatpensionen** geführte Unterkünfte. Da hier der Besitzer meist noch selbst Hand anlegt, wirkt alles gepflegt und sauber, die Atmosphäre ist freundlich und man kann leicht Kontakt zu Gleichgesinnten knüpfen. Doch auch hier gilt, dass im unteren Preissegment die Zimmer kaum mehr sind als einfache Schlafstätten ohne jeglichen Komfort.

€€ (600 bis 1.000 Rs)

In dieser Kategorie gehören ein eigenes Bad, große Betten und meist auch ein Fernseher zum Standard. Gerade in dieser Preisklasse ist das Angebot in den meisten Städten besonders umfangreich. Wenn im Einsterne-Bereich die Auswahl eher bescheiden ist, sollte man ein paar Rupien drauflegen, denn oftmals ist der Unterschied zwischen einer 500- und einer 800-Rupien-Unterkunft gravierend. Andererseits fehlt den etwas besseren Quartieren oftmals das Flair der Billigunterkünfte.

Dies gilt auch für die von den staatlichen Touristenorganisationen geleiteten **Tourist Bungalows.** Meist kann man aus einer großen Anzahl unterschiedlicher Zimmer auswählen. Oft verfügen sie über ein Restaurant. Außerdem ist ihnen vielfach das lokale Touristenbüro angeschlossen, sodass man nicht nur hilfreiche Informationen erhält, sondern z.B. auch Stadtrundfahrten vor der Haustür starten. Leider werden diese Vorteile nur allzu oft durch den miserablen Service, der die Tourist Bungalows „auszeichnet", zunichte gemacht.

Zimmer im Deogarh Mahal Hotel

Mittlere Preiskategorie

€€€ (1.000 bis 2.000 Rs)

Ab 1.000 Rs sind möblierte Zimmer mit heißer Dusche, Fernseher, Telefon und Zimmerservice üblich. Viele Hotels dieser Kategorie sind speziell auf die Bedürfnisse indischer Geschäftsleute wie kleinerer Handelsvertreter zugeschnitten. So sind die meisten Häuser eher **zweckmäßig eingerichtet** und besitzen ein eigenes Restau-

Zimmersuche – worauf ist zu achten?

Bei Vorabreservierungen bekommt man bei der Ankunft, besonders in den billigeren Bleiben, oft ein weniger gutes Zimmer zugewiesen. Also sollte man vor Ort darauf dringen, noch andere Zimmer inspizieren zu dürfen, vielleicht ist etwas Besseres dabei.

- **Sanitäre Anlagen:** In diesem Bereich gibt es am meisten zu beanstanden. Toilettenspülungen funktionieren oft nicht, aus der Dusche rinnen nur ein paar Tropfen oder es fehlt der Duschkopf und das heiße Wasser entpuppt sich als laue Brühe. Alles checken und reklamieren. Für viele wichtig: Gibt es ein „europäisches" WC oder ein indisches „Hock-Klo"?
- **Betten:** Sie sind so etwas wie eine Visitenkarte. Ist die Bettwäsche schmutzig bzw. die Matratze mit Flöhen durchsetzt oder durchgelegen, braucht man gar nicht weiter zu verweilen. Eine Liegeprobe zeigt auch, ob das Bett lang genug für europäische Lulatsche ist. Vielfach ist es das nicht. Der häufig vorkommende Grauschleier lässt jedoch eher auf die vorsintflutlichen Waschmethoden schließen als auf nicht gewaschene Bettwäsche. Oft verströmen die Matratzen einen sehr eigenartigen Geruch, der keine Nachtruhe aufkommen lässt.
- **Zimmer mit Teppich** mögen einen gemütlichen Eindruck erwecken, sind jedoch in Hotels der unteren und zum Teil auch noch mittleren Preisklasse zu meiden. Die Teppiche werden, wenn überhaupt, nur sehr oberflächlich gereinigt und sind somit ein idealer Nährboden für unzählige Mikroben.
- **Moskitonetze:** Selbst im angenehmsten Bett kann die Nacht zur Qual werden, wenn man ständig von Blutsaugern heimgesucht wird. Wer also kein eigenes Moskitonetz dabeihat, sollte darauf achten, dass eines vorhanden ist. Ebenso wichtig ist, dass es keine Löcher aufweist. Viele Moskitonetze versprühen eine derart unangenehme Duftnote, dass man darunter kaum Luft bekommt. In diesem Falle sollte man sie auswechseln lassen.
- **Klimatisierung:** Einen **Ventilator** gibt es in Indien in fast jedem Hotelzimmer. Funktioniert er auch? Und wenn ja, wie? Manche sind so träge, dass sich kein Lüftchen bewegt, andere lösen einen mittleren Wirbelsturm aus und donnern wie ein Hubschrauber im Tiefflug. Funktioniert die Stufenschaltung?

Die nächste Stufe wäre ein **cooler** – eine direkt im Zimmer untergebrachte kleine Klimaanlage, die teilweise gegen einen Aufpreis extra angebracht wird. Nichts für Geräuschempfindliche!

Eine Klimaanlage **(air conditon, AC)** ist dagegen wesentlich ruhiger – es sei denn, man hat sein Zimmer direkt in der Nähe ihres Gebläses.

- **Lautstärke/Lage:** Inder sind wesentlich lärmunempfindlicher als Europäer. Oft liegen die Zimmer direkt an einer ununterbrochen von Brummis befahrenen Hauptverkehrsstraße. Auch sollte man darauf achten, dass der Nachbar kein Fernsehnarr ist. Inder lieben es, bei voller Lautstärke in die Röhre zu glotzen. Oft

rant, in dem vornehmlich einheimische Gerichte angeboten werden.

€€€€ (2.000 bis 4.000 Rs)

In der Viersterne-Kategorie bekommt man schon eine ganze Menge fürs Geld. Zusätzlich zu den in der Dreisterne-Kategorie genannten Annehmlichkeiten sind hier Air Condition und Satellitenfernsehen eine Selbstverständlichkeit.

befinden sich im Erdgeschoss von Hotels Restaurants, deren Lärm und Gerüche einen am Einschlafen hindern. Also empfiehlt es sich, sein Zimmer möglichst weit weg von Straße und Restaurant zu wählen. Im Notfall helfen Ohrenstöpsel.

- **Schließfach-Service:** Es ist sehr angenehm, einmal ausgehen zu können, ohne ständig auf seine Wertsachen achtgeben zu müssen. Viele Hotels bieten einen sogenannten *deposit service* an, bei dem man seine Wertsachen an der Rezeption deponieren kann. Allerdings sollte man sich immer eine Quittung über die abgegebenen Wertsachen ausstellen lassen.
- **Fernseher:** Viele Hotels werben mit dem Empfang internationaler Programme wie BBC und CNN. Da man in indischen Zeitungen nicht gerade mit internationalen News verwöhnt wird, checken einige Traveller zwischendurch ganz bewusst in solche Hotels ein, um auf dem Laufenden zu bleiben. Doch oft ist nur ein verschwommenes Bild zu empfangen.
- **Check-Out-Zeit:** Viele Hotels in Indien verfahren nach dem 24-Stunden-System, d.h. man muss den Raum genau einen Tag nach dem Einchecken wieder verlassen. Das ist von Vorteil, wenn man erst abends eincheckt, weil man dann noch den ganzen nächsten Tag zur Verfügung hat. Umgekehrt ist das unangenehmer: Wer ganz früh morgens ankommt, muss am nächsten Tag auch wieder früh aus den Federn. Andere Hotels verfahren nach der in Europa üblichen 9- bzw. 12-Uhr-Regel. Man sollte gleich zu Beginn fragen, welches System angewandt wird.

Obere Preiskategorie

€€€€€ (4.000 bis 10.000 Rs)

First-Class-Hotels finden sich durchaus nicht nur in den großen Metropolen, sondern in allen Millionenstädten, von denen es in Indien über 30 gibt. Swimmingpool, Spa und Healthclub sowie LAN in den Zimmern, dies besonders in den Business-Hotels, sind in dieser Preisklasse, gerade im oberen Bereich, meist Standard.

€€€€€€ (über 10.000 Rs)

In dieser Preiskategorie wird der **international übliche Standard** geboten. Neben den Annehmlichkeiten der vorherigen Preisklasse sind hier meist mehrere exquisite Restaurants, Sportmöglichkeiten, angeschlossene Shoppingmalls etc., gelegentlich ein persönlicher Butler und eigener kleiner Pool schon ein bisschen viel des Guten. Besonders vertreten in dieser Kategorie sind Luxusketten wie Meridien, Taj, Oberoi und Hyatt. Empfehlenswert sind in dieser Preiskategorie die zu Hotels umfunktionierten ehemaligen Privatunterkünfte oder **Paläste fürstlicher Familien.** Hier durchweht noch ein Hauch der „guten alten Zeit" die Räumlichkeiten, wozu auch die stilvolle Möblierung beiträgt (siehe hierzu weiter unten im Kasten: „Wohnen in Heritage Hotels“).

Wie alles in Indien, so sind auch Hotelpreise **Verhandlungssache.** Das gilt nicht nur für die auch in anderen Ländern übliche Unterscheidung zwischen Hoch- und Nebensaison, sondern zudem für die jeweilige Auslastung des Hotels. Ist eine Unterkunft nur zur Hälfte belegt, lassen sich vor Ort zum Teil erhebliche Nachlässe aushandeln. Und im Übrigen sollte man sich beim Einchecken immer an die alte Weisheit erinnern: Fragen kostet nichts.

Preise

Das Preissystem indischer Hotels ist oftmals sehr verwirrend. In vielen, selbst kleineren Hotels hat man oft die Auswahl zwischen bis zu zehn verschiedenen Preiskategorien. So kostet das billigste Zimmer z.B. 400 Rs und das teuerste 1.500 Rs. Die Gründe für diese Abstufungen sind dabei oft nur minimal. Ein wenig mehr Holz an der Wandverkleidung begründet ebenso eine veränderte Preisstufe wie die Größe des Fernsehers oder die Höhe des Stockwerkes. Mindestens ebenso verwirrend ist die allseits beliebte Praxis, auf den Zimmerpreis noch unzählige **Steuern und Zuschläge** aufzuschlagen. *Service charge, government tax* und *luxury tax* heben die Preise oft um bis zu 50 %. Speziell die **service charge** ist nichts weiter als ein Versuch des Managements, zusätzlich abzukassieren, da das Personal, dem das Geld eigentlich zugute kommen sollte, meist kaum etwas davon sieht. Vielfach leiden die Angestellten sogar darunter, da viele Urlauber wegen der *service charge* kein zusätzliches Trinkgeld mehr zahlen. Man sollte immer nach dem Endpreis fragen, da einem andernfalls oft zunächst ein wesentlich geringerer Preis genannt wird. Die unangenehme Überraschung kommt dann bei der Bezahlung der Rechnung. Die in diesem Reiseführer genannten Preise beinhalten bereits eventuelle Zuschläge.

Wohnen in Heritage Hotels

Keine andere Region Indiens bietet dem Reisenden die Möglichkeit, den Charme der guten alten Zeit bei der Wahl der Unterkunft gleich mitzubuchen, wie Rajasthan. Heritage Hotels heißen jene etwa 100 offiziell von der Tourismusbehörde anerkannten Palasthotels, die sich in **ehemaligen Rajputenpalästen** beziehungsweise Adligenhäusern befinden und auf einmalige Weise die Atmosphäre der britischen Kolonialzeit mit den Errungenschaften des 20. Jahrhunderts verbinden. Herausragende Beispiele sind der Umaid Bhawan in Jodhpur, der Ramgarh Palace in Jaipur und das märchenhaft wie ein Schiff inmitten des Pichola-Sees gelegene Lake Palace Hotel in Udaipur. Doch auch viele kleinere und dementsprechend intimere Heritage Hotels wie etwa das Royal Castle in Khimsar oder der Bissau Palace im Shekhawati vermitteln einen lebendigen Eindruck von jener Zeit, als noch nicht Effizienz und Sachlichkeit, sondern Muße und Legenden das Leben bestimmten.

Eine Reihe von Besitzern bedeutender Heritage Hotels haben sich in einer Organisation zusammengeschlossen, über die weitere Informationen erhältlich sind:

- **Heritage Association of India,**
9, Sadar Patel Marg, C-Scheme,
Jaipur 302001, Tel.: 0091-141-381906,
Fax: 0091-141-382214

Schlepper

Sie sind meist auffällig chic gekleidet, sprechen oft gut Englisch, oft mit amerikanischem Akzent, scheinen magnetisch von westlichen Touristen angezogen zu werden, halten sich vorwiegend an Bahnhöfen oder in Hotelgegenden auf und geben als Berufsbezeichnung gern *tourist guide* an. Das ist im Grunde sogar zutreffend, verdienen sie ihr Geld doch damit, Touristen zu den Hotels zu führen, von denen sie für ihre Dienste eine Kommission von ca. 30 % bekommen. Wer den Mehrpreis am Ende bezahlt, ist klar – der Tourist. Schlepper führen einen entgegen ihren Beteuerungen also durchaus nicht zu den preiswertesten und schönsten, sondern zu den am besten zahlenden Unterkünften. Will man zu einem Hotel, welches nicht mit ihnen zusammenarbeitet, heißt es meist, es sei voll oder geschlossen oder abgebrannt. Am besten ignoriert man sie also und lässt sich gar nicht erst auf ein Gespräch ein, anderntalls können sie sehr „anhänglich" sein.

Nur für den Fall, dass man spät abends in einer Stadt angekommen ist und nach nervenaufreibender Suche keine Schlafstätte finden konnte, sollte man den grundsätzlich sehr zweifelhaften Service in Anspruch nehmen. Irgendwo werden sie schon noch ein Plätzchen auftreiben, schließlich liegt es ja in ihrem eigenen Interesse. Am nächsten Tag kann man sich dann selbstständig und ausgeruht auf die Suche nach einer aufpreisfreien Unterkunft begeben.

Verhaltenstipps

Dass die Inder zumeist wenig dramatisch auf falsches oder sogar verletzendes Verhalten von Touristen reagieren, liegt durchaus nicht daran, dass sie diesbezüglich unempfindlich sind, sondern an ihrer ausgeprägten **Toleranz.** Hinzu kommt, dass man von dem Gast aus dem Ausland gar nicht erwartet, dass er sich in dem ritualisierten Verhaltenskodex der indischen Gesellschaft bis ins Kleinste auskennt. So billigt man ihm schon von vornherein ein Vorrecht auf Irrtum zu, vorausgesetzt, er beansprucht es nicht fortlaufend.

Lächeln

Der erste Eindruck ist bekanntlich immer der wichtigste, und da wirkt nichts erfrischender und einnehmender als ein freundliches Lächeln. Gerade in so einem kommunikativen Land wie Indien ist es von unschätzbarem Wert, eine angenehme Atmosphäre zu verbreiten. Wer erst einmal die Herzen der Menschen durch ein fröhliches Auftreten geöffnet hat, dem öffnen sich auch viele sonst verschlossene Türen.

Gute Miene zum manchmal gerade auf **Amtsstuben** frustrierend langsamen Fortkommen zu machen führt letztlich auch immer weiter als die Faust auf dem Tisch.

Gestik und Körpersprache

Sexualität und Körperlichkeit ist in Indien immer noch ein Tabuthema, und dementsprechend sollte man sich mit **öffentlichen Zärtlichkeiten** so weit wie möglich zurückhalten. Zwar gehören die Zeiten, da ein eng umschlungenes westliches Pärchen einen mittleren Volksauflauf hervorrief, der Vergangenheit an, gern gesehen wird es dennoch auch heute noch nicht.

Küsse oder weitergehende Berührungen in der Öffentlichkeit sollten im prüden Indien möglichst unterlassen werden. Es wird zwar von vielen Touristen anders gesehen und gehandhabt, doch zum Reisen in anderen Kulturen gehört eben auch, dass man die dort herrschenden unterschiedlichen Moralvorstellungen gerade dann akzeptiert, wenn man sie nicht teilt. Andernfalls sollte man lieber zu Hause bleiben.

Ganz unverfänglich und dementsprechend selbstverständlich ist dagegen das **Händchenhalten** zwischen Personen gleichen Geschlechts, bekundet man dadurch doch nur die gegenseitige Freundschaft.

Zur traditionellen indischen **Begrüßung** legt man die Hände etwa in Brusthöhe senkrecht aneinander und sagt dabei in Verbindung mit einem leichten Kopfneigen „Namasté", eine sehr schöne und anmutige Geste, die ähnlich auch in vielen anderen asiatischen Ländern praktiziert wird. Nur in den großen indischen Städten bürgert sich im Zuge der Verwestlichung die Sitte des Händeschüttelns ein.

Streng verpönt ist es dabei, einem **die Linke** entgegenzustrecken. Da in Indien traditionell kein Toilettenpapier benutzt wird, sondern zu diesem Zweck die unbewaffnete linke Hand und ein Krug Wasser dienen, gilt links als unrein. So sollte man nie Dinge oder Gegenstände wie etwa Geschenke mit der Linken überreichen bzw. entgegennehmen. Verstärkt gilt das Gebot *right hand only* selbstverständlich beim Essen. Die Linke bleibt während des gesamten Essens möglichst unter der Tischkante.

Ebenso wie die linke Hand gelten auch die **Füße und Schuhe** als unrein. Fußsohlen sollte man nicht auf Menschen oder heilige Stätten richten, Schuhe vor dem Betreten eines Raumes ausziehen.

Psychologische Einstellung

Indien ist ein Land, das schon manchen Reisenden aus der Balance geworfen hat. Geschichten von Travellern, die Monate bleiben wollten und das Land nach zwei Wochen „nicht mehr ertragen" konnten, hört man immer wieder. Mehr als die weit verbreitete Armut oder die überwältigend fremde Kultur sind es oft die dubiosen Charaktere (Schlepper, Schnorrer, raffgierige Händler, Neugierige, Aufdringliche etc.), die die Besucher zur Weißglut bringen. Durch derlei Negativkontakte, die auf die Dauer natürlich zermürben können, vergeht Manchem die Lust auf Kontakte im Land.

Es gilt, die Negativerfahrungen zu relativieren und sie nicht wichtiger zu nehmen, als sie sind. Wer sich den ganzen Tag aufregt, weil er um zwei Rupien betrogen wurde, wer aus der Haut fährt, nur weil er schon wieder angestarrt wird, macht sich selber das Leben schwer. Positives Denken und innere Gelassenheit ist beim Reisen in Indien vielleicht wichtiger als anderswo.

- **Buchtipp:** *Rainer Krack,* „KulturSchock Indien", REISE KNOW-HOW Verlag, Bielefeld.

323ra Foto: tb

Selbst Langzeitreisende in Indien ertappen sich immer wieder dabei, dass sie die indischen Gesten für Ja und für Nein missdeuten. Die Geste für **Ja** sieht unserem Nein sehr ähnlich, allerdings wird der Kopf dabei eher locker von einer Schulter zur anderen geschlenkert. Das recht ähnliche **Nein** wird durch ein seitliches Zucken des Kopfes nach links und rechts ausgedrückt, häufig unterstützt durch abfälliges Schnalzen oder eine abfällige Handbewegung.

Kleidung

Niemand wird erwarten, dass man in einem Land wie Indien, in dem viele Menschen kaum mehr als einen Fetzen Stoff am Leibe tragen, mit Schlips und Kragen herumlaufen sollte. Andererseits ist jeder Inder, der es sich leisten kann, bemüht, **gepflegte und saubere Kleidung** zu tragen. Der besonders von Rucksacktouristen geliebte Schmuddellook ist den Indern ein Gräuel.

Gleiches gilt für das Zurschaustellen von zuviel **nackter Haut.** Während man sich über Männer in Shorts noch eher amüsiert, gelten Frauen in kurzen Hosen bzw. Rock und dazu vielleicht noch mit einem ärmellosen Hemd in den Augen der Inder als leichte Mädchen. Wer einmal gesehen hat, dass indische Frauen nach wie vor in voller Montur, d.h. mit Sari, zum Baden ins Meer gehen, der kann sich vorstellen, welchem Kulturschock die jungen Inder vor allen Dingen in Goa ausgesetzt sind, wo es an manchen Stränden immer noch als „in" gilt, hüllenlos zu baden. So ist es als Beitrag zur Beachtung einheimischer Moralvorstellungen kaum zuviel verlangt, zumindest die Badehose anzulassen.

Vor dem **Betreten von Heiligtümern,** egal welcher Religion, sind grundsätzlich die Schuhe auszuziehen. Zudem dürfen in Jain-Heiligtümern keine Gegenstände aus Leder mitgenommen werden, und in Sikh-Tempeln und vielen Moscheen ist eine Kopfbedeckung obligatorisch. Im Tempel selbst sollten keinerlei heilige Gegenstände berührt werden. Gleiches gilt auch für Hausaltäre. Dezentes Auftreten und vor allem zurückhaltende Kleidung, d.h. zum Beispiel lange Hosen und bedeckte Schultern, sollten selbstverständlich sein.

Bettler

Das Bild vom zerlumpten und verkrüppelten Bettler gehört ebenso zum klassischen Indienbild wie der märchenhafte Zauber des Taj Mahal. Jeder Indienreisende ist innerlich darauf vorbereitet, und doch packt ihn, wenn er das Elend an fast jeder Straßenecke vor sich sieht, wieder das schlechte Gewissen. Vor lauter Mitleid greift er dann tief in die Tasche, um zumindest seinen kleinen Teil zur Linderung der Armut zu leisten. Psychologisch ist das nur allzu verständlich, doch schafft er damit oftmals mehr Probleme, als er löst.

704ra Foto: tb

Jeder muss für sich selbst entscheiden, ob und wieviel er geben soll. In dem Dilemma stecken nicht nur die Westler, sondern auch die Inder selbst. Es kann nicht sinnvoll sein, dass Kinder vom Schulbesuch ferngehalten werden, weil sie beim Betteln mehr verdienen als ihre Eltern mit täglicher, schwerer Arbeit. Am sinnvollsten scheint es mir, nur solchen Personen etwas zu geben, die offensichtlich nicht arbeitsfähig sind, d.h. Kranken, Älteren und Krüppeln.

Fotografieren

Wenn an den Leichenverbrennungsstätten in Varanasi die Toten auf den Scheiterhaufen gelegt werden, an den Türmen des Schweigens in Mumbai, dem Bestattungsort der Parsen, die Geier einfliegen oder stimmungsvolle Tempelfeste gefeiert werden, dann ist mit Sicherheit ein kamerabewehrter Tourist nicht weit. Das exotische Geschehen soll so hautnah wie irgend möglich auf die Kamera gebannt werden. Dazu wird geblitzt, geknipst und gezoomt, was das Zeug hält, und falls sich einmal ein unaufmerksamer Inder versehentlich vor das Objektiv stellt, wird er mit grimmiger Miene zum Weitergehen aufgefordert. Immer diese störenden Einheimischen!

Man stelle sich das ganze einmal in Deutschland vor: Ein Inder mischt sich ungefragt unter eine Trauergemeinde, um ein Foto vom blumenbekränzten Sarg zu schießen, oder das Blitzgewitter geht bei der Weihnachtsmesse über Altar und Krippe nieder. Recht unchristliche Zurechtweisungen wären wohl noch die harmlosesten Konsequenzen, die der Mann zu erwarten hätte.

In jedem Fall sollte man Fotografierverbote und den Wunsch mancher Personen, nicht fotografiert zu werden, respektieren. Zumindest durch einen Blick sollte man sich der Zustimmung vergewissern, bevor man mit der Kamera „draufhält".

Rajputenfrauen in landestypischer Kleidung beim Einkauf

Verkehrsmittel

Inlandsflüge

Die äußerst zeitaufwendigen und ermüdenden Reisen in Bussen und Bahnen machen das Fliegen in Indien zuweilen selbst für diejenigen zu einer echten Alternative, die normalerweise nur on the road reisen. Selbst wer sehr aufs Geld achten muss, sollte sich fragen, ob es nicht sinnvoller ist, einmal 50 Euro zu investieren, statt lustlos und erschöpft auf dem Landweg weiterzureisen. Fliegen ist in Indien immer noch verhältnismäßig billig und zudem in den letzten Jahren wesentlich unkomplizierter geworden.

- **Kinder** unter 2 Jahren zahlen 10 % des Erwachsenenpreises, Kinder von 2 bis 12 Jahren 50 %.
- **Stornierungsgebühren:** mehr als 48 Std. vor Abflug: 10 %; zwischen 48 und 24 Std. vorher: 20 %; 24 bis 1 Std. vor Abflug: 25 %.

- Eine **Rückbestätigung** für Inlandsflüge ist nicht erforderlich, kann aber dennoch nicht schaden (72 Stunden vor Abflug), um sich über eventuelle Verschiebungen zu informieren. Bei Flügen ins Ausland ist sie jedoch unbedingt nötig!
- Auf allen Inlandsflügen herrscht generelles **Rauchverbot.**
- **Check-In-Zeit** bei Inlandsflügen: 1 Stunde.

> Vor Betreten des Flughafengebäudes müssen alle Reisenden ihr Flugticket und ihren Pass vorweisen. Fehlt eines dieser beiden Dokumente, wird einem der Zutritt in das Gebäude verweigert. Gerade wer mit den immer mehr Verwendung findenden elektronischen Tickets reist, sollte deshalb unbedingt einen Ausdruck mit sich führen.

Fluggesellschaften

Neben der staatlichen Gesellschaft **Air India** (welche 2011 mit der den einheimischen Flugverkehr bedienenden Indian Airlines zusammengelegt wurde) gibt es viele private Fluggesellschaften. Da Air India als staatliche Gesellschaft flächendeckend operieren muss, verfügt sie immer noch über das dichteste Streckennetz. Der Markt ist aber sehr in Bewegung, Abweichungen von den Preisen und in den Verbindungen oder gar die Einstellung einer Linie sind immer möglich.

Aufgrund der verschärften Konkurrenzsituation durch die **vielen neuen Fluglinien,** die in den letzten Jahren gegründet wurden, herrscht ein harter Kampf um Marktanteile, der vorwiegend über möglichst geringe Flugpreise ausgetragen wird. Durch die ausschließlich nach den Gesetzen von Angebot und Nachfrage orientierte Strategie der einheimischen Fluggesellschaften ist Fliegen zwar billiger, aber auch komplizierter geworden. Ähnlich dem mitteleuropäischen Markt werden unrentable Flüge kurzfristig gestrichen bzw. erfolgversprechende Routen über Nacht angeboten. Ticketpreise schwanken zum Teil erheblich. So kann der gleiche Flug am Nachmittag deutlich günstiger oder teurer sein als zu Beginn des Tages.

Immer wieder neue Fluglinien erobern den Markt

Nachfolgend eine Liste der wichtigsten Airlines, die innerindische Flüge anbieten:

- **Air India Limited,** www.airindia.com
- **Jet Airways,** www.jetairways.com
- **Kingfisher,** www.flykingfisher.com
- **Spice Jet,** www.spicejet.com
- **IndiGo,** www.goindigo.in

> In dem täglich wechselnden Angebot des innerindischen Flugverkehrs bieten die Websites **www.yatra.com, www.cleartrip.com** und **www.cheapairticketindia.com** eine übersichtliche Orientierungshilfe. Hat man die gewünschte Flugroute und den Flugtag eingegeben, werden alle für den Tag angebotenen Flüge nach Preis sortiert aufgeführt. Selbstverständlich bietet sich hier auch die Möglichkeit, ein Ticket per Onlinebuchung zu kaufen. Hat man dort die für seine Reisepläne beste Verbindung gefunden, empfiehlt es sich jedoch, den Flug selbst auf der Website der jeweiligen Fluggesellschaft zu buchen, da man sich hiermit die zum Teil nicht geringen Vermittlungsgebühren spart.

Ausgebuchter Flug?

Auch heute kommt es noch oft vor, dass Strecken ausgebucht sind und man sich zunächst auf die **Warteliste** setzen lassen muss. Dabei sollte man selbst dann nicht den Mut verlieren, wenn einem gesagt wird, dass die Chancen gleich Null sind, da schon zig andere vorgemerkt sind. Nicht selten passiert es, dass sich Flüge, die noch am Tag zuvor als hoffnungsvoll überfüllt galten, schließlich als halb leer erweisen. Vielfach reservieren ausländische Reisegruppen zur Sicherheit halbe Flugzeuge im Voraus, die sie schließlich nur zum Teil wahrnehmen. Manchmal werden auch kurzfristig Sondermaschinen eingesetzt.

Besondere Angebote

- Air India offeriert zusammen mit Jet Airways das Ticket **Discover India,** welches zu unbeschränktem Fliegen auf allen Strecken berechtigt. Ein verlockendes Angebot für Reisende mit begrenzter Zeit, um so viel wie möglich vom Land zu sehen. Allerdings ist der Preis mit 630/895 US-$ für 15/21 Tage recht happig und lohnt sich nur für absolute Vielflieger. Zudem hat das Angebot auch einen Haken: Für Kunden mit Billig-Tickets ist es oft schwieriger, eine Reservierung zu bekommen. Wegen der Ausbuchung vieler Flüge ist es daher sehr zu empfehlen, möglichst alle Flugtermine gleich beim Kauf des Tickets zu reservieren.
- Weniger sinnvoll ist der Kauf des Tickets **India Wonder Fares** (300 US-$), mit dem man innerhalb von 7 Tagen entweder zwischen 17 Stationen im Westen, 11 Stationen im Süden, 14 im Osten oder 19 im Norden unbegrenzt fliegen kann. Das Ticket ist ein-

224ra Foto: tb

fach geografisch wie zeitlich zu eng begrenzt, als dass es sich wirklich auszahlen könnte.

- Reisende, die mit Air India von Sri Lanka oder den Malediven nach Indien fliegen, erhalten auf allen Strecken innerhalb Indiens in den ersten 21 Tagen nach der Ankunft eine **30-prozentige Ermäßigung.**
- Schließlich gewährt Air India allen **Personen unter 30 Jahren** 25 % Rabatt. Air India und Jet Airways geben Personen **über 65 Jahren** einen Rabatt von 50 bzw 25 %. Dennoch können die Angebote von Billigfliegern preisgünstiger sein.

Bahn

Sie wollen ihren Urlaub in vollen Zügen genießen? Na dann nichts wie auf nach Indien! Indiens Züge sind immer voll. 11 Mio. Reisende sind täglich auf Achse. 8.000 Lokomotiven fahren in dem 66.366 km langen Streckennetz und nehmen an den über 7.000 Bahnhöfen des Landes neue Passagiere auf. Mit 1,6 Mio. Angestellten ist die indische Bahn der größte Arbeitgeber der Erde.

Die Bahn ist nicht nur das wichtigste und **meistbenutzte Transportmittel** Indiens, sondern auch ein Stück Kultur des Landes. Die Bilder der den Karawansereien alter Tage ähnelnden menschenüberfüllten Bahnhöfe und die Rufe der Teeverkäufer in den Abteilen hinterlassen genauso unvergessliche Indien-Erinnerungen wie das Taj Mahal oder die Ghats von Varanasi. Bahnfahren ist das indischste aller indischen Fortbewegungsmittel. Nirgendwo sonst ist man dem indischen Alltagsleben so nah, kann die indischen Ess-, Schlaf- und Schnarchgewohnheiten so hautnah miterleben wie in den engen, meist gut gefüllten Waggons der 2. Klasse. Dabei liegen Lust und Frust oftmals so nahe beieinander wie die Passagiere selbst. Lärm, Dreck, Hitze und die oft katastrophalen hygienischen Verhältnisse stellen die Geduld der Reisenden ebenso auf eine harte Probe wie die fast gänzlich fehlende Privatsphäre. Auch die teilweise ewig langen Aufenthalte auf Provinzbahnhöfen und die chronischen Verspätungen tragen nicht gerade zum Fahrvergnügen bei. Dies um so mehr, als Bahnfahrten in dem riesigen Land meist viele Stunden, nicht selten sogar Tage und Nächte dauern. Doch wer mit der in Indien stets hilfreichen Reisephilosophie „Man reist doch nicht, um anzukommen" unterwegs ist, dem kann all dies eigentlich nichts anhaben.

Bahnfahren in Indien will gelernt sein. Fahrpläne, Zugklassen, Reservierungen, Ticketkauf – all das scheint auf den ersten Blick ein Buch mit sieben Siegeln. Im Folgenden kann aus Platzgründen nur eine kleine Hilfe zum „Einstieg" gegeben werden. Doch keine Angst, hat man erst einmal die erste Fahrt erfolgreich hinter sich gebracht, wird man Indien in vollen Zügen genießen.

Zugtypen und Geschwindigkeit

Geschwindigkeit ist bei indischen Zügen ein sehr relativer Begriff. Mehr als 50 km/h durchschnittlich legen die allermeisten nicht zurück. Andererseits werden seit Jahren Milliardeninvestitionen in den Ausbau des Schienennetzes und den Einsatz moderner, schneller Züge getätigt. Speziell die

501ra Foto: tb

Busfahren auf Indisch

Metropolen wie Delhi, Mumbai, Kalkutta und Bangalore werden an ein modernes Schienennetz angeschlossen, was das Reisen mit der Bahn nicht nur wesentlich bequemer, sondern auch schneller macht. So verbindet jetzt schon der vollklimatisierte Rajdhani Express Delhi mit Kalkutta bzw. Mumbai in 17 bzw. 14 Stunden. Nur Fliegen ist schöner. Ähnlich flink und luxuriös sind der Shatabdi Express, der auf den Strecken Delhi – Lucknow und Delhi – Bhopal verkehrt, sowie die vollklimatisierten Züge entlang der Konkan Railway zwischen Mumbai und Mangalore.

Klassen und Preise

Zunächst scheint alles ganz simpel, gibt es doch offiziell nur **zwei Beförderungsklassen:** 1. und 2. Klasse. Doch Indien wäre nicht Indien, wenn es das Einfache nicht verkomplizieren würde.

In der **1. Klasse** gibt es die Unterscheidung zwischen **klimatisierten** (AC) und nicht klimatisierten Zügen. AC-Züge werden jedoch nur auf Hauptstrecken eingesetzt und sind mehr als doppelt so teuer wie die normale 1. Klasse – zu teuer, wenn man überlegt, dass eine Fahrt von Delhi nach Mumbai in der 1. Klasse mit derzeit 4.350 Rs gerade mal 40 % billiger ist als ein Flug mit Air India und teurer als ein Flug mit einer Billigfluggesellschaft. Da sollte man sich besser gleich ins Flugzeug setzen.

Des weiteren gibt es die **AC Chair Car,** die unseren IC-Großraumwagen ähnelt und etwa 60 % der normalen 1. Klasse und etwa 40 % der 1. Klasse AC kostet. Auch diese Waggons werden nur auf wenigen Strecken eingesetzt, bieten jedoch wegen ihres hervorragenden Preis-Leistungs-Verhältnisses eine exzellente Alternative zur 1. Klasse.

Am billigsten und meist brechend voll ist die **2. Klasse.** In Express- bzw. Mail-Zügen fährt man in der 2. Klasse zu einem Drittel des Fahrpreises der 1. Klasse, in einem Passenger-Zug ist es noch billiger.

Schließlich gibt es noch bei all den Klassen außer der AC-Chair-Variante die **Schlafwagenklasse.** Schlafwagen der 1. Klasse bestehen meist aus gepolsterten Betten in geräumigen, zum Gang abgeschlossenen Abteilen, die tagsüber in der Regel sechs, nachts vier Personen Platz bieten. Bei den Schlafwagen der 2. Klasse unterscheidet man noch zwischen sogenannten **2-tier** und **3-tier** Unterklassen, was bedeutet, dass, ähnlich wie im europäischen Liegewagen, zwei oder drei Personen auf Pritschen übereinander schlafen können. Tagsüber dienen diese Schlafwagen wieder als normale Abteile, beim 3-tier wird lediglich die mittlere Pritsche heruntergeklappt. Selbst wenn man eine reservierte Sitznummer hat, kann man das Bett nur nachts exklusiv für sich reklamieren. Tagsüber okkupieren z.T. bis zu acht Personen die untere Pritsche. Schlafwagen kosten etwa 20 % mehr als normale Sitze. **Bettwäsche** kann man in der 1. und 2. Klasse nur in einigen wenigen Zügen beim Schaffner ausleihen. Ein eigener Schlafsack sollte also in jedem Fall zur Grundausrüstung gehören.

Es gibt eine Vielzahl von Personengruppen, die **ermäßigungsberechtigt** sind. So zahlen *senior citizens,* Personen über 60 Jahre, 30 % weniger in allen Klassen. Für Behinderte, Künstler (!) und Journalisten werden Ermäßigungen von 50 bis 70 % (je nach Zugklasse) gewährt.

Verbindungssuche und Ticketkauf im Internet

Um sich über die aktuellen Abfahrtszeiten der sich ständig ändernden Fahrpläne zu informieren, sind folgende Websites von Nutzen. Zunächst sei auf die offizielle Website der indischen Eisenbahn **www.indianrail.gov.in** hingewiesen. Hier kann man nach Anklicken des Links „Trains between Stations" den jeweils gewünschten Start- und Zielort aus vorgegebenen Listen aussuchen und dann die vorhandenen Verbindungen abfragen. Nicht alle Städte sind aufgelistet, sondern nur die Bahnhofe der größeren Orte. Findet man seinen Start- oder Zielort nicht, sollte man die Website **www.trainen**

Bahnpreise verschiedener Klassen (Rs):

	1. Kl.	Chair Car	Sleeper	2. Kl.
100 km	542	122	56	35
300 km	1.081	271	125	78
1.000 km	2.628	845	301	188

quiry.com zu Rate ziehen, auf der nach Anklicken des Links „Find your train" der jeweilige Start- und Zielort eingetippt werden kann, d.h. auch solche Verbindungen, die nicht in der Liste der erstgenannten Website aufgeführt sind.

Hierbei ist zu beachten, dass die Schreibweise der Orte gelegentlich von der offiziellen etwas abweicht. Wenn also nach Abfrage keine Auflistung der Verbindungen erfolgt, sollte man es mit einer abgewandelten Schreibweise des Ortsnamens erneut versuchen oder nur die ersten drei oder vier Buchstaben eingeben. Danach ist der gewünschte Ort aus einer angebotenen Liste auszuwählen.

Hat man seine Verbindung herausgesucht und über das Icon „availability" die Auslastung des jeweiligen Zuges überprüft, geht es zur **Buchung per Kreditkarte.** Cleartrip verlangt als privater Anbieter eine Vermittlungsgebühr, die jedoch selten über 20 Rs liegt. Bedenkt man, wieviel Zeit und Nerven man sich damit gegenüber dem herkömmlichen Weg spart – die lästige und meist auch mit Kosten verbundene Prozedur der Anfahrt zum Bahnhof, das zum Teil stundenlange Anstehen am Schalter und die Rückfahrt –, ist dies sicher ein akzeptabler Preis. Wenn man einmal registriert ist, eine Visa- oder Mastercard besitzt und sich vielleicht schon mal vor der Abreise durch ein paar Seiten geklickt hat, kann man auf diesem Weg nicht nur Fahrkarten buchen, sondern diese auch jederzeit von Neuem ausdrucken, stornieren oder sich über die jeweilige Auslastung des Zuges informieren.

> Die einfachste und effizienteste Art des Ticketkaufs ist das **elektronische Booking-System** der indischen Bahn. Selbst wer – wie wohl die meisten – über keinen mitgeführten Laptop verfügt, kann sich hier über jedes der auch in den kleinsten Dörfern vorhandenen Internetcafés einloggen. Langes Anstehen und den Stress mit indischen Bahnbeamten kann man so elegant umgehen. Wenn man einmal registriert ist, eine Visa- oder Mastercard besitzt und sich vielleicht schon mal vor der Abreise durch ein paar Seiten geklickt hat, kann man auf diesem Weg nicht nur Fahrkarten buchen, sondern diese auch jederzeit von Neuem ausdrucken, stornieren oder sich über die jeweilige Auslastung des Zuges informieren.
>
> Die Seite der „Indian Railway Catering and Tourism Corporation Limited" lautet www.irctc.co.in. Auf der Seite der „Indian Railways Passenger Reservation Enquiry" (www.indianrail.gov.in) findet man unter „Fare" und weiter unter „Codes" die „Station Code Enquiry". Hier gibt man den jeweiligen Ortsnamen ein und erhält umgehend den Code, den man für das elektronische Buchungsformular auf www.irctc.co.in benötigt (z.B.: JU für Jodhpur).

Alternativ bieten sich in vielen Touristenorten **Reisebüros** an, bei denen man für eine je nach Anbieter schwankende Gebühr von ca. 30–80 Rs pro Ticket einen Fahrschein kaufen kann.

Ticketkauf und Reservierung am Bahnhof

Wer sich für den „traditionellen" Weg des persönlichen Ticketkaufs am Bahnhof entscheidet, sollte Folgendes bedenken: Ob man nun ein normales

Ticket für den gleichen Tag kaufen oder eine Reservierung vornehmen will, beides ist in Indien zeitaufwendig und nervenstrapazierend. Mit etwas Pech kann die Prozedur schon ein oder zwei Stunden in Anspruch nehmen. Zunächst einmal gilt es den richtigen **Schalter** für die verschiedenen Klassen und Züge (Mail, Express oder Passenger) zu finden. Um zu vermeiden, dass man am Ende einer langen Ansteherei schließlich beim falschen Fahrscheinverkäufer landet, sollte man also unbedingt vorher durch beharrliches Nachfragen den richtigen ausmachen. Auf jedem Bahnhof gibt es einen *station master,* der fast immer freundlich und hilfsbereit Auskunft gibt. Für Frauen gibt es manchmal spezielle *ladies counters,* die meist weit weniger frequentiert sind als die normalen Schalter. Die Fahrkarten für männliche Mitreisende können mitbesorgt werden.

An Bahnhofskiosken wird gelegentlich noch für 40 Rs das Heftchen „Trains at a Glance" angeboten. Darin sind viele wichtige Zugverbindungen aufgelistet.

Für Fahrten im **Schlafwagen** ist eine Reservierung unbedingt erforderlich, speziell in der 2. Klasse, da hier die Nachfrage am größten ist. Oftmals sind die Züge in dieser Klasse auf Hauptstrecken für Wochen, ja Monate im Voraus ausgebucht, d.h. man sollte so früh wie möglich reservieren! Reservierungen müssen meist in **railway reservation offices** oder **-buildings** durchgeführt werden, die oftmals neben dem eigentlichen Bahnhof in einem Extragebäude untergebracht sind. Für eine Reservierung muss ein Antragsformular, das sogenannte *reservation form,* ausgefüllt werden. Hierin werden neben einigen persönlichen Angaben wie Name, Alter, Geschlecht und Passnummer auch der Zugname, die Nummer des Zuges sowie Abfahrts- und Zielort und Reisedatum eingetragen.

Mit dem entsprechend ausgefüllten Formular stellt man sich dann erneut an, wobei man unbedingt darauf achten sollte, ob es eventuell einen speziellen **Touristenschalter** gibt. Da dort nur ausländische Touristen abgefertigt werden, geht alles viel schneller über die Bühne. Es empfiehlt sich, möglichst viele Tickets auf einmal zu kaufen, um die langwierige Prozedur nicht immer wieder neu durchlaufen zu müssen.

Die **Reservierungsgebühr** beträgt 15 Rs für die Erste Klasse und 10 Rs für die Zweite. Auf dem Ticket sind die Wagen-, Sitz- und Bettnummer vermerkt. Beim Betreten des Waggons hängt neben der Eingangstür noch einmal eine provisorisch angebrachte Reservierungsliste, auf der man seinen Namen unter der jeweiligen Platznummer finden sollte. Der eigene Name ist zwar oft leicht entstellt wiedergegeben *(Barkegeier, Harketeur),* doch normalerweise funktioniert das System gut.

Falls der gewünschte Zug ausgebucht ist, kann man sich auf eine **Warteliste** setzen lassen oder, besser noch, ein sogenanntes RMC-Ticket erwerben, welches einem auf jeden Fall einen Platz garantiert. Hat man ein solches Wartelisten-Ticket, kann man dessen jeweiligen Status selbst unter www.indianrail.gov.in unter dem Button „PNR Status“ mittels Eingabe der oben links auf dem Ticket aufgedruckten PNR-Nummer in Erfahrung bringen. Außerdem besteht die Möglichkeit, auf die *tourist quota* zu pochen, eine speziell für Touristen zurückgehaltene Anzahl von Plätzen.

Bei **ausgebuchten Zügen** sollte man auf jeden Fall ein Ticket auch auf Warteliste erwerben, wenn man kein Tourist-Quota-Ticket bekommt, da in den meisten Fällen bis zur Abfahrt des jeweiligen Zuges ein Sitz- oder Schlafplatz zugewiesen wird und man in den seltenen Fällen, wo dies nicht gelingt, das Geld für sein Ticket gegen einen geringen Abschlag zurückbekommt.

Seit einigen Jahren gibt es ein sogenanntes **TATKAL-Ticket,** das wichtig ist, wenn über den normalen Verkauf kein Platz im Zug mehr zu bekommen ist und auch Tourist-Quota-Tickets aufgebraucht oder am jeweiligen Bahnhof nicht verfügbar sind. Für 150–300 Rs zusätzlich, abhängig von der gewählten Zugklasse, kann man an bestimmten Bahnhöfen, meist nur in größeren Städten, ein TATKAL-Ticket erwerben (frühestens zwei Tage vor Abfahrt), welches die Chance auf einen Platz im Zug erhöht bzw. nahezu garantiert, obwohl es auch hier eine Warteliste gibt. Nachteil der TATKAL-Tickets ist die Stornogebühr, es werden nur 25 % des Ticketpreises erstattet und das nur bis mindestens 24 Std. vor Zugabfahrt, danach gibt's nichts. TATKAL-Tickets werden nur für bestimmte Züge ausgegeben, sodass nicht für jede Verbindung ein sicherer Platz erworben werden kann.

Rückerstattung

Die Rückerstattung von nicht genutzten reservierten Tickets ist möglich, jedoch mit Kosten verbunden, deren Höhe von der Beförderungsklasse und dem Zeitpunkt der Stornierung abhängt. Wer sein Ticket länger als einen Tag vor dem Abfahrtstermin storniert, muss für die 2. Klasse 20 Rs Gebühr, für die *sleeper class* 40 Rs, AC 2-tier und 3-tier 60 Rs und AC 1. Klasse 70 Rs zahlen. Bis zu vier Stunden vor dem geplanten Abfahrtszeitpunkt zahlt man 25 %. Die Stornierung von Wartelistentickets, RAC-Ticktets und TATKAL-Tickets auf Warteliste kostet 20 Rs.

Nicht reservierte Fahrscheine können bis drei Stunden nach Abfahrt des Zuges für eine Gebühr von 5 Rupien in Zahlung gegeben werden.

Hat man sein **Ticket verloren,** besteht generell zunächst kein Recht auf Rückerstattung. Doch natürlich gibt es hierbei Ausnahmen: Wem ein **reserviertes Ticket** für eine Fahrstrecke von unter 500 km abhanden gekommen ist, kann unter Vorlage seines Personalausweises für einen Aufpreis von 25 % des ursprünglichen Fahrpreises die Fahrt wahrnehmen.

Indrail Pass

Auch die indische Eisenbahn sieht die Möglichkeit des Kaufes von **Netzkarten** vor, die es ausländischen Touristen erlauben, für einen bestimmten

Preise Indrail Pass
(in US-$, Kinder zahlen die Hälfte):

Gültigkeit	AC	1. Kl.	2. Kl.
7 Tage	270	135	80
15 Tage	370	185	90
21 Tage	396	198	100
30 Tage	495	248	125
60 Tage	800	400	185
90 Tage	1.060	530	235

Zeitraum unbegrenzt viele Kilometer auf Achse zu sein.

Rein finanziell macht der *Indrail Pass* keinen Sinn, dazu ist Bahnfahren in Indien einfach zu billig. Für den Kaufpreis von 80 US-$ für den 7 Tage gültigen Pass (2. Klasse) müsste man ziemlich genau 25.000 km zurücklegen, damit sich die Karte auszahlt. Bei einer Durchschnittsgeschwindigkeit der indischen Eisenbahnen von 40 km/h ein ziemlich aussichtsloses Unterfangen. Auch der oft angeführte Vorteil, dass man mit dem *Indrail Pass* das unangenehme Warten beim Ticketkauf umgehen könne, trifft nur teilweise zu, weil es ja zumindest für Nachtfahrten immer noch einer Reservierung bedarf.

Wirklich von Vorteil ist der Pass aber in dem Fall, dass alle Züge ausgebucht sind. Inhaber des Passes finden selbst dann einen Platz, wenn normalerweise gar nichts mehr geht. Gerade in Zeiten der großen indischen Familienfeste, wenn das ganze Land unterwegs zu sein scheint, ist dies ein enormer Vorteil. Es bleibt zu fragen, ob das den enormen Aufpreis wert ist.

Die Karte kann an verschiedenen Bahnhöfen Indiens gekauft werden, muss jedoch in ausländischer Währung bezahlt werden. Außerdem besteht die Möglichkeit, sie schon vor dem Abflug in Deutschland unter folgender Adresse zu erwerben:

- **Asra-Orient Reisedienst,** Kaiserstraße 50, 60329 Frankfurt/M., Tel.: 069-253098, Fax: 069-232045, info@asraorient.de.

Palace on Wheels

Schon der Name erinnert an die Zeiten des unbegrenzten Luxus während der Maharaja-Reiche. Tatsächlich wird einem in dem klimatisierten Palast auf Rädern jeglicher Luxus geboten. Jedes der insgesamt 52 Schlafwagenabteile mit je zwei Betten ist klimatisiert und verfügt über eine Dusche mit heißem und kaltem Wasser. Die Inneneinrichtung der einzelnen Wagen ist dem typischen Stil verschiedener Fürstentümer nachempfunden und für den besten Ausblick kann man sich in einen speziellen Salon-Aussichtswaggon mit eigener Bar begeben. Zwischen September und April verkehrt der Luxuszug während seiner achttägigen Reise auf folgender Strecke: Delhi – Jaipur – Chittorgarh – Udaipur – Jaisalmer – Jodhpur – Ranthambore – Fathepur Sikri – Agra – Delhi.

Ebenso fürstlich wie der Zug ist auch der Preis: 350 US-$ pro Tag und Person im Doppelbettabteil (Einzelkabine 485 US-$). Im September und April liegen die Preise bei 295 bzw. 395 US-$, Kinder bis zu 12 Jahren die Hälfte. Im Preis inbegriffen sind Verpflegung im Zug und während der Zwischenaufenthalte, geführte Besichtigungen, Eintrittsgelder für historische Monumente und Paläste, Elefantenritt in Amber, Kamelritt in Jaisalmer, Bootsfahrten in Udaipur und Bharatpur sowie diverse kulturelle Vorführungen.

- Für weitergehende Informationen stehen folgende Ansprechmöglichkeiten zur Verfügung: Sr. Manager, Palace on Wheels, Bikaner House, Pandara Rd., New Delhi-110011, Tel.: 23381884, Fax: 23382823, powrtdc@mantramail.com, oder in Jaipur: Rajasthan Tourism Development Corporation, RTDC Hotel Swagatam, Jaipur-302006, Tel.: 2415777, 2203531, Fax: 2201045, rtdcjpr@sancharnet.in, www.palaceonwheelsindia.com. Auch in Deutschland gibt es eine Kontaktadresse: Asra Orient Reisen, Tel.: 069-253098, info@asraorient.de.

Bahnhofs-Service

Die meisten Bahnhöfe in Indien verfügen über sogenannte **cloak rooms,** in denen man sein Gepäck für bis zu 24 Stunden deponieren kann. Eine gute Möglichkeit, um sich nach Ankunft in einer Stadt ohne den lästigen Rucksack auf Zimmersuche zu begeben. Wichtig ist es, das Gepäckstück mit einem kleinen, von außen sichtbar angebrachten Schloss abzugeben, da es sonst nicht angenommen wird. Die Aufbewahrungsgebühr pro Stück beträgt maximal 2 Rs pro Tag.

Während der oftmals langen Wartezeiten auf verspätete Züge bietet sich die Möglichkeit, den **Warteraum** aufzusuchen, den es auf fast jedem Bahnhof für die 1. und 2. Klasse gibt. Manchmal muss man hierzu am Eingang sein Ticket vorzeigen. Meist sind die angeschlossenen **Toiletten** in wesentlich besserem Zustand als die öffentlichen.

Viele Bahnhöfe verfügen über die sogenannten **railway retiring rooms,** einfache, doch meist saubere und günstige Unterkunftsmöglichkeiten. Die Zimmer sind vor allem wegen ihres sehr günstigen Preises (oft nicht mehr als 70 Rs pro DZ, EZ stehen nicht zur Verfügung) bei Indern sehr beliebt und deshalb oft ausgebucht. Eine besonders ruhige Lage kann man am Bahnhof allerdings nicht erwarten.

Busse

Kaum eines der insgesamt 700.000 indischen Dörfer wird nicht von irgendeinem Bus angefahren. Für viele in entlegenen Grenzgebieten wohnende Inder ist es überhaupt das **einzige öffentliche Verkehrsmittel,** so z.B. im nepalesischen Grenzgebiet, in Himachal Pradesh und Sikkim

Darüber hinaus kommt man in Gebieten, wo die Bahn nur auf Schmalspurbreite operiert, wie z.B. in weiten Teilen Rajasthans, mit dem Bus **wesentlich schneller** voran. Gleiches gilt auch für besonders von Touristen stark frequentierte Strecken wie Agra – Jaipur. Überhaupt ist Busfahren auf kürzeren Strecken der Fahrt mit dem Zug vorzuziehen, da vor allem Langstreckenzüge oft stundenlange Verspätung haben.

Andererseits gibt es gute Gründe, warum die meisten Reisenden den Zug dem Bus vorziehen. Neben allgemeinen Erwägungen wie größerer Bewegungsfreiheit und mehr Kontaktmöglichkeiten ist vor allem die **mangelnde Verkehrssicherheit** zu nennen. Indien ist das Land mit der höchsten Rate an Verkehrstoten der Erde im Verhältnis zur Verkehrsdichte. Dass das keine abstrakten Zahlen sind, kann man tagtäglich auf Indiens Straßen auf anschauliche Weise erleben. Bei fast jeder längeren Busfahrt sieht man mindestens ein Autowrack im Straßengraben liegen. Verwundern kann das bei dem oft schrottreifen Zustand der Fahrzeuge und dem Kamikaze-Stil der Fahrer nicht. Wer die Frage nach dem Leben nach dem Tod noch nicht unbedingt in allernächster Zukunft konkret beantwortet haben möchte, sollte für den Fall eines Frontalzusammenstoßes die mittleren Reihen denen ganz vorne vorziehen. Die hinteren Reihen sind dagegen nicht so zu empfehlen, weil man dort wegen der Kombination von harten Federn und schlechten Straßen zu viele Luftsprünge macht.

Staatliche Busgesellschaften

Etwas weniger Todesverachtung scheinen die Fahrer der staatlichen Busgesellschaften zu verspüren. Auch der technische Zustand ist hier im Allgemeinen besser als bei privaten Gesellschaften, welche aufgrund des enormen Konkurrenzdrucks zuerst an neuen Bremsen und profilbereiften Rädern zu sparen scheinen. Jeder Bundesstaat betreibt seine eigene Busgesellschaft, wobei deren Qualitäten sehr unterschiedlich sind.

Dabei macht es auch kaum einen großen Unterschied, ob man nun **Ordinary, Express, Semi Deluxe** oder **Deluxe** fährt. Das einzige, allerdings wichtige Unterscheidungsmerkmal ist, dass die Semi-Deluxe- und Deluxe-Busse wesentlich weniger anhalten als die Ordinary-Busse, die jedes noch so kleine Dorf anfahren. Von innen sehen sie alle gleich einfach aus: zwei mal drei Sitzplätze pro Reihe mit äußerst einfacher Polsterung, auf denen sich neben bis zu zehn Personen auch noch Hühner, Kartoffeln und Chilis zusammenpferchen. An dieser Lebensfülle ändert sich auch dann nicht viel, wenn man eine (nur recht selten mögliche) Vorbestellung vornimmt. Meistens muss man sich den Platz schon bei der Einfahrt des Busses im Busbahnhof durch einen Sprint und Muskelkraft erkämpfen. Beim Ansturm auf die heiß begehrten Sitzplätze werden die Inder wohl nur noch von den kampferprobteren Chinesen geschlagen. Hie wie dort scheint es jedoch als geheiligte Grundregel anerkannt zu sein, dass derjenige einen Sitzplatz erhält, der ihn zuvor mit einer Zeitung oder einem Taschentuch schon von außen durch eine offene Fensterscheibe reklamiert hat.

Wer nachts mit Bus oder Zug unterwegs ist, sollte immer einen **Pullover** und vielleicht auch ein Tuch für Hals und Kopf griffbereit haben, da es in Rajasthan selbst nach einem heißen Tag nach Sonnenuntergang **empfindlich kühl** werden kann. Im Übrigen ist es meist nicht möglich, die Fenster richtig zu schließen, sodass häufig ein unangenehmer Durchzug herrscht. Sollte der zusätzliche Kälteschutz nicht nötig sein, kann man den Pullover immer noch als Kopfstütze verwenden.

Private Busgesellschaften

Für denjenigen, der sich an der Schlacht nicht beteiligen möchte, scheinen wiederum die meist um die Bahnhöfe ansässigen Privatgesellschaften eine Alternative zu sein. Hier ist **Vorbestellung** üblich, und jeder bekommt garantiert seinen ihm versprochenen Platz. Das ist den Aufpreis von ca. 30 % gegenüber den staatlichen Bussen durchaus wert. Ein weiterer Vorteil von Privatgesellschaften, die oft mit Minibussen operieren, ist die Möglichkeit, Gepäck sicher zu verstauen.

Preise

Busfahren in Indien ist spottbillig. So zahlt man etwa für die achtstündige Fahrt mit dem Express-Bus von Jodhpur nach Jaipur 105 Rs, im Deluxe-Bus 119 Rs. Ein Ordinary-Bus kostet noch einmal 30 % weniger als ein Express.

Luxusbusse

Auf vielen Hauptstrecken werden klimatisierte Luxusbusse eingesetzt. (Sie werden in den einzelnen Ortskapiteln erwähnt.) Diese sind um einiges teurer als die Deluxe-Busse, bieten aber auch entsprechenden Komfort und sind besonders für Strecken bis etwa 300 km eine **gute Alternative zu Zügen,** die oft verspätet abfahren. Für diese Busse muss in den meisten Fällen (Ausnahme oft bei Busabfahrten in kurzer Folge) zunächst eine **Reservierung** am Startort, meist am Busbahnhof, vorgenommen werden, da sie häufig bis zum letzten Platz ausgebucht sind.

021is Foto: tb

Mietwagen

Mit dem Mietwagen und Chauffeur durch Indien? Was auf den ersten Blick wie purer (und unbezahlbarer) Luxus aussieht, macht beim näheren Hinsehen durchaus Sinn. Die **Vorteile** eines Mietwagens gegenüber öffentlichen Verkehrsmitteln liegen auf der Hand. So muss man sich nicht in überfüllte, unbequeme Busse oder Züge quetschen, die allzu oft an interessanten Straßenszenen und Fotomotiven vorbeifahren, sondern kann jederzeit bequem zu jedem beliebigen Ort fahren und anhalten lassen, wann und wo man möchte. Zudem muss man am Ende eines langen, anstrengenden Rei-

Leider ein fast alltäglicher Anblick auf Indiens Überlandstraßen

setages nicht noch per Riksha oder Taxi vom Bahnhof oder Busbahnhof zum Hotel fahren, sondern lässt seinen Fahrer unmittelbar vor der Haustür halten. Natürlich muss man für diese Bequemlichkeit tiefer in die Tasche greifen, doch wenn sich z.B. vier Personen einen Mietwagen für 1.600 Rs pro Tag teilen, erscheint der Preis für das Gebotene durchaus angebracht.

Fast alle Mietwagen in Indien werden **mit Fahrer** angemietet und das ist wohl auch gut so: Die mehr als rustikale Fahrweise der Inder, von denen so gut wie niemand eine Fahrschule besucht hat, ist mehr als gewöhnungsbedürftig. Die erschreckend hohe Zahl an Verkehrstoten sollte auch die Wagemutigsten zu der Einsicht gelangen lassen, dass Indien absolut **kein Land für Selbstfahrer** ist. Hinzu kommt, dass der Preis für Mietwagen mit Fahrer kaum höher ist als der ohne.

Mietwagen lassen sich in allen größeren Städten anmieten. Vermittelt werden sie von Hotels oder Reisebüros, oft findet sich in der Stadt auch ein spezieller Haltepunkt für die Wagen. Die Preise sind erschwinglich, sodass ein Mittelklasse-Tourist problemlos eine längere Indien-Tour im Mietwagen absolvieren kann. Budget-Reisende können sich einfach mit ein paar anderen Leuten zusammentun.

Die **Tarife,** allesamt mit Fahrer, sind von Ort zu Ort unterschiedlich. Zudem differenzieren sie sich noch, je nachdem ob der Wagen Klimatisierung hat oder nicht und ob er mit Diesel oder Benzin fährt. Dieselwagen sind etwas billiger, machen dafür aber auch mehr Lärm. Ein klimatisierter Wagen mit Fahrer kostet 1.500 bis 2.000 Rs pro Tag. Dies variiert je nach Saison und Nachfrage, außerdem ist Verhandlungsgeschick gefragt. Man sollte vor Fahrtantritt alle im Fahrpreis inbegriffenen Leistungen genauestens abklären und in einem Vertrag festhalten.

In Städten wie Delhi ist mit ca. 7 bis 8 Rs pro Kilometer zu rechnen, in kleineren Orten kann der Preis auf 4 bis 5 Rs sinken. Einige Unternehmen beharren auf einer täglichen Mindestkilometerzahl (meist 150 oder 200 km), deren Kosten man zu tragen hat, auch wenn man weniger fährt.

Unternimmt man längere Touren, kommen noch **Extragebühren** hinzu. Für jede Übernachtung muss eine *overnight charge* von ca. 150 Rs bezahlt werden, zuzüglich einer Fahrergebühr, der *driver batta,* von ca. 100 Rs. Bei einer täglichen Fahrtzeit von ca. sechs bis acht Stunden sollte man mit etwa **30 bis 35 Euro pro Tag** hinkommen.

Hier zwei Preisbeispiele für zwei der beliebtesten **Rajasthan-Touren** von Delhi aus, inklusive der jeweiligen Besichtigungen vor Ort:

- **14 Tage:** Delhi – Agra – Jaipur – Ajmer/Pushkar – Udaipur – Ranakpur – Jodhpur – Jaisalmer – Bikaner – Shekhawati-Region: 400 € (Non-AC), 480 € (AC)
- **21 Tage:** Delhi – Agra – Jaipur – Tiger Park – Kota – Bundi – Chittorgarh – Udaipur – Mount Abu – Ranakpur – Jodhpur – Jaisalmer – Bikaner – Shekhawati-Region: 600 € (Non AC), 720 € (AC)

Bei der **Auswahl des Fahrers** sollte man eine gewisse Sorgfalt an den Tag legen. Für eine längere Tour sollte man nicht den Erstbesten anheuern, sondern einen, mit dem man mindestens schon einen Tagesausflug unternommen hat. Sonst entpuppt sich der Fahrer womöglich als nicht Englisch sprechender Kamikaze-Pilot, der einen mindestens zweimal pro Tag in ein Geschäft schleusen will und dann am Abend noch auf deftiges Trinkgeld pocht - keine gute Kombination ...

In Delhi gibt es neben einigen schwarzen Schafen eine Reihe seriöser Firmen, die z.B. eine 14-tägige Rajasthan-Rundtour für 15.000 Rs, alles inklusive, anbieten (siehe Kapitel Delhi unter „Praktische Tipps, Stadtverkehr, Mietwagen, -motorräder").

Taxis

Abgesehen von den größten Metropolen wie Delhi oder Jaipur sind Taxis eher selten, ganz einfach weil sie für die allermeisten Inder viel zu teuer sind. Für an europäische Preise gewöhnte Touristen ist Taxifahren in Indien hingegen immer noch billig.

Zwar verfügen die meisten Taxis über einen **Taxameter,** doch scheinen nur die wenigsten Fahrer gewillt zu sein, diesen auch einzustellen. Meist helfen sie sich mit dem Argument, das Gerät sei *broken,* also defekt. Eine wundersame Heilung tritt oft dann ein, wenn man damit droht, ein anderes Taxi zu nehmen. Sehr oft zeigen jedoch selbst funktionierende Taxameter nicht den richtigen Fahrpreis an, weil sie noch nicht der letzten oder vorletzten Fahrpreisänderung angeglichen worden sind. Für diesen Fall muss jeder Taxifahrer eine **Umrechnungstabelle** mit sich führen, die er auf Verlangen vorzuzeigen hat.

Die in diesem Buch genannten Preise sind nur als Orientierungshilfe gedacht. Letztlich hängt es vom jeweiligen Verhandlungsgeschick ab, wieviel man im konkreten Fall zu zahlen hat. Da viele Taxifahrer, wenn überhaupt, nur sehr wenig Englisch sprechen, sollte man sich vor Fahrtbeginn vergewissern, dass er das gewünschte Fahrtziel auch wirklich verstanden hat. Andernfalls kann es vorkommen, dass die eigentlich kurze Fahrt zum nächsten Hotel zu einer halben Stadtbesichtigung ausartet. Wer am Ende die Zeche hierfür zahlt, dürfte klar sein.

Autorikshas (Scooter)

Eine Art „Taxi des kleinen Mannes" sind jene **dreirädrigen, luftverpestenden Vehikel,** die wegen ihres tuckernden Geräuschs in Thailand den Namen *tuk tuk* tragen, in Indien aber all-

Die im Buch angegebenen **Fahrrad- und Autoriksha- sowie Taxipreise** stellen einen für den westlichen Reisenden normalen, eher niedrigen Preis dar. Inder fahren gewöhnlich zu weitaus geringeren Preisen, für die die meisten Droschkenkutscher westliche Touristen nicht kutschieren würden. Es gibt in dem Bereich also so etwas wie eine Zweiklassengesellschaft. Dies gilt natürlich nicht, wenn man sein Gefährt mittels eines Prepaid-Schalters bucht, oft an Bahnhöfen und Flughäfen vorhanden. Diese sind im Buch erwähnt.

> Auf eine beliebte Masche von Riksha-Guides trifft man häufig in Touristenorten wie Agra: Während die Motorriksha losfährt, schwingt sich noch ein sogenannter Guide mit auf den Fahrersitz, um dem Fahrgast eine Hotel-, Shop- oder sonstige Empfehlung aufzudrängen. Hier kann man nur vorbeugen, indem man ihm beherzt den Zutritt verwehrt oder dem Fahrer zu verstehen gibt, dass es nur ohne den Guide Geld gibt. Auf keinen Fall sollte man ihn mitfahren lassen. Der Guide kommt, wenn er es nicht schafft, einen irgendwohin zu locken, einfach mit in das anvisierte Hotel, um dort für die vermeintliche eigene Empfehlung eine saftige Kommission zu kassieren.

gemein Scooter genannt werden. Ähnlich wie ihre thailändischen Kollegen sind auch die indischen Fahrer wahre Hasardeure, die sich einen Spaß daraus machen, auch die kleinste sich bietende Lücke mit Vollgas zu durchrasen. Tatsächlich sind Autorikshas wegen ihrer Wendigkeit, gerade während der Stoßzeiten in größeren Städten, **wesentlich schneller als Taxis** und zudem auch ca. 30 % billiger. Dafür zahlt man jedoch auch mit Blei in der Lunge und einem ramponierten Rückgrat. Wie beim Taxi sollte man Fahrpreis und Ziel vor der Fahrt genau abklären.

Tempos

Tempos sind eine Art überdimensionale Autoriksha mit Platz für bis zu **acht Personen,** d.h. in Indien kann es auch schon mal ein gutes Dutzend werden. In mittleren und größeren Städten fahren sie entlang **festgelegter Routen,** z.B. vom Bahnhof ins Stadtzentrum. Auf der Strecke halten sie überall dort an, wo Passagiere ein- oder aussteigen möchten. Tempos sind neben Bussen die billigste Fortbewegungsart im innerstädtischen Verkehr. Die Preise variieren je nach Streckenlänge von 1 bis 5 Rs. Sie kommen allerdings nur für Reisende mit ganz wenig oder am besten gar keinem Gepäck in Frage, da der zur Verfügung stehende Platz pro Person minimal ist. Im Übrigen ist die Preisersparnis gegenüber den Autorikshas, besonders wenn man zu zweit reist, derart gering, dass diese Transportart nur von wenigen Touristen genutzt wird.

Fahrradrikshas

Fahrradrikshas, **dreirädrige Fahrräder** mit einem Fahrer vorn und einer kleinen Sitzbank für zwei Personen dahinter, wurden in den letzten Jahren aus den Zentren mehrerer Großstädte verbannt, doch in den meisten Orten sind sie das meistbenutzte Transportmittel. Hier gibt es selbstverständlich keinen Taxameter und gerade in großen Touristenorten wie etwa Agra oder Jaipur gilt es, besonders hartnäckig zu handeln, da man sonst oft ein Mehrfaches des ortsüblichen Preises bezahlt – mehr als mit der Autoriksha. Der offizielle Riksha-Preis pro Kilometer beträgt 3 Rs, Minimalpreis ist 7 Rs, allerdings wird meist wesentlich mehr verlangt und man muss kräftig feilschen, um auch nur halbwegs in die Nähe dieses Preises zu gelangen.

Hinzu kommt, dass viele Rikshafahrer im Kommissionsgeschäft engagiert sind und versuchen, den Neuankömmling in jenes Hotel zu bringen, wo sie am meisten Prozente bekommen. Oft ist das die Hälfte des Übernachtungspreises. Besondere Vorsicht ist bei jenen Fahrern geboten, die einem bei der Frage nach dem Fahrpreis mit der Antwort „As you like" zu locken versuchen. Es ist immer unkomplizierter (und billiger), vor Fahrtantritt den exakten Tarif festzulegen. Auch hier können die im Buch gegebenen Preise nur als Anhaltspunkt dienen.

! Einige Rikshafahrer verstehen grundsätzlich jede Fahranweisung falsch und fahren schnurstracks zu einem bestimmten Geschäft. Dessen Besitzer zahlt für jedes angekarrte Opfer ein paar Rupien Provision, in der Hoffung, es werde schon etwas kaufen. Der Laden sollte natürlich gleich links liegengelassen und der Rikshafahrer auch nicht bezahlt werden.

Tongas

Mit Tonga werden einfache **Pferdegespanne** bezeichnet, die sich gelegentlich, vor allem in kleineren Orten, noch finden.

Zeitverschiebung

Nach der im ganzen Land geltenden **Indian Standard Time** (IST) gehen die indischen Uhren der Mitteleuropäischen Zeit in der Sommerzeit (Ende März bis Ende Oktober) um 3½ Stunden voraus, zur Winterzeit um 4½ Stunden. 12 Uhr in Indien entspricht also 8.30 bzw. 7.30 Uhr in Mitteleuropa.

Zeitdifferenzen zu asiatischen Nachbarländern (Indien 12 Uhr):

- **Pakistan** 11.30 Uhr
- **Nepal** 12.15 Uhr
- **Bangladesch** 12.30 Uhr
- **Thailand** 13.30 Uhr
- **Malaysia, Singapur, Indonesien** 14.30 Uhr

303ra Foto: tb

Land und Leute

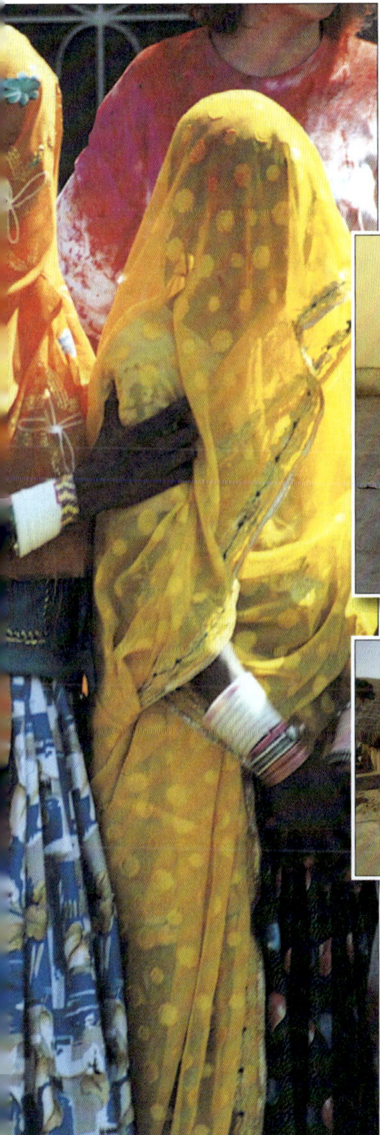

811ra Foto: tb

320ra Foto: tb

Der farbenfrohe, elegant um den Körper geschlungene Sari ist das klassische Kleid indischer Frauen

Schlangenbeschwörer

Typische Lehmhäuser in der Wüste Thar

Geografie

Mit einer Fläche von 342.239 km², was etwa der Größe Deutschlands entspricht, ist Rajasthan nach Madhya Pradesh der **zweitgrößte Bundesstaat Indiens.** Im Nordwesten grenzt er an den alten Erzfeind Indiens, Pakistan, im Nordosten an die Bundesstaaten Harayana und Punjab, im Osten an Uttar Pradesh, im Südosten an Madhya Pradesh und im Südwesten an Gujarat.

Das sowohl geografisch als auch klimatisch bestimmende Element bildet die **Aravalli-Kette,** ein etwa 700 km langer Gebirgszug, der sich von Delhi im Nordosten bis Gujarat im Südwesten auf einer Breite von ca. 50 Kilometern durch Rajasthan zieht. Während die nördlichen Ausläufer in der Nähe Delhis nur etwa 300 Meter erreichen, steigt das in mehreren Parallelketten verlaufende Gebirge nach Südwesten auf über 1.000 Meter an und erreicht seinen höchsten Punkt mit dem 1.727 Meter hohen Gipfel des Guru Shikhar bei Mt. Abu.

Obwohl dieses älteste Faltengebirge der Erde, welches in vorkambrischer Zeit entstand, über die Jahrmillionen durch Erosion auf eine Höhe von heute durchschnittlich 900 m geschrumpft ist, wirkt es als entscheidende **Klimagrenze** und unterteilt Rajasthan in ein arides **Wüstenklima** und ein subtropisches **Monsunklima.** Während die sich im Westen ausbreitenden Trockenzonen, die schließlich in die Wüste Thar übergehen, mit Niederschlagsmengen von maximal 50 Zentimetern im Jahr auskommen müssen, bringt der im Juni einsetzende Monsun den sich östlich an die Aravalli-Kette anschließenden Ebenen und dem Hadoti-Plateau im Südosten reichlich Niederschläge.

Doch selbst die **Wüste Thar,** die mit etwa 210.000 km² mehr als die Hälfte der Fläche Rajasthans einnimmt, entspricht zum allergrößten Teil nicht jenen „Lawrence von Arabien"-Klischeevorstellungen, wie sie im Westen gemeinhin vorherrschen. Viel charakteristischer als die sich endlos am Horizont entlangziehenden Sanddünen sind von Buschwerk und kleinwüchsigen Bäumen bedeckte karstige Böden.

Insgesamt kann die Wüste Thar in vier verschiedene natürliche Gebiete eingeteilt werden. Der westlichste Bereich, die **Große Wüste** (Great Indian Desert), ist von leichtem Flugsand und einigen wenigen Sanddünen bedeckt und reicht vom nordwestlichen Gujarat bis zur Grenze zwischen Pakistan und Punjab. Hieran schließen sich nach Osten Richtung Aravallis jene **halbariden Übergangszonen** an, die zwischen 25 und 50 Zentimeter Regen pro Jahr aufweisen: das Becken des Luni-Flusses, welcher in der Nähe von Pushkar entspringt, die Shekhawati-Region und die Ghaggar-Ebene zwischen Jaipur und Jodhpur.

Die sich **östlich von den Aravallis anschließenden Ebenen** als dritte Großregion Rajasthans lassen sich mit dem Banas-Becken im Nordosten und der Chappan-Ebene im Südwesten in zwei Einheiten unterteilen. Das Banas-Becken bildet die Südgrenze der Mewar-Ebene, in der Teile der Distrikte

Udaipur, Chittorgarh, Jaipur und Alwar liegen. Die Maximalhöhe dieses Hochplateaus liegt bei 580 Metern, die Regenmenge bei 73 cm. Die sich südlich anschließende Chappan-Ebene steht im landschaftlichen Kontrast zur Mewar-Ebene, die weit weniger zerklüftet ist. Das hügelige, von tiefen Tälern durchzogene Land wird auch als sogenanntes *tribal land* bezeichnet, da es zum großen Teil von verschiedenen Ureinwohnern bewohnt wird.

Geografische Begriffe

Bag / Bagh	Park
Bagicha	(Kleiner) Park
Ban / Van	Wald
Bandar / Bunder	Hafen
Bandh	Damm
Basar / Bazar	Markt(-platz)
Basti	Siedlung, Dorf
Chowk / Chauk	Platz
Chowrasta /Chaurasta/ Chauraha	Kreuzung (vier Straßen)
Dariya	Bach, Fluss
Dek(k)han	Das südliche Hochplateau
Desh	Land (Nation)
Galli	Gasse
Ganj / Gunj	Markt(-platz)
Gao / Gaon / Gau / Gaum	Dorf
Garh / Gadh	Fort, Festung
Ghat	Uferanlagen; Hügelgebiet zwischen Flachland und Hochplateau
Ghati	Tal
Gir / Giri	Berg
Gram / Grama	Dorf
Jangal	Wald
Jheel / Jhil	(Binnen-)See
Jheelka / Jhilka	Teich
Kot / Kota	Fort, Festung
Kund / Kunda	(Binnen-)See
Mahasagar	Ozean
Mahanagar	Großstadt, Metropole
Maidan	Rasenplatz
Marg	Weg, Straße
Masijd	Moschee
Minar	Turm
Nadi	Fluss
Nagar	Stadt
Nagar Palika	Stadtverwaltung
Nalla	Bach
Pahar	Berg, Hügel
Parbat / Parvat	Berg
Path	Weg, Pfad, Straße
Pradesh	Bundesstaat, Provinz
Pul	Brücke
Pur / Pura / Puri / Pore	Stadt
Qila	Fort, Festung
Rasta	Weg, Pfad
Sagar	Meer / See
Samudra / Samundar	Meer
Sangam	Zusammenfluss mehrerer Flüsse
Sarak / Sadak	Straße
Sarovar / Sarowar	(Binnen-)See
Shahar	Stadt
Smarak	Denkmal
Tal	(Binnen-)See
Talab	Teich, Weiher
Taluk / Taluka	Distrikt
Tinrasta	Kreuzung (drei Straßen)
Udyan	Garten, Park
Zilla	Bezirk

Die aufgeführten Begriffe machen viele Ortsnamen transparenter. *Ramnagar* ist somit die „Stadt des Ram“, *Shivpur* die „Stadt des Shiva“. Der *Nanga Parbat* ist der „nackte Berg“ und *Bansgaon* das „Bambusdorf“. *Uttar Pradesh* heißt nichts weiter als „Nordprovinz“, *Madhya Pradesh* „mittlere Provinz“.

Nach Osten werden diese Ebenen von den **Vindhaya-Bergketten** begrenzt, deren Steilhänge nach Süden abfallen und die Grenze zwischen Rajasthan und Madhya Pradesh bilden.

Klima und Reisezeit

In unserer hochtechnisierten und industrialisierten Welt haben wir uns so weit vom Wetter unabhängig gemacht, dass wir darüber meist nur dann reden, wenn es an anderen, wichtigeren Gesprächsthemen mangelt. In einem hauptsächlich landwirtschaftlich geprägten Landstrich wie Rajasthan sind die Unbilden der Witterung noch echte Schicksalsfragen. Vom rechtzeitigen Eintreffen der Regenzeit hängen der Ertrag der Ernte und damit Einkommen, Ernährung und Gesundheit eines Großteils der Bevölkerung ab. Zwar sind gerade in den letzten zwei Jahrzehnten viele Talsperren und Kanäle gebaut worden, die die Landwirtschaft von den Zufällen des Monsunregens unabhängiger machen sollen, doch insgesamt ist der größte Teil des Landes nach wie vor fundamental auf den jährlichen Regen angewiesen. Trotz aller regionalen Schwankungen lassen sich drei Jahreszeiten unterscheiden: Sommer, Regenzeit und Winter.

Sommer

Mit Sommer bezeichnet man in Rajasthan die heißen und trockenen Monate von März bis Mitte Juni. Nicht verwechseln sollte man diese Jahreszeit mit dem mitteleuropäischen Sommer, tritt er in Indien doch mit viel größerer Entschiedenheit auf. Es regnet dann so gut wie gar nicht mehr, dafür steigt die **Hitze** bis Ende Mai auf über 45°C an. Gerade in den extremen Trockengebieten im Nordwesten erschweren schwere **Sandstürme** das Leben. Insgesamt leidet das gesamte Land unter der Hitzeglocke, und wer immer es sich leisten kann, entflieht speziell im April und Mai in die Bergregionen des Himalaya. Kashmir, das Kulu-Tal und Darjeeling erleben jetzt den Ansturm der indischen Mittel- und Oberschicht.

Monsunzeit

Der etwa Mitte Juni von Südwesten her mit dem Monsun eintreffende **Regen** wird von den Menschen wie eine gottgesandte Erlösung empfunden. Der Himmel öffnet seine Schleusen, entstaubt im wahrsten Sinne des Wortes die Luft, sodass man endlich wieder richtig durchatmen kann. Zwar ist die unerträgliche Hitze überstanden, dafür bedrückt nun ein feuchtes, **schwülwarmes** Klima das Leben der Menschen. Während der **Südwestmonsun** etwa Mitte September den Rückzug antritt, wird die Südostküste noch einmal von Oktober bis Dezember vom **Nordostmonsun** berührt, sodass hier im Vergleich zum restlichen Indien überdurchschnittlich hohe Niederschlagswerte zu verzeichnen sind. Der Monsun kommt durch den jährlichen Wechsel der Winde zustande, die durch die Temperaturschwankungen zwischen Land und Wasser sowie

Maximale Tagestemperaturen in °C

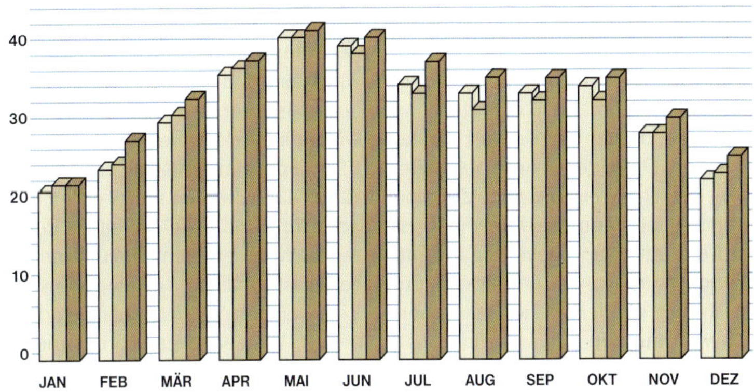

Minimale Nachttemperaturen in °C

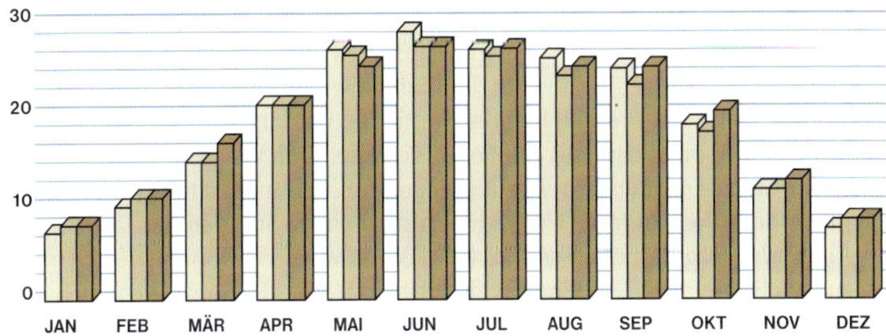

Delhi
Jaipur
Jaisalmer

Mittlere Niederschlagsmenge pro Monat in mm

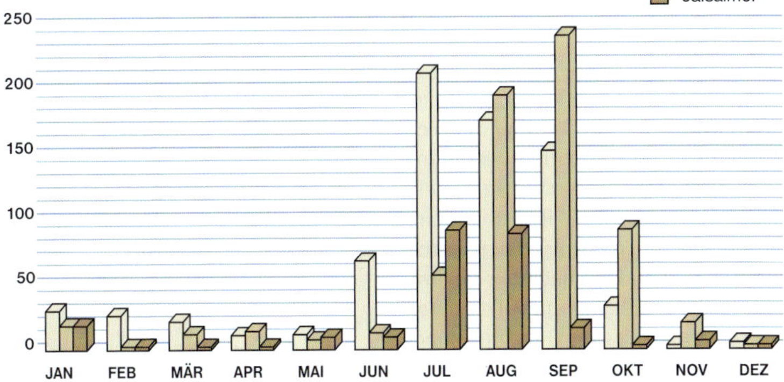

die unterschiedliche Sonnenbestrahlung der Erde entstehen. Im Sommer blasen die Winde aus Südwest, im Winter aus Nordost. Sie transportieren riesige Wolkenmassen, die sich dann als Monsunregen über dem Festland ergießen. Das eigentliche Problem besteht jedoch darin, dass seine Zeit und Ergiebigkeit kaum vorhersehbar ist und er zudem unregelmäßig auftritt. Kommt es an Ganges und Brahmaputra immer wieder zu riesigen **Überschwemmungen** mit Tausenden von Toten, leiden die Menschen im Südwesten, in Gujarat und Rajasthan, unter jahrelangen **Dürreperioden,** in denen kein Tropfen Wasser fällt.

Winter

Die angenehmste Jahreszeit beginnt dann im Oktober und reicht bis Februar. Winter ist, zumindest was die Tagestemperaturen betrifft, ein recht irreführender Begriff, liegen sie doch meist noch um **25°C.** Richtig kalt hingegen wird es nachts mit nächtlichen Tiefsttemperaturen um den Gefrierpunkt, speziell im November/Dezember.

Die beste Reisezeit

Allgemein lässt sich sagen, dass die Wintermonate von **Oktober bis Februar** mit angenehmen Temperaturen, viel Sonnenschein und wenig Regen die beste Reisezeit für Rajasthan darstellen. Gerade in den Monaten Oktober/November, kurz nach der Regenzeit, erstrahlt die Natur in voller Blüte. Allerdings wird es im Dezember und Januar im Norden nachts empfindlich kühl, dafür ist die Fernsicht in dieser Jahreszeit am besten. Es kann aber in der **Hauptreisezeit** an einigen Haupt-Touristenorten wie etwa Agra, Jaipur oder Jaisalmer zu Engpässen bei den Unterkünften kommen.

Der **Sommer,** speziell die Monate April/Mai, ist wegen seiner erdrückenden Hitze und Feuchtigkeit als Reisezeit nicht zu empfehlen. Für Tierliebhaber ist es allerdings eine günstige Zeit, weil sich die Tiere auf die verbliebenen Wasserstellen konzentrieren und damit leicht zu beobachten sind.

Obwohl die **Monsunzeit** von Juni bis September wegen der vielen Regenfälle, hoher Luftfeuchtigkeit, vieler Insekten und der Überflutung von Verkehrswegen meist von Touristen gemieden wird, bietet sie doch gewisse Vorteile. Der Wechsel zwischen Regen- und Sonnenzeiten (meist regnet es nur einige Stunden pro Tag, danach kommt wieder die Sonne durch) bietet faszinierende Farbenspiele. Nach monatelanger Dürre scheint die Natur geradezu zu explodieren. Duft und Farben der Pflanzen sind in dieser Zeit besonders intensiv. Auch das Shekhawati mit seiner verfallenen, ehemaligen Pracht strahlt in dieser Zeit einen besonderen Reiz aus.

Im Süden und Osten Rajasthans finden sich korallenrot blühende Flammenbäume

Flora und Fauna

Pflanzenwelt

Die als natürliche Klimascheide zwischen den nördlichen und westlichen Wüsten- und Steppenregionen und dem subtropischen Südosten fungierenden Aravalli-Berge bedingen gleichzeitig eine Unterteilung Rajasthans in eine relativ karg bewachsene Zone und eine von üppiger Vegetation gekennzeichnete Region. War Rajasthan noch bis vor wenigen Jahrhunderten von einer fast durchgängigen **Waldfläche** überzogen, so sind es heute gerade noch 10 %. Die **Teakholzbestände** mit einer Ausdehnung von etwa 5.000 km² beschränken sich fast ausschließlich auf den Süden des Landes, wo auch der wegen seines spektakulär anmutenden Aussehens berühmte **Banyan-Baum** (Würgfeige, *Ficus bengalesis*) zu finden ist. Mit seinen weit ausgreifenden, bis zu zwei Metern aus dem Boden aufragenden Luftwurzeln, mit seinen unzähligen Verästelungen und Verzweigungen macht der Parasit, der sich um die Stämme anderer Bäume legt, einen urweltlichen Eindruck.

Subtropische immergrüne Wälder von nur geringer Ausdehnung finden sich in ganz Rajasthan nur im regenreichen Gebirgsmassiv des Mount Abu oberhalb von 1.000 Metern. Während die Vegetation im Süden und Osten mit den dort vielfach anzutreffenden Mischwäldern, verschiedenen Bambusarten, Dattelpalmen, Mangobäu-

787ra Foto: tb

men, Eukalyptus, Palisander und dem im März korallenrot blühenden Flame-of-Forest-Baum ihre ganze Vielfalt und Farbenpracht zur Schau stellt, tut sich die Flora im **regenarmen Westen** des Landes naturgemäß schwerer. Vorherrschend sind Hartlaubgewächse, Dorngestrüpp und Steppengräser.

Doch auch einige wenige Bäume trotzen den unwirtlichen Bedingungen. Einer der wichtigsten, weil von den Menschen am vielfältigsten nutzbare ist der **Khejra-Baum.** Seine Zweige lassen sich als Viehfutter schneiden und wachsen rasch wieder nach, seine Schoten dienen der menschlichen Ernährung, und in Notzeiten wird die gemahlene Rinde unters Mehl gemischt. Auch die Blätter und Früchte des **Nim-Baumes** werden vom Vieh vor allem den Ziegen gefressen. Darüber hinaus glauben die Rajasthanis an seine entzündungshemmende Wirkung und nutzen deshalb seine Zweige als Zahnbürste. Vielfach verwendbar ist auch der **Babul,** ein Akazienbaum, dessen Hülsenfrüchte der Nahrung beigegeben werden, während sein hartes Holz besonders als Bauholz zum Einsatz kommt.

Auch die in West-Rajasthan besonders zahlreichen **Wildpflanzen** werden von den Bauern in vielfältiger Weise genutzt. **Buadi** etwa ist eine Futterpflanze für die Tiere, ihr Schatten wird während der Mittagshitze besonders gern von Tieren aufgesucht. **Cham ghas** hat medizinische Bedeutung, liefert Viehfutter und Gummi, welches gesammelt und verkauft wird. **Dhamavo** ist eine gute Futterpflanze für Ziegen und Kamele. Wichtigstes Kamelfutter sind jedoch das **Sewangras** und die Blätter des Khejra-Baumes. Eine der nützlichsten Pflanzen ist das **Kair:** Die Blätter sind Futter für Ziegen und Kamele, die Früchte werden frisch und getrocknet als Gemüse gegessen und das Holz zur Möbelherstellung verwendet.

Tierwelt

Die überall in Rajasthan angebotenen Miniaturmalereien mit ihren immer wiederkehrenden Jagdszenen geben einen Eindruck von dem eindrucksvollen Wildreichtum, der die Region früher auszeichnete. Neben dem Bevölkerungsdruck, der die Menschen immer tiefer in die angestammten Lebensräume der Tiere eindringen ließ, dem Eisenbahn- und Straßenbau, der die Wanderwege der Tiere zerschnitt, und dem Einsatz von Pestiziden, der ihre Nahrungsgrundlagen zerstörte, trug auch und gerade in Rajasthan die wilde Schießwut der weißen Kolonialherren und indischen Rajas zur **Dezimierung des Wildbestandes** bei.

Vor allem die sogenannten *big five*, der indische **Löwe,** der **Tiger,** der **Elefant,** das **Panzernashorn** sowie das **Gaur,** das größte Wildrind der Erde, waren akut vom Aussterben bedroht. Angesichts dieser dramatischen Lage setzte Anfang der siebziger Jahre ein Sinneswandel bei den Verantwortlichen ein. Vor allem das Programm zur Rettung des Tigers erregte weltweites Aufsehen. Mit dem Ranthambore- und dem Sariska-Nationalpark befinden sich zwei der bekanntesten Tigerschutzgebiete auf rajasthanischem Boden.

Ebenso wie der Tiger in den letzten Jahren vor dem Aussterben gerettet werden konnte, scheint dies auch bei dem **Löwen** zu gelingen. 250 leben heute im Gir-Nationalpark im Bundesstaat Gujarat. Der **Gepard** gilt hingegen seit 1952 als ausgestorben.

Die beliebtesten Beutetiere der Wildkatzen wie **Antilopen, Gazellen** und **Hirsche** finden sich außer in den Nationalparks vor allem in den wüstenähnlichen Regionen West-Rajasthans. Unter den Hundearten finden sind der **Dekhan-Rothund,** der **Goldschakal** und der Bengalfuchs relativ häufig, während der äußerst scheue indische **Wolf** vom Aussterben bedroht ist.

Ein absolut gewöhnlicher Anblick in Rajasthan sind die **Affen,** die häufig ausgerechnet in Tempeln anzutreffen sind. Hier scheinen sie sich besonders heimisch zu fühlen und sind dementsprechend selbstsicher, was zuweilen jedoch in Aggressivität umschlagen kann. Von den in Indien vertretenen neunzehn Rassen sind die **Rhesusaffen** und die **Languren** besonders häufig. Besonders die **Rhesusaffen** können recht aggressiv werden, gerade wenn sie Essbares in den Händen der Menschen erspähen. So sollte man in deren Nähe darauf verzichten, genüsslich eine Banane oder Sonstiges zu verspeisen.

Immer wieder ein faszinierendes Bild ist es, einen **Arbeitselefanten** mit einem *Mahout* in aller Seelenruhe inmitten des brodelnden Verkehrs der rajasthanischen Großstädte wie Jaipur oder Jodhpur marschieren zu sehen. Zunehmend weniger dieser beliebten Großtiere Indiens werden allerdings zu Arbeitstieren abgerichtet.

Kamele

Gäbe es ein spezielles Wappentier für Rajasthan zu wählen, so könnte dies eigentlich nur das Kamel sein. Es ist sicher nicht übertrieben zu behaupten, dass Rajasthan ohne dieses ideale Wüstentier nicht existieren könnte. Trotz der auch in Rajasthan immer mehr um sich greifenden Motorisierung ist das Kamel bis heute das wichtigste **Transportmittel** der Region. Abgesehen von der Personenbeförderung dient es zum Transport von Baumaterialien, Nahrungsmitteln, Post und vor allem dem Gold der Wüste,

015raj Foto: tb

Wasser. Bis zu 200 kg kann solch ein Wüstenkamel hinter sich herziehen. Seine dicken Hornschichten unter den Füßen, die es vor Verletzungen schützen und die Fähigkeit, bis zu zwei Wochen mit den Körpervorräten an Wasser auszukommen sind nur zwei Beispiele für seine perfekte Anpassung an die harten Bedingungen in der Wüste. Selbst bei extrem hohen Temperaturen schwitzt ein Kamel so gut wie gar nicht und über eine gewisse Zeit kann es seinen Wasserbedarf durch Grünfutter decken. Darüber hinaus kann ein Kamel bis zu 25 % seiner Körperflüssigkeit verlieren, ohne zu Grunde zu gehen.

Über ihre Funktion als Transporttiere hinaus sind die insgesamt etwa eine Million Kamele Rajasthans als **Lieferanten von Milch, Wolle und Leder** von erheblicher Bedeutung. Schließlich dient ihr Kot als Brennmaterial und wird als Dung auf den Feldern verwendet. Von den in Rajasthan anzutreffenden Kamelen lassen sich mit dem größeren Bikaner-Kamel und dem wendigen Jaisalmeri zwei Rassen unterscheiden. Während das Bikaner-Kamel in erster Linie als Lasttier verwendet wird, dient das Jaisalmeri vornehmlich als Reittier. Übrigens können die normalerweise so gemächlich daherschreitenden Wüstenschiffe für kurze Zeit eine Geschwindigkeit von bis zu 60 km/h erreichen.

Vögel

Vogelliebhaber kommen in Rajasthan voll auf ihre Kosten, beherbergt der indische Subkontinent doch über

Die heilige Kuh – geschlagene Heilige

Die Kuh ist in Indien heilig, das weiß jedes Kind. Aber wie heilig ist sie den Indern eigentlich wirklich? Wenn man die abgemagerten Gerippe durch die Straßen streunen sieht, wo sie auf ihrer nimmermüden Suche nach Essbarem die Abfallhaufen durchwühlen und allzuoft mit Stockhieben vertrieben werden, scheint diese Frage gar nicht so abwegig.

Ein Blick in die Geschichte beweist, dass die Verehrung der Kuh durchaus nicht immer selbstverständlich war. Der Verzehr von Rindfleisch war für die nomadisierenden arischen Hirten, die vor Jahrtausenden in Nordindien einfielen, eine Selbstverständlichkeit, und auch die Opferung von Rindern zu religiösen Zwecken war gang und gäbe, wie Auszüge aus den „Veden", den heiligen Schriften der Arier, belegen. Dies änderte sich erst, als die Einwanderer sesshaft wurden und geregelten Ackerbau betrieben. Von nun an war nicht mehr das Pferd, sondern das Rind das wichtigste Tier des Menschen.

Diese Bedeutung hat es bis heute behalten, da sich die Lebensbedingungen eines Großteils der indischen Bevölkerung in den letzten Jahrtausenden nicht grundlegend verändert haben. Vor allem die unzähligen Mittellosen der indischen Gesellschaft profitieren von den kostenlosen Produkten der Millionen Straßenkühe. Die meisten der scheinbar herrenlos durch die Großstädte streunenden Rinder besitzen ein festes Zuhause, zu dem sie allabendlich zurückkehren. Während sie dort die bereitgestellte Mahlzeit bekommen, werden sie von den Besitzern gemolken.

Auch zum Pflügen der Felder und als Zugtier ist das Rind unverzichtbar. Die Milch der Kuh bedeutet für die Unterschicht eine wichtige, weil nährstoffreiche und vor allem kostenlose Ernährung. Der Dung ist als Düngemittel der Felder genauso nützlich wie als Brennmaterial; darüber hinaus findet er als Mörtel zur Errichtung von Lehmhütten Verwendung, zumal er auch noch insektenabweisend wirkt. Als weitverbreitetes Desinfektionsmittel wird auch der Urin der Cebu-Rinder genutzt, und in den indischen Städten dienen die etwa 200 Millionen freilaufenden Kühe als Müllentsorger.

Die existentielle Bedeutung des Rindes hatten die indoarischen Einwanderer sehr schnell erkannt, weshalb sie es unter Tötungsverbot stellten. Die Verehrung der Kuh hatte also zunächst rein pragmatische Gründe. Die religiöse Überhöhung als lebensspendende Mutter *(go mata)* setzte erst einige Jahrhunderte später ein, vor allem mit dem buddhistischen Prinzip der Nichtverletzung des Lebens *(ahimsa)*.

Nein, vergöttern im eigentlichen Sinne des Wortes tun die Inder ihre Kühe nicht, und heilig sind sie ihnen nur insofern, als sie ihnen das Überleben ermöglichen. Auch für die Kastenlosen, die außerhalb der hinduistischen Gesellschaft stehen, besitzen die Kühe einen enormen Nutzen. Da sie nicht an die hinduistischen Regeln gebunden sind, dienen diesen Ärmsten der Armen das Fleisch, die Knochen und das Leder als wichtige Ernährungs- und Einkommensquelle.

Der gerade im Westen immer wieder vorgebrachte Einwand, das Tötungsverbot der Kuh sei angesichts der Millionen unterernährten Inder unverantwortlich (gepaart mit der Forderung nach Hochleistungs-Rinderzucht), entbehrt übrigens jeder Grundlage. Gerade die breite Masse der Bevölkerung könnte sich die durch die Aufzucht zwangsläufig anfallenden höheren Kosten für die Tiere und deren Produkte nicht leisten und müßte so auf ihren Nutzen verzichten. Im Übrigen stehen die dafür notwendigen Weideflächen im überbevölkerten Indien gar nicht zur Verfügung.

813ra Foto: tb

1.200 **Brutvogelarten,** von denen 176 nur hier vorkommen. Rechnet man noch die im Winter aus dem nördlichen und mittleren Asien einfliegenden **Zugvögel** hinzu, so können insgesamt mehr als 2.000 Vogelarten nachgewiesen werden. Ein Paradies für Ornithologen ist der Keoladeo-Nationalpark bei Bharatpur. Dieses Vogelschutzgebiet im ehemaligen Jagdrevier des dortigen Maharajas gilt mit seinem ungeheuren Artenreichtum als eines der weltweit bekanntesten Vogelreservate. Besonders häufig sind **Eulen, Spechte, Nashorn-** und **Nektarvögel, Kuckucke, Reiher, Störche** und **Kraniche.**

Der indische Nationalvogel, der **Pfau,** ist nicht nur in der Wildnis weit verbreitet, sondern gehört fast schon zum gewöhnlichen Anblick in jedem rajasthanischen Dorf, wo er als halbzahmer Vogel verehrt und gefüttert wird. An diese „schillernde Persönlichkeit" knüpfen sich gerade im sagenumwobenen Rajasthan besonders viele Mythen und Legenden. So soll er Regen vorhersagen können, wenn er beim Erscheinen der ersten Wolke zu tanzen beginnt. Wegen seiner Fruchtbarkeit wird er als Aspekt der Erdmutter angesehen. Souvenirs aus dekorativen Pfauenfedern können übrigens ohne Bedenken gekauft werden, da die Vögel ihre Schmuckfedern während der Mauser im Winter verlieren.

Reptilien

Weniger erfreulich klingt die Zahl der ca. 5.000 jährlich in Indien durch Schlangenbisse getöteten Menschen. Gerade im Westen Rajasthans finden sich besonders viele dieser furchteinflößenden Tiere. Die Zahl der **Schlangenarten** liegt bei 230, davon sind 55 giftig. Die Tigerpython ist mit bis zu sechs Metern Länge die größte Schlangenart Indiens. Zu den gefährlichen **Giftschlangen** zählen hauptsächlich Kobra, Kettenviper und Sandrasselotter. Bei 90 % der Bisse durch gefährliche Giftschlangen ist die injizierte Menge zu gering, um tödliche Folgen zu haben. Opfer finden sich meist unter der verarmten Landbevölkerung, da viele die Nacht auf dem Boden verbringen müssen und dabei versehentlich mit einer Giftschlange in Berührung kommen.

Ganz harmlos und zudem sehr nützlich ist dagegen der freundliche Zeitgenosse, der fast jeden Abend an der Wand des Hotelzimmers nach einer leckeren Mahlzeit Ausschau hält – der **Gecko.** Der kleine Kerl mit seinen reichlich groß geratenen Glubschaugen hält sich besonders gern in der Nähe von Lampen auf, da hier die Chancen für einen fetten Leckerbissen in Form eines Insekts besonders hoch sind. Schade nur, dass er sich in Mitteleuropa nicht recht wohl fühlt.

Bevölkerung

1951, im Einführungsjahr des großen Familienplanungsprogrammes, lebten in Rajasthan 15 Millionen Menschen. Heute, zu Anfang des 21. Jh., sind es 69 Millionen. Zwar ist vor allem die sinkende Sterberate für diesen dramatischen Bevölkerungszuwachs verantwortlich (so stieg die durchschnittliche **Lebenserwartung** von damals 30 auf heute 70 Jahre), doch insgesamt ist es nicht gelungen, die **viel zu hohe Geburtenrate** den Erfordernissen entsprechend zu senken.

Tatsächlich ist Rajasthan mehr noch als Indien ein klassisches Beispiel dafür, dass **staatliche Familienpolitik** scheitern muss, solange die Ursachen des Übels – traditionelle Wertvorstellungen und soziale Ungerechtigkeit – nicht beseitigt sind. Hierzu gehört gerade in Rajasthan das über Jahrtausende tradierte Bild der Frau als unterwürfige Dienerin des Mannes, die Anerkennung und Daseinsberechtigung erst dadurch erlangt, dass sie möglichst viele Kinder, vor allem aber Jungen, zur Welt bringt.

Diese einseitige **Bevorzugung von männlichen Nachkommen** und die damit einhergehende Benachteiligung der Mädchen von Geburt an hat dazu geführt, dass Rajasthan eine der ganz wenigen Regionen dieser Erde ist, in denen es einen deutlichen **Männerüberhang** gibt, wobei diese Diskrepanz in den letzten Jahrzehnten sogar deutlich zugenommen hat.

Überdies sind Kinder nicht nur billige Arbeitskräfte, sondern fungieren in Dritte-Welt-Ländern ohne bzw. mit nur sehr geringen staatlichen Sozialleistungen natürlicherweise als die beste, weil einzige Altersversorgung. So zeigt sich auch in Rajasthan, dass die Bereitschaft zur **Geburtenkontrolle** mit einer Reihe von Entwicklungsindikatoren wie Einkommens- und Altersversicherung sowie Ausbildungsgrad eng zusammenhängt. Während zum Beispiel in Kerala, dem Bundesstaat mit der höchsten Alphabetisierungsrate Indiens, die Geburtenrate mit 1,3 % jährlich landesweit am niedrigsten liegt, ist sie in Rajasthan, einem der rückständigsten Gebiete Indiens, wo gerade einmal 52 % der Frauen lesen und schreiben können, mit 2,3 % extrem hoch.

Hier zeigt sich, dass die Verbesserung sozialer Rahmenbedingungen und die landes- und klassenübergreifende Anhebung des Bildungsstandes die langfristig aussichtsreichsten Mittel sind, um das bedrohliche Bevölkerungswachstum zumindest einzugrenzen. Dies bestätigen auch Untersuchungen unter Mitgliedern der indischen Mittel- und Oberschicht in westlich geprägten Städten wie Mumbai oder Delhi, bei denen der Slogan „Zwei Kinder sind genug", mit dem auf Plakaten und in Schulen für die Familienplanung geworben wird, schon längst Allgemeingut ist.

Das darf jedoch nicht darüber hinwegtäuschen, dass auch heute noch immer gut zwei Drittel der Bevölkerung der Unterschicht angehören und 75 % der rajasthanischen Bevölkerung auf dem Land lebt. Von den 46 Millionenstädten Indiens befindet sich mit Jaipur gerade einmal eine innerhalb der Grenzen Rajasthans, dem flächenmäßig zweitgrößten Bundesstaat des Landes. So kann es nicht verwundern, dass Rajasthan mit 201 Menschen pro Quadratkilometer einer der am dünnsten besiedelten Bundesstaaten Indiens ist, wo die durchschnittliche **Bevölkerungsdichte** 382 Menschen pro Quadratkilometer beträgt. Naturbedingt ist dabei die Bevölkerungsdichte in den lebensfeindlichen Wüsten- und Steppenregionen des Westens und Nordens mit sechs Einwohnern pro Quadratkilometer, wie zum Beispiel im Distrikt Jaisalmer, weit geringer als im regenreichen und entsprechend fruchtbaren Südosten.

Bevölkerungsgruppen

Die für das Landschaftsbild Rajasthans so charakteristische Unterteilung in den kargen Norden und Westen und den subtropischen Südosten mit der daraus resultierenden Vermischung nomadisierender Hirten und sesshafter Bauern hat der Region jenes außergewöhnlich reiche Völkergemisch beschert, welches wesentlich zur Faszination Rajasthans beiträgt. Wie im übrigen Indien unterteilt sich die rajasthanische Gesellschaft in vier **Hauptkasten,** die sich wiederum in zahlreiche *jatis,* Unterkasten, gliedern.

Was ihr gesellschaftliches Ansehen betrifft, stehen nach wie vor die **Brahmanen** an oberster Stelle der Gesellschaftspyramide. Ökonomisch hingegen sind sie nicht auf Rosen gebettet, da ihre kultischen Dienste als Tempelvorsteher heutzutage vor allem mit regelmäßigen Naturalienabgaben und Spenden der Gläubigen entlohnt werden. Einige Brahmanen sind inzwischen jedoch auch in der Landwirtschaft oder als Lehrer tätig.

Obwohl die **Rajputen** zu keiner Zeit mehr als zehn Prozent der Gesamtbevölkerung Rajasthans stellten, haben sie als die lokale Herrscherkaste über ein Jahrtausend die politische und kulturelle Elite des Landes gestellt. Die Unabhängigkeit Indiens und damit die Unterordnung der einzelnen Rajputenreiche unter die Zentralregierung seit 1947 hat diese zuvor als naturgegeben angesehene Führungsrolle der Rajputen ebenso empfindlich eingeschränkt wie die Abschaffung der fürstlichen Privilegien im Jahr 1954 und der Apanage-Zahlungen 1970.

Spätestens seit jenem Zeitpunkt befinden sich viele Nachfahren der ehemals absolutistisch herrschenden Rajputen in großen **finanziellen Schwierigkeiten.** Einigen Mitgliedern des rajputischen Adels ist es durch die Umwandlung ihrer Paläste in Luxushotels oder die Übernahme ebenso einflussreicher wie lukrativer Posten in Politik und Verwaltung gelungen, ihre führende Position zu bewahren. Die meisten jedoch haben bis heute nicht erkannt, dass die einst glorreichen Tugenden der Rajputen wie Heldentum und Ehre in einer modernen Welt, in der Rationalität und Effizienz gefragt sind, nicht zum Erfolg führen. So droht den noch bis vor kurzem unangefochten herrschenden Rajputen in jenem Land,

814ra Foto: tb

das nicht nur ihren Namen trägt, sondern von ihnen auch entscheidend geprägt wurde, in den kommenden Jahrzehnten ein sozialer und ökonomischer Abstieg.

Ein besonders auffälliges Beispiel des sozialen Wandels der letzten Jahre ist der Aufstieg der **Jats,** einer Bauernkaste, deren traditionelles Siedlungsgebiet zwischen Bikaner, Jodhpur und Agra liegt. Diese hart arbeitenden Landwirte haben durch die Einführung moderner Ackerbaumethoden und die zunehmende künstliche Bewässerung in weiten Gebieten Rajasthans die ehemalige Führungsposition der Rajputen übernommen. Sicherlich mit ein Grund für ihren auffälligen Erfolg liegt darin, dass sie sich in vielen Bereichen von den starren Grenzen des hinduistischen Kastensystems gelöst haben. So sind zum Beispiel kastenübergreifende Heiraten erlaubt und auch die Wiederverheiratung einer Witwe nichts Ungewöhnliches.

Eine Untergruppe der Jats bilden die **Bishnoi,** Anhänger des Rajputen-Gurus *Jamboje,* der im 15. Jh. zur Einhaltung von insgesamt 29 (*bish* = zwanzig, *noi* = neun) Grundregeln aufrief, wobei besonders der schonende Umgang mit der Umwelt im Mittelpunkt stand. Bis heute halten sie an diesen Grundsätzen fest, wozu unter anderem auch der völlige Verzicht auf Tabak und Alkohol gehört. Die Bishnoi gelten als die ersten Umweltschützer der Menschheit.

Mitgiftmord und andere Grausamkeiten – Frauen in Indien

„Ein Mädchen großzuziehen, ist etwa so, als würde man die Pflanzen im Garten des Nachbarn gießen." In konsequenter Umsetzung dieses indischen Sprichwortes beginnt in Indien die Geschlechterdiskriminierung bereits vor der Geburt. **Sex Determination** heißt die Zauberformel, mit der durch eine Fruchtwasseruntersuchung (Amniozentese) das Geschlecht des Fötus ermittelt werden kann. Eigentlich als eine Methode zur Früherkennung von Missbildungen gedacht, dient sie heute in erbarmungsloser Weise dazu, weibliche Embryos zu erkennen und abzutreiben. Die für die Untersuchung zu zahlende Summe von 100–200 US-$ ist eine zukunftsträchtige Investition, sparen die Eltern doch so später das Vielfache für die Mitgift der Tochter. Die Regierung hat die Amniozentese bereits 1994 offiziell verboten und im Jahr 2002 wegen der alarmierenden Zunahme illegaler Abtreibungen die Strafen nochmals erhöht (bis zu drei Jahre Gefängnis und 10.000 Rs), doch hat dies kaum praktische Folgen gehabt.

Schätzungen gehen von 11 Mio. Abtreibungen in den letzten 20 Jahren aus, fast alle davon betrafen Mädchen. Diese grausame Praxis bleibt nicht ohne Auswirkung auf die Bevölkerungsstatistik. So ist Indien eines der ganz wenigen Länder der Erde mit einem deutlichen **Männerüberschuss** (927 Frauen auf 1.000 Männer).

Für die dennoch das Licht der Welt erblickenden Mädchen beginnt mit der Geburt ein Prozess **lebenslanger Benachteiligung.** Während die Söhne verwöhnt werden, müssen die Töchter schon von frühester Kindheit an die Lasten des Haushalts mittragen, können so viel seltener die Schule besuchen und werden nur im äußersten Notfall ärztlich versorgt. Die Folgen sind auch statistisch belegbar: Von Kindern bis neun Jahren sterben 60 % mehr Mädchen als Jungen, 71 % der Mädchen gegenüber 28 % der Jungen leiden an Unterernährung, und von den Sechs- bis Vierzehnjährigen besuchen 84 % der Jungen eine Schule, dagegen nur 54 % der Mädchen, sodass heute immer noch die Analphabetenrate unter Frauen fast doppelt so hoch ist wie bei den Männern.

Unter rein ökonomischen Gesichtspunkten betrachtet, stellen Mädchen tatsächlich eine enorme Belastung dar, denn während sich die Brauteltern bei der Verheiratung ihrer Tochter für die an ihren zukünftigen Mann zu zahlende **Mitgift** *(dowry)* oft lebenslang verschulden, steigert ein Sohn umgekehrt ihr Vermögen. Im Zuge des gerade in den letzten Jahren verstärkt um sich greifenden Konsumdenkens, vor allem in der indischen Mittel- und Oberschicht, ist die *dowry* zum Bereicherungsinstrument verkommen. Videorekorder, Motorroller, Waschmaschine und dazu noch ein ordentlicher Batzen Bares als Mitgift sind selbst in der unteren Mittelschicht schon die Regel.

Oft begnügt sich der Ehemann jedoch selbst damit nicht, fordert im Nachhinein Nachbesserungen und schreckt im Falle der Nichterfüllung auch vor **Mord** nicht zurück, kann er doch bei der angestrebten Wiederverheiratung mit einer neuen großzügigen Mitgiftzahlung rechnen. Beinahe täglich finden sich in den indischen Zeitungen Meldungen über vermeintlich tragische Küchenunfälle, bei denen die Frau am

Kerosinkocher den Flammentod fand. Es ist ein offenes Geheimnis, dass sich hinter einer solchen Meldung einer der jährlich Tausenden von Mitgiftmorden verbirgt, doch da sich schlagkräftige Beweise so gut wie nie erbringen lassen, kommt der mordende Ehemann fast immer straffrei davon.

Die Mitgiftpraxis ist seit 1961 **verboten,** und das Mitte der 1980er Jahre von *Rajiv Gandhi* eingerichtete Ministerium für Frauenangelegenheiten stellt den staatlichen Versuch dar, der zunehmenden Diskriminierung der Frau einen Riegel vorzuschieben.

Demütige und klaglose Erfüllung ihrer Rolle als dienende, fürsorgliche Ehefrau prägt dann auch ihren Ehealltag, obwohl sie – gerade auf dem Lande – allzu oft als Arbeitstier missbraucht wird. Sie bekocht den Mann und isst, was er übrig lässt, besorgt auf oft stundenlangen Fußmärschen Wasser und Brennmaterial, hält Haus und Hof sauber und zieht die Kinder groß. Überdies verrichten Frauen als Tagelöhnerinnen in der Landwirtschaft und im Straßenbau die körperlich schwersten Arbeiten. Ihr Lohn ist dabei bis zur Hälfte niedriger als der der Männer, bei gleicher Arbeit.

Mit dem Tod ihres Mannes scheint auch die Existenzberechtigung der Ehefrau erloschen zu sein. Die meisten **Witwen** führen ein bemitleidenswertes Leben am Rande der Gesellschaft, da die Familie ihres Ehemannes sie nur noch als Last empfindet.

Erste Auflösungserscheinungen dieses seit Jahrtausenden unveränderten Frauenbildes sind allerdings in den großen Metropolen unverkennbar. Selbstbewusst auftretende junge Frauen, gekleidet in Jeans und T-Shirts, die auf feschen Bajaj-Motorrollern zur Arbeitsstelle fahren, wo sie als Sekretärin, Hotelangestellte oder Stewardess, aber zunehmend auch als Ärztin oder Jungunternehmerin tätig sind, finden sich immer öfter im Straßenbild. Und wer die zahlreichen Nachrichtensender im Fernsehen einschaltet, stellt fest, dass Reporterinnen und Moderatorinnen dort schon fast die Mehrzahl stellen. In dieses hoffnungsvolle Bild passt auch, dass in Delhi im Jahre 2010 das erste Mal mehr Mädchen als Jungen geboren wurden.

031is Foto: tb

So fotogen es auch aussieht – das Wassertragen ist mit viel Mühe und Anstrengung verbunden

Eine der auffälligsten Gruppen im rajputischen Völkergemisch sind die mit ihren kleinen Ochsenkarren durchs Land streifenden **Gadia Lohars.** Der Legende nach sollen diese Nomaden ursprünglich von jenen Rajputen abstammen, die als einige der ganz wenigen die verheerende Niederlage gegen die Truppen *Akhbars* bei Chittorgarh im Jahre 1568 überlebten. Sie beschlossen, erst dann wieder ein sesshaftes Leben zu führen, wenn die Niederlage gerächt sei. Heute verdingen sie sich als Kesselflicker, Messerschmiede und Werkzeugmacher und zählen zu den ärmsten Schichten der Bevölkerung. Traditionell erhielten sie nicht das Recht, die Ortschaften zu betreten, und so findet man ihre meist nur aus Papp- und Blechresten zusammengeschusterten Hütten in Dauerlagern an den Stadträndern. Zu dieser Gruppe von Zigeunern zählen auch die **Banjaras.** Früher verdienten sie ihr Geld als Salztransporteure, die mit Ochsenkarren die Märkte belieferten. Seit dem Aufkommen der Eisenbahn sind sie vornehmlich als kleine Transportunternehmer tätig.

Die bedeutendsten Gruppen der **Ureinwohner** Rajasthans, die insgesamt 12 % der Gesamtbevölkerung ausmachen, sind die **Bhil** und **Minan,** die zusammen etwa 50 % dieser sogenannten *adivasi* (Erste Siedler) stellen. Speziell die Minas haben die staatlichen Förderungsprogramme der indischen Regierung, die ihnen unter anderem entsprechend ihrem Anteil an der Gesamtbevölkerung Stellen in Universitäten und staatlichen Institutionen gewährleisten, genutzt und so ihre soziale Stellung in den letzten Jahren erheblich verbessert.

Ähnliche Privilegien von Seiten des Staates gelten für die sogenannten *scheduled tribes,* jene ehemals **„Unberührbaren“,** die außerhalb des hinduistischen Kastensystems stehen und am untersten Ende der sozialen Pyramide dahinvegetieren. Insgesamt 17 % der Gesamtbevölkerung Rajasthans werden hierzu gezählt. Davon stellen allein die **Chamar,** die traditionellen Lederarbeiter Indiens, 45 %. Zu diesen Ärmsten der Armen zählen auch die **Meghwal** und **Balai,** die ihren äußerst kargen Lebensunterhalt mit dem Beseitigen von Tierkadavern und dem Häuten von Tieren verdienen. Noch

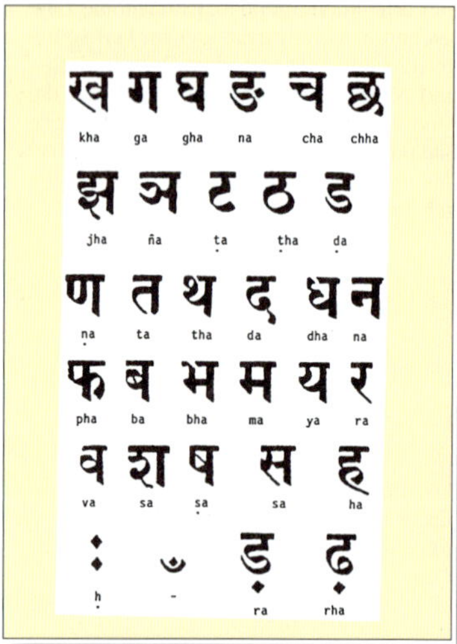

Schriftmuster: Hindi

dreckiger im wahrsten Sinne des Wortes geht es den **Bhangi,** die für die Reinigung von Straßen und Latrinen zuständig sind.

Sprache

Ebenso wie es vor der Ankunft der Briten keinen geschlossenen Zentralstaat mit dem Namen Indien gab, existierte **keine einheitliche indische Sprache** und das ist bis heute so geblieben. Während sich das durch die Engländer zusammengeschweißte Kunstprodukt Indien seit nunmehr 50 Jahren über die Runden quält, ist das Land sprachlich so zersplittert wie eh und je. Welche politische Bedeutung das Sprachproblem in Indien besitzt, zeigte sich bei der Grenzziehung der einzelnen Unionsstaaten, die weitgehend nach sprachlichen Gesichtspunkten vorgenommen wurde.

Die wichtigsten Sprachen Indiens

Sprache	Gebiet	Anteil
Hindi		41,3 %
Bengali	West-Bengalen	8,1 %
Telugu	Andhra Pradesh	7,2 %
Marathi	Maharashtra, Goa	7,0 %
Tamil	Tamil Nadu	5,9 %
Urdu	(Musl. u. Pakistani)	5,1 %
Gujarati	Gujarat	4,9 %
Kannada	Karnataka	3,7 %
Malayalam	Kerala	3,2 %
Oriya	Orissa	3,2 %
Punjabi	Punjab	2,8 %
Assamese	Arunachal Pradesh	1,3 %
Assam		

Indien hat **neben Englisch und Hindi 22 gleichberechtigte Amtssprachen.** Man schaue sich einmal einen beliebigen indischen Geldschein an. Da ist der Notenwert zunächst groß in Englisch und Hindi aufgedruckt. Daneben ist eine Kolumne zu sehen, auf der der Wert in anderen Regionalsprachen steht.

Am ehesten könnte man noch **Hindi,** von dem das Rajasthani ein lokaler Dialekt ist, als Nationalsprache bezeichnen. Doch nur in den Kernstaaten Madhya Pradesh und Uttar Pradesh wird es von der Mehrheit der Bevölkerung gesprochen. 41 % der Bevölkerung Indiens haben Hindi als Muttersprache. Zwar sind wiederholt Versuche unternommen worden, Hindi als indische Nationalsprache einzuführen, doch scheiterte dies letztlich immer wieder am entschiedenen Widerstand des stark auf seine Eigenständigkeit bedachten Südens. Dort wehrt sich die mehrheitlich dravidische Bevölkerung gegen diesen nach ihrer Meinung sprachlichen Kolonisationsversuch durch den indogermanischen Norden.

Dies ist umso verständlicher, wenn man weiß, dass die **dravidischen Sprachen** gegenüber den vom Sanskrit abstammenden **indogermanischen Sprachen,** zu denen auch das Hindi gehört, einen eigenen, völlig unabhängigen Sprachstamm bilden, der schon lange vor der Ankunft der Arier in Indien beheimatet war. Neben den vier großen dravidischen Sprachen Tamil, Malayalam, Kannada und Telugu, die in den Bundesstaaten Tamil Nadu, Kerala, Karnataka und Andhra Pradesh gesprochen werden, gibt es noch eine ganze Reihe von Stammesidiomen (Gondi, Parji, Kurukh, Toda u.a.), die vor allem auf abgelegene Gegenden konzentriert sind.

Neben all diesen Sprachen soll es in Indien noch mehrere Hundert weitere Sprachen und Dialekte geben. Bedeutende, in Rajasthan verbreitete **Minderheitensprachen** sind Sindhi und Marwari.

Schriftsysteme

Hindi, Marathi und Sanskrit (sowie Nepali) werden gleichermaßen im Devanagari-Alphabet geschrieben, alle anderen Sprachen benutzen ihr eigenes Schriftsystem. Einige Lokalsprachen benutzen je nach Gebiet gar mehrere Alphabete gleichzeitig. So wird z.B. das Konkani in Goa in lateinischem Alphabet geschrieben, in Maharashtra im Devanagari und in Karnataka im Kannada-Alphabet.

Englisch als Verkehrssprache

Bei diesem Sprachenwirrwarr ist es kein Wunder, dass sich bis heute Englisch als überregionale Verständigungssprache erhalten hat. Diese im Grunde paradoxe Situation, in der sich die Bürger über die Grenzen ihrer jeweiligen Unionsstaaten hinaus vornehmlich in der Sprache ihrer früheren Kolonialherren unterhalten, wird sich in Zukunft mit dem zunehmenden Bildungsniveau noch verstärken. Dies gilt umso mehr, als die Beherrschung der englischen Sprache im Kasten- und Klassenbewusstsein Indiens heute mehr denn je zu einem **Statussymbol** geworden ist, mit dem sich die Mittel- und Oberschicht gegenüber der ungebildeten Unterschicht abzuheben versucht. In vielen Familien der Oberschicht wachsen die Kinder bereits mit Englisch als erster Sprache auf. Dies ist ein weiteres Zeichen dafür, wie sehr sich diese die zukünftige Entwicklung entscheidend mitgestaltende Bevölkerungsgruppe von den traditionellen Wurzeln der indischen Gesellschaft

Ein paar Worte Hindi

Guten Tag, hallo	*namaste*
Danke!	*shukriya, dhanyawad*
ja/nein	*hañ/nahi*
Wie teuer?	*kitne paise?*
Das ist teuer	*Yeh bahut mehnga hai*
Wo ist ein Hotel?	*hotal kahañ hai?*
Wie weit ist ...?	*... kitne dur hai?*
Wie komme ich nach ...?	*... ko kaise jana parega?*
Wie heißen Sie?	*apka shubh nam?*
Medizin	*dawa*
Früchte	*phal*
Gemüse	*sabzi*
Wasser	*pani*
Tee	*chai*
Zucker	*chini*
klein/groß	*chota/bara*
eins	*ek*
zwei	*do*
drei	*tin*
vier	*char*
fünf	*pañch*
sechs	*chhe*
sieben	*sat*
acht	*ath*
neun	*nau*
zehn	*das*
hundert	*san*

entfremdet hat. Für Touristen hat die Entwicklung natürlich den ungemeinen Vorteil, dass man sich mit Englisch landesweit gut verständigen kann. Leider ist es in weniger gebildeten Kreisen, zu denen z.B. Taxi- und Riksha-Fahrer zählen, wenig verbreitet.

Literaturtipps

Weitergehende praktische Hilfe leistet der Sprechführer **Hindi – Wort für Wort** aus der Kauderwelsch-Reihe. Das handliche Büchlein aus dem Reise Know-How Verlag bieten eine auf das Wesentliche reduzierte Grammatik und viele Beispielsätze für den Reisealltag. Ebenfalls nützlich ist der in der gleichen Reihe erschienene Band **Englisch für Indien.** Begleitende Audio-CDs – die **Aussprache-Trainer** – sind zu beiden Büchern erhältlich. „Hindi – Wort für Wort" ist auch auf CD-ROM erschienen: **Kauderwelsch digital Hindi.** Mit der Sprache der Bollywood-Filme macht der Titel **Hindi für Bollywoodfans** vertraut.

Geschichte

Die Geschichte Rajasthans kann nur vor dem Hintergrund der **gesamtindischen Historie** verstanden werden. So soll im folgenden Kapitel der Versuch unternommen werden, die Grundstrukturen der indischen Geschichte unter besonderer Berücksichtigung Rajasthans herauszuarbeiten. Auf die spezifische Geschichte der einzelnen rajputischen Herrscherhäuser wird jeweils zu Beginn der einzelnen Städtekapitel näher eingegangen.

Ähnlich der europäischen Geschichte, die gewöhnlich in die drei deutlich voneinander zu unterscheidenden Perioden alte, mittlere und neue Geschichte unterteilt wird, hat sich auch die indische Geschichtsschreibung an einer Dreiteilung orientiert: die alte indische Geschichte geprägt vom Hinduismus, die Zeit der islamischen Herrschaft und die britische Fremdherrschaft. Diese simple Kategorisierung erfreute sich sicherlich nicht nur deshalb so lange großer Beliebtheit, weil sie die jahrtausendealte, äußerst vielschichtige indische Geschichte in einen sehr übersichtlichen Rahmen presste, sondern auch, weil sie den Wunsch der nationalistischen Historikerzunft befriedigte, der goldenen Zeit der alten Geschichte die Epoche der Fremdherrschaft, die bereits mit den islamischen Dynastien begann, gegenüberzustellen. In dem Wissen, dass letztlich jede Periodisierung willkürlich bleiben muss, soll hier als Orientierungshilfe eine Aufteilung in zehn Epochen gewählt werden, um der Vielfalt der indischen Geschichte wenigstens ansatzweise gerecht zu werden.

Zeitalter der Induskultur (2250–1750 v. Chr.)

Es ist mehr als bezeichnend für den Verlauf der der von Gewalt und Teilung geprägten indischen Geschichte, dass die Schauplätze der ersten indischen Hochkultur heute außerhalb des Staatsgebietes im pakistanischen Industal liegen. Etwa um 2250 v. Chr. hatten sich in dem fruchtbaren Schwemmland mit den beiden ca. 600 km voneinander entfernten Metropolen **Harappa und Mohenjo Daro** zwei streng hierarchisch gegliederte Stadtkulturen entwickelt, die für ca. 5 Jahrhunderte die Zentren der Indus-Zivilisation bildeten. Da bis heute die Schrift nicht entziffert werden konnte und man so auf die Interpretation der materiellen Kulturzeugnisse angewiesen ist, lassen sich nur sehr vage Aussagen über die Kultur und politische Gliederung dieser Gesellschaften machen. So ist auch die immer wieder aufgestellte These, dass es sich um eine Sklavengesellschaft gehandelt haben soll, durchaus nicht erwiesen.

Archäologische Funde lassen vermuten, dass Weizen, Gerste und Hülsenfrüchte angebaut wurden sowie Sesam für die Ölerzeugung. Steinwerkzeuge wurden neben solchen aus Bronze und Kupfer noch vielfach verwendet, und die Töpferkunst war hoch entwickelt. Kultbilder aus Stein lassen bereits Ähnlichkeiten mit den späteren Hindugottheiten erkennen. Außerdem meinen die Wissenschaftler, Anzeichen für die später beim

Hinduismus so charakteristische Führungsrolle der Priester ausgemacht zu haben.

Auch über die Ursachen für den **plötzlichen Untergang** der Stadtkulturen lassen sich nur Vermutungen anstellen. Unbeerdigte Leichen in der obersten Schicht Mohenjo Daros lassen auf ein gewaltsames Ende schließen. Ob dafür jedoch Überschwemmungen oder kriegerische Auseinandersetzungen verantwortlich waren, wird wohl nie eindeutig beantwortet werden können.

Einwanderung der Arier und Formierung des Hinduismus (1750–500 v. Chr.)

Das bis heute bedeutendste Ereignis der frühen indischen Geschichte war die Einwanderung **nomadisierender Rinderhirten** aus Zentralasien, die etwa um 1750 v. Chr. einsetzte und sich über ca. fünf Jahrhunderte in mehreren Völkerwanderungen fortsetzte. Woher die neuen Herren Indiens kamen und wer sie waren, ist auch heute noch eine offene Frage. Sie selbst nannten sich, wenig bescheiden, *Arya,* die Edlen. Man nimmt an, dass sie ursprünglich im südlichen Zentralasien beheimatet waren. Ihr Einfallstor zum indischen Subkontinent war wie für alle weiteren in der Folgezeit aus dem Norden eindringenden Eroberer der **Khyberpass,** der sich wie ein Korridor durch die westlichen Ausläufer des ansonsten unüberwindbaren Himalayas legte. Über das Leben der **Arier** sind wir weit besser informiert als über das der Menschen der Induskultur. Als Geschichtsquelle von unschätzbarem Wert erweisen sich hier die großen Epen der Arier, die **Veden.** Diese heiligen Schriften wurden zwischen 1500 und 800 v. Chr. verfasst und enthalten trotz ihrer auffallend legendenhaften Ausschmückung viele Hinweise über Organisation und Kultur im Indien des zweiten vorchristlichen Jahrtausends.

So machten die Arier zunächst den Punjab zu ihrem Brückenkopf in Indien, von dem sie erst mehrere Jahrhunderte später, vermutlich zwischen 1000 und 600 v. Chr., in die mittlere Gangesebene bis zum Yamuna vordrangen. Die Verwendung von Eisenwaffen, welche um 1000 v. Chr. Verbreitung fanden, zusammen mit ihrer beweglichen Kriegstechnik ließen die Arier schnell auf allen Gebieten die Vormacht erlangen.

Ob sie allerdings bei ihrem Vormarsch auf die dunkelhäutigen Drawiden trafen, die in der Fachliteratur lange Zeit als die Urbevölkerung angesehen wurden, gilt nach neuesten wissenschaftlichen Untersuchungen nicht mehr als gesichert. Glaubt man diesen Erkenntnissen, so erreichten die **Drawiden** erst nach den Ariern, über den Seeweg vom Irak kommend, den Subkontinent und ließen sich vornehmlich in Südindien nieder. Sollte sich diese Theorie bestätigen, wäre eine zentrale Konstante der indischen Geschichtsschreibung, wonach die Drawiden von den Ariern unterjocht und als unterste Schicht im Kastensystem eingegliedert worden seien, hinfällig.

Nach der Etablierung ihrer Macht bildeten die Arier eine Vielzahl kleiner **Königtümer,** die sich zumeist gegenseitig befehdeten. Neben dem König etablierten sich immer mehr die **Brahmanen** (Priester) als die eigentlichen Herrscher im Staat.

Erst durch die immer komplizierter werdenden rituellen Handlungen, die nur die Brahmanen durchzuführen wussten, erhielt der König die zur Amtsführung notwendige überirdische Legitimation. Auch musste der Herrscher vor jeder bedeutenden Entscheidung die Priester zu Rate ziehen. So waren die Brahmanen letztlich sogar mächtiger als der König, zumal sie nicht dessen Risiko im Kampf um die Macht zu tragen hatten. Gleichzeitig verstanden es die Priester, ihre gesellschaftliche Stellung zu zementieren, indem sie sich als oberste der vier Hauptkasten an die Spitze der sich immer deutlicher zementierenden Kastengesellschaft setzten. Mit dem sich herausbildenden **Kastensystem** sowie einer Bauernkultur, deren Grundlage der kleinbäuerliche Familienbetrieb war, etablierten sich zwischen 1500 und 500 vor Chr. zwei zentrale Grundpfeiler der indischen Gesellschaft, die in ihrem Kern bis in die heutige Zeit hinein Bestand haben.

Das erste indische Großreich und der Aufstieg des Buddhismus (500–150 v. Chr.)

Die Zeit um 500 v. Chr. ist eine bedeutende Zeitenwende in Indien: Zum ersten Mal stehen fast alle Teilregionen Nordindiens in Beziehung zueinander. Zudem bricht sich die **Eisenzeit** erst jetzt richtig Bahn, eine entscheidende Voraussetzung für die Kultivierung der unteren Gangesebene, die sich von nun an in eine fruchtbare **Reislandschaft** verwandelte.

Als drittes epocheprägendes Element wirkte das Aufkommen neuer religiöser Strömungen, des Jainismus und vor allem des **Buddhismus.** Es ist sicherlich kein Zufall, dass sich der Buddhismus gerade in jener Zeit ausbreitete, als der Hinduismus durch die vom einfachen Volk immer weniger nachvollziehbaren Opferrituale der Priesterkaste zunehmend an Einfluss verlor. Entscheidender war jedoch, dass der Buddhismus mit seinen vielen Klöstern wesentlich großflächigere **Missionserfolge** verzeichnen konnte als die an die Königshöfe gebundenen Brahmanen.

Buddhismus, Reis und Eisen waren die drei entscheidenden Elemente, aus denen die **Maurya-Dynastie** (322–185 v. Chr.), das erste Großreich Nordindiens mit der Hauptstadt *Pataliputra,* dem heutigen Patna, hervorgehen sollte.

Als bedeutendste Figur des Maurya-Reiches und einer der größten Herrscher der indischen Geschichte überhaupt gilt **Kaiser Ashoka** (274–232 v. Chr.). Nachdem seine Truppen das Kalinga-Reich im heutigen Orissa unterworfen und dabei Tausende von Menschen abgeschlachtet hatten, konvertierte er reumütig zur friedfertigen buddhistischen Religion und erklärte sie gleichzeitig zur Staatsreligion. Er ließ nicht nur im gesamten Herrschaftsbereich, der von Delhi über Gujarat, Uttar Pradesh, Bihar und Orissa bis nach Sanchi ins heutige Madhya Pradesh reichte, unzählige seiner berühmten Ediktsäulen aufstellen, in denen er seine Untertanen zu moralischem Handeln im Einklang mit der buddhistischen Lehre ermahnte, sondern sandte auch Missionare seines Hofes in andere asiatische Länder. Die religiöse Klammer des Buddhismus schuf ein prosperierendes Gemeinwesen, in dem der Staat zum ersten Mal in der indischen Geschichte über den Bereich kleiner Territorialreiche hinaus weitgehende Verwaltungseinrichtungen schuf, den Handel förderte, die Handelswege beherrschte und Münzen in Umlauf setzte. So besteht die historische Bedeutung des Maurya-Reiches und vor allem ihres Universalherrschers Ashoka darin, zum ersten Mal eine überregionale kulturelle Einigung Indiens geschaffen zu haben.

Zerfall des Großreichs und Entstehung vieler Regionalreiche (150 v. Chr.–300 n. Chr.)

Wie sich jedoch nach dem Sturz des letzten Maurya-Kaisers 185 v. Chr. durch den General *Pushyamitra* aus der Sunga-Dynastie zeigte, war die territoriale und herrschaftspolitische Einbindung großer Teile Nordindiens in einem Großreich unter Ashoka eine historische Ausnahmeerscheinung. Nach dem Untergang des Maurya-Reiches wurde das machtpolitische Vakuum durch **unzählige Regionalreiche** aufgefüllt, wobei sich vier Hauptakteure herauskristallisierten: die bereits erwähnten *Sungas* im Norden, *Kalinga* (Orissa) im Osten, das unter *Kharasvela* wieder zu bedeutender Macht aufstieg, die *Satavahanas* im zentralen Hochland und im Nordwesten die *Shakas* (Skythen), die von Zentralasien über Afghanistan in das Industal eingedrungen waren und bald ihre Herrschaft bis nach Gujarat ausdehnten.

So unterschiedlich diese einzelnen Reiche in ihrer ethnischen Zusammensetzung und politischen und religiösen Organisation auch waren, allen gemeinsam war doch, dass sie sich kaum länger als maximal 200 Jahre halten konnten. Die Jahrhunderte vor und nach Christi Geburt waren in dieser Beziehung eine der turbulentesten Perioden der indischen Geschichte. Das Phänomen solcher kurz aufblühender und rasch wieder verschwindender Reiche erklärt sich dadurch, dass sich regionale Herrscher einem siegreichen Eroberer beugten und seine Oberherrschaft anerkannten, praktisch jedoch in ihren Herrschaftsrechten kaum beschränkt wurden. Da

Brahmanen und Unberührbare – die Kasten zwischen Tradition und Auflösung

Seine Ursprünge hat das indische Kastensystem in der Zeit des Brahmanismus (ca. 1000–500 v. Chr.). Nach dem Einfall der Arier aus dem südlichen Zentralasien entstand eine in vier Klassen geteilte Gesellschaft. An ihrer Spitze standen die **Brahmanen** (Priester), denen die **Kshatriyas** (Krieger und Adel) und die **Vaishyas** (Bauern, Viehzüchter und Händler) folgten. Ihnen untergeordnet waren die nichtarischen **Shudras** (Handwerker und Tagelöhner).

Das Sanskrit-Wort für diese Klassen lautet *varna* (Farbe). Das deutet darauf hin, dass die hellhäutigen, arischen Eroberer die **dunkelhäutige Urbevölkerung** aufgrund ihrer Hautfarbe isolierte. Welche Bedeutung auch heute noch der Hautfarbe zukommt, kann man den sonntäglichen Heiratsannoncen entnehmen, in denen immer wieder der Wunsch nach einem möglichst hellen Teint auftaucht. Deshalb erfreuen sich auch Puder und Cremes, die die Haut künstlich aufhellen, bei unverheirateten Frauen großer Beliebtheit.

Die von den Brahmanen verfassten heiligen Schriften erklären und legitimieren diesen hierarchischen Gesellschaftsaufbau mit einem Gleichnis. Danach entstanden die Brahmanen bei der Opferung des Urriesen aus dessen Kopf, die Kshatriyas erwuchsen aus seinen Armen, die Vaishyas aus seinen Schenkeln und die Shudras aus dem niedrigsten Körperteil, den Füßen. Rechtfertigung erhielt das Kastensystem auch durch die Karma-Lehre, nach welcher der Status im gegenwärtigen Leben direktes Resultat der Taten in einem vorangegangenen Leben ist.

Das heute gebräuchliche Wort „Kaste" prägten die Portugiesen im 16. Jh., als sie die verschiedenen gesellschaftlichen Gruppen als *castas* (Gruppe, Familie) bezeichneten. Mit der wirtschaftlichen Entwicklung kam es zu einer Differenzierung der gesellschaftlichen Unterschiede, indem die **Berufsgruppen** in Unterkasten aufgeteilt wurden. Von diesen den europäischen Zünften vergleichbaren Unterkasten, die als *jatis* bezeichnet werden, soll es heute über 3000 in Indien geben. Da man in diese Kasten hineingeboren wird und ein Aufstieg in eine nächsthöhere Kaste ausgeschlossen ist, kann der einzelne dieser Apartheid nicht entkommen.

Außerhalb dieses Kastensystems stehen die sogenannten **Unberührbaren,** die bis vor 50 Jahren als derart unrein galten, dass sich ein Brahmane aufwendigen Reinigungsritualen unterwerfen musste, wenn auch nur der Schatten eines Unberührbaren auf ihn gefallen war.

Der Klassenstatus löst den Kastenstatus ab

Heute, wo in Indien über eine Milliarde Menschen auf engem Raum zusammenlebt und die Wirtschaft sich nach jahrzehntelanger, künstlicher Abschottung im harten Konkurrenzkampf auf dem internationalen Markt behaupten muss, entscheidet nicht mehr die Kaste, sondern Ausbildung und Leistung über die Vergabe eines Arbeitsplatzes.

Kasten- und Klassenstatus mögen früher einmal identisch gewesen sein – heute sind sie es längst nicht mehr. Unter den oberen Schichten der Gesellschaft muss man die Brahmanen mit der Lupe suchen; hier dominieren die Händler- und Bauernkasten. Erst danach finden sich die früher so dominierenden Brahmanen, die heute eher mittlere Gehaltsempfänger sind und vielfach höhere Verwaltungsposten besetzen. Allerdings befinden sie sich hier manchmal bereits in Konkurrenz mit Angehörigen der früheren Unberührbaren, die ihren Aufstieg einer systematischen Förderung der Regierung verdanken und deshalb nicht selten als „Regierungs-Brahmanen" bespöttelt werden.

Bedeutet all dies, dass das einstmals alles beherrschende Kastensystem im Indien von heute praktisch keine Rolle mehr spielt? Die Antwort lautet, wie so oft in Indien, nicht ja oder nein, sondern sowohl als auch. So ist es auch für die meisten westlich geprägten Inder, denen sonst im Alltag die Kastenschranken kaum noch etwas bedeuten, undenkbar, ihre Kinder mit Angehörigen einer niedrigen Kaste zu verheiraten.

Kasten als sozialer Rückhalt

Was einem nach den Prinzipien von Individualität und Selbstverwirklichung erzogenen Europäer als ungerecht erscheinen mag, erhält im Lichte der sozialen und kulturellen Realität Indiens eine völlig andere Bedeutung. Schließlich sollte man nicht übersehen, dass diese im Westen wie selbstverständlich propagierten Ideale gleichzeitig ein **soziales Netz** erfordern, welches jene, die auf dem schmalen Grat der freien Entscheidung straucheln, auffängt. Die Funktion eines in Indien so gut wie unbekannten staatlichen Sozialsystems übernimmt das Kastensystem.

Diese wirtschaftliche Komponente ist aber nur einer der im Westen immer wieder verkannten Vorteile der Kastenordnung. So haben die über Jahrtausende tradierten Werte und Verhaltensvorschriften innerhalb der einzelnen Kasten zu einer Art **kulturellem Heimatgefühl** geführt, auf welches die meisten Inder bis heute allergrößten Wert legen. Dementsprechend treffen sich die einzelnen Kastenmitglieder im Privatleben fast ausschließlich untereinander und halten damit eine Ordnung aufrecht, die im öffentlichen Leben kaum noch eine Rolle spielt.

Die Kastenlosen – geborene Verlierer

Vor allem in den Hunderttausenden von indischen Dörfern, die seit jeher als die Hochburgen des Kastensystems gelten, haben sich die alten Traditionen noch weitgehend erhalten. Dort ist es immer noch üblich, dass die Brahmanenhäuser, geschützt unter hohen Bäumen, im Zentrum stehen, während sich die anderen Bewohner, abgestuft nach ihrer Rangordnung, weiter Richtung Dorfrand ansiedeln.

Außerhalb der Dorfgrenze haben die Kastenlosen ihre schäbigen Hütten aufgeschlagen. Trotz aller staatlichen Fördermaßnahmen, die ihnen unter anderem entsprechend ihrem Anteil an der Gesamtbevölkerung einen Prozentsatz an Stellen im öffentlichen Dienst zusichern, zählen die 150 Millionen Kastenlosen nach wie vor zu den Ausgestoßenen der Gesellschaft.

Die Zeiten, dass ein *Paria* vor Betreten der Stadt die Höherkastigen durch das Schlagen einer Trommel *(parai)* vor seinem Erscheinen warnen musste, damit diese sich nicht durch seine Nähe verunreinigten, gehören zwar der Vergangenheit an, das Betreten des Dorftempels oder die Wasserentnahme aus dem Dorfbrunnen ist ihnen jedoch auch heute noch untersagt.

Dass Jahrtausendealte Traditionen weit schwerer wiegen als bürokratische Entscheidungen im fernen Delhi musste auch *Mahatma Gandhi* erkennen, der sich vehement für die Besserstellung der Unberührbaren einsetzte und ihnen den Namen *Harijans* (Kinder Gottes) verlieh. Aufsteiger kommen zwar vor, die große Mehrzahl der Kinder Gottes verdient ihren kargen Lebensunterhalt jedoch mit dem Säubern von Latrinen, dem Enthäuten von Kadavern oder als Müllmänner. Als Abfall der Gesellschaft ist der Abfall der Höherkastigen für sie gerade gut genug. Bei diesen geborenen Verlierern, den Ärmsten der Armen, zeigt sich die hässliche Seite des Kastensystems auf besonders krasse Weise.

sich viele der neuen Regionalfürsten immer wieder ihre Herrschaft durch die Brahmanen legitimieren lassen mussten und der Buddhismus unter dem Verlust der Patronage des Maurya-Reiches litt, gewann der Hinduismus langsam wieder seine alte Bedeutung zurück.

Das goldene Zeitalter des indischen Mittelalters (300–1200 n. Chr.)

Nach den turbulenten Zeiten der vorherigen Periode war die Zeit vom 3. bis zum 12. Jh. bei aller Rivalität verschiedener regionaler Machthaber doch durch eine, zumindest für indische Verhältnisse gewisse **innere Stabilität** gekennzeichnet.

Außer den iranischen **Hunnen,** die zwischen 500 und 527 unter ihrem Führer *Toramana* in weiten Teilen Nordindiens herrschten, fielen keine bedeutenden Eroberer von Norden nach Indien ein, und so spielten sich die Machtkämpfe zwischen innerindischen Dynastien ab.

Diese innere Stabilität trug wesentlich zur Ausprägung eines allgemein verbindlichen **höfischen Herrschaftsstils** bei. Die für den europäischen Feudalismus so charakteristischen Treue- und Lehensverhältnisse fehlten hier, wurden aber oft durch verwandtschaftliche oder quasi-verwandtschaftliche Beziehungen ersetzt. Vassallen wurden als Brüder oder Schwestern bezeichnet und der Hof selbst des kleinsten Vasallen nach dem Vorbild des Königs gestaltet.

Diese auch als indisches Mittelalter bezeichnete Epoche wird gern als Goldenes Zeitalter der indischen Geschichte bezeichnet, weil sich **Kunst und Kultur** ungestört von kriegerischen Auseinandersetzungen mit Unterstützung regionaler Herrscher entfalten konnten. Einige der großartigsten Bauwerke Indiens sind in jener Zeit entstanden, wobei die zwischen 950 und 1050 erbauten Tempel von Khajuraho nur das berühmteste Beispiel sind.

Die bedeutendste Macht dieser Epoche war die **Gupta-Dynastie,** die die Nachfolge der Mauryas und Sungas angetreten hatte und die Ostregion der Gangesebene zur Ausgangsbasis ihres Großreiches machte. Die Gupta-Zeit und hier speziell die Regierungsjahre der großen Könige *Samudragupta* (340–80) und *Chandragupta II.* (380–414) gilt auch als die glanzvollste Epoche der höfischen Kultur.

Zur gleichen Zeit findet eine **indische Kolonisierung Südostasiens** statt. Diese Kolonisierung erfolgt jedoch nicht durch die Ausdehnung indischer Herrschaft, sondern durch eine Übertragung von Herrschaftsstil, Schrift, Baukunst und religiösen Ideen sowohl des Hinduismus wie des Buddhismus. In Java, Sumatra, Vietnam und Kambodscha entwickelten sich Königreiche, in denen Hinduismus und Buddhismus nebeneinander existierten.

Allerdings geschieht dies paradoxerweise zu einer Zeit, als der **Buddhismus** in seinem Mutterland selbst fast völlig bedeutungslos geworden ist. Um das 7. Jh. n. Chr. bekennt sich nur noch im heutigen Bihar, dem einstigen Kernland des großen buddhistischen Kaisers *Ashoka,* ein Großteil der Bevölkerung zum Buddhismus.

Zwar gelingt es den *Pratikaras* unter ihrem berühmten König *Bishoja* (836–90) noch einmal, Teile Nordindiens ihrem Herrschaftsgebiet einzuverleiben, doch um die Jahrtausendwende sind die verschiedenen Teilregionen Nordindiens wieder unter **verschiedene Dynastien** aufgeteilt, von denen keine die Vormacht erlangt.

Der erste Vorbote einer neu anbrechenden Zeitepoche ist der Sultan *Mahmud-e-Ghazni* (997–1030), der von seiner afghanischen Heimat in mehreren **Raubzügen** bis tief in die nordindische Ebene und nach Gujarat vorstößt und dort u.a. den Sonnentempel von Somnath plündert und zerstört. Im Gegensatz zu seinen muslimischen Nachfolgern ging es ihm jedoch nicht um territoriale Machtentfaltung, sondern ausschließlich um materielle Güter, und so zogen sich seine Truppen, reich beladen mit Gold und Juwelen, in die afghanische Heimat zurück.

Das Sultanat Delhi (1200–1500)

Die politische Zersplitterung Indiens lud islamische Herrscher aus Zentralasien geradezu ein, zunächst in **sporadischen Erobe-**

rungszügen ins Land einzufallen, um schließlich die sagenhaften Reichtümer der einzelnen Regionalreiche zu erbeuten. Wer aber Indien beherrschen wollte, musste die außerindische Machtbasis aufgeben und sich dafür entscheiden, in Indien selbst sein Hauptquartier zu errichten.

Diese Entscheidung fiel mit der Errichtung des Sultanats von Delhi durch *Qutb-ud-din-Aibak* im Jahre 1206. *Aibak* war ein Sklave *Mohammed von Ghurs* (1150–1206), der im 12. Jh. in Nordindien eingefallen war, mehrere Hindukönige nördlich von Delhi geschlagen und 1194 Varanasi eingenommen hatte, sich dann aber wieder nach Afghanistan zurückgezogen hatte. Er hatte Aibak zum Statthalter von Delhi eingesetzt, und dieser machte sich selbständig, als sein Herr in Afghanistan ermordet wurde.

Damit war das Fundament der über 500-jährigen **islamischen Herrschaft** über Indien gelegt. Das Sultanat Delhi hielt sich über mehr als zwei Jahrhunderte unter verschiedenen Dynastien, die sich durch Mord und Usurpation ablösten.

Auf dem Höhepunkt ihrer Macht konnten die Sultane um die 100.000 Pferde und einige tausend Elefanten in die Schlacht schicken. Dieser geballten Schlagkraft konnten die zersplitterten Hindukönigreiche nichts Gleichwertiges entgegensetzen. Innerhalb von nur 20 Jahren beherrschten die Sultane von Delhi die gesamte nordindische Region. Besonders *Ala-ud-din-Khalji* (1295–1316) konnte seine Herrschaft durch viele erfolgreiche Feldzüge entscheidend erweitern. Wichtiger noch als seine militärischen Erfolge war jedoch seine Fähigkeit, das Reich administrativ zu durchdringen. So schuf der Sultan einen streng zentralistischen Staat mit einem großen stehenden Heer, effizienter Steuererhebung und scharfen Preiskontrollen.

Auf dieser Basis konnte die nächste Dynastie des Sultanats, die der **Thuglags,** den Herrschaftsbereich bis in den Süden ausdehnen und so ein Großreich errichten, das in seinen Ausmaßen weder vor noch nach ihnen je eine indische Macht erreicht hatte. *Muhammed Tughlag* (1325–51) trug der geografischen Ausdehnung dieses Riesenreiches Rechnung, indem er die Hauptstadt von dem nun an der Pheripherie gelegenen Delhi nach Daulatabad im zentralen Hochland Indiens verlegte. Mit seinem Versuch, das Land mit kontinentalen Ausmaßen in einem Zentralstaat zusammenzufassen, scheiterte er jedoch wie alle seine Nachfolger. 1329 musste er seine imperialen Ambitionen wieder aufgeben und nach Delhi zurückkehren, weil er sonst den Norden verloren hätte, der nach wie vor das Fundament seiner Hausmacht bildete.

Dieser erzwungene Rücktritt von seinen Großmachtzielen und die offenkundige **Verwundbarkeit des Sultanats** nahmen viele zuvor loyale Gouverneure zum Anlass, sich von ihren ehemaligen Herren zu lösen und eigene, unabhängige Reiche zu gründen. Hilflos musste die Zentralmacht mit ansehen, wie sich das Land in viele **selbständige Regionalreiche** auflöste und somit erneut jene für die indische Geschichte so charakteristische Territorialisierung des Reiches einsetzte.

So mussten sich die folgenden Dynastien der *Sayyids* (1414–51) und *Lodis* (1451–1526) nolens volens wieder mit dem Großraum Delhi begnügen. Gleichzeitig mit dem Niedergang des Sultanats von Delhi entstand mit dem Reich Vijayanagar im Süden Indiens eine Großmacht, die die bis dahin selbstverständliche Vorrangstellung des Nordens in Frage stellte.

Die Moguln (1500–1750)

Erst mit den Moguln, einer türkischen Dynastie, die im 16. Jh. die Bühne der indischen Geschichte betrat, wurde der weiteren territorialen Zerstückelung des Landes Einhalt geboten. Wie kein anderer Name symbolisieren die Moguln den Glanz des imperialen Indien. Dabei waren ihre ersten Gehversuche in Indien weit weniger glorreich, als man meinen könnte. Nachdem der erste Großmogul Babur (1483–1530) den letzten Lodi-König 1526 besiegt und damit dem Sultanat Delhi den endgültigen Todesstoß versetzt hatte, musste sein Sohn und Nachfolger Humayun (1530–56) nach zwei Niederlagen gegen den von Osten anrückenden Feldherrn Sher Shah 1540 beim König von Persien Zuflucht suchen. Erst als dessen Nachfolger sich untereinander befehdeten, konnte Humayun wie-

Die Herkunft der Rajputen

Wer sind die Rajputen, woher stammen sie, seit wann siedelten sie in Rajasthan, sind sie eine eigene Ethnie oder nur eine durch gemeinsame Verhaltensweisen definierte soziale Gruppe? Es ist bezeichnend für den die gesamte indische Geschichtsschreibung kennzeichnenden Mangel an wissenschaftlich verwertbaren historischen Quellen, dass selbst derart fundamentale Fragen zur Herkunft und Zusammensetzung eines der **bedeutendsten Herrschergeschlechter der indischen Geschichte** bis heute nicht geklärt sind. Erst mit Beginn der muslimischen Herrschaft in Indien Anfang des letzten Jahrtausends kann von einer historisch verwertbaren Geschichtsschreibung im engeren Sinne gesprochen werden. Mit der rajputischen Geschichte im Allgemeinen und speziell mit der Herkunft der Rajputen beschäftigte sie sich jedoch nur am Rande. Wenn man zudem die für das rajputische Denken so charakteristische Vermischung von Realität und Legenden bedenkt, kann die Existenz vieler, zum Teil widersprüchlicher Theorien über die Abstammung der Rajputen nicht verwundern.

Folgt man den quasi „offiziellen", von den einzelnen Rajputengeschlechtern selbst aufgestellten Theorien, so sind die Rajputen direkte **Nachkommen der vor über 2.000 Jahren eingewanderten Arya (Arier).** Innerhalb der arischen Gesellschaftshierarchie nahmen sie als Kriegerkaste *(Kshatriyas)* nach den Brahmanen die zweithöchste Stellung ein. Ihre Herkunft führten die Kshatriyas auf die Sonne *(Surya)* und den Mond *(Chandra)* zurück. Wie die allgegenwärtige Sonne in den Wappen beispielsweise der *Rathors* von Jodhpur und Bikaner sowie der *Sisodias von Mewar* in Udaipur und der *Kachvahas* von Jaipur belegen, sehen bis heute einige der bedeutendsten Rajputengeschlechter ihren Ursprung im Surya-Geschlecht. Auch wenn diese Abstammungstheorie wissenschaftlich kaum haltbar ist, so verdeutlicht sie doch das allen Rajputengeschlechtern wichtigste Ziel, eine möglichst reine, hochstehende Abstammung nachzuweisen.

Wesentlich interessantere Aufschlüsse über die Herkunft der Rajputen als die arische Abstammungstheorie birgt die auf den ersten Blick wenig überzeugende Agnikula-Theorie, wonach die Rajputen aus einem **Feuerloch** hervorgegangen sein sollen. Die **Legende** knüpft an den Mythos Parashurama an, in dem diese Inkarnation des Gottes Vishnu alle Kshatriyas vernichtet hatte. Da die Brahmanen jedoch eine Kriegerklasse benötigten, um sich verteidigen zu lassen, richteten sie ihre Gebete an ihren Gott auf dem Gipfel des Berg Abu und hielten dort eine vierzigtägige Zeremonie ab. Schließlich entsprangen aus einem Feuerloch *(agnikund)* vier Helden, von denen jeder eine eigene Rajputenkaste bildete. Durch diese Feuergeburt, die im Jahr 747 n. Chr. in Mt. Abu stattgefunden haben soll, wurden die Rajputen als einzig rechtmäßige Kriegerkaste anerkannt. Diese bereits im 12. Jh. von dem Dichter *Chand Bardai* wiedergegebene Feuerlochlegende ist in verschiedenen Versionen bekannt, die sich hauptsächlich in der Entstehungsart der

der nach Delhi zurückkehren, wo er jedoch schon wenig später 1556 starb.

Die große Stunde der Moguln brach erst mit seinem Sohn und Nachfolger Akhbar an, der nahezu ein halbes Jahrhundert über Indien herrschte (1556–1605). Das Reich Akhbars ist das einzige indische Großreich, das sich in Idee und Anspruch mit dem Ashokas vergleichen lässt. Ebenso wie der große Maurya-Kaiser wurde auch Akhbar von der Geschichtsschreibung derart glorifiziert, dass es schwerfällt, ein objektives Urteil über diesen bedeutendsten Großmogul zu fällen.

Wie zwiespältig die Person des großen muslimischen Herrschers war, zeigt sich besonders deutlich bei dem ihm immer wieder

einzelnen Rajputenklans unterscheiden. Angeregt von dieser Ursprungsversion der Rajputen haben viele Wissenschaftler die Theorie vertreten, dass die Rajputen aus der **Vermischung einheimischer niederer Klassen und nichtindischer Völker** hervorgegangen seien. Gestützt wird diese Theorie von der historischen Situation Nordwestindiens um die Jahrtausendwende. Nach dem Untergang des Gupta-Reiches fielen über einen Zeitraum von ca. 500 Jahren verschiedene Völker aus Zentralasien wie die Sakas, Kushanas und Hunnen ein, bildeten kleinere Königreiche und vermischten sich mit der einheimischen Bevölkerung.

Durch eine Reinigungszeremonie, wie hier durch das Feuer, konnten sowohl die Fremden in das einheimische Kastensystem aufgenommen als auch die niederkastigen Einheimischen sozial aufgewertet werden und so eine einheitliche Herrschaftsschicht bilden, die sich von nun an Rajputen nannte.

Auch beim **heutigen Stand der Diskussion** über die Abstammung der Rajputen gibt es noch keine endgültige Klärung, welche der vielen angebotenen Theorien die richtige ist. Zunehmend scheint sich jedoch die Theorie durchzusetzen, dass es sich bei den Rajputen nicht um ein einheitliches Volk, sondern ein Gemisch unterschiedlicher Bevölkerungsgruppen handelt, die zu einem Zeitpunkt denselben sozialen Status erreichten und sich erst später im Sinne der ideologischen Herrschaftsabsicherung auf einen gemeinsamen Urspung beriefen.

zugesprochenen Streben nach religiöser Toleranz. Tatsächlich war er an einer friedlichen Koexistenz von Hindus und Moslems interessiert, die er mit einer von ihm konzipierten Religion, der Din-il-Ilahi (Gottesglaube) zusammenführen wollte. Der wahre Hintergrund dieser scheinbar so friedfertigen Idee war jedoch die von machtpolitischem Kalkül getragene Überlegung, dass nur dort, wo eine graduelle Partizipation der Hindus am Staat erfolgte, die zahlenmäßig weit unterlegenen Muslime ihre Machtstellung langfristig stabilisieren konnten.

Ganz besonders deutlich zeigte sich dies bei seiner geschickten Heiratspolitik mit den verschiedenen Rajputen-Clans in Rajasthan. Gegen diese sich aus 36 Familien zusammensetzende Kriegskaste, die ab dem 6. Jh., aus Zentralasien kommend, vornehmlich im Nordwesten Indiens zahlreiche Fürstentümer geschaffen hatte und sich vehement gegen jede Fremdherrschaft auflehnte, ging Akhbar bei seinen Eroberungsfeldzügen mit äußerster Brutalität vor. Nur eines der vielen Beispiele ereignete sich 1564, als er nach der Eroberung der ruhmreichen Festung Chittorgarh 30.000 wehrlose Bauern wegen ihrer Unterstützung für die Rajputen niedermetzeln ließ. Erst nachdem er den Widerstand der tapferen Rajputen gebrochen hatte, verheiratete er die Töchter seines Hofes mit den Söhnen der einzelnen Herrscherhäuser und setzte diese als Gouverneure seiner neu hinzugewonnenen Provinzen ein. Hier findet sich also wieder jenes Prinzip von „Teile und Herrsche", welches schon so viele Könige vor Akhbar angewandt hatten, um das Riesenreich unter ihre Kontrolle zu bekommen. Perfektioniert wurde es schließlich von den Briten.

Es war Akhbars besondere Fähigkeit, die militärisch unterworfenen Gebiete durch eine straffe administrative Kontrolle zu beherrschen, die seinen Erfolg begründete. Ein weiterer Faktor war die strategische Überlegenheit, die sich aus der Nutzung von Feuerwaffen ergab. Selbst die immer wieder legendenhaft ausgeschmückte Tapferkeit der Rajputen, die einen massenhaften Selbstmord der bevorstehenden militärischen Niederlage vorzogen, konnte gegen diesen Ansturm moderner Kriegsführung nichts ausrichten, und so drangen Akhbars Truppen weiter nach Süden vor. Dennoch stießen die Moguln dort zunehmend auf erheblichen Widerstand, und so reichte die Grenze von Akhbars Reich, das im Nordwesten Afghanistan umfasste und im Osten Bengalen, im Süden nur bis zu einer Linie, die sich etwa auf der Höhe von Mumbai (Bombay) von Küste zu Küste erstreckte.

Akhbars Nachfolger *Jehangir* (1608–1627) und *Shah Jahan* (1627–1658) widmeten sich weitgehend der friedlichen Konsolidierung des ererbten Reiches und der Förderung der Künste. Das weltberühmte Taj Mahal, jenes Grabmal, welches Shah Jahan zu Ehren seiner Gemahlin Mumtaz in Agra hatte errichten lassen, ist das großartigste Zeugnis jener kulturellen Blütezeit.

Es waren gerade jene aufwendigen Bauwerke, die den Staat an den Rand des finanziellen Ruins führten, die Shah Jahans machthungrigem Sohn *Aurangzeb* (1658–1707) als willkommenes Argument zum Sturz und zur anschließenden Gefangennahme seines Vaters dienten.

Aurangzeb mochte sich auf dem Höhepunkt der Macht wähnen, als er mit einer rücksichtslosen Kreuzzugs-Politik Tausende von Hinduheiligtümern zerstören ließ und gleichzeitig versuchte, als erster gesamtindischer Kaiser in die Geschichte einzugehen, indem er versuchte, auch den bis dahin weitgehend unabhängig gebliebenen Süden zu unterwerfen.

Damit hatte er jedoch den Bogen seiner Macht bei weitem überspannt und leitete den Niedergang der Mogul-Macht in Indien ein. Mit seinem militant religiösen Fanatismus brachte er selbst bis dahin loyale Untertanen gegen sich auf. Diese landesweite Aufstandsbewegung verstärkte sich noch, als er seine Hauptstadt, ähnlich wie Muhammed Thuglag dreieinhalb Jahrhunderte zuvor, in den Süden verlegte. Bei der Verfolgung seiner ehrgeizigen Pläne hatte der letzte Großmogul die Ressourcen seines Reiches erschöpft. Besonders schwerwiegend war, dass er das von seinen Vorgängern sorgfältig ausbalancierte Steuersystem (Mansadbar) durch eine unverhältnismäßige Aufblähung der militärischen Oberschicht aus dem Gleichgewicht brachte. Da die Agrarbasis den feudalen Überbau nicht mehr tragen konnte, geriet das gesamte Herrschaftssystem in eine Krise, an der es schließlich zerbrach.

Nach dem Tod Aurangzebs setzte erneut eine Phase der Regionalisierung und des Zerfalls in viele kleine Herrschaftsbereiche ein. Die schwachen Nachfolger Aurangzebs konnten sich nicht mehr durchsetzen und regierten jeweils nur für eine kurze Zeitspanne. Der Einfall Nadir Shahs, eines Heerführers aus Persien, der 1739 Delhi eroberte und den gesamten Thronschatz plünderte, markierte das endgültige Ende der einstmals als unbesiegbar geltenden Moguln.

Während der Feldherr sich wieder in seine Heimat zurückzog, etablierten sich im Westen und Norden die Marathen, ein lokales Herrschergeschlecht, welches seine Hausmacht im Gebiet um Puna besaß und bereits seit Mitte des 17. Jh. den Moguln einige empfindliche Niederlagen beigebracht hatte. Das Marathen-Reich konnte jedoch das Mogul-Reich nicht ersetzen, eben weil es gar nicht den Versuch unternahm, einen großen Territorialstaat aufzubauen.

So scheiterten letztlich auch die Moguln daran, dass das riesige Land von keiner noch so mächtigen und gut organisierten Zentralmacht zu regieren war.

Doch schon standen mit den europäischen Nationen, die bereits über verschiedene Handelsniederlassungen ihre Interessen in Indien vertraten, neue Interessenten bereit, um das Machtvakuum auszufüllen und, mehr noch, den enormen Reichtum des indischen Subkontinents auszubeuten.

Indien unter europäischer Kolonialherrschaft (1750–1947)

Da der Handel mit den begehrten Gütern Indiens fest in asiatischen Händen lag, waren die aufstrebenden europäischen Seefahrernationen daran interessiert, den direkten Seeweg nach Indien zu finden. Bekanntlich war *Christoph Kolumbus* bis zu seinem Tod davon überzeugt, bei seiner Entdeckung Amerikas die Schatzkammer Indien geöffnet zu haben, und so nannte er die dortigen Ureinwohner Indianer.

Mit *Vasco da Gama* blieb es einem **portugiesischen Seefahrer** vorbehalten, den Seeweg nach Indien zu entdecken. So waren es die Portugiesen, die zunächst 1510 mit Goa und danach mit Daman und Diu im heutigen Gujarat die ersten europäischen Handelsposten an der indischen Westküste errichteten.

x06raj

Für ein knappes Jahrhundert besaßen sie das Monopol auf den europäischen Indienhandel. Letztlich verfügte das kleine Land jedoch nicht über genügend Ressourcen, um das Riesenreich Indien zu kontrollieren, und so mussten die Portugiesen Anfang des 17. Jh. den Franzosen, Holländern und Engländern das Feld überlassen.

Die **East India Company,** die im Jahr 1600 von *Queen Elisabeth I.* das Monopol über den britischen Indienhandel zugesprochen bekommen hatte, eröffnete 1612 in Surat ihren ersten Handelsposten, dem schon bald jene in Madras (1640), Mumbai (1668) und Kalkutta (1690) folgten. Der Osten als Zentrum der Baumwollherstellung wurde vor allem deshalb mehr und mehr kolonialisiert, da sich der Vertrieb der überall in Asien sehr begehrten indischen Textilien noch vor Gewürzen und Tee als besonders profitabel erwies. Für die Briten wurde die Beteiligung am innerasiatischen Handel derart lukrativ, dass sie mit den Gewinnen jene Güter kaufen konnten, die sie nach Europa verschickten. So blieb die East India Company für lange Zeit das, was sie als ihre eigentliche Aufgabe ansah, ein höchst profitables Wirtschaftsunternehmen. Ein territoriales Engagement war dabei weder erforderlich noch erwünscht. Der Handel gedieh prächtig, da konnten politische oder gar militärische Verstrickungen nur Unheil anrichten. „Viele Festungen, viel Ärger und wenig Profit", war das Motto jener Tage.

Um so misstrauischer beäugte man den Aufstieg des alten Erzfeindes **Frankreich,** der sich auch ein Stück von der fetten Beute Indien einverleiben wollte und 1672 in Pondicherry an der Südostküste Indiens den ersten Handelsposten eröffnete. Die Fran-

Foto um 1910

zosen versuchten, die von den Briten sorgsam austarierte Machtbalance zwischen Fürsten und Kolonialherren zu unterlaufen, indem sie die Lokalherrscher mit lukrativen Versprechungen für sich zu gewinnen suchten. 1746 gelang es ihnen sogar, Madras zu erobern, welches sie jedoch schon drei Jahre später wieder an die Briten abtreten mussten.

Den entscheidenden Übergang von dem zunächst rein am Profit orientierten East-India-Handelsunternehmen zur **politischen Ordnungsmacht** in Indien markiert das Jahr 1757, als der Nawab von Bengalen Kalkutta eroberte und dabei viele Briten ermorden ließ. Ein Jahr später nahmen die Briten unter der Anführung des wagemutigen Feldherrn *Robert Clive* in der Schlacht von Plassey nicht nur blutige Revanche an dem Lokalherrscher, der es gewagt hatte, eine Weltmacht herauszufordern, sondern schlugen gleichzeitig die mit ihm verbündeten Franzosen. Der Wandel von Händlern zu Feldherren war endgültig vollzogen.

In den folgenden Jahrzehnten gelang es den Briten in einer Reihe **erfolgreicher Feldzüge** gegen aufständische Regionalstaaten, ihre Stellung auszubauen. Anfang des 19. Jh. waren sie die unumschränkten Herrscher Indiens, womit das Land zum ersten Mal in seiner Geschichte unter einer Zentralgewalt vereint war. Wichtiger noch als ihre militärischen Siege war für die Festigung ihrer Macht die am Prinzip von „teile und herrsche" orientierte Taktik, den mächtigen Lokalfürsten (Maharajas) formal ihre Unabhängigkeit zu belassen, sie faktisch jedoch der Oberherrschaft der europäischen Kolonialmacht zu unterstellen.

Bei dieser Regelung fielen für beide Parteien **riesige Gewinne** ab, die die Engländer zu großen Teilen in ihr Heimatland transferierten, während die Maharajas der etwa 500 verbliebenen Fürstenstaaten, die etwa ein Drittel des indischen Staatsgebietes ausmachten, ihre politische Ohnmacht durch verschwenderischen Prunk und Protz zu übertünchen versuchten. Die riesigen, bis zum Rand mit Luxusgütern vollgestopften Paläste zusammen mit prachtvollen Umzügen und Paraden und den sich in Gold aufwiegenden Maharajas haben entscheidend zum Bild vom märchenhaften Indien beigetragen, das bis heute die Werbeprospekte vieler Reiseveranstalter prägt.

Als letztlich entscheidend für den Erfolg der Engländer erwies sich jedoch ihre Fähigkeit, als erste Herrscher der indischen Geschichte das riesige Land unter die **einheitliche Verwaltung** festbesoldeter Beamter zu stellen, die jederzeit versetzbar waren und sich deshalb keine regionale Hausmacht aufbauen konnten. So wurde eine rationale Bürokratie bürgerlich kapitalistischer Herkunft einer alten Agrargesellschaft aufgestülpt, die rücksichtslos ausgebeutet wurde.

Die Briten selbst weisen auch heute noch gern auf die unter dem Begriff *steel frame* zusammengefasste **positive Hinterlassenschaft** ihrer Kolonialherrschaft hin. Hierzu gehören der Aufbau einer funktionierenden Bürokratie, die Erschließung Indiens durch ein weit verzweigtes Eisenbahnnetz, die Einführung eines Rechts- und Bildungswesens sowie die Etablierung demokratischer Grundwerte. Viel schwerer wiegen jedoch die **negativen Folgen des Kolonialismus:** die Unterdrückung traditioneller indischer Bildungs- und Rechtsvorstellungen, die Zerstörung der einheimischen Textilindustrie, die Degradierung des Landes zu einem reinen Rohstofflieferanten sowie die Entstehung eines riesigen Heeres von Proletariern. Paradoxerweise waren es gerade Mitglieder der indischen Oberschicht, die an den von den Briten geschaffenen Hochschulen ausgebildet worden waren, die die Ausbeutung ihres Mutterlandes als erste anprangerten und damit zum Träger der indischen Unabhängigkeitsbewegung wurden.

Die indische Unabhängigkeitsbewegung (1850–1947)

Die erste Phase des indischen Nationalismus wurde mit dem **Sepoy-Aufstand** von 1857 eingeläutet, als genau die Hälfte der insgesamt 74 indischen Battaillone in Nordindien gegen die britischen Besatzer revoltierte. Während der rund viermonatigen erbitterten Kämpfe, die ihre Zentren vor allem in Lucknow, Delhi und Meerut hatten, kamen mehrere Tausend indischer und englischer Soldaten ums Leben. Vorübergehend geriet das britische Kolonialreich ernsthaft ins Wanken. Während die Nationalisten den Aufstand der indischen Sepoys (Soldaten) als ersten Unabhängigkeitskrieg gegen die europäische Fremdherrschaft feierten, weisen die heutigen Historiker darauf hin, dass die Revolte von vornherein zum Scheitern verurteilt war, da es ihr an jeglicher Koordination und Führung fehlte. Gleichzeitig war damit ein erstes sichtbares Zeichen gesetzt, dass die britische Herrschaft überwunden werden konnte, wenn es gelang, alle Kräfte des Landes auf dieses Ziel zu vereinen.

Auf Seiten der Engländer hatte der Aufstand weitreichende Konsequenzen zur Folge, die darin gipfelten, dass die East India Company aufgelöst und Indien **direkt der Krone unterstellt** wurde. 1876 ließ sich *Queen Victoria* zur Kaiserin von Indien küren, und der Posten des Generalgouverneurs, der als eine Art Diplomat des englischen Königshauses bereits seit Ende des 18. Jh. in Indien tätig war, wurde in den Rang eines Vizekönigs erhoben. Während die Briten so nach außen deutlich machten, dass sie keinesfalls bereit waren, die Zügel der Macht aus der Hand zu geben, öffneten sie gleichzeitig Posten im Verwaltungsapparat zunehmend auch für Mitglieder der aufstrebenden indischen Oberschicht, die an den von liberalem Gedankengut geprägten Universitäten ausgebildet worden waren.

Immer deutlicher kristallisierte sich im Lager der Unabhängigkeitsbewegung, die sich 1885 im *Indian National Congress* organisiert hatte, eine Spaltung zwischen „Gemäßigten" und „Extremisten" heraus. Die Gemäßigten glaubten, dass nur durch eine schrittweise Demokratisierung und einen allmählichen Übergang der Macht in indische Hände aus der vielfältig gegliederten Gesellschaft eine moderne Nation werden konnte. Die Extremisten hingegen wollten sich der kolonialen Zwangsjacke so schnell wie möglich, wenn nötig auch mit Gewalt, entledigen, um das angestammte Recht auf Freiheit und Selbstbestimmung zu erlangen. Die Kluft zwischen den beiden Gruppen verstärkte sich noch, als die Briten durch mehrere halbherzige Verfassungsreformen, die u.a. ein sehr eingeschränktes Wahlrecht beinhalteten, den Druck aufzufangen versuchten.

In dieser Situation bedurfte es einer solch außergewöhnlichen Führungspersönlichkeit wie **Mahatma Gandhi,** der 1915 aus Südafrika nach Indien zurückgekehrt war, um diese beiden Pole zu vereinen und zudem die bis dahin allein im Bildungsbürgertum verankerte Unabhängigkeitsidee ins breite Volk zu tragen. 1920 übernahm er die Führung der **Congress Party,** die er innerhalb kürzester Zeit von einem lockeren Zusammenschluss divergierender Kräfte zu einer straff organisierten Partei formte. Seine Methoden des gewaltlosen Widerstandes, der Nicht-Zusammenarbeit und anderer Boykottmaßnahmen fanden breite Unterstützung in der Bevölkerung.

1921/22 führte er eine **erste Massenbewegung** gegen die als völlig unzureichend empfundenen Reformzugeständnisse an, die er jedoch abbrechen ließ, als gewalttätige Unruhen ausbrachen. Trotzdem ließen ihn die Briten verhaften und verurteilten ihn zu sechs Jahren Gefängnis, von denen er jedoch nur zwei Jahre verbüßen musste.

Der legendäre **Salzmarsch,** mit dem Gandhi 1930 symbolisch das Salzmonopol der Briten brechen wollte, wurde ein überwältigender Erfolg. Das Ergebnis waren zwei Konferenzen am „Runden Tisch" in London, in denen schließlich die Abhaltung freier Wahlen beschlossen wurde. Mehr als ein Teilerfolg war jedoch auch dieses Zugeständnis nicht, da die Inder nur über die Zusammensetzung der Provinzparlamente abstimmen konnten, während die Zentralregierung weiterhin von den Engländern gestellt wurde.

1936 brachten **die ersten gesamtindischen Wahlen** einen überwältigenden Erfolg für die Congress Party, während die Partei der indischen Muslime weit abgeschlagen wurde.

Das Ergebnis verstärkte die Furcht der **Muslime** vor einer Majorisierung durch die Hindus und vor dem Verlust ihrer Identität in einem Hindu-Staat. Diese Angst wurde während des 2. Weltkrieges, als der Freiheitskampf weitgehend auf Eis lag, von dem Führer der Muslim-Liga *Ali Jinnah* kräftig geschürt.

Mehr und mehr entwickelte sich hieraus eine Massenbewegung, die einen **eigenständigen Muslim-Staat Pakistan** forderte. Seitdem es im Gefolge des 16. August 1946, dem sogenannten *Direct Act Day,* den Jinnah in Kalkutta ausrufen ließ, um der Forderung eines Separatstaates Nachdruck zu verschaffen, zu schweren Massakern zwischen Hindus und Moslems gekommen war, führte kein Weg mehr an der von Gandhi und seinen Anhängern befürchteten Zerstückelung Indiens vorbei.

Das Ende des Krieges und die geschwächte Position Englands führten schließlich zu einer raschen, ja überstürzten Machtübergabe der Engländer, die gleichzeitig die **Teilung des Landes** in ein muslimisches Ost- und West-Pakistan und das hinduistische Indien bedeutete.

Der von *Lord Mountbatten,* dem letzten Vizekönig Englands in Indien, festgelegte Tag der langersehnten **Unabhängigkeit,** der 15. August 1947, stand im Zeichen grausamer **Massaker** zwischen Hindus und Moslems, bei denen über 200.000 Menschen auf offener Straße abgeschlachtet wurden. Besonders betroffen hiervon war der Punjab, dessen Staatsgebiet in der Mitte zerschnitten wurde. Wie schon so oft in der Geschichte des Subkontinents offenbarte sich hier auf tragische Weise die Unmöglichkeit, das Riesenreich friedlich zu vereinen.

Mahatma Gandhi und Jawaharlal Nehru während des legendären Salzmarsches (Wandgemälde)

Das nachkoloniale Indien

„Vor langen Jahren haben wir einen Pakt mit dem Schicksal geschlossen und nun naht die Zeit, da wir unser Gelöbnis einlösen werden." Dieser Pakt mit dem Schicksal, von dem Indiens erster Ministerpräsident und langjähriger Gefährte Mahatma Gandhis während der Zeit des Unabhängigkeitskampfes, *Jawaharlal Nehru,* in der Nacht zum 15. August 1947 sprach, meinte einen Staat, der auf den Grundwerten der Toleranz, Demokratie, Pluralität, Friedfertigkeit und vor allem des Säkularismus aufgebaut sein sollte.

Wie kurzlebig der Schicksalspakt des gerade erst unabhängig gewordenen Landes war, wurde der indischen Bevölkerung bereits am 30. Januar 1948 schlagartig vor Augen geführt, als der Vater der Nation, **Mahatma Gandhi,** von dem fanatischen Hindu *Nathuram Godse* **erschossen** wurde. Hier offenbarte sich auf fatale Weise, dass religiöser Fanatismus und politischer Separatismus, die bereits die Geburtsstunde des unabhängigen Indien überschattet hatten, letztlich die indische Realität weit mehr prägen als Toleranz und Friedfertigkeit.

Während es die politischen Führer Indiens während der Zeit des Kalten Krieges lange Jahre verstanden, das Land durch eine geschickte **Neutralitätspolitik** aus weltweiten Konflikten herauszuhalten, wurden die Beziehungen zu den Nachbarstaaten, allen voran dem **Erzfeind Pakistan,** anstatt von friedlicher Koexistenz durch militärische Auseinandersetzungen bestimmt.

Hauptstreitobjekt war hier **Kashmir,** ein Fürstenstaat im Nordwesten Indiens mit einer Hindu-Dynastie und einer Muslim-Mehrheit, den beide Staaten für sich beanspruchten. Nachdem es bereits 1948 zwischen Indien und Pakistan zu Kämpfen in Kashmir gekommen war, die erst durch einen von der UNO vermittelten Friedensschluss beendet wurden, nutzte Pakistan die innenpolitische Schwäche Indiens nach dem Tod *Nehrus* 1964 zum **2. indo-pakistanischen Krieg.** 1966 wurde er während der Friedensverhandlungen von Tashkent, wo Nehrus Nachfolger *Shastri* starb, beendet.

Mit **Indira Gandhi,** der Tochter *Nehrus,* übernahm nun eine Politikerin für die nächsten 16 Jahre die Führung des Landes, die die durch das unaufhaltsame Bevölkerungswachstum im Innern hervorgerufenen sozialen Konflikte sowie die außenpolitischen Herausforderungen durch eine kompromisslose Politik der Härte zu bewältigen suchte.

So gab sie die strikte Neutralitätspolitik ihrer Vorgänger auf, als sie 1971 als Reaktion auf das pakistanisch-amerikanische Bündnis einen Freundschaftsvertrag mit der Sowjetunion abschloss. Im gleichen Jahr entsandte sie Truppen ins benachbarte Ostpakistan, wo sie den aufständischen Rebellen unter *Mujibur Rahman* zur Gründung eines unabhängigen Staates **Bangladesch** verhalf.

Dieser große außenpolitische Erfolg ermöglichte der seit 1948 ununterbrochen regierenden Congress Party 1971 einen überwältigenden Wahlsieg. Als weiteres Zeichen machtpolitischer Stärke verkündete Indien 1974 den ersten **Atomtest,** womit das Land in den exklusiven Club der Atommächte eintrat.

Eine rücksichtslose **Zwangssterilisationskampagne,** mit der ihr jüngerer Sohn *Sanjay,* den sie als ihren Nachfolger auserkoren hatte, das Bevölkerungswachstum in den Griff bekommen wollte, ließ den Popularitätswert Indira Gandhis, der bereits in den Jahren zuvor durch zahlreiche Skandale gelitten hatte, endgültig auf den Nullpunkt sinken. Als sie schließlich für das Frühjahr 1977 Neuwahlen ansetzte, um ihre Notstandsgesetze von der Bevölkerung absegnen zu lassen, erlitt die Congress Party eine klare Niederlage und wurde von der in aller Eile aus fünf Oppositionsparteien zusammengezimmerten **Janata-Partei** unter dem neuen Ministerpräsidenten *Morarji Desai* abgelöst.

Doch die Koalition zerfiel recht bald wieder und aus den im Januar 1980 abgehaltenen Neuwahlen ging erneut Indira Gandhi als Siegerin hervor. Im Juni 1980 wurde ihr Sohn Sanjay Opfer eines Flugzeugabsturzes. Der Verlust des von ihr geliebten, geradezu verehrten Sohnes stand wie ein schlechtes Omen über der letzten Regierungszeit Indira Gandhis, die vor allem durch die **gewaltsamen Autonomiebewegungen** verschiedener Landesteile in den Nordost-Provinzen Sikkim und Kashmir geprägt wurde.

Die größten Sorgen bereiteten der Bundesregierung jedoch der **Sezessionskrieg der Sikhs** für einen eigenen Staat Khalistan. Nachdem sich die Terroristen im Goldenen Tempel von Amritsar, dem Hauptheiligtum der Sikhs, verschanzt hatten, befahl Indira

Gandhi dessen Erstürmung, wobei der Anführer *Bhindranwale* und etliche seiner Gefolgsleute ums Leben kamen.

Wenige Monate später, am 31. Oktober 1984, wurde Indira Gandhi **Opfer eines Attentates** zweier ihrer Sikh-Leibwächter. Fassungslos und entsetzt war die ganze Nation. „Indira Gandhi zindabad" - hoch lebe Indira Gandhi - schrien die Massen an ihrem Grab, aber auch „Blut für Blut". Damit war die Szenerie für die kommenden Tage abgesteckt: Allein in Delhi wurden mehrere Tausend Sikhs von aufgebrachten Hindus ermordet.

Um eine Ausweitung der Unruhen zu vermeiden, wurde hastig Indira Gandhis bis dahin kaum in Erscheinung getretener Sohn **Rajiv Gandhi** zum Nachfolger erklärt. Erst nachträglich gaben die Partei und schließlich bei den Wahlen am 24. Dezember 1984 das gesamte Volk ihre überwältigende Zustimmung. Rajiv wurde zur Symbolfigur für einen fundamentalen **Neubeginn,** denn mit ihm kam eine neue Generation an die Macht, die nicht mehr am Unabhängigkeitskampf beteiligt gewesen war und die dem Computerzeitalter näher stand als den Palastintrigen der Moguln. Rajivs Anspruch war Effizienz, seine Mission die längst überfällige **Modernisierung** Indiens.

Die von der neuen Regierung eingeführten Maßnahmen zur Öffnung des bis dahin durch hohe Schutzzölle weitestgehend abgeschotteten Inlandsmarktes, die Förderung zukunftsweisender Industrien und die allmähliche Privatisierung unrentabler Staatsbetriebe ließ viele vor allem junge Inder euphorisch an die Verwirklichung eines modernen, dynamischen, an westlichen Werten orientierten Indiens glauben.

Außerdem wurde nun auch Rajiv Gandhi immer tiefer in die wieder aufflammenden **terroristischen Unabhängigkeitskämpfe** in Kashmir, den Nordost-Provinzen und dem Punjab verstrickt. Erneut ließ er, wie schon seine Mutter, den Goldenen Tempel von Amritsar stürmen, wodurch alte Wunden erneut aufgerissen wurden. Seine Entscheidung, die im Norden Sri Lankas für einen unabhängigen Staat kämpfenden **Tamilen** durch die Entsendung indischer Truppen zur Aufgabe zu zwingen, machte ihn im weitgehend tamilischen Südindien zu einem verhassten Mann.

Wirtschaftlicher und sozialer Aufbruch

Die **Ermordung Rajiv Gandhis** durch ein Mitglied der tamilischen Befreiungsbewegung **Tamil Tigers** während einer Wahlkampfveranstaltung 1991 markierte nicht nur das vorläufige Ende der Nehru-Gandhi-Dynastie, die fast ein halbes Jahrhundert die Fäden der indischen Politik in der Hand gehalten hatte. Mehr noch als der Tod Indira Gandhis bedeutet die Ermordung ihres Sohnes einen tiefen Einschnitt in der indischen Geschichte.

Dennoch schien mit der Übernahme der Regierung durch die Kongresspartei unter dem erfahrenen *P.V. Narasimha Rao* 1991 zunächst eine Phase der Ruhe und Konsolidierung anzubrechen. Doch schon bald darauf sah sich Indien einer seiner schlimmsten **Finanzkrisen** ausgesetzt. Rao und sein Wirtschaftsminister *Manmohan Singh* beschlossen eine Kehrtwendung von der sozialistisch geprägten Protektionswirtschaft hin zur **Öffnung Indiens für ausländische Investoren.** Mittlerweile fließt vermehrt ausländisches Geld ins Land, das Devisenpolster wächst stetig an. Der dank der wirtschaftlichen Öffnung durchs Land wehende „wind of change" ist allerorten sichtbar. Westliche Waren, noch bis Anfang der 1990er Jahre so gut wie gar nicht erhältlich, füllen die Auslagen der Geschäfte. Das Straßenbild wird inzwischen mehr von schmucken Privatautos geprägt als durch die heiligen Kühe, riesige Einkaufszentren schmücken die Vororte der Metropolen und Verkäufer von Großbildschirmen, welche die schöne neue Konsumwelt in nahezu jede Hütte tragen, verzeichnen Rekordabsätze.

Das Bildungswesen ist durch die britische Kolonialzeit geprägt

Von dieser Entwicklung profitiert in erster Linie die **aufstrebende Mittelschicht,** deren Zahl inzwischen auf etwa 350 Millionen geschätzt wird. Für die große Masse der unteren Mittelschicht und **Unterschicht** hingegen bedeutet die mit der Liberalisierung der Wirtschaft einhergehende Inflation (2011 bei 9 %) eine **Verschlechterung der Lebensbedingungen.**

Die Probleme Indiens bleiben gigantisch, auch wenn sich das durchschnittliche Pro-Kopf-Einkommen in den vergangenen sieben Jahren verdoppelt hat, auch wenn die indische Mittelschicht so schnell wächst wie keine vor ihr in der Weltgeschichte und auch wenn dank des stetigen Wirtschaftswachstums der letzten Zeit jedes Jahr Millionen der Armut entkommen konnten.

Dennoch leben noch immer 300 Millionen Inder unter der Armutsgrenze – also fast ein Viertel der Gesamtbevölkerung. Noch immer gilt die Hälfte aller Kinder unter fünf Jahren als unterernährt. Noch immer verhindert das Kastensystem die Entwicklung einer gerechten Gesellschaft. Und noch immer gelangen nur 10 % aller Subventionen zu den Bedürftigen. Der große Rest verschwindet in der Bürokratie und den Taschen der Beamten.

Gerade wegen dieser kolossalen Herausforderungen konnte Indien nichts Besseres passieren als dieses reife **Votum für Stabilität und Kontinuität.** Indien bewegt sich bei seinem Aufstieg zur Weltmacht behäbiger als China, dafür aber mit nachhaltigeren Schritten. Als Demokratie hat es einen **moralischen Vorsprung** vor der wegen seiner Wirtschaftsmacht vom Westen hofierten Diktatur Chinas und verdient dafür endlich die lange überfällige Beachtung und den Respekt der vorgeblich so sehr den Menschenrechten verpflichteten Regierungen Europas und Amerikas.

8:2ra Foto: tb

Korruption: Aufruhr gegen die tödliche Krake

In Indien gibt es derzeit viele Menschen, die nicht gut schlafen. Gemeint sind nicht jene Zigmillionen, die ihr Nachtlager neben Ratten und streunenden Hunden auf stinkigen Bürgersteigen aufschlagen müssen. Ganz im Gegenteil: Die Rede ist von jenen Bürokraten, Politikern und Geschäftsleuten, die das kuschelige Bett in ihren Villen von schäbig bezahlten Dienern gemacht bekommen. Was ist der Grund für das Ungemach im herrschaftlichen Hause? Was ist passiert?

Seit 2010 wird Indien von einer Welle ungeheurer Korruptiosskandale heimgesucht, deren Ausmaß alles Bisherige bei Weitem überschreitet. Eine kleine Chronologie, die nicht ansatzweise Anspruch auf Vollständigkeit erhebt:

Die im Oktober 2010 in Delhi veranstalteten Commonwealth Games waren überschattet von zahlreichen Skandalen. Inzwischen geht man davon aus, dass von den 8 Mrd. Euro Kosten (zunächst waren 50 Mio. Euro veranschlagt worden) mindestens 3 Mrd. in dunkle Kanäle geflossen sind. Als Bauernopfer wurde schließlich der Chef des Organisationskomitees inhaftiert.

Einen Monat später musste der Premierminister von Maharashtra zurücktreten, weil fast alle der ursprünglich für die Witwen von Soldaten in Mumbai erbauten Appartementhäuser von Angehörigen hochrangiger Beamter bewohnt waren.

Im Februar 2011 musste Kommunikationsminister *Andimuthu Raja* seinen Hut nehmen, nachdem herausgekommen war, dass er 2008 über 80 der 121 zu vergebenden Mobilfunklizenzen weit unter Preis verkauft hatte. Der entstandene Schaden für den indischen Staat wird auf 30 Mrd. Euro geschätzt.

Dass Raja als Zögling einer südindischen Regionalpartei ohne jegliche Sachkenntnisse bis an die Spitze eines der wichtigsten Ministerien der größten Demokratie der Erde gelangen konnte, spricht Bände. Kleinparteien, die nicht selten von einzelnen Familienclans oder entlang von Kasten gesteuert werden, verschaffen sich Macht, bilden Koalitionen, kaufen Stimmen, füllen die Kassen ihrer Führer und sichern deren Einfluss – auch zum Nutzen ausgewählter Unternehmen, die dafür zahlen.

Tragikomisch wurde es dann einen Monat später, als der Vorsitzende der Antikorruptionsbehörde zum Rücktritt aufgefordert wurde. Der vom Obersten Gericht vorgebrachte Anklagepunkt: Korruption.

Dabei ist „Bakshish" für erbrachte Dienste durchaus nicht auf die Spitze des Staates beschränkt, sondern durchzieht die gesamte Gesellschaft wie ein tödliches Netz. Die wenigen nicht korrupten Staatsdiener unter den insgesamt 18 Millionen indischen Beamten lassen sich an einer Hand abzählen. Jeder Inder ist davon betroffen, zahlt notgedrungen seinen Obolus und hält damit die gigantische Korruptionsmaschine in Gang.

Korruption ist nicht Teil des Systems, sondern das System selbst. „50 % unseres Bruttosozialprodukts werden von der schwarzen Wirtschaft erfasst, sie pervertiert alle Aspekte unseres Lebens", meint der indische Ökonomieprofessor *Arun Kumar* von der Nehru-Universität in Delhi, Autor eines viel zitierten Buches über die Korruption im Lande. Kumar macht dafür einen „dreigliedrigen Kern aus korrupten Politikern, Geschäftsleuten und der Exekutive aus Bürokratie, Justiz und Polizei" verantwortlich.

Tatsächlich ist der dem indischen Staat entstandene Schaden astronomisch hoch. Unabhängige Schätzungen gehen davon aus, dass auf Schweizer Bankkonten mehr als 1,5 Trillionen Euro indischen Schwarzgeldes lagern. Allein die durch den Mobilfunklizenzen-Skandal entgangenen Einnahmen entsprechen dem Sechsfachen des Gesundheitsbudgets Indiens – einem Land, in dem jährlich zwei Millionen Kinder aufgrund mangelnder Gesundheitsversorgung sterben. Mit anderen Worten: Die Veruntreuung von Steuergeldern tötet jeden Tag Tausende unschuldiger Menschen.

Anders jedoch als in China und anderen asiatischen Ländern, die immer wieder Schauprozesse mit hohen Strafen gegen Korruptionssünder durchführen, ist in Indien bisher niemand wegen Korruption ernsthaft bestraft worden. Dass sich dies jetzt zumindest ansatzweise ändert, ist zwei Phänomenen zu verdanken, die das neue und das alte Indien repräsentieren. Zahlreiche neue, rund um die Uhr berichtende, miteinander um Einschaltquoten konkurrierende Nachrichten-TV-Kanäle haben in den letzten Jahren einem investigativen Journalismus die Bahn geebnet, der auch alte und einflussreiche Interessengruppen nicht mehr verschont.

Das gleiche gilt für den charismatischen Bürgerrechtler *Hazare*. Dem 72-Jährigen ist es gelungen, Zehntausende Anhänger für seinen Kampf gegen die ausufernde Korruption zu gewinnen. Er hat angekündigt, sich notfalls zu Tode zu hungern, um Indiens Politiker zu zwingen, härtere Regeln gegen Bestechung zu schaffen. Von seinen Anhängern respektvoll *Anna* („großer Bruder") genannt und stets mit dem traditionellen weißen Khadi-Dress der Nehru-Dynastie gekleidet, erinnert er an Indiens Nationalhelden *Mahatma Gandhi*, der ebenfalls den Hungerstreik als politisches Mittel nutzte. Zehntausende Menschen im ganzen Land unterstützen seinen Protest mit Lichterketten, Mahnwachen und Kundgebungen. Die sozialen Netzwerke Facebook und Twitter sind voll von Solidaritätsbekundungen für den Reformer. Auch Bollywood-Stars und TV-Moderatoren haben sich hinter ihn gestellt. „Die Regierung ist betrunken von der Macht und der Korruption, und das Volk muss sie wieder nüchtern machen", sagt Hazare unter dem Beifall Tausender, die sich vor ihm versammelt haben.

Die hohen Herren in ihren herrschaftlichen Villen werden sich auf weitere schlaflose Nächte einstellen müssen.

Staat und Verwaltung

Indiens offizieller Landesname lautet seit der Unabhängigkeit am 15.8.1947 *Bharat Juktarashtra,* was soviel wie **„Republik Indien"** heißt. Mit Inkrafttreten der indischen Verfassung am 26. Januar 1950 wurde ein Paradox staatsrechtlich verankert. Der junge Staat, der seine neu gewonnene Freiheit und Unabhängigkeit gerade erst nach jahrzehntelangen Kämpfen gegen die Briten errungen hatte, übernahm nahezu unverändert alle politischen Institutionen der Kolonialmacht. Der Freiheitskampf hatte nicht zu einer Revolution geführt, sondern letztlich zur Erhaltung des vorher so erbittert bekämpften Systems.

So orientieren sich die allgemeinen Bestimmungen der den Prinzipien der **parlamentarischen Demokratie** verpflichteten indischen Verfassung am Westminster-Modell. Ebenso wie in England existieren in der Indischen Union mit dem Unter- und dem Oberhaus zwei Zentralparlamente. Hier wie dort ist das **Oberhaus** *Rajya Sabha* (Staatenkammer) nicht viel mehr als eine recht harmlose Zusammenkunft betagter Männer, die nur sehr geringen Einfluss auf die Tagespolitik ausüben. Gewählt werden die 250 Mitglieder nicht direkt vom Volk, sondern nach einem komplizierten Quotensystem durch Vertreter der einzelnen Länderparlamente.

Eine wesentlich breitere Legitimation besitzen die 552 Mitglieder des **Unterhauses** *Lok Sabha* (Volkskammer), die alle fünf Jahre in freier und geheimer Wahl vom Volk gewählt werden. Stimmberechtigt sind alle Bürger über 18 Jahre. An der Spitze der Regierungsmannschaft steht der **Premierminister** als Chef der stärksten Partei, der auch die Richtlinien der Politik bestimmt und somit die stärkste politische Figur des Landes darstellt.

Formal ihm übergeordnet steht der **Präsident** an der Spitze des Staates, dem jedoch in der Verfassung, ähnlich dem deutschen Bundespräsidenten, eher repräsentative Aufgaben zugewiesen sind. Gewählt wird der Präsident für jeweils fünf Jahre von einem Wahlausschuss, der sich aus Vertretern der beiden Zentralparlamente sowie den insgesamt 29 Landesparlamenten der einzelnen Bundesstaaten zusammensetzt.

An der Spitze jedes **Bundesstaates** steht ein vom Präsidenten eingesetzter **Gouverneur,** wobei der **Chief Minister** an der Spitze seines Kabinetts die politischen Fäden in der Hand hält. In der Gesetzgebung sind bestimmte Bereiche wie auswärtige Beziehungen, Verteidigung, Verkehr und Atomenergie dem Zentralparlament vorbehalten, andere wie Polizei, Gesundheitswesen und Erziehung den Länderparlamenten.

Auf welch wackligen Beinen die theoretisch scheinbar reibungslos funktionierende Ordnung der Indischen Union jedoch steht, zeigt die sogenannte **President's Rule,** der umstrittenste, weil meistmissbrauchte Artikel der indischen Verfassung. Danach besitzt die indische Zentralregierung unter bestimmten Bedingungen das Recht, die jeweiligen Landesparlamente aufzulösen und den Unionsstaat der Zentralregierung unterzuordnen.

Da die Gründe für ein solches Vorgehen nur äußerst schwammig formuliert wurden, diente die President's Rule schwachen Regierungen immer wieder als willkommenes Instrument, um unter dem dünnen Mäntelchen der Legalität politische Gleichschaltung zu betreiben.

Bisher wurde diese einst von der britischen Kolonialmacht zur Kontrolle unruhiger Provinzen geschaffene Ausnahmebestimmung über zwei Dutzend Male eingesetzt. Besonders *Indira Gandhi* bediente sich gern dieser Möglichkeit, um ihr missliebige, von Oppositionsparteien geführte Landesregierungen zu stürzen. Derzeit haben der Punjab, Kashmir, Nagaland und Mizoram ihre Souveränität auf diese halbdiktatorische Weise eingebüßt. Insgesamt jedoch ist man in Indien zu Recht stolz darauf, trotz all der großen Herausforderungen während der letzten Jahrzehnte niemals ernsthaft an den Grundfesten der Demokratie gerüttelt zu haben.

Staatssymbole

Die **Nationalflagge** ist eine waagerecht gestreifte Trikolore – oben tief safrangelb, in der Mitte weiß und unten dunkelgrün. Nach offizieller Deutung stehen die Farben für Mut, Frieden und Wahrheit. Im weißen Feld befand sich vor der Unabhängigkeit das Ghandische Spinnrad. An seine Stelle ist später die *Chakra Varta,* das Rad der Lehre, getreten.

Das Motiv ist dem **Löwenkapitell von Sarnath** entnommen, welches zugleich das nationale Emblem bildet. Das Löwenkapitell wurde im 3. Jh. v. Chr. durch Kaiser *Ashoka* an jenem Ort errichtet, an dem Buddha zum ersten Mal seine Lehre in einer öffentlichen Predigt verkündete. Das Wappen soll die religiöse Toleranz des nachkolonialen Indien symbolisieren. Die Säulenplatte ruht auf einer voll erblühten **Lotusblume,** die für Hindus wie Buddhisten das Symbol für Reinheit, Schönheit und ewiges Leben ist und die Nationalblume Indiens darstellt. Die am Fuße des Sockels eingravierte Inschrift lautet: „Die Wahrheit allein siegt". Als Nationaltier gilt der **Tiger,** als Nationalvogel der **Pfau.**

Parteien

Die indische Parteienlandschaft ist aufgrund häufiger Absplitterungen, Neugründungen und Verschmelzungen bestehender Parteien sowie des Parteiwechsels selbst prominentester Parteimitglieder außerordentlich unübersichtlich. Wenn man unter diesem Gesichtspunkt das Spektrum der wichtigsten politischen Parteien Indiens betrachtet, sollte man bedenken, dass westliche Vorstellungen von rechts und links, von Ideologie und Programm nur sehr bedingt übertragbar sind.

Die großen indischen Parteien

- **Indian National Congress** (Congress (I) Party) – Die Kongresspartei regiert seit der Unabhängigkeit abgesehen von einigen kurzen Unterbrechungen das Land. Die Partei wurde so eng mit der Regierungsmacht identifiziert, dass alle anderen Parteien unter der Bezeichnung Oppositionspartei zusammengefasst und sozusagen entsorgt wurden. Dabei war der Nationalkongress in den ersten Jahren seiner **Gründung 1885** eher ein loses Bündnis junger, bürgerlicher Intellektueller, die sich zusammenfanden, um die britische Fremdherrschaft abzuschütteln. Erst seit etwa 1920 entwickelte sich der Congress unter der **Leitung Mahatma Gandhis** zu einer gut organisierten Massenorganisation im Kampf für die Unabhängigkeit Indiens.

Trotz gelegentlicher linker Lippenbekenntnisse hat die Partei immer einen vorsichtig **konservativen Kurs** gesteuert und war im ganzen Land verankert. Überall gelang es ihm, die lokalen Eliten wie Großgrundbesitzer, Bildungsbürgertum und Industrielle für sich zu gewinnen. Die Folge war eine tiefgreifende Entfremdung von der Basis und eine damit einhergehend zunehmend **unsoziale Politik.** Wenn Politik in Indien heute mit Korruption und Vetternwirtschaft gleichgesetzt wird, so liegt dies in allererster Linie an der Machtbesessenheit der Kongressabgeordneten. Leider nur allzu oft missbrauchen diese ihren Wahlkreis als Selbstbedienungsladen und lassen gleichzeitig die Polizei auf verarmte Bauern und entwurzelte Ureinwohner einschlagen, die für ihre Rechte demonstrieren.

- **Bharatiya Janata Party** (BJP, Indische Volkspartei) – Wie keine andere konnte diese 1979 gegründete Partei von dem zunehmenden Imageverlust des Congress während der letzten Jahre profitieren. Eine Welle des Erfolges brachte die BJP zunächst auf Regionalebene und schließlich auch landesweit an die Macht. Das erklärte Ziel der BJP, die Politik zu hinduisieren und den Hinduismus zu militarisieren, rüttelt an den demokratischen und säkularistischen Grundsätzen der indischen Verfassung und stellt eine ernst zu nehmende Gefahr für die Einheit und Integrität Indiens dar.

Die **Scharfmacher** innerhalb der Partei setzen Hinduismus und Nationalismus gleich und brandmarken die Muslime als antinationale Kräfte, um über die tatsächlichen Krisen des Landes hinwegzutäuschen. Unter diesem Aspekt ist auch das 1998 von der BJP in Gang gesetzte atomare Wettrüsten mit Pakistan und der Krieg um das bei Kashmir gelegene Kargil 1999 zu sehen. Religiöse und nationale Minderheiten geben auch in Indien ideale Sündenböcke ab.

- **Communist Party of India** (CPI) – Am anderen Ende des politischen Spektrums steht die 1920 gegründete **marxistische Partei.** Von allen indischen Parteien ist sie wohl die einzige, die ein klar definiertes Parteiprogramm besitzt. Obwohl sie auch heute noch am Ziel einer klassenlosen Gesellschaft unter Führung der Arbeiterklasse festhält, gab sie sich seit jeher weit weniger ideologisch als z.B. die osteuropäischen Kommunisten und war sogar für einige Jahre Juniorpartner in einer vom Congress geführten Regierung.
- Die 1964 durch Absplitterung des pro-chinesischen Flügels der CPI entstandene **Communist Party of India (Marxist)** (CPIM) orientiert sich heute eher an sozialdemokratischen Zielen und stellt die Landesregierungen in Bengalen und Kerala.
- **Janata Party** (Volkspartei) – Diese 1977 aus fünf mehr oder weniger **sozialistischen bzw. sozialdemokratischen** Parteien geformte Bündnispartei ist ein Produkt der für indische Verhältnisse so typischen Parteiabsplitterungen und Parteiwechsler. Ebenso vage wie die formulierten Ziele ist auch ihr innerer Zusammenhalt. Als kleine Partei jedoch stellt sie seit 1983 in Karnataka den Ministerpräsidenten und ist in einigen weiteren Unionsstaaten aktiv.
- **Weitere Parteien** – Neben den hier genannten gibt es noch eine große Zahl weiterer kleiner Parteien, die sich als Interessenvertretungen einzelner Volksgruppen bzw. sozialer Schichten verstehen und in den letzten Jahren zunehmend an Einfluss gewinnen. Ohne sie kann keine mehrheitsfähige Regierung mehr gebildet werden und so gewinnen sie als „Zünglein an der Waage" eine politische Bedeutung, die in keinem Verhältnis zu ihrem eigentlichen Stimmenanteil steht.

Flagge zeigen im Zeichen der zunehmend von Intoleranz geprägten politischen Landschaft Indiens

Presse

Für jeden ausländischen Besucher, der sich längere Zeit in Indien aufhält, bieten die **englischsprachigen Tageszeitungen** eine hervorragende Möglichkeit, sich näher mit den großen wie kleinen Problemen des Landes vertraut zu machen. Gerade ein Blick in den Lokalteil oder die traditionell am Sonntag erscheinenden Heiratsanzeigen vermitteln wesentlich tiefere Einblicke in das indische Alltagsleben als mancher wissenschaftliche Aufsatz. Die wichtigsten englischsprachigen Tages- und Wochenzeitungen:

- **Times of India,** das etwas in die Jahre gekomme Flaggschiff, mit einer Auflage von über 3 Mio. die weltweit auflagenstärkste englischsprachige Tageszeitung, ist noch immer die seriöseste und ausführlichste Tageszeitung des Landes. www.timesofindia.com.
- **Hindustan Times,** das in Delhi verlegte Blatt entstand aus der indischen Unabhängigkeitsbewegung, hat aber in den letzten Jahren einiges von seiner früheren Seriosität verloren. www.hindustantimes.com.
- **The Hindu** ist so etwas wie das südindische Gegenstück zur „Hindustan Times". Das Gros der Leserschaft des in Chennai verlegten Blattes findet sich in Tamil Nadu. Vielen gilt sie noch vor der „Times of India" als die beste Zeitung des Landes. www.thehindu.com.

Wochenblätter und Magazine

- **Sunday Observer** und **Sunday Mail** – zwei sehr gute, sonntags erscheinende Wochenblätter, die fundiert auf die Hintergründe der Schlagzeilen der vergangenen Woche eingehen.
- **India Today** – Keine andere Publikation bietet derart umfangreiche wie fundierte Hintergrundreportagen. Das etwa 90 Seiten starke, im Stil von „Times" und „Newsweek" ge-

027is Foto: tb

staltete Blatt ist das meistverkaufte Magazin Indiens. www.india-today.com.

- **Outlook** – Verglichen mit dem alteingesessenen „India Today" ist der dem linken Spektrum zugerechnete „Outlook" noch ein recht junger Spund und hat in den letzten Jahren mit dem Aufdecken vieler Skandale eine breite Leserschaft gefunden. www.outlookindia.com.
- **Tehelka** – Investigativer Journalismus mit Speerspitze gegen die Großen und Mächtigen macht die erst 2003 gegründete Wochenzeitung zur momentan wohl spannendsten Lektüre der indischen Presselandschaft. www.tehelka.com.

Wirtschaft

12 % der arbeitenden Bevölkerung Indiens sind in der Industrie beschäftigt. Hauptzweige stellen Maschinenbau, Eisen- und Stahlproduktion sowie die Herstellung von Nahrungsmitteln und Bekleidung dar. Zu den Wachstumsbranchen zählen die Kfz-Industrie, die Telekommunikationsindustrie und die vor allem im Großraum Bangalore angesiedelte **Software-Industrie.** Der Hightech-Export trägt bereits einen beträchtlichen Teil zu den insgesamt 151 Mrd. US-$ Exporterlösen bei. Indiens wichtigste Handelspartner sind die USA (ca. 15 %), China (9 %), die Vereinigten Arabischen Emirate (9 %) sowie Großbritannien, Hongkong und Deutschland (jeweils ca. 4 %).

Bei der weiteren wirtschaftlichen Entwicklung des Landes werden vor allem einige der chronischen Strukturprobleme Indiens, wie beispielsweise das völlig veraltete und **unzureichende Transportwesen** und die **mangelhafte Energieversorgung,** gelöst werden müssen. Tatsächlich hat die indische Regierung ein gewaltiges **Investitionsprogramm** zum Aus- und Neubau von Autobahnen und Flughäfen in Gang gesetzt. Jedes Jahr werden 22 Mrd. US-$ investiert. In den letzten Jahren hat man die Großstädte mit zum Teil sechsspurigen Autobahnen miteinander verbunden. Das gleiche gilt für die Modernisierung der Energiewirtschaft.

Indiens Weg zur führenden Hightech-Nation

Indiens Helden von heute heißen nicht mehr *Mahatma Gandhi* und *Jawaharlal Nehru,* sondern *Azim Premji* und *Narayana Murthy.* Beide wohnen im südindischen **Hightech-Paradies Bangalore** und sind Symbolfiguren des neuen Indien, welches nicht mehr als das Armenhaus, sondern als eine der größten Technologie-Nationen der Welt internationale Schlagzeilen macht. Premji mit seiner Firma Wipro gehört zu den fünf reichsten Männern der Erde, Murthy ist der ebenfalls milliardenschwere Chef des Technologie-Riesen Infosys Technologies.

Ihre Jünger sind die westlich orientierten, auf individuelle Entfaltung, Konsum und Globalität setzenden Jugendlichen der Großstädte. Mit dem phänomenalen Aufstieg der indischen Computerindustrie geht ein **fundamentaler Wertewandel** einher, der das über Jahrtausende in festen Kastenschranken verharrende Gefüge innerhalb weniger Jahrzehnte aus den Angeln hebt.

815ra Foto: tb

Modernes Geschäft in Delhi

Rasanter Aufschwung der Computer-Industrie

Mit jährlichen Wachstumsraten von über 50 % ist die Software-Industrie zu einem der wichtigsten Wirtschaftssektoren des Landes geworden. „Die industrielle Revolution haben wir verpasst, jetzt ruht unsere gesamte Hoffnung auf der Revolution der Informationstechnologie". So wie ein führender indischer Soziologe denkt eine ganze Generation von ambitionierten Jugendlichen, die in die „Technologieschmieden" von Bangalore, Hyderabad und Chennai drängen. Ein Grund für die phänomenalen Wachstumsraten ist, dass die Software-Industrie von den für den Rest der indischen Wirtschaft so typischen Entwicklungshemmnissen wie veralteter Infrastruktur, Bürokratismus und Kastendenken weitgehend unberührt bleibt.

Nord-Süd-Gefälle

Auffällig bei der geografischen Verteilung der Technologie-Schwerpunkte ist ein deutliches Nord-Süd-Gefälle, allerdings umgekehrt zu dem, welches wir aus Europa kennen. Die im Süden gelegenen Bundesstaaten Maharashtra, Andhra Pradesh, Tamil Nadu und Karnataka mit den „Cybercities" Bangalore und Hyderabad an der Spitze setzen energisch auf den weiteren Ausbau der Software-Industrie und investieren in Straßen und vor allem in das marode Bildungswesen. Mit ihren hohen wirtschaftlichen Wachstumsraten, die zum Teil bis zu 10 % jährlich erreichen, vergrößert sich der Abstand zu den überbevölkerten und **unterentwickelten Agrarstaaten des Nordens** wie Rajasthan, Uttar Pradesh, Bihar und Orissa immer mehr. Führende Politiker warnen bereits vor der politischen und sozialen Sprengkraft des wachsenden Einkommensgefälles zwischen Süd und Nord.

„Computer-Inder“

Die Software-Industrie ist für die Generation junger, gebildeter Inder das Eintrittstor in eine goldene Zukunft. Jedes Jahr bildet Indien **75.000 Informationstechnologie-Studenten** aus. Die meisten denken jedoch bereits über die nationalen Grenzen hinaus und sehen die Beschäftigung in einer indischen Computer-Firma als Sprungbrett für eine **Anstellung im Ausland.** Als Schlaraffenland gelten hier die USA, welche bei Umfragen unter Hochschulabsolventen mit großem Abstand die Nummer eins unter den begehrtesten Arbeitsplätzen einnehmen. Neben den hervorragenden Aufstiegsmöglichkeiten und dem hohen Lohnniveau spielt hierbei auch die Tatsache eine große Rolle, dass Englisch bei den meist aus der Mittel- und Oberschicht stammenden indischen Computerprofis – Durchschnittsalter 26 Jahre – wie eine Muttersprache gepflegt wird.

Rund 80 % der Absolventen aus den sechs Elite-Hochschulen der IIT (Indian Institute of Technology) werden von Hochschulen und Unternehmen in den USA unter Vertrag genommen. Welche **hervorragende Qualifikation** die in den USA arbeitenden Software-Spezialisten besitzen, belegt allein die Tatsache, dass von den 2.000 Gründerfirmen im amerikanischen Silicon Valley 40 % von Indern geleitet werden. Nur wer in Nordamerika keine Anstellung findet, versucht eventuell in Deutschland einen Job zu ergattern.

Motor der wirtschaftlichen Entwicklung

Trotz der beeindruckenden Wachstumsraten trägt die Software-Industrie nach wie vor weniger als 1 % zum Bruttoinlandsprodukt bei. Erweisen sich jedoch die Prognosen als richtig, würde der Anteil auf 5 bis 7 % steigen. Damit wäre die Software-Industrie endgültig die Wachstumslokomotive der indischen Wirtschaft. Mindestens ebenso bedeutend ist der mit dem wirtschaftlichen Aufschwung einhergehende **soziale Wandel,** der fast schon revolutionär zu nennende Veränderungen der traditionellen indischen Gesellschaft nach sich zieht.

Armut

Trotz des Wirtschaftsbooms der letzten Jahre hat Indien einige gravierende Probleme. So erschrecken die Zahlen einer Studie von Weltbank, WHO und Unicef, nach der Indien auch heute noch das Land mit den meisten **un-**

Drei Viertel der Einwohner Rajasthans leben auf dem Land

terernährten Menschen ist. Von den 230 Millionen, die zu wenig zu essen haben, sind ein Großteil **Kinder,** meist der ländlichen Bevölkerung. Dieser Nahrungsmangel ist auch Ursache von fast 50 % Kindersterblichkeit bis zum ersten Lebensjahr. Die Zahl der hungrigen Kinder bis 5 Jahre ist mit 43 % erschreckend hoch. 77 % der Bevölkerung, das sind 830 Mio. Menschen, verdienen maximal 20 Rs am Tag, 300 Mio. leben unter der Armutsgrenze. Aufgrund der weltweit gestiegenen Preise für Grundnahrungsmittel hat sich die Zahl der Unterernährten sogar noch erhöht, trotz des jährlichen Wirtschaftswachstums von um 8 % in Indien in den letzten Jahren, von dem in den armen Bevölkerungsschichten aber kaum etwas ankommt.

Landwirtschaft

All dies ändert nichts daran, dass Indien trotz industrieorientierter Entwicklungsstrategie und Wirtschaftspolitik auch ein **Agrarland** ist, dessen Konjunktur mehr vom pünktlich eintreffenden Monsun und den davon abhängigen Ernten bestimmt wird als von industriellen Zyklen.

Hauptanbauprodukte sind Zuckerrohr, Reis, Weizen, Hülsenfrüchte und Baumwolle. Indien ist der weltgrößte Produzent von Jute, Hülsenfrüchten, Hirse und Sesam. Mit einer Gesamtproduktion von 700.000 Tonnen, wovon etwa 250.000 Tonnen exportiert werden, ist Indien der mit Abstand **führende Teeproduzent** der Erde. Bedeutende Exporterlöse werden auch

78ira Foto: tb

009raj Foto: tb

Die Probleme der rajasthanischen Landwirtschaft

Trotz aller auch in Rajasthan nicht zu übersehender neuzeitlicher Veränderungen hängt das Leben und Überleben der absoluten Mehrheit der Menschen in Rajasthan wie seit Jahrtausenden von Pflanzenbau und Viehhaltung ab. Immer noch sind fast 80 % der Bevölkerung in der Landwirtschaft tätig. Während es den Bauern des Südostens aufgrund des fruchtbaren Bodens und der ausreichenden Regenfälle für indische Verhältnisse vergleichsweise gut geht, ist die Landwirtschaft in den semiariden Zonen des Westen ein mühsames Unterfangen. In den trockenen und relativ unfruchtbaren bergigen Regionen der westlichen Bezirke Bikaner, Jodhpur, Jaisalmer und Barmer an der Grenze zur Wüste sehen sich die Bauern in ihrem Bemühen, dem Boden genügend Erträge abzuringen, gleich mehreren natürlichen Barrieren gegenüber.

Die Regenfälle sind äußerst gering und zudem auf eine sehr kurz Zeit konzentriert. Die gerade einmal 260 bis 325 mm **Regen** pro Jahr fallen hauptsächlich in den Monaten Juni bis September, wobei die durchschnittliche Anzahl der Regentage im Distrikt Jodhpur nur 18 Tage beträgt. An manchen Tagen fallen bis zu 130 mm Regen, was der Hälfte der gesamten Jahresmenge entspricht. Die Bodenfeuchtigkeit ist nur in einer Zeitspanne von 10 bis 11 Wochen für das Pflanzenwachstum ausreichend. Nicht selten kommt es vor, dass es das ganze Jahr überhaupt keine Niederschläge gibt, was einen totalen Ernteausfall und Massensterben von Tieren zur Folge hat.

Die **Sandböden** sind nährstoffarm, strukturlos und poros oder bestehen aus steinigen, harten Oberböden. Deshalb versickert das ohnehin geringe Regenwasser schnell oder fließt ab. Heiße **Sandstürme** wehen in den Sommermonaten die dünne fruchtbare Krume weg oder schütten sie mit Sand zu. Die zumeist Subsistenzlandwirtschaft betreibenden Bauern haben **selten Geld,** um durch Zukauf von Produktionsmitteln wie Pumpen, Dünger und Pflanzenschutzmitteln ihre Landwirtschaft zu intensivieren und von den Unbilden der Natur unabhängiger zu machen. Darüberhinaus lassen **Grundwassermangel** und **Versalzungsprobleme** in weiten Gebieten eine Bewässerung gar nicht zu.

Die natürlichen Voraussetzungen für eine ertragreiche Landwirtschaft könnten also kaum ungünstiger sein. Dennoch haben es die Bauern in den letzten Jahrtausenden verstanden, das Land erfolgreich und nachhaltig zu nutzen. Die wichtigste Strategie hierfür ist eine **hohe Diversität der Tier- und Pflanzenarten** sowie eine starke **Verflechtung von Tierhaltung und Pflanzenbau.** So säen die Bauern West-Rajasthans äußerst selten nur eine Feldfrucht, sondern mehrere Kulturpflanzen nebeneinander, die positiv aufeinander einwirken. Je nach klimatischen Bedingungen erbringt die eine oder andere Pflanze einen guten Ertrag, nur in ganz schlechten Jahren ist der Ertrag aller Pflanzen gleich schlecht.

Bei aller Diversifizierung steht doch der Anbau von **Hirse** *(bajra)* im Mittelpunkt der Nutzpflanzen. Fast 50 % der gesamten Hirse Indiens werden in Rajasthan angebaut. Wie kaum eine andere Pflanze ist sie in der Lage, extreme Hitze und geringe Niederschläge zu überleben, was sie zur idealen Pflanze für die Halbwüste macht. Abgesehen von ihrer Anspruchslosigkeit besitzt sie im Vergleich zu anderen Getreidearten einen relativ hohen Proteinanteil, ist reich an Eisen und Phosphor und verfügt zudem über einen hohen Fettanteil.

Neben Hirse und anderen Feldfrüchten des Mischanbaus wachsen in den Feldern noch viele **Sträucher und Bäume,** die für den Menschen von Bedeutung sind. Gerade in den entlegenen Dörfern sind die Bauern sehr stark auf ihre Subsistenz angewiesen und produzieren alles Lebensnotwendige selber. Nahrungsmittel für Mensch und Tier, Brennstoff und Baumaterial, Dünger, Medizin, Erosions-, Wind- und Sonnenschutz sind nur einige Beispiele, wozu die Pflanzen dem Menschen dienen. Ein besonders schönes Beispiel hierfür liefert der **Khejadibaum,** der gern im Feld stehengelassen wird, auch wenn er das Pflügen erschwert. Die Bauern wissen, dass die Blätter wertvolles Tierfutter sind, die Früchte gegessen werden können und der Baum die Fruchtbarkeit des Bodens verbessert.

Neben dem Mischanbau und der hohen Subsistenzorientierung gehört eine **konsequente Sammel- und Lagerhaltungswirtschaft** zu den wichtigsten Prinzipien der Landwirtschaft im Westen Rajasthans. Aufgrund der unberechenbaren Natur sind die Bauern darauf angewiesen, Vorräte zu sammeln, um in schlechten Jahren überleben zu können. Neben dem Getreide wird auch Stroh gelagert, welches bis zu 10 Jahre genutzt werden kann. Zum Sammeln von Regenwasser, das dem gesamten Dorf für das ganze Jahr reichen muss, dienen die großen Stauteiche *(nadis).*

Während die Bauern der Region über die letzten Jahrtausende eine im Einklang mit der Natur stehende Landwirtschaft betrieben haben, weil für sie nur so das Überleben in dieser so unwirtlichen Region zu sichern war, zeichnet sich in den letzten Jahren mit dem zunehmenden Einsatz von Traktoren durch wohlhabende Bauern eine **ernsthafte Gefährdung des labilen Ökosystems** West-Rajasthans ab. Mit dem vermehrten Einsatz von Traktoren erweitern die reichen Bauern nicht nur den bewirtschafteten Anteil der Felder zuungunsten der Brache, sondern zerstören auch einen großen Teil der Wildpflanzen und beseitigen Büsche, die der schnellen Bearbeitung im Wege stehen.

816ra Foto: tb

mit Gewürzen, Cashewnüssen und Kaffee erwirtschaftet.

In der Besitzstruktur dominieren **kleine und kleinste Betriebe.** Über die Hälfte der landwirtschaftlichen Betriebe bewirtschaften weniger als einen Hektar Land. Rund ein Drittel der ländlichen Haushalte besitzt keinen Boden. Obwohl insgesamt 60 % aller Erwerbstätigen in der Landwirtschaft beschäftigt sind, erarbeiten sie nur 18 % des Sozialprodukts des Landes. Allein diese Zahlen verdeutlichen die mangelnde Rentabilität der Landwirtschaft.

Pushkar während des Pilgerfestes Pushkar Mela

Tourismus

Indien erlebt in den letzten Jahren einen **Tourismusboom.** Nachdem das Land lange Zeit südostasiatischen Konkurrenten wie Thailand, Myanmar und Vietnam weit hinterherhinkte, hat es sich inzwischen an die Spitze dieser Wachstumsbranche im asiatischen Raum gesetzt. Wachstumsraten von bis zu 15 % und Deviseneinnahmen von über 3 Mrd. US-$ jährlich lassen die lange arg gebeutelte Tourismusbranche strahlen. Der Tourismus ist der zweitgrößte Devisenbringer des Landes. Über fünf Millionen Inder sind in der „weißen" Industrie tätig, indirekt abhängig sind 12 Mio.

Nach wie vor zieht es die meisten Touristen nach Rajasthan und in die klassischen Stätten des Nordens wie Khajuraho, Varanasi und Agra. Die mit Abstand höchsten Zuwachsraten verzeichnet jedoch der Süden des Landes. Besonders der Bundesstaat Kerala ist Anlaufpunkt Tausender westlicher Reisender. Neben seiner landschaftlichen Schönheit ist es besonders der Ajurveda-Boom, welcher jedes Jahr Scharen von Touristen in dieses kleinste Bundesland Indiens im äußersten Südwesten zieht.

Auch für die Zukunft geben sich Indiens Tourismusmanager recht optimistisch und rechnen mit Wachstumsraten von durchschnittlich 10 % jährlich. Tatsächlich gibt es einige gute Gründe, die diese Hoffnung untermauern – hier sind vor allem die **verbesserten Transportbedingungen** zu nennen. So ist ein halbes Dutzend privater Fluggesellschaften in Konkurrenz zur vorher allein den Markt beherrschenden Indian Airlines (heute Air India) getreten. Waren Inlandsflüge früher über Monate ausgebucht, hat das Angebot der Privaten dazu geführt, dass man, abgesehen von der Zeit um Weihnachten und Diwali, meist problemlos einen Platz bekommt. Auch die indische Eisenbahn trug mit der Einführung mehrerer vollklimatisierter Luxuszüge auf Hauptstrecken wie Delhi – Mumbai und Delhi – Kalkutta und dem Bau völlig neuer Routen wie der Konkan-Railway von Mumbai nach Kerala zur positiven Entwicklung bei.

Nicht zuletzt in der **Hotelindustrie** ist ein deutlicher Trend zu mehr **Luxus** und **besserem Service** unübersehbar. Selbst in mittelgroßen Städten entstehen immer mehr First-Class-Hotels, die internationalen Standard erreichen.

Das enorme Potenzial Indiens für ausländische Besucher mit seiner landschaftlichen Vielfalt, einigen der großartigsten Baudenkmäler der Erde, einer jahrtausendealten, weitgehend intakten Kultur und seinen unvergleichlichen Festen wird so nun endlich auch von einer touristischen Infrastruktur getragen, die sehr optimistisch in die Zukunft schauen lässt – trotz des Rückschlags durch die Terroranschläge in Mumbai im November 2008 und des möglicherweise abnehmenden Touristenstroms durch die weltweite Wirtschaftskrise.

Religionen

Für kaum eine andere Region der Erde gilt der Grundsatz, dass die Religion den Schlüssel zum Verständnis des Landes bildet, mit der gleichen Ausschließlichkeit wie für Indien. Der Glaube durchdringt nach wie vor fast jeden Aspekt des indischen Lebens. Dies gilt insbesondere für die Hindus, die mehr als 80 % der Bevölkerung stellen.

Die Muslime bilden mit 11 % den zweitgrößten Bevölkerungsanteil, gefolgt von 2,4 % Christen. Letztere leben vorwiegend in Südindien, wo durch die westliche Kolonialisierung eine breite Missionierung stattfand. Etwa 1 % der Inder sind Anhänger des

727ra Foto: tb

Sikhismus, sie leben vorwiegend im nordindischen Punjab. 0,8 % der Gesamtbevölkerung Indiens bekennen sich zum Buddhismus. Die 4,5 Mio. (0,5 %) Jains sind vorwiegend im nordwestlichen Bundesstaat Gujarat, aber auch in Rajasthan zu Hause. Mit 60.000 Anhängern die kleinste Religionsgemeinschaft sind die Parsen.

Hinduismus

Von den Reinigungsvorschriften über die Ernährungsweise, Heiratsgebote und Bestattungszeremonien bis hin zur Wiedergeburt im nächsten Leben – im wahrsten Sinne des Wortes von der Wiege bis zur Bahre wird das Leben jedes einzelnen Hindus von seiner Religion bestimmt. Bei der Suche nach den Wurzeln der indischen Gesellschaft straucheln die meisten westlichen Besucher recht bald im undurchsichtigen Dschungel des Hinduismus. Tatsächlich muss sich der Europäer angesichts eines Glaubens, der weder einen Stifter noch einen Propheten, weder eine Organisation noch einen Missionsanspruch, weder allgemeinverbindliche Dogmen noch eine heilige Schrift, dafür jedoch das Nebeneinander vieler verschiedener Lehrbücher und Hunderttausender Götter kennt, ziemlich verloren vorkommen.

Ein „ismus" im Sinne einer einheitlichen Lehre oder Ideologie ist der Hinduismus nicht. Vielmehr verbirgt sich hinter dem Begriff ein äußerst vielschichtiges und **komplexes Gedankengebäude** philosophischer, religiöser und sozialer Normen, welches sich im Laufe von Jahrtausenden durch die Entstehung und Verschmelzung unterschiedlicher Strömungen herausgebildet hat.

Allein das Wort Hinduismus ist bereits eine irreführende Bezeichnung. *Hindu* ist das persische Wort für die Menschen jenseits des Sindhu, dem Indus – also die Bezeichnung der muslimischen Eroberer für die Inder. Erst viel später gingen die Inder dazu über, sich selbst als Hindus zu bezeichnen.

Arische und dravidische Ursprünge

Die Ursprünge dessen, was man heute Hinduismus nennt, gehen über drei Jahrtausende zurück, als die aus Zentralasien nach Indien eindringenden **Arier** die **dravidische Urbevölkerung** unterwarfen. Während die Arier militärisch eindeutig die Oberhand gewonnen hatten, wurde die indoarische Religion in den folgenden Jahrhunderten in hohem Maße von den Glaubensvorstellungen der besiegten Ureinwohner durchdrungen.

Besonders deutlich zeigt sich diese Synthese bei der Herausbildung des hinduistischen **Götterhimmels.** Standen zunächst die arischen Naturgottheiten wie etwa *Surya* (Sonne), *Candra* (Mond) und *Indra* (Gewitter) im Mittelpunkt der Verehrung, so wurden diese in der Folgezeit mit den bereits in der vorarischen Zeit in Indien verehrten Göttern vermischt. So ist etwa die mit dem Shivaismus in Verbindung stehende Lingam-Verehrung eine Weiterentwicklung des bereits im 3. Jahrtausend v. Chr. in Harappa nachgewiesenen Phalluskults.

Durch das Singen von Hymnen, Opferungen und magische Rituale versuchten die Menschen, ihre Götter für die Erfüllung ihrer Wünsche zu gewinnen. Die Hymnenliteratur ist in heiligen Schriften, den **Veden,** zusammengefasst. Nach diesen frühesten, im 2. Jahrtausend v. Chr. verfassten Schriften wurde diese erste Phase des Hinduismus, die etwa von 1500 bis 1000 v. Chr. reichte, als Vedismus bezeichnet.

Entstehung des Kastensystems

Auf den Vedismus folgte der **Brahmanismus** (ca. 1000–500 v. Chr.). Diese Phase ist gekennzeichnet durch die Ausbildung aller zentralen, im Kern bis heute gültigen Glaubensprinzipien des Hinduismus. Mit dem Aufkommen des allumfassenden Schöpfergottes *Brahma* verloren die alten Naturgottheiten mehr und mehr an Bedeutung. Gleichzeitig wuchs mit den immer komplizierter werdenden **Opferritualen,** die allmählich die zentrale Rolle in der Religionsausübung einnahmen, die Macht des Priesterstandes.

Die **Brahmanen** standen aufgrund ihres Wissensmonopols an der Spitze der hierarchisch geordneten Gesellschaft. Ihnen folgten die **Kshatriyas** (Krieger und Adel) und **Vaishyas** (Bauern, Viehzüchter, Händler), denen die unterworfenen nicht-arischen **Shudras** (Handwerker, Tagelöhner) untergeordnet waren. Aus diesen vier Gruppen entstand das heute noch immer gültige Kastensystem Indiens.

Herausbildung des Hinduismus

Doch je weniger die große Masse des Volkes Zugang zu den für sie kaum noch nachzuvollziehenden Opferritualen der elitären Priesterkaste fand, desto empfänglicher wurden die Menschen für andere Glaubensrichtungen. So ist es kein Zufall, dass gerade zu jener Zeit mit dem **Jainismus** und dem **Buddhismus** zwei neu entstandene Religionen großen Zulauf fanden, die vom Priestertum unabhängige Wege zur Erlösung aufzeigten. Unter der Patronage des großen Maurya-Königs *Ashoka* (274–232 v. Chr.) entwickelte sich der Buddhismus sogar zur führenden Religion des Landes. Wiederum als Reaktion hierauf erfolgte im Hinduismus eine Rückbesinnung auf die Ursprünge der Veden, die in der Verschmelzung mit den Erkenntnissen des Brahmanismus zur Herausbildung des bis heute praktizierten **Hinduismus** führte.

Grundprinzipien

Kerngedanke des Hinduismus und das Herzstück traditionellen indischen Lebens ist der Glaube an einen ewigen Schöpfergeist oder eine **Weltseele** *(brahman),* aus der alles Leben und die gesamte Weltordnung hervorgeht. Den zweiten Grundpfeiler bildet die Vorstellung von der Reinkarnation, d.h. der **Wiedergeburt** der unsterblichen Seele in einem neuen Körper. Danach durchläuft jeder Mensch, oder richtiger jede Seele, unzählige Wiedergeburten, sodass der Tod nur eine Zwischenstation auf dem Weg zu einer neuen Existenz darstellt. Hieraus erklärt sich auch, warum für den Hindu der Tod ein weit weniger einschneidendes Erlebnis ist als für einen Menschen aus dem westlichen Kulturkreis, der von der Endlichkeit und Einzigartigkeit seiner Existenz überzeugt ist.

Ziel jedes Lebewesens oder jeder Einzelseele *(atman)* ist *moksha,* die **Erlösung aus dem Geburtenkreislauf** und die Vereinigung mit dem *brahman.* Den Weg zu diesem Ziel kann jeder Einzelne selbst bestimmen, indem er sich in jedem seiner Leben so weit wie möglich an die Regeln der göttlichen Ordnung *(dharma)* hält. Wer diesen Dharma-Gesetzen entsprechend lebt, rückt mit jeder Wiedergeburt auf einer höheren Stufe der Erlösung jeweils einen Schritt näher. Fällt die Gesamtbilanz am Lebensende jedoch negativ aus, so wird dies mit einer niederen Wiedergeburt im nächsten Leben bestraft.

Dieses **Karma** genannte Vergeltungsprinzip bildet auch die Erklärung für das Kastenwesen, das jedem Menschen entsprechend seinen Verdiensten bzw. Verfehlungen im vorigen Leben einen festen Platz in der sozialen Rangordnung zuweist. Jede der insgesamt über 3000 Kasten- und Unterkasten hat ihr eigenes *dharma,* dementsprechend sich das jeweilige Kastenmitglied zu verhalten hat.

Welche Pflichten im einzelnen zu erfüllen sind, beschreiben die **Dharma-Bücher,** unter denen das Gesetzbuch des Manu das bekannteste ist. Hindus sehen in diesem ab dem 2. vorchristlichen Jahrhundert entstandenen Werk eine Offenbarung des Schöpfergottes an den Urvater des Menschengeschlechts Manu. Bis ins kleinste Detail wird dort dharma-gerechtes Verhalten aufgelistet. Als Haupttugenden gelten die Heirat innerhalb der eigenen Kaste, die Ausübung eines nur für die eigene Kaste erlaubten Berufs und das Einnehmen der Mahlzeiten nur mit Mitgliedern der eigenen Kaste.

Entsprechend der Vergeltungskausalität des Karma, nach der jeder durch seine Taten im vorherigen Leben für sein jetziges Schicksal selbst verantwortlich ist, gehört die klaglose Akzeptanz dieser Vorschriften zu einem der Grundmerkmale hinduistischen Glaubensverständnisses. So heißt es im **Mahabharata,** einem aus 18 Büchern mit insgesamt 100.000 Doppelversen bestehenden Hindu-Epos aus dem 2. Jh. v. Chr.: „Tu deshalb ohne Hinneigung immer das, was deine Pflicht dir vorschreibt, denn indem der Mensch so handelt, erreicht er das Höchste" Das sich klaglose Fügen in sein Schicksal schließt individuelle Selbstentfaltung außerhalb der eng begrenzten Schranken des Kastensystems aus, würde diese doch das oberste Gebot, die Aufrechterhaltung der göttlichen Ordnung, bedrohen.

„Fatalistische" Grundstimmung

Diese Sicht der Welt schlägt sich in einer allgemeinen Grundstimmung nieder, die oftmals allzu undifferenziert als **fatalistisch** bezeichnet wird. Nach hinduistischer Philosophie ist die Welt wie ein riesiger Strom, der seit alters träge dahinfließt. Jeder Mensch hat seinen Platz in diesem Strom, in dem die scharfen Konturen der Vergangenheit, der Gegenwart und der Zukunft verschwimmen, da das Leben des einzelnen nicht durch Geburt und Tod fest umgrenzt ist. Die Welt ist, wie sie ist, ihre Gesetze sind vom Menschen nicht zu beeinflussen. Der auf die Zukunft gerichtete Wille zur Veränderung und zur Mehrung irdischer Güter konnte sich in dieser gesellschaftlichen Atmosphäre nicht so durchsetzen wie im neuzeitlichen Europa. Hieraus erklärt sich auch der auffällige wirtschaftliche Erfolg kleiner Religionsgemeinschaften wie der **Jains,** der **Sikhs** und der **Parsen,** die mit ihren mehr diesseits orientierten Glaubensvorstellungen einen **ökonomischen Wertevorsprung** gegenüber den Hindus besitzen.

Ganzheitliche Weltsicht

Die Wiedergeburt in eine der vielen Tausend Kasten stellt jedoch nur eine Möglichkeit der Reinkarnation dar. Da für die Hindus alles Leben auf Erden Ausdruck der göttlichen Ordnung ist, kann der Mensch durch Fehlverhalten auch als Tier oder Pflanze wiedergeboren werden, wie es das Gesetzbuch des Manu höchst drastisch veranschaulicht: „Wenn man Korn stiehlt, wird man eine Ratte, Wasser ein Wassertier, Honig eine Mücke, Milch eine Krähe und Süßigkeiten ein Hund".

Mag dies zunächst auch eher belustigen, so verbirgt sich dahinter mit der Vorstellung, dass letztlich alle Lebewesen gleichwertig sind, eine ganzheitliche Weltsicht, welche kaum unterschiedlicher zum christlichen Glauben sein könnte, in dem der Mensch als Krönung der Schöpfung gilt. Die universelle Auffassung von der **Einheit allen Lebens,** in der der Mensch nur ein Teil des Ganzen ist, hat in Indien zu einem grundsätzlich **behutsameren Umgang mit der Natur** geführt, die nicht als Um-, sondern als Mitwelt verstanden und erfahren wird. In solch einer ganzheitlichen Weltsicht stehen Mikro- und Makrokosmos, Himmel und Erde, Gott und Mensch in unmittelbarem Bezug zueinander.

Religiöses Alltagsleben

Dementsprechend gehört es für jeden Hindu zu den Selbstverständlichkeiten des Lebens, dass er durch tägliche **Kult- und Opferhandlungen** *(puja)* die Götter gnädig zu stimmen versucht. So befindet sich in jedem Hindu-Haus ein kleiner Altar mit dem Bild der verehrten Gottheit. Mindestens einmal täglich wird ihm mit dem Umhängen von Blumengirlanden, dem Entzünden von Räucherstäbchen und einer kleinen Andacht gehuldigt. Das gleiche Ritual vollzieht sich in größerem Rahmen in den Dorftempeln, in denen an speziellen Feiertagen aufwendige *pujas* abgehalten werden. Zu diesen Anlässen werden den Götterbildern liebevoll zubereitete Opferga-

- **Buchtipps:** Im Reise Know-How Verlag sind die folgenden Bücher zum Thema erschienen: „Hinduismus erleben" und „Islam erleben" (beide in der Reihe Praxis) sowie „KulturSchock Indien".

817ra Foto: tb

ben wie Kokosnüsse, Süßigkeiten und Blumen dargeboten. Dadurch, dass die Gottheit die Essensgaben symbolisch isst, werden sie zu *prasad,* d.h. heiligen Speisen, die danach wieder an die Pilger verteilt werden.

Die Offenheit der hinduistischen Religion bringt es mit sich, dass dem Gläubigen viele weitere Möglichkeiten offenstehen, um sich dem Göttlichen zu nähern. Dazu gehören u.a. verschiedene Arten der **Meditation,** das Leben als wandernder Asket oder Einsiedler *(sadhu)* oder die Teilnahme an oftmals langwierigen und kräftezehrenden **Pilgerreisen** zu bedeutenden Plätzen der indischen Mythologie.

Hinduistische Toleranz in Gefahr

Die Annahme der Einheit aller Lebewesen gilt für die Hindus auch gegenüber Mitgliedern anderer Religionsgemeinschaften wie Buddhisten, Christen, Sikhs, Parsen oder Muslime. Alle Religionen werden als legitime Wege zum ewigen Schöpfergott angesehen. Für Hindus gibt es dementsprechend so viele Wege zu Gott, wie es Gläubige gibt. Inquisitionen oder Kreuzzüge im Namen des Hinduismus hat es nie gegeben.

Diese Toleranz ist allerdings in letzter Zeit vor allem gegenüber den **Muslimen** durch die Wunden jahrhundertealter Fremdherrschaft und die Zunahme **sozialer Spannungen,** die zudem von skrupellosen Politikern noch geschürt werden, stark gefährdet. Hier bleibt nur zu hoffen, dass sich die Hindus zurückbesinnen auf jene vier Haupttugenden, die in den hinduistischen Lehrbüchern zur Erlangung der *moksha* gefordert werden: **Wohlwollen, Mitleid, Mitfreude und Gleichmut.**

Islam

Mahmud-e-Ghazni, ein Heerführer aus dem heutigen Afghanistan, der im Jahre 1001 den ersten seiner insgesamt 17 Raubzüge durch Nordindien durchführte, wurde für die Hindus zum Prototyp des **islamischen Eroberers,** der mordend und brandschat-

Ganesha, einer der beliebtesten Götter des Hinduismus

330.000 Möglichkeiten – die hinduistische Götterwelt

Ganesha mit seinem Reittier, der Ratte

Du sollst keine anderen Götter neben mir dulden - dieses für Juden, Christen und Muslime gleichermaßen gültige Gebot des Monotheismus steht im krassen Gegensatz zur hinduistischen Götterwelt. Nicht weniger als 330.000 Götter stehen den Hindus angeblich zur Auswahl! Tatsächlich symbolisiert der hinduistische Götterhimmel die einzigartige Vielschichtigkeit des Phänomens Indien auf geradezu klassische Weise.

Für Außenstehende ist es nur sehr schwer nachvollziehbar, dass die Götter im Hinduismus, ebenso wie die Menschen, zahlreiche Reinkarnationen durchlaufen, die dann wiederum als eigenständige Gottheiten verehrt werden. Hinzu kommt, dass viele von ihnen heiraten und Kinder bekommen, welche dann ebenfalls Aufnahme in den hinduistischen Pantheon finden.

Krishna mit Flöte

Schließlich gibt es auch noch unzählige lokale Gottheiten. So gelingt es nicht einmal den Indern selbst, all ihre Götter zu identifizieren.

An der Spitze des Pantheons steht die als **Trimurti** bezeichnete Dreieinigkeit der Götter Brahma, Vishnu und Shiva. **Brahma** wird als Schöpfer der Welt und aller Wesen angesehen, bleibt jedoch im Schatten Vishnus und Shivas, denn anders als diese wurzelt er nicht im Volksglauben. Nur ganz wenige Tempel Indiens, wie etwa in Pushkar, sind ihm direkt geweiht, doch als einer unter vielen Göttern ist er in fast jedem Heiligtum anzutreffen. Dabei wird er meist mit vier in die verschiedenen Himmelsrichtungen blickenden Köpfen und seinem Tragtier, dem Schwan, dargestellt. Brahmas Gattin **Sarasvati** gilt als die Göttin der Künste; ihr werden die Erfindung des Sanskrit und des indischen Alphabets zugeschrieben. Zwei immer wiederkehrende Attribute Sarasvatis sind ein Buch und eine Gebetskette.

Vishnu, der neben Shiva bedeutendste Gott im Hinduismus, gilt als der Erhalter der

Welt, der in seinen bisher insgesamt neun Inkarnationen *(avataras)* immer dann auftritt, wenn es gilt, die Erde vor dämonischen Gewalten zu schützen. Seine bekanntesten Inkarnationen sind die als Rama, Krishna und Buddha. Vishnus Tragtiere sind entweder eine Schlange oder ein Garuda. Seine Gattin **Lakshmi** verkörpert Schönheit und Reichtum und ist oft Mittelpunkt der vielen indischen Tempel, die von der Industriellenfamilie *Birla* gestiftet wurden.

Shiva wird oftmals als das Gegenstück Vishnus bezeichnet, was jedoch nur zum Teil stimmt, da sich in ihm verschiedene, äußerst widersprüchliche Wesenselemente vereinen. Laut der indischen Mythologie soll er unter nicht weniger als 1.008 verschiedenen Erscheinungsformen und Namen die Erde betreten haben. Einerseits verkörpert er die Kräfte der Zerstörung, andererseits gilt er auch als Erneuerer aller Dinge. Besonders augenfällig zeigt sich diese Vereinigung von Gegensätzen in seiner Manifestation als kosmischer Tänzer Nataraja, der in einem ekstatischen Tanz inmitten des Feuerkranzes einer untergehenden Welt zu sehen ist, womit er jedoch bereits die Energien für ein neu zu errichtendes Universum schafft.

Die blutrünstige Göttin Kali

Lakshmi, die Gattin Vishnus

Ebenso widersprüchlich (zumindest nach westlichen Vorstellungen) wie er selbst ist die ihm zur Seite gestellte Göttin **Parvati,** die auch in ihren Inkarnationen als Annapurna, Sati, Durga und Kali bekannt ist und unter diesen Namen ganz verschiedene Wesenszüge aufweist. Ihre zerstörerische Seele spiegelt sich am offenkundigsten in der blutrünstigen, vor allem in Bengalen verehrten Kali, während sie als Sati die ihrem Mann bis in den Tod ergebene Gattin verkörpert, die sich nach dem Tod Shivas auf dem Scheiterhaufen verbrennen lässt. In Shiva-Tempeln steht das *lingam* (Phallus), das Shiva als kraftvollen Schöpfer symbolisiert, aufrecht auf der *yoni* (Vulva), dem Symbol der Gattin. Wie auch bei den anderen Göttern gibt es eine ganze Reihe von Emblemen, an denen man Shiva und Parvati erkennen kann. Bei Shiva sind dies der Dreizack, ein Schädel oder die ascheverschmierte, grau-blaue Haut, bei Parvati in ihrer Form als Kali die um ihren Hals hängende Totenkopfkette. Wichtigstes Erkennungsmerkmal sind jedoch auch hier die Tragtiere, bei Shiva der Nandi-Bulle und bei Parvati ein Löwe.

Einer der populärsten Götter im Hinduismus ist der dickbäuchige, elefantenköpfige **Ganesha,** Sohn von Shiva und Parvati. Eine von vielen Legenden besagt, dass Shiva – nach langer Abwesenheit zurückgekehrt – seinem Sohn im Zorn den Kopf abgeschlagen haben soll, nachdem er diesen fälschlicherweise für einen Liebhaber Parvatis hielt. Voller Trauer ob seines Missgeschicks und im Bemühen, dieses so schnell als möglich zu beheben, beschloss er, seinem Sohn den Kopf jenes Lebewesens aufzusetzen, das ihm als erstes begegnen würde. Da dies ein Elefant war, ziert Ganesha seither jener charakteristische Elefantenkopf. Sein rundlicher Bauch lässt darauf schließen, dass er schon in vorarischer Zeit ein Fruchtbarkeitsidol verkörperte. Dass nun ausgerechnet eine Ratte für das Schwergewicht als Tragtier herhalten muss, passt zu dieser drolligen und liebenswerten Götterfigur. Als Glücksbringer und Beseitiger von Hindernissen jeglicher Art ziert er praktischerweise das Armaturenbrett vieler Busse und LKW.

Neben Ganesha ist **Krishna,** die achte Inkarnation Vishnus, die beliebteste Gottheit des Hinduismus und zudem auf Bildern und Zeichnungen die am meisten dargestellte. Die schelmischen und erotischen Abenteuer des jugendlichen Hirtengottes boten den Miniaturmalern reichlich Stoff, um ihren Fantasien freien Lauf zu lassen. Die wohl am häufigsten aufgegriffene Szene zeigt Krishna, wie er den im Yamuna-Fluss bei Vrindaban badenden Hirtenmädchen *(gopis)* die Kleider stiehlt. Mit seiner Hirtenflöte und der charakteristischen blauen Hautfarbe ist er einer der am einfachsten zu identifizierenden Götter.

Wie keine andere Heiligenfigur symbolisiert **Rama,** die siebte Inkarnation Vishnus, die ungebrochene Verehrung, welche die jahrtausendealten hinduistischen Götter im heutigen Indien immer noch genießen. Der meist dunkelhäutig und mit Pfeil und Bogen dargestellte Rama ist die Hauptfigur des großen hinduistischen Heldenepos Ramayana, das aus 24.000 Doppelversen besteht.

In ganz Südindien und hier speziell in Tamil Nadu finden sich auf freien Feldern Gruppen von Pferdeskulpturen. Sie gehören zum Kult des **Aiyanar,** des Schutzgottes der Tamilen, der nachts mit seinen Pferden über die Felder reitet und die bösen Geister verscheucht. Die Pferdefiguren können bis zu zwei Meter hoch sein, meist sind sie aus Ton geformt und in einem Stück gebrannt. Während ihr Körper weiß gehalten ist, werden Sattelzeug, Mähne, Geschirr und Zaumzeug oft farbig hervorgehoben. In Kerala ist der Sohn Shivas und Mohinis (der weiblichen Form Vishnus) auch unter dem Namen Ayappa bekannt.

zend durchs Land zieht und im Namen der Religion die heiligen Stätten zerstört. Seither ist die indische Geschichte von blutigen **Glaubenskriegen zwischen Hindus und Muslimen** geprägt, wobei die Teilung des Subkontinents 1947 in das islamische Pakistan und das hinduistische Indien nur den vorläufigen traurigen Höhepunkt darstellt.

Auch zu Beginn des 3. Jahrtausends stehen sich die Anhänger der beiden Religionen unversöhnlicher denn je gegenüber. Die 110 Mio. in Indien lebenden Muslime stehen gerade im Zeichen eines immer radikaler und intoleranter werdenden Hindu-Fundamentalismus vor einer mehr als unsicheren Zukunft. Tatsächlich lässt sich ein größerer Gegensatz als zwischen dem strikt monotheistischen und bilderfeindlichen Islam und den Millionen von Göttern, die die hinduistischen Tempel voll üppiger Erzähl- und Darstellungsfreude zieren, kaum denken.

Mohammed und die Niederschrift des Koran

Abdil Kasim Ibn Abt Allah – der erst später den Beinamen *Mohammed* (arabisch: der Gepriesene) erhielt – wurde im Jahre 570 als Sohn eines Kaufmanns in Mekka, einer bedeutenden Karawanenstadt auf der Handelsroute zwischen Indien und Ägypten, geboren. Im Alter von 40 Jahren wurde ihm in einer Höhle unterhalb des Berges Hira durch den Erzengel Gabriel die Offenbarung zuteil, Prophet Gottes (Allah) zu sein.

Die ihm über einen Zeitraum von mehr als 20 Jahren vom Erzengel übermittelten Worte Allahs schrieb Mohammed in ein Buch nieder, welches als Koran („das zu Zitierende") zur heiligen Schrift der Muslime wurde.

Allah als einziger Gott

Fünf Glaubensgrundsätze, an die sich jeder Muslim zu halten hat, bilden die Grundlage der insgesamt 114 Kapitel (Suren) des Koran. Wichtigstes Prinzip ist dabei der strikte Monotheismus des Islam (Unterwerfung, Hingabe an Allah, den einzigen Gott), der mit den Worten, „Es gibt keinen Gott außer mir, so dienet mir", im Koran zum Ausdruck kommt. Die den gesamten Koran durchziehende Mahnung „Fürchtet Allah!" unterstreicht die tiefe Bedeutung der **Gottesfurcht** als Grundelement des Islam. Nach diesem wichtigsten aller Gebote folgen die Pflicht zum Gebet (fünfmal täglich gen Mekka gerichtet), Fasten im Monat Ramadan, Almosen geben und die Pilgerfahrt nach Mekka.

Mekka und Medina

Mohammed sammelte zwar mit seiner Lehre eine immer größere Glaubensgemeinschaft um sich, doch die in Mekka herrschenden Kurashiten fühlten sich in ihrem bisherigen Glauben und damit in ihrer Machtposition bedroht. Sie belegten ihn zunächst mit einem Bann und drohten schließlich sogar mit seiner Ermordung. So sah sich Mohammed gezwungen, in die Wüstenstadt Jashib umzusiedeln, die später in Medina-an-Nabbi (Stadt der Propheten), kurz Medina, umbenannt wurde. Das Datum seiner Ankunft in Medina (622) gilt seither als Beginn der islamischen Zeitrechnung.

Einheit von geistlicher und weltlicher Macht

Innerhalb nur weniger Jahre wurde Mohammed mit seinen Predigten nicht nur zum meistverehrten Heiligen der Region, sondern avancierte auch als weltlicher Herrscher Medinas zum mächtigen Staatsmann und Feldherrn, der mit seinen Truppen den Ungläubigen von Mekka empfindliche Niederlagen beibrachte. Die heute für den Islam so charakteristische Einheit von geistlicher und weltlicher Macht sowie die **Idee vom Heiligen Krieg** als legitimem Mittel zur Verbreitung des islamischen Glaubens haben hier ihren eigentlichen Ursprung. 630 konnte Mohammed im Triumphzug in seine Vaterstadt zurückkehren und erklärte Mekka zur heiligen Stadt des Islam.

Die Einheit von geistlicher und weltlicher Macht führte nach dem Tod Mohammeds am 8. Juni 632 fast zwangsläufig zu erbitterten Nachfolgekämpfen, die schließlich die **Spaltung des Islam** in die drei großen Glaubensgemeinschaften der Sunniten, Schiiten und Charidschiten zur Folge hatten. Vor allen Dingen die erbitterte Feindschaft der ersten beiden ist noch heute Ursache für viele kriegerische Konflikte im Nahen Osten.

Indische Ausprägung: Sufismus

Keine Abspaltung vom eigentlichen Glauben, sondern eine Antwort auf die zunehmende Ritualisierung der religiösen Zeremonien war der Sufismus, der gerade unter den indischen Muslimen viele Anhänger fand. Durch eine strenge **Askese,** tiefe **Meditation** und Rückzug aus der Welt wollte man die im orthodoxen Glauben verloren gegangene Einheit mit Gott wiederherstellen. Ähnlich wie den Gurus im Hinduismus wurden auch hier spirituellen Lehrmeistern magische Kräfte zugesprochen. Die Grabstätten dieser Sufis genannten Heiligen wurden später zu **Pilgerorten.**

Buddhismus

Bei der Frage nach dem Ursprungsland des Buddhismus würde wohl kaum jemand auf das klassische Land des Hinduismus - Indien - tippen. Tatsächlich jedoch verbrachte **Buddha,** der vor über zweieinhalb Jahrtausenden auf dem Indischen Subkontinent geboren wurde, den größten Teil seines Lebens in der nordindischen Tiefebene. Zudem war die nach ihm benannte Lehre für fast ein Jahrtausend die Staatsreligion des Landes. Das sieht heute ganz anders aus, bekennen sich doch nur gerade mal 0,7 % der Gesamtbevölkerung zum buddhistischen Glauben.

Siddharta Gautama

Zu den Heiligtümern des Buddhismus zählt das im heutigen Südnepal gelegene Lumbini, jener Ort, wo Buddha als Prinzensohn *Siddharta Gautama* wahrscheinlich 560 v. Chr. geboren wurde. Entsprechend seiner adeligen Herkunft führte der spätere Religionsstifter in seinen jungen Jahren ein sorgenfreies, ja luxuriöses Leben und wurde im Alter von 16 Jahren standesgemäß mit seiner Kusine *Jashudara* verheiratet.

Zunehmend stellte sich der tiefsinnige Prinz jedoch die Frage nach der wahren Bedeutung des Lebens, wobei ihm die Sinnlosigkeit eines an materiellen Werten orientierten Lebens immer bewusster wurde. Diese Überlegungen verstärkten sich, als er bei drei heimlichen Ausflügen aus dem väterlichen Schloss seine realitätsferne Welt verließ und menschlichem Leid in Gestalt eines Greises, eines Kranken und eines Verstorbenen begegnete. Den letzten Anstoß, sein bisheriges Leben im Überfluss aufzugeben, gab ihm die Begegnung mit einem wandernden Asketen.

So verließ er im Alter von 29 Jahren in der Nacht der großen Entsagung heimlich Eltern, Frau und Kind und vertauschte das luxuriöse Bett in seinem Palast mit einer Lagerstätte unter freiem Himmel. Als er nach insgesamt sieben Jahren unter strengster Askese, die ihn an den Rand des physischen Zusammenbruchs führte, seinem Ziel der Erkenntnis nicht näher gekommen war, wählte er als dritte Möglichkeit zwischen extremem Überfluss und Askese den mittleren Weg: **meditative Versenkung** als Loslösung von den Begierden der materiellen Welt.

Grundprinzipien

Schließlich gelangte Siddharta Gautama nach sieben Tagen ununterbrochener Meditationssitzung unter einem Feigenbaum im kleinen Ort Gaya, im heutigen Bihar, zur Erleuchtung, indem er die **vier edlen Wahrheiten,** die zum Nirvana führen, erkannte:

- Alles Leben ist Leiden.
- Alles Leiden wird durch Begierden hervorgerufen.
- Alles Leiden kann durch die Auslöschung der Begierden vernichtet werden.

Buddha wurde als Siddharta Gautama auf dem Indischen Subkontinent geboren

728ra Foto: tb

- Leid und Begierden können durch die Praktizierung des achtfachen Pfades überwunden werden.

Wer hiernach sein Leben an den **Prinzipien des achtfachen Pfades,** also der rechten Anschauung, der rechten Gesinnung, des rechten Redens, des rechten Tuns, der rechten Lebensführung, des rechten Strebens, des rechten Überdenkens und der rechten Versenkung ausrichtet, wird im nächsten Leben auf einer höheren Daseinsstufe wiedergeboren. Geht man diesen Pfad konsequent, d.h. unter strenger Selbstdisziplin, zu Ende, durchbricht man schließlich den Kreislauf der Wiedergeburten und tritt in einen **Zustand ewiger Seligkeit** ein und wird somit zum Buddha. So übernimmt auch der Buddhismus die Vorstellung von **Karma und Wiedergeburt,** lehnt jedoch das Kastenwesen entschieden ab, da er die individuelle Selbsterlösung zum obersten Prinzip erklärt.

Buddhismus wird indische Staatsreligion

Gaya, der Ort, an dem aus dem Prinzensohn Siddharta Gautama der Buddha, d.h. der Erleuchtete, wurde, heißt seitdem **Bodhgaya** und zählt zu den vier heiligsten Orten des Buddhismus, welcher inzwischen zur viertgrößten Religionsgemeinschaft der Welt aufgestiegen ist. Die folgenden 45 Jahre seines Lebens zog Buddha als Wanderprediger durchs Land, wobei seine Anhängerschaft stetig zunahm. Als er schließlich im Alter von 80 Jahren bei Kushinagar in Uttar Pradesh mit den Worten „Wohlan ihr Mönche, ich sage euch, alles geht dahin und stirbt, aber die Wahrheit bleibt, strebt nach eurem Heil" verstarb, hatte er die Grundlagen für eine landesweite Ausdehnung seiner Lehre gelegt.

Entscheidender weltlicher Wegbereiter nach seinem Tode wurde **Kaiser Ashoka** (272–232 v. Chr.), der einzige Herrscher bis zum Aufkommen der Moguln, der einen Großteil des Indischen Subkontinents unter einer zentralen Herrschaft vereinigen konnte. Nachdem er selbst zum Buddhismus konvertiert war, erklärte er die Lehre zur Staatsreligion und förderte ihre Verbreitung durch großzügige Spenden für Klöster und heilige Stätten. Zudem entsandte er Mitglieder des Königshauses in benachbarte asiatische Länder, die dort die buddhistische Lehre verbreiteten. So war es sein Sohn *Mahinda,* der als Begründer des Buddhismus auf Ceylon (Sri Lanka) gilt. Zur schnellen Verbreitung des Buddhismus trug sicherlich bei, dass der Hinduismus gerade zu jener Zeit durch die alles beherrschende Rolle der Brahmanenkaste in einem Ritualismus erstarrt war, der vom einfachen Volk kaum nachzuvollziehen war.

Hinayana-Buddhismus

Ähnlich wie der Islam oder Jainismus spaltete sich auch der Buddhismus nach dem Tode seines Stifters in verschiedene Glaubensrichtungen. Der Hinayana-Buddhismus („Kleines Fahrzeug") gilt als die ursprüngliche Form, weil sie den von Buddha gewiesenen Weg jedes Einzelnen unter strenger Beachtung der vorgegebenen Prinzipien betonte. Diese ältere Form des Buddhismus betont die mönchische Lebensordnung und wird auch **Theravada** genannt, was soviel wie „Weg der Älteren" bedeutet. Die konservative Richtung wird heute vor allem in Myanmar, Sri Lanka, Thailand und Kambodscha gelehrt.

Mahayana-Buddhismus

Der Mahayana-Buddhismus („Großes Fahrzeug") schließt, wie es der Name schon andeutet, alle Gläubigen ein, weil hier Mönche und Laien das Nirvana erlangen können. Die im 5. Jh. gegründete und 1197 n. Chr. durch die Muslime zerstörte Universität Nalanda im heutigen Bundesstaat Bihar war einst die Hauptlehrstätte dieser Glaubensinterpretation. Eine zentrale Rolle im Mahayana-Buddhismus spielen die sogenannten **Bodhisattvas,** erleuchtete Wesen, welche selbstlos auf den Eingang ins Nirvana verzichten, um anderen auf deren Weg dorthin zu helfen. Die Lehre vom Großen Fahrzeug hat heute Vorrang in China, Japan, Korea und Vietnam.

Vitchuayana-Buddhismus

Die dritte große Schulrichtung des Buddhismus bildet der Vitchuayana-Buddhismus („Diamantenes Fahrzeug"), welcher im 7. Jh. entstand. Bekannter ist sie im Westen unter dem Namen **Tantrismus.** Nach dieser esoterischen Auslegung kann man mit Hilfe von Riten *(tantras),* dem wiederholten Rezitieren heiliger Sprüche und Formeln *(mantras)* und der Ausführung ritueller Gebete zur Erlösung gelangen. Diese Form des Buddhismus hat heute in China, Japan und vor allem in Tibet eine große Anhängerschaft.

Hinduismus gewinnt die Oberhand

Zwar überdauerte der Buddhismus auch den Tod seines unermüdlichen Protegés König Ashoka, doch schließlich erstarkte der Hinduismus, zumal er von den nachfolgenden Herrschern unterstützt wurde. Hier rächte sich jetzt auch eine Entwicklung, die einst dem Hinduismus zum Nachteil geriet. Während zu Beginn die Botschaft der buddhistischen Göttermönche über den Pomp der großen brahmanischen Opferrituale gesiegt hatte, war die Zahl der buddhistischen Klöster im Laufe der Zeit mächtig angewachsen und den Gläubigen zu einer Last geworden, während der Unterhalt der Brahmanenfamilien weit weniger Aufwand erforderte. Spätestens im 9. Jh. hatte der Hinduismus die Oberhand gewonnen, während die Lehre des Mittleren Weges nur noch in ihrem Heimatgebiet, in Bihar und Bengalen, von der Mehrheit der Gläubigen befolgt wurde. Letztlich waren es jedoch nicht die Hindus, sondern die Muslime, die im 12. Jh. mit der **Zerstörung buddhistischer Klöster und Heiligtümer** die Religionsphilosophie des ehemaligen Prinzensohns Gautama Siddharta in Indien fast gänzlich zur Bedeutungslosigkeit degradierten.

Sikhismus

Obwohl sie nur knapp 2 % der indischen Bevölkerung ausmachen, haben die Sikhs unser Bild des Inders mehr geprägt als alle anderen Volks- und Religionsgruppen. Frisch gebügeltes weißes Hemd, silberner Armreif, gepflegter Vollbart und kunstvoll gebundene **Turbane,** so sah Hollywoods Vorzeige-Inder aus, und er war immer ein *Sikh* (wörtl.: Schüler) aus dem fruchtbaren Punjab (Fünfstromland) im Nordwesten. Das ist im Grunde paradox, legen doch die Sikhs selbst großen Wert darauf, sich vom Rest der indischen Bevölkerung zu unterscheiden.

Die Männer dokumentieren dies traditionell durch die sogenannten **Fünf K:** das nicht geschnittene, unter einem Turban getragene Haar *(kes),* ein Kamm aus Holz oder Elfenbein *(kan-*

gha), ein Dolch *(kirpan)*, ein stählerner Armreif *(kara)* und eine kurze Kniehose *(kaccha)*. Allerdings sind auch an den stolzen Sikhs die Zeichen der Zeit nicht spurlos vorbeigegangen und so verschwindet die *kaccha* heute meist unter langen Hosen, der Kamm ist aus Plastik und der Dolch wird fast nur noch zu Festlichkeiten getragen. Alle Tugenden, die gemeinhin gerade nicht mit Indern in Verbindung gebracht werden, scheinen die Sikhs zu verkörpern: Disziplin, Fleiß, Stolz und Pragmatismus.

Doch spätestens seit 1984 zwei Sikhs aus der Leibwache Indira Gandhis die damalige Ministerpräsidentin ermordeten, hat dieses makellose Bild erhebliche Risse erhalten. Seither verbindet man eher den von Terror und Mord gekennzeichneten Kampf der Sikhs um einen eigenen unabhängigen **Staat Khalistan** mit ihrem Namen. Dabei wird jedoch übersehen, dass der Konflikt in seiner jetzigen Form erst vor einem Jahrzehnt entbrannte und Sikhs und Hindus bis dahin über fünf Jahrhunderte friedlich nebeneinander lebten. An sich sind die Glaubensgrundsätze beider Völker durchaus miteinander vereinbar und so war es auch kein religiöser Antagonismus, sondern ihre von ständigen Abwehrkräften gegen die Zentralregierung in Delhi geprägte Geschichte, die die Sikhs ihre Eigenständigkeit immer mehr betonen ließ.

Die Ursprünge des Sikhismus gehen auf den Hinduprediger *Guru Nanak* (1469–1539) zurück, der aus einer

788ra Foto: tb

Kaufmannnskaste aus dem Punjab stammte und eine **Synthese von Hinduismus und Islam** anstrebte. Er übernahm zwar vom Hinduismus die Lehre vom Weltschöpfer *(Brahman)*, von der Seelenwanderung und vom Karma, lehnte jedoch mit der Vielgötterei, dem Ritualismus und vor allen Dingen mit dem Kastenwesen drei seiner Kernelemente ab.

Ebenso wie der Islam ist der Sikhismus **streng monotheistisch** und kennt nur einen unsichtbaren Gott. Als Ausdruck ihrer aufgehobenen Kastenzugehörigkeit tragen alle männlichen Sikhs den gleichen Namen – *Singh* (Löwe). Ferner geht der Sikhismus von der Möglichkeit der Erlösung durch moralisches Handeln und weltliche Pflichterfüllung aus. Bedingt durch diese egalitären und diesseits orientierten Wertvorstellungen zeichnen sich die Sikhs im Gegensatz zu den oft zum Fatalismus neigenden Hindus durch eine pragmatische und dynamische Lebenseinstellung aus.

Nanaks vierter Nachfolger *Guru Arjun Dif* ließ 1577 den **Goldenen Tempel** in Amritsar erbauen, der von nun an das spirituelle Zentrum der Sikhs bildete. Hier befindet sich auch das heilige Buch des Sikhismus, der „Adi Granth" (wörtl. „Urbuch", auch als „Guru Granth Sahib", „Das hochverehrte Buch", bekannt), welches Arjun Dif aus den Schriften und Lehren seiner Vorgänger zuammenfasste.

Im Verlauf der **zunehmenden Verfolgung** der Sikhs durch die muslimischen Machthaber in Delhi wurden sowohl Arjun Dif als auch der neunte Guru *Tik Bahadur* hingerichtet, worauf dessen Sohn die Reformsekte zu einem religiösen Kampfbund, *Khalsa* genannt, umformte. Ferner verfügte er, dass nach seinem Tode niemand seine Nachfolge antreten sollte und dafür die heilige Schrift Adi Granth als oberste Autorität des Glaubens die Position der Gurus einnehmen sollte.

Mit dem Zerfall des Mogulreiches erstarkten die Sikhs und konnten 1801 unter *Ranjit Singh* als Maharaja ihr **eigenes Königreich** im Punjab errichten, welches jedoch nach zwei erbitterten Schlachten 1849 von den Briten erobert wurde.

Als mit der Unabhängigkeit Indiens am 15. August 1947 gleichzeitig auch die Abtrennung Pakistans in Kraft trat und die neue Grenzlinie der beiden Staaten mitten durch den Punjab lief, kam es hier zu den schlimmsten Massakern zwischen Sikhs, Hindus und Moslems im ganzen Land. Von nun an wurden die Stimmen für einen von Hindus und Moslems gleichermaßen **unabhängigen Staat** immer lauter. Noch jedoch wurden die Forderungen durch die 1921 gegründete Sikh-Partei Akali Dal (Bund der Unsterblichen) auf demokratische Weise vorgebracht.

Als sich die ökonomische Situation im bis dahin als Wirtschaftswunderland geltenden Punjab, das einen be-

Weißes Hemd und Turban – Sikhs beim Gebet

deutenden Anteil zu Indiens wirtschaftlicher Entwicklung beigetragen hatte, in den sechziger Jahren radikal verschlechterte und die Zahl der landlosen Arbeiter verdoppelte, fanden die fundamentalistischen Parolen des Sektenführers *Bhindranwale,* der zur Errichtung eines unabhängigen Staates Khalistan (Land der Reinen) aufrief, vor allem unter den desillusionierten Jugendlichen schnellen Zulauf. Seine Anhänger verbreiteten unter der Hindu-Bevölkerung im Punjab durch terroristische Gewalttaten Angst und Schrecken.

Als Bhindranwale schließlich seinen eigenen Staat Khalistan ausrief und sich 1982 mit seinen Anhängern im Goldenen Tempel verschanzte, waren die Türen für eine friedliche Lösung des Punjab-Konfliktes endgültig zugeschlagen.

Versuchte *Indira Gandhi* zunächst noch vergeblich, durch die Ernennung eines Sikhs als Staatsoberhaupt den Konflikt zu entschärfen, geriet sie von den Hardlinern in ihrem Kabinett unter immer stärkeren politischen Druck und entschloss sich schließlich zur **Operation Blue Star.** Nach generalstabsmäßiger Planung wurde der Goldene Tempel am 30. Mai 1984 von 15.000 Soldaten erstürmt, wobei die meisten der über 3.000 Besetzer getötet wurden, unter ihnen auch Bhindranwale.

Diese Schändung ihres Heiligtums war ein Fanal für die strenggläubigen Sikhs. Befanden sich die **Fundamentalisten** bis dahin innerhalb der Sikh-Gemeinde noch deutlich in der Minderheit, so radikalisierten sich jetzt auch jene, die bisher lediglich für eine größere politische wie wirtschaftliche Autonomie gegenüber Delhi eingetreten waren.

Von nun an beherrschte eine Spirale von **Gewalt und Gegengewalt** die Lage im Punjab: Die Ermordung Indira Gandhis und die sich anschließenden Massaker an Sikhs in Delhi, Terroraktionen verschiedener Untergrundorganisationen gegen hinduistische Politiker, brutales Vorgehen der indischen Polizeitruppen in Amritsar, erneute Erstürmung des Goldenen Tempels 1988, fehlgeschlagener Anschlag auf *Rajiv Gandhi* aus seiner Sikh-Leibgarde, die Unterstellung des Punjab unter direkte Kontrolle Delhis – die Liste der Gewaltakte zwischen Hindus und Sikhs seit 1980 ließe sich noch endlos verlängern.

Die Gefahr vor Augen, die Abspaltung des Punjab könnte weiteren, schon lange schwelenden Unabhängigkeitsbestrebungen in Assam, Tamil Nadu und vor allem in Kashmir neuen Auftrieb geben und damit den Bestand der indischen Union ernsthaft gefährden, ließ die indische Zentralregierung lange Zeit keinen Millimeter von ihrer kompromisslosen Haltung abgehen, während die Sikhs wegen des brutalen Vorgehens der indischen Truppen weiterhin auf ihre Unabhängigkeit pochten.

Anfang der neunziger Jahre entspannte sich die Lage jedoch auf beiden Seiten. Im Gegensatz zu Kashmir, wo eine friedliche Konfliktlösung in den nächsten Jahren nur schwerlich vorstellbar ist, scheint der Wunsch vieler Punjabis, statt politischem Extremismus dem wirtschaftlichen Aufschwung Priorität einzuräumen, langfristig die Lage zu beruhigen.

Jainismus

Ebenso wie der Buddhismus entstand auch der Jainismus im 6. Jh. v. Chr. als **Reformbewegung** gegen die autoritären Strukturen des Brahmanismus. Während jedoch der Buddhismus später zu einer der bedeutendsten Religionen der Erde aufstieg, konnte sich der Jainismus nicht über die Grenzen seines Ursprungslandes ausdehnen. Von den etwa 4,5 Mio. Anhängern dieser Religionsgemeinschaft (0,5 % der Gesamtbevölkerung) leben die meisten im Nordwesten des Landes, hier speziell im Bundesstaat Gujarat.

Askese

Der Stifter *Varda Mana,* später *Mahavira* (Großer Held) genannt, verließ im Alter von 28 Jahren Frau und Kinder, um das Wanderleben eines nackten Asketen zu führen. Schon zwei Jahre später erlangte er vollkommene Einsicht in die Gesetzmäßigkeit des Lebens und verbreitete von nun an als Wanderprediger seine Lehre, deren letztendliches Ziel der **Austritt aus dem ewigen Kreislauf des Lebens** ist. Auch hier wieder zeigen sich deutliche Paralellen zum Buddhismus.

Jina (Weltüberwinder), wie er von seinen Jüngern nun genannt wird, gilt jedoch nur als letzter von insgesamt 24 *tirthankaras* (Furtbereiter) des Jainismus, die einen Weg aus dem Kreislauf des Lebens gefunden haben. Die 24 *tirthankaras* verkörpern die Götter des Jainismus und ihnen zu Ehren wurden die Tempel meistens an Orten erbaut, wo einer von ihnen geboren, erleuchtet oder ins Nirvana eingegangen ist. Die bekanntesten Tempelanlagen befinden sich auf den als heilig angesehenen Bergen in Gujarat und Rajasthan, doch auch in Südindien liegen einige bedeutende Jain-Kultstätten wie z.B. Sravanabelgola.

Erhaltung jeglichen Lebens

Oberstes von den Gläubigen einzuhaltendes Gebot auf dem von den Tirthankaras gewiesenen Weg aus dem Kreislauf der Wiedergeburten ist *ahimsa,* die unbedingte Schonung jeglichen Lebens. Dieses Gebot resultiert aus der vom Hinduismus übernommenen Idee der Einheit allen Lebens. So liegt es im ureigensten Interesse jedes Lebewesens, anderen kein Leid zuzufügen, schadet es sich dadurch doch letztlich nur selbst. Einige Gläubige verfolgen dieses Gebot derart strikt, dass sie einen Mundschutz tragen, um nicht versehentlich ein Insekt zu verschlucken.

Wohlstand und Konsumentsagung

Diese uneingeschränkte Achtung vor dem Leben hat bis heute tief greifende Auswirkungen auf die Lebens- und Arbeitsbedingungen der Jains. Selbstverständlich sind alle **strikte Vegetarier** (manche essen sogar nichts, was in der Erde gewachsen ist, weil beim Herausziehen Kleinlebewesen getötet werden könnten), doch darüber hinaus verbietet ihnen ihr Glaube die Ausübung von Tätigkeiten wie etwa in der Landwirtschaft oder im Militär, die das Tötungsverbot missachten.

So finden sich Jains heute vor allem in **kaufmännischen und akademischen Berufen,** was zur Folge hat, dass sie zu den wohlhabendsten und bestausgebildeten Schichten der Gesellschaft zählen. Die im Jainismus geforderte innerweltliche Askese hat dazu geführt, dass sie ihren materiellen Wohlstand nur in geringem Maße zum persönlichen Konsum verwenden, dafür jedoch umso großzügiger den Bau bzw. die Erhaltung ihrer Heiligtümer unterstützen. Hieraus erklärt sich auch, dass die Marmortempel von Palitana, Dilwara und Ranakpur zu den schönsten Heiligtümern ganz Indiens zählen.

Feste und Feierlichkeiten

Indische Feste sind so bunt und ungestüm wie das Land selbst. Zwar haben die meisten religiöse Ursprünge, doch gerade die für Indien so typische Einheit von Religion und prallem Leben macht ihre eigentliche Faszination aus. Prozessionen und Feuerwerk, Theatervorführungen auf öffentlichen Bühnen und farbenfrohe Tänze, nächtliche Jahrmärkte mit Karussels, und Akrobaten und verführerischen Essensstän-

729ra Foto: tb

den sowie infernalische Lautsprechermusik sind die typischen Bestandteile. Ein Augenschmaus sind sie immer, dafür auch allzuoft eine Pein für unsere Ohren.

Die Vielfalt der Religionen beschert dem Land eine unübersehbare Anzahl von Festen und Feiertagen. Neben den landesweiten existieren noch unzählige nicht minder beeindruckende Regionalfeste. Jeder Reisende, der auch nur wenige Wochen im Land unterwegs ist, wird wahrscheinlich Augen- und Ohrenzeuge einer solchen Feierlichkeit werden.

Feste bringen nicht nur Abwechslung in das gerade von der Landbevölkerung oftmals als relativ ereignisarm angesehene Leben, sondern besitzen auch in einer derart extrem reglementierten Gesellschaft wie der indischen, in der die meisten Entscheidungen des täglichen Lebens durch die Kastenordnung vorgegeben werden, eine hochst wichtige Ventilfunktion. Man darf sich gehen lassen und Dinge tun, die sonst verpönt sind.

Indischer Festkalender

Selbstverständlich kann hier nur eine kleine Auswahl der vielen hundert indischen Feste aufgeführt werden. Da sich die meisten religiösen Feste nach dem **Mondkalender** richten und zudem regional oftmals leicht variieren, kann auch nur eine ungefähre Zeitangabe gegeben werden. Beim indischen Fremdenverkehrsamt in Frankfurt ist jeweils ab November eine Liste mit den Terminen der hundert Hauptfeste für das kommende Jahr erhältlich.

Jain-Pilger in Ranakpur. Einige Gläubige tragen Mundschutz, um nicht versehentlich ein Insekt zu verschlucken, denn die unbedingte Schonung jeglichen Lebens ist oberstes Gebot der Jains

Januar/Februar

- 1. Januar; **Neujahr** – gesetzlicher Feiertag
- 26. Januar; **Tag der Republik** – gesetzlicher Feiertag. Wer es irgend einrichten kann, sollte sich die große Parade zum Tag der Republik in Delhi nicht entgehen lassen. Das ganze unvergleichliche Kaleidoskop der Völker und Stämme diese kontinentalen Landes zieht in ihren bunten Trachten, begleitet von Musikkapellen, geschmückten Elefanten und Kamelen über den Raj Path, die Prachtstraße vor dem Parlament. Indiens ehemalige Größe scheint hier unter dem Motto „Einheit in der Vielfalt" wieder lebendig zu werden.
- **Vasant Panchami** – Zu Ehren von Saraswati, der Göttin der Gelehrsamkeit, werden im ganzen Land, vornehmlich jedoch in den intellektuellen Hochburgen Westbengalens, Prozessionen durchgeführt (im Januar/Februar).
- **Maha Shivaratri** – Nächtliche Tempelprozessionen, vor allem in Varanasi, Khajuraho und Delhi, stehen im Mittelpunkt dieses dem Gott Shiva gewidmeten Festes (im Februar).

Februar/März

- **Holi** – gesetzlicher Feiertag. Eines der fröhlichsten, ausgelassensten und vor allem farbenfrohsten Feste ganz Indiens. Zur Begrüßung des Frühlings wirft man ausgelassen mit Farbpulver um sich, wobei Touristen die begehrtesten Opfer abgeben. Ist gerade keine Farbe mehr vorhanden, begnügt man sich auch mit Schlamm. Leider wird das Fest vielerorts immer rowdyhafter, siehe daher das Kapitel „Sicherheit".
- **Gangaur** – Das unmittelbar nach Holi beginnende Gangaur-Fest lässt sich am schönsten in Rajasthan erleben. Gewidmet ist es Gaur, einer Erscheinungsform Parvatis, der Frau Shivas. Gangaur ist in erster Linie ein

Liebe unerwünscht – Heiraten in Rajasthan

„Are you married?" Jedem Indienreisenden wird diese Frage mehr als geläufig sein, steht sie doch am Anfang fast jeder Konversation mit einem Inder. Genauso sicher wie die Frage selbst ist der ebenso enttäuschte wie entgeisterte Gesichtsausdruck des Gegenübers im Falle einer negativen Antwort. Unverheiratet zu bleiben ist für Inder, egal ob Frau oder Mann, völlig undenkbar, gehört die Heirat doch zu einem der wichtigsten Sakramente des Hinduismus.

Drei Hauptgründe werden für die Notwendigkeit einer Ehe genannt: religiöse Riten, die nur von Mann und Frau gemeinsam durchgeführt werden können, die Geburt von Nachkommen, wobei damit in allererster Linie Söhne gemeint sind, und schließlich die Befriedigung der Sexualität – Letzteres gilt jedoch gegenüber den ersten beiden Zwecken als deutlich untergeordnet. Mit Liebe, im individualistisch orientierten und reichen Westen der eigentliche Anlass für eine Heirat, hat eine Eheschließung speziell im rückständigen Rajasthan nichts zu tun. Liebe muss man sich nicht nur leisten können, sie setzt zudem zwei Menschen voraus, die ihr Handeln nach ihren persönlichen Wünschen und Gefühlen ausrichten können – im ebenso armen wie von eng begrenzten Regeln bestimmten Leben der Rajasthani unvorstellbar.

Nach wie vor werden Ehen in fast allen Fällen von den Eltern organisiert, wobei die Initiative gewöhnlich von der Familie des Mädchens ausgeht. Beim Arrangement der Ehe muss eine Reihe von Regeln eingehalten werden. Als wichtigste gilt bei den Rajputen, die äußerst bewußt mit Erbfolge und Verwandtschaft umgehen, dass Rajputen nur Rajputen heiraten dürfen. Außerdem sollten die potentiellen Ehepartner aus der gleichen Kaste stammen und weder durch Abstammung noch durch Heirat miteinander verwandt sein.

Die Verhandlungen über die Heirat und die finanziellen Aspekte der Mitgift werden von Vertrauten der Familie geführt, im dörflichen Raum oft unterstützt durch den Friseur, der bei Bedarf auch das Amt eines Brautwerbers wahrnimmt. Erfüllen die beiden ausgewählten Kandidaten die Kriterien und hat man sich auf die Höhe der Mitgift geeinigt, haben **Horoskope** das letzte Wort. Nur wenn diese in mindestens 18 Punkten übereinstimmen, sieht man die zukünftige Ehe auch von höchster Stelle als sanktioniert an – in einer nach wie vor stark archaisch und damit ganzheitlich orientierten Gesellschaft wie der rajputischen ein sehr wichtiger Aspekt.

Bereits einge Wochen vor der eigentlichen Hochzeit wird eine Verlobungszeremonie im Haus des Bräutigams durchgeführt, bei der die Braut nicht anwesend ist, der Brautvater jedoch Geschenke wie Früchte, Kokosnüsse und Süßigkeiten schickt. Die Braut begegnet ihrem zukünftigen Ehemann in der Regel zum ersten Mal bei der eigentlichen Hochzeit. Ihr Brautkleid ist ebenso in glücksverheißendem Rot gehalten, wie die mit Henna gefärbten Hände und Füße und der *sindur* ihres Mittelscheitels. Der reiche Kopf-, Nasen-, Hals-, Oberarm- und Fußschmuck bleibt allerdings weitgehend unter einem Hochzeitsschleier verborgen.

Der stolze Ehemann trägt während des von männlichen Verwandten begleiteten **Hochzeitszuges** zum Haus der Braut, den er auf dem Rücken eines Schimmels zurücklegt, in der Regel einen safranfarbenen, reich geschmückten Turban und ein an der Seite befestigtes Schwert. Am Haus seiner zukünftigen Ehefrau angekommen, berührt er mit dem Schwert den *toran*, ein über der Tür angebrachtes Ornament, um so symbolisch seinen Eintritt anzuzeigen.

Die wichtigste Zeremonie ist die zu einer genau nach dem Horoskop festgelegten Stunde durchgeführte **Feuerzeremonie.** Dabei werden die Handgelenke der zukünftigen Eheleute unter dem Absingen von Mantras von einem Brahmanen-Priester mit einer geweihten Schnur zusammengebunden, um den neu geschlossenen Bund abzusegnen. So verbunden umwandelt das Brautpaar bis zu siebenmal das Feuer. In einer weiteren Zeremonie wird die Frau von ihrem Vater förmlich übergeben und nimmt anschließend Abschied von ihrer bisherigen Familiengottheit *kuldevi,* die sie von jetzt ab nur noch als *ishtadevata* – als persönliche Gottheit – weiter verehren kann.

Nach Beendigung der Zeremonien und dem daran anschließenden Hochzeitsmahl folgt die Braut dem Mann in sein Heim. Die dabei oftmals unter lautem Schluchzen hervorgebrachten Tränen veranschaulichen auf tragische Weise, dass der vermeintliche Glückstag in ihrem Leben oftmals gleichzeitig mit vielen Ängsten verbunden ist. Von nun an muss die Frau nicht nur ihre Familie, sondern auch ihr gesamtes soziales Umfeld verlassen und ist in den meisten Fällen in der neuen Familie auf sich allein gestellt. Unter den argwöhnischen Augen der Schwiegermutter muss sie ihrem Mann treu ergeben dienen und so schnell wie möglich ihre eigentliche Funktion erfüllen – die Geburt eines Sohnes.

Fest der Frauen, wobei die Mädchen um einen liebevollen Gatten und die verheirateten Frauen um ein langes und glückliches Leben ihres Mannes bitten. Die besonders schön herausgeputzten Frauen verehren in Festtagsumzügen die durch die Straßen der Städte getragenen, meist aus Holz oder Ton gefertigten Gaurifiguren, die am Ende des Festes im Wasser versenkt werden. Besonders romantisch wird das Fest am Pichola-See in Udaipur begangen.

März/April

- **Mahavir Jayanti** – gesetzlicher Feiertag. Das bedeutendste Fest der Jains zu Ehren des 24. und letzten Furtbereiters Avira wird v.a. in den Jain-Hochburgen Gujarat und hier speziell auf den heiligen Bergen bei Girnar und Palitana mit prächtigen Umzügen gefeiert.
- **Ramanawami** – gesetzlicher Feiertag. Der Geburtstag Ramas, der siebten Inkarnation Vishnus, der gerade in den letzten Jahren als Symbolfigur des Hindu-Fundamentalismus besondere Verehrung erlangte, wird in Großstädten sowie Ayodhya, seinem Geburtsort, und Rameshwaram gefeiert.
- **Karfreitag** – gesetzlicher Feiertag

Mai/Juni

- **Buddha Purnima** – gesetzlicher Feiertag. Buddhas Geburtstag wird vor allem in Bodhgaya gedacht, einem kleinen Ort in Bihar, an dem der Prinz *Gautama Siddharta* unter dem Bodhi-Baum seine Erleuchtung erlangte.

Juli/August

- **Naga Panchami** – Typisch indisch, ein Fest zu Ehren der Schlangen, welche nach hinduistischem Glauben Feinde von Haus und Hof fernhalten. Es wird vor allem in Mathura, Delhi, Agra und Rajasthan begangen.
- **Muharram** – Dieses bedeutendste muslimische Fest erinnern an eine Schlacht im Jahre 680 v. Chr., bei der der Enkel des Propheten Mohammed getötet wurde. Es wird vor allem in Lucknow, Delhi, Bhopal, Kashmir und Mumbai gefeiert und bietet leider oft Anlass zu Ausschreitungen zwischen Schiiten und Sunniten.

- **Teej** – Das zur Begrüßung des Monsuns und zur Wiedervereinigung Shivas und Parvatis begangene Fest ist neben Holi und Gangaur eines der fröhlichsten und farbenfrohesten Nordindiens. Frauen in ihren meist grün gehaltenen Saris schwingen in den dafür speziell hergerichteten, in Bäumen aufgehängten Schaukeln und lassen ihrer Lebensfreude freien Lauf. In einigen Städten werden auch auf Elefanten platzierte Statuen Parvatis durch die Straßen geführt.
- 15. August; **Unabhängigkeitstag** – gesetzlicher Feiertag
- **Janmashtami** – gesetzlicher Feiertag. Der Geburtstag Krishnas, einer der beliebtesten Götter des hinduistischen Pantheons, wird landesweit, vor allem an seinem Geburtsort Mathura sowie in Dwarka, Delhi und Varanasi, gefeiert (im August).

Elefantenfest in Jaipur

September/Oktober

- **Ganesh Chaturthi** – Dem volkstümlichen Elefantengott Ganesha, Sohn Shivas und Parvatis, gewidmet. Im ganzen Land, vornehmlich jedoch in Mumbai und Westbengalen, werden Tonfiguren des Gottes des Wohlstandes und der Weisheit auf Umzügen durch die Stadt gefahren, bevor sie im Meer bzw. im Fluss versenkt werden (im September).
- **Dussera** – Dauer 10 Tage, davon 2 gesetzliche Feiertage. Das bedeutendste aller indischen Feste bezieht sich auf das Ramayana-Epos, in dem Sita, die Gattin Ramas, vom Dämon Ravana nach Sri Lanka entführt, am Ende jedoch von Rama wieder befreit wird. In Delhi wird das Epos abends als Ramlila auf vielen Freilichtbühnen aufgeführt. Daneben überall kirmesähnliche Vergnügungsangebote mit Musik, Essensständen und Schaustellern. Ravanas Figur aus Papier und Holz wird am eigentlichen Festtag gegen Abend in Brand gesteckt.

- 2. Oktober; **Geburtstag Mahatma Gandhis** – gesetzlicher Feiertag

Oktober/November

- **Diwali** – 5 Tage, davon ein Feiertag. Eigentlich *Depavali* genannt (Lichterkette), ist es vergleichbar mit unserem Weihnachtsfest. Auch in Indien ist es in den letzten Jahren zu einem reinen Konsumfest verkommen, wobei der eigentliche Anlass, nämlich die symbolische Heimleuchtung Ramas bei seiner Rückkehr aus dem Exil, völlig in den Hintergrund getreten ist.

November/Dezember

- **Govardhan Puja** – gesetzlicher Feiertag. Das gibt es nur in Indien: Alle öffentlichen Einrichtungen sind geschlossen zu Ehren der Kuh, dem heiligen Tier im Hinduismus.
- 25. Dezember; **Weihnachten** – gesetzlicher Feiertag

Architektur

Hinduistische Architektur

Die hinduistische Architektur war in ihren Anfängen reine Sakralkunst und ist dies zum großen Teil bis heute auch geblieben. So waren es Priesterarchitekten, die bereits im 1. Jahrtausend v. Chr. in speziellen Architekturlehrbüchern genaue Bauvorschriften vorgaben, deren Ziel es war, einzelne Gebäude, aber auch ganze Städte als steinerne Abbilder der göttlichen Weltordnung zu planen. Dabei stößt man auf ganz einfache Gesetzmäßigkeiten, vor allem das Quadrat und das rechtwinklige Dreieck. Hieraus ergibt sich ein strenges Muster, das fast allen Sakralbauwerken zugrunde liegt.

Im Zentrum der hinduistischen Architektur steht der **Tempel,** der als Sitz der Götter verehrt wird. Die ältesten frei stehenden Hindu-Tempel stammen aus dem 7. Jh. n. Chr., wobei die einzelnen Steinblöcke ineinander verzahnt und aufgeschichtet wurden. Die größeren unter ihnen bestehen aus mehreren Gebäudeteilen, deren Zuordnung genauestens festgelegt ist. An den nach Osten, Richtung aufgehender Sonne ausgerichteten Eingang schließen sich entlang einer Längsachse je eine Versammlungs-, Tanz- und Opferhalle an.

Die Cella

Abschluss und **Zentrum** jedes Tempels bildet die Cella *(garbhagriha),* in deren Mitte sich das **Kultbild** des dem Tempel geweihten Gottes befindet. Im Gegensatz zu den dem Turmbau vorgelagerten Hallen ist die Cella ein schlichter, unbeleuchteter Raum. Die Bewegung vom Licht ins Dunkel, von der Vielfalt der Erscheinungen zum Einfachen, versinnbildlicht den stufenweisen Weg zur Befreiung. Der Grundriss der Cella entwickelt sich in der Regel über einem Quadrat. In der klassischen Zeit (nach 800 n. Chr.) wird diese Grundform langsam aufgelöst. Äußere Nischen werden axial angefügt, um Kultbilder und Wächter der Himmelsrichtungen aufzunehmen. Weitere vertikale Vorsprünge *(ratha)* lösen die Kanten so weit auf, dass nahezu kreisförmige Grundrisse entstehen.

Der Tempelturm

Die von der Cella ausstrahlende göttliche Kraft und Energie versinnbildlicht der über ihr aufsteigende, weithin sichtbare Tempelturm *(shikhara)*, der als Verkörperung des heiligen Berges Meru gilt. Seine Außenwände sind oftmals mit zahlreichen **Skulpturen** verziert. Die Anordnung der Götterplastiken erfolgt dabei entsprechend der Hierarchie im hinduistischen Pantheon, in dem jede einzelne Gottheit ihren genau zugewiesenen Platz einnimmt.

In der Gestaltung der einzelnen Skulpturen konnten die ansonsten von strengen Regeln eingeschränkten Künstler ihrer Fantasie und ihrem Schaffensdrang freien Lauf lassen. Als Quelle dienten ihnen dabei die Erzählungen der großen hinduistischen Epen wie **Ramayana** und **Mahabharatha.** Die bunte, zum Teil geradezu ausschweifende Lebensfreude, die von vielen der gänzlich mit Götter- und Fabelwesen ausgeschmückten Tempeltürme ausgeht, steht dabei in einem spannungsreichen Kontrast zur meditativen Ruhe, die die darunter befindliche Cella kennzeichnet.

An frühen Höhlen- und frei stehenden Tempeln ist der Themenkreis figürlicher Darstellung auf die Glorie der Hochgötter in ihren verschiedenen Aspekten und die Verherrlichung göttlich inspirierter Seher und Weiser (*rishis* und *munis*) bezogen. Diese verstehen sich als Ahnherren der Priester- (Brahmanen-)Geschlechter, als Götter in Menschengestalt, als Hüter des heiligen Wissens *(veda)* und Rituals sowie als unentbehrliche Mittler zwischen Mensch und Gott.

Im Laufe der Jahrhunderte führten die Auseinandersetzungen der verschiedenen theologischen Systeme zur Erfindung neuer Mythen und Legenden und damit zur Erweiterung des Götterhimmels. Als Zugeständnis an die breiten Volksmassen wurden auch Gottheiten niederer Stände, Lokal- und Volksgötter sowie Dämonen, vielfach als schreckliche Abwandlungen der Hochgötter, ins Pantheon aufgenommen und an den Tempelbauten abgebildet.

Figürliche Ausschmückungen

Da der Hinduismus zwischen sakral und profan nicht scharf trennt, wird besonders in der Sockelzone großer Tempel der Darstellung des weltlichen und religiösen Lebens der Gottkönige *(devarajas)* und ihrer göttlichen Ahnen breiter Raum gewidmet. Außer Götterfiguren überziehen Ornamente, Tiere, Fabelwesen und Dämonenmasken als Glückszeichen, Sinnbilder, Schmuck und zur dekorativen Unterteilung alle Bauglieder eines Tempels.

Zu den beliebtesten Glücks- und Heilszeichen gehören Hakenkreuz, Vase, Spiegel, Fische und andere Tiere sowie Fabelwesen. Das **Hakenkreuz,** welches erstmals auf Siegeln und Terrakotten der vorarischen Induskultur (2800–1500 v. Chr.) auftaucht, steht wie in vielen anderen Kulturen in Verbindung mit Feuer und Sonne und verheißt Glück und Heil. Die **Vase** *(kalasha)* birgt den Trunk der Unsterblichkeit *(amrita)*. Das Motiv des vollen

Kruges *(purnakumbha)* bildet vor allem an Säulen und Pfeilern ein wichtiges Bauglied und steht für Lebensfülle, Fruchtbarkeit und Überfluss. **Fische** (*mina* und *matsya*) versinnbildlichen das Entgleiten der Seelen aus den Fesseln der Wiedergeburten. Der **Spiegel** *(darpana)* gilt als Zeichen der Schönheit und wird häufig in Verbindung mit anmutigen Tänzerinnen und himmlischen Nymphen dargestellt. Gleichzeitig symbolisiert er die Welt als Illusion *(maya)* und die Notwendigkeit zu deren Überwindung auf dem Weg zum *moksha,* der Erlösung aus dem Geburtenkreislauf.

Bei den Tieren gelten Elefanten, Pferde und Löwen als besonders kraft- und machtvoll und dementsprechend glücksverheißend. Der majestätische **Elefant,** traditionell das Tragtier der Könige bei großen Umzügen, wird im gesamten asiatischen Kulturkreis als Sinnbild für die Beständigkeit einer Dynastie und des Reiches angesehen. **Pferde** stehen für die Dynamik und den damit einhergehenden Expansionswillen einer Dynastie. Der ebenso furchteinflößende wie majestätische **Löwe** wird als eine Art Tempelwächter zur Abwehr äußerer Feinde eingesetzt und symbolisiert gleichzeitig die Macht und militärische Stärke des Königs. Weitere glücksverheißende Tiersymbole sind die *makaras.* Dabei handelt es sich um Fabelwesen, die Elemente von Fischen, Delfinen und Krokodilen aufweisen und wegen ihrer Verbindung mit dem lebensspendenden Element des Wassers auch als Fruchtbarkeitssymbole verehrt werden.

Ähnliches gilt für **Schlangen** und **Lotosblumen,** die besonders häufig zur Ausschmückung von Decken, Türrahmen und Friesen sowie bei der Untergliederung figürlicher Darstellungen verwendet werden. Sie symbolisieren die Entstehung der materiellen Welt aus dem Urozean. **Blüten, Girlanden und Zweige,** ebenfalls beliebte Motive zur Ausschmückung von Tempeln, versinnbildlichen üppige Lebensfülle und die sich im Reichtum der Natur spiegelnde Größe des göttlichen Schöpfungsaktes.

Zwei der am häufigsten bei der Ausschmückung von Tempelschwellen verwendeten Stilelemente sind der Lotos und das Muschelhorn. Besonders der **Lotos** ist eine im gesamten asiatischen Kulturkreis hoch verehrte Blume, die vor allem im Hinduismus und Buddhismus mit einer vielfältigen Symbolik behaftet ist. Da er sich kerzengerade und in „unschuldigem" Weiß über Schlamm und Schmutz aus den Wassern erhebt und seine Knospe zur Sonne öffnet, gilt er als **Sinnbild der Reinheit** und geistigen Erleuchtung. Im Mahabharata entsprießt der Lotos als erste Gestaltwerdung des Absoluten dem Nabel des im kosmischen Schlaf ruhenden Vishnu-Narayana. Der Ton des **Muschelhornes** gilt als erste und zarteste Manifestation des Absoluten in der empirischen Welt. Dementsprechend führen sowohl der Lotos als auch das Muschelhorn dem Gläubigen beim Betreten des Tempels vor Augen, dass er von der profanen Welt in die sakrale Sphäre der Götter eintritt.

Unterschiedliche Stile

Bei der Gestaltung der Tempelanlagen haben sich im Laufe der Jahrhunderte drei verschiedene Formen herausgebildet. Beim **nordindischen Nagara-Stil** wird die Cella von einem sich konisch verjüngenden Turm überragt, mit einem runden Stein in Form der Myroblan-Frucht *(amalka)* als Abschluss. Darauf steht eine Amrita- oder Nektar-Vase *(kalasha),* die Unsterblichkeit verheißt und in die Transzendenz weist. Beim **südindischen Vimana-Stil** erheben sich die Türme terrassenförmig über dem Allerheiligsten bis zur Spitze, die von einem halbkugelförmigen Schlussstein *(stupika)* gebildet wird. In Südindien wird der Tempelbezirk von einer großen Tempelmauer umgeben, die mit ihren riesigen Eingangstoren oftmals noch den Tempelturm überragt. Der südindische Stil wurde in zahlreichen südostasiatischen Kulturen aufgenommen und weiterentwickelt.

Beide Bautypen erreichten ihre Blütezeit zwischen 1100 und 1300, wobei im Norden die mit erotischen Skulpturen geradezu übersäten Tempel von Khajuraho sowie der Sonnentempel von Konarah in Orissa die herausragendsten Beispiele sind, während im Süden Madurai und Tiruchirapalli zwei der bedeutendsten Tempelanlagen beherbergen. Der südindische Stil wurde in zahlreichen südostasiatischen Kulturen aufgenommen und weiterentwickelt.

Indoislamische Architektur

Der Einfall der muslimischen Eroberer bedeutete für die hinduistische Kultur im Allgemeinen und die Architektur im Speziellen einen tiefgreifenden Einschnitt. Den von religiöser Intoleranz getragenen Eroberungsfeldzügen der neuen Herrscher fielen unzählige hinduistische Bauwerke zum Opfer. Gleichzeitig jedoch brachten die Eroberer neue Ideen und Architekturformen mit, welche dem Land einzigartige Prunkbauten bescherten.

Mausoleen

Zu den schönsten islamischen Bauwerken zählen die Mausoleen, allen voran natürlich das **Taj Mahal,** die Krönung der Mogul-Architektur. Mausoleen waren den Hindus bis dahin völlig unbekannt, da einer ihrer Glaubensgrundsätze die Wiedergeburt ist und sie so ihren Toten keine Denkmäler errichteten. Die kunstvolle Einbeziehung der vor dem eigentlichen Grabmal gelegenen, viergeteilten **Gartenanlage** *(garbagh)* ist ein weiteres typisch islamisches Bauelement, durch das man versucht hat, Architektur und Landschaft zu einer harmonischen Gesamtkomposition zu vereinigen.

Moscheen

Das zweite hervorstechende architektonische Monument islamischer Herrschaft in Indien sind die übers ganze Land verteilten Moscheen. Im Gegensatz zu hinduistischen Tempeln dienten die größeren, **Jami Masjid**

818ra Foto: tb

(Große oder Freitags-Moschee) genannten Gotteshäuser jedoch nicht nur als Kultstätte, sondern auch als Ort **politischer Kundgebungen.** Wie bei allen Moscheen war auch bei der Jami Masjid die Ausrichtung der Gebetsrichtung *(kibla)* nach Mekka das oberste Gebot bei der architektonischen Planung.

Minarette finden sich in Indien vor allem in Form zweier Rundtürme, die den Haupteingang flankieren. Arabische Schriftzeichen und stilisierte Arabesken zieren dabei häufig die Fassaden, während die Säulen des Umgangs vielfach aus geschleiften Hindu- oder Jain-Tempeln stammen und deshalb naturalistische Motive und Menschendarstellungen aufweisen, die in der islamischen Ikonografie eigentlich verboten sind.

Palastbauten

Schließlich errichteten die muslimischen Eroberer im Laufe ihrer jahrhundertelangen Herrschaft riesige Festungs- und Palastanlagen. Die beeindruckendsten Beispiele dafür sind die **Roten Forts in Delhi und Agra** sowie die Anlage von **Fathepur Sikri.** Besonders gelungen und heute noch zu sehen bei diesen Monumentalbauten ist die harmonische Synthese aus wehrhafter Trutzburg und romantischen Privatgemächern.

Das Humayun-Mausoleum in Delhi

Nirgendwo sonst ließen sich die Hindu-Fürsten von den fremden Eroberern derart beeinflussen wie im Palastbau. Hatten sie ihre Macht und ihr Prestige bis dahin vornehmlich durch große Tempelanlagen dokumentiert, so ließen auch sie sich nun großzügige Palastburgen bauen, wobei sich die schönsten Beispiele hierfür in Rajasthan finden: **Amber, Udaipur, Jodhpur und Bundi.** Typisch für diese Paläste ist der festungsartige Charakter der unteren Stockwerke, die nur wenige Fenster aufweisen. Dieser schmucklose, lediglich zu Verteidigungszwecken dienende Unterbau wird durch einen verschwenderisch gestalteten Überbau ergänzt, der mit seinen Terrassen, Balkonen, Pavillons, kleinen, künstlich angelegten Gartenanlagen und riesigen, mit Gold und Silber verzierten Empfangs- und Gästesälen den Ruf vom märchenhaften Reichtum der Maharajas mitbegründete.

Bauhütten

Den größten Einfluss auf die Durchdringung zweier im Grunde so gegensätzlicher Architekturrichtungen wie der hinduistischen und der islamischen hatten die sogenannten Bauhütten. In diesen von islamischen Herrschern betriebenen **Handwerksstätten** arbeiteten über Generationen hinweg muslimische und hinduistische Handwerker Seite an Seite, was eine höchst fruchtbare Synthese zur Folge hatte. Islamische Stilelemente wie das Gitterfenster, Spitzbögen und florale Ornamentik wurden mit hinduisti-

819ra Foto: tb

schen zusammengeführt. Beispiele für den sich hieraus entwickelnden indo-sarazenischen bzw. indoislamischen Baustil finden sich nicht nur in den Metropolen, sondern auch in der Provinz und hier vor allem in Gujarat mit der Bundeshauptstadt Ahmedabad.

Film

Nicht, wie allgemein angenommen, die USA, sondern Indien und hier vor allem der Süden des Landes stellt die **produktivste Filmindustrie der Welt.** Indiens Traumfabriken in Chennai, Bangalore, Hyderabad, Trivandrum und vor allem Mumbai produzieren die unglaubliche Zahl von etwa 1.300 abendfüllenden Spielfilmen pro Jahr, das heißt mehr als drei pro Tag. Die Filmindustrie ist so nicht nur im Inland ein bedeutender Wirtschaftsfaktor, sondern mit einem Export in inzwischen über 100 Länder auch ein gern gesehener Devisenbringer.

Der schöne Schein des Zelluloid ist zu einer **Massendroge** vieler Inder geworden. Täglich strömen über 15 Mio. Menschen in die 12.000 Kinos des Landes, um wenigstens für durchschnittlich 230 Minuten pro Film die Mühsal des Alltags zu vergessen. Ihre Sehnsucht nach einer heilen Welt wird, das ist von Anfang an gewiss, nicht enttäuscht. Indien im Kommerzfilm – das ist eine Welt aus Luxus und Macht, riesigen Villen, romantischen Tälern, verführerischen Frauen, glitzernden Kostümen, opulenten Mahlzeiten, europäischen Sportwagen und strahlenden Helden.

Dreharbeiten am Schloss von Amber

Die Strickmuster all dieser Filme wiederholen sich ständig; es scheint, als gäbe es nur etwa 20 Standardhandlungen, die in leicht abweichenden Varianten immer wieder durchgespielt werden. Das Ganze wird melodramatisch mit einer Mischung aus Liedern, Tanzeinlagen, Verfolgungsjagden und Intrigen gewürzt. Wegen dieser „bunten Mischung" wird diese Filmart auch **Masala-Film** genannt – *masala* heißen die indischen Gewürzmischungen. Die Parallelen zum Ramayana-Epos sind dabei unübersehbar, und im Grunde ist der indische Kommerzfilm nichts anderes als die ständige Wiederholung der **alten Mythen** in neuen Kleidern. Genau dies ist ein Hauptgrund für seinen einzigartigen Erfolg. Die Verquickung von Mythos und Realität mit ihren höchst ritualisierten Handlungs- und Gefühlsmomenten sowie die klare Unterteilung in Gut und Böse entspricht so sehr dem kollektiven Verständnis des Vielvölkerstaates, dass sie über alle Kultur- und Sprachgrenzen hinweg verständlich ist.

So hat der Masala-Film eine ganz eigene, charakteristische Ästhetik entwickelt. Seine Erzählstruktur ist nicht auf psychologisch stimmige Charaktere, plausible Handlungen oder kompositorische Geschlossenheit angewiesen. Von der Gewissheit ihres Wertesystems ausgehend, ist der indische Film unter westlichen Filmkritikern als wirklichkeitsfremd, kitschig und ausufernd verpönt - eine herablassende Beurteilung, die auf einer sehr beschränkten Sicht der Realität beruht und das Reich des psychologisch Realen - dessen, was man als Innenleben empfindet - ausschließt.

Einen **Kinobesuch** sollte sich kein Indienreisender entgehen lassen. Die meisten indischen Kinos sind richtige Filmpaläste, in denen 1.000 und mehr Besucher Platz finden. Hinzu kommt das, gemessen an der keimfreien Distanz deutscher Kinogänger, unvorstellbare Engagement der Zuschauer. Das Maß der Identifikation mit ihren Helden lässt sie all deren Höhen und Tiefen mitfeiern bzw. miterleiden.

Ein typischer Masala-Film

Die Handlung eines typisch indischen Kommerzfilms könnte so aussehen: Eine arme Mutter hat zwei Söhne. Der eine kommt ihr eines Tages auf dem Jahrmarkt abhanden. Der Junge wird von einer reichen Familie aufgenommen und entwickelt sich zum arroganten Bösewicht. Der Bruder zu Hause dagegen bleibt rechtschaffen, irgendwie wird er sogar Polizist. Um diese beiden ranken sich noch ein oder zwei weibliche Figuren, eine konservative und gute und eine moderne und liderliche. Irgendwann treffen die beiden Brüder als Gegner aufeinander, nichtsahnend, wen sie vor sich haben. Nachdem sie gegeneinander gekämpft haben, quasi als Symbol des Kampfes des Guten gegen das Böse, erkennen sie sich und fallen sich in die Arme - am Sterbebett der schon lange kränkelnden Mutter. Während der böse Bruder die dahinscheidende Mutter um Verzeihung bittet, kündigt der gute seine bevorstehende Hochzeit an.

Karriere in Showbiz und Politik

Allein in Mumbai erscheinen jede Woche zwölf verschiedene Filmmagazine, die zur Glorifizierung von **Stars und Sternchen** kräftig beitragen. In Tausenden von Fanclubs wird der Starkult gepflegt. Die großen Stars, wie etwa *Aamir Khan, Shah Rukh Khan* oder *Amitabh Bachchan,* sind nicht nur vielfache Millionäre (Dollar-Millionäre wohlgemerkt), sondern werden von ihren Anhängern geradezu abgöttisch verehrt - und das ist durchaus wörtlich zu verstehen.

Selbst wer auf seiner Indienreise kein Bollywood-Movie schaut, wird den Stars des indischen Kinos auf Schritt und Tritt begegnen. An fast jeder Straßenecke lächeln sie auf riesigen Reklametafeln Göttern gleich dem einfachen Volk entgegen und verdienen sich als Werbe-Ikonen für Satellitenfernsehen, Autos, Banken, Versicherungen und IT-Firmen eine goldene Nase. Welche astronomischen Summen sich damit verdienen lassen, offenbart ein Blick in die Steuererklärung von *Shah Rukh Khan.* Danach hat er 2010 fast 40 Mio. US-$ verdient, wovon nur ein geringer Teil aus Filmhonoraren stammt.

Die **schauspielerische Qualität** vieler Mimen lässt allein schon deshalb zu wünschen übrig, weil sie gleichzeitig bei einem Dutzend Filmen im Einsatz sind. So rasen sie von einem Filmset zum nächsten, wechseln Kostüme und Launen im Laufschritt. Das ist gut fürs Portemonnaie; der Auseinandersetzung mit der gerade verkörperten Rolle ist es sicherlich nicht förderlich.

Kein Wunder, dass ihre schauspielerischen Leistungen oft von einer müden Eintönigkeit geprägt sind, ganz egal, welche Rolle sie spielen.

Viele Mimen nutzen ihre ungeheure Popularität für eine **politische Karriere.** Bekanntestes Beispiel ist *M.G. Ramachandran,* der seine Beliebtheit als Helfer der Armen, Beschützer der Frauen und Rächer der Entrechteten auf der Leinwand begründete und schließlich 1977 zum Chefminister Tamil Nadus aufstieg. Nach seinem Tod übernahm seine Muse, die ehemalige Filmgröße *Jayalitha,* die Macht im südlichsten Bundesstaat Indiens. *N.T. Rama Rao* war Chefminister von Andhra Pradesh.

Die schmutzige Seite der Glitzerwelt

Allerdings hat die scheinbar so heile Glitzerwelt des indischen Kinos in den letzten Jahren erhebliche Risse bekommen. Es ist ein offenes Geheimnis, dass ein Teil der Filme mit **Geldern aus der Unterwelt** finanziert wird, die dadurch ihr mit Drogenhandel, Prostitution und illegalen Grundstücksgeschäften verdientes Geld reinwäscht. Die Verstrickung in die Unterwelt hat in den letzten Jahren einige namhafte Regisseure das Leben gekostet. Hinzu kommt, dass – nicht zuletzt wegen der enormen Gagen für die Superstars – die wenigsten Filme ihre hohen Produktionskosten einspielen. Hierzu trägt auch die Konkurrenz des privaten Fernsehens bei, welches durch die **Ausstrahlung westlicher Serien** und Hollywoodfilme für viele Inder eine ganz neue Welt eröffnet.

Um dem Konkurrenzdruck standhalten zu können, werden im indischen Kino zwei Aspekte immer offener zur Schau gestellt, die noch bis vor wenigen Jahren absolute Tabuthemen waren: **Sex und Gewalt.** Noch bis vor wenigen Jahren verbannten die sittenstrengen Zensoren sogar Kussszenen von der Leinwand. Die einfallsreichen Drehbuchautoren umschifften das Problem, indem sie Szenen schrieben, in denen Äpfel schmachtend von einem Mund zum nächsten gereicht oder Eistüten zu zweit gelutscht wurden. Ständig fielen Hauptdarstellerinnen in einen See oder liefen durch einen Monsunregen, damit sich die durchnässten Saris möglichst durchsichtig an den Körper schmiegten. 1997 schrieb die Schauspielerin *Rekha* in dem Kinohit „Aastha" mit dem ersten Orgasmus auf einer indischen Leinwand Kinogeschichte – dabei musste sie allerdings nicht einmal ihren Sari lüften.

Autorenfilm

Neben der Glitzerwelt des Kommerzkinos hat sich ein **Alternativkino** entwickelt. Die Anfänge dieser dem europäischen Autorenfilm vergleichbaren Kunstform gehen bereits auf die 1950er und 1960er Jahre zurück, die auch als das „Goldene Zeitalter" des indischen Films bezeichnet werden. Der bekannteste dieser ambitionierten Filmemacher war der bengalische Regisseur *Satyajit Ray,* der mit seiner Apu-Trilogie viele Preise bei den Filmfestspielen in Venedig, Berlin und Cannes gewann. Letztlich kam er jedoch in Indien selbst nie über den Status eines bei der intellektuellen Oberschicht beliebten Stars hinaus und blieb der breiten Masse unbekannt. Seine „Enkel" heißen heute *Rahul Bose, Mrinal Sen, Deepa Mehta, Rituparno Ghosh* und *Anurag Basu* und haben unter den Begriffen **Art Cinema** oder *Parallel Cinema* den aufklärerischen Ansatz Rays aufgenommen.

Nicht Verklärung, Wirklichkeitsflucht und strahlende Helden, sondern das **Engagement gegen soziale Missstände** sowie komplizierte, widerspruchsvolle Charaktere stehen im Mittelpunkt ihrer Filme. Themen wie Korruption, Umweltzerstörung, Unterdrückung der Frau oder Verlust traditioneller Werte versuchen die Regisseure einem breiteren Publikum näherzubringen. In den letzten Jahren erfreuen sich diese Autorenfilme bei der zahlenmäßig immer bedeutender werden jungen Mittelschicht in den Großstädten wachsender Beliebtheit.

Literatur

Indische Romane sind in Mode. Der indische Subkontinent wird zum Zentrum von Bücherwochen, Diskussionen und literarischen Zirkeln. Autoren wie **Arundhati Roy, Rohinton Mistry, Sashi Taroor, MG Vassanji, Aravind Adiga** oder **Amitav Ghosh** erobern die Bestsellerlisten in Europa und den USA mit sprachgewaltigen Büchern voll bildhafter Exotik. Sie treten damit in die Fußstapfen von **Salman Rushdie,** der mit seinem Roman „Mitternachtskinder" die Bresche schlug für die Wiederentdeckung der indischen Literatur im Westen.

Augenfällig ist, dass bis auf Arundhati Roy fast ausschließlich im Westen lebende Schriftsteller internationale Anerkennung finden. Dabei stehen die Bücher der indischen Autorin **Sashi Deshpande** jener ihrer berühmten Kollegen um nichts nach, sind aber in Europa bestenfalls einem kleinen Kreis von Lesern bekannt. So beklagen denn auch viele in Indien lebende Schriftsteller, dass die in englischer Sprache schreibenden Kollegen Themen behandeln, die ihr Mutterland nur verzerrt widerspiegeln. Hierin zeigt sich, dass der indische Subkontinent gerade in Zeiten der wirtschaftlichen und kulturellen Öffnung nach seiner literarischen Identität sucht.

So wird die Sprache zu einem zentralen Streitpunkt, was denn eigentlich „indisch" ist. Ist Shalman Rushdie, der Inder im Exil, weniger indisch als Sashi Deshpande? Und der Nobelpreisträger und britische Staatsbürger **V.S. Naipaul** mit seiner indischen Familiengeschichte und seiner Vorliebe für indische Themen überhaupt indisch? Nicht zu Unrecht wird gerade von einheimischen Schriftstellern behauptet, dass die in englischer Sprache geschriebenen Bücher im Ausland lebender Inder vornehmlich moderne Themen behandeln, während die in indischen Sprachen verfassten Werke meist traditionelle Geschichten erzählen. Andererseits zeichnen sich gerade die Werke von Roy und Ghosht durch ihre detailgenauen Schilderungen indischer Familiengeschichten aus.

So verbirgt sich hinter dem vordergründigen Sprachenstreit (neben unausgesprochenen materiellen Neidgefühlen) ein Konflikt der Generationen. Es fällt auf, dass vornehmlich jüngere unter den international gerühmten indischen Autoren vertreten sind.

Bei allem Streit um Sprache und Identität wird gänzlich übersehen, dass sowohl die „zuhause Gebliebenen" als auch die Exilschriftsteller aus der **jahrtausendealten Literaturtradition** Indiens schöpfen. Wohl kein anderes Volk ist in seinen Denk- und Verhaltensweisen derart stark von seiner Literatur geprägt worden wie die Inder. Schon vor drei Jahrtausenden begann mit der Formierung der Kastengesellschaft die Niederschrift der **Veden,** meist religiöse Schriften anonymer Autoren. Neben Hymnen an die Götter und Beschreibungen der hochkomplizierten priesterlichen Opferrituale finden sich detaillierte Anweisungen zu den der jeweiligen Kaste entsprechenden Verhaltensweisen. Noch heute bestimmen die penibel ausgeführten Vorschriften über Berufsausübung, Heirat, Essverhalten und Reinigungszeremonien, Opferhandlungen und Beerdigungsrituale den Alltag der allermeisten Inder.

Die beiden Klassiker der altindischen Literaturgeschichte sind jedoch die ausufernden Helden- und Göttersagen **Mahabharata** und **Ramayana.** Mit seinen über 100.000 Versen gilt das Mahabharata als das umfangreichste Werk der Weltliteratur. Vor dem Hintergrund des Kampfes zwischen den mythischen Völkern der Pandawas und Kausawas wird eine verschachtelte Handlungsstruktur aufgebaut, in deren Verlauf die verschiedenen Götter in ihren zahlreichen Inkarnationen auftreten. Die im Kampf zwischen Gut und Böse entwickelten Glaubens- und Moralvorstellungen prägen bis heute das Leben der Inder. „Wir verdanken ihnen", sagt der Schriftsteller *Gangada Gangije,* „all unsere Inspirationen. Sie sind tief in unser Leben eingedrungen."

Malerei

Keine andere Kunstform Indiens wurde derart intensiv durch den Einfluss der muslimischen Invasoren aus dem Norden geprägt wie die Malerei. Jene oft nur wenige Quadratzentimeter großen **Miniaturmalereien,** die dem Touristen in fast jedem Maharaja-Palast und Souvenirladen begegnen, gab es allerdings schon vor der Ankunft der Moguln. Bei den ältesten erhaltenen Miniaturmalereien handelt es sich um Illustrationen von Jain-Schriften aus dem 12. Jh., die auf Palmblättern gemalt wurden.

Doch erst mit dem Machtantritt der Großmoguln, die mehrere berühmte persische Miniaturmaler mit an ihren Hof nach Delhi brachten, erwachte diese Kunstrichtung zur vollen Blüte. Entscheidend hierzu trug sicherlich auch die von ihnen in Indien eingeführte Kunst der **Papierherstellung** bei. Hierdurch öffneten sich nicht nur neue Möglichkeiten für das Bildformat, sondern auch für die Farbgebung, denn nicht alle Farben hafteten auf der Palmblattunterlage.

Während die Bilder früher als reine Textillustrationen gedient hatten, erhielten sie nun ein immer größeres Eigengewicht. Als Motive dienten vielfach Szenen aus der indischen Literatur, die immer wieder den verspielten Krishna zum Mittelpunkt hatten. Besonders beliebt war die Badeszene am Fluss Yamuna in Vrindavan, bei dem Krishna die Kleider der gerade badenden Hirtinnen versteckt.

Neben hinduistischen Szenen traten jedoch mehr und mehr Landschaftsmotive und höfische Szenen in den Vordergrund. Besonders bei der figürlichen Darstellung zeigte sich mit der Zeit ein deutlicher Wandel. Wurde zunächst darauf geachtet, dass die Figuren keine Ähnlichkeiten mit lebenden Personen aufwiesen, wurde dieser unpersönliche, die Idealvorstellungen jener Epoche nachzeichnende Stil zunehmend abgelöst von Personendarstellungen, die erste Ansätze einer **Porträtmalerei** erkennen lassen. Besonders die beiden kunstsinnigen Herrscher *Akhbar* und *Jehangir* ließen auch europäische Einflüsse in der Hofmalerei zu. So lässt sich die Verwendung von Körperschatten und Perspektive erkennen, die den Miniaturen zusätzliche Plastizität verleihen.

Themenauswahl, Farbgebung und andere Details bestimmten fast immer die jeweiligen Auftraggeber, oft sogar der Großmogul selbst. Die meisten Maler gehörten niederen Kasten an und hatten so gut wie gar keinen Einfluss auf die individuelle Ausgestaltung ihrer Werke. Oft entstanden die Malereien sogar in Teamarbeit: Ein erster Künstler entwarf die Komposition, ein anderer trug die Farben auf und ein dritter kümmerte sich um die Feinarbeiten.

Aber nicht nur die Mogul-Herrscher, sondern auch die Potentaten der unzähligen Fürstentümer fanden Gefallen an der Miniaturmalerei. Besonders die Herrscherhäuser in Rajasthan und Punjab wurden zu großzügigen Gönnern, wobei sie die Mogul-Traditionen aufnahmen, sie jedoch gleichzeitig mit eigenen Traditionen ergänzten. Wie so oft, wenn es um die Herausstellung einer eigenen Identität ging, zeichneten sich auch hier wieder die *Mewaris* von Udaipur aus. Ihre Bilder heben sich vom Mogul-Stil durch leuchtende Farben, größere Formate und vor allem die Darstellung lokaler Ereignisse ab. Weitere Fürstentümer wie etwa Bundi, Kota, Alwar oder das kleine nordindische Kangra entwickelten ihre eigenen Malschulen, wobei als Zeichen der Eigenständigkeit auch wieder zunehmend Szenen aus den hinduistischen Epen Verwendung fanden. Als Motiv sehr beliebt waren auch die sogenannten *Ragamalas,* bei denen die männlichen *(ragas)* und weiblichen *(raginis)* Melodien in Stimmungsbilder umgesetzt wurden. Eine besondere **Blütezeit** erlebte die Miniaturmalerei noch einmal Anfang des 19. Jh., als die neu gewonnene Unabhängigkeit gegenüber den Moguln ihren Ausdruck in

raj_x09

besonders farbenfrohen und heiteren Bildern fand.

Mit dem Aufkommen **moderner europäischer Techniken,** vor allem der Fotografie, erlahmte jedoch bei vielen Maharajas das Interesse an der Miniaturmalerei. Nun zierten die Wände ihrer Paläste nicht mehr Szenen aus dem mittelalterlichen Hofleben, sondern Fotos von solch faszinierenden Erfindungen wie dem Auto und dem Telefon. Erst die vor den Errungenschaften der Moderne in den sechziger Jahren nach Indien fliehenden Europäer entdeckten die auf wenige Quadratzentimeter komprimierte Romantik des mittelalterlichen Indien auf den Miniaturmalereien neu und erweckten die Kunstgattung zu neuem Leben.

Musik

„Die Chinesen und die Inder würden eine der unseren ähnliche Musik haben, wenn sie überhaupt eine besäßen, aber diesbezüglich stecken sie noch in der tiefsten Finsternis der Barbarei und sind in einer geradezu kindlichen Unwissenheit befangen, in der sich kaum vage Ansätze zu einem Gestaltungswillen entdecken lassen. Außerdem sprechen die Orientalen von Musik da, wo wir höchstens von Katzenmusik sprechen ...“ Der französische Komponist *Hector Berlioz* stand

Mädchenkapelle des Maharani-College in Mysore, 1895

mit dieser 1851 geäußerten Meinung über indische Musik durchaus nicht allein da. Für die meisten Europäer war die klassische indische Musik nie viel mehr als ein stechender Grundton, ein monotoner Klang ohne polyphone Elemente und Harmonie – „Katzenmusik“ eben.

Das sollte sich erst ändern, als Mitte der 1960er Jahre im Zuge der Flower-Power-Bewegung viele westliche Musiker wie die Beatles und Rolling Sto-

Indische Musikinstrumente

Indische Instrumente sind oft reich verziert und stellen für sich schon kleine Kunstwerke dar.

- Die **Sitar,** das bedeutendste Musikinstrument Südasiens, erlangte erst im 19. Jh. ihre heutige Form. Auf dem rund einen Meter langen Hals sitzen insgesamt siebzehn verschiebbare Messingbünde. Darüber verlaufen zwei bis vier Spielsaiten. Ihre Schwingungen werden von einem Steg aus Knochen auf den Resonanzkörper übertragen, einen ausgehöhlten Kürbis mit Holzdecke. Neben den Spielsaiten verlaufen vier weitere Bordunsaiten, die nicht abgegrifffen, sondern zwischen dem Greifen der Spielsaiten angeschlagen werden. Ein separates System von elf Resonanzsaiten verläuft unter den Bünden. Auf der Sitar lassen sich alle Feinheiten der indischen Musik zur Geltung bringen. Eine Veränderung der Tonhöhe kann nicht nur durch das Abgreifen der Bünde, sondern auch durch seitliches Wegziehen der Spielsaiten erzielt werden.
- Der **Tambura** ist eine Art bundlose, meist mit vier Saiten bespannte Langhalslaute. Auf ihm wird ein Halteton als Grundton und unveränderlicher Bezugspunkt des Raga gespielt.
- Die **Tabla** besteht aus einer zylindrischen Holztrommel für die rechte Hand, die meist auf den Grundton gestimmt ist, sowie einer halbkugelförmigen, in verschiedenen Tonhöhen gestimmten Metalltrommel für die linke Hand. Mit Hilfe der Blöckchen, die unter den Haltebändern angebracht sind, wird sie exakt gestimmt. Die Tabla repräsentiert im *raga* das durch die verschiedenen Anschlagtechniken außerordentlich differenzierte rhythmische Element.
- Der **Sarod** hat einen halbkugelförmigen, mit einer Decke aus Tierhaut bespannten Klangkörper aus Holz. Das bundlose Griffbrett auf dem breiten Hals besteht aus einer polierten Metallplatte. Die vier Spielsaiten werden mit einem Plektron gezupft. Daneben erklingen ein doppelchöriges Saitenpaar mit dem Grundton sowie siebzehn Resonanzsaiten.
- Die **Santur** (wörtl.: Einhundert Saiten), ein Hackbrettinstrument, fand erst recht spät Eingang in die klassische indische Musik. Sie besteht aus einem hölzernen, trapezförmigen Resonanzkasten, über dessen Decke mittels zweier Stegreihen 18 bis 25 Metallsaitenchöre geführt werden, die mit zwei an der Spitze aufwärts gebogenen Klöppeln angeschlagen werden.
- Die **Shahnai,** ein oboenartiges Instrument mit vollem, stark näselndem Klang, fand erst in den fünfziger Jahren unseres Jahrhunderts volle Anerkennung in der klassischen Musik. Ursprünglich von islamischen Eroberern und später in hinduistischen Tempeln gespielt, verdankt sie ihre Aufwertung zum Konzertinstrument der Ragamusik, vor allem dem großen Virtuosen *Ustad Bismillah Khan.* Die Shahnai ist ein Doppelrohrblattinstrument. Der konische Holzkörper ist mit einem Metallschalltrichter und sieben Löchern ausgestattet und kann sämtliche Verzierungen der indischen Musik entfalten.

nes nach Indien pilgerten. Von nun an ergoss sich eine Welle von Räucherstäbchen, Meditationskursen und indischen Klängen auf den von der Sinnkrise gebeutelten Westen. Der globale Siegeszug indischer Musik hatte begonnen, kein Musikfestival mehr ohne Sitar und Tabla. Wer mit indischer Musik im Ohr und dem Joint in der Hand in mysthische Sphären entschwebte, war allemal in und modern. Da machte es auch nichts, wenn das begeisterte Publikum versehentlich schon mal das Stimmen der Instrumente beklatschte – so geschehen beim Auftritt *Ravi Shankars* im Concert for Bangladesh.

So unterschiedlich Hector Berlioz' schon fast physische Abneigung gegen indische Musik und deren Huldigung durch die Blumenkinder auch war, so verband sie doch eine Gemeinsamkeit: Beide hatten das Wesen indischer Musik nicht verstanden. Verwunderlich ist das nicht, äußert sich doch in der klassischen indischen Musik, deren Wurzeln bis ins 5. Jh. v. Chr. zurückgehen, sehr viel von den religiösen Vorstellungen der Hindus. Ursprung und Ziel indischer Musik ist es, Musiker wie Zuhörer in den Zustand geistig-seelischer Harmonie zu versetzen, in eine **meditative Versenkung in Gott.** So ist die Musik nichts anderes als eine Art Gottesdienst.

Raga und Tala – Melodie und Rhythmus

Raga und *tala* bilden den Rahmen indischer Musik. *Tala* könnte man dabei mit Rhythmus, *raga* mit Melodie gleichsetzen. Bei *ragas* handelt es sich um genau festgelegte **Tonskalen,** innerhalb welcher der Musiker unter Beachtung bestimmter Regeln ein Thema improvisiert. Diese Tonskalen, von denen es über 1.000 geben soll, sind jeweils bestimmten Stimmungen zugeordnet. So gibt es *ragas* für spezielle Tages- oder Jahreszeiten, Frühlings-Ragas oder Nacht-Ragas ebenso wie solche für das Wetter oder für menschliche Gefühle.

Die eigentliche Kunst des Musikers besteht darin, die *ragas* so zu spielen, dass die beabsichtigte **Stimmung** dem Zuhörer perfekt vermittelt wird. Nicht umsonst umschreibt der Begriff *raga* eine ganze Palette menschlicher Gefühle: Begierde, Leidenschaft, Sorge, Schmerz, Ärger, Boshaftigkeit, Feindschaft, Hass und Liebe. Nebenbei bedeutet das Wort auch Farbe, Farbschattierung, Farbmittel oder Einfärben – tatsächlich soll sich der Musiker bei seinem Spiel auch wie in einer Meditation mit dem Göttlichen „einfärben", mit ihm eins werden.

Als klassisches Raga-Instrument gilt gewöhnlich die **Sitar,** das im Westen wohl bekannteste indische Instrument. Genauso kann ein *raga* jedoch von einer Flöte oder Violine gespielt werden.

Der rhythmische Kontrapunkt zum *raga* ist **tala,** gewöhnlich von Handtrommeln, sogenannten **Tablas,** gespielt. Wie bei den *ragas,* so gibt es auch von den *talas* Hunderte.

Der besondere Reiz eines Konzerts besteht im **Dialog zwischen Raga- und Tala-Interpreten.** Jeder interpretiert und improvisiert im Rahmen der ihm vorgegebenen Regeln sein Thema und immer dann, wenn die beiden Virtuosen es schaffen, sich im rhythmischen Zyklus zu treffen, erheben sich begeisterte Wah-Wah-Rufe aus der mitgehenden Zuhörerschaft.

Unterlegt wird das Spiel von einem **Grundton,** der meist von einer Tambura gespielt wird. Genau dies ist die für indische Musik so typische Klangkomponente, die für westliche Ohren stechend, ja penetrant klingt. Dieser Grundton dient vornehmlich zur Wahrnehmung kleiner und kleinster Intervalle. Immerhin muss der indische Musiker innerhalb einer Oktave **22 Haupttöne** und **30 Mikrotöne** unterscheiden. Nur durch den unveränderlichen Bezugspunkt des Grundtons wird es möglich, solch geringe Intervallunterschiede zu erkennen und präzise zu setzen.

Aufführungen und Alltagsklänge

Ein weiterer signifikanter Unterschied zu westlichen Aufführungen liegt in der scheinbar nicht enden wollenden Dauer indischer Konzerte. Fünf Stunden und mehr sind dabei keine Seltenheit. Zeit hat eben in Indien eine ganz andere Dimension als im Westen und so gibt es kein dynamisches Voranschreiten im Andante oder Allegro, dafür umso häufiger ein meditatives Verweilen bei einem einzigen Ton. Sich nie von der Uhr versklaven lassen: ebenfalls ein Stück asiatischer Lebensphilosophie.

780ra Foto: tb

Indische Musik findet jedoch nicht nur im Konzertsaal statt und so sollte sich der nicht grämen, der keine Aufführung besuchen konnte. Der einmalige Reichtum des **Klangkörpers Indien** ist überall zu erfahren. Wer sich die Zeit nimmt (immer eine entscheidende Voraussetzung, um das Phänomen Indien kennenzulernen) und an einem beliebigen Ort in Indien – die Augen geschlossen – auf die Geräusche der Umgebung achtet, wird die akustische Vielfalt des Landes unmittelbarer denn je erfahren. Nur ein Beispiel: Überall in Indien findet man die *dhobis,* Wäscher, die morgens an den Ufern der Flüsse stehen und rhythmisch den Schmutz aus der Wäsche schlagen. Oder das Gemurmel einer Tempelzeremonie, das Vorbeifahren eines Ochsenkarrens, das Stimmengewirr auf dem Marktplatz. Im Vergleich dazu ist unsere eigene Klangsphäre arm, reduziert fast nur noch auf diffuse Motorengeräusche.

Rajasthanische Volkstänze

Im allgemeinen spielt der klassische indische Tanz in Rajasthan eine eher untergeordnete Rolle. Dafür pflegt man vor allem anlässlich der großen Volksfeste wie Holi oder zu familiären Festen wie Hochzeiten Volkstänze, denen, verglichen mit dem klassischen indischen Tanz, meist recht simple Bewegungsmuster zugrunde liegen.

- Der mit Abstand beliebteste Volkstanz Rajasthans ist der **Ghoomar,** der bei allen sich nur bietenden Feierlichen aufgeführt wird. Dabei wirbelt eine Gruppe von Frauen, die sich an der Hand halten, in hohem Tempo um einen imaginären Kreis herum. Jede Region hat ihre eigene Version dieses Tanzes, wobei oft im Rhythmus der Musik Holzstöcke aneinandergeschlagen werden.
- Der nach dem Ghoomar bekannteste Volkstanz Rajasthans ist der nur während des Holi-Festes und ausschließlich von Männern getanzte **Gher.** Dabei werden die Sänger und Musiker von den Tänzern durch einen äußeren Kreis umringt, wodurch eine besonders intensive Verbindung zwischen Musik und Tanz entsteht.
- Der **Gher-Ghoomar** ist eine Verbindung aus beiden Tänzen. Zunächst umringen die in einem äußeren Kreis tanzenden Männer die in der Mitte ebenfalls einen Kreis bildenden Frauen, wobei alle Beteiligten singen und ihre Positionen verändern. Dieser ebenfalls nur zu Holi aufgeführte Tanz gehört zu den beeindruckendsten Tänzen Nordindiens.
- Daneben gibt es noch eine Reihe weiterer, typisch rajasthanischer Tänze wie etwa den **Kacchi Ghodi,** der von säbelschwingenden Männern auf Steckenpferden dargestellt wird, und den **Sidh Nath,** einen Feuertanz, der speziell in der Region Bikaner beliebt ist. Übrigens lohnt beim Betrachten der Aufführung oftmals ein genaueres Hinsehen, entpuppen sich die ihr Gesicht hinter einem Schleier verbergenden grazilen Tänzerinnen doch häufig als kräftig geschminkte Männer.

In der indischen Musik besteht die Oktave nicht aus 8, sondern 22 Haupttönen

Traditionelle Kleidung

Sari

Kaum ein anderes Kleidungsstück wird derart eng mit seinem Ursprungsland identifiziert wie der Sari, das klassische Kleid der indischen Frauen. Er ist mit Indien so untrennbar verbunden wie das Taj Mahal und die Heilige Kuh. Das farbenfrohe Bild des elegant um den Körper geschlungenen Tuches gehört zu den eindrucksvollsten Erinnerungen jedes Indien-Reisenden. Der Sari verleiht der indischen Frau eine immer wieder beeindruckende Würde und Grazie.

Länge, Tragart, Farbe, Stoff und Muster dieses äußerst wandelbaren Kleides variieren von Region zu Region. So mißt die gewöhnlich 6 Meter lange Stoffbahn in Maharashtra 8,20 Meter und wird von hinten durch die Beine gezogen. Die Gujarati-Frauen legen das Sari-Ende über die rechte anstatt, wie üblich, die linke Schulter, in Kerala und Assam besteht er aus zwei Teilen. Als besonders graziös gilt der Bengal-Stil, bei dem das auffallend lange Sari-Ende *(pallu)* zunächst über die linke Schulter geworfen wird, um danach über den Rücken, wieder unter dem rechten Arm nach vorne und schließlich erneut über die linke Schulter geführt zu werden. In Rajasthan wird mit einem weiten, bis zu den Knöcheln reichenden Faltenrock *(ghagra)*, einer eng anliegenden Bluse *(choli)* und dem das Gesicht bedeckenden *ghunghat* sogar ein dreiteiliges Ensemble getragen, welches nur noch vage an den klassischen Sari erinnert.

Bei den Farben kann die Frau ihrem persönlichen Geschmack folgen. Allerdings gibt es gewisse Anlässe wie Tod (weiß) und Heirat (rot), bei denen die Sarifarbe vorgegeben ist. Ebenso groß wie die Vielfalt der Farben und Muster ist die der zu verwendenden Materialien. Ein Sari kann aus Seide, Baumwolle, Chiffon oder den immer größere Verbreitung findenden synthetischen Materialien gefertigt werden. Dementsprechend unterschiedlich sind auch die Preise, die von 300 bis 30.000 Rs pro Stück reichen können.

Wie Erwähnungen in alten Epen und Skulpturen an den Tempeln von Khajuraho und Konark belegen, gehen die Ursprünge des Sari mehrere Tausend Jahre zurück. Man geht davon aus, dass er sich aus dem auch heute noch von vielen Männern getragenen Beinkleid, dem *dhoti*, entwickelt hat, welcher ursprünglich von Männern wie Frauen gleichermaßen getragen wurde. Das Wort *sari* leitet sich ab von

318ra Foto: tb

dem Sanskrit-Wort *sati,* welches soviel wie „Stück Stoff" bedeutet.

Der seit dem 15. Jh. mit der Ankunft der Moguln in ganz Indien zu verzeichnende tiefgreifende kulturelle Wandel ließ auch den Sari nicht unberührt. Das ursprünglich wesentlich kürzere Kleidungsstück wurde unter den strengeren Moralvorschriften der neuen Herrscher verlängert, sodass das Gesicht der Frau durch das schleierartige, zunächst über die Schulter gezogene Sari-Ende bedeckt wurde.

Anstatt Sari tragen immer mehr junge Frauen den *salwar kameez,* eine ursprünglich aus dem Punjab stammende Kombination, bei der ein knielanges, an den Seiten eingeschnittenes Hemd über eine leichte, an den Fersen verschnürte Hose fällt.

Turban

Verglichen mit dem Sari wirkt die traditionelle männliche Bekleidung eher nüchtern. Neben dem in Falten gelegten, rockartigen Beinkleid **(dhoti)** und dem kragenlosen Hemd **(kurtha)** finden immer mehr synthetische Hemden und Hosen westlicher Prägung Verbreitung.

Dennoch verfügen die Männer Rajasthans mit dem Turban über ein Kleidungsstück, das ebenso wie der Sari zu einem Sinnbild Indiens geworden ist. Die schillernden Farben und geschwungenen Formen verschmelzen mit den scharfkantigen Gesichtern der Rajputen zu einem eindrucksvollen Bild stolz zur Schau getragenen Selbstbewusstseins. Der Turban hat sich we-

820ra Foto: tb

821ra Foto: tb

gen seiner für die wüstenartige Region äußerst funktionalen Aspekte zur meistgetragenen Kopfbedeckung entwickelt. Er schützt vor der sengenden Sommersonne ebenso wie vor der Kälte der Winternächte und dient als Gesichtsschutz bei Wüstenstürmen. Gleichzeitig kann er als Kopfkissen, Decke, Handtuch und im Notfall als Seil benutzt werden.

Während die Turbanformen regionale Varianten aufweisen, ist die Wahl der Farbe abhängig von der Jahreszeit und dem jeweiligen Anlass, zu dem er getragen wird. Orangefarbene Turbane werden vor allem von Wandermönchen, Sadhus und Brahmanen getragen. Gelb, orange und rot gelten als glücksverheißend, dementsprechend häufig sind sie bei Heiraten anzutreffen. Blau, grünblau, khaki und weiß sind die Trauerfarben, schwarz ist die Farbe des Protestes.

0754ra Foto: tb

Generell wird der vom Turban vermittelte Ausdruck von Respekt und Ehre mit dem des Trägers gleichgesetzt. So kommt es einer schweren Beleidigung gleich, den Turban eines anderen mit Füßen zu treten; ein Austausch von Turbanen jedoch besiegelt eine lebenslange Freundschaft. So ist es auch heute noch üblich, dass die Brauteltern bei der Verlobung den Bräutigam und seine unmittelbaren Verwandten mit Turbanen beschenken.

Der weit über seine Funktion als Kleidungsstück hinausgehende Symbolcharakter des Turbans zeigt sich in letzter Zeit jedoch auch in der zunehmenden **Verwestlichung** des Landes. Galt es noch vor wenigen Jahren als unschicklich, in der Öffentlichkeit ohne Turban zu erscheinen, so ist es in den vergangenen Jahren vor allem in städtischer Umgebung üblich geworden, ohne Kopfbedeckung aufzutreten. Kunstvoll gebundene und reichhaltig geschmückte Turbane findet man fast nur noch bei Festlichkeiten. Bei den Jugendlichen ist dieser Prozess der Verwestlichung bereits so weit fortgeschritten, dass das Tragen eines Turbans als Ausdruck von Rückständigkeit angesehen und belächelt wird – eine Entwicklung, die angesichts der in Jeans und engen T-Shirts durch die Straßen der Großstädte fahrenden jungen, selbstbewussten Inderinnen auch den Sari in den nächsten Jahren zunehmend aus dem Straßenbild verdrängen wird.

823ra Foto: tb

Delhi

824ra Foto: tb

826ra Foto: tb

Kofferträger am Bahnhof von Delhi

Säule und Grabmal am Qutb Minar

Überblick

↗ D1

(ca. 13,7 Mio. Einwohner, Vorwahl: 011)

Delhi, Neu-Delhi, Alt-Delhi oder vielleicht sogar Dilli? Dass Namen mehr als nur Schall und Rauch sind, verdeutlicht Indiens Hauptstadt beispielhaft. Der Oberbegriff *Delhi* umfasst die gesamte Metropole mit ihren fast **14 Millionen Einwohnern.** Politisch und historisch korrekt heißt die nach Mumbai zweitgrößte Stadt des Landes seit ein paar Jahren wieder **Dilli** (s.u.: „Geschichte"). Um was für eine Stadt handelt es sich aber dabei? Um dies beurteilen zu können, kommt es entscheidend darauf an, in welchem Teil der Metropole man sich aufhält.

Wie kaum eine andere Stadt setzt sich Delhi aus zwei gänzlich unterschiedlichen Stadtteilen zusammen. Da ist einmal **Old Delhi,** angelegt und geprägt von den Moguln, denen es vom 12. bis zum 18. Jh. als Hauptstadt diente und die hier mit dem Roten Fort und der Jamia Masjid zwei imposante architektonische Beispiele ihrer imperialen Macht hinterließen. Mit seinen engen, verwinkelten Altstadtgassen voller kleiner Geschäfte, seinen Märkten und Menschenmassen ist Old Delhi eine typisch indisch anmutende Stadt.

Einen krassen Gegensatz hierzu bildet **New Delhi,** das von den Briten mit der 1911 erfolgten Verlegung der Hauptstadt Britisch Indiens von Kalkutta nach Delhi am Reißbrett konzipierte wurde. Mit seinen weitläufigen, baumbestandenen Alleen, großzügigen Parkanlagen und modernen Verwaltungsgebäuden wirkt es äußerst großzügig, sachlich und nüchtern.

Dieser Kontrast macht auch den Reiz der Stadt gerade für diejenigen Besucher aus, die zum ersten Mal nach Indien kommen. Man gewinnt einen Einblick in das vom prallen Leben scheinbar berstende Old Delhi, kann sich jedoch danach wieder in die Ruhe und Überschaubarkeit New Delhis zurückziehen.

In dieser hochinteressanten Mischung aus alt und neu, aus islamischen und europäischen Einflüssen liegt einer der Hauptanziehungspunkte Delhis. Gleichzeitig ist es mit seinen immer mehr das Stadtbild bestimmenden Hochhäusern, den modernen Einkaufszentren, einer U-Bahn und den immer größere Ausmaße annehmenden Verkehrsstaus ein Spiegelbild des modernen Indien. Lange als grau und langweilig verschrien, hat sich Delhi in den letzten Jahren mächtig ins Zeug gelegt. Die Stadt hat sich herausgeputzt und kommt schick und modern daher.

So ergibt sich unter dem Motto „The best of both worlds" die Möglichkeit einer allmählichen Annäherung an den indischen Alltag. Besonders günstig ist es, an einem Samstag in Delhi anzukommen, um am Sonntag, dem einzigen Tag der Woche, an dem die Straßen frei passierbar sind, an einer der vom Tourist Office durchgeführten Stadtrundfahrten teilzunehmen. Der Montag bietet sich an, um die gerade in Delhi besonders zügig und effizient zu erledigenden Dinge wie Zugticketerwerb oder Taxianmietung, Sim-Kartenkauf und Geldwechsel zu erledigen. Falls genügend Zeit bleibt, sollte man die hervorragenden Einkaufsmöglichkeiten nutzen, da die Auswahl hier so vielfältig wie in keiner anderen Stadt Indiens ist. So lässt sich das Angenehme mit dem Nützlichen verbinden.

Orientierung

Trotz seiner enormen Ausdehnung ist Delhi eine recht übersichtliche Stadt. Auf die signifikante Unterteilung in das typisch indische **Old Delhi** und das weiträumige, eher europäisch anmutende **New Delhi** wurde ja bereits in der Einleitung näher eingegangen. Die beiden Straßen Desh Bandhu Gupta und Jawaharlal Nehru Marg, gleich nördlich des **Bahnhofs** von New Delhi, markieren die Grenze zwischen den beiden Stadtteilen. Das **Rote Fort** und die **Jamia Masjid** mit der alten Prachtstraße Chandni Chowk bilden die Wahrzeichen von Old Delhi, welches im Kern mit der von *Shah Jahan* im 17. Jh. erbauten siebten Hauptstadt übereinstimmt. **Pahar Ganj,** ein besonders bei Individualtouristen beliebtes Basar-Viertel mit unzähligen Hotels, welches sich westlich an die New Delhi Railway Station anschließt, bildet eine Art Puffer zwischen New und Old Delhi.

Dreh- und Angelpunkt von New Delhi ist der vor einigen Jahren in **Rajiv Chowk** umbenannte, kreisrunde **Connaught Place,** von dem acht Ausfallstraßen in alle Himmelsrichtungen abzweigen. Der nach Süden abzweigende Janpath, die bekannteste Verbindungsstraße, führt in das Anfang dieses Jahrhunderts von den Briten angelegte Regierungsviertel. **Rajpath,** eine breite, von weitläufigen Grünanlagen gesäumte Prachtstraße, verbindet den auf einem Hügel erbauten **Präsidentenpalast Rashtrapati Bhawan** mit dem All India War Memorial oder **India Gate,** wie es üblicherweise genannt wird, einer Art Arc de Triomphe von Delhi. Verglichen mit dem ebenso quirligen wie chaotischen Old Delhi wirkt dieser Bereich wie eine gepflegte Gartenstadt. Dies gilt insbesondere für die sich südlich an das Regierungsviertel anschließenden feinen Wohngegenden wie Lodi Colony, Defense Colony und Haus Khas. Hier befindet sich auch eine Reihe von exquisiten Hotels, Restaurants und Geschäften. Westlich davon liegt das elegante **Diplomatenviertel Chanakyapuri,** wo die meisten Botschaften angesiedelt sind. Noch einmal 23 km weiter südwestlich befindet sich der **Indira-Gandhi-Flughafen.**

Südwestlich Delhis in dem ehemaligen Dorf **Gurgaon** und damit eigentlich schon außerhalb der Stadtgrenzen in Haryana wird seit einigen Jahren eine **neue Stadt** aus Stahl, Glas und Beton in atemberaubender Geschwindigkeit aus dem Boden gestampft, deren Hochhäuser schon jetzt ein neues Wirtschafts- und Finanzzentrum vor den Toren der Stadt bilden. Hier haben inzwischen fast alle **Fluggesellschaften** ihre Büros.

Geschichte

Etwas salopp formuliert, könnte man sagen, dass Delhi gar nicht anders konnte, als zur bedeutendsten Stadt des indischen Subkontinents aufzusteigen. Die seit Anfang des 10. Jh. vom Norden her einfallenden islamischen Eroberer aus Zentralasien mussten zwangsläufig durch dieses schmale Nadelöhr zwischen der Wüste Thar im Südwesten und den Himalayaketten im Nordosten, um in die fruchtbare Ebene des Ganges und Yamuna, die unmittelbar südlich von Delhi beginnt, zu gelangen. Aus dieser quasi naturbedingten **Schlüsselposition** leitet sich auch ihr ursprünglicher **Name Dilli** (Schwelle) ab. Hatte man diese Stadt erobert, war man gleichzeitig Herr über die strategische Schlüsselstellung des Landes und hatte damit den entscheidenden Grundstein seiner Macht gesetzt. Da ist es nur geschichtlich korrekt, wenn die Stadt im Zeichen ihrer linguistischen Entkolonialisierung seit ein paar Jahren wieder offiziell ihren alten Namen trägt.

Obwohl sie als Indraprastha bereits im „Mahabharata" erwähnt wurde, erlangte die Stadt erst mit der Eroberung durch den afghanischen Feldherrn *Mohammed-e-Ghur* (1150–1206 n. Chr.), der hier seine neue **Hauptstadt** errichtete, wirkliche historische Bedeutung. Auffälligstes Zeugnis dieser Epoche ist die 13 km südlich der heutigen Stadt gelegene Siegessäule Qutb Minar, die der erste Sultan Delhis errichten ließ. Dies war jedoch nur die erste von insgesamt sechs weiteren Hauptstädten, die die islamischen Herrscher während der folgenden sieben Jahrhunderte im Großraum Delhi errichteten.

Allah-ud-Dhin, dritter Herrscher der Khalji-Dynastie und Sultan Delhis von 1296 bis 1321, gründete mit **Sirri** die zweite Hauptstadt. Die ersten drei Herrscher aus der darauffolgenden Thuglaq-Dynastie, einem ursprünglich aus der Türkei stammenden Volk, errichteten zwischen 1321 und 1388 mit **Thuglaqabad, Jahanpanah** und **Firuzabad** die Hauptstädte drei bis fünf. Es vergingen weitere 200 Jahre, bis der afghanische Feldherr *Sher Shah* (1540–1545), der den zweiten Großmogul *Humayun* besiegt hatte, mit **Purana Qila** die sechste Hauptstadt innerhalb der Grenzen Delhis errichten ließ. 1638 legte *Akhbars* Enkel *Shah Jahan* mit dem Bau des Roten Forts und der zwölf Jahre später errichteten Jamia Masjid, der größten Moschee Indiens, den Grundstein für **Shahjahanbad,** die siebte Hauptstadt, deren Grenzen mit denen des heutigen Old Delhi übereinstimmen. Da er jedoch von seinem Sohn *Aurangzeb* 1658 abgesetzt und gefangengenommen wurde, konnte er seinen ursprünglichen Plan, die Hauptstadt von Agra nach Delhi zu verlegen, letztlich nicht verwirklichen.

Nach dem fehlgeschlagenen Versuch Aurangzebs, die Grenzen des Reiches auch auf Südindien zu erweitern, verfiel die Macht der Moguln zunehmend. Das hierdurch entstandene **Machtvakuum** nutzten wiederum beutehungrige Feldherrn aus dem

Norden, um die Schatzkammer Delhi zu plündern. So entführte der Perser *Nadir Shah,* nachdem er die Stadt 1739 erstürmt hatte, den unermesslich wertvollen Pfauenthron aus dem Roten Fort. Sein Nachfolger *Ahmed Shah Durani* überfiel die ehemalige Mogul-Hauptstadt sogar dreimal innerhalb weniger Jahrzehnte.

Nach einem kurzen Intermezzo durch die Marathen schwangen sich schließlich die **britischen Kolonialherren** 1803 als die neuen Statthalter Delhis auf. Vom 11. Mai bis 17. Dezember 1857 war Delhi dann ein letztes Mal Mittelpunkt blutiger Machtkämpfe, als die Stadt von meuternden indischen Soldaten während der ersten Unabhängigkeitsschlacht in ihre Gewalt gebracht wurde. Nach erheblichen Verlusten auf beiden Seiten konnten die Briten noch einmal die Oberhand behalten.

1911, nachdem sie die Hauptstadt Britisch Indiens von Kalkutta nach Delhi verlegt hatten, begannen sie damit, **New Delhi,** die achte und vorläufig letzte Hauptstadt, innerhalb weniger Jahre aus dem Boden zu stampfen. Dabei gehört es zu den vielen ironischen Kapiteln der Weltgeschichte, dass sie gerade zu einem Zeitpunkt mit dem Bau der Stadt begannen, als Gandhis Bewegung der Nichtzusammenarbeit die Grundlagen ihres Imperiums zunehmend in Frage stellte.

Unmittelbar nach Erlangung der **Unabhängigkeit** stand zur Debatte, ob die Hauptstadt der Republik nicht an einen anderen, zentraler gelegenen Ort verlegt werden sollte. Delhi liegt nur 350 km von der pakistanischen Grenze entfernt, und die enormen Spannungen zwischen diesen beiden Erzfeinden, die sich später in zwei Kriegen entluden, ließen diese geografische Nähe äußerst problematisch erscheinen. Außerdem benötigte das indische Punjab eine neue Hauptstadt, da dessen frühere Hauptstadt Lahore nach der Teilung des indischen Subkontinents nun zu Pakistan gehörte. So hätte es sich angeboten, das von den Flüchtlingen aus Westpunjab überschwemmte Delhi zur neuen Landeshauptstadt des Punjab zu erklären. Letztlich ließ man jedoch wegen der zu erwartenden Kosten und aus Traditionsgründen von den Plänen ab und stampfte stattdessen die postmoderne Retortenstadt Chandigarh als neue Hauptstadt des Punjab aus dem Boden. Die meisten der Flüchtlinge blieben jedoch in Delhi und gelten heute als die führenden Geschäftsleute der Hauptstadt.

Sehenswertes

Stadtführungen

Da die meisten Touristen nur kurze Zeit in der Hauptstadt Indiens bleiben und zudem die Hauptsehenswürdigkeiten recht weit über das Stadtgebiet versteut liegen, ist eine Stadtrundfahrt sicherlich die bequemste Möglichkeit, in kurzer Zeit viel zu sehen. Bei den im folgenden Abschnitt genannten Preisen sind die Eintrittsgelder zu den Sehenswürdigkeiten nicht enthalten.

Delhi Tourism & Transport Development Corporation (**DTTDC,** Baba Kharak Singh Marg, ca. 100 m westlich des Connaught Place, Tel.: 55390009, 23363607, www.delhitourism.nic.in, 7–21 Uhr, am internationalen

Unterkunft
1 Tibetan Colony (Wongdhen House, Peace House, Lhasa House, White House)
2 The Maidens
4 Bajaj Indian Home Stay
7 Master G.H.
9 Shanti Home
11 ITC Maurya
12 Hotel Taj Palace
20 Amarya Villa
21 Zenith Inn, Radisson Blu Delhi
23 Chhoti Haveli
26 Amarya Haveli
28 Svelte

Essen und Trinken
3 Saravana Bhavan
11 Bukhara Rest.
17 Gourmet Gallery, Tasveer, Whispering Bamboo
19 Geoffrey's
24 Olive
25 Gunpowder, Kunzum Travel Café

Nachtleben
2 Cavalry Bar
8 24/7
11 Jazz Bar
12 My Kind of Place
17 On the Rocks, Lizard Lounge
22 Haze
25 TLR

Verkehr
3 Inter State Bus Terminus (ISBT)
6 Jhandewalan Cycle Market
10 ISBT Sarai Kale Khan

Einkaufen
5 Karol Bagh Market
13 Dilli Haat Market
14 INA Market
15 South Extension Market I
16 South Extension Market II
18 Ansal Plaza
27 Select Citywalk Mall

Flughafen: 25675609, 8–21 Uhr) bietet täglich zwei Stadtrundfahrten in klimatisierten Bussen an. Beide zusammen kosten 310 Rs, jeweils nur eine Hälfte 207 Rs. Die **Vormittagstour** von 9 bis 13.30 Uhr mit Gandhi Smriti, Laxmi-Narayan-Tempel, Bahai-Tempel (außer sonntags, dann stattdessen Sadar-Jung-Grabmal) und Qutb Minar. Das Regierungsviertel mit dem Rashtrapati Bhawan wird nur im Vorbeifahren gestreift.

Die **Nachmittagstour** (14.15–17.15 Uhr) umfasst Lal Qila (Rotes Fort, außer Mo, dann Purana Qila/Old Fort), Jama Masjid (Blick vom Roten Fort), Raj Ghat und Humayun's Grab. Shakti Sthal und Feroz Shah Kotla werden nur im Vorbeifahren besichtigt. Wie zu erkennen, ist Montag, besonders für die Nachmittagstour, nicht der ideale Tag für die Stadtrundfahrt. Eintrittspreise zu den Sehenswürdigkeiten und eventuelle Gebühren für Kamera/Video sind nicht im Preis enthalten. Die Touren starten an der Baba Kharak Singh Marg.

Eine neue **Hop-on-Hop-off-Tour** vom DTTPC verkehrt täglich außer Mo im 30-Minuten-Abstand zwischen 7.30 und 20 Uhr und passiert alle wichtigen Sehenswürdigkeiten Delhis (300 Rs, Tel.: 1280).

Außerdem gibt's dreimal wöchentlich eine **Tagestour** (7 bis 22 Uhr, inkl. Frühstück und Abendtee) nach **Agra** im klimatisierten Bus (1.130/980 Rs Erw./Kind, auch hier sind die Eintrittspreise extra zu zahlen) mit Taj Mahal, Rotem Fort in Agra sowie Sikandra. Eine kombinierte, dreitägige **Agra-Jaipur-Tour** per Bahn findet zweimal wöchentlich (Di und Fr um 7 Uhr) statt und kostet inkl. Unterkunft und Verpflegung 4.800/4.350 Rs (Erw./Kind). Tickets für die genannten Touren können auch am internationalen Flughafen (Tel.: 2575609, 8–21 Uhr) gekauft werden.

Von DTTPC wird zudem eine **Abendtour** speziell zu beleuchteten Sehenswürdigkeiten veranstaltet (tgl. außer Mo, 150 Rs, 19 bis 22.30 Uhr), die auch die Sound & Light Show des Roten Forts beinhaltet. Alle Touren starten vom Central Reservation Office und werden in klimatisierten Bussen durchgeführt. DTTDC hat viele weitere Büros in der Stadt, die unten im Abschnitt „Information" aufgelistet sind.

Etwa zweistündige **Fußwanderungen** (50 Rs, Bezahlung vor Ort, Start Sa und So um 8 Uhr) von Intach Delhi Chapter (Tel.: 24641304, 24632262, www.intachdelhichapter.org) unter kundiger Führung durch verschiedene Teile Delhis, die „Heritage Walks", sind eine interessante Erfahrung. Neben Old Delhi werden auch andere Stadtviertel wie Hauz Khas, Nizamuddin oder Lodi-Gärten im Süden Sa bzw. So erwandert. Außerdem können Wunschtouren arrangiert werden, diese müssen etwa eine Woche im Voraus angemeldet werden.

Frühmorgens, wenn der Verkehr dies noch nicht unmöglich macht, startet **Delhi by Cycle** (Tel.: (0)9811723720, www.delhibycycle.com) mehrere **Fahrradtouren:** einmal die „Shah Jahan Tour" (inkl. *chai* und *Mughal breakfast,* Dauer 3 Std.) durch die Gassen von Old Delhi, dann die „Yamuna Tour", die auch eine Bootsfahrt auf dem Yamuna einschließt. Desweiteren die „Raj Tour", die sowohl Old Delhi als auch New Delhi umfasst. Alle Fahrradausflüge kosten 1.450 Rs. Treffpunkt: 6.30 Uhr an der Asaf Ali Rd. gegenüber dem Delite Cinema am Südrand von Old Delhi nahe dem Turkman Gate in einem Parkhaus.

Außerdem werden zum gleichen Preis 2x tgl. etwa 15 km weite **Radausflüge** (6.30 und 13.45 Uhr) durch Süd-Delhi u.a. inkl. Khan Market, Lodi Garden und durch das faszinierende Viertel Nizamuddin angeboten. Treffpunkt hierfür ist in Nizamuddin 300 m westlich des Bahnhofs Nizamuddin, nicht ganz leicht zu finden beim Inayat Khans Dargarh.

Das **Hope Project** (T127 Hazrat Nizamuddin, Tel.: 24353006, www.hopeprojectindia.org) offeriert 90-minütige **Fußwanderungen durch Nizamuddin** im Südosten Delhis. Da hier Einblicke in wenig touristische, traditionelle Gebiete gewährt werden, ist zurückhaltende Kleidung angeraten. Nimmt man freitags teil, sollte man sich im Anschluss beim Dargarh die faszinierenden abendlichen Qawwali-Gesänge der Sufis nicht entgehen lassen. Die Erlöse der Wanderungen unterstützen das Hope Project.

Ein weiteres Charity Project ist **Salaam Baalak Trust** (Gali Chandiwali, Pahar Ganj, Tel.: 23584164, (0)9910099348, www.sa

laambaalaktrust.com/street_walk_delhi.asp, Mo–Sa ab 10 Uhr) in Pahar Ganj. Das Besondere dieser zweistündigen Ausflüge ebenfalls per pedes ist der Umstand, dass sie von **ehemaligen Straßenkindern** geleitet werden, die, vom Trust ausgebildet, einen Einblick in ansonsten von Touristen nicht erlebbare Lebensumstände geben. Slums werden nicht betreten. Auch hier geht der Erlös (etwa 200–300 Rs sollte man spenden) an die Organisation.

Highlight: Rotes Fort (Lal Qila)

„Wenn es ein Paradies gibt, ist es hier, ist es hier, ist es hier." Diesen Spruch ließ *Shah Jahan* in der Mitte des von ihm erbauten und 1648 nach neunjähriger Bauzeit fertig gestellten Lal Qila oder Roten Forts anbringen. Zweifellos gehört diese gewaltige **Festungsanlage** aus rotem Sandstein am östlichen Ufer des Yamuna zu den Prunkstücken des Mogul-Reiches.

Vom unvorstellbaren Reichtum und märchenhaften Glanz, den die Gebäude einmal ausstrahlten, ist heute jedoch nur wenig erhalten geblieben. Bei den wiederholten Beutezügen nach dem Tod des letzten Großmogul *Aurangzeb* 1707 wurde alles mitgenommen, was nicht niet- und nagelfest war. Die mangelhafte Instandhaltung seitens der indischen Behörden ist ein weiterer Grund für den reichlich verblichenen Glanz vergangener Tage. So verlassen die meisten der täglich über 10.000 Besucher dieses meistbesuchte Bauwerk Delhis weit weniger euphorisch, als sie es beim Anblick der von außen imposanten Anlage betreten hatten.

Obwohl das Fort mit einer Breite von 360 m und einer Länge von 1,2 km weitaus größer ist als jenes in Agra, wirkt es mit seiner riesigen, fast 2,5 km langen, von geschwungenen Zinnen und Türmen umlaufenen Festungsmauer wegen seiner flachen Lage eher zierlich und elegant. Dieser Eindruck bestätigt sich im Inneren, wurde das Rote Fort doch von Shah Jahan großzügig und wie aus einem Guss geschaffen, während sein Äquivalent in Agra während der Regierungszeit mehrerer Herrscher entstand und viele ineinander verschachtelte Gebäude aufweist. Insgesamt wirkt das Lal Qila eher wie eine befestigte Palastanlage und unterscheidet sich so von den Trutzburgen früherer Jahre.

Hierin spiegelt sich das gewachsene **Selbstbewusstsein der Großmoguln,** die es sich im Bewusstsein ihrer über ein Jahrhundert gefestigten Machtposition nun leisten konnten, neben den militärischen Notwendigkeiten auch ihre künstlerischen Ambitionen zu verwirklichen. Hierzu trug vor allem der für Shah Jahan so charakteristische, von Eleganz und Harmonie geprägte Kunstgeschmack mit seiner Vorliebe für weißen Marmor als Baumaterial bei, der seine perfekteste Ausprägung im fünf Jahre später fertiggestellten Taj Mahal fand. Nur etwa 20 % der Anlage sind heute der Öffentlichkeit zugänglich, der große Rest wird von öffentlichen Verwaltungen und der indischen Armee beansprucht.

Der Zugang zum Lal Qila erfolgt durch das **Lahore Gate,** benannt nach der heute in Pakistan gelegenen

Hauptstadt des ehemaligen Punjab. Von hier führt der Weg in den Arkadengang **Chatta Chowk.** Früher diente dieser kleine Basar den Hofdamen als willkommene Abwechslung in ihrem sonst recht eintönigen, von der Außenwelt abgeschlossenen Leben. Waren damals Juwelen und Saris die begehrtesten Kaufobjekte, werden heute entsprechend der veränderten Käuferschicht Getränke, Filme und Souvenirs feilgeboten. Was geblieben ist, sind die fürstlichen Preise.

Das sich anschließende dreigeschossige **Trommelhaus** (Nagaar Khana) bildete das Eingangstor zum eigentlichen Palastbereich. Sein Name rührt daher, dass hier täglich fünfmal zu festgesetzten Zeiten eine Willkommensmelodie gespielt wurde. Alle Besucher mussten ihre Elefanten oder Pferde zurücklassen, bevor sie ins Palastinnere weitergehen durften. Die deutlich erkennbaren Blumenornamente an den roten Sandsteinwänden waren früher mit Goldfarbe bemalt. Im oberen Stock ist heute das **Indian War Museum** untergebracht (geöffnet täglich außer Fr 10–17 Uhr).

Die offene **Gartenanlage** zwischen dem Trommelhaus und der dahinter gelegenen öffentlichen Empfangshalle

Spaziergang vom Roten Fort zur Jamia Masjid

Eine pralle Mischung berstender Geschäftigkeit, inbrünstiger Religiosität und der chaotischen Fülle des indischen Alltagslebens – all dies bietet der etwa 3 km lange Spaziergang vom Haupteingang des Roten Forts entlang der alten Prachtstraße **Chandni Chowk** und ihrer Seitenstraßen zur großen Freitagsmoschee, der Jamia Masjid, zwei Stunden „Indien pur", die man sich nicht entgehen lassen sollte.

Hat man die täglich von Tausenden stinkender und hupender Fahrzeuge befahrene Netaji Subash Marg lebend überquert, trifft man an der linken (südwestlichen) Ecke des Chandni Chowk auf den **Digambara-Jain-Tempel.** Die Statue von *Mahavira,* dem Gründer der Religionsgemeinschaft, steht im bunt ausgeschmückten ersten Stock. Auf dem Tempelgelände findet sich auch ein **Vogel-Krankenhaus,** welches das (alle Lebewesen betreffende) höchste Glaubensgebot der Jains, Gewaltlosigkeit und Nächstenliebe, auf beeindruckende Weise in die Tat umsetzt.

Bei den gleich nebenan unter den Arkaden des Chandni Chowk von Straßenverkäufern angebotenen Devotionalien und Blumen decken sich die Gläubigen für den Besuch des **Gauri-Shankar-Tempels** ein. Im Inneren des Shiva-Tempels tritt einem die bunte Vielfalt der indischen Götterwelt entgegen. Auf dem weißen Marmorstuhl im Innenhof soll sich der hochverehrte Hindu-Heilige *Bhagwat Swaroup* fünfzig Jahre aufgehalten haben. Ein Foto und seine Sandalen erinnern an den Geistlichen.

Weiter entlang des Chandni Chowk, der in der Mogulzeit von einem Kanal durchzogen und von repräsentativen Kaufmannshäusern und Gärten flankiert war, vorbei an der Esplanade Road, zweigt gegenüber dem von großen Filmplakaten überragten Kumar-Kino die kleine **Gasse Dariba Kalan** ab. Der Name („Straße des unvergleichlichen Diamanten") ist noch heute aktuell, werden hier doch seit *Shah Jahans* Zeiten in erster Linie **Gold und Juwelen** verkauft. Die Verarbeitung der nach

Diwan-e-Am war einst von einem Gebäudekarree eingefasst, das jedoch den erbitterten Kämpfen des Februaraufstands 1857 zum Opfer fiel. Auf einem Marmorthron sitzend, der von einem hübschen Dach überspannt wird, hielt der Herrscher öffentliche Audienzen ab und nahm Beschwerden entgegen. Die sehr schönen Einlegearbeiten, die die Wände hinter dem Thron schmücken und von dem florentinischen Künstler *Urstin de Bourdeaux* stammen sollen, wurden erst 1903 auf Befehl des Vizekönigs *Lord Curzon* wieder hier platziert, nachdem sie zuvor mehrere Jahre im Victoria and Royal Albert Museum in London ausgestellt waren.

Hat man den Diwan-e-Am hinter sich gelassen, gelangt man auf eine große **Rasenfläche,** an deren östlichem Ende sich von Süd nach Nord mit dem Rücken zur Fortmauer fünf Gebäude reihen.

Im **Mumtaz Mahal,** einem aus insgesamt sechs Räumen bestehenden Marmorpalast, der früher den Haremsdamen diente, ist heute ein archäologisches Museum aus der Mogul-Zeit untergebracht. Leider schenken nur die wenigsten Besucher den zum Teil hervorragenden, aber leider auch ver-

Gewicht berechneten Steine lässt meist zu wünschen übrig, doch für das „eye shopping" ist die Gasse sicherlich interessant.

Wieder zurück zum heutzutage von Menschen, Verkehr und Abgasen überfluteten Chandni Chowk, ist der **Sikh-Tempel Sisganj Gurudwara** bereits das dritte Gotteshaus von unterschiedlichen Religionsgemeinschaften, welches man auf kurzer Strecke finden kann – ein anschauliches Beispiel für den ethnischen und religiösen Schmelztiegel Alt-Delhis. Dass dieses unmittelbare Nebeneinander verschiedener Religionsmeinschaften immer wieder Anlass für blutige Auseinandersetzungen war, zeigt die Tatsache, dass das Gotteshaus an jener Stelle errichtet wurde, wo der 10. Sikh-Guru auf Anweisung Aurangzebs exekutiert worden war. Die von tiefer Religiosität gekennzeichnete Atmosphäre im Inneren des Tempels, in dem ohne Unterbrechung aus dem heiligen Buch der Sikhs rezitiert wird, lohnt auf jeden Fall einen Besuch.

Der schräg gegenüber gelegene Fountain Chowk verdeutlicht, dass auch die Europäer ihre Herrschaft auf Gewalt gründeten. Hier ließen die Briten 1857 zum Zeichen ihres Sieges und des Endes der Mogul-Dynastie zwei Körper zur Schau stellen: die des Sohnes und des Enkels des letzten Mogul-Herrschers, beide waren von ihnen getötet worden.

Bevor man in den südlich vom Chandni Chowk abzweigenden Kinari Bazaar abbiegt, sollte man noch bei dem etwa 50 m davor befindlichen **Ghantewala Sweet Shop** anhalten. Der Ende des 18. Jh. eröffnete Laden, in dem immer noch die Originalrezepte für Süßes aus der Mogulzeit Verwendung finden sollen, gilt als der beste seiner Art in Delhi.

Folgt man dem mit bunt ausstaffierten Geschäften flankierten **Kinari Bazaar,** der ersten Adresse in Delhi für Hochzeits-Accessoires, bis zum Ende, so befindet man sich wieder auf etwa halber Länge des Dariba Kalan, von wo es nur noch wenige Minuten zur **Jamia Masjid** sind.

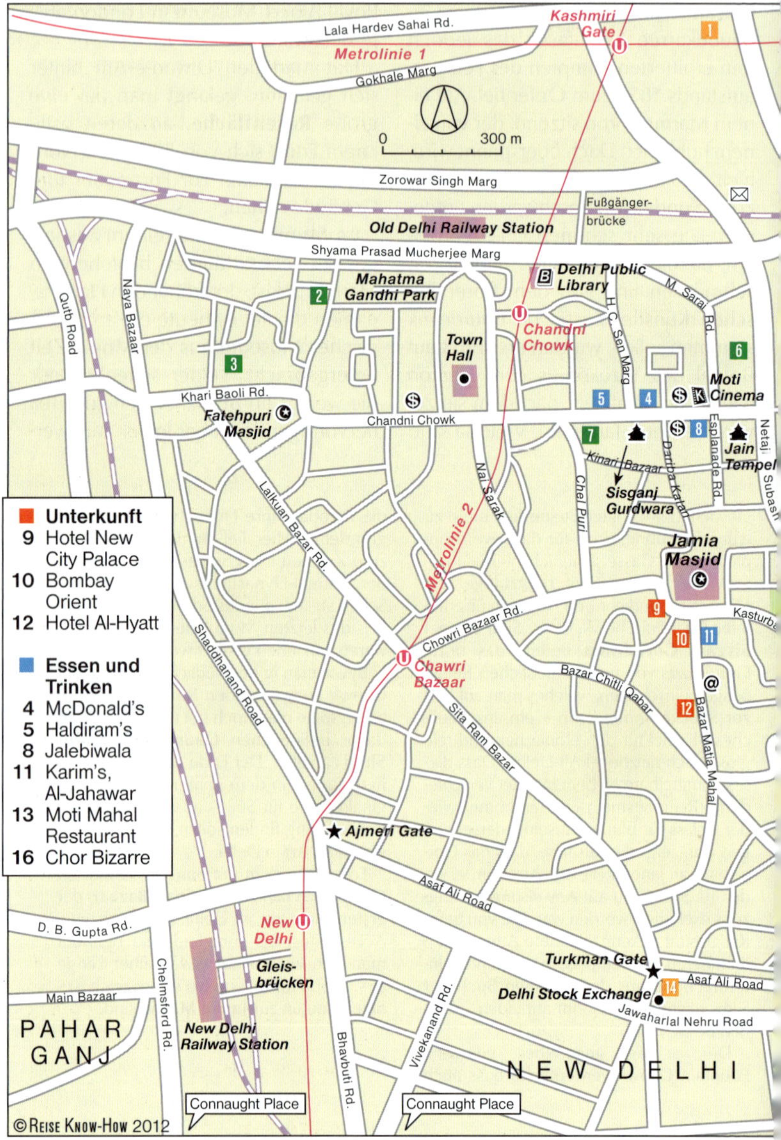

Lala Hardev Sahai Rd.
Kashmiri Gate
Metrolinie 1
Gokhale Marg
0
300 m
Zorowar Singh Marg
Fußgänger-brücke
Old Delhi Railway Station
Shyama Prasad Mucherjee Marg
Mahatma Gandhi Park
Delhi Public Library
M. Saraj Rd.
Qutb Road
Naya Bazaar
H. C. Sen Marg
Chandni Chowk
Town Hall
Moti Cinema
Khari Baoli Rd.
Fatehpuri Masjid
Chandni Chowk
Kinari Bazaar
Dariba Kalan
Esplanade Rd.
Jain Tempel
Netaji Subash
Nai Sarak
Chel Puri
Sisganj Gurdwara
Lalkuan Bazar Rd.
Metrolinie 2
Jamia Masjid
Kasturba
Chowri Bazaar Rd.
Shaddhanand Road
Chawri Bazaar
Bazar Chitli Qabar
Sita Ram Bazar
Bazar Matia Mahal
Unterkunft
9 Hotel New City Palace
10 Bombay Orient
12 Hotel Al-Hyatt
Essen und Trinken
4 McDonald's
5 Haldiram's
8 Jalebiwala
11 Karim's, Al-Jahawar
13 Moti Mahal Restaurant
16 Chor Bizarre
Ajmeri Gate
Asaf Ali Road
D. B. Gupta Rd.
New Delhi
Gleis-brücken
Turkman Gate
Asaf Ali Road
Delhi Stock Exchange
Jawaharlal Nehru Road
Main Bazaar
Chelmsford Rd.
Vivekanand Rd.
PAHAR GANJ
New Delhi Railway Station
Bhavbuti Rd.
NEW DELHI
Connaught Place
Connaught Place
©Reise Know-How 2012

nachlässigten Exponaten der einzelnen Großmoguln von *Babur* bis *Aurangzeb* genügend Beachtung.

In der Mitte des auf einer erhöhten Plattform gelegenen **Rang Mahal,** der ebenfalls für die Konkubinen des Herrschers erbaut wurde, steht ein Marmorbrunnen der von den Wassern des sogenannten Paradiesflusses gespeist wurde. Dieser mit Rosenwasser gefüllte Nahir-e-Bihisht zog sich vom Rang Mahal bis zum Hammam im Norden durch alle Gebäude. Auch von den ursprünglich die Innenwände schmückenden Wandbemalungen – daher sein Name „Palast der Farben" – ist kaum etwas erhalten.

Der **Privatpalast** (Khas Mahal) diente dem Herrscher als Schlaf-, Wohn- und Gebetshaus. Vom sich an die östliche Wand anschließenden achteckigen **Turm** (Muthamman Burj) zeigte sich *Shah Jahan* jeden Morgen, bevor er seine Amtsgeschäfte aufnahm.

Am meisten Fantasie, um die ehemalige Pracht wieder hervorzuzaubern, benötigt der Besucher in der Halle der Privataudienz **Diwan-e-Khas.** Hier ließ Shah Jahan auch jenen eingangs zitierten Spruch anbringen. Das ehemalige Schmuckstück des Forts, den legendären **Pfauenthron** aus purem Gold, Juwelen und einen dahinter platzierten Papagei aus reinem Smaragd entführte der Perser *Nadir Shah* nach seiner Erstürmung Delhis im Jahre 1739. Er diente seitdem den Schahs von Persien als Thron.

Aus dem Brunnen der nördlich die Palastreihe abschließenden **königlichen Bäder** (Hammam) soll einst Rosenwasser gesprudelt sein. Erwähnenswert ist noch die von Shah Jahans Nachfolger Aurangzeb erbaute **Perl-Moschee** (Moti Masjid) mit ihren drei ursprünglich kupferverzierten Kuppeln. *Aurangzeb* war es auch, der seinen Vater kurz vor Vollendung der Bauarbeiten absetzte und im Roten Fort von Agra einkerkerte. Seinem Traum vom Paradies war damit ein abruptes Ende beschieden.

• **Öffnungszeiten:** Geöffnet ist das Fort 9–18.30 Uhr außer Mo, Eintritt: 250 Rs, Video 25 Rs. Eine interessante einstündige Ton- und Dia-Show (60 Rs), die die ereignisreiche Geschichte des Roten Forts nachzeichnet, findet tgl. um 19.30 Uhr (Nov. bis Jan.), 20.30 Uhr (Feb. bis Apr.) bzw. 21 Uhr (Mai bis Aug.) in englischer Sprache statt. Metrostation Chandni Chowk.

Sunehri Masjid

Wenige Meter südlich des Roten Forts an der Netaji Subash Marg war auch die Sunehri Masjid Schauplatz der von religiöser Intoleranz geprägten Geschichte Delhis. Auf dem Dach der im 18. Jh. erbauten **Moschee** soll der persische Feldherr *Nadir Shah* 1739 nach der Eroberung der Hauptstadt gestanden haben, um das Massakrieren der Bevölkerung durch seine Soldaten zu beobachten.

Highlight: Jamia Masjid

Keine Kosten und Mühen scheute Akhbars Enkel Shah Jahan während seiner dreißigjährigen Amtszeit, um seine große Leidenschaft, die Architektur, mit gewaltigen Bauwerken in die Tat umzusetzen. Ob die enormen Kosten, die dieses Hobby verschlang, nicht für sinnvollere Zwecke hätten eingesetzt werden können, bleibt dahingestellt, doch unzweifelhaft verdankt die Nachwelt dem fünften und vorletzten Großmogul einige der großartigsten Monumente der Mogul-Herrschaft. Hierzu zählt zweifelsohne auch die aus rotem Sandstein gefertigte Jamia Masjid, die Shah Jahan nach sechsjähriger Bauzeit und einem Kostenaufwand von 1 Mio. Rupien 1650 einweihen konnte.

Unübersehbar überragt diese nur knapp einen Kilometer südwestlich des Roten Forts gelegene, **größte Moschee Indiens** die quirligen Basarviertel Old Delhis. Durch ihre herausragende Platzierung auf einem kleinen Felsen wirkt sie noch imposanter, als sie es mit ihren 40 m hohen Minaretten ohnehin schon ist.

Eine breite Freitreppe, von deren Stufen sich einem ein schöner Blick zurück auf das Fort bietet, führt zu ihr empor. Hat man das gewaltige Eingangstor durchquert, befindet man sich im 90 x 90 m großen Innenhof, der über 20.000 Gläubigen Platz bietet. Das Bild der auf der Westseite gelegenen 21 x 27 m großen Gebetshalle mit ihren aus schwarzem und weißem Marmor gestalteten Kuppeln und ihren elf Bögen erinnert in seiner Mischung aus Größe und Leichtigkeit an das Taj Mahal.

Für 100 Rs besteht die Möglichkeit, das südliche Minarett zu besteigen, von wo sich ein **beeindruckender Blick** über New Delhi und Old Delhi bietet. Allerdings auch nur dann, wenn

der Zugang nicht mal wieder aus Sicherheitsgründen gesperrt ist oder, was mindestens ebenso häufig der Fall ist, der Smog die Aussicht vernebelt. Hier holen zwei der größten Probleme des neuzeitlichen Indien die große Mogul-Vergangenheit wieder ein: Terrorismus und Umweltverschmutzung.

• **Öffnungszeiten:** Grundsätzlich empfiehlt sich der Besuch der Moschee am Vormittag (8.30–12.30 Uhr, nachmittags 13.45 bis kurz vor Sonnenuntergang), da Nicht-Moslems am Nachmittag während der Gebete häufig vor verschlossenen Türen stehen. Frauen haben zum Minarett (geöffnet 9–17.30 Uhr) – aus welchen Gründen auch immer – nur in Begleitung eines Mannes Zutritt. Eintritt 200 Rs. Gelegentlich werden an den Toren trotz angemessener Kleidung den ganzen Körper bedeckende Umhänge verkauft. Dies scheint eher als Einkommensquelle zu dienen, als religiöse Zwecke zu erfüllen. Metrostation Chawri Bazaar.

Raj Ghat

Nur wenige Gehminuten vom Roten Fort und der Jamia Masjid entfernt liegt in einer sehr schön gepflegten, langgestreckten Parkanlage am Ufer des Yamuna die **Gedenkstätte** für die politischen Führer des unabhängigen Indiens. *Jawaharlal Nehru,* Indiens erster Premierminister, wurde 1964 im Shanti Vani (Friedenspark) verbrannt, seine Tochter *Indira Gandhi* und ihre

Tägliches Ritual: Straßentempel in Delhi

beide Söhne *Rajiv* und *Sanjay Gandhi* etwas weiter südlich hiervon. Ein schlichter, schwarzer Marmorblock am südlichen Ende des Parks markiert die Stelle, an der *Mahatma Gandhi,* Indiens große Seele, nach seiner Ermordung 1948 beigesetzt wurde. Jeden Freitag, dem Wochentag seines Todes, findet im Raj Ghat eine kleine Gedenkfeier statt. Wie jedoch die das angenehm bescheidene Monument überragenden riesigen Schornsteine eines ganz in der Nähe gelegenen Kraftwerks nur allzu deutlich dokumentieren, wird hier eines Mannes gedacht, dessen Ideale im heutigen Indien kaum noch etwas gelten.

Gegenüber befindet sich das **National Gandhi Museum** (Tel.: 23311793, Eintritt frei) mit Erinnerungsstücken und Fotos aus dem Leben *Gandhis.*

● **Öffnungszeiten** (beide): täglich außer Mo 9.30–17.30 Uhr.

Feroz Shah Kotla

Vom Raj Ghat etwa 500 m weiter Richtung Süden auf der anderen Seite der Mahatma Gandhi Road finden sich die Überreste jener fünften Hauptstadt **Firnzabad,** die *Feroz Shah* aus der Thuglaq-Dynastie 1354 errichten ließ. Viel ist jedoch heute nicht mehr zu bewundern, da die Steine des Forts in späteren Jahrhunderten als Baumaterial für andere Bauwerke verwendet wurden. Neben den Überresten einer großen Moschee und eines schönen Brunnens ist die 13 m hohe Verdiktsäule Kaiser Ashokas zu sehen, die Feroz Shah im 14. Jh. von Ambala im heutigen Punjab hierher transportieren ließ.

● **Eintritt:** 100 Rs, Video 25 Rs, Sonnenauf- bis Sonnenuntergang geöffnet.

Connaught Place (Rajiv Chowk)

Hat man die beschriebenen Sehenswürdigkeiten hinter sich gelassen, gelangt man nun zu dem am nördlichen Ende New Delhis gelegenen Connaught Place, dem ökonomischen und touristischen **Zentrum der Stadt.** Zum Gedenken an den bei einem Attentat ums Leben gekommenen früheren Ministerpräsidenten wurde er in Rajiv Chowk umbenannt, die meisten verwenden jedoch weiterhin den alten Namen. Zunächst fällt es sicherlich schwer, sich auf dem riesigen, kreisrunden Platz mit seiner Einheitsarchitektur zurechtzufinden.

Am besten orientiert man sich an der Aufteilung in zwölf Blöcke, wobei die Buchstaben A bis F den inneren Kreis und die von G bis N den äußeren bezeichnen. Eine weitere Orientierungsmöglichkeit bieten die insgesamt acht **sternförmig** vom Platz in alle Himmelsrichtungen verlaufenden Straßen.

Schon die exakte Einteilung lässt erkennen, dass man sich nicht mehr im chaotischen, typisch indischen Old Delhi, sondern im von den Briten am Reißbrett genauestens durchgeplanten New Delhi befindet. Wie es sich für das an Klarheit und Effizienz orientierte mitteleuropäische Denken gehört, ist hier alles wohlgeordnet, alles an seinem Platz. Auch die unzähligen noblen Geschäfte, Banken und Restaurants wirken eher europäisch denn indisch, alles ist nur vom Feinsten. *It's a rich man's world,* und so finden sich hier fast ausschließlich westliche Touristen und Mitglieder der indischen Mittel- und Oberschicht.

Auf den Gehwegen unterhalb der Arkadengänge des inneren Zirkels finden sich zahlreiche **Bücher- und Zeitschriftenstände,** bei denen es nicht nur z.T. erstaunlich anspruchsvolle Literatur zu kaufen gibt, sondern auch Zeitschriften und Magazine aus Europa, wie etwa Spiegel und Stern. Ständig wird man von **Straßenhändlern** angesprochen, die einem von Sonnenbrillen über Taschentücher bis zum Flugticket scheinbar alles verkaufen können. Auch der in der Mitte des Platzes gelegene Park bietet nur für kurze Zeit eine Verschnaufpause, da man hier sehr schnell mit den Rufen „Soft drink, Sir" oder „Shoe shine" konfrontiert wird.

Touristisch wichtig ist ist der südlich vom Connaught Place verlaufende **Janpath.** An dieser Straße finden sich das Tourist Office, unzählige Verkaufsstände und einige Hotels. Metrostation Rajiv Chowk.

Jantar Mantar

Ein etwa zehnminütiger Fußweg entlang der Sansad Marg (Parliament Street) vom Connaught Place führt zur ersten der insgesamt fünf **Sternwarten** (von 9 Uhr bis Sonnenuntergang geöffnet), die der begeisterte Astronom *Jai Singh II.* (1699–1743), Maharaja von Jaipur, 1724 errichten ließ. Die in einem hübschen Palmenhain gelegenen, überdimensionalen rosaroten Beobachtungsinstrumente bilden mit ihrer archaischen Ausstrahlung einen interessanten Kontrast zu den umliegenden modernen Hotel- und Bürobauten. Auffälligstes, weil größtes Instrument des Observatoriums ist, wie schon in Jaipur zu sehen, die steil aufragende Sonnenuhr (Prince of Dials). Wer an detaillierteren Informationen zu den einzelnen Bauwerken interessiert ist, sollte sich einer der regelmäßig stattfindenden Gruppenführungen anschließen.

- **Eintritt:** 100 Rs. Metrostation Patel Chowk.

Regierungsviertel

Wer die Sansad Marg weiter Richtung Südosten geht, stößt schließlich nach gut 2 km auf den **Rajpath.** Diese von breiten Grünflächen gesäumte **Prachtstraße** verbindet mit dem India Gate am östlichen und dem Rashtrapati Bhawan am westlichen Ende die beiden Hauptgebäude des von den Engländern in den 1920er Jahren aus dem Boden gestampften Regierungsviertels.

Kaum eine andere Hauptstadt hat eine derart eindrucksvolle Darstellung imperialer Macht aufzuweisen wie Delhi, die vor kolonialem Selbstbewusstsein nur so strotzt. Wie für die Ewigkeit scheinen die imposanten, aus gelbem Sandstein erbauten Regierungsbauten gebaut zu sein. Wie schnell sich jedoch das Blatt der Geschichte manchmal wendet und überkommene Machtstrukturen quasi über

Nacht von nationalen Unabhängigkeitsbewegungen hinweggespült werden, zeigte sich nur eineinhalb Jahrzehnte nach Beendigung der Bauarbeiten. Die Ewigkeit währte letztlich nur 16 Jahre, als sich die englischen Hausherren 1947 unvermittelt in ihrem Mutterland wiederfanden und dafür die indischen Nationalisten in die Räume der Kolonialgebäude einzogen.

So residiert in dem palastähnlichen **Rashtrapati Bhawan** heute auch nicht mehr der englische Vizekönig, sondern der indische Staatspräsident. An den von einer gewaltigen Kuppel gekrönten, 340 Räume umfassenden Prachtbau schließt im Westen ein 130 ha großer Mogul-Garten an, für dessen makellose Pflege zu Zeiten der britischen Kolonialherrschaft über 400 Gärtner verantwortlich zeichneten. Leider muss man sich mit einem Blick durch das schmiedeeiserne Tor begnügen, da der Präsidentenpalast ganzjährig unter Ausschluss der Öffentlichkeit steht. Die Zufahrt zum Palast wird zu beiden Seiten von staatlichen Regierungsgebäuden flankiert, die das Innen-, Außen- und Finanzministerium beherbergen.

Von hier führt die Straße leicht abwärts auf den imposanten Rajpath, Bühne großer Staatsempfänge und vor allem der einzigartigen Parade zum Unabhängigkeitstag am 26. Januar jedes Jahres.

Am östlichen Ende steht das **All India War Memorial,** besser bekannt unter dem Namen **India Gate.** Die Wände dieses 42 m hohen Triumphbogens tragen die Namen von 85.000 Soldaten, die im Ersten Weltkrieg ihr Leben ließen. Der Blick zurück durch diesen indischen Arc de Triomphe über den Rajpath auf den in der Ferne kaum zu erkennenden Präsidentenpalast vermittelt noch einmal einen Eindruck sowohl vom ehemaligen Glanz als auch dem Scheitern des britischen Raj.

Der Rajpath (Metrostation Central Secretariat) ist bequem durch die Metrolinie 2 von Connaught Place und Old Delhi aus zu erreichen. Geht man in östlicher Richtung und dann vom India Gate die Tilak Marg nach Nordosten, ist man von dort mit Metrolinie 3 (Station Pragati Maidan) schnell wieder am Connaught Place und, eine Station weiter, am Westrand von Pahar Ganj (Metrostation RK Ashram Marg).

Purana Qila (Altes Fort)

Südöstlich vom India Gate an der Mathura Rd. finden sich auf einem Hügel die Überreste des vom afghanischen Feldherrn *Sher Shah* erbauten alten Forts, welches archäologischen Funden zufolge an der Stelle des alten Indraprashtra errichtet worden sein soll. Betritt man die Festungsanlage durch das südliche, zweigeschossige Humayun-Tor, stößt man auf einen achteckigen roten Sandsteinturm, den Sher Mandal. Dem zweiten Großmogul *Humayun* (1520–1556) wurde dieser Bau, den er später in eine Bibliothek umfunktionierte, 1556 zum Verhängnis, als er auf einer der Treppenstufen ausrutschte und sich dabei so schwere Verletzungen zuzog, dass er wenig später verstarb. Ein später er-

825ra Foto: tb

richteter **See** vor dem Fort lädt zum Tretbootfahren ein.

In unmittelbarer Nähe steht die 1541 von Sher Shah errichtete **Qila-e-Kuhna-Moschee,** herrlich kombiniert aus rotem Sandstein mit schwarzem und weißem Marmor. Der im Innern reich verzierte Bau befindet sich in einem erstaunlich guten Zustand und gilt als hervorragendes Beispiel des Übergangs vom Lodi- zum Mogul-Baustil.

- **Eintritt:** 100 Rs, Video 25 Rs. Metrostation Pragati Maidan.

Humayun-Mausoleum

Nur knapp 2 km südlich vom Purana Qila befindet sich das Grabmal *Humayuns,* welches im Auftrag seiner Frau 1565, neun Jahre nach seinem Tod, vollendet wurde. Das Mausoleum mit seiner 43 m hoch aufragenden Marmorkuppel gilt als **Prototyp der Mogul-Mausoleen** und schönstes Bauwerk der frühen Mogul-Epoche. Das nach einem ähnlichen Plan erbaute Taj Mahal zeigt diesen Baustil in seiner Hochblüte ein Jahrhundert später. Es gibt sogar Kunstkenner, die die harmonischen Proportionen von Humayuns Grab der verfeinerten Eleganz des Taj Mahal vorziehen.

Bei der Rückkehr aus seinem persischen Exil hatte Humayun eine große Zahl von Architekten in seinem Gefolge, die der bis dahin stark von hinduis-

Humayun-Mausoleum

tischen Einflüssen geprägten Baukunst ganz neue, **islamische Elemente** verliehen. Besonders deutlich wird dies am Portalbogen beziehungsweise der rein dekorativen Zwecken dienenden Blendnische. Auch die bis dahin von den hinduistischen Baumeistern in Anlehnung an ihre jahrtausendealte Tradition vornehmlich verwendeten Architrave, Pfeiler und Konsolen werden nun zunehmend von selbsttragenden Bögen ersetzt. Daneben fällt die später für die Mogul-Architektur so charakteristische zentrale Bedeutung der

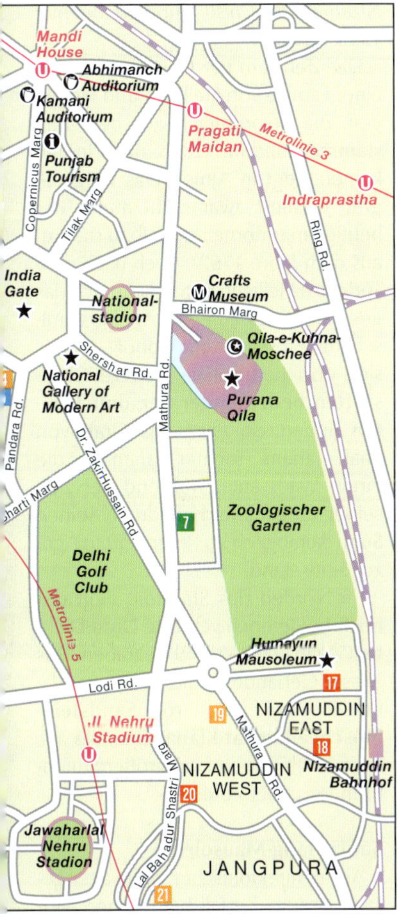

Unterkunft
1 The Janpath Hotel
2 Shangri-La Eros Hotel
3 Le Meridien
10 Youth Hostel
17 B Nineteen
18 Eleven
20 K One One

Essen und Trinken
5 Chicken Inn, Pindi
9 Latitude, Sidewok, Rampur Kitchen, Amici, Café Turtle
11 New Sikkim House
12 Basil & Thyme
15 Lodi The Garden Restaurant
16 Ploof

Nachtleben
6 Rick's
11 RPM

Verkehr
4 Bikaner House (Rajasthan Roadways)
14 Air India Büro
19 Hope Project
21 Metropole Tourist Service

Einkaufen
7 Sunder Nagar Market, Mittal Tea House
8 Khan Market, FabIndia, Full Circle Bookstore
13 Santoshti Shopping Complex

das Hauptgebäude umgebenden **Gartenanlage** ins Auge. Dieser erste Mogulgarten auf indischem Boden verleiht dem Bau trotz seiner Größe etwas Leichtes und Verspieltes.

Hier wurde auch erstmals eine **Scheinkuppel** (in Persien schon seit dem 13. Jh. bekannt) errichtet. Die auf einem hohen Tambour ruhende Kuppel leitet den Blick auf den Zentralbau, welcher ansonsten durch die stark ausgeprägten Eckbauten viel von seiner Wirkung verloren hätte. Wie die Chattris an den Eckpunkten des Obergeschosses zeigen, wurden von der Witwe Humayuns beim Bau des Grabmals jedoch auch einige typisch hinduistische Bauelemente verwendet, die der Auflockerung des quadratischen Sandsteinbaus dienen.

Von der Terrasse der Grabstätte, in der neben seiner Frau noch über 100 weitere Mitglieder der Familie beigesetzt sind, bietet sich ein schöner Blick ins Umland. Besonders stimmungsvoll ist ein Besuch am späteren Nachmittag, wenn die Abendsonne den Prachtbau in weiches Licht hüllt.

Kurz vor Verlassen der Parkanlage lohnt noch ein Besuch des links vom Hauptweg hinter einer Mauer gelegenen Grabmals von *Isa Khan*, eines einflussreichen Mitglieds des Hofstaates von Humayun.

• **Eintritt:** 250 Rs, Video 25 Rs, Sonnenauf- bis Sonnenuntergang geöffnet. Metrostation JL Nehru Stadium.

Highlight: Nizamuddin

Auf der gegenüberliegenden Seite des Humayun-Grabes führt eine Straße in einen Ortsteil, der einen ganz eigentümlichen Charakter bewahrt hat: Tief verschleierte Frauen huschen durch die schmalen Gassen, das Murmeln von Koranschülern ist zu hören, die Metzger verkaufen Rindfleisch. Eindrucksvoll auch die Qawwali-Gesänge der Sufis nach den Abendgebeten am Freitag. Nizamuddin (Hazrat-Nizam-ud-din-Aulia) heißt dieser faszinierende Stadtteil, der sich um das **Grab** des muslimischen Heiligen *Shaik Nizam-ud-din-Chisti* gruppiert, der hier 1325 verstarb.

Das Zentrum der Chisti-Verehrung, einer Familie von Heiligen und Höflingen, die ursprünglich aus dem Iran stammen und im 12. Jh. nach Indien kamen, liegt in Ajmer. Das Originalgrab existiert zwar nicht mehr (der heutige marmorne Kuppelbau stammt aus dem Jahre 1562), doch nach dem Tode des Heiligen entwickelte sich das gesamte Areal zu einer Art moslemischem „Prominentenfriedhof", sodass sich dort heute viele weitere **Grabstätten bedeutender Persönlichkeiten** finden. So etwa das Grab von Shah Jahans Tochter *Jahanara,* die ihrem Vater auch während der Zeit seiner Gefangenschaft durch seinen Sohn Aurangzeb im Roten Fort in Agra zur Seite stand.

Im Norden des Stadtteils liegt der noch heute hoch verehrte Urdu-Dichter *Ghalib* (1797–1869) begraben. Das älteste Gebäude ist die 1325 von *Ala-ud-Din-Khalji* erbaute rote **Sandsteinmoschee Jamaat Klana.** Ebenfalls aus dem 14. Jh. stammt ein großer Stufenbrunnen am Nordtor.

Safdar-Jang-Mausoleum

Als architektonischen Schwanengesang des im Zerfall begriffenen Mogul-Imperiums könnte man diese südöstlich der Diplomatenenklave Chanakyapuri an der Aurobindo Marg gelegene Grabstätte bezeichnen. Der 1753 vom *Nawab von Audh* für seinen Vater *Safdar Jang* errichtete zweigeschossige Grabbau weist mit dem ihn umgebenden weitläufigen, von Wasserläufen durchzogenen Park, dem terrassenförmigen Unterbau, schönen Marmorintarsien und bemaltem Stuck sowie dem Kuppeldach alle typischen Elemente der Mogul-Architektur auf. Doch insgesamt fehlt ihm die sonst so charakteristische Leichtigkeit und so scheint sich in ihm schon der nahende Untergang der 250-jährigen Dynastie zu spiegeln.

- **Eintritt:** 100 Rs, Video 25 Rs, tgl. von Sonnenauf- bis Sonnenuntergang geöffnet. Metrostation Jor Bagh.

Lodi-Gärten

Einen interessanten Kontrast zum Mausoleum Safdar Jangs bilden die in den nur wenige Meter entfernten Lodi-Gärten gelegenen **Grabstätten** der Sayyid- (1451–1526) und Lodi-Dynastien (1414–1451), den beiden Herrscherhäusern Delhis vor der Machtübernahme der Mogul-Dynastie. Die Mausoleen weisen bereits deutliche Merkmale der späteren Mogul-Architektur auf. Unübersehbar sind z.B. die Ähnlichkeiten des Grabmals *Mohammed Shahs* (1434–1444), Herrschers der Sayyid-Dynastie, mit dem gut 100 Jahre später erbauten **Bara Gumbad,** einer Grabstätte mit angeschlossener Moschee. Hier beeindrucken v.a. die schönen Stuckarbeiten, farbige Ziegel und die auffälligen Koraninschriften. Weitere Gräber sind die von Mohammed Shahs Vorgänger *Mubarak Shah* (1433) sowie diejenigen *Sikander Lodis* (1517) und *Ibrahim Lodis* (1526). Hübsch sind auch die **Schmetterlinge** und die vielen umherstolzierenden **Pfauen.**

- **Öffnungszeiten:** tgl. von 6 bis 20 Uhr. Metrostation Jor Bagh oder Khan Market.

Hauz Khas

Die **Parkanlage** Hauz Khas ist eine herrliche Oase der Ruhe im hektischen Delhi mit einer Vielzahl von Vögeln und Nischen zum Entspannen. Mit seinen Sehenswürdigkeiten und dem direkt anschließenden Tierpark sowie dem **Hauz Khas Village** (siehe „Einkaufen") sollte es einen Ausflug wert sein (am Wochenende sehr überlaufen).

Einst diente der im 13. Jh. von *Allauddin Khilji* gebaute **künstliche See,** nach dem Hauz Khas benannt ist, dem Siri Fort, der zweiten Hauptstadt Delhis, als Wasserspeicher. Neben dem See erhebt sich der von Feroz Shah im 14. Jh. in Auftrag gegebene Kuppelbau der Madrasa (Religionsschule) und **Feroz Shahs Grabmal,** dessen heutige Ruine einst mit goldenen Kuppeln und reich verziertem Stuck gekrönt war. Einige weitere Grabmäler der Tughlaq- und Lodi-Ära sind auf der Anlage verteilt. Metrostation Hauz Khas oder Green Park.

Lakshmi-Narayan-Tempel

Der knapp 2 km westlich vom Connaught Place gelegene Lakshmi-Narayan-Tempel ist nicht zuletzt deshalb Bestandteil der vom Tourist Office angebotenen Stadtrundfahrt, weil er einer der ganz wenigen typisch nordindischen Tempelbauten ist. Der aus rotem Sandstein errichtete, 1938 von *Mahatma Gandhi* eingeweihte Tempel gefällt nicht nur wegen seiner harmonischen Formgebung, sondern auch durch die Vielzahl bunter Götterstatuen. Neben den beiden Hauptgottheiten Narayan (Vishnu in seiner Form als Weltenhüter) und dessen Frau Lakshmi (Göttin des Wohlstands) findet man unter anderem Shiva und Parvati sowie den Glücksgott Ganesha. Der häufig für das Bauwerk verwendete Name Birla-Mandir rührt von seinem Stifter, dem Industriellen *Birla*, her.

Bahai House of Worship

Architektonisch äußerst spektakulär wirkt dieser in Form einer Lotusblüte erbaute **Tempel** inmitten von neun Wasserbecken, etwa 9 km südöstlich vom Connaught Place im Bezirk Kalkaji gelegen (Tel.: 26444029). In Indien leben fast ein Viertel der weltweit 4,4 Mio. Anhänger der Bahai-Religion, die Mitte des 19. Jh. vom Perser *Bahaullah* (pers.: Glanz Gottes) gegründet wurde. Entsprechend der Glaubensphilosophie des Bahaismus, die keine Unterschiede oder Vorurteile gegenüber Rasse und Geschlecht kennt, finden sich im sehr anmutigen Tempelinnern Menschen aller Nationen, die in friedvoller Atmosphäre beten und meditieren.

• **Öffnungszeiten:** tgl. außer Mo 9 bis 17.30 Uhr, fotografieren ist innerhalb des Tempelgeländes nicht erlaubt. Metrostation Kalkaji Mandir.

Gurdwara Bangla Sahib

Etwa einen Kilometer südwestlich des Connaught Place an der Ashoka Rd. ist dieser **Tempel** ein schönes Beispiel der **Sikh-Baukunst,** wartet er doch mit den charakteristischen goldenen Kuppeln und dem typischen quadratischen Tempelteich auf, dessen Wasser heilende Kräfte zugesprochen werden. Beindruckend ist die spirituelle Atmosphäre dieses ansonsten eher unscheibaren Gotteshauses. Auch westliche Besucher sind hier willkommen (bei dezenter Bekleidung), die eine fachkundige Einführung in die Sikh-Religion erhalten, wenn sie sich beim Informationsbüro melden.

• **Öffnungszeiten:** Tgl. von Sonnenauf- bis Sonnenuntergang geöffnet. Metrostation Patel Chowk.

Der besondere Tipp: Qutb Minar

Den Grundstein islamischer Herrschaft über Indien, die schließlich über sieben Jahrhunderte andauern sollte, legte der vom Sklaven zum Feldherrn aufgestiegene *Qutb-ud-Din-Aibak,* als er 1193 auf den Trümmern der von ihm eroberten Rajputen-Festung Lalkot seine neue Hauptstadt errichtete. Nach dem Tode seines Herrn, des afghanischen Eroberers *Muhammed-e-Ghur,* gründete er sein eigenes Sultanat und markierte damit den Beginn des Sultanats von Delhi, welches bis zum Aufkommen der Großmoguln Mitte des 16. Jh. die führende Macht Nordindiens darstellte. Als Zeichen seines historischen Erfolges über den letzten in Delhi regierenden Hindu-Fürsten *Prithviraj Chauhan* errichtete er den Qutb Minar, eine 72,50 m hohe, sich nach oben verjüngende **Siegessäule** aus rotem Sandstein, 13 km südlich vom heutigen Stadtzentrum.

Er selbst erlebte jedoch nur die Fertigstellung des ersten von heute fünf durch vorspringende Balkone unterteilten Stockwerken. Das zweite und dritte wurde von seinem Schwiegersohn und Nachfolger *Iltutmish* (1210–1235) hinzugefügt. *Firoz Shah* aus der Thuglaq-Dynastie war es schließlich, der das stolze Bauwerk 1368 vollendete, indem er zwei weitere Stockwerke aufsetzte, nachdem die Spitze zuvor durch einen Blitzeinschlag beschädigt worden war.

Leider darf der an der Basis 15 m, an der Spitze jedoch nur 2,50 m Durchmesser aufweisende, 73 m hohe Turm nicht mehr bestiegen werden, seitdem vor einigen Jahren mehrere Schulkinder bei einer im Innern ausgebrochenen Panik ums Leben kamen. Hier findet im Oktober/November täglich zwischen 18.30 und 20 Uhr eine informative **Sound- and Lightshow** statt, Eintritt 250 Rs. Ebenfalls im Oktober/November ist auf dem Gelände das **Qutb Festival.**

Sechs Jahre früher als beim Qutb Minar wurde bereits mit dem Bau der zu Füßen der Siegessäule liegenden **Quwat-ul Islam-Masjid** (Macht-des-

Qutb Minar

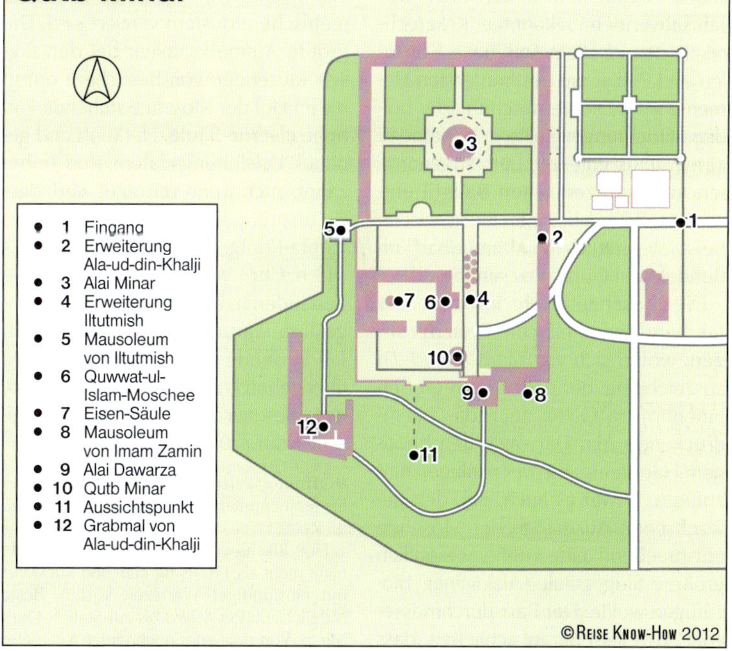

Islam-Moschee) begonnen. Zum Bau dieses ersten islamischen Sakralbaus auf indischem Boden verwendete der wenig zimperliche Feldherr Materialien von insgesamt 27 zuvor zerstörten Hindu- und Jain-Tempeln. Hieraus erklärt sich auch die zunächst recht merkwürdig anmutende Tatsache, dass viele der verwendeten Säulen mit Hindu-Göttern verziert sind.

Kunsthistorisch besonders interessant ist auch die nicht zu übersehende Handschrift der am Bau der Moschee beteiligten Hindu-Steinmetze. Statt der in der persischen Architektur Verwendung findenden Spitzbögen, Kuppeln und Gewölbe bauten die hinduistischen Architekten in der ihnen seit Jahrtausenden bekannten Kragtechnik, in der vor allem Architrave, Konsolen und Pfeiler die bestimmenden Elemente sind. Die Vermischung der beiden Stilrichtungen sollte sich später zu einem ganz eigenen, dem sogenannten **indo-sarazenischen Baustil** entwickeln, dessen beste architektonische Beispiele heute in Ahmedabad im Bundesstaat Gujarat zu sehen sind.

Die Moschee erfuhr im Laufe der Jahrhunderte vielfache **Erweiterungen,** wobei sich vor allem *Ala-ud-din* auszeichnete, der neben dem großen Innenhof im Osten auch das beeindruckende Alai Darwaza, den heutigen Haupteingang der Anlage, hinzufügte. Er war es auch, der, den gewachsenen Ausmaßen der Moschee entsprechend, eine zweite, wesentlich größere Siegessäule (Alai Minar) hinzufügen wollte. Der Basisdurchmesser von 27 m lässt darauf schließen, dass eine gewaltige Höhe von etwa 150 m geplant war. Bei seinem Tode war jedoch erst eine Höhe von 27 m erreicht. Seine Nachfolger wagten es nicht, dieses waghalsige Bauvorhaben zu Ende zu führen, und so findet sich der klägliche Überrest seiner Großmannssucht heute etwas nördlich der Moschee.

Das wohl schönste Gebäude der Anlage ist das **Grabmal von Iltutmish,** des Schwiegervaters und Nachfolgers von *Qutb-ud-Din-Aibak.* Der Kenotaph des von 1210 bis 1235 regierenden Iltutmish steht in der Mitte einer 9 m^2 hohen Grabkammer, deren hohe Wände mit wunderschönen Reliefs, Inschriften, Arabesken und geometrischen Mustern verziert sind. Die größte Aufmerksamkeit bei den täglich Tausenden von Besuchern erregt die im Hof der Moschee stehende 7 m hohe **eiserne Säule.** Herkunft und genaues Entstehungsdatum sind unbekannt, auch wenn vermutet wird, dass sie ursprünglich in Bihar zur Zeit des Gupta-Königs *Chandragupta* (375–413 n. Chr.) vor einem Vishnutempel gestanden haben soll. Bis heute ist ungeklärt, warum die Säule eineinhalb Jahrtausende ohne einen Rostflecken überstehen konnte. Kein Wunder also, dass diesem rätselhaften Objekt magische Kräfte zugesprochen werden.

- **Öffnungszeiten:** täglich von Sonnenauf- bis Sonnenuntergang, Eintritt 250 Rs, Video 25 Rs.

Eine Riksha vom Connaught Place sollte nicht mehr als 150 Rs für Hin- und Rückfahrt mit einstündiger Wartezeit kosten. Beste Möglichkeit: Per Metro bis zur Station Outb Minar. Von dort zum noch einige Kilometer entfernten Qutb Minar per Riksha (20 Rs). Das Wochenende sollte, wenn möglich, wegen starken Zulaufs als Besuchszeit gemieden werden.

Tughlaqabad

Das großräumige, von mächtigen Festungsmauern umgebene Ruinengelände beinhaltet die spärlichen Überreste der 3. Stadt Delhis. Da der Erbauer *Ghiyas-ud-din-Thuglaq* (1321–1325) noch vor Beendigung der Bauarbeiten starb, ist die **Festungsstadt** mit einem Gesamtumfang von 6 km nie richtig genutzt worden. Zwar ist heute keines der ursprünglichen Gebäude mehr erhalten, doch es ist gerade der Kontrast zwischen dem auf einem Felshügel gelegenen Ruinenareal mit dem bei klarer Sicht deutlich in der Ferne sichtbaren Delhi, welches den eigentlichen Reiz der Anlage ausmacht.

Gegenüber dem Eingang zum Ruinengelände von Tughlagabad ist das über einen Damm zu erreichende **Mausoleum von Ghiyas-ud-din-Thuglaq,** ein elegant-quadratischer Kuppelbau aus rotem Sandstein, einen Abstecher wert. Von den Mauern der Grabanlage lässt sich ein Ausblick auf die Festung Adilabad genießen, die von seinem Sohn erbaut wurde.

• **Öffnungszeiten:** 8.30–17.30, Eintritt 100 Rs, Video 25 Rs. Am besten mit der Metro (Station Tughlaqabad) zu erreichen. Per Riksha ca. 250 Rs vom Janpath für Hin- und Rückfahrt mit Wartezeit zum etwa 12 km südlich des Connaught Place gelegenen Geländes.

Begumpur

Weitere Sehenswürdigkeiten liegen etwa 15 km südlich vom Connaught Place nicht weit von der Sri Aurobindo Marg. Die vielkuppelige **Begumpur Masjid** thront mit ihrem riesigen Innenhof auf einer Plattform. Die von *Feroz Shah Tughlaqs* erstem Minister geschaffene Moschee ist heute verlassen. Die Frontseite ragt hoch auf, die Hofseiten sind durch Arkadenbögen gegliedert.

Nördlich der Moschee sind die Überreste des Palastes **Bijai Mandal** von Jahanpanah, der vierten Stadt Delhis des Herrschers *Muhammed bin Tughlaq,* leicht zu erreichen. Von dem Ende des 14. Jh. erbauten, achteckigen Bauwerk bietet sich ein Rundblick auf das Dorf Begumpur und die Moschee.

Etwa 2 km südöstlich von Begumpur im Stadtteil Khirki Village ist die **Khirki Masjid** interessant, weil sie eine der wenigen geschlossenen Moscheen im Norden Indiens ist. Die nach ihren auffälligen Steingitterfenstern benannte (*Khirki* bedeutet Fenster), festungsartig anmutende Moschee wurde im 14. Jh. erbaut. Vier Lichthöfe erhellen den von Säulen getragenen Innenraum.

Museen und Gedenkstätten

Nationalmuseum

Touristenfreundlich südlich des Connaught Place gelegen, bietet das Nationalmuseum (Tel.: 23019272, Janpath, www.nationalmuseumindia.gov.in) neben dem Prince of Wales Museum in Mumbai und dem Indian Museum in Kalkutta die umfangreichste **Sammlung indischer Kunst.** Die Kunstgegenstände sind hervorragend präsentiert, in den Räumen gibt es sehr informative Erklärungstafeln zu den einzelnen Kunstepochen und -stilen. Die Palette ausgestellter Objekte reicht von vorgeschichtlichen archäologischen Funden bis zu Kostümen der heute noch in Indien lebenden Stammesangehörigen.

Wie immer wirkt ein solch breit gefächertes Angebot zunächst eher erschlagend als informativ, und so bietet es sich an, mit einem bestimmten Epochen- oder Stilschwerpunkt die Ausstellungsräume zu begehen. Hier würden sich z.B. die großartigen buddhistischen Skulpturen aus dem 6.–8. Jh. anbieten oder die exquisit ausgestattete Abteilung der Miniaturmalereien. Wer Zeit hat, sollte öfter kommen. Häufig werden Filmvorführungen zu unterschiedlichen Kunstepochen gezeigt.

- **Öffnungszeiten:** tgl. außer Mo 10–17 Uhr, Eintritt inkl. deutschem Audioguide 300 Rs, Kamera 300 Rs, Video nicht erlaubt, 6x tgl. freie Führungen zwischen 10.30 und 15.30 Uhr. Metrostation Central Secretariat.

National Rail Museum

Nicht nur Eisenbahnfans dürften beim Besuch des südlich der Diplomatenenklave Chanakyapuri gelegenen **Eisenbahnmuseums** (Tel.: 26881816) ihre helle Freude haben. Indien ist berühmt für seine exotischen Lokomotiven und auf dem Gelände gibt es einige der skurrilsten Exemplare zu bewundern. Kinder können Bootfahren und den Toy Train besteigen.

- **Öffnungszeiten:** täglich außer Mo 9.30–17.30 Uhr (Okt.–März), April bis September bis 19 Uhr, Eintritt Erw./Kind 20/10 Rs, Video 100 Rs.

Tibet House

Speziell für jene, die Dharamsala, den Exilsitz des *Dalai Lama* in Himachal Pradesh, oder „Little Tibet“ Ladakh auf ihrer Reiseroute haben, lohnt sich ein Abstecher zum in der Nähe der Lodi-Gärten gelegenen Tibet-Haus (Tel.: 24611515, 1 Lodi Rd.). In dem kleinen Museum wird eine interessante Sammlung **tibetanischer Ritualobjekte** ausgestellt. Sehr schöne kunsthandwerkliche Souvenirs aus Tibet verkauft ein Laden im Erdgeschoss.

- **Öffnungszeiten:** tgl. außer So 10–13 und 14–17 Uhr, Eintritt 10 Rs, Fotografieren verboten. Metrostation JL Nehru Stadium.

Gandhi-Smriti-Museum

Anhand gleichermaßen beeindruckender wie bedrückender Utensilien wie dem berühmten Spinnrad und dem blutverschmierten Leinentuch, welches **Mahatma Gandhi** am Tag seiner Ermordung trug, sowie unzähligen Fotos, Zitatsammlungen, Zeitungsausschnitten und Filmvorführungen wird hier das von Opferbereitschaft und Wahrhaftigkeit geprägte Leben des „Vaters der Nation“ auf eindrucksvolle Weise nachgezeichnet. Er wohnte hier die letzten 4½ Monate seines Lebens bis zu seiner Ermordung am 30. Januar 1948.

- **Öffnungszeiten:** tgl. außer Mo 10–17 Uhr, Kamera frei, Video nicht erlaubt, Metrostation Racecourse.

Indira Gandhi Memorial

In der ehemaligen Residenz Indira Gandhis findet sich in erschreckender Parallelität zum Schicksal Mahatma

Viele Touristen machen gleich zu Beginn ihrer Indienreise eine äußerst unangenehme Erfahrung mit Delhis **Taxifahrern.** Vor allem bei Ankunft in der Nacht versuchen manche Fahrer, die Übermüdung und Unerfahrenheit der Neuankömmlinge auszunutzen. Unter dem Vorwand, das angegebene Hotel sei geschlossen, ausgebucht, abgebrannt oder derzeit nicht anzufahren, da Unruhen in der Stadt herrschten etc., wird man zu teuren und weit außerhalb gelegenen **Hotels** chauffiert, von denen die Fahrer Kommission erhalten. Man sollte deshalb nur die Prepaid-Taxis benutzen und, falls man während der Fahrt nochmals zu einer anderen Hotelwahl überredet werden sollte, ausdrücklich darauf hinweisen, dass man zum Hotel seiner Wahl gefahren werden will und ansonsten die Fahrt nicht bezahlt bzw. den Prepaidgutschein nicht aushändigt.

Gandhis an der Safdarjang Rd. der Sari, in den die in Indien gleichermaßen verehrte wie verhasste Tochter *Jawaharlal Nehrus* am Tag ihrer Ermordung gekleidet war. Mindestens ebenso beeindruckend wirkt das Foto, welches ihren später ebenfalls ermordeten Sohn *Rajiv Gandhi* in einem Flugzeug über dem Himalaya zeigt, wie er die Asche seiner verstorbenen Mutter verstreut. Die Stelle, an der Indira Gandhi im Garten ihrer Residenz von zweien ihrer Leibwächtern ermordet wurde, ist mit einer von zwei Soldaten flankierten Gedenktafel markiert.

• **Öffnungszeiten:** täglich außer Mo 9.30–16.45 Uhr. Metrostation Racecourse.

National Gallery of Modern Art

Dieses beim Jaipur Gate südlich des India Gate gelegene Museum (Tel.: 23382835, ngmaindia.gov.in) beherbergt die umfangreichste **Sammlung moderner Kunst** in Indien. Neben den verschiedenen Malschulen seit dem 19. Jh. findet sich im sehr schönen Garten auch eine große Skulpturensammlung. Eine der überraschendsten Entdeckungen bilden die Gemälde des weltberühmten bengalischen Dichters und Nobelpreisträgers *Rabindranath Tagore*. Im neuen Flügel werden erstklassige Werke moderner indischer Maler ausgestellt.

• **Öffnungszeiten:** tgl. außer Mo 10–17 Uhr, Eintritt 150 Rs, Foto/Video nicht erlaubt. Metrostation Khan Market.

Praktische Tipps

Ankunft

Indira-Gandhi-Flughafen

Meist schon im Flugzeug wird dem Reisenden vom Bordpersonal eine **Embarkation Card** ausgehändigt, auf der die persönlichen Daten einzutragen sind. Bei einigen Airlines geschieht dies nicht. In dem Fall ist das dort ausliegende Formular nach dem Aussteigen vor der Passkontrolle an Metallpulten auszufüllen (es liegt leider nicht immer in ausreichender Menge aus, also etwas beeilen, außerdem einen Stift griffbereit halten). Bei dem Punkt „Adress in India" sollte man das erste Hotel in Delhi angeben. Hat man noch keines reserviert, empfiehlt es sich einfach den Namen eines First-Class-Hotels in Delhi einzutragen – das macht sich immer gut und erspart späteres Nachfragen.

Dieser Formularteil wird bei der Passkontrolle einbehalten. Der kleinere rechte, ebenfalls auszufüllende Teil des Formulars besteht aus der Departure Card, außerdem wird im unteren Abschnitt die Gepäckmenge abgefragt. Dieser Abschnitt der Erklärung ist erst

Delhi

Connaught Place
New Delhi Railway Station, Pahar Ganj
Pahar Ganj Westside (400 m)
Old Delhi
Deen Dayal Upadhyaya Marg
Vivekanand Road (Minto Road)
State Entry Road
Chelmsford Rd.
Basant Lane
PVR Plaza Cinema
Connaught Circus
Panchkuian Road
Metro-Linie 3
Middle Circle
Radial Road 4
Radial Road 5
Indira Chowk
Thomas Cook
Rajiv Chowk
Radial Road 3
Radial Road 6
Shaheed Bhagat Singh Marg
Rajiv Chowk
Hauptbüro Delhi Tourism
Radial Road 2
Radial Road 7
Baba Kharak Singh Marg
PVR Rivoli
Regal Building
Metro-Linie 2
Palika Bazaar
Radial Road 1
Middle Circle
Barakhamba Road
Connaught Circus
(600 m)
Regal Cinema
Hanuman Road
Connaught Lane
Kasturba Gandhi Marg (Curzon Road)
Sansad Marg
India Tourism
Thomas Cook
Janpath
Jantar Mantar
DHL Hauptbüro
British Council
Connaught Lane
Tolstoy Marg
Tolstoy Marg
Rashtrapati Bhawan
Janpath Lane
Jantar Mantar Road
Chandralok Building
Haryana Tourism
0
200 m
Max Müller Bhawan
India Gate
© Reise Know-How 2012

Unterkunft
5 York Hotel
7 Radisson Blu Marina
10 The Corus
16 Palace Heights Hotel
20 Hotel Alka
24 Narula Inn
35 Hotel Alka Annexe
40 Sunny Guest House
42 Hotel The Park
45 Janpath Guest House
55 Hotel Imperial

Essen und Trinken
3 Nirula's
6 Veda Restaurant
10 Café 100, Bonsai Restaurant
11 Zen Restaurant, McDonald's
14 Haldiram's
15 Zaffran Restaurant
17 Embassy
18 Wenger's
20 Vega Restaurant
21 McDonald's, Saravana Bhavan
22 Indian Coffee House
25 G Restaurant
26 El Arab
29 Berco's
33 United Coffee House
34 The Host
37 Amber Restaurant
41 Fire
44 Parikrama Restaurant
47 Pizza Hut
51 Saravana Bhawan, McDonald's
52 Café Coffee Day
55 Hotel Imperial, French Pastry Shop

Nachtleben
14 Pegasus Bar
19 Rodeo Bar
33 QBA
41 Aqua Bar
56 The Tavern, Bar 1911

Verkehr
4 Kumar Tourist Taxi Service
5 Paul Tours
8 Jet Airways
27 Student Travel Information Centre (STIC)
28 Autoriksha-Prepaid-Stand
36 Kingfisher Airlines
43 Autoriksha-Prepaid-Stand
50 Royal Nepal Airlines
53 Jagson Air

Einkaufen
1 Music World
2 Soma
9 Marques & Co, Rikhi Ram
12 FabIndia
13 Bookworm
23 State Emporiums
30 Berco's Melody House
31 Shankar Market, Piccadilly Book Stall
32 M Ram & Sons
38 Amrit Bookstore
39 Oxford Bookstore (Statesman House)
46 Landkarten-Verkaufskiosk
48 Rajasthani-Verkaufsstände
49 Janpath Market
54 Central Cottage Industries Emporium

Ⓤ Metro Zugang

nach dem Einsammeln des Gepäcks und vor dem Verlassen der Abfertigungshalle bei einem dafür zuständigen Beamten abzugeben. (Dieses wie auch das Abgeben des verbliebenen Teils der Boarding Card bei einem Beamten ist jedoch nicht immer erforderlich.)

Wer zu spät kommt, den bestraft das Leben. Dass die Regel auch auf Indien zutrifft, erfährt der Neuankömmling gleich bei der **Passkontrolle,** wenn er sich ans hintere Ende einer langen Schlange von Wartenden einreiht und bis zu einer halben Stunde warten muss, ehe er an einem der vielen Schalter angelangt ist.

Wem es gelingt, zu den ersten am Schalter zu gehören, der hat neben der schnelleren Passkontrolle danach den zusätzlichen Vorteil, sein Geld ohne langes Anstehen bei einem der drei nebeneinander gelegenen **Bankschalter** in der Abfertigungshalle wechseln zu können. Alle sind 24 Std. geöffnet und die Kurse sind nur geringfügig schlechter als in der Stadt (die State Bank of India verlangt im Gegensatz zu Thomas Cook, das zudem schlechtere Raten hat, keine Kommission). Allerdings sollte man sein Wechselgeld genauestens nachzählen, da es leider allzu oft vorkommt, dass die Angestellten die Unerfahrenheit und Übermüdung der Touristen auszunutzen versuchen!

Die **Kofferbänder** sind oft überfüllt, sodass es häufig nicht einfach ist, sein Gepäckstück zu finden, besonders, wenn mehrere Maschinen innerhalb kurzer Zeit gelandet sind, was nachts häufig vorkommt. Da die Bediensteten oft jene Gepäckstücke, die beim ersten Umlauf von ihren Besitzern nicht eingesammelt wurden, neben das Laufband stellen, sollte man auch dort auf die Suche gehen.

Nach Verlassen der Abfertigungshalle gelangt man in die Ankunftshalle, wo ein **Informationsschalter des Touristenbüros** untergebracht ist. Leider ist es auch hier keine Seltenheit, dass die Bediensteten Hotels fälschlicherweise als ausgebucht angeben, nur um Unterkünfte zu vermitteln, von denen sie eine Kommission kassieren. So macht es Sinn, das Wunschhotel schon vorher zu kennen.

Fahrt in die Innenstadt

In der Ankunftshalle sollte man sich nicht aus der Ruhe bringen lassen, sondern sich zu den Prepaid-Schaltern von Delhi Traffic Police begeben (auf der rechten Seite der Ankunftshalle). Dort werden die günstigsten Tarife für die **Prepaid-Taxis** (im Voraus zu zahlen) angeboten und die Sache geht (meist) ohne Nepp über die Bühne. Eine Fahrt mit dem Taxi zum Connaught Place oder Pahar Ganj kostet etwa 310 Rs, nachts zwischen 23 und 5 Uhr 25 % mehr. Auf dem im Voraus bezahlten Gutschein sollte die Nummer des Taxis bzw. die Parkbuchtnummer, wenn auch oft schlecht leserlich, vermerkt sein. Mit diesem geht man zu den Taxis vor der Ankunftshalle und zeigt den Zettel vor. Man sollte den Gutschein außer zum Vorzeigen an der Kontrollstelle beim Verlassen des Flughafens nicht vor dem Erreichen des Fahrtziels aus der Hand geben, sonst kann es passieren, dass man nicht bis zum gewünschten Ziel gefahren wird, da der Fahrer mit dem Schein das Geld ja indirekt schon kassiert hat.

Hat man seinen Abholservice vom Flughafen schon mit dem jeweiligen Hotel oder einem Reisebüro arrangiert, warten die Fahrer mit dem Namensschild des Abzuholenden in der Ankunftshalle. Manchmal ist dem Fahrer der Zutritt aber nicht gestattet, dann ist er meist außerhalb der Halle zwischen den Gates 4 und 6 zu finden. Im Abholungsfall kommt häufig noch der Preis für das Parkticket (140 Rs) und die Zugangsgebühr zum Flughafen für den Fahrer (80 Rs) zum Fahrpreis hinzu.

Zwischen Flughafen und **Inter State Bus Terminus (ISBT)** verkehren in etwa 40-minütigem Abstand klimatisierte **Busse von DTC** (Delhi Transport Corporation, 50 Rs). Sie halten gegenüber dem Centaur Hotel nahe dem Ankunftsterminal. Auf ihrer Route ins Zentrum passieren sie Ashoka Road, Parliament Street, Connaught Place, die Ostseite der New Delhi Railway Station, das Rote Fort und Kashmere Gate. Weitere Linien verkehren nach Vasant Kunj, Vasant Vihar und Saket im Süden Delhis.

Die neue **Metrolinie** vom internationalen Flughafen mit wenigen Zwischenhalten zur **New Delhi Railway Station** operiert derzeit nur zwischen 5 und 23 Uhr, sodass viele Nachtankömmlinge oder -abflieger Bus oder Taxi nehmen müssen. Sie fährt ca. alle 15 Minuten und kostet 80 Rs – der bequemste Weg, ins Stadtzentrum zu gelangen.

Information

Alle im Folgenden aufgeführten Touristenämter sind, wenn überhaupt, nur sehr bedingt zu empfehlen. Die Miene der meist recht mürrisch dreinschauenden Bediensteten scheint sich nur aufzuhellen, wenn sie meinen, dem unwissenden Neuankömmling eine viel zu teure Rundfahrt per Mietwagen oder ein Hotel vermitteln zu können – selbstverständlich sind sie daran finanziell beteiligt. Wir haben diverse Klagen von Lesern erhalten, die übervorteilt wurden. Dementsprechend sollte man diese Ämter nur aufsuchen, wenn man genau weiß, was man will und wieviel es in etwa kosten darf – und den kostenlosen Stadtplan gibt es auch woanders ...

- Das **Büro von India Tourism** (88 Janpath, Tel.: 23320005/8, www.incredibleindia.org) ist Mo–Fr von 9 bis 18 Uhr und Sa von 9 bis 14 Uhr geöffnet. Filialen finden sich am nationalen (Tel.: 25675296) und internationalen Flughafen (Tel.: 25691 171, 24 Std. geöffnet).
- **Delhi Tourism (DTTDC)** ist generell eher am Verkauf der Stadtrundfahrten interessiert und weniger ein Informationsbüro. Das Hauptbüro befindet sich an der Baba Kharak Singh Marg um den Emporium Complex (Tel.: 23363607, delhitourism.nic.in, tgl. 7–21 Uhr), dort ist auch das Central Reservation Office für die Rundfahrten. Zusätzlich gibt es Filialen am Nizamuddin-Bahnhof und am Indira-Gandhi-Flughafen (Tel.: 25675609, 8–21 Uhr).

Vorsicht: Leider geben sich auch viele Reisebüros, etwa durch ihre Namensgebung (wie Tourist Information o.Ä.), den Anschein, offizielle Informationsstellen zu sein. So wird man gelegentlich auf der Straße von meist jungen Männern angesprochen, die den unerfahrenen Touristen in eines der vermeintlichen Informationsbüros locken wollen. Jedoch verdienen nur die oben genannten dieses Prädikat, bei den anderen handelt es sich um **private Reisebüros.**

Im wöchentlich erscheinenden **Delhi Diary** (15 Rs) findet sich neben einem umfangreichen Adressenteil auch ein sehr interessanter Veranstaltungskalender mit allen wichtigen Ereignissen im Bereich Kunst und Kultur. Das Heft ist, wie auch der etwas aufwendigere, monatlich erscheinende **Delhi City Guide** (20 Rs), an vielen Kiosken erhältlich.

Touristenämter der Bundesstaaten

Die einzelnen Bundesstaaten Indiens besitzen in Delhi eigene Touristenbüros, die meisten rechts und links neben dem Eingang des Janpath Hotel etwas südlich vom Connaught Place. Das Büro von **Haryana Tourism** findet sich im Chandralok Bldg. am Janpath (Tel.: 23324910, Erdgeschoss, hinterer Gebäudeteil). Mehere weitere Büros in der Umgebung sind private Reisebüros. Das Büro für **Punjab, Jammu & Kashmir** findet sich weiter südlich an der Copernicus Marg (B-Block, Business Centre, Punjab Bhawan, Tel.: (0)9711318544, Metrostation Mandi House).

Stadtverkehr

Aufgrund des sich seit Jahren abzeichnenden Verkehrskollapses in Delhi wurden in den letzten Jahren einige einschneidende Veränderungen vorgenommen, die das Chaos organisieren sollen. So ist die **neue Metro** bereits in allen wichtigen Abschnitten in Betrieb. Zudem werden allerorten **neue Straßen** und vor allem sogenannte **flyovers** errichtet, die die neuralgischen Punkte in Delhis ständig dichter werdendem Verkehr überbrücken, was die Fahrzeiten bereits in vielen Fällen reduziert hat. Dies gilt auch für die Strecke zu den Flughäfen.

Immer häufiger sieht man **Verkehrsampeln** an ansonsten kaum zu überquerenden Straßen, etwa dem äußeren Ring des Connaught Place. Außerdem wurden alle motorbetriebenen öffentlichen Verkehrsmittel Delhis, also Busse, Taxis und Rikshas, in den vergangenen Jahren auf Staatskosten von Benzin- bzw Dieselbetrieb auf **Gasbetrieb** umge-

Unterkunft

1 Amax Inn
2 New Sapan Plaza, Hotel Shiva Intercontinental
3 Hotel Le Grand International
4 Ajanta Hotel, Hotel Delhi City Centre
5 Chanchal Deluxe, Balaji Deluxe
6 Sirswal View
7 Twenty-Twenty
8 Hotel Yes Please
9 Silver Shine
10 City Palace Guest House
11 Hotel de Holiday Inn
12 Yatri Home
13 Cottage Yes Please
15 Metropolis Tourist Home
17 Major's Den Guest House
18 Anoop Hotel
19 Hare Krishna Guest House
20 Hotel Vivek
22 Hotel Namaskar
23 Hotel Unique International
24 Metropolis Guest House
25 Hotel Star Plaza
27 Ajay Guest House
28 Hotel Relax
29 Hotel Shelton
32 Hotels Down Town, Star Palace
33 Traveller Guest House

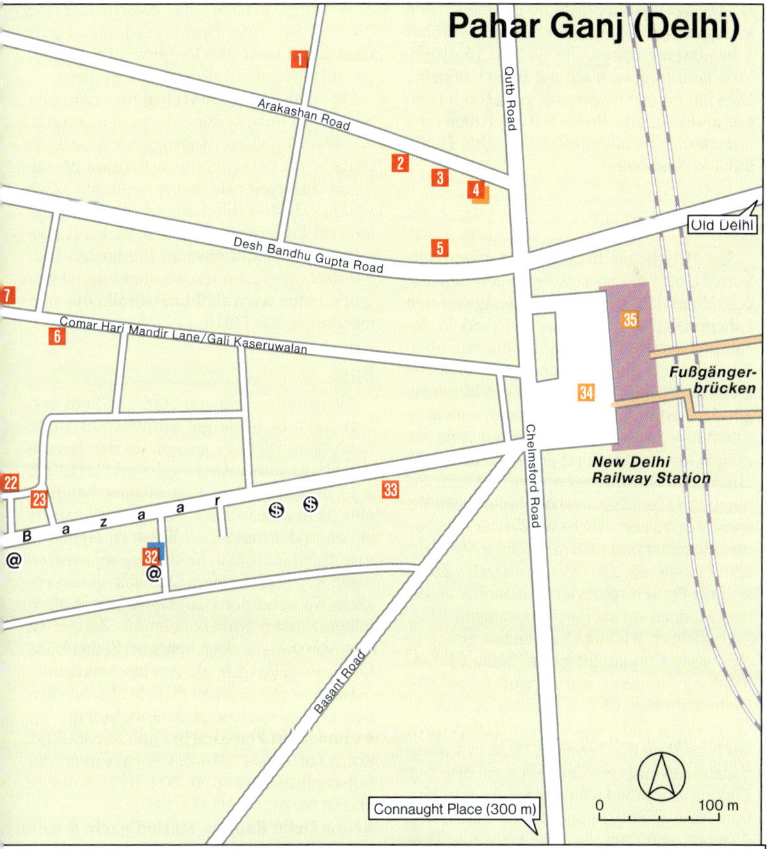

Essen und Trinken
14 Malhotra Restaurant
15 Metropolis Tourist Home
16 Madan Café
18 Anoop Hotel
20 Sam's Café
21 Dachrestaurants
27 Appetite Restaurant, Lord's Café, German Bakery
29 Kitchen Café
30 Restaurant Tadka
31 Club India Café & Restaurant
32 Everest Bakery

Verkehr
4 Capitol City Tours & Travels
34 Rikshas, Taxis, Kleinbusse
35 International Tourist Bureau

Einkaufen
11 Supermarket Big Apple
26 Bücherstand

stellt (erkennbar bei Taxis am grünen Streifen bzw. Grünbemalung bei Rikshas, die früher schwarz-gelb waren, die weißen Touristentaxis fahren meist noch mit Diesel/Benzin). Dies hat einmal wegen des geringeren Literpreises für Gas die Preise stabil gehalten oder reduziert und zudem die Luftqualität Delhis merklich verbessert.

Metro

Seit 2010 ist die neue Metro fertiggestellt. Vorteil dieses neuen Verkehrsmittels ist natürlich neben dem **geringen und festgesetzten Fahrpreis** (dies macht das Aushandeln des Fahrpreises wie bei Taxis und Rikshas überflüssig) auch die Unabhängigkeit von den meist überfüllten Straßen und der **hervorragende Zustand,** was sie zu einer sinnvollen Alternative zu anderen öffentlichen Verkehrsmitteln macht. Aufgrund der verschärften **Sicherheitsbestimmungen** werden Metro-Benutzer an allen Zugangsbahnhöfen beim Betreten kontrolliert, d.h. es werden die Taschen durchleuchtet und man muss einen Metalldetektor passieren. Zwei Waggons jedes Zuges sind **für Frauen reserviert,** erkennbar an der rosa Markierung auf den Bahnsteigen.

Touristisch wichtig sind derzeit einige Linien vom Connaught Place (Rajiv Chowk) Richtung Norden (Linie 2), wobei auch Old Delhi (Bahnhöfe Chawri Bazaar und Chandni Chowk), die Old Delhi Railway Station sowie der Inter State Bus Terminus (Station Kashmiri Gate) gekreuzt werden. Auch am östlichen Zugang zur New Delhi Railway Station (Station New Delhi) befindet sich ein Metro-Bahnhof, von dem auch die Linie zum Flughafen startet. Dieselbe Linie verläuft Richtung Süden bis zum Rajpath (Station Central Secretariat). Richtung Südosten verläuft die Linie 3 etwa zum Bahnhof Pragati Maidan nahe dem Purana Qila, Bahnhof Mandi House nördlich des India Gate und RK Ashram Marg an der Panchkuian Rd. an der Westseite des Hotelbezirks Pahar Ganj.

Der **Fahrpreis** beträgt zwischen 8 und 30 Rs, je nach Länge der Fahrtstrecke, für die meisten touristisch interessanten Ziele sind es nicht mehr als 14 Rs. Die Metro beginnt ihren Dienst um 6 Uhr morgens, die letzten Züge fahren, je nach Linie, zwischen 22 und 23 Uhr. Ein- bzw Drei-Tages-Tourist-Cards kosten 100 bzw. 250 Rs (plus 50 Rs Pfand, die bei Rückgabe zurückgezahlt werden).

Die neue **Express-Metrolinie** zwischen New Delhi Railway Station und dem internationalen Flughafen ist fertiggestellt und die billigste (80 Rs) und schnellste (etwa 20 Minuten Fahrtzeit, da keine weiteren Zwischenstopps) Verbindung zwischen Flughafen und Innenstadt. Die Linie verkehrt zwischen 5 und 1 Uhr etwa im 15-Minuten-Takt. Informationen zum letzten Stand der Dinge gibt's unter **www.delhimetrorail.com** und telefonisch: 23417910, 155370.

Bus

Als eine der wenigen Städte Indiens verfügt Delhi über ein gut ausgebautes Stadtbussystem. Wem es gelingt, an den jeweiligen Startpunkten wie Regal- und Plaza Kino am Connaught Place einzusteigen, hat auch eine recht gute Chance, noch einen Sitzplatz in einem der modernen Busse zu ergattern. Ansonsten muss man für die Ersparnis von einigen Rupien mit einem Stehplatz in den vor allem während der Hauptverkehrszeit überfüllten Bussen vorlieb nehmen. Zudem ist man selbstverständlich beliebtes Beuteobjekt für die in Delhi recht aktiven Taschendiebe.

Für jene, die sich davon nicht abschrecken lassen, hier einige nützliche **Busrouten:**

- **Connaught Place nach:** Qutb Minar (505), Rotes Fort (29, 77, 104), Chanakyapuri, der Botschaftsenklave (620, 604, 632), Bahnhof Hazrat Nizamuddin (454, 966).
- **New Delhi Railway Station nach:** Rotem Fort (51, 760), Connaught Place (10, 110).
- **Old Delhi Railway Station nach:** Qutb Minar (502), Connaught Place (29, 77).
- **ISBT-Busbahnhof nach:** Qutb Minar (503, 533), Connaught Place (104, 139, 272).
- **Janpath nach:** Qutb Minar (505).
- Zwischen Flughafen und Connaught Place verkehren **Flughafenbusse** (s.o.: „Fahrt in die Innenstadt" und unten: „Weiterreise").

Autoriksha und Taxi

Der Neuankömmling kann gleich in Delhi die für ganz Indien so charakteristische Weigerung der Riksha- und Taxifahrer studieren, den **Taxameter** einzuschalten. Man kann natürlich beharrlich darauf bestehen, doch meist hilft das auch nichts, d.h. der Preis ist Verhandlungssache, außer man befindet sich an einem der wenigen **Prepaid-Schalter,** wo Fixpreise das Feilschen unnötig machen. Für Autorikshas befinden sich diese am Janpath vor dem India-Tourism-Büro, etwas nördlicher am Connaught Place (Zugang 2 des Palika Bazar) bei der Sansad Marg und vor der New Delhi Railway Station (rund um die Uhr geöffnet).

Einige **Preise** vom Prepaid Counter am Janpath: Vom Connaught Place zum Roten Fort, zur Old Delhi Railway Station, nach Karol Bagh und Humayuns Mausoleum mit der Autoriksha ca. 50 Rs, zum Bahai Tempel 90 Rs, nach Hauz Khas 70 Rs, zu Safdarjang's Mausoleum 60 Rs, zum National Museum, Purana Qila, New Delhi Railway Station und nach Pahar Ganj 30 Rs. Als Richtschnur: Mit dem Taxi kostet es jeweils etwa das Doppelte. Zwischen 23 und 5 Uhr sind nochmal 25 % aufzuschlagen. Da die Tarife alle paar Monate den allgemeinen Preissteigerungen angeglichen werden, sollte man sich über den neuesten Stand im bereits erwähnten „Delhi City Guide" erkundigen, wo die Preistabelle abgedruckt ist.

Gleich in Delhi sollte man es sich zur Regel machen, was für ganz Indien gilt: vor Fahrtantritt sicherzugehen, dass der Fahrer auch wirklich das **Fahrtziel** verstanden hat. Oft fahren sie einfach los, ohne richtig hingehört zu haben, was am Ende viel Zeit, Geld und Nerven kostet.

Mehrere per **Telefon** bestellbare Taxiunternehmen bieten ihre Dienste für meist 20 Rs pro Kilometer an: Mega Cabs (Tel.: 4141 4141, www.megacabs.in), Quick Cabs (Tel.: 45333333, www.quickcabs.in), Easy Cabs (Tel.: 43434343, www.easycabs.in), Meru Cabs (Tel.: 44224422). Nach der telefonischen Bestellung erhält man eine SMS mit der Registriernummer des Fahrers und eine weitere zur Bestätigung des ausgemachten Termins. Auch Online-Bestellung ist möglich.

Mietwagen, -Motorräder

Wer die zahlreichen Sehenswürdigkeiten des hektischen Delhi möglichst stressfrei erleben möchte, sollte sich zum Preis von ca. 15 Euro pro Tag einen Mietwagen nehmen.

- **Metropole Tourist Service,** 2424 Defence Flyover Market, New Delhi 110024, Tel.: 24310313, (0)9810277699, www.metrovista.co.in, 7–19 Uhr. Nicht klimatisierte Fahrzeuge für ca. 900 Rs/Tag. Bei diesem alteingesessenen, verlässlichen Vermieter können auch Rundreisen nach Rajasthan und in andere Regionen organisiert werden.
- **Kumar Tourist Taxi Service,** Connaught Place, K-Block, nahe dem York Hotel, Tel.: 23415930, 41513270, 9–21 Uhr, ebenfalls preiswert und verlässlich.
- **Hertz,** Ansal Chambers-I., GF 29, No. 3, Bhikaji Cama Place, New Delhi 110 066, Tel.: 26877188 (Wagen zum selbst fahren) und am Flughafen (Tel.: 1243014724).
- Für Wagemutige, die im indischen Verkehr unabhängig per Motorrad unterwegs sein wollen, sei der **Jhandewalan Cycle Market,** etwa 500 m westlich von Pahar Ganj, empfohlen, wo sowohl gebrauchte als auch neue Zweiräder feilgeboten werden.

Fahrradriksha

In New Delhi inkl. Connaught Place sind Fahrradrikshas verboten. Viele warten an der Ecke Connaught Place, H-Block/Chelmsford Road, um zum New Delhi Railway Station und Pahar Ganj zu fahren. Für die kurze Strecke zahlen Einheimische nicht mehr als 5 Rs, Touristen mindestens das Doppelte. Für längere Strecken sind im weitläufigen Delhi Autorikshas, Taxis und die Metro zur Fortbewegung sinnvoller.

Unterkunft

Wie bei allen Hauptstädten, liegt auch das Preisniveau der Unterkünfte in Delhi über dem Landesdurchschnitt. Andererseits ist die Auswahl an Unterkünften derart groß, dass, selbst wenn man spätabends eintrifft, meist problemlos eine Übernachtungsmöglichkeit zu finden ist.

Drei Hotelgegenden lassen sich unterscheiden. Das **Basarviertel Pahar Ganj** (Metrostation RK Ashram Marg oder New Delhi, von dort über die Gleisbrücken der New Delhi Railway Station) mit der direkt gegenüber dem New-Delhi-Bahnhof beginnenden Main Bazaar Road als Hauptstraße, an der auf einer Länge von ca. 2 km sicherlich 300 billige und inzwischen auch höherklassige Herbergen liegen, und deren nördlich und südlich abgehenden Gassen ist das in der Traveller-Szene beliebteste Hotelviertel.

Entscheidet man sich für eine Unterkunft am **Connaught Place** (Metrostation Rajiv Chowk), dem kommerziellen Zentrum New Delhis, oder dem nach Süden verlaufenden Janpath, einer teuren Wohngegend, hat man den enormen Vorteil, in unmittelbarer Nähe der wichtigen Fluggesellschaften, Banken, vieler Geschäfte und dem Touristenbüro zu wohnen und sich so die langen Anfahrtswege sparen zu können. Andererseits fehlt hier die typisch indische Atmosphäre wie in Pahar Ganj und die Preise liegen auch deutlich höher.

Die meisten First-Class-Hotels finden sich im Südwesten der Stadt, in der Nähe des noblen **Diplomatenviertels Chanakyapuri** etwa auf halber Strecke zwischen Connaught Place und dem Flughafen. In den letzten Jahren sind viele pensionsartige, meist komfortable bis luxuriöse Unterkünfte mit wenigen Zimmern, die meisten im **Süden Delhis,** hinzugekommen.

Die meisten Hotels bieten einen **Abholservice** vom Flughafen oder Busbahnhof an, um sicherzugehen, dass die Gäste auch zu ihrem Hotel gebracht werden. Dieser Service ist jedoch meist teurer als die Fahrt mit einem normalen Taxi, da der Fahrer auf die Ankommenden warten muss und die Gebühr fürs Parken (140 Rs) sowie den Eintritt (80 Rs) in das Ankunftsgebäude zu entrichten hat. Jeder muss also für sich selbst entscheiden, ob er bereit ist, den Aufpreis zu zahlen, um sicher zum Hotel geleitet zu werden.

Untere Preiskategorie

Connaught Place (Stadtplan S. 218):

Am und um den Connaught Place finden sich nur wenige billige Unterkünfte. Zudem sind sie, verglichen mit den preisentsprechenden in Pahar Ganj, überteuert.

- So ist auch das **Sunny Guest House** €-€€ (152, Scindia House, Tel.: 23312909, sunnyguesthouse1234@hotmail.com) eigentlich kaum zu empfehlen, aber eben immer noch die einzige Billigadresse rund um den Rajiv Chowk. Das Beste am Haus ist die Terrasse.
- Akzeptable, hinreichend saubere und ruhige Zimmer in vorzüglicher Lage machen das alteingesessene **Janpath Guest House** €€-€€€€ (82–84 Janpath, 2. Stock, Tel.: 2332 1935, (0)9212019781) zur einzigen wirklich empfehlenswerten Bleibe dieser Preisklasse rund um den Connaught Place, zumal es im Gegensatz zu den anderen die Preise in den letzten Jahren kaum erhöht hat. Zimmer mit TV, teils AC, aber fensterlos.

Pahar Ganj (Stadtplan S. 222):

Aufgrund der starken Konkurrenzsituation bekommt man sehr viel für seine Rupien, meist schon Bad und Farb-TV ab etwa 400 Rs, obwohl gerade in dieser Kategorie die Preise in den letzten Jahren anziehen. Für die meisten Unterkünfte dürfte die Metrostation RK Ashram Marg näher sein als New Delhi. Hier eine kleine Auswahl:

- Neu ist das **City Palace Guest House** €€-€€€ (Str. No. 7, Chuna Mandi, Tel.: 23583 859). Einige der teils klimatisierten, supersauberen Zimmer haben Fenster, alle LCD-Fernseher und ein modernes Bad. Da 50 m eine Gasse von der Rajguru Rd. hinein gelegen, ist es auch ruhig.
- Etwas weiter östlich auf der anderen Seite der Rajguru Rd. versteckt in den Gassen ist das preiswerte **Hotel Yes Please** €€ (Gali Kaseruwalan, Tel.: 23589922, 41698877) eine ansprechende Alternative.
- Ebenfalls in dieser Ecke in einer Gasse parallel und südlich der Desh Bandhu Gupta Rd. ist das **Sirswal View** €-€€ (4076 Gali Kaseruwalan, Tel.: 41698467, (0)9899154060) eine preiswerte und ruhige Adresse. Alle makellosen, teils klimatisierten Zimmer haben Außenfenster.

● Weniger die eher durchschnittliche Zimmerqualität als vielmehr der bemühte Service machen das von zwei äußerst freundlichen und bemühten Brüdern geleitete, alteingessene **Hotel Namaskar** €-€€ (Tel.: Gali Chandi Wali, 23583456, (0)9811018114, www.hotelnamaskar.com) zu einer noch guten Billigadresse. Die hellen, jedoch etwas schmucklosen Räume sind akzeptabel. Auch das überall bereitstehende, gefilterte Trinkwasser sowie die Möglichkeit, Gepäck umsonst zu lagern, trägt zum positiven Gesamteindruck bei. Schließlich kann man für einen kleinen Aufpreis Zugtickets reservieren lassen und günstige, verlässliche Mietwagen-Arrangements abschließen.

● Ganz nah sind die blitzsauberen, teils klimatisierten Zimmer mit Fernseher des **Hotel Unique International** €-€€€ (Gali Chandi Wali, Main Bazaar, Tel.: 23589303, (0)9971607409) eine brauchbare Alternative. Die Zimmer mit Fenster sind vorzuziehen.

● Eine hervorragende Adresse ist das **Anoop Hotel** €€-€€€€ (Main Bazaar, Tel.: 23589366, 41541390, www.anoophotel.com). Neben den preisgünstigen und zweckmäßig eingerichteten, inzwischen runderneuerten Zimmern, einige mit AC, überzeugt es auch mit seinem schönen und beliebten Dachrestaurant mit Aussicht. Manche Zimmer sind besser in Schuss als andere.

● Nicht nur wegen seiner German Bakery im Erdgeschoss ist das in einer kleinen Seitengasse gelegene **Ajay Guest House** €€-€€€ (Main Bazaar, Tel.: 23543125, 41541226, www.ajayguesthouse.com) eine beliebte Backpacker-Unterkunft. Nach umfangreichen Renovierungen ist es wieder eine der besten Bleiben im unteren Preisbereich. Alle Zimmer haben eigenes Bad, mehrere AC und TV.

● Großer Beliebtheit erfreuen sich auch das preiswerte und gut geführte **Hare Krishna Guest House** €€ (Tel.: 41541340, harekrishnagh@hotmail.com) und das **Traveller Guest House** €-€€ (Tel.: 23584041, travellerguesthouse@hotmail.com) mit sauberen, aber sehr kleinen, im letztgenannten auch klimatisierten Zimmern. Beide am Main Bazaar gelegenen Häuser haben in letzter Zeit den Preis angezogen.

● Mit den Hotels **Star Palace** €€ (Tel.: 23584849, (0)8800635463, www.stargroupofhotels.com) und **Down Town** €-€€ (Tel.: 41541529, ltctravel@rediffmail.com) gibt es zwei professionell geführte, einfache Unterkünfte am Ende einer kleinen, südlich vom Main Bazaar abzweigenden Gasse. Allerdings haben viele Räume kaum Streichholzschachtelgröße. Den besten Gegenwert gibt es im Down Town, das Star Palace ist eine Klasse besser und teurer.

● Seit Jahren ist das große **Hotel Vivek** €€-€€€€ (Main Bazaar, Tel.: 46470555, www.vivekhotel.com) ein Favorit bei Travellern. Die Beliebtheit dürfte neben recht sauberen Zweckzimmern, die teureren mit AC, wohl auch auf das populäre Sam's Café im Erdgeschoss mit Kuchen und Torten wie auch auf das Dachrestaurant zurückzuführen sein.

● Ein gutes Preis-Leistungs-Verhältnis bietet das **Major's Den Guest House** €-€€ (Tel.: 23629599) in der Lakshmi Narain Street. Von den meisten wird diese kleine Gasse, die nur wenige Meter vom Metropolis entfernt in Richtung der beiden zuvor genannten Unterkünfte rechts abzweigt, übersehen. Neben der für Pahar Ganj relativ ruhigen Lage überzeugt das Haus durch sein freundliches Management und die sehr sauberen Zimmer. Gepäcklagerung und *safe deposit* sind möglich.

● Das große **Hotel Shelton** €€-€€€ (Main Bazaar, Tel.: 23580575-7, sheltonh@rediffmail.com) liegt mitten im Herzen von Pahar Ganj. Eine Vielzahl unterschiedlicher und erstaunlich preiswerter AC- und Non-AC-Zimmer, alle sehr gut in Schuss, teils geräumig und mit Balkon und Badewanne, machen es zu einer der besten Unterküfte in Pahar Ganj. Sehr schön sitzt man im Dachrestaurant **Kitchen Café** mit schönem Ausblick, ein luftiger Ort für Frühstück und italienische Kost.

Arakashan Road (Stadtplan S. 222):

Eine große Ansammlung von Budget-Hotels befindet sich knapp 1 km nördlich von Pahar Ganj, in der parallel zur Desh Bandu Gupta Rd. verlaufenden Arakashan Road. In den letzten Jahren sind, ähnlich wie im Main Bazaar, weit über 50 Unterkünfte eröffnet worden, von denen aber nur einige am Ostende der Straße überzeugen können (im untersten Preisbereich bekommt man um den Main Bazaar mehr fürs Geld). Hier wohnen vornehmlich einheimische Handelsvertreter und das Preisniveau liegt etwas höher als im Main Bazaar. Die folgenden Hotels, alle mit TV, bieten eine gute Alternative, insbesondere wenn es im Main Bazaar zu Engpässen kommen sollte. Die nächstgelegene, aber mit gut 1 km Entfernung nicht wirklich nahe Metrostation ist New Delhi.

- Ausgesprochen angenehm wohnt sich's sowohl im **New Sapan Plaza** €€ (Tel.: 23519062, 23519149) als auch im **Hotel Shiva Intercontinental** €€-€€€ (Tel.: 235199 96/7), zwei nahezu preis- und ausstattungsgleiche Unterkünfte mit kleinen, hübsch eingerichteten Zimmern, einige mit Balkon, die teureren sind klimatisiert.
- Wenn auch teilweise recht klein, hat das **Amax Inn** €€-€€€ (Tel.: 23543813, (0)98112 62629, www.amaxinn.com) blitzsaubere Zimmer, WiFi in der Lobby und eine kleine Dachterassse zu günstigem Preis. Zu finden in einer Gasse, die von der Arakashan Rd. nördlich abgeht, deshalb verhältnismäßig ruhig.

Old Delhi (Stadtplan S. 200):

Von westlichen Individualreisenden nur sehr selten genutzt, bietet das lebhafte, muslimisch geprägte Old-Delhi und speziell der Bereich um die Jamia Masjid nur wenige passable und preiswerte Unterkünfte, die auch westliche Touristen aufnehmen. Hier wird Wert auf der muslimischen Umgebung entsprechende Kleidung und Verhalten gelegt.

- Wen der morgendliche Ruf des Muezzin nicht stört, dem sei das **Hotel New City Palace** €€-€€€ (Tel.: 23279548) empfohlen. Kleine Einfachzimmer mit Bad, Warmwasser und teilweise Blick auf die Moschee sind hinreichend, hier macht jedoch die hervorragende Lage den etwas überhöhten Preis aus.
- Ebenfalls ganz nahe der Jamia Masjid, jedoch ohne Ausblick, liegt auch das gute und freundliche **Bombay Orient** €€-€€€ (Bazar Matia Mahal, Tel.: 43101717, 23242691), verglichen mit den Unterkünften in Pahar Ganj ist es jedoch etwas überteuert. Dennoch sind die einfachen Zimmer mit Bad, die teureren mit AC, TV und Kühlschrank, noch preisgerecht. Das Karim Restaurant liegt gegenüber an der lebendigen Marktgasse.
- Eine der wenigen Unterkünfte in Old Delhi, die mit etwas Komfort glänzen, ist das leicht teurere **Hotel Al-Hyatt** €€€ (1111, Bazar Matia Mahal, Tel.: 23281529, hotelalhyatt@yahoo.com, ab 1. Stock). Alle kleinen Zimmer verfügen über TV und Bad, viele mit AC. Die Zimmer mit Außenfenster sind vorzuziehen.

Im Norden Delhis (Stadtplan S. 194):

- Außerhalb des Üblichen wohnt man im als **Tibetan Colony** bekannten Bezirk im Norden Delhis an den Ufern des Yamuna mit Delhi-untypischer, ruhiger Atmosphäre in dieser Enklave tibetanischer Mönche, deren Umgebung für Sauberkeitsfanatiker jedoch ein Problem werden könnte. Die zumeist geräumigen Zimmer der einzelnen Unterkünfte sind einfach eingerichtet und sehr preiswert. Einige der Gasthäuser locken zudem mit Dachrestaurants mit Travellerkost, teilweise tibetanischer Küche und Blick auf den Yamuna. Empfohlen seien **Wongdhen House** €-€€ (Tel.: 23816689, wongdhenhouse@hotmail.com) oder **Peace House** €-€€ (Tel.: 2393 9415). Beim zweiten steigen die Preise mit dem jeweiligen Stockwerk. Weitere Unterkünfte sind **Lhasa House** € (Tel.: 23939888) und **White House** €-€€ (Tel.: 23813999). Durch die neue Metro (Linie 2, Station Vidhan Sabha, etwa 1 km entfernt) ist die Enklave inzwischen akzeptabel an die südlichen touristischen Viertel Delhis angebunden.

Chanakyapuri (Stadtplan S. 208):

- Im ruhigen Diplomatenviertel Chanakyapuri südwestlich des Zentrums vermietet das **Youth Hostel** €-€€ (5 Nyaya Marg, Chanakyapuri, Tel.: 26116285, 26781969, www.yhaindia.org, YHA-Mitgliedschaft 100 Rs/Jahr, Preise inkl. Frühstück) neben guten und preiswerten Schlafsaalbetten (nur für Männer) auch einfache, teils klimatisierte Zimmer

Bunte Mischung:
Fahrzeuge auf Delhis Straßen

und ist damit eine der wenigen akzeptablen Unterkünfte im Billigbereich außerhalb von Pahar Ganj. WiFi und abschließbare Fächer für Wertsachen sind vorhanden.

Mittlere Preiskategorie

Alle Zimmer der aufgeführten Hotels haben selbstverständlich ein eigenes Bad mit 24 Std. Warmwasser und Fernsehgerät.

> Besonders bei den Hotels der oberen Preiskategorien kann es sich durchaus lohnen, nach **special offers** zu fragen. Sind die jeweiligen Hotels nicht ausgebucht, lassen sich zum Teil Nachlässe von bis zu 40 % heraushandeln.

Pahar Ganj (Stadtplan S. 222, Metrostation RK Ashram Marg):

- Klasse ist das **Cottage Yes Please** €€€-€€€€ (Laxmi Narayan St., Tel.: 23562100/300, 43081300, www.cottageyesplease.com) im Herzen von Pahar Ganj. Die hellen Zimmer in diesem luftigen Haus sind mit allem Nötigen wie Kühlschrank und LCD-TVs ausgestattet und sehr preiswert. Die Klimaanlage wird auf Wunsch eingeschaltet, dann wird's etwas teurer. Allerdings gilt es auch hier die Zimmer auf ihre unterschiedliche Lautstärke zu prüfen. Reservierung empfohlen.
- Etwas versteckt in den Gassen südlich der Desh Bandhu Gupta Rd., ist das **Silver Shine** €€€ (Sangartrashan Chowk, Tel.: 23582169, 41698815/6, hindian_dx2000@ yahoo.co.in) eine preiswerte Adresse mit sauberen Zimmern mit Kühlschrank sowie einem Dachrestaurant. Nur einen Steinwurf entfernt, wird für das **Twenty-Twenty** €€€ (3972 Gali Kaseruwalan, Tel.: 23580074, (0)9310128086) derselbe Tarif verlangt. Die Zimmer, teils mit Fenstern, sind etwas besser in Schuss; leider kein Restaurant.
- Zentraler liegt das **Hotel Relax** €€€ (Tel.: 23562811, (0)9810005107, vidur109@hotmail.com) in der Ramdwara Rd. mitten im quirligen Zentrum. Hübsch möblierte Zimmer mit Kühlschrank und großer Fensterfront, teilweise mit Balkon, sowie ein Dach-

Delhi

733 a Foto: tb

restaurant und eine Terrasse zur Marktstraße sind Pluspunkte. Auf Service muss man allerdings laut Klagen mehrerer Leser verzichten.

- Eine hervorragende Mittelklassewahl ist das **Hotel de Holiday Inn** €€€-€€€€ (Rajguru Rd., Tel.: 23562690-4, www.hoteldeholidayinn.com). Neben den angenehmen Zimmern mit LCD-TV überzeugt der Service. Internetcafé im Haus.
- Große Fensterfronten, moderne Ausstattung wie Flachbildschirm-TV und klasse Badezimmer rechtfertigen den erhöhten Preis im **Star Plaza** €€€€ (Tel.: 23581731, www.hotelstarplaza.co.in) im Herzen von Pahar Ganj. Ein Dachrestaurant ist geplant. Nach Preisabschlägen fragen.
- Als einzige Bleibe in Pahar Ganj kann man beim **Metropolis Guest House** €€€€-€€€€€ (15 Krishna Market, Tel.: 23585032, www.metropolisguesthouse.com) von Luxus sprechen. Die sehr geschmackvoll eingerichteten, gemütlichen Zimmer sind noch spottbillig in diesem erst vor Kurzem restaurierten Gebäude am westlichen Rand von Pahar Ganj. Ein Restaurant war zur Recherchezeit geplant. Reservierung unbedingt empfohlen. Auch das 100 m entfernte „Mutterhaus" **Metropolis Tourist Home** €€€€ (Main Bazaar, Tel.: 23561782, 23585766, (0)9910067855, www.metropolistouristhome.com) ist nach Komplettrenovierung eine hervorragende Bleibe, zumal das Dachrestaurant weiterhin erstklassige Küche serviert.
- Nur wenig westlich von Pahar Ganj sind die in einem Wohngebiet gelegenen, teils klimatisierten Zimmer des **Yatri Home** €€€€-€€€€€ (Tel.: 23625563, www.yatrihouse.com) inzwischen ein wenig zu teuer geworden, jedoch gemütlich und völlig ruhig, mit kleinem Vorgarten und begrüntem Hinterhof zum Einnehmen der Mahlzeiten. Zugang durch eine Gasse links neben dem Delhi Heart & Lung Institute gegenüber von Metropfeiler 35. Neben der Nähe zu Pahar Ganj (5 Fußminuten) ist die 100 m entfernte Metrostation von Vorteil. Internet ist kostenfrei.

Arakashan Road (Stadtplan S. 222):

- Eine hervorragende Mittelklassewahl an der nördlich von Pahar Ganj verlaufenden Arakashan Rd. ist das zentral klimatisierte **Hotel Le Grand International** €€€-€€€€ (Tel.: 235 46891-8, www.godwinhotels.com). Die gepflegten Zimmer sind geschmackvoll eingerichtet, die teuren haben Kühlschrank. Ein schnelles Internetcafé gibt's im Haus (25 Rs/Std.).
- Als eines der ersten Hotels dieser Region ist das 40 Jahre alte **Ajanta Hotel** €€€€ (Arakashan Rd., Tel.: 29562097, (0)9818544466, www.ajantahotel.com) immer noch eines der besten in der Mittelklasse. Angenehme Zimmer, alle mit Kühlschrank, exzellenter Service und ein hervorragendes, dekorativ eingerichtetes Restaurant (gutes Frühstücksbuffet ab 6.30 Uhr für 200 Rs) sowie eines auf dem Dach. Zudem verlässliche Dienstleistungen wie Taxianmietung und Tourarrangements für ganz Indien bei Capital City Tours & Travels (Tel.: 29562097, www.tourism-india.com).
- Wer modernere Ausstattung benötigt, findet im neueren, nur wenige Meter entfernten **Hotel Delhi City Centre** €€€€-€€€€€ (Tel. wie Ajanta sowie (0)9810668881, www.hoteldelhicitycentre.com) eine nur wenig teurere Adresse derselben Betreiberfamilie mit 35 großzügig gestalteten Komfortzimmern und hervorragendem Service.
- Das **Chanchal Deluxe** €-€€ (Arakashan Rd., Tel.: 44212144, 23683490-4, www.chanchalhotels.com) bietet mit geräumigen und schön möblierten AC- und Non-AC-Zimmern, teils mit großen Fenstern, viel fürs Geld. Das Haus verfügt außerdem über ein gutes Restaurant sowie ein Internetcafé. Etwas besser und etwas teurer ist das wenige Meter entfernte **Balaji Deluxe** €€€€ (Tel.: 44212144, 23683491) eine gute, modernere Alternative.

Connaught Place (Stadtplan S. 218):

- Etwas überteuert, aber noch eines der billigeren am Connaught Place ist das **York Hotel** €€€€€ (K-Block, Tel.: 23415769, 23415819, www.hotelyorkindia.com). Das Personal ist bemüht, dem Preis gerecht zu werden. Zimmer nach hinten wählen.
- Einen gepflegten Eindruck machen die teureren Zimmer des freundlichen **Hotel Alka** €€€€€ (P-Block, Tel.: 23344328, www.hotelalka.com), einige mit holzvertäfelten Wänden. Die billigeren, leicht verwohnten *standard*

rooms sind etwas überteuert. Zum positiven Gesamteindruck tragen auch das exzellente vegetarische **Vega Restaurant** im Erdgeschoss sowie der rund um die Uhr geöffnete Coffee Shop bei.

● Luxuriöser ist das zentral klimatisierte **Hotel Alka Annexe** €€€€-€€€€€ (M-Block, Tel.: 23416680, 23414028, hotelalka@vsnl.com) auf der anderen Seite des Connaught Place mit besserer Qualität zu geringeren Preisen. Mit Restaurants, Bar, Coffee Shop, WiFi und Terrasse eins der besten Hotels dieser Preisklasse.

Jangpura (Stadtplan S. 208):

● Das in Süd-Delhi gelegene **K One One** €€€€-€€€€€ (K11 Jangpura Extension, Tel.: 43592583, (0)9810793322, www.parigold.com, Metrostation Jangpura) bietet Safe, kostenlose Computerbenutzung, Trinkwasser und Dachterrasse. In den vier großzügigen, modernen und klimatisierten Apartmentzimmern mit Balkon fühlt man sich eher wie in der eigenen Wohnung, denn in einem Hotel. Frühstück und WiFi ist im Preis inbegriffen.

Im Westen Delhis (Stadtplan S. 194):

● Ca. 3 km westlich des Connaught Place verfügt das **Master Guest House** €€€€-€€€€€ (Pamposh Rd., R-500 New Rajendra Nagar, nahe Sri Ganga Ram Hospital, Tel.: 28741089, (0) 65479947, www.master-guesthouse.com, Metrostation Rajendra Place) über drei gemütlich eingerichtete Zimmer mit erstklassigem Bad. Auch der hübsch dekorierte, von Bäumen umgebene Dachgarten, die ruhige Lage und das zuvorkommende Ehepaar, das die Pension leitet, sprechen für das Master Guest House. Preise inkl. Frühstück und WiFi-Anschluss, Reservierung empfohlen.

Obere Preiskategorie

Connaught Place (Stadtplan S. 218):

● Das nach Jahren des Dahinvegetierens gänzlich runderneuerte **Palace Heights Hotel** €€€€€€ (26/28 D-Block, Tel.: 43582610/-20/-30, www.hotelpalaceheights.com) ist mit seiner absolut zentralen Lage am inneren Ring des Connaught Place, etwas erhöht vom Straßenlärm, seinen geschmackvoll eingerichteten Zimmern sowie dem sehr guten hauseigenen Zaffran Restaurant eines der besten teuren Hotels am Connaught Place.

● Preislich und qualitativ ähnlich hochklassig, wenn auch nicht ganz so gut, ist das **The Corus** €€€€€€ (49 B-Block, Tel.: 43652222, www.hotelcorus.com) mit 30 modern eingerichteten Zimmern. Hübsch ist das **Bonsai Restaurant** mit Außenbereich.

● Das gemütliche **Narula Inn** €€€€€-€€€€€€ (Baba Kharak Singh Marg, P-Block, Daulat Ram House, Tel.: (0)9953423069, www.narulainn.com) in einem „Heritage Building" von 1939 ist mit geschmackvoll dekorierten, hellen Zimmer mit AC und Kühlschrank eines der günstigsten dieser Preisklasse am Connaught Place. Das **G Restaurant** im Erdgeschoss (11–24 Uhr, 300–600 Rs) ist hervorragend. Hier wird tgl. außer Di traditionelle indische Live-Musik geboten.

● Nach Komplettrenovierung ist das **Radisson Blu Marina** €€€€€€ (G-Block, Tel.: 469 09090, www.radisson.com) eine erstklassige Bleibe am Connaught Place. Im Preis ist ein Frühstücksbuffet enthalten. Zwei erstklassige Restaurants, Coffee Shop und Bar, High-Speed-Internet und Spa sind selbstverständlich. Wie bei allen Hotels direkt am Connaught Place gibt's auch hier leider keinen Pool.

● Das traditionsreiche **Hotel Imperial** €€€€€€ (Janpath Rd., Tel.: 23341234, 41501234, www.theimperialindia.com) in unmittelbarer Nähe zum Connaught Place gilt seit vielen Jahren als eine der besten Adressen in Delhi. Nach einer Multi-Million-Dollar-Renovierung gehört es auch preislich zu den Top-Hotels der Stadt. Wegen seiner überschaubaren Größe, des Kolonialstil-Ambientes und seiner schönen Lage inmitten eines gepflegten Gartens ist es eines der empfehlenswertesten First-Class-Hotels.

● Preislich etwas günstiger ist das moderne **Hotel The Park** €€€€€€ (15 Parliament Street, Tel.: 23743000, www.theparkhotels.com, Metrostation Patel Chowk) nahe dem Jantar Mantar. Das moderne Halbrund protzt mit elegantem Restaurant, erstklassig ausgestattetem Spa und ebensolcher Bar am Pool. Ebenso wie das Imperial liegt es zentral nur wenige Fußminuten vom Connaught Place entfernt.

New Delhi Zentrum (Stadtplan S. 208):

- Das Hotel **Le Meridien** €€€€€€ (Windsor Palace, Janpath, Tel.: 23710101, info@lemeridien-newdelhi.com) ist ein Spitzenhotel mit jeglichem dem Preis entsprechenden Luxus sowie einem exzellenten französischen Restaurant.
- Nicht ganz so luxuriös, aber dafür neuer und moderner ist der gegenüber gelegene Turm des **Shangri-La Eros Hotel** €€€€€-€€€€€€ (19 Ashoka Rd., Tel.: 41191919, www.shangri-la.com).

Nizamuddin (Stadtplan S. 208):

- Im herrlich authentischen Viertel Nizamuddin im Südosten Delhis kann man beim **B Nineteen** €€€€€€ (B-19 Nizamuddin East, Tel.: 41825500, (0)987088629, www.bnineteen.com) mit Blick auf Humayuns Grab ins Schwärmen geraten. Die herrlich dekorierten Zimmer und die begrünte Dachterrasse in fantastischer Umgebung sind zwar teuer, aber jede Rupie wert. Auf jeder Etage eine Gemeinschaftsküche ist praktisch, vor allem wenn man länger bleibt. Kaum eine Chance ohne Reservierung.
- Etwa 10 Gehminuten von Humayuns Grab und noch weniger vom Bahnhof Nizamuddin ist auch **Eleven** €€€€€ (11 Nizamuddin East, Tel.: (0)9811088966, www.elevendelhi.com, Frühstück inkl.) eine weitere klasse Herberge in dieser faszinierenden Ecke Delhis. Die modern-gemütlich eingerichteten Zimmer mit elektronischem Safe, der freundliche und hilfsbereite Manager, mehrere geschichtsträchtige Bauwerke in unmittelbarer Nähe, die grüne Umgebung, Internet und WiFi umsonst sowie die moderaten Preise tun ein Übriges, um sich in dieser Oase der Ruhe wohlzufühlen.

Andere Gegenden (Stadtplan S. 194):

- Ebenfalls etwas Besonderes ist **Bajaj Indian Home Stay** €€€€€-€€€€€€ (8A/34 WEA, Karol Bagh, Tel.: 25736509, (0)9811297604, www.bajajindianhomestay.com, Metrostation Karol Bagh) im Westen der Stadt. Das herrlich stilgerecht einem Haveli nachempfundene Guest House hat acht äußerst gemütliche Luxuszimmer, die mit allen Annehmlichkeiten inkl. WiFi ausgestattet sind. Das Frühstücksbuffett ist inklusive. Immer noch preisgerecht, obwohl die Preise angezogen haben.
- Ruhe im hektischen Delhi, der liebevoll umsorgende Service und die relative Nähe zum Flughafen sprechen für das **Amarya Haveli** €€€€€€ (P5 Hauz Khas Enclave, Tel.: 4175 9268, www.amaryagroup.com, Metrostation Hauz Khas). Hervorragend ausgestattete, moderne Zimmer unterschiedlichen Stils, geräumige Badezimmer in ruhiger, grüner Umgebung, Speisen zu jeder Tageszeit und hervorragender Service sind die Pluspunkte in diesem gemütlichen Haus mit Spa. Etwas nördlicher und etwas billiger ist das ansonsten sehr ähnliche **Amarya Villa** €€€€€-€€€€€€ (A2/20 Safdarjang Enclave, Tel.: 41035184, Metrostation AIIMS). Beide Unterkünfte sind nicht weit vom Hauz Khas entfernt.
- **The Maidens** €€€€€€ (7, Sham Nath Marg, Tel.: 23975464, www.maidenshotel.com, Preise inkl. Frühstück, nahe Metrostation Civil Lines) nördlich von Old Delhi ist ein wunderbares altes Hotel im Kolonialstil inmitten eines riesigen Parks. Wen die zweifelsohne recht ungünstige Lage nicht stört, der findet hier eines der schönsten Hotels dieser Preiskategorie und kann zudem im hauseigenen Swimmingpool baden.
- Wer immer schon einmal in einem solargeheizten Swimmingpool seine Runden drehen wollte, sollte sich im **ITC Maurya** €€€€€€ (Sadar Patel Marg, Diplomatic Enclave, Tel.: 26112233, www.itchotels.in) einmieten. Es ist eines der mondänsten Hotels Indiens und für seine hervorragenden Restaurants bekannt. In den „Upper Crust Lounges" steht sogar ein persönlicher Butler zur Verfügung – wer's braucht.
- Luxus in fünf Kategorien stellt **Svelte** €€€€€€ (A3 District Center, Saket, Tel.: 40512000, (0)9811814790, www.svelte.in, Metrostation Malviya Nagar) zur Verfügung. Je nach Größe preislich gestaffelt, verfügen die angenehm modern gestalteten Apartments über allen notwendigen Komfort. Im Süden der Stadt auf der Rückseite der Select Citywalk Mall und umgeben von neuen Verwaltungs-

504in Foto: mb

Main Bazaar in Pahar Ganj

gebäuden sind die Suiten mit Kitchenette mit Mikrowelle und Internetanschluss in den Zimmern eine gelungene Alternative zu den Luxushotels. Neben erstklassigem Service und ebensolchem Restaurant überzeugen Dachpool und Fitnesscenter.

Nahe Flughafen (Stadtplan S. 194):

- Wenig südlich des Flughafens in Gurgaon ist das hervorragende **Zenith Inn** €€€€-€€€€€ (Tel.: 0124-43000774/6, www.zenithinn.com, Preise inkl. Frühstück) eine ideale Unterkunft für den Mittelklasse-Geldbeutel, falls man in Delhi nur die Flugzeuge wechseln will. Supersaubere Komfortzimmer mit WiFi, Kühlschrank und Minibar sowie freundlicher, bemühter Service in diesem modernen Bau.
- Näher zur Stadt zwischen Flughafen und New Delhi im Stadtteil Vasant Kunj ist das **Chhoti Haveli** €€€€ (Tel.: 26124880, (0)98 18337566, www.chhotihaveli.com) in ruhiger Lage eine sehr preiswerte Pension, zumal Frühstück, Internet und WiFi sowie Trinkwasser inklusive ist. Äußerst gemütliche, geräumige Zimmer und viele Pflanzen vermitteln Wohlbefinden.
- Gut 6 km nördlich des Flughafens ist **Shanti Home** €€€€€€ (A-1/300, Janakpuri, Tel.: 41533366, www.shantihome.com) ein luxuriöses Boutique-Hotel mit angenehm gestalteten Zimmern. Natürlich ist auch hier WIFI inklusive. Weitere Annehmlichkeiten sind Massage und Fitnessraum. Das Dachrestaurant offeriert neben vorzüglichen Speisen auch Kochkurse.
- Das **Radisson Blu Delhi** €€€€€€ (Sektor 13, Dwarka, Tel.: 30908000, www.radissonblu.com) ist das luxuriöseste Hotel in der Nähe des Flughafens. Zwei Pools, Internet umsonst und weitere Annehmlichkeiten sind in dieser hohen Preisklasse selbstverständlich. Allerdings wird die Straße davor so stark von Schwerverkehr befahren, dass die rückwärtigen Zimmer vorzuziehen sind.

Essen und Trinken

Pahar Ganj (Stadtplan S. 222, Metrostation RK Ashram Marg):

Es gibt eine Vielzahl an Traveller-Restaurants mit einer großen Auswahl indischer, chinesischer und europäischer Gerichte. Alle sind ziemlich ähnlich, wobei sich die Popularität in erster Linie aus der gerade gespielten Hintergrundmusik herzuleiten scheint. Auch preislich ähneln sich alle, die meisten Hauptgerichte kosten zwischen 50 und 100 Rs. Wer an den direkt zur Straße gelegenen Tischen sitzt, bekommt zwar am meisten vom bunten Leben mit, wird jedoch gelegentlich von Händlern und Bettlern angesprochen.

- Eine der besten Adressen für gutes vegetarisches Essen in Pahar Ganj sind die in der von der Rajguru Marg abgehenden Gasse gelegenen **Malhotra Restaurant** (80–400 Rs). Hervorragende vielfältige, vorwiegend indische Küche zum angemessenen Preis verursachen starken Zulauf.
- Durch Glas von der quirligen und lauten Ramdwara Rd. geschützt, ist das cleane **Restaurant Tadka** (12–23 Uhr, 70–100 Rs) eine gemütliche und gute Adresse für vegetarische indische (*thali* 140 Rs) und italienische Küche.
- Recht gut, jedoch auch etwas teuer, sind die beiden Restaurants im **Metropolis Tourist Home** (250–500 Rs). Im Erdgeschoss befindet sich ein voll klimatisiertes Lokal mit Bar. Auf der Dachterrasse kann man unter freiem Himmel speisen. Während im Erdgeschoss besonders die chinesische Kost zu empfehlen ist, sollte man im Dachrestaurant einmal eines der diversen Hühnchengerichte probieren.
- Besonderer Beliebtheit bei Rucksacktouristen erfreuen sich das **Lord's Café,** das **Appetite Restaurant** gleich nebenan und das billige **Madan Café** für den kleinen Geldbeutel (30–60 Rs). Dem Publikum entsprechend, enthält die sehr umfangreiche Speisekarte die übliche Traveller-Küche.
- Ein weiterer Favorit der Traveller-Szene ist, neben vielen kleinen, preisgünstigen und meist gut frequentierten Restaurants entlang Main Bazaar, alle mit ähnlichem Angebot, das Dachrestaurant des **Anoop Hotel.** Neben der netten Atmosphäre und den weiten Ausblicken über die Stadt lockt auch hier eine umfangreiche Speisekarte.
- Wer das pulsierende Leben von Pahar Ganj aus etwas erhöhter Perspektive betrachten möchte, dem sei die Terrasse des modern gestalteten **Club India Café & Restaurant** beim Gemüsemarkt empfohlen. Das Restaurant serviert zwar nur durchschnittliche Travellerkost, doch ist der Ausblick auf die quirlige Gasse des in Innen- und Außenbereich geteilten Restaurants klasse.
- Die kleine **Everest Bakery,** etwas versteckt ein paar Meter eine Gasse südlich Main Bazaar hinein, hat außer leckeren Kuchen (etwa Lemon Cream Cake), Salaten (z.B. Avocado-Salat), Burgern und diversen Tees auch eine sehr entspannte Atmosphäre zu bieten, ideal, um sich ein wenig von der Hektik auszuruhen, falls man einen Platz erwischt.
- Von den zahlreichen **German Bakeries** ist jene im Ajay Guesthouse eine der besten.
- Im Hotel de Holiday Inn an der Rajguru Rd. kann man sich im **Supermarkt Big Apple** mit Obst selbst versorgen.
- Entlang der Main Bazaar Road bieten viele **Straßenstände** frisch gepresste Fruchtsäfte an. Auf Eiswürfel sollte aus Hygienegründen verzichtet werden.

Connaught Place (Stadtplan S. 218):

Das Preisniveau der Restaurants am Connaught Place ist höher als in Pahar Ganj oder Old Delhi, setzt sich ihre Klientel doch vorwiegend aus indischer Mittelschicht und Touristen zusammen.

- Hervorragende vegetarische indische Küche (auch *dosas* und *thali*) zum kleinen Preis (60–120 Rs) serviert das **Saravana Bhavan** am Janpath etwas südlich des Connaught Place und ist dementsprechend gut besucht. Weitere Filialen am Connaught Place (P-Block) und in Karol Bagh nahe Pahar Ganj in der Desh Bandu Gupta Rd.
- Eins der erfolgreichsten Lokale am Connaught Place ist das **Nirula's,** eine Art gehobenes Fast-Food-Restaurant im K-Block.
- Eine Filiale des Stammgeschäfts von **Haldiram's** in Old Delhi findet sich am Connaught

Place (L-Block). Indisches Fast-Food und Süßes sind preiswert und gut.

- Schön sitzt man im **Café 100** im B-Block. Besonders empfehlenswert sind das Mittags- und das Abendbuffet im 1. Stock. Erstaunlicherweise ist es aber nur wenig besucht.
- Wer etwa 1.500 Rs für ein Hauptgericht zahlen kann, sollte unbedingt einmal auf der Gartenterrasse des **Hotel Imperial** speisen, vielleicht tut's ja auch ein Bier (300 Rs). Obwohl nur wenige Gehminuten vom Connaught Place entfernt, fühlt man sich hier wie in einer Oase der Ruhe. Auch die drei anderen Restaurants im Haus sind hervorragend. Im **French Pastry Shop** des Hotels werden recht günstig feinste Backwaren feilgeboten.
- Das sich drehende **Parikrama Restaurant** (Tel.: 23721616) an der Kasturba Rd. bietet vom 24. Stockwerk aus atemberaubende Aussichten über die Stadt. Die Umdrehung dauert eineinhalb Stunden. Recht gute indische und chinesische Küche (ca. 250–700 Rs pro Hauptgericht), zwischen 15.30 und 19.30 gibt's nur Snacks.
- Eine Riesenauswahl an köstlichen Kuchen und Plätzchen hat man im exquisiten **Wenger's** (11–20 Uhr), A-Block, und inzwischen auch Pizza zum Mitnehmen. Naschkatzen sollten sich hier eindecken, ist es doch eine der besten Bäckereien ganz Indiens.
- Recht gute indische Kost in einem sehr hellen, mit großen Glasfenstern versehenen Restaurant bekommt man im **Embassy** im D-Block.
- Tiefer muss man im alteingesessenen Restaurant **The Host,** F-Block, in die Tasche greifen, wo man für ca. 300 Rs pro Person sehr gut indisch und chinesisch schlemmen darf.
- Nicht nur wegen der exzellenten Mughlai- und nordindischen Speisen (300–700 Rs), sondern auch wegen des gelungenen kitschigen Dekors mit Ornamentspiegeln und Kronleuchtern sollte man dem **Veda Restaurant** (H-Block, Tel.: 43582830, 12–24 Uhr) einen Besuch abstatten. Als etwas störend werden manche die recht laute Musik des DJs empfinden. Auch Freunde des Hochprozentigen haben hier reiche Auswahl.
- Chinesische Köstlichkeiten bietet auch das **Zen Restaurant,** B-Block, ebenfalls in vielseitiger und guter Qualität (ca. 200–300 Rs pro Hauptgericht). Auch hier ist fürs alkoholische Wohl gesorgt. **Berco's** im E-Block ist ähnlich.
- Eine gute Wahl ist auch das dem Palace Heights Hotel angeschlossene **Zaffran Restaurant** (D-Block, 12–15.30 und 19–24 Uhr, 250–400 Rs) mit schmackhafter Mughlai-Küche, vegetarischen und nichtvegetarischen Gerichten. Einziger Nachteil wie so oft bei indischen Restaurants ist die gnadenlose Klimaanlage.
- Sehr angenehm sitzt man im **Amber Restaurant** im N-Block mit einem Bier, Cocktail oder Mahl (150–300 Rs) vor der Nase.
- Gleich dreimal rund um den Connaught Place hält **McDonald's** die Fahne der amerikanischen Fast-Food-Ketten hoch (im B-Block, beim Hotel Alka am äußeren Ring und südlich am Janpath, Ecke Tolstoy Marg). Eine weitere Filiale ist am Chandni Chowk in Old Delhi.
- Mehrere gute Lokale finden sich an der äußeren Ringstraße des Connaught Place, Ecke Sansad Marg. Sehr beliebt sind z.B. die Mittag- und Abendbuffets für 175 Rs im **El Arab.** Wie es der Name schon vermuten lässt, wird vornehmlich die recht schwere und fetthaltige, dafür jedoch auch sehr schmackhafte arabische Kost serviert.
- Gelobt wird das Restaurant des Park Hotels **Fire.** Trotz des Namens ziemlich kalt klimatisiert, ist das Essen hervorragend. Neben den *dosas* sollte man *Mustard fisk tikkas* probieren, lecker.
- Gegenüber Delhi Tourism (DTTCP) und den Emporiums fühlt man sich im **Indian Coffee House** (Baba Kharak Singh Marg) in eine andere Zeit versetzt. Hier scheint sich in den letzten Jahrzehnten kaum etwas verändert zu haben. Billige indische Snacks, Kaffee und Süßes sind weiterhin klasse.
- Mein Lieblingslokal in Delhi ist das **United Coffee House** (Tel.: 23411697, 300–400 Rs) im E-Block des Connaught Place. Mit seinen stuckverzierten Decken, plüschigen Sofas und süßlicher Hintergrundmusik wähnt man sich eigentlich eher in einem Wiener Kaffeehaus. Ein idealer Ort, um bei einem der vielen schmackhaften Gerichte (die riesigen vegetarischen und nicht-vegetarischen Kebabs werden gelobt) oder auch einer Tasse Tee den Tag in aller Ruhe ausklingen zu lassen.

Old Delhi (Stadtplan S. 200):

- Viele kleine Restaurants rund um die Jamia Masjid bieten Hühner-Kebabs, Fisch und weitere einfache und billige Gerichte. Besonders hervorzuheben ist das traditionsreiche **Karim's** (Tel.: 23269880, Bazar Matia Mahal, 12–15 und 18–0 Uhr, 30–110 Rs), ein alteingesessenes und stadtbekanntes Restaurant. Hier wird vorwiegend Mughlai-Küche serviert, empfohlen sei *butter nan.* Es liegt etwas zwischen den vielen Geschäften in den Gassen versteckt, also einfach fragen, jeder dort kennt es. Gleiche Küche, heller und preiswerter ist **Al Jahawar** nebenan.
- An der Netaji Subash Marg lockt auch das **Moti Mahal Restaurant** (Tel.: 23273661, 100–250 Rs) mit delikat zubereitem Huhn. Tgl. außer Di wird Livemusik geboten. Besonders am Wochenende reservieren!
- Das **Chor Bizarre** (Asaf Ali Rd., Tel.: 23272821, 7.30–10, 12–15.30 und 19.30–23.30 Uhr) beim Hotel Broadway hat seinen Namen zurecht, fungiert doch z.B. ein Himmelbett als Tisch. Die Thalis (um 300 Rs) und raffiniert nach Mughlai-Art zubereiteten Huhn-Gerichte lassen das Wasser im Mund zusammenlaufen. Reservieren!
- Immer gut besucht ist das preiswerte **Haldiram's** (9.30–22.30 Uhr, 60–140 Rs) am Chandni Chowk. Im Erdgeschoss gibt es schmackhafte indische Snacks wie *samosas,* Süßigkeiten und Eis zum Mitnehmen oder an Standtischen, im Obergeschoss können auch umfangreichere Gerichte (Burger, Pizzen, Suppen, *dosas*) an Tischen verzehrt werden. Dem gegenüber gelegenen Traditionshaus (seit 1790) **Ghantewala** hat es zwar in den letzten Jahren den Rang abgelaufen, aber auch dort gibt's exquisite Süßigkeiten zum Mitnehmen.
- Auch am Chandni Chowk und stadtbekannt ist das hervorragende Restaurant **Jalebiwala.** Hier werden neben indischer und chinesischer Kost auch Steak und *sizzlers* serviert. Man sollte die köstlichen, süßen *jalebis,* eine sehr fettig gebackene, eingedrehte Ei-/Weizen-/Milchsüßigkeit versuchen.
- In den Bahnhöfen Old Delhi und Nizamuddin stehen Filialen der rund um die Uhr geöffneten Kette **Comesum Multicuisine Food Plaza** zur Verfügung.

New Delhi Zentrum (Stadtplan S. 208):

- Eins der besten Restaurants der Stadt für Meeresfrüchte ist **Ploof** (Tel.: 24649026, Main Market, Lodi Colony, nicht weit vom Safdar-Jang-Mausoleum, Metrostation Jor Bagh, 12–15 und 19–23 Uhr). Ausgezeichnete Qualität zu entsprechenden Preisen (ca. 250–600 Rs pro Hauptgericht), u.a. köstlich zubereiteter Hummer und Lachs, sind die Gaumenfreuden.
- Empfehlenswerte Restaurants am Khan Market (Metrostation Khan Market) sind das **Café Turtle,** ein hervorragender Ort, um bei einem Kaffee oder Tee auszuruhen (über dem Full Circle Bookstore), **Latitude,** ein weiteres preiswertes Café, **Amici** mit klasse Pizzen und Burgern, das stylische **Sidewok** mit asiatischer Küche oder auch das gute **Rampur Kitchen** mit köstlichem Tandoori.
- Ein Ausflug ins Diplomatenviertel Chanakyapuri findet im **New Sikkim House,** Panchsheel Marg, seinen (chinesischen oder tibetanischen) kulinarischen, nicht mal teuren Abschluss. Teurer und herrlich gespreizt ist es im **Basil & Thyme** (Chanakyapuri, Santoshti Shopping Complex, Metrostation Racecourse), etwa bei leckerem Blaubeer-Crêpe.
- Wunderbar entspannen kann der Flaneur außer in den wunderschönen Lodi-Gärten auch im **Lodi The Garden Restaurant** (Lodi Rd., Metrostation Jor Bagh, 11–23.30 Uhr, Hauptgericht zwischen 300 und 650 Rs) nebenan. Architektonisch gelungen ist der Holzbau mit Terrasse in den rundum angenehmen Garten eingebettet, in dem unter Bäumen ebenfalls gespeist werden kann. Hier wird allerdings zwischen 15.15 und 19.15 Uhr nicht bedient. In dieser Zeit gibt's auch im Haus nur Snacks und Burger. Nicht ganz billig, aber erstklassig, auch die Cocktailkarte ist lang.
- Ist ein Bus nach Rajasthan vom Bikaner House ausgebucht und man muss auf den nächsten warten, verkürzt ein köstlich zubereitetes Huhn im nur einige Meter südlich auf dem Gelände des Pandora Market gelegenen **Chicken Inn** (12–1 Uhr nachts, 140–400 Rs) oder bei **Pindi** mit Mughlai-Küche (150–350 Rs, bis 2 Uhr geöffnet)) die Zeit.

Andere Gegenden (Stadtplan S. 194):

- Als beste Speiseadresse der Stadt gilt das **Bukhara Restaurant** (Sadar Patel Marg, Tel.: 26112233) des Hotels ITC Maurya. Es serviert nordindische Küche auf höchstem Niveau, wofür mit ca. 600–800 Rs pro Hauptgericht nicht mal sonderlich tief in den Geldbeutel gegriffen werden muss. Auch *Clinton* und *Obama* hat's hier schon geschmeckt. Ohne Reservierung (zwischen 19 und 20 Uhr möglich) hat man kaum eine Chance.
- Westlich des Qutb Minar lockt **Olive** (Kalka Dass Marg, Mehrauli, Metrostation Qutb Minar, Tel.: 26642552, 12–14.30 sowie 20 Uhr bis Mitternacht, 500–600 Rs) mit etwas Besonderem: Im Stil eines Havelis oder Landhauses gehalten mit gediegenem Interieur, dem man im positiven Sinn die Zeit ansieht, sowie einem luftigen, baumbestandenen Innenhof gibt's vorwiegend italienische Küche vom Feinsten (klasse Pizza, Hauptgericht zwischen 300 und 600 Rs) sowie einige Spezialitäten wie das sonntägliche Buffet (zwischen 12.30 und 14.30 Uhr). Am Freitagabend wird neben dem Mahl auf Wunsch eine Massage serviert und jeden letzten Mittwoch des Monats ab 20 Uhr wird ein Flohmarkt veranstaltet. Das Restaurant befindet sich etwa 200 m westlich des Qutb Minar, auf ein Schild mit der Aufschrift „One Style mile" achten.
- Eine gute Möglichkeit, die vielfältige Küche der verschiedenen Regionen Indiens auf kleinem Raum und zu kleinem Preis kennenzulernen, bietet der Kunsthandwerksmarkt **Dilli Haat** (Metrostation INA) im Süden der Stadt, auf dessen gemütlichem, baumbestandenem Areal viele **Freiluftrestaurants** ihre preiswerten Spezialitäten anbieten.
- Eine Vielzahl von Restaurants mit vielfältiger Küche und Cafés mit klasse Frühstück verwöhnen den Gaumen im Hauz Khas Village (Metrostation Hauz Khas) im Süden Delhis. Im 3. Stock des Einkaufsparadieses Hauz Khas residiert **Gunpowder** (12–15 und 19.30–23 Uhr, 100–300 Rs). Der Aufstieg wird belohnt mit herrlichen Blicken über die grüne Oase und den See darunter und vorzüglichen südindischen und speziell auch keralischen Speisen. Die *parathas* sind ein Gedicht. Das Selbstbedienungscafé **Kunzum Travel Café** (T-41, GF, Hauz Khas, 11–19.30 Uhr) kredenzt neben dem offensichtlichen und Kuchen auch Magazine und Reiseliteratur, ist also der ideale Ort zum Austausch von Erfahrungen mit anderen Travellern und zum Relaxen, WiFi umsonst.

Mit den Gaumenfreuden kann man einen Shoppingausflug in die Boutiquen, Galerien und Designershops in den Gassen oder die Entspannung im Park um das Firoz-Shah-Grabmal wunderbar verbinden.

- Eine Filiale der guten Schnellrestaurantkette **Saravana Bhavan** findet sich am ISBT-Busbahnhof.

Nachtleben

Obwohl Delhi noch weit von Mumbais nächtlichem Vergnügungsangebot entfernt ist, der unangefochtenen Nummer eins auf diesem Gebiet, entstehen auch in der Hauptstadt mehr und mehr Bars, Nachtclubs und Diskotheken sowie Multiplexkinos.

Bars

- In letzter Zeit sind am Main Bazaar, Pahar Ganj, mehrere meist eher dunkle Bars, gelegentlich mit lauter Musik, eröffnet worden. Am angenehmsten schluckt man aber wohl immer noch in der Bar (7–23 Uhr) des altbekannten **Metropolis Tourist Home.**
- Am Connaught Place finden sich einige Bars wie die **Rodeo Bar** (A-Block, bis Mitternacht geöffnet, mit umfangreicher Cocktail-Karte), die sich mit einem leicht skurrilen Wildwest-Interieur schmückt, oder die **Pegasus Bar,** L-Block, die zur englischen Pub-Kultur tendiert.
- Ebenfalls am Connaught Place ist die recht teure **QBA** (1. Stock, 42 E-Block, Tel.: 45173333) die derzeit wohl schickste Trinkstätte rund um den Platz. Bei moderner Einrichtung inkl. Polstersofas zum Versinken und einem Restaurant im Obergeschoss (ab 19 Uhr) fiele das Aufstehen schwer, wenn der Service besser wäre.
- Wie der Name schon nahelegt, hat **24/7** rund um die Uhr geöffnet. Die Bar des The Lalit Hotel (Maharaja Rajit Singh Marg, Metrostation Barakhamba Road) etwas östlich

vom Connaught Place ist also was für späte oder ganz frühe Schluckspechte.

- In, schick und teuer ist die **Aqua Bar** (11–1 Uhr) im The Park Hotel (Parliament Street, nicht weit vom Connaught Place) am Pool. Ein Kingfisher kostet 250 Rs.
- Wer jung und hip sein will, findet in der **TGI Fridays** (Vasant Vihar, C-Block) im Süden der Stadt seine coole Entsprechung.
- In Süd-Delhis South Extension II ist die relaxte **Lizard Lounge** (E-5, bis 0 Uhr geöffnet), ein Ort der Ruhe, um bei einem Bier oder einem Edelwein (hier kann's richtig teuer werden) den Marktbummel nebenan ausklingen zu lassen. Auch als Restaurant ist das Lizard Lounge mit ausgefallener internationaler Küche hervorragend.
- **Rick's** im Taj Mahal Hotel (Mansingh Rd., südlich des India Gate) wurde neu und modern gestylt, abends gibt's Livemusik.
- **TLR** in 31 Hauz Khas Village (2. Stock, 11–1 Uhr, www.tlrcafe.com, Metrostation Hauz Khas) ist neben einer angesagten Bar und einem Restaurant auch Bühne für Konzerte und Jam-Sessions, an den meisten Abenden ab 21 Uhr. Hier sollte reserviert werden, Tel.: 46080533.
- Live-Musik wie Jazz und Blues am Wochenende serviert das gemütliche **Haze** (Community Centre, 8 Basant Lok, Vasant Vihar, Tel.: 41669009, 15–24 Uhr), eine für Delhi-Verhältnisse preiswerte Bar, die ab 20 Uhr in Fahrt kommt. Leider recht weit außerhalb im Südwesten der Stadt.
- Eine traditionsreiche, gar nicht stylishe Alternative aus der Kolonialzeit mit entsprechendem Flair ist die **Cavalry Bar** im Hotel The Maidens, Civil Lines, im Norden der Stadt.

Nachtclubs und Discos

Die angesagtesten Discos finden sich vorwiegend in den Luxushotels und den betuchteren Vierteln im Süden der Stadt. In vielen Nachtclubs/Discos ist neben einem Eintrittsgeld eine Getränkesteuer von 30 % zu berappen. Wenn man denn eingelassen wird, viele gewähren nur Paaren und Frauen den Zutritt, einzelne Männer haben's gelegentlich schwer. Außerdem ist auf entsprechende Kleidung zu achten. Auch hier wechselt die Beliebtheit der In-Plätze sehr schnell, sodass man sich am besten in Zeitungen wie „Times of India" und „Hindustan Times" sowie den Stadtmagazinen „delhi diary" und „City Guide City Scan" informiert.

- Eine der seit Langem angesagtesten Discos ist das **My Kind Of Place** (Sardar Patel Marg, Mi–Sa 18.30–1 Uhr) im Hotel Taj Palace.
- Das vibrierende **RPM** (12–1 Uhr) über dem Laissez Faire Restaurant, Malcha Marg in Chanakyapuri, ist vorwiegend bei der reicheren und jungen indischen Klientel beliebt.
- Jeden Abend wird in der **Jazz Bar** im ITC Maurya, Sardar Patel Marg, wie auch im **The Tavern** im Hotel Imperial am Janpath, dies auch ein Restaurant, cooler Jazz celebriert. Im Imperial lockt zudem die **Bar 1911,** benannt nach dem Ernennnungsjahr Delhis zur kolonialen Hauptstadt, mit der umfangreichsten Auswahl an Cocktails (ab 700 Rs) und sonstiger Hochprozenter.

Kinos

Um den Überblick über das kaum überschaubare Tagesprogramm von Delhis unzähligen Kinos zu erlangen, sollte man die schon im Abschnitt „Nachtclubs und Discos" genannten Zeitungen und Magazine zu Rate ziehen. Für die Multiplex-Kinos der PVR-Kinokette, deren cinematografische Vergnügungstempel über die Stadt verteilt sind, ist natürlich auch die Website (www.pvrcinemas.com) hilfreich. Eins der traditionsreichsten Häuser findet sich nahe dem Connaught Place mit dem 1928 gebauten **Regal Cinema** (Tel.: 23362245) im gleichnamigen Gebäude, hier jedoch nur Filme in Hindi. Gleich um die Ecke zeigt das moderne **PVR Rivoli** (Baba Kharak Singh Marg), wie alle PVR-Kinokomplexe, auch englischsprachige Bollywood-Filme. Englischsprachige Versionen sind u.a. auch im **PVR Priya Cinema** (Tel.: (0)981 0708625) in Vasant Vihar, im **Ritz** am Kashmere Gate oder im **Chanakya** in Chanakyapuri zu bestaunen. In Old Delhi ist das **Moti Cinema** am Chandni Chowk bekannt. Internationale, nicht in Hollywood produzierte Filme gibt's sehr selten, bestenfalls in Kulturzentren, zu sehen.

Kulturelle Veranstaltungen

Das kulturelle Leben in Indiens Hauptstadt ist vielfältig. Den kulturellen Veranstaltungskalender entnimmt man am besten den Tageszeitungen (und deren Wochenendbeilagen wie „brides sought"), „First city" (30 Rs), dem „delhi diary" (25 Rs) und „City Guide City Scan".

Kulturzentren

- Im traditionsreichen **India International Centre** (40, Max Mueller Marg, Tel.: 24619431, Metrostation Jor Bagh), dem wichtigsten Kulturzentrum der Stadt, im **Triveni Kala Sangam** (Tel.: 23718833) an der Tansen Marg (Metrostation Mandi House) sowie in der **Sangeet Natak Academy** (Rabindra Bhawan, Copernicus Marg, Tel.: 23387246, www.sangeetnatak.org, Metrostation Mandi House) finden regelmäßig Musik- und Tanzveranstaltungen (Kathakali und Bharatnatyam und folkloristischer Tanz) wie auch Lesungen, Filmvorführungen, Kunstausstellungen und Theateraufführungen statt.
- **Max Mueller Bhawan** – benannt nach dem großen deutschen Indologen (1823–1900) – heißt die indische Version des Goethe Instituts. Jede Woche organisiert es sehr interessante kulturelle Veranstaltungen wie Autorenlesungen, Konzerte und Filmvorführungen. 3, Kasturbha Gandhi Marg, Tel.: 23329506. Mo–Sa 11 bis 18 Uhr.
- Die Kulturinstitute anderer Länder wie **Alliance Francaise** (Tel.: 26258128), **British Council** (Tel.: 23711401), **Italian Cultural Centre** (Tel.: 26871901) und **Japan** bzw. **Russian Cultural Centre** (mit dem *Eisenstein Film Club*) und viele weitere bieten Ähnliches.
- Gelegentlich werden Aufführungen auch vor der eindruckvollen Kulisse auf dem Gelände des Qutb Minar dargeboten, eine solche Gelegenheit sollte man sich nicht entgehen lassen.

Tanz

- **Hauz Khas** (Tel.: 23718833, Metrostation Hauz Khas) ist ein herrlicher Ort, bei einem Abendessen oder auch nur einem Drink unter freiem Himmel eine Tanz- oder Musikveranstaltung zu genießen.
- Bei **Dances of India** (Parsi Anjuman Hall, Bhahadur Shah Zafar Marg, Tel.: 23289464) werden jeden Abend ab 18.45 Uhr etwa einstündige Bharatnatyam- und Kathakali-Tänze aufgeführt (400 Rs).

Musik, Theater

- Besonders nördlich des India Gate gibt's einige innovative Theater wie das **Kamani Auditorium** (1 Copernicus Marg, Tel.: 4350 3351/2, www.kamaniauditorium.org, Metrostation Mandi House). Neben Theateraufführungen spielt hier gelegentlich das Delhi Symphony Orchestra. Das **Abhimanch Auditorium** (National School of Drama, Bahawalpur House, 1 Bhagwan Das Rd., Tel.: 23382821, 2741, Metrostation Mandi House) zeigt interessante Theater-, Musik- und Tanzdarbietungen.
- Zentral am Connaught Place/Sansad Marg ist **Attic** (Tel.: 23746050, www.theatticdelhi.org) im **Regal Bldg.** ein kleiner Aufführungsort für Ausstellungen und klassische Konzerte, Lesungen und Gespräche.

Einkaufen

Keine Frage, Delhi ist neben Mumbai die beste Einkaufsstadt Indiens. Nirgendwo findet sich eine derartige Angebotsvielfalt wie hier auf überschaubarem Raum.

Emporiums

- Die beste Übersicht über die schier unermessliche Vielfalt der indischen Handwerkskunst kann man sich im **Central Cottage Industries Emporium** (tgl. 10–19 Uhr) verschaffen, das sich an der Ecke Tolstoy Marg/Janpath befindet. Auf einer Verkaufsfläche von mehreren tausend Quadratmetern findet sich hier auf vier Etagen nahezu alles, was an Skulpturen, Schmuck, Kleidung, Teppichen, Malerei, Möbeln und vielem mehr in Indien hergestellt wird. Selbst wer nichts kaufen will, kann sich in Ruhe umschauen, ohne die sonst übliche Anmacherei. Hier gilt: *Fixed Price*, was einem den Stress des Feilschens erspart. Das Preisniveau liegt etwas über dem Landesdurchschnitt, doch dafür hat man die Garantie, dass alles echt ist.

- Alle Bundesstaaten Indiens verkaufen in ihren **State Emporiums** (Mo–Sa 11–19 Uhr) entlang der Baba Kharak Singh Marg, ca. 100 m von äußeren Ring des Connaught Place, die typischen Kunsthandwerksartikel ihrer Region. Man findet in Delhi Taxifahrer, die einen gratis zu den State Emporiums bringen, weil sie dort Provision kassieren. Also eventuell das Regal Cinema in der Nähe oder das DTTDC Office als Fahrtziel angeben.

Janpath

- Kräftiges Feilschen ist bei den zahlreichen **Geschäften** zwischen Connaught Place und Imperial Hotel am Janpath unbedingt erforderlich.
- In einer kleinen Seitengasse, die westlich vom Janpath abzweigt, bieten auf dem **Janpath Market** (Mo–Sa 10.30–19.30 Uhr), auch Tibet Market genannt, viele Händler ihre bunten Decken, Taschen und Kleider sowie etwas weiter südlich auch Schmuck von eher geringer Qualität den Touristen zum Kauf an. Aufgrund der hier besonders stark vertretenen Kundschaft aus den nahegelegenen Luxushotels sind die Preise astronomisch hoch. Man sollte höchstens ein Drittel des genannten Ausgangspreises zahlen.

Connaught Place

Die **Nobelgeschäfte** am und um den Connaught Place finden ihre Kundschaft vorwiegend in der indischen Mittelschicht, dementsprechend hoch sind auch die Preise. Dafür erhält man jedoch Top-Qualität. Auch viele internationale Marken haben hier ihre Fachgeschäfte.

Umschauen sollte man sich z.B. in einem der vielen **Schuhgeschäfte,** die sich vor allem um den inneren Kreis des Platzes gruppieren. Gut gearbeitete, modische Halbschuhe, die in Westeuropa nicht unter 100 Euro zu haben sind, kosten hier nur die Hälfte.

Gegenüber dem PVR Plaza Cinema offeriert **Soma** (K-Block, 10–20 Uhr) bedruckte Textilien in hoher Qualität zum recht kleinen Preis. Will man sich etwas schneidern lassen, ist dies bei **M Ram & Sons** (E-Block, Tel.: 23416558, Mo–Sa 10–20 Uhr) innerhalb von 24 Stunden möglich.

FabIndia unterhält gleich mehrere Filialen in der Stadt (www.fabindia.com, die meisten 10–22 Uhr). Moderne, erstklassige Kleidung und weitere Textilien in gehobener Preislage sind auch nach der Reise noch tragbar. Filialen u.a. am Connaught Place (28 B-Block, Tel.: 41513371), auf dem Khan Market (Central Hall, oberhalb Shops 20 und 21), bei Greater Kailash I (GK I, 7 N-Block Market, tgl. außer Di).

Außerdem gibt es eine Reihe exzellenter **Buchläden,** in denen man neben anspruchsvoller Literatur auch großformatige Bildbände über Indien findet. Zwei der besten sind der **Bookworm** im B-Block und der **Oxford Bookstore** im Statesman House (10–21.30 Uhr). Wer an Büchern über indische Regionen, Buddhismus, Hinduismus u.Ä. interessiert ist, sollte im **Piccadilly Book Stall** (64 Shankar Market) am Connaught Place vorbeischauen. Auch der 1936 eröffnete **Amrit Bookstore** im N-Block hat eine sehr große Auswahl an Prosa, Reiseführern, Philosophie und Bildbänden.

Am Connaught Place findet sich auch die wohl größte Auswahl an brandaktuellen **Zeitungen und Magazinen** aus Europa in ganz Indien. So erhält man bei den unzähligen Händlern, die ihre Zeitschriften auf den Bürgersteigen auslegen, Magazine wie Stern oder Spiegel.

Wer auf der Suche nach neuen **DVDs und CDs** ist, sollte sich mal im unterirdischen **Palika Bazaar** umschauen. Beim Kauf sollte man erstens handeln und zweitens sich einen Shop aussuchen, in dem die CD oder DVD angespielt werden kann, um sicherzugehen, dass man keine leere und dann auch die richtige gekauft hat. Weitere Geschäfte mit großer Auswahl an Musik-CDs um den Connaught Place sind **Berco's Melody House** (E-Block, bis 19.30 außer So) oder **Music World** beim Plaza Cinema.

Musikinstrumente handelt seit 1918 **Marques & Co** (14 G-Block, Mo–Sa 10.30–13 und 14–18.30 Uhr). Von Tablas (ab 6.000 Rs) bis zu modernen Gitarren reicht Auswahl. Nicht weit entfernt ist **Rikhi Ram** (Tel.: 233

27685, www.rikhiram.com, Mo–Sa 11.30–20 Uhr) die richtige Adresse für Sitars, Tablas, Harmoniums und viele andere Instrumente.

Pahar Ganj

Das andere große Einkaufsviertel für Touristen ist Pahar Ganj mit dem **Main Bazaar,** jener quirligen Einkaufsstraße, die sich direkt gegenüber dem Bahnhof von New Delhi auf einer Länge von etwa 2 km erstreckt. Hier reihen sich Hunderte von randvollen kleinen Läden aneinander, die vom Shampoo über ein Vorhängeschloss bis zum Sari und teurem Schmuck alles verkaufen. Ein typisches orientalisch anmutendes Basarviertel, in dem man sich stundenlang treiben lassen kann. Zwischen 10 und 21 sind die meisten Geschäfte geöffnet, Mo viele geschlossen. Während am Connaught Place viele Geschäfte am Sonntag geschlossen sind, ist dies am Main Bazaar einer der geschäftigsten Tage.

Der kleine, namenlose **Bücherstand** an der Main Bazaar Rd. hat ein erstaunlich reichhaltiges Angebot an Second-Hand-Büchern.

Etwa einen Kilometer westlich von Pahar Ganj ist der **Karol Bagh Market** (tgl. außer Mo 10–19 Uhr, Metrostation gleichen Namens) eine weniger touristische Alternative zu Pahar Ganj. Hier gibt es neben Kleidung, Schuhen und Gebrauchsgütern auch Gewürzgeschäfte und viele kleine Restaurants mit typisch indischen Snacks.

Chandni Chowk

Die seit Generationen bekannte und traditionsreichste „Shoppingmeile" Delhis ist der prächtige Chandni Chowk in Old Delhi mit dem Roten Fort am östlichen Ende. *Chandni Chowk* heißt Silbermarkt, doch neben **Schmuck- und Silberläden** finden sich auch unzählige Geschäfte, die alle Arten von indischen **Gebrauchswaren** anbieten.

Herrlich zum Umherstreifen sind auch die umliegenden Straßen und engen Gassen Old Delhis, wo immer noch die alte Ordnung erkennbar ist, nach der die jeweiligen Zünfte ihre Waren im selben Bezirk feilbieten. Viele Geschäfte öffnen erst gegen 11 Uhr ihre Pforten. Im Nordwesten der Altstadt ist der **Gewürzmarkt** an der Kahri Baoli wie auch die Straße selbst (keine 100 m nördlich dem Westende des Chandni Chowk beginnend) unbedingt besuchenswert. Etwas nördlicher kann auf dem **Kleidermarkt** (Cloth Bazaar) neues Tuch erstanden werden.

Dilli Haat

Gute Qualität für **Kunsthandwerk** aus allen Regionen Indiens bietet der Freiluftmarkt Dilli Haat im Süden der Stadt an der Aurobindo Marg (Riksha vom Connaught Place etwa 60 Rs, Metrostation INA). Die dort ausstellenden Händler werden nach Wettbewerben in ihren jeweiligen Heimatorten ausgesucht (entsprechend gute Qualität wird feilgeboten) und zweimal monatlich ausgetauscht. Die verlangten Preise auf diesem durch das Eintrittsgeld von 10 Rs ruhigeren Marktes sind nicht so überhöht wie auf den „freien" Märkten, dennoch sollte man auch hier feilschen. Weitere Annehmlichkeit: Die Küche vieler Regionen Indiens kann in den vielen **Freiluftrestaurants** auf dem Areal zu günstigen Preisen gekostet werden.

Der Markt ist tgl. zwischen 11 und 22 Uhr geöffnet und abends und an den Wochenenden am besten besucht. Ein Ausflug dorthin lässt sich gut mit einem Abstecher zum gegenüber gelegenen, hektischen, leicht chaotischen **INA Market** verbinden, auf dem nahezu alles zu haben ist. Besonders dort auf Wertsachen Acht geben!

Khan Market

Südlich des India Gate ist der ruhige Khan Market (Mo–Sa 10.30–20 Uhr, Metrostation Khan Market) besonders bei der indischen Mittelschicht und dem Personal der umliegenden Botschaften beliebt. Entsprechend sind die Preise für die angebotenen Waren – neben modischer **Kleidung** (FabIndia), **Schmuck, Kunsthandwerk, CDs** und **DVDs** auch **Lebensmittel aus aller Welt** – höher als bei den vorgenannten. Eine besondere Erwähnung verdienen die besonders reichhaltig ausgestatteten **Buchhandlungen,** die u.a. handwerklich aufwendig hergestellte Bände zum Bruchteil des in Europa üblichen Preises verkaufen. Genannt seien Bahri Sons und Full Circle Bookstore.

Hauz Khas Village

Kunsthandwerk, indische Schneiderkunst, Designerkleidung, Möbel oder auch Wein werden im Hauz Khas Village (Mo–Sa 11–19 Uhr, Metrostation Hauz Khas) zu gehobenen Preisen verkauft. **Galerien, Boutiquen** und **Antiquitätenläden** laden zum Bummeln ein. Falls man etwas Größeres findet, wird dies zuverlässig ins Heimatland versendet. Vielfältige Restaurants und Cafés mit hübschen Ausblicken ins Grüne sowie der sich anschließende **Park Hauz Khas** (siehe „Sehenswertes") eignen sich wunderbar, um im hektischen Delhi zwischen Fort, Tempeln und See auszuspannen. Am Wochenende regt der Delhi Drummer Circle zum Mittanzen ein.

Shopping Malls und weitere luxuriöse Märkte

In den letzten Jahren entstanden im gesamten Stadtgebiet von Delhi, wie überall in den größeren Städten Indiens, entsprechend der zunehmenden Kaufkraft der Mittelschicht teils riesige Shopping Malls. Ein Trend geht dahin, die Malls vorwiegend an den Bahnhöfen der neuen Metro, im Süden Delhis und in Vorstädten wie Gurgaon oder Faridabad, die sich im rasanten Umbruch befinden, zu errichten.

Eine der Malls, die es schon vor der Metro gab, ist **Ansal Plaza** (an der Khel Gaon Marg, geöffnet bis 22.30 Uhr, Metrostation Green Park). Neben Gebrauchskleidung internationaler Marken werden auch Parfüm und Schmuck feilgeboten. Obwohl auch hier eher die betuchtere Klientel anvisiert wird, sind die Preise im Durchschnitt bis 50 % geringer als in Europa. Auch fürs leibliche Wohl ist gesorgt: Neben Fast Food gibt's mit **Geoffrey's** ein hervorragendes Restaurant, auch mit reichhaltiger Getränkekarte.

Ist das nötige Kleingeld vorhanden, kann man sich auf dem **Sunder-Nagar-Markt** (Mo–Sa 10.30–19.30 Uhr) südlich des Purana Qila in den exquisiten **Antiquitätenläden** umschauen. Beim Kauf sollte man jedoch an die Ausfuhrbeschränkungen für Antiquitäten denken. Die meisten der hier dargebotenen „Antiquitäten" sind jedoch handwerklich gut gemachte Imitationen. Zudem sei auf die hervorragenden Teeshops auf dem Markt, etwa **Mittal Tea House,** hingewiesen.

Die gleiche kaufkräftige Kundschaft bedient der **Santoshti Shopping Complex** im Diplomatenviertel Chanakyapuri (Mo–Sa 10–19 Uhr, Metrostation Racecourse). Neben Gemälden bekannter indischer Künstler (im Art Indus) werden Parfüm, Teppiche und hochwertige Kleidung offeriert. Zigarrenliebhaber finden bei Kastro's ihr kostspieliges Paradies.

Auch die **South Extension Markets I** (Lajpat Nagar) **und II** (an der Ring Road) in Delhis Süden (Metrostation Lajpat Nagar) sind, obwohl über eine größere Fläche verteilt, hier aufgeführt, da sie eine ähnliche Kundschaft ansprechen und die international bekannten Marken hier ihre Geschäfte haben. Neben Kleidung werden Schmuck, Schuhe und Taschen verkauft. Wer nach dem Einkauf noch Geld hat, kann in der modernen **Gourmet Gallery** (South Extension II) im Restaurant **Tasveer** bei indischer oder im **Whispering Bamboo** bei chinesischer Kost neue Kraft tanken. Alkoholisch lässt sich der Tank bei **On the Rocks** auffüllen.

Eine der typischen, etwas gesichtslosen Shopping Malls im Süden Delhis ist die brandneue **Select Citywalk Mall** mit Luxusgeschäften vieler westlicher Marken.

Kunsthandwerksmesse Surajkund Crafts Mela

Am südlichen Stadtrand nahe der Ausfallstraße nach Agra findet alljährlich vom 1. bis 15. Februar eine der größten Kunsthandwerksmessen Indiens statt, die Surajkund Crafts Mela im gleichnamigen Stadtbezirk, wo **Holz-, Metall- und Keramikhandwerk** sowie **Textilien** präsentiert werden, ergänzt durch musikalische und folkloristische Darbietungen. Essensstände helfen bei Hunger. Geöffnet ist der Markt von 9.30 bis 17.30 Uhr, Eintritt 20 Rs. Zu erreichen außer mit Taxi oder Riksha auch per Stadtbus 460 vom Connaught Place/Ecke Vivekanand Rd.

Bank

Wechselstuben erübrigen den Gang zu den staatlichen Banken, in denen es meist weit länger dauert, bis man Bares in Händen hält. Die Kurse der privaten Wechselstuben sind nahezu gleich zu den offiziellen Kursen, doch sollte man sich versichern lassen, dass keine Extra-Gebühren berechnet werden.

Auch in Delhi sind die meisten Banken, wie üblich in Indien, Mo bis Fr von 10 bis 14 und Sa von 10 bis 12 Uhr geöffnet, die unten genannten privaten Wechselstuben haben aber wesentlich längere Öffnungszeiten.

- Zuverlässig ist die Filiale von **Thomas Cook** am Connaught Place (C-Block, 1. Stock, Mo–Sa 9.30–18 Uhr). Weitere Filialen finden sich am Janpath beim Janpath Guest House, an der Panjkuian Rd. westlich von Pahar Ganj im Rishyamook Bldg. (Tel.: 23747404) und am Flughafen (24 Std. geöffnet). Die Wechselkurse sind jedoch nicht die besten. Hier kann auch per Moneygram in wenigen Minuten von/an jedem/n Ort der Welt Geld transferiert werden. Auch bei **Sita World Travels,** F-Block Connaught Place, ist das Letztgenannte per Western Union Money Transfer möglich.

! Vorm Schwarztausch wurde ja schon im Kapitel „Geldangelegenheiten“ gewarnt. Leider lassen sich gerade in **Pahar Ganj** dennoch immer wieder Traveller von den vermeintlich günstigen Wechselkursen verführen und tauschen bei Personen, die sie mit „You want to change money?“ ansprechen. Bei fast allen handelt es sich um Betrüger, sodass man am Ende nicht mit mehr, sondern weniger Rupien als beim offiziellen Wechseln dasteht oder wertloses **Falschgeld** in Händen hält. Diese illegalen Schwarztauscher sind derart raffiniert, dass man zunächst gar nicht mitbekommt, dass man übers Ohr gehauen wird. Deshalb gerade in Pahar Ganj nochmals die Warnung: **Hände weg vom Schwarztausch!!!**

- Am Connaught Place lockt die kleine Wechselstube von **Pankhuri Enterprises** (A-Block, tgl. 10 bis etwa 18 Uhr), wo gelegentlich noch geringfügig gehandelt werden kann. Dasselbe macht auch **Weizman Forex** im M-Block.
- In Pahar Ganj ist u.a. **Baluja Forex** (tgl. 9–19.30 Uhr) am Main Bazaar für Bargeld, Travellerschecks und Visa- und Mastercard (3–4 % Gebühr für Plastikkarten) zuständig. Viele weitere finden sich an Main Bazaar, die alle nahezu gleiche Kurse bieten und meist tgl. bis etwa 20 Uhr geöffnet sind.
- **ATMs** (Geldautomaten) existieren inzwischen überall im Stadtgebiet, wobei die der HDFC- und der idbi-Bank außer den üblichen wie Visa, Master, Maestro auch American-Express-Karten akzeptieren. Auch am **Flughafen** sind ATMs vorhanden.

Post, Telefonieren und Internet

Post

- Recht günstig liegt das **Postamt am Connaught Place** (9-A, Mo–Sa 8–20 Uhr).
- Die **Hauptpost (GPO)** befindet sich etwa 500 m westlich des Connaught Place am Ende der in einen Kreisverkehr mündenden Baba Kharak Singh Marg (Mo–Sa 10–13 und 13.30–16 Uhr). Wer sich dorthin postlagernd etwas schicken lassen will, muss folgende Adresse angeben: Name, Poste Restante, GPO, New Delhi 110001, India.

Wer von der Hauptpost ein **Paket** verschicken möchte, muss dies vorher vorschriftsmäßig in ein weißes Leinentuch verpacken und einnähen lassen. Diese Prozedur erledigt für ein Entgelt von 30–70 Rs (je nach Paketgröße) ein vor dem General Post Office platzierter Näher.

- Ein **DHL-Büro** findet sich südlich vom Connaught Place an der 11 Tolstoy Marg, Mercantile Building (Mo–Sa 8–20 Uhr, Tel.: 23737587).

Telefonieren

Für die Reisenden, die sich in Indien keine eigene SIM-Karte kaufen, der Hinweis: In den wenigen verbliebenen **Telefonbüros** mit der Aufschrift **ISD/STD,** die meist an ein Internetcafé angeschlossen sind, kostet eine Minute nach Europa 8–10 Rs. Dies ist an einer Anzeige, die während des Gesprächs mitläuft, zu kontrollieren. Man sollte jedoch vor dem Telefonieren unbedingt nach dem Minutenpreis fragen, da einige Anbieter zuätzliche Gebühren verlangen. Oft kann man in Internetcafés mit Breitbandverbindung mittels Net-to-phone oder **Skype** billiger telefonieren. Die meisten sind in den Gassen rund um Main Bazaar in Pahar Ganj angesiedelt.

Internet, Fotografieren

Internetsurfen kostet in den meisten **Internetcafés** 20–30 Rs/Std. In Pahar Ganj findet man viele einige Meter die Seitengassen des Main Bazaar hinein. Inzwischen haben fast alle Breitbandverbindungen.

- Am Connaught Place ist **DSIDC Cyber Café** (N-Block, Mo–Sa, nur bis 20 Uhr) eine der wenigen verbliebenen Adressen. Ansonsten gibt's kaum eine weitere Surfmöglichkeit um den Connaught Place.
- Eine der wenigen Möglichkeiten, in der Altstadt zu surfen, ist das gut ausgerüstete **Z.A. Cyber Café** (Bazar Matia Mahal, Tel.: 232 70745, hier werden auch Digitalfotos auf CD gebrannt) nahe der Jamia Masjid, nur 15 Rs pro Std.
- Im Süden der Stadt ist u.a. **Cyber Graphics** beim Khan Market eine fixe Surfmöglichkeit.
- Wer seine Digitalfotos brennen lassen will, kann dies am billigsten bei einem der oben genannten, dafür ausgerüsteten Internetcafés tun, da diese nur 45–70 Rs inkl. CD dafür verlangen. Bei **Kodak Express** am Connaught Place (A-Block, Tel.: 2234446) können Ausdrucke (um 5 Rs für ca. 10x15 cm) gemacht werden.

Visumverlängerung

Für eine Visumverlängerung muss man sich zum **Foreigners Regional Registration Office** (**FRRO,** 2. Stock, East Block 8, Secor, Rama Krishna Puram, Tel.: 26195530, Mo–Fr 9.30–17.30 Uhr) im Süden Delhis begeben. Anträge werden aber eher selten bewilligt. Hat man die erforderlichen vier Passfotos nicht dabei, kann man sie von einem der vor dem Gebäude platzierten Fotografen machen lassen. Um sich der nerven- und zeitaufreibenden Prozedur gar nicht erst stellen zu müssen, besorgt man sich am besten bereits vor der Abreise ein sechsmonatiges Visum (s. „Vor der Reise").

Medizinische Versorgung

- Im Falle einer ernsten Erkrankung sollte man bei der **Botschaft** nach einer Arztadresse fragen.
- Positive Erfahrungen haben viele Reisende mit dem **East West Medical Centre,** B-28 Greater Kailash I, New Delhi 110048 (Tel.: 292437901-3, www.eastwestrescue.com) im Süden der Stadt gemacht. Die Behandlung hier ist sicherlich nicht billig, doch bei der Gesundheit sollte man bekanntlich als Letztes sparen. Reisekrankenversicherungen werden akzeptiert und es wird mit der Deutschen Botschaft kooperiert, falls das nötig ist.
- Weitere gute Adressen sind das **Apollo Hospital,** Mathura Rd. (Tel.: 26925858, www.apollohospitals.com, Metrostation Jasola Apollo), und das **All India Institute of Medical Sciences,** Ansari Nagar (Tel.: 2658 8500, www.aiims.edu, Metrostation AIIMS).
- Wer Zahnschmerzen und zudem ein gut gefülltes Portemonnaie hat, kann sich an folgende Adresse wenden: **Diplomatic Dental Centre,** B-71, Paschimi Marg, Vasant Vihar, N.D.-57 (Tel.: 26147008).
- Eine günstig gelegene, 24 Std. geöffnete Apotheke ist **Apollo Pharmacy** am Connaught Place, G-Block, beim Hotel Radisson Blu Marina.

Reisebüros

Speziell in der Umgebung der Tourist Offices bzw. um den Connaught Place treiben sich viele **Schlepper** herum, die einem Rundreisen per Mietwagen oder Billigflugtickets nach Nepal oder Europa andrehen möchten. Da sich viele schwarze Schafe darunter befinden, sollte man sich keinesfalls auf deren Werben einlassen. Je verlockender die Angebote klingen, desto größer ist die Gefahr, dass es sich um Betrügereien handelt.

- Eine verlässliche Reiseagentur für Rundfahrten in ganz Indien sowie Flug- und Bahnticketbeschaffung und Autoanmietungen ist **Capital City Tours & Travels** (Tel.: 29562097, (0)9990001122, www.touring-india.com) mit ihrem Büro im Ajanta Hotel in der Arakashan Rd. nahe New Delhi Railway Station.
- Eine gute, wenn auch etwas teurere Adresse ist das **Student Travel Information Centre (STIC,** G-55 Connaught Place, Tel.: 462 06600, www.stictravel.com), wo Studentenermäßigungen erhältlich sind. Hier kann man seinen Studentenausweis erneuern lassen.
- Im Pahar-Ganj-Viertel ist **Hans Travel Service** (Tel.: 23327629) mit Filialen in mehreren Hotels seit Jahren eines der renommiertesten Reisebüros.
- Nicht billig, aber sehr zuverlässig ist **Paul Tours** (Tel.: 23415769, (0)9810009261, www.paultours.com), im York Hotel, K-Block, Connaught Place.
- In Pahar Ganj und rund um den Connaught Place wird man ständig von jungen Männern angesprochen, die umherstreifende Touristen zu einem der Reisebüros in der Nähe locken wollen, welche auf **All-Inclusive-Touren nach Kashmir** spezialisiert sind. Es ist schwer, hier die Spreu vom Weizen zu trennen. Man sollte sich jedoch nur auf Erfahrungen anderer Reisender mit Reiseagenturen verlassen und die jeweilige Sicherheits- und Klimasituation vergegenwärtigen.

Diplomatische Vertretungen

- **Embassy of Germany,** 6/50G, Shanti Path, Chanakyapuri, New Delhi 110021, Tel.: 44199199 oder in dringenden Notfällen (0)9810004950, www.new-delhi.diplo.de.
- **Embassy of Austria,** Ep-13, Chandragupta Marg, Chanakyapuri, New Delhi 110021, Tel.: 24192700, new-delhi-ka@bmeia.gv.at.
- **Embassy of Switzerland,** Nyaya Marg, Chanakyapuri, New Delhi 110021, Tel.: 49959500, ndh.vertretung@eda.admin.ch.

Weiterreise

Flug

Von Terminal 3 des neuen Flughafens **Indira Gandhi International Airport** (Tel.: 0124-3376000, www.newdelhiairport.in) starten alle **nationalen und internationalen Flüge.** Der moderne Verkehrsknotenpunkt verfügt über WiFi und Schlafmöglichkeiten (315 Rs/Std. inkl TV).

Es macht keinen Sinn, Preise für **Inlandsflüge** anzugeben, da diese zum Teil erheblich schwanken. Bei vielen Fluggesellschaften ist die Buchung über die Websites billiger (siehe hierzu Kapitel „Reisetipps A–Z: Verkehrsmittel, Inlandsflüge"). **Check-In** für Inlandsflüge ist mindestens eine Stunde vor Abflug. Über aktuelle innerindische Flugverbindungen aller Airlines informiert www.yatra.com und „Excel's Timetable of Air Services within India" (55 Rs) an einigen Kiosken.
- Ein **Taxi** zum Flughafen sollte für etwa 310 Rs zu bekommen sein, nach 23 Uhr kostet es 25 % mehr. Fahrten mit Taxis oder **Minibussen,** die von den Hotels für 250 Rs angeboten werden, fahren meist mit 3 bis 6 Fahrgästen los. Informationen zur neuen **Metrolinie** zwischen Flughafen und Innenstadt siehe „Stadtverkehr".

Vom **Inter State Bus Terminus (ISBT)** verkehren Busse der Delhi Transport Corporation zum **Abflugterminal 3** des Flughafens über Kashmiri Gate, vorbei am Roten Fort, LNJB Hospital, New Delhi Railway Station (Gate 2 auf der Ostseite des Bahnhofs, nach Überqueren der Gleisbrücken vom Stadtteil Pahar Ganj aus erreichbar), Connaught Place über Parliament Street und Ashoka Road.

Nationale Fluggesellschaften:
- **Air India,** Safdarjang Airport, Aurobindo Marg, Tel.: 24622220, 1407, 9–17.30 Uhr, www.airindia.in.
- **Jet Airways,** G-Block, Connaught Place, Tel.: 29893333, 1800-225522, am Flughafen 25675404, Mo–Sa 9–21, So 9–18 Uhr, www.jetairways.com.
- **Kingfisher Airlines,** 42 N-Block, Connaught Place, Tel.: 23730238, 1800-2333131 (gebührenfrei),

Mo–Fr 8–21 Uhr, Sa/So 10–18 Uhr, www.flykingfisher.com.

- **Spice Jet,** Tel.: 1600-180-3333 (gebührenfrei), (0)9871803333, www.spicejet.com.
- **Jagson Air,** Vandana Bldg., 11 Tolstoy Marg, Tel.: 23721593, Mo–Sa 9.30–18 Uhr.
- **Indigo Airlines,** Level 1, Tower C, Global Business Park, MG Road, Gurgaon, Tel.: 9910383838, www.goindigo.in.

Internationale Fluggesellschaften:

- Außer **Royal Nepal Airlines** am Janpath (Tel.: 23323437 23321572, Mo–Fr 9.30–17.30, Sa und So bis 17 Uhr) haben alle internationalen Airlines ihre Büros in Gurgaon und/oder am Flughafen.

Bahn

Bahnfahrkarten sollten im speziell für Touristen eingerichteten **International Tourist Bureau** im 1. Stock des New-Delhi-Bahnhofs (Mo–Sa 8–20 Uhr, So 8–14 Uhr, Tel.: 234 05156, 23346804) gekauft werden. Zwar kann es auch im Tourist Bureau bis zu einer Stunde dauern, bis man an der Reihe ist (es sei denn, man kommt gleich morgens, oder - häufig noch besser - etwa eine Stunde vor Geschäftsschluss). Doch dafür geht dort wegen des Aufrücksystems in gepolsterten Stühlen (jeweils eine Reihe auf der linken und rechten Seite des Raums, an die man sich hinten ansetzt und am besten während des Wartens das Reservierungsformular ausfüllt) alles wesentlich übersichtlicher und ruhiger über die Bühne. Die Zeit zwischen etwa 13.45 und 14.30 Uhr ist weniger empfehlenswert zum Ticketkauf, da zwischen 14 und 14.15 Uhr mehrere Schalter Mittagspause machen. Neben dem Eingang hilft ein Auskunftsschalter bei Fragen.

Jeder Ausländer hat beim Kauf eines Zugtickets seinen **Reisepass** vorzulegen. Wer in **Rupien** zahlen will, muss gelegentlich seinen Umtauschbeleg vorlegen. Zahlt man in **Euro oder Dollar,** wird der Restbetrag wiederum in Rupien ausgezahlt. Ist die weitere Reiseroute bereits genauestens durchgeplant, kann man **alle nötigen Fahrkarten** gleich hier erwerben, da es in anderen Städten oft ungleich aufwendiger ist, Tickets zu bekommen.

Wichtig ist es, darauf zu achten, von welchem Bahnhof der Zug losfährt. Außerdem sollte man sich rechtzeitig auf den Weg zum jeweiligen Bahnhof machen. Vom zentral gelegenen **New-Delhi-Bahnhof** dürfte es keine Probleme geben, aber speziell während der Hauptverkehrszeiten sollte man etwa eine Stunde Anfahrt von Connaught Place oder Pahar Ganj zur **Old Delhi Railway Station** veranschlagen. Einige wenige Züge fahren auch vom **Nizamuddin-Bahnhof** im Süden New Delhis und von **Sarai Rohilla** im Nordwesten ab. Wichtige **Verbindungen** finden sich im Anhang.

Erwähnt werden soll noch der von Delhi startende Luxuszug **Palace on Wheels,** der eine einwöchige Rajasthan-Rundreise unternimmt, sowie der **The Royal Orient,** der sehenswerte Ziele in Rajasthan und Gujarat anfährt. (Genaueres zu beiden Zügen im Kapitel „Reisetipps A–Z, Verkehrsmittel".)

Wer sich das Anstehen für Zugtickets ersparen will und nicht auf jede Rupie schauen muss, dem sei der von vielen Guest Houses in Pahar Ganj angebotene **Ticket-Service** empfohlen. Für eine Gebühr von etwa 100 Rs pro Ticket wird einem der gewünschte Fahrschein besorgt, vorausgesetzt, es stehen noch Plätze zur Verfügung.

Bus

Wegen der hervorragenden Anbindung und des bequemeren Reisens setzen fast alle Touristen von Delhi aus die Fahrt mit dem Zug fort. Allerdings werden vom riesigen **Inter State Bus Terminus (ISBT,** Metrostation Kashmiri Gate) ca. 1 km nördlich der Old Delhi Railway Station beim Kashmiri Gate alle größeren Städte Nordindiens mit **Direktbussen** angefahren. Die einzelnen Bundesstaaten besitzen dort ihre eigenen Büros, in denen man zwischen 10 und 17 Uhr sein Ticket bis zu sieben Tage im Voraus buchen kann.

Die Abfahrtszeiten wichtiger Ziele von staatlichen Bussen sind unten angegeben. Da die Abfahrtszeiten der Busse Änderungen unterliegen, sollte man sich vor Ort nochmals beim Auskunftsschalter am ISBT unter Tel. 23860290 erkundigen. Einige wichtige Verbindungen sind auch bei http://dtc.nic.in/dt4.htm gelistet. Zu einigen wichtigen Zielen wie Udaipur (Abf. tgl. 18 Uhr, 700 Rs, über Jaipur) setzt DTC auch klimatisierte Volvo-Luxusbusse ein.

Außerdem haben mehrere andere Bundesstaaten Büros am ISBT-Busbahnhof: **Harayana Roadways** (Schalter 35, Tel.: 23861262, www.hartrans.gov.in), **Punjab Roadways** (Schalter 37, Tel.: 23867842, www.punjabroadways.gov.in), **Rajasthan Roadways** (Schalter 36, Tel.: 23386658), **Uttar Pradesh Roadways** (Schalter 33, Tel.: 23868709).

Auch die meisten Guest Houses und Reiseagenturen in Pahar Ganj und um den Connaught Place verkaufen Fahrscheine für Luxusbusse privater Anbieter, z.B. nach Dharamsala (14 Std., 600 Rs) oder Jammu (15 Std., um 500 Rs). Man sollte sich jedoch vergewissern, ob diese wirklich in der Nähe der Unterkunft losfahren.

Wichtige Verbindungen vom ISBT
(wenn nicht anders angegeben):

- **Amritsar:** stdl., 10 Std., 500–650 Rs
- **Ajmer:** stdl., 9 Std., Exp. 280 Rs
- **Dharamsala/McLeod Ganj:** 15 Std., 650 Rs
- **Jammu:** stdl. (5–23 Uhr), 15 Std., 500 Rs
- **Jaipur:** stdl., 5 Std., 330 Rs Sup.-Del., 450 Rs AC
- **Jodhpur:** 5 Busse, 13 Std., 330 Rs Exp., 450 Rs Del.
- **Lahore:** tgl. 6 Uhr morgens ab Dr. Ambedkar Terminal (Tel.: 2338180) am Delhi Gate, 1.050 Rs
- **Ramnagar (Corbett-Nationalpark):** 5 Busse (6.45, 7.45, 9.10, 18.30, 20 Uhr), 6 Std., 170 Rs

Auch vom **Sarai Kale Khan Inter State Bus Terminus** (Tel.: 24358092), im Südosten zwischen Bahnhof Nizamuddin und Ring Rd. gelegen, starten und enden Busse nach/aus Agra, Chandigarh und anderen Zielen in Himachal Pradesh.

Vom **Bikaner House** (Pandara Rd., Metrostation Khan Market) südlich des India Gate fahren mehrere Luxusbusse von Rajasthan Roadways/Rajasthan State Transport Corp. nach **Jaipur** (stdl. Abfahrten, 5–6 Std. Fahrtzeit, 330 Rs, AC 450 Rs, AC-Volvo 650 Rs), **Jodhpur** (1 Bus, 11 Std., 500 Rs), **Ajmer** (3 Busse, 9 Std., 400 Rs), **Udaipur** (1 Bus, 15 Std., 750 Rs). Von Jaipur luxuriöse Anschlussbusse zu Zielen in Rajasthan (siehe Jaipur, Weiterreise). Genaue Abfahrtszeiten und Verfügbarkeit von Plätzen können bei Rajasthan Roadways (Tel.: 23382469, Bikaner House, und am ISBT, Schalter 36, Tel.: 23386658) erfragt werden.

801ra Foto: tb

Agra

736ra Foto: tb

828ra Foto: tb

Das Taj Mahal, die marmorne Liebeserklärung von Shah Jahan an seine verstorbene Lieblingsfrau, wurde zum Inbegriff unvergänglicher Liebe. Dass der Mogulherrscher noch 72 weitere Gattinnen hatte, mag einen kleinen Schatten auf die romantische Verklärung des berühmtesten Bauwerks der Erde werfen

Itimad-ud-Daula – ein Juwel islamischer Architektur, das sich hinter dem Taj Mahal nicht zu verstecken braucht

Das Rote Fort

Überblick

↗ D2

(ca. 1,4 Mio. Einwohner, Vorwahl: 0562)

Im Grunde unterscheidet sich die ehemalige Hauptstadt der Großmoguln zunächst kaum vom typischen Erscheinungsbild nordindischer Großstädte. Lärm, Hektik und Luftverschmutzung prägen die dicht gedrängten Straßen der Altstadt. Auch die am Bahnhof wartenden Rikshafahrer, die einen für eine gesalzene Kommission zu den, wie sie glauben machen wollen, besten und billigsten Unterkünften transportieren wollen, machen die Stadt nicht gerade sympathischer - doch wen interessiert das schon? Es ist eines der berühmtesten Bauwerke der Erde, welches jährlich Millionen in- wie ausländische Touristen nach Agra strömen lässt - das **Taj Mahal.** Wie wohl kein anderes Monument der Erde repräsentiert das Taj sein Ursprungsland.

Für die allermeisten Besucher ist Agra gleichbedeutend mit dem Taj und sie stellen erst vor Ort überrascht fest, dass die Stadt noch viele weitere großartige Monumente einer knapp 200-jährigen muslimischen Herrschaft beheimatet. Hierzu zählt vor allem das nur 2 km vom Taj entfernte **Agra Fort** und das **Grabmal Kaiser Akhbars** im 10 km nördlich gelegenen Sikandra. Doch auch das auf der anderen Seite des Yamuna-Flusses befindliche Grabmal des ehemaligen Finanzministers der Moguln, **Itimad-ud-Daula,** lohnt einen Besuch.

Ein Muss für jeden Agra-Besucher ist zudem ein Abstecher zu den 40 km entfernt gelegenen Überresten von **Fatehpur Sikri,** jener von Akhbar im 16. Jh. auf einem Felsen errichteten Hauptstadt, die schon recht bald wieder verlassen werden musste.

Wegen seiner großartigen Sehenswürdigkeiten ist Agra zu Recht selbstverständlicher Bestandteil jeder Nordindien-Reise. Abgesehen davon ist es für viele Reisende leider auch ein Ort, den man nur allzu gerne wieder verlässt. Verantwortlich hierfür sind die in Agra besonders ausgeprägten Negativerscheinungen von Touristennepp und die Folgeerscheinungen mangelnder bzw. gänzlich fehlender städtischer Infrastruktur: Dreck allerorten, aufgerissene Straßen, Bettelei und Luftverschmutzung. So sollte man nicht mehr Zeit für Agra einplanen als zur Besichtigung der Sehenswürdigkeiten notwendig sind.

Geschichte

Der Legende nach soll Agra schon als *Agrabana* im „Mahabharata“ Erwähnung finden, doch historische Bedeutung erlangte die Stadt erst 1500, als der Lodi-Kaiser Sikandra sie zu seiner Hauptstadt machte. Wichtigste Stadt des Mogul-Reiches wurde Agra 1566, als Akhbar sich entschloss, seine **Hauptstadt** von Delhi hierher zu verlegen. Während Delhi die Schwelle zum Norden bildete, von der man das Land gegen Invasoren verteidigen konnte, repräsentierte Agra den Wunsch der Moguln, nach der Festigung ihrer Machtposition nun den Süden des Subkontinents enger an ihre Herrschaft zu binden. Gleichzeitig ließ sich der Zugang zum Zweistromland gegen jeden verteidigen, der über die Ebene von Malwa, die strategische Drehscheibe Indiens, vorstoßen wollte.

Doch die Mogulherrscher fühlten sich in Agra nie so ganz heimisch. Am deutlichsten zeigte sich dies bei Akhbars Enkel *Shah Jahan,* der zwar mit dem Taj Mahal das großartigste Monument muslimischer Baukunst in Agra errichten ließ, doch gleichzeitig die Grundlage des heutigen Old Delhi schuf, indem er dort die Jamia Masjid und das Rote Fort in Auftrag gab. Wäre er nicht 1658 von seinem Sohn *Aurangzeb* entthront und gefangen genommen worden, hätte er die Hauptstadt wohl schon damals nach Delhi zurückverlegt.

Nach dem Niedergang der Moguln wurde Agra Mitte des 18. Jh. innerhalb von nur acht Jahren sowohl von den Jats (einem kriegerischen Stamm aus Mittelindien) als auch von den Marathen geplündert, bevor 1803 die Briten die Macht übernahmen.

Sehenswertes

Stadtrundfahrt

- Wer mit dem Taj Express von Delhi anreist, kann bereits im Zug Tickets für die um 10.30 Uhr den Bahnhof passierende **Bustour** von Uttar Pradesh Tourism zu Taj Mahal, Agra Fort und Fatehpur Sikri kaufen. Der Preis beträgt 1.800 Rs inkl. aller Eintrittsgelder und einem Guide. Der Ausflug dauert acht Stunden und endet wieder am Bahnhof, sodass man von dort am gleichen Tag (Taj Express, Abf. 18.55 Uhr) nach Delhi zurückfahren kann. Man kann sein Ticket natürlich auch beim IndiaTourism Office an The Mall, von wo der Bus bereits um 9.30 Uhr startet, oder am Tourist Information Counter am Canttonment-Bahnhof kaufen.
- Es besteht die Möglichkeit, nur den ersten Teil der Tour nach **Fatehpur Sikri** (600 Rs) zu buchen. Auch er startet vom Tourist Office, The Mall, und dauert 4 Std. Diese Tour endet dann vor dem Osttor des Taj Mahal.

Highlight: Taj Mahal

Rudyard Kipling hatte recht, wenn er sagte, das Taj Mahal liege jenseits jeglicher Beschreibung. Jeder Besucher, der nach Agra kommt, hat das **Mausoleum** wohl schon unzählige Male zuvor auf Fotos, Postern oder im Fernsehen gesehen, doch schließlich kann sich niemand seiner einzigartigen Ausstrahlung entziehen, wenn er durch das Eingangstor tritt.

Das Taj ist nicht nur das meistbesuchte Bauwerk Indiens, sondern eines der beeindruckendsten der Erde überhaupt. Der fast schon magische Eindruck schwebender Leichtigkeit, die dieses im Grunde so kolossale Monument aus weißem Marmor ausstrahlt, hat viele Betrachter zu lyrischen Vergleichen animiert. „Denkmal unvergänglicher Liebe" ist dabei der wohl meistverwendete. Er bezieht sich auf *Shah Jahan,* der das Monument in Erinnerung an seine Lieblingsfrau **Mumtaz Mahal** („die Erwählte des Palastes") erbauen ließ, nachdem diese im Alter von 38 Jahren bei der Geburt ihres 14. Kindes verstarb. Insgesamt 20.000 Arbeiter benötigten 22 Jahre,

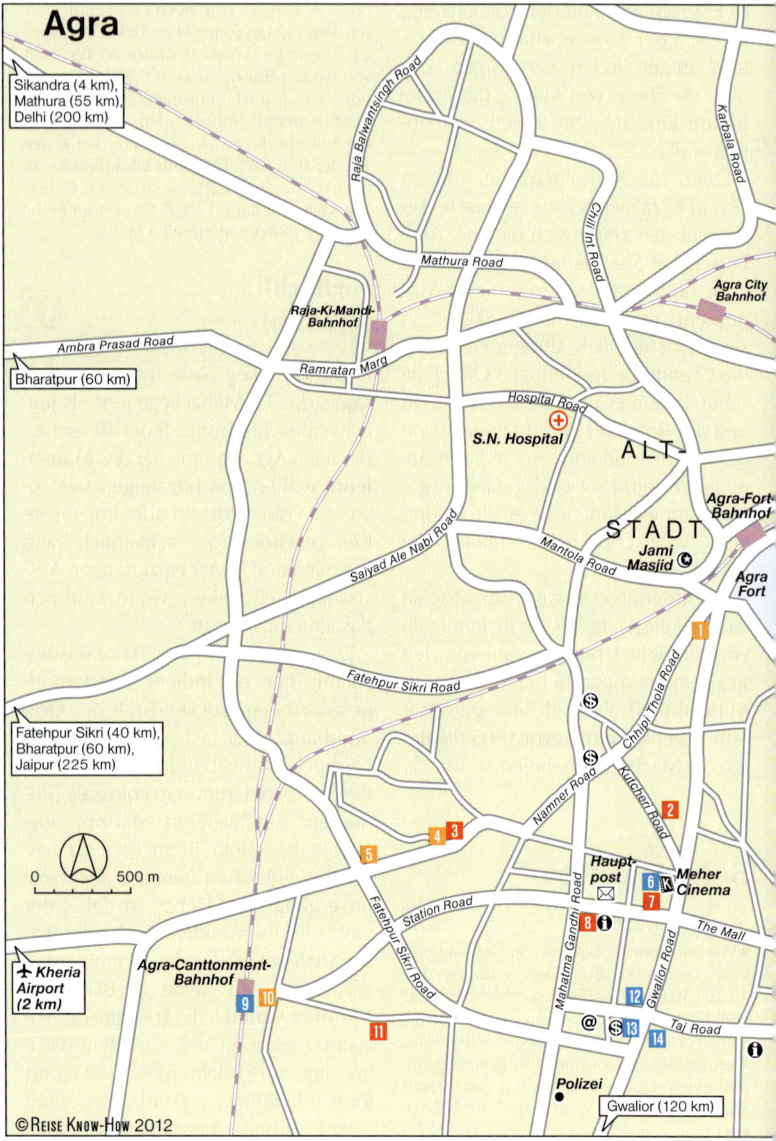
Agra
Sikandra (4 km), Mathura (55 km), Delhi (200 km)
Raja Balwantsingh Road
Karbala Road
Chilli Int Road
Mathura Road
Agra City Bahnhof
Raja-Ki-Mandi-Bahnhof
Ambra Prasad Road
Ramratan Marg
Bharatpur (60 km)
Hospital Road
S.N. Hospital
ALT-
STADT
Agra-Fort-Bahnhof
Saiyad Ale Nabi Road
Mantola Road
Jami Masjid
Agra Fort
Fatehpur Sikri Road
Chhipi Thola Road
Fatehpur Sikri (40 km), Bharatpur (60 km), Jaipur (225 km)
Namner Road
Kutcheri Road
0
500 m
Hauptpost
Meher Cinema
Station Road
The Mall
Mahatma Gandhi Road
Fatehpur Sikri Road
Kheria Airport (2 km)
Agra-Canttonment-Bahnhof
Gwalior Road
Taj Road
Polizei
Gwalior (120 km)
©Reise Know-How 2012

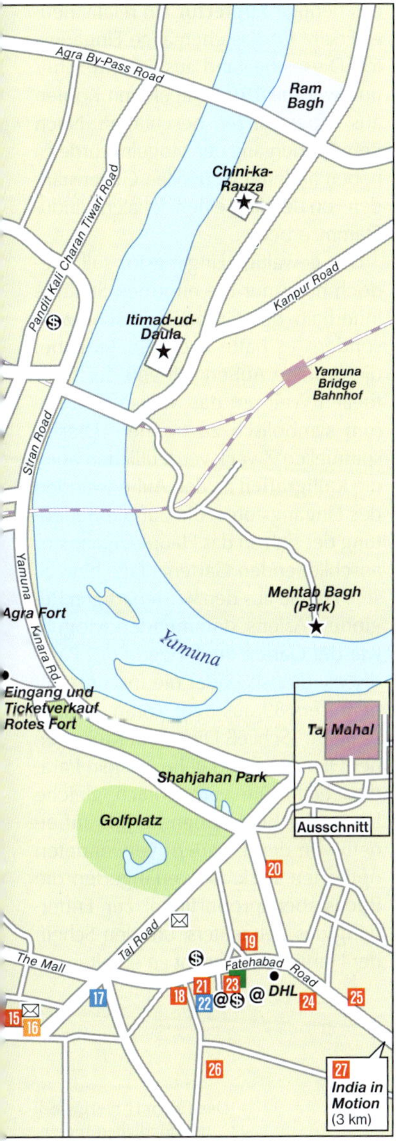

Unterkunft
2 Tourists Rest House
3 Hotel Sakura
7 Agra Ashok Hotel
8 Usha Kiran Palace
11 Grand Hotel
15 Clarks Shiraz
18 Amar Yatri Niwas
19 Howard Park Plaza
20 Maya Hotel
21 Hotel Athiti
23 Hotel Amar
24 The Gateway Hotel Fatehabad
25 ITC The Mughal
26 Safari Hotel
27 The Trident

Essen und Trinken
6 Dasaprakash Restaurant
9 Comesum Multicuisine Food Plaza
12 Café Coffee Day
13 Lakshmi Vilas
14 Park Restaurant
17 The Only Restaurant
22 Pizza Hut

Verkehr
1 Agra-Fort-Busbahnhof
4 Busse nach Rajasthan
5 Igdah Busbahnhof
10 Prepaid Counter für Rikshas und Taxis
16 Air India, Jet Airways, Lufthansa

Einkaufen
23 UP Handicrafts Complex

um diese Liebeserklärung aus Marmor 1653 fertigzustellen.

Obwohl immer wieder europäische Architekten, vor allem aus Frankreich und Italien, als **Baumeister** angeführt wurden, geht man inzwischen davon aus, dass Shah Jahan selbst als Hauptarchitekt fungierte. Die enormen Kosten, die der Bau verschlang, waren für Shah Jahans machthungrigen Sohn *Aurangzeb* ein willkommener Anlass, um den **Sturz seines Vaters** zu legitimieren. Während sich Aurangzeb im Laufe seiner fünfzigjährigen Herrschaft durch seinen fanatischen Feldzug gegen hinduistische Heiligtümer einen wenig glorreichen Nachruf verschaffte, musste sich sein im Roten Fort gefangen gehaltener Vater für die letzten acht Jahre seines Lebens mit dem Blick auf das Taj begnügen.

Eingangstore

Der für das Taj so bezeichnende Eindruck perfekter Harmonie beruht auf einer bis in das kleinste Detail durchgeplanten Abstimmung aller Bauelemente der Gesamtanlage. Farbgebung, Material, Ornamentierung, Größenverhältnisse – nichts blieb dem Zufall überlassen, alles wurde am Prinzip vollkommener Symmetrie orientiert.

Das beginnt bereits bei den drei großen Eingangstoren, die zu einem Innenhof führen, an dessen westlicher Seite sich verschiedene Souvenirläden reihen. Alle drei sind architektonisch und farblich dem Haupteingangstor nachempfunden, welches zur eigentlichen Anlage mit dem Taj Mahal am nördlichen Ende führt. Allerdings ist das heutige **Kupfertor** ein relativ neuer Ersatz für das ehemalige Eingangstor. Dieses bestand aus reinem Silber und war mit 1.100 Nägeln mit Köpfen aus Silbermünzen beschlagen. Nach dem Niedergang der Moguln wurde es neben anderen wertvollen Gegenständen von den Jats, einem lokalen Hindu-Stamm, erbeutet.

Das gewaltige Eingangstor sollte jedoch nicht nur die enormen Schätze innerhalb der Grabanlage schützen, sondern es hatte auch die Aufgabe, die profane Außenwelt von der spirituellen Welt um das Mausoleum herum symbolisch zu trennen. Diesen spirituellen Zweck verdeutlichen auch die **Kalligrafien** an den Außenwänden des Eingangstores, die auf die Bedeutung der sich an das Haupteingangstor anschließenden Gartenanlage hinweisen. Für die aus den wüstenartigen Regionen Asiens stammenden Moguln war der Garten der Inbegriff des Paradieses, und so endet die Inschrift mit dem Vers 89 aus dem Koran, in dem es heißt: „Schließ Dich dem Kreis meiner Diener an und gehe in mein Paradies ein!" Die vermeintlich gleiche Länge der Buchstaben beruht auf einem von den Erbauern verwendeten optischen Trick: Sie verlängerten die Buchstaben proportional zur Entfernung des Betrachters, um den Schein der Harmonie aufrecht zu erhalten.

Das Taj im Hintergrund des dörflichen Indien

740ra Foto: tb

Der Blick aus dem dunklen Inneren des Eingangstors auf das leuchtend weiße, scheinbar schwebende Taj Mahal gehört zu den unvergesslichsten Eindrücken jeder Indienreise.

Gartenanlage

Zentraler Bestandteil der quadratischen Anlage ist die zwischen Eingangstor und Taj gelegene Gartenanlage. Die zuvor erwähnte Gleichsetzung von „Garten" mit „Paradies" zeigt sich am deutlichsten in der Tatsache, dass im Persischen, der damaligen Amtssprache der Moguln, für beide Begriffe das gleiche Wort verwendet wurde. Das satte Grün der Pflanzen bildet einen gelungenen Kontrast zum Weiß des Taj und zum Blau des Himmels. Besonders der den Garten durchlaufende zentrale **Wassergraben** mit dem sich darin spiegelnden Taj Mahal trägt entscheidend zu dem Eindruck schwereloser Leichtigkeit bei.

Mythos Taj Mahal – Unbekanntes vom bekanntesten Bauwerk der Erde

Seit seinem Bau vor über 300 Jahren ist das Taj Mahal weltweit zum Inbegriff unvergänglicher Liebe geworden. Diese romantische Verklärung des meistfotografierten und wohl berühmtesten Bauwerks der Erde hat dazu geführt, dass eine Reihe von historischen Tatsachen, die dieses Bild stören könnten, bisher kaum bekannt sind.

So war *Mumtaz Mahal,* die mit bürgerlichem Namen eigentlich *Arjumand Bano* hieß, durchaus nicht die einzige Gemahlin von *Shah Jahan.* Obwohl sie zweifellos seine Lieblingsfrau war, mit der er auch wichtige politische Entscheidungen beriet, hatte er gleichzeitig noch zweiundsiebzig weitere Gattinnen und von mindestens acht von ihnen ebenfalls Kinder. Auch die immer wieder vorgetragene Legende, dass der untröstliche Herrscher nach dem Tod von Mumtaz für zwei Jahre auf jeden Luxus verzichtet und vollkommen zurückgezogen gelebt haben soll, entspricht nicht den Tatsachen. Wein, Weib und Gesang blieben für ihn wie für alle seine Vorgänger die liebsten Beschäftigungen.

Zur Verklärung des Taj gehört auch die immer vorgetragene Behauptung, Shah Jahan habe einen fast identischen Bau aus schwarzem Mamor auf der gegenüberliegenden Seite des Yamuna geplant. So herzerweichend diese Vorstellung auch sein mag – bis heute wurde nicht ein einziger historischer Beleg dafür gefunden.

Während des Baus des Taj Mahal versammelten sich die bekanntesten Musiker und Dichter des Reiches in Agra, um mit Musik, Lesungen und Rezitationen aus dem Koran der Verstorbenen zu gedenken und die Größe Shah Jahans zu preisen. Vor den Toren des Grabmals wurden die Armen gespeist, und an Festtagen sammelte man im Namen der Verstorbenen Geld für soziale Zwecke. An Shah Jahan wird man aber wohl nicht als an einen wohltätigen Monarchen gedacht haben, gab er doch damit nur einen Bruchteil dessen an die Bevölkerung zurück, was er ihr vorher durch eine rigorose Abgabenpolitik abgenommen hatte. Seit mehr als tausend Jahren war es in Indien üblich, dass die Herrscher den Bau eines Tempels, einer Moschee oder eines Grabmals nicht mit ihrem persönlichen Vermögen finanzierten. Shah Jahan ließ den Bau des Taj Mahal zum großen Teil durch Sondersteuern finanzieren, die er den Bürgern aus dreißig Dörfern in der Umgebung von Agra auferlegte.

Der Name *Taj Mahal* wurde wohl erst von den Europäern in Anlehnung an den Ehrentitel der verstorbenen Mumtaz Mahal („Auserwählte des Palastes") gewählt. Bei den Moguln nannte man das Mausoleum *Rauza-i-Munavara* (beleuchtetes Grab).

Neben den 20.000 Arbeitern, unter ihnen allein 500 Schreiner und 300 Schmiede, wurden beim Bau auch Elefanten, Ochsen, Kamele und Esel zum Transport des Materials eingesetzt. Jeder der insgesamt tausend Elefanten zog bis zu 2,5 Tonnen schwere Marmorblöcke vom 300 Kilometer entfernten Makrana bis nach Agra. Allerdings ist nur ein relativ kleiner Teil des Taj aus reinem Marmor. Das Fundament besteht aus Bruchsteinen, der Korpus aus ge-

Gleichzeitig liegt auch diesem Gestaltungsprinzip wieder eine symbolische Bedeutung zugrunde. Während die viergeteilte Gartenanlage (Charbagh) die im Islam „Vollkommenheit" versinnbildlichende Zahl Vier zum Gestaltungsprinzip hat, nimmt die Wasserspiegelung die muslimische Vorstellung auf, das Paradies sei als Spiegelbild der realen Welt anzusehen.

brannten Ziegeln. Dieser Rohbau wurde mit zuvor zurechtgeschnittenen, mit Eisenstiften verzahnten Marmorplatten verkleidet. Während der Bau des eigentlichen Mausoleums bereits nach fünf Jahren vollendet war, dauerte es noch weitere 15 Jahre, bis die beiden seitlich an den Hauptbau angrenzenden Moscheen, die große Gartenanlage und der weiträumige Eingangsbereich vor dem Haupttor fertiggestellt waren.

Nach dem Tod *Aurangzebs* und dem Niedergang der Mogul-Dynastie verkam die Anlage zunehmend. Die Gartenanlage verwahrloste und diente britischen Soldaten als willkommener Ort für Saufgelage. Die eigentliche Gefahr drohte dem Taj in den dreißiger Jahren des 19. Jahrhunderts. *Lord William Bentinck,* der damalige Generalgouverneur der britischen Krone in Indien, hatte einen vermeintlich genialen Gedanken, wie man das Taj finanziell ausnutzen könnte. Die „grandiose" Idee lief darauf hinaus, das Taj, in Einzelteile zerlegt, nach England zu verschiffen und dort zum Verkauf anzubieten. Dass dieses Vorhaben durchaus ernst gemeint war, beweisen die Kräne, die *Bentinck* zur Verwirklichung seines Vorhabens am Taj aufbauen ließ. Wenn nun das vollständige Taj weiterhin in Agra und nicht in Form kleiner Marmorsteine in Hunderten von Vitrinen viktorianischer Wohnzimmer in England zu besichtigen ist, so liegt dies an einem fehlgeschlagenen Pilotprojekt. Die vom zwei Kilometer entfernten Roten Fort demontierten Marmorblöcke fanden in England keine Abnehmer, sodass sich Bentnick gezwungen sah, seine kurz vor der Verwirklichung stehende Idee vom Abriss des Taj fallen zu lassen.

827ra Foto: tb

Ob sich darüber auch unser verehrter Alt-Bundespräsident *Heinrich Lübke* gefreut hat, als er in den fünfziger Jahren – wie jeder hohe Staatsgast in Indien – das Taj Mahal besuchte, muss bezweifelt werden. Nachdem er das Eingangstor durchschritten hatte, benötigte er einige Zeit, um seine Eindrücke in Worte zu fassen. Lange mussten die umstehenden Politiker und Journalisten auf seine ersten, sicherlich von Ehrfurcht und Begeisterung geprägten Worte angesichts des großartigen Anblicks warten. Schließlich wandte er sich zu seiner neben ihm stehenden Frau und sagte: „Wilhelmine, Sauerland bleibt Sauerland."

Die in der Mitte des Wassergrabens platzierte **Marmorplattform** dient als begehrter Aussichts- und Fotografierstandort. Hier wurden schon Staatsgäste wie *Heinrich Lübke, Lady Di, Prinz Charles* und *Hillary Clinton* abgelichtet. Heute lassen sich Punjabis, Sikhs, Ladakhis, Rajasthanis, Kashmiris und Tamilen vor der traumhaften Kulisse fotografieren. Das berühmteste Bauwerk

Indiens vereint die oft zerstrittenen Völker des Landes zumindest für einen kurzen Moment friedlich miteinander.

Moscheen

Die beiden identischen, das Taj flankierenden Moscheen rahmen mit ihren roten Sandsteinfassaden und den marmornen Kuppeldächern nicht nur das Mausoleum wirkungsvoll ein, sondern korrespondieren wiederum harmonisch mit dem Eingangstor. Nur die westliche der beiden Moscheen kann als solche genutzt werden, da die andere (Jawab) in die falsche Richtung ausgerichtet ist, d.h. nicht nach Mekka. Hier zeigt sich erneut, wie bestimmend das Prinzip symmetrischer Ausrichtung aller Einzelelemente der Gesamtanlage auf das Taj beim Bau der Anlage war, wurde doch die östliche Moschee aus rein ästhetischen Gründen erbaut.

Hauptbau

Das Taj selbst steht auf einer 100 x 100 m hohen Marmorplattform, die an den vier Ecken von 41 m hohen **Minaretten** begrenzt wird. Diese wiederum stehen durch ihre in gleicher Höhe wie beim Hauptbau verlaufenden Simse mit dem Taj optisch in Einklang. Die mit jeweils 58 m identische Größe der beiden entscheidenden Bauelemente des Mausoleums, der Hauptfassade und der deutlich persische Elemente aufweisenden **Kuppel** unterstreichen ebenso den harmonischen Gesamteindruck wie die entlang der Fassadenverkleidung verlaufenden **Kalligrafien,** ein Stilelement, das bereits beim Haupttor Verwendung fand. Auch hier liegen dem architektonischen Gestaltungsprinzip mehrere symbolische Gedanken zugrunde. So versinnbildlicht der Übergang von der quadratischen Plattform über den oktagonalen Körper des Taj zur runden Kuppel den Übergang von der irdischen Welt (Quadrat) zum Himmel (Rund). Die Zahl Acht steht zudem für die acht Stufen des Paradieses. Darüber hinaus erinnert die schneeweiße Kuppel an eine Perle, welche wiederum als Sinnbild für Weisheit und Willen Allahs gilt.

Die architektonischen Ähnlichkeiten zum 100 Jahre zuvor erbauten Grab *Humayuns* in Delhi sind unübersehbar. Den Architekten des Taj Mahals ging es offensichtlich nicht darum, etwas gänzlich Neues zu schaffen, sondern die über Jahrhunderte vorgezeichneten Bahnen der indo-islamischen Bautradition zur harmonischen Vollendung zu bringen.

Die zwei Sarkopharge von Shah Jahan und Mumtaz Mahal befinden sich in einer **Gruft** unterhalb des zentralen Hauptraumes. Die beiden zum Verwechseln ähnlichen Grabmäler im Hauptraum selbst sind hingegen Kopien, die dort platziert wurden, um zum einen den Bürgern die Verehrung zu ermöglichen, andererseits aber die Distanz zwischen Bürgern und Herrscher zu wahren. Der Kenotaph von Mumtaz liegt übrigens genau im Zentrum, während der ihres Gatten vom Eingang aus gesehen links daneben steht. Das durch die filigran gearbeitete Marmorfenster einfallende diffuse Tageslicht vermittelt dem Besucher zusammen mit dem Echo der Menschenstimmen auch im Inneren jene magische Stimmung, die das Taj auch von außen ausstrahlt.

Öffnungszeiten und Eintritt

- Das Taj ist **täglich außer freitags** von 6 bis 19.30 Uhr geöffnet. Der Eintritt beträgt **750 Rs.** Vor dem Betreten der Anlage muss man eine penible **Körperkontrolle** über sich ergehen lassen. Es empfiehlt sich, nur das Nötigste zum Besuch des Taj mitzunehmen. Essbares und Kaugummi, Handys, Zigaretten, Feuerzeuge, Streichhölzer sowie alle Arten von spitzen Gegenständen müssen abgegeben werden. Fotografieren innerhalb des Mausoleums ist verboten. Videofans dürfen nur im Bereich unmittelbar um den Eingang filmen (25 Rs) und müssen danach bis zum Verlassen der Anlage ihre **Kamera** bei der Aufsicht deponieren. Der Zutritt ist sowohl durch das meist weit stärker frequentierte Westtor wie auch durchs Osttor möglich. Von hier gelangt man in den äußeren, von hohen Mauern umgebenen Vorhof des Taj.

Vollmondnächte im Taj

Seit 2004 ist der abendliche Zugang zum Taj Mahal möglich. Dies gilt jedoch nur für **fünf Tage im Monat,** nämlich zur Vollmondnacht und jeweils zwei Nächte vorher und nachher mit Ausnahme des Freitags. Zudem ist der Zugang nur 400 Personen pro Nacht

Der besondere Tipp: Die besten Aussichtspunkte auf das Taj

Auch wenn der Weg durch das Haupteingangstor mit dem weltberühmten Blick auf das scheinbar schwebende Taj Mahal zu den berühmtesten Motiven der Erde gehört, gibt es dennoch eine Reihe weiterer, kaum minder beeindruckende Standorte, um dieses einzigartige Bauwerk auf sich wirken zu lassen. Viele Besucher sind im wahrsten Sinne des Wortes derart fixiert auf den Hauptbau, dass sie die **Hauptachse** vom Eingangstor bis zum Taj nicht verlassen.

Dabei entgehen ihnen beispielsweise die schönen Blicke **aus den Torbögen der Arkaden,** die sich links und rechts vom Haupttor erstrecken. Entlang der beiden parallel zur Zentralachse verlaufenden Wege bieten sich immer wieder bezaubernde Motive des von Bäumen und Blumen eingerahmten Taj. Außerdem sollte man sich auf keinen Fall den imposanten Blick **aus dem Liwan der „Moschee"** auf der östlichen (rechten) Seite des Taj entgehen lassen.

Unvergesslich sind auch die Aussichten **vom Mehtab Bagh,** einem in den letzten Jahren vom Archaeological Survey of India restaurierten Park im Mughal-Stil (Eintritt 100 Rs) genau gegenüber dem Taj auf der **anderen Seite des Yamuna.** Mit der Riksha sollte die Fahrt dorthin inklusive einstündiger Wartezeit nicht mehr als 150 Rs kosten. Besser noch fährt man mit dem Fahrrad (ca. 30 Minuten), da man sich dann soviel Zeit nehmen kann, wie man will. Belohnt wird man für die Anstrengung mit einem herrlichen Ausblick in friedvoller Lage, den man nicht mit Tausenden anderer Besucher teilen muss. Etwas weiter entfernt, dafür im Preis inbegriffen, sind die Aussichten **vom Agra Fort.** Beim Blick über den Yamuna auf das im Hintergrund häufig im Dunst erscheinende Taj klicken die Kameras der Touristen aus aller Welt um die Wette.

Wer schließlich die berühmteste Liebeserklärung der Weltgeschichte ganz relaxed mit einem Drink auf sich wirken lassen möchte, sollte eines der zahlreichen **Dachrestaurants** der Pensionen im Taj-Ganj-Viertel aufsuchen. Besonders zu empfehlen sind die Shanti Lodge und das Saniya Palace Hotel.

gestattet, die jeweils in Gruppen von 50 Personen zwischen 20.30 und 0.30 Uhr eingelassen werden. Leider kann das Taj dabei nur aus der Ferne besichtigt werden, man darf also nicht frei auf dem Gelände herumspazieren. Zudem sind nur Kameras, aber kein Video erlaubt. Erwachsene zahlen die üblichen 750 Rs, Kinder 500 Rs. Falls Wolken den Mond verdecken, wird der Eintrittspreis natürlich nicht erstattet. Die Karten müssen mindestens 24 Std. vor Einlass beim Archaeological Survey of India (22 The Mall, Tel.: 2227263) gekauft werden. Ob sich das Ganze lohnt, muss jeder selbst entscheiden. Die Vollmonddaten können auch auf der Website von UP Tourism in Erfahrung gebracht werden.

Highlight: Agra Fort (Rotes Fort)

Während das Taj Mahal den Höhepunkt muslimischer Baukunst in Indien darstellt, repräsentiert das nur 2 km westlich in einer Biegung des Yamuna gelegene Fort wie kaum ein zweites Bauwerk die uneingeschränkte Machtfülle der Mogulherrscher im 16. und 17. Jahrhundert.

Gewaltige Ausmaße besitzen allein schon die über zwanzig Meter hohen, zwölf Meter dicken, von einem Wassergraben umgebenen Doppelmauern, die auf einer Länge von 2,5 km die Festungsanlage umschließen. Der Eindruck einer gigantischen **Trutzburg** spiegelt die Situation Mitte des 16. Jh. wieder. Zu jener Zeit, als **Akhbar,** der bedeutendste aller Mogulherrscher, mit dem Bau des Forts begann, stand die später uneingeschränkte Macht der Moguln noch auf äußerst wackeligen Beinen. So lag das Hauptaugenmerk der islamischen Eroberer beim Bau ihrer neuen Residenz ganz zwangsläufig auf der Absicherung gegenüber der hinduistischen Bevölkerungsmehrheit.

Baugeschichte

Während das Taj Mahal auf den ersten Blick alle Besucher verzaubert, wirkt die Festungsanlage zunächst eher verwirrend. Im Gegensatz zum Taj, welches innerhalb kurzer Zeit von einem einzigen Herrscher quasi wie aus einem Guss erbaut wurde, ist das Rote Fort während eines Zeitraums von mehr als einem Jahrhundert von mehreren Machthabern errichtet worden. Der Architekturstil der Bauwerke (ursprünglich über 560 auf einem künstlichen Hügel an der Südseite des Yamuna-Flusses) ist so unterschiedlich wie der Charakter der einzelnen Großmoguln. Während die von dem in religiösen Fragen äußerst toleranten Akhbar errichteten Bauten christliche, hinduistische, islamische und jainistische Stilelemente vereinen, spiegelt sich in der Architektur seiner Nachfolger der Einfluss der unter ihnen wieder deutlich die Oberhand gewinnenden islamischen Dogmatiker wieder.

Aus heutiger Sicht noch erstaunlicher als die **gewaltigen Ausmaße** der Paläste, Versammlungshallen, Pavillons und Moscheen ist die Tatsache, dass die architektonischen Kolosse in **Fertigbauweise** hergestellt wurden. Der relativ weiche rote Sandstein wurde bereits im Steinbruch maßgerecht bearbeitet. Danach transportierte man die einzelnen Teile auf Ochsenkarren nach Agra, wo sie in einer Art Baukastensystem zusammengesetzt wurden.

Nachdem Akhbar während seiner 50-jährigen Regentschaft sowohl mit militärischer Härte als auch mit diplomatischem Geschick die Grenzen des Reiches um ein Vielfaches erweitert hatte und die Staatseinnahmen in die Höhe geschnellt waren, zeugen die Bauten seiner Nachfolger von zuvor nie gekanntem **Luxus.** Shah Jahan ließ die meisten von seinem Großvater Akhbar errichteten Gebäude abreißen und durch Marmorpaläste ersetzen, weil sie ihm, wie seine Chronisten vermerkten, „zu bescheiden erschienen". Das war jedoch nur die Grundausstattung zu einer Kulisse, die jeden noch so prächtig ausgestatteten Hollywood-Film zu einem Provinztheater degradiert hätte. So wurden die an sich schon sündhaft teuren Marmorplatten mit Goldmalerei und Einlegearbeiten aus Halbedelsteinen verschönert, offene Plätze und Innenhöfe mit Sonnensegeln aus weißgoldener Seide überspannt, die Böden mit Seidenteppichen ausgelegt, und aus den silbernen Springbrunnen sprühte Rosenwasser.

Das Fort war früher eine eigene, in sich abgeschlossene königliche Stadt mit Tausenden von Bediensteten. Der größte Teil der Gebäude ist heute zerstört und zudem lassen sich die Spuren des **Verfalls,** ähnlich wie beim Roten Fort in Delhi, nicht übersehen: Die meisten Räume stehen leer, der Putz bröckelt von den Wänden und Kellergewölbe entpuppen sich als stinkende Abfall- oder Toilettenräume. Die wichtigsten Gebäudeteile des Forts sind jedoch erhalten geblieben und geben einen guten Eindruck der imperialen Architektur während der Mogulherrschaft.

Rundgang

Folgt man dem vom südlichen **Eingangstor** (Amar Singh) steil ansteigenden Hauptweg, gelangt man nach dem Durchqueren einer Gartenanlage zu einem hinter einem Torgebäude gelegenen **Arkadenhof.** An dessen Ostseite befindet sich die öffentliche **Audienzhalle** (Diwan-e-Am), in der die Könige offizielle Empfänge abhielten sowie Petitionen entgegennahmen. Durch die kleine **Juwelenmoschee** (Nagima Masjid) im Norden und den **Basar** (Machi Bhawan), in dem früher die Händler ihre Waren für die Haremsdamen feilboten, führt der Weg zu einer großen **Terrasse,** die einen sehr schönen Blick über den Yamuna und das im Hintergrund gelegene Taj Mahal gewährt. Der kleine, schwarze **Thronsitz Shah Jahans** befindet sich am Ostende.

Südlich hieran schließt sich die aus zwei Räumen bestehende private **Audienzhalle** (Diwan-e-Khas) an, die Shah Jahan 1637 errichten ließ. Hier soll sich auch jener berühmte **Pfauenthron** befunden haben, der schon zur damaligen Zeit zum Inbegriff von märchenhaftem Reichtum, Macht und Verschwendungssucht wurde.

Das Kissen des zwei mal eineinhalb Meter großen, vollständig mit Diamanten bedeckten Throns aus purem Gold war mit 18.000 Perlen und Rubinen bestickt. Zur feierlichen Einsitzung des Möbelstückes in der privaten Audienzhalle trug der Kaiser ein so reich mit Juwelen und Diamanten besetztes Gewand, dass ihn zwei Diener stützen mussten.

Hochmut kommt bekanntlich vor dem Fall, und so wurde Shah Jahan von seinem Sohn *Aurangzeb* wegen seiner Verschwendungssucht abgesetzt und im angrenzenden Saman Burj unter Hausarrest gestellt. Oft muss ihm dabei die trotz der Nähe unüberbrückbare Distanz zu dem kaum einen Kilometer entfernten Taj Mahal unerträglich gewesen sein. „So nah und doch so fern", mögen heute auch viele der Tausende von Touristen denken, die sich täglich in dem kleinen, achteckigen Turm drängeln, in dem Shah Jahan die meiste Zeit seiner achtjährigen Gefangenschaft bis zu seinem Tode verbrachte.

Durch den über und über mit kleinen Spiegeln verzierten **Shish Mahal** und den sehr schönen **Privatpalast Shah Jahans** (Khas Mahal) mit seinen vergoldeten Bengaldächern, der noch einmal eine sehr hübsche Aussicht auf das Taj Mahal bietet, betritt man schließlich mit dem **Jehangir Mahal** den größten privaten Gebäudeteil innerhalb des Komplexes.

Als eines der schönsten Gebäude des Forts gilt die nördlich des Diwan-e-Am gelegene **Perl-Moschee** (Moti Mahal). Leider ist die zwischen 1646 und 1653 erbaute Marmormoschee wegen Restaurationsarbeiten nicht für die Öffentlichkeit zugänglich.

- **Öffnungszeiten:** tgl. Sonnenauf- bis Sonnenuntergang, Eintritt 300 Rs, Foto- und Videogebühr 25 Rs.

Der besondere Tipp: Itimad-ud-Daula

Viele Indien-Touristen mit begrenzter Zeit sehen von Agra nur das Taj Mahal und das Rote Fort, bevor sie nach Jaipur oder Delhi weiterhetzen. Dabei entgeht ihnen mit dem Itimad-ud-Daula ein **Juwel islamischer Architektur** in Indien. Mit seinen filigranen Marmorintarsien übertrifft dieses außerhalb Indiens gänzlich unbekannte Bauwerk die Qualität des weltberühmten

314ra Foto: tb

Kurz vor dem Taj Mahal erbaut, ist das Mausoleum Itimad-ud-Daula mit den gleichen aufwendigen Intarsien versehen

Taj bei weitem und ist ein Muss für jeden Agra-Besucher.

3 km nordöstlich des Forts auf der anderen Seite des Yamuna befindet sich dieses kleine quadratische **Mausoleum,** welches trotz seines ganz unverwechselbaren Äußeren deutliche Parallelen zum Taj Mahal erkennen lässt. Erbauen ließ es die Frau *Jehangirs, Nur Jahan* („Licht der Welt"), für ihren Vater *Mirza Ghiyas Beg*, der unter seinem Schwiegervater eine steile politische Karriere durchlief, die ihn sogar zum Premierminister aufsteigen ließ. Als Anerkennung seiner Verdienste trug er den Titel *Itimad-ud-Daula* („Säule des Staates"). Das in einem 165 m² großen, noch von Ghiyas Beg zu seinen Lebzeiten angelegten Garten errichtete Grabmal spiegelt seine staatstragende Bedeutung gebührend wieder.

Dieses erste gänzlich aus **Marmor** errichtete Mogul-Gebäude besticht vor allem durch seine **filigranen Einlegearbeiten** in derselben Pietra-dura-Technik, die zehn Jahre später beim Taj Mahal verwendet wurde. Jeder Zentimeter ist mit stilisierten Blumen, Weinkrügen und geometrischen Mustern verziert, sodass man den Eindruck gewinnt, der Marmor diene nur als Einfassung für die Halbedelsteine. Die 1628 nach sechsjähriger Bauzeit fertig gestellte Grabanlage vermittelt den Eindruck, als habe man zunächst die Grundstruktur des Taj Mahal in kleinem Rahmen erproben wollen, bevor man schließlich nach gelungener Generalprobe das Meisterwerk anging.

339ra Foto: tb

Abgesehen von den wesentlich kleineren Ausmaßen liegt der Hauptunterschied in dem statt der Zwiebelkuppel als Aufsatz verwendeten quadratischen Pavillon, der von einem Bengaldach abgeschlossen wird. Dort befindet sich auch der Kenotaph des Verstorbenen und seiner Frau. Die eigentlichen Sarkophage aus orange-gelblichem Marmor finden sich in der zentralen Kammer im Erdgeschoss. Neben den schön verzierten Marmorböden gibt das von außen durch die kunstvoll durchbrochenen Marmorfenster einfallende Licht dem Raum seine sakrale Atmosphäre.

Hat man das eigentliche Grabmal besichtigt, lohnt noch der Gang zum Yamuna-Ufer, von wo sich ein hübscher Blick auf das im Dunst liegende Rote Fort bietet.

- **Öffnungszeiten:** täglich 6–17 Uhr, Eintritt 110 Rs, Video 30 Rs.

Weitere Sehenswürdigkeiten

Chini-ka-Rauza

Einen Kilometer nördlich des Itimad-ud-Daula-Mausoleums steht das von einer großen Kuppel überdachte **Grabmal** für *Afzal Khan,* der Premierminister unter Shah Jahan war. Der Name Chini-ka-Rauza (Chinesisches Grab) rührt von den hübschen, die Wände verzierenden Blumenornamenten aus Fayencen her.

Jami Masjid

Die in der Nähe des Roten Forts im Gewimmel der Altstadt gelegene Jami Masjid wurde 1648 nach fünfjähriger Bauzeit eingeweiht. Nicht zuletzt die Verwendung von weißem Marmor weist den Bau als architektonische Hinterlassenschaft der Regierungszeit Shah Jahans aus. Ebenso wie bei der Freitagsmoschee in Delhi lobpreist die am Hauptbogen der Moschee zu sehende Inschrift die Regentschaft des Herrschers.

Praktische Tipps

Information

- Das **IndiaTourism Office** (191, The Mall, Tel.: 2226368/78, Fax: 2226368, goitoagr@sancharnet.in, www.incredibleindia.org) befindet sich gegenüber der Post und ist Mo–Fr 9–17.30 und Sa 9–14 Uhr geöffnet. Über dieses Büro können auch offiziell zugelassene Stadtführer geordert werden.
- Das **Uttar Pradesh Tourism Office** (64, Taj Rd., Tel.: 2226431, www.up-tourism.com, tgl. 10–17 Uhr, jeden 2. Sa sowie So geschlossen) liegt ganz in der Nähe des Hotels Clarks Shiraz. Im Bahnhof Agra Canttonment (Tel.: 2421204) befindet sich eine rund um die Uhr erreichbare Filiale. Hier kann auch Kontakt mit der Tourist Police aufgenommen werden. Zusätzlich steht das **UP Tourist Facilitation Centre** am Shilpgram, 1 km vom Osteingang des Taj Mahal, tagsüber zur Verfügung.

Stadtverkehr

In keiner anderen Stadt Indiens ist das **Schlepperwesen** derart ausgeprägt. Sobald man den Zug verlässt, wird man von Riksha- und Taxifahrern umstellt, die einen in das für sie lukrativste Hotel fahren möchten, sprich dorthin, wo sie die höchste Kommission kassieren. Am liebsten legen sie unterwegs noch mehrere Stopps bei Marmor- und Juweliergeschäften ein. Es gibt nicht wenige Touristen, denen durch die ständige Anmache der gesamte Aufenthalt verleidet worden ist.

- Unglücklicherweise ist man jedoch zumindest bei der Ankunft auf die **Rikshafahrer** angewiesen, da Agra zu weitläufig ist, als dass man die Entfernungen zu Fuß zurücklegen könnte. Dennoch gibt es einige Tricks, um sich die aufdringlichsten unter ihnen vom Halse zu halten. Auf keinen Fall sollte man mit den die Touristen schon auf dem Bahnsteig in Empfang nehmenden Rikshafahrern zum Hotel fahren. Diese sind derart auf Westler spezialisiert, dass sie oft das **Vier- bis Fünffache des normalen Fahrpreises** verlangen. An der Canttonment-Train-Station sollte man in jedem Fall einen der vor dem Bahnhof befindlichen **Prepaid-Schalter** für Taxis bzw. Rikshas nutzen. Für eine kurze Fahrt vom Canttonment-Bahnhof, etwa zum Igdah-Busbahnhof, sind 20 Rs, zur Fatehabad Rd. mit vielen Mittelklassehotels 30 Rs, für die Fahrt zum Taj Mahal 50 Rs zu zahlen.

Für eine etwa vierstündige Tour zum Taj und dem Agra Fort mit Wartezeit sollte es um 200 Rs, für acht Stunden etwa 350 Rs kosten. Vom Agra-Fort-Bahnhof zu den Billighotels im Stadtteil Taj Ganj, nur wenige Meter südlich vom Taj Mahal, sollte man mit der Fahrradriksha nicht mehr als 15 Rs zahlen, per Autoriksha werden überhöhte 50 Rs (Prepaid) verlangt. Am besten gibt man Joney's Place mitten im Zentrum von Taj Ganj oder bei den östlich des Taj gelegenen Unterkünften das Osttor des Taj Mahal als Fahrtziel an. Von dort ist es nicht mehr weit zu den meisten Hotels dieser Region.

- Einige offizielle **Taxipreise** (Non-AC), die für Agra über dem Landesdurchschnitt liegen: Die Prepaid-Gebühr für die Fahrt vom Igdah-Bahnhof zum Taj kostet 150 Rs, zwischen den beiden Bahnhöfen Igdah und Fort dasselbe. Zu den meisten Hotels, etwa an der Fatehabad Rd., 70 Rs. 3 Stunden Sightseeing zum Roten Fort und Taj Mahal 475 Rs, 8 Std. 950 Rs, die Fahrt nach Fathepur Sikri mit Wartezeit und Rückfahrt (4 Std.) 900 Rs. Besteigt man ein Taxi nicht am Canttonment-Bahnhof, wo sich der Prepaid-Schalter befindet, sollten die genannten Preise als Richtwert dienen. AC-Preise etwa ein Drittel höher.
- Wer es sich im indischen Verkehr zutraut, kann sich per **Fahrrad** im weitläufigen Agra fortbewegen, die im Taj Ganj noch bei einigen Hotels und Fahrradläden, etwa Raja Cycle Store, für ca. 40 Rs pro Tag auszuleihen sind. Außerdem entledigt man sich auf diese Weise am elegantesten der ständigen Fragerei der Rikshafahrer: „You want to see a nice carpet shop, Sir?“
- Zum 7 km außerhalb gelegenen **Flughafen** zahlt man mit dem Taxi 140 Rs, mit der Autoriksha ca. 70 Rs. Der Flughafenbus verkehrt nicht mehr.
- Zwischen 6 und 19 Uhr verkehren zwischen Taj Mahal und Agra Fort und auch östlich zum Shilpgram-Gelände auf breiter, verkehrsberuhigter Straße etwa alle 15 Min. **Elektrobusse,** die von westlichen Touristen umsonst benutzt werden können.

Unterkunft

Die beiden für Touristen interessanten Hotelgegenden sind **Taj Ganj,** sozusagen das Altstadtviertel Agras unmittelbar südlich vom Taj mit einer Ansammlung vieler Billigunterkünfte, und der gesamte sich südwestlich hiervon bis zum Agra-Canttonment-Bahnhof erstreckende Stadtteil, in dem sich vor allem Hotels der mittleren und oberen Kategorie befinden, die meisten an der Fatehabad Rd.

Untere Preiskategorie

Viele der Billigunterkünfte in Taj Ganj sind nur mit Fahrradrikshas zu erreichen, da motorisierte Fahrzeuge wegen der um das Taj gezogenen Bannmeile in diesem Bereich nicht zugelassen sind.

- Mit eigenem, sehr schönem Garten ruhig nur wenige Meter vom Osttor des Taj Mahal gelegen und erstaunlich preiswert, ist das **Hotel Sheela** €€ (Tel.: 2333074, www.hotelsheelaagra.com), das vielleicht beste Angebot in Taj-Nähe. Alle moskitosicheren Zimmer verfügen über eine kleine Terrasse – ein gutes Hotel mit hübschem Gartenrestaurant. Zudem ist es ruhig, da die breite Zufahrtsstraße, an der es liegt, in diesem Abschnitt verkehrsberuhigt ist.

• Ein relativer Neuling im Taj-Ganj-Viertel und dementsprechend gut in Schuss ist das sehr empfehlenswerte **Saniya Palace Hotel** €-€€ (Tel.: 3270199) in einer ruhigen Seitengasse. Die Zimmer, wenn auch zum Teil etwas klein geraten, machen einen gepflegten Eindruck, das Personal ist freundlich und vom Dachterrassenrestaurant bietet sich die vielleicht beste Taj-Sicht in Taj Ganj.

• In Taj-Mahal-Nähe und bei Rucksackreisenden seit vielen Jahren beliebt ist die **Shanti Lodge** €-€€ (Tel.: 2231973, (0)9837540428, shantilodge2000yahoo.co.in). Dabei ist es jedoch weit mehr der wahrlich grandiose Ausblick von der Dachterrasse auf das nahegelegene Mausoleum als die Qualität der z.T. dunklen und muffigen Zimmer, speziell im Untergeschoss des Altbaus, was die Attraktivität des Hauses ausmacht. Die mit Taj-Ausblick sind ihr Geld mehr als wert, wie auch die neuen, nach hinten gelegenen Zimmer.

• Die empfehlenswerteste Adresse im unteren Preissegment außerhalb des Taj-Ganj-Viertels ist das **Tourists Rest House** €€-€€€ (Sadar Bazaar, Tel.: 2463961, dontworry chickencurry@hotmail.com) an der Kutcheri Rd. zwischen Canttonment-Bahnhof und Taj Ganj Area. Besonders hervorzuheben sind der hervorragende Service und die Hilfsbereitschaft des das Haus leitenden Bruderpaars. Auch die sauberen, um einen als Restaurant fungierenden, begrünten Innenhof angelegten AC- (mit TV und teils Kühlschrank) und Non-AC-Zimmer sind preisgerecht, obwohl sie recht dunkel sind. Zudem werden erstaunlich preisgünstige Taxis und Sightseeing-Touren in die Umgebung Agras wie auch durch Rajasthan vermittelt. Flug-

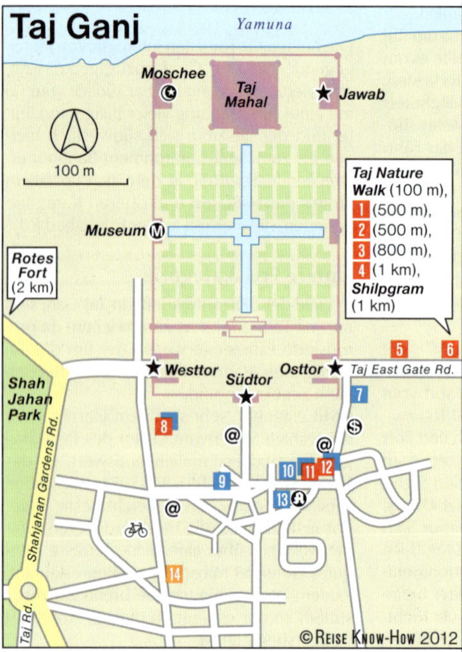

Unterkunft
1 The Oberoi Amarvilas
2 Taj Plaza
3 Hotel Sheela Inn
4 Radisson Hotel
5 Hotel Sheela
6 Hotel Taj Kheema
8 Hotel Sidharta
11 Shanti Lodge
12 Saniya Palace Hotel

Essen und Trinken
7 Café Coffee Day
8 Sidharta Restaurant
9 Joney's Café, Taj Café
10 Stuff Makers
11 Shanti Lodge Restaurant
12 Yash Café, Shanti Lodge
13 Shankara Vegis Restaurant, King's Crown Roof Top Restaurant

Verkehr
14 Rikshastand

und Bahntickets werden ohne Extragebühr besorgt. Da das Haus keine Kommission zahlt, wird es von Rikshafahrern nicht gern angefahren, man muss also darauf bestehen. Vorsicht: Es gibt einige namensähnliche Unterkünfte.

- Nach einer Totalrenovierung ist das nahe gelegene, moderne **Taj Plaza** €€-€€€ (Tel.: 2232515, www.hoteltajplaza.com), wenig weiter östlich, eine gute Wahl. Zweckmäßige Zimmer mit TV, einige mit Taj-Blick, sind ihr Geld wert. Gut ist auch das hauseigene Dachterrassen-Restaurant.
- Neu ist das saubere **Sheela Inn** €€-€€€ (Tel.: 3293437, (0)9719174344, www.hotelsheela agra.com), noch etwas weiter östlich, und eine weitere gute Alternative. Die Zimmer sind eher klein, ein Dachrestaurant ist vorhanden.
- Sehr beliebt ist das beim Westtor gelegene **Hotel Sidharta** € (Tel.: 2330901, (0)9719456 998, www.hotelsidhartha.com). Die um einen Garten gruppierten Zimmer sind geräumig, allerdings von unterschiedlicher Qualität, die oberen sind vorzuziehen. Auch ein Dachrestaurant ist vorhanden.
- Etwas entfernt von Taj Ganj liegt das gute, aber seltsamerweise wenig belegte **Safari Hotel** €€ (Tel.: 2333029) an der Shamsad Rd., sind doch die einzelnen Zimmer geräumig und verfügen über den Luxus eines Badezimmers mit Wanne. Vom Dach bietet sich ein schöner Blick auf das Taj in der Ferne. Auch hier wird keine Kommission gezahlt.
- Nahe dem Igdah-Busbahnhof vermietet das **Hotel Sakura** €-€€ (Ajmer Rd., Tel.: 2420169, www.hotelsakuraagra.com) akzeptable Zimmer mit TV. Ideal für diejenigen, die per Bus weiterfahren wollen, zumal direkt vor dem Hotel auch die Luxusbusse Richtung Rajasthan starten. Im guten Restaurant kann die Wartezeit auf einen Bus verkürzt werden.
- Das weißblaue Schmuckkästchen des freundlichen **Maya Hotel** €€-€€€ (Fatehabad Rd. nahe dem Purana Mandi Circle, Tel.: 2332109, (0)9719107691, www.mayainma gic.com) wird von einem Inder und einer Finnin geleitet, die sich für soziale Belange in Indien einsetzt, neben Englisch auch Deutsch und Hindi spricht und fachkundige Tipps nicht nur zu Agra geben kann. Die teils klimatisierten und mit Balkon versehenen Zimmer wurden wegen der lauten Hauptstraße mit lärmdämmenden Fenstern ausgestattet. Zudem sind sie gemütlich und mit die saubersten in Agra. Ein Restaurant auf der Dachterrasse mit Kachelmosaiken und Pflanzen unter riesigem Baum sowie ein klimatisierter Innenbereich locken mit schmackhaften Gerichten (z.B. köstliches Butter Chicken, oft auch BBQ) auch viele Gäste anderer Unterkünfte an. Außerdem werden Taxi- und Sightseeingtouren sowie Guides vermittelt.

! Agra zieht nicht nur Touristen, sondern auch **Betrüger** in Scharen an – wobei das eine das andere bedingt. Vor allem in der billigen Wohngegend beim Taj Ganj treiben sich zwielichtige Gestalten herum, denen es immer wieder gelingt, Individualtouristen zu betrügen. So smart die Männer auf der Straße oder in den Unterkünften auch wirken – man sollte sich auf keinerlei Angebote einlassen. Dies gilt insbesondere bei vermeintlich günstigen Juwelen- oder Marmorkäufen. Mehrere Leser haben auf diese Weise Tausende Euro verloren.

Mittlere Preiskategorie

Die meisten Hotels dieser Preiskategorie sind etwas überteuert und finden sich an der Fatehabad Rd. etwa 1,5 km südlich vom Taj.

- Das **Usha Kiran Palace** €€€€ (Tel.: 226 4441-43, www.cosmosmotels.com) richtet sich zwar eher an die indische Mittelschicht, ist aber eines der ganz wenigen Mittelklassehotels Agras, die ihr Geld Wert sind. Zwar wirkt alles etwas steril, aber dafür sind die Zimmer und das angeschlossene Restaurant in Top-Zustand.
- Architektonisch originell wirkt das staatliche **Hotel Taj Kheema** €€€-€€€€ (Tel.: 2130140) mit seinen in eine begrünte Hügellandschaft hineingebauten Zimmern und Cottages (die teureren mit Kühlschrank und AC). Leider machen diese oft einen recht ungepflegten Eindruck, doch der relativ geringe Preis und die ruhige Lage in der Nähe des

Osttors sowie die sehr schöne Aussicht auf das Taj Mahal machen das Taj Kheema noch zu einer akzeptablen Adresse. Besser sind die auf dem Gelände aufgebauten, knapp doppelt so teuren Luxuszelte mit Kühlschrank und Terrasse, die ihr Geld wert sind. Den tollen seitlichen Blick von der Rasenfläche lässt sich das Hotel von Nicht-Gästen teuer bezahlen: Sa–Do 100 Rs und Fr, wenn das Taj geschlossen ist, gar 200 Rs.

- Das **Hotel Atithi** €€€€ (Tel.: 2230040, 4012741, www.hotelatithiagra.com) an der Fatehabad Rd. bietet klimatisierte, allerdings leicht verwohnte Zimmer mit TV, einige mit Kühlschrank. Mit Swimmingpool.
- Wer im Atithi keinen Platz findet, kann es im nebenan gelegenen, preislich und qualitativ fast identischen **Hotel Amar** €€€-€€€€ (Tel.: 2331884-9, www.hotelamar.com) mit Pool versuchen. Fast identisch ist das **Amar Yatri Niwas** €€€-€€€€ (Tel.: 2233030-4, www.amaryatriniwas.com), beide nahezu nebeneinander mit akzeptabel sauberen, modern eingerichteten AC-Zimmern.
- Sympathisch, allerdings etwas überteuert ist das von Rasenflächen umgebene **Grand Hotel** €€€-€€€€ (Tel.: 2227513, 2227516) mit Restaurant an der Station Road zwischen Canttonment-Bahnhof und Taj Ganj.
- Es war einmal und ist nicht mehr – das beste Hotel am Platz. Das **Clarks Shiraz** €€€€ (Tel.: 2226121, www.hotelclarksshiraz.com) war das erste Fünf-Sterne-Hotel Agras und ist sichtbar in die Jahre gekommen. Der attraktive Preis zusammen mit der ruhigen Lage, den guten Restaurants und den zum Teil renovierten Zimmern mit Taj-Blick machen es dennoch zu einer guten Wahl.

Obere Preiskategorie

- Über Swimmingpool, Fitnessraum und mehrere Restaurants verfügt das große, zentral klimatisierte **Agra Ashok Hotel** €€€€-€€€€€ an The Mall (Tel.: 2361223, www.hotelagraashok.com).
- Angenehm wohnt man in dem um einen großen Innenhof mit Swimmingpool angelegten Hotel **The Trident** €€€€€ (Fatehabad Rd., Tel.: 2331810/8, agra@trident-hilton.com) – ein gutes Preis-Leistungs-Verhältnis.
- Selbst in der einfachsten Zimmerkategorie schon sehr komfortabel sind die geschmackvoll gestalteten Räume des **Howard Park Plaza** €€€€€€ (Tel.: 2332870-3, www.sarovarhotels.com). Im Dachrestaurant (19–23 Uhr) kann neben exzellenter Küche ein toller Blick aufs Taj genossen werden.
- Edle Spitzenklasse ist das **The Gateway Hotel Fatehabad** €€€€€€ (Fatehabad Rd. Tel.: 2232423, 6602000, www.tajhotels.com/gateway). Neben moderner Technik in den Zimmern wie Firewire und Flachbildschirm-TV sind Spa, Health Club, Gym sowie der große Gartenpool unter Palmen die herausragenden Merkmale. Den besten Gegenwert gibt's in den Executive-Räumen mit Taj-Blick für wenig mehr Geld.
- Ein Newcomer ist das **Radisson Hotel** €€€€€ (Tel.: 4055555, www.radisson/agra.com). Inmitten einer großzügigen Gartenanlage bietet es alle Annehmlichkeiten eines Luxushotels und ist zudem nur 15 Gehminuten vom Taj entfernt.
- Das kürzlich renovierte **ITC The Mughal** €€€€€€ (Fatehabad Rd., Tel.: 4021700, www.starwoodhotels.com) wirkt im Gegensatz zu vielen anderen Hotels dieser Preiskategorie ganz und gar nicht steril, sondern elegant und freundlich.
- Mit Abstand die luxuriöseste Unterkunft Agras ist das fabelhafte **The Oberoi Amarvilas** €€€€€€ (Tel.: 2231515, reservations@oberoi-amarvilas.com) nahe dem Osttor des Taj Mahal, das leicht 6 oder 7 Sterne verdient hat. In eine tolle Architekturlandschaft mit Wandelgängen und Wasserspielen eingebettet, muss für diese absolute Luxusherberge allerdings auch ein kleines Vermögen pro Nacht hingeblättert werden.

Essen und Trinken

Für eine Stadt, die jedes Jahr Millionen von Touristen sieht, ist die Restaurant-Auswahl erstaunlich bescheiden. Die meisten Pauschaltouristen speisen in den Hotels, sodass besonders im gehobenen Segment wenig zu finden ist.

- Selbst wer keinen Hunger verspürt, sollte sich nicht die großartige Aussicht vom Dachrestaurant des **Saniya Palace Hotel** und der **Shanti Lodge** entgehen lassen. Ein besserer Ort, um bei einem kleinen Imbiss oder einem Getränk ein paar Postkarten zu beschreiben und das Taj auf sich wirken zu lassen, lässt sich kaum denken. Gelegentlich sind Händler, die dort eingelassen werden, leider etwas aufdringlich.

- Keinen Blick, dafür aber exzellente Gerichte (50–150 Rs) in angenehm lockerer Atmosphäre bietet das freundliche **Yash Café** direkt neben der Shanti Lodge.
- Knallbunt, winzig klein, günstig, sozialer Mittelpunkt der Individualreisenden-Szene und seit über 30 Jahren eine Travellerinstitution – das ist das im Herzen von Taj Ganj angesiedelte **Joney's Café.** Die Speisekarte reicht von typischen Backpacker-Favoriten *(pancake)* über erstaunlich leckeres indisches Essen bis zu cremigen Lassis. Ganz ähnlich, wenn auch nicht so „cool", ist das **Taj Cafe** in der Nähe.
- Das beste vegetarische Essen in Taj Ganj bekommt man im schön eingerichteten **Shankara Vegis Restaurant.**
- Großer Beliebtheit erfreut sich auch das im selben Gebäude gelegene **King's Crown Roof Top Restaurant.**
- **Stuff Makers** im Hotel Kamal ist wohl hauptsächlich wegen seiner Taj-Ausblicke vom Dach sowie der gemütlichen Strohdächer zu ebener Erde ein weiterer beliebter Treffpunkt der Traveller-Gemeinde. Das Essen ist typisches Travellerfood und eher durchschnittlich, aber preiswert.
- Angenehm sitzen kann man im **Park Restaurant.** Im Angebot sind neben südindischen Gerichten auch chinesische Speisen.
- Keine Taj-Ausblicke und auch keine anheimelnde, auf westliche Touristen zugeschnittene Einrichtung, dafür authentisch-leckere südindische Gerichte zu günstigen Preisen (50–100 Rs) bietet das **Lakshmi Vilas** an der Tanj Rd.
- Eine gediegenere Variante des Lakshmi Vilas ist das ausgezeichnete vegetarische **Restaurant Dasaprakash** beim Meher Cinema, eine stadtbekannte Adresse. Neben dem hübschen Ambiente und dem köstlichen Essen überzeugt es mit seiner riesigen Eisauswahl! Preise zwischen 100 und 170 Rs.
- Das **The Only Restaurant** an The Mall wird von Indern sehr geschätzt, allerdings ist das Essen durchschnittlich (um 250 Rs pro Hauptgericht), abends ab 19 Uhr oft Live-Musik.
- Eine moderne Filiale der **Café-Coffee-Day-Kette** gibt es nun auch im Taj-Ganj-Viertel. Immer eine verlässliche Adresse für cleane Atmosphäre, schnelle Gerichte (Pizza, Burger) und Kuchen inkl. eines Schwarzwälder-Kirsch-Versuchs, Kaffee aus Kolumbien und Ghana sowie Eiscreme – gut für einen Snack.
- Im **Pizza Hut** neben dem Athiti Hotel gibt's außer dem Restaurant einen Zustellservice (Tel.: 2333051-3) ohne Aufpreis – kein Wunder, sind doch die Pizzas sowieso recht teuer.
- Im Agra-Canttonment-Bahnhof sorgt das **Comesum Multicuisine Food Plaza** mit *dosas, thalis* und Burgern preiswert Tag und Nacht fürs leibliche Wohl.

Einkaufen

Besser als sich in die Hände von Riksha-Fahrern zu begeben, die westliche Touristen hartnäckig in eines der Emporien schleifen wollen (da sie dafür Kommission kassieren), ist es, auf eigene Faust dorthin zu gehen, um Skulpturen, Teppiche, Textilien etc. zu erstehen. Verlässlich kann man im staatlichen **Uttar Pradesh Handicrafts Complex** (Fatehabad Rd., tgl. 10.30–19 Uhr) die dortigen Fixpreise in Erfahrung bringen, um einen Anhaltspunkt zu bekommen, welche Preisspanne für die jeweiligen Produkte angemessen ist. Die Preise dort sind etwas hoch, aber noch in vertretbarem Rahmen, während sie in den privatwirtschaftlich organisierten Geschäften oft von weit überteuerten Einstiegspreisen heruntergehandelt werden müssen.

So werden von den äußerst versierten Verkäufern des größten, imposant auf einem Hügel platzierten **Cottage Industries Emporium** weit überhöhte Preise für die qualitativ hochwertigen Produkte aufgerufen, die dann ohne Scheu kräftig heruntergehandelt werden sollten, ohne sich vom edlen Ambiente dieses Kaufpalastes einschüchtern zu lassen.

Natürlich kann man sich trotz der teilweise eindrucksvollen Aufmachung der Geschäfte nie sicher sein, inwieweit die Produkte durch

Kinderarbeit hergestellt wurden, obwohl gelegentlich am Eingang etwas anderes suggeriert wird.

Bank

- Am schnellsten und unkompliziertesten macht man Travellerschecks oder Bargeld bei einigen privaten Wechselstuben zu Rupien. Zentral gelegen und schnell geht's bei **Thomas Cook** (9.30–17 Uhr) und zu besseren Wechselraten bei **VKC Forex** (Mo–Sa 9.30–18.30 Uhr) gegenüber. Beide liegen an der Fatehabad Rd. in der Nähe vieler Hotels. Auch die **State Bank of India** an der M.G. Rd. (Mo–Fr 10–16 Uhr, Sa 10–13 Uhr) und die **Central Bank of India** stehen zu diesem Zweck zur Verfügung.
- **ATMs:** Viele Geldautomaten akzeptieren die meisten international gängigen EC-Karten wie Master, Maestro und Visa, etwa nahe dem Osttor des Taj Mahal von der Axis-Bank, außerdem einer von der HDFC-Bank gegenüber dem Hotel Atithi, der auch American Express akzeptiert.

Post, Telefon und Internet

- Die **Hauptpost** (Mo–Sa 10–17 Uhr) liegt zentral an The Mall gegenüber von IndiaTourism, Filialen sind im Clarks Shiraz Hotel (Mo–Sa 10–17 Uhr) und an der Taj Rd.
- Beim Mansingh Palace Hotel ist **DHL** (Tel.: 2234074, www.dhl.co.in) täglich 10–21 Uhr geöffnet.
- Eine Telefon-Minute nach Europa kostet in Agra um 12 Rs. Manche Anbieter nennen vor dem Telefonat einen geringeren Preis, als dann tatsächlich zu zahlen ist. Also jedenfalls vorher nach dem Endpreis pro Minute fragen und an der digitalen Anzeige während des Gesprächs kontrollieren.
- Internet kostet durchschnittlich 25–40 Rs/Std. Schnell sind die diversen Internetcafés der **sify-i-way-Kette** nahe dem Südtor des Taj Mahal, in Sadar Bazaar und an der Mall beim Hotel Ashish Palace, die zwischen 22.30 und 23 Uhr ihre Pforten schließen. Wer's besonders schnell braucht, findet bei **Travel Age** (9.30–21 Uhr), eine Gasse neben UP Handicrafts Emporium und Hotel Atithi hinein, 512-kbps-Highspeed. Billigere (ab 15 Rs) und langsamere Verbindungen gibt es z.B. an 2, Taj Rd.

Medizinische Versorgung

- Da auch einige der privaten Krankenhäuser Kommission an die Riksha-Fahrer zahlen, sollte man im Falle eines Falles besser ein staatliches Krankenhaus aufsuchen. Hier bieten sich das **S.N. Hospital** (Tel.: 2264428, 2361616) an der Hospital Rd. und das **District Hospital** (Tel.: 2363139, 2361099) an der Kutchery Rd. an.

Feste

- Jedes Jahr vom 18. bis 27.2. findet auf dem Shilpgram ca. 200 m östlich des Osttors des Taj Mahal das bedeutende **Taj Mahotsala Festival** mit Musik und Tanz (internationale Künstler) statt.

Aktivitäten

- Nahe Mahotsav präsentiert das **Kalakriti Cultural & Convention Centre** (Tel.: 4045 370, (0)9359904075, www.kalakritionline.com) täglich um 18.30 Uhr **Mahabhat the Taj,** eine Show, die die Geschichte des Taj Mahal darstellt (250–750 Rs, ca. 80 Min.).
- In vielen (nicht nur teuren) Hotels kann man im **Pool** plantschen, man sollte aber telefonisch anfragen, ob er auch gefüllt ist. Die billigste Möglichkeit bietet Lauries Hotel mit großem Pool für 100 Rs, die teuerste Clarks Shiraz für 450 Rs.
- Östlich des Taj Mahal wurde ein kleiner Naturpark angelegt, in dem sich viele Vogelarten und Schmetterlinge mit dem Taj als Hintergrundkulisse beobachten lassen, der **Taj Nature Walk** ist von 6 bis 18 Uhr geöffnet. Ein kleines Gartenrestaurant gegenüber sorgt fürs Kulinarische.

An- und Weiterreise

Flug

- Zur Recherchezeit wurde Agra nicht angeflogen. Ob es wieder angeflogen wird, kann auf der Internetseite www.yatra.com in Erfahrung gebracht werden.

Bahn

- Es gibt mit dem **Agra Canttonment** (Tel.: 2364516) und dem **Agra Fort** (Tel.: 2364163, 2364131) zwei Bahnhöfe in Agra. Viele Fernzüge fahren von beiden ab, Züge nach Osten etwas später vom Zweitgenannten, nach Westen von Ersterem etwas später. Im Canttonment-Bahnhof findet sich auch das **Reservierungsbüro** (Tel.: 2421204, der Touristenschalter ist Nr. 1 ganz links), Mo–Sa 8–20 Uhr, So 8–14 Uhr.
- Verbindungen sind im Anhang aufgelistet.

Bus

- Nach **Fatehpur Sikri** und **Bharatpur** fahren viele Busse vom Igdah-Busbahnhof (Tel.: 2420324) an der Ajmer Road. Will man zum Keoladeo-Vogelreservat, sollte man schon einige Kilometer vor Bharatpur an der Kreuzung Saras Circle beim Tourist Bungalow aussteigen, in dessen Nähe sich der Parkeingang und die meisten Unterkünfte befinden, und nicht bis zum 4 km entfernten Busbahnhof Bharatpurs weiterfahren.

  Nach **Delhi** (5 Std. zum Busbahnhof Sarai Kale Khan) mit Stopp in **Mathura.** Nach **Jaipur** (5,5 Std., 6.30 Uhr AC-Verbindung, 150 Rs) und **Gwalior** (2,5 Std.) bestehen stündliche Verbindungen, doch bequemer kommt man mit dem Zug voran. Außerdem Busse nach **Khajuraho** (5 und 17 Uhr, 10 Std., 180 Rs).
- Die bequemste Möglichkeit zu Orten in **Rajasthan** (z.B. Jaipur in 6 Std.) zu kommen, bieten die AC-Busse der Golden und Silver Line. Tickets sind am Busbahnhof und im nahe gelegenen Hotel Sakura (allerdings mit Aufpreis), von wo die Busse starten, zu erwerben. Ein vorheriger Kauf ist angeraten, da diese Busse begehrt sind. Allerdings ist darauf zu achten, dass sie nicht überall halten und teilweise den vollen Fahrpreis bis zur Endstation verlangen, auch wenn man vorher aussteigen will.
- Vom Powerhouse Busstand am Agra Fort fahren Busse nach **Mathura** (2 Std.) über **Sikandra.**

Wer mit dem Auto oder Taxi von Agra Richtung Fathepur Sikri fährt, begegnet gelegentlich noch **Tanzbären** am Straßenrand, die speziell für Touristen dort stehen. Man sollte diese Art des Broterwerbs nicht unterstützen, indem man anhält, da die Bären ein recht miserables Leben führen müssen. Richtigerweise wird dies zunehmend von den Behörden unterbunden.

Agra

Umgebung von Agra

Sikandra

↗ D2

Das 10 km nördlich von Agra nahe der Straße nach Mathura gelegene Sikandra geht auf den Lodi-Herrscher *Sikandra Lodi* (1489–1527) zurück, der hier eine neue Hauptstadt errichten wollte. Von seinem ambitionierten Vorhaben ist heute außer einigen Mauerresten so gut wie nichts erhalten geblieben. Dennoch fahren jährlich Tausende von Touristen nach Sikandra, um das prächtige **Grabmal Kaiser Akhbars,** welches in der Mitte einer gepflegten und ummauerten Gartenanlage liegt, zu besuchen.

Man betritt die weiträumige Anlage durch das Südtor. Dieser sehr schöne Bau aus rotem Sandstein mit filigranen Marmoreinlegearbeiten übertrifft das

Akhbar der Große – der geniale Analphabet

Aller Anfang ist schwer - eine Weisheit, die auch für die Großen der Geschichte zutrifft. Als „erhabenes Gicksen" beschrieb der Chronist *Badauni* die Thronrede Akhbars am 14. Februar 1556. Mildernde Umstände wird man allerdings leicht für diesen wenig gelungenen Anfang einbringen können, befand sich doch der damals gerade einmal Dreizehnjährige nach dem unerwarteten Tod seines Vaters *Humayun* im Stimmbruch. Es dauerte nicht lange, bis das „erhabene Gicksen" zur machtvollsten Stimme der gesamten östlichen Welt werden sollte.

Akhbar war von allen islamischen Herrschern Indiens die interessanteste, exzentrischste und widersprüchlichste Persönlichkeit. So vermerkte der hochgelehrte Pater *Monserrate*, dass Akhbar „nicht nur auf erstaunliche Weise über alle Angelegenheiten des Reiches informiert war, sondern darüber hinaus über eine Bildung und über ein Wissen auf allen Gebieten der Philosophie und der Künste verfügte" - wahrlich erstaunliche Fähigkeiten für einen Mann, der Zeit seines Lebens Analphabet war. Abgesehen davon, dass er wie alle Analphabeten ein ausgezeichnetes Gedächtnis besaß, war er ein Büchernarr, der sich täglich aus den 24.000 Bänden seiner Bibliothek vorlesen ließ. Sein besonderes Interesse galt dabei den Schriften anderer Religionen wie dem Hinduismus, Jainismus, Christentum und Judentum. Er lud Gelehrte unterschiedlicher Glaubensrichtungen an seinen Hof, um mit ihnen zu disputieren. Allmählich gelangte er dabei zu der Überzeugung, dass jede Religion ihre Vorteile hat und dementsprechend nicht eine Einzige für sich das Recht beanspruchen kann, die alleinige Wahrheit zu besitzen. Schließlich entwickelte Akhbar sogar seine eigene, „Din-il-Illahi" (Religion Gottes) genannte Lehre, in der er Elemente verschiedener Religionen vereinte. Wie weit er seiner Zeit voraus war, zeigt die Tatsache, dass in seinem Reich absolute Religionsfreiheit herrschte, während im christlichen Abendland blutige Glaubenskriege den europäischen Kontinent um Jahrhunderte zurückwarfen und religiöse Toleranz generell ein Fremdwort war.

Wenn es jedoch darum ging, die eigene Herrschaft zu erweitern, schlug diese vermeintliche Toleranz in unerbittliche Grausamkeit um. So ließ Akhbar 1568, nachdem er die Truppen Chittorgarhs besiegt hatte, ohne jede Not 30.000 Bauern und Söldner massakrieren, weil diese auf Seiten der besiegten Sissodias von Mewar gestanden hatten. Grundsätzlich jedoch zog er weitsichtige Diplomatie aufwendigen Schlachten vor, zumal er wusste, dass sich die muslimische Minderheit auf Dauer nur im Einklang mit der hinduistischen Mehrheit und deren Anführern behaupten konnte. Diese für Akhbar so charakteristische machtpolitische Kalkül war sicherlich auch ein Hauptgrund für seine religiöse Toleranz. Nach dem Motto „Eine Heirat erspart zehn Krie-

eigentliche Grabmal in seiner künstlerischen Ausgestaltung. Die kunstvollen Kufi-Bänder stammen von *Amanat Khan,* dem gleichen Künstler, der auch für die Kalligrafien des Taj Mahal verantwortlich zeichnete. Ähnlich wie beim Taj wird in den persische Gedichte rezitierenden Spruchbändern auf den Zusammenhang zwischen Garten und Paradies verwiesen. Aufge" ehelichte Akhbar insgesamt 17 Töchter von hochrangigen Rajputenfürsten, die als Belohnung höchste militärische Posten und dementsprechend lukrative Einnahmen erhielten. So standen an der Spitze der Mogularmeen, die Hindu-Aufstände niederschlugen und weite Landstriche für Akhbar und seine Nachfolger eroberten, selbst Hindus, welche dafür fürstlich entlohnt wurden. Hauptnutznießer dieser Strategie war der bis dahin recht unbedeutende Maharaja von Amber, *Man Singh,* aus dem Geschlecht der Khachhawas von Amber, der späteren Herrscher von Jaipur. Er verheiratete seine Tochter als erster Rajputenfürst mit Akhbar und stieg damit zum mächtigsten und reichsten Herrscher Rajasthans auf. Die 5.000 Frauen seines Harems, unter ihnen russische Amazonen und über 100 Mädchen aus Abessinien, verbrauchten täglich 500 kg Quark für Gesichtsmasken.

Dank der akribischen Hofschreiber wissen wir, dass Akhbar täglich nur eine Hauptmahlzeit zu sich nahm, die, bevor sie ihm mit dem Siegel des Küchenmeisters im Harem serviert wurde, aus Angst vor Gift dreimal vorgekostet worden war. Im Übrigen trank er ausschließlich Gangeswasser und aß leidenschaftlich gern Obst und Eis, das eigens aus Kashmir angeliefert wurde.

Während seiner monatelangen Reisen musste der Großmogul nicht auf häusliche Annehmlichkeiten verzichten. Die kaiserliche Karawane bestand aus 8.000 Personen, unter ihnen der gesamte Hofstaat und Hunderte Haremsdamen. Damit die hoheitliche Reisegruppe unterwegs auf keinerlei Luxus verzichten musste, wurden Zelte, Moscheen und Bäder transportiert, und „zweitausend Steinmetze, Bergleute und Steinklopfer sowie zweitausend Erdarbeiter sorgten dafür, das Auf und Ab der Straßen vor seiner Majestät zu ebnen." Allein für den Getreidenachschub waren ständig 98.000 Lastochsen unterwegs, für den Transport der kaiserlichen Siebensachen 100 Elefanten, 500 Kamele, 400 Ochsenkarren und 1.000 Träger.

Finanziert wurde dieser märchenhafte Lebensstil zum einen aus den Steuereinnahmen des in Kronländer und sogenannte Dschagirs eingeteilten Reiches. Eine weitere bedeutende Einnahmequelle war der Außenhandel mit Europa. Seide und Edelsteine waren kaiserliches Monopol, bei Gewürzen verdiente Akhbar dreißig Prozent. Um welch enorme Einkünfte es sich dabei handelte, zeigt ein Blick in die Exportstatistik des Jahres 1585, in dem 25.000 Tonnen Pfeffer, 17.000 Tonnen Gewürznelken, Edelsteine für fast zwei Millionen Golddukaten und 27.000 Ballen Seide von Indien nach Europa verfrachtet wurden.

Akhbars langfristig bedeutendste Tat bestand darin, das Mogulreich von einem Militärstaat zu einem zentralistischen Gemeinwesen auf Beamtenbasis umzuwandeln. Als er am 15.10.1605 in Agra starb, hinterließ er nicht nur eines der modernsten und wohlhabendsten Staatswesen der Erde, sondern hatte auch während seiner 50-jährigen Regentschaft eine geistige und religiöse Offenheit praktiziert, wie sie viele Jahrhunderte nicht wieder erreicht werden sollte.

fällig sind die vier das Tor an den Eckpunkten flankierenden **Minarette.**

Über eine breite, gepflasterte Allee gelangt man zum vierstöckigen **Mausoleum,** welches mit seiner unorthodoxen Mischung aus unterschiedlichen Stilelementen zunächst etwas verwirrend wirkt. Besoners augenfällig ist der Kontrast zwischen klassisch-islamischen Bögen und den die oberen

Stockwerke betonenden offenen Pfeilerhallen, einem typisch hinduistischen Stilelement. Im leider nicht zugänglichen Obergeschoss befindet sich der mit den 99 Namen Allahs verzierte Kenotaph Akhbars. Die sehr eigenwillige Konstruktion des Mausoleums zeigt die für Akhbar so charakteristische Toleranz gegenüber anderen Religionen. Allerdings wurden viele das Gesamtbild prägende Gebäudeteile, wie die Minarette am Eingangstor, nicht von Akhbar selbst, der noch vor der Vollendung seines Grabmals starb, sondern von seinen Nachfolgern errichtet, deren Architekturvorstellungen sich deutlich vom bedeutendsten aller Moguln unterschieden. Ähnlich einer ägyptischen Pyramide führt ein schmaler Gang zur Gruft mit dem **Sarkopharg** Akhbars. Leider wurden die früher die Wände zierenden Malereien übertüncht, sodass die Grabkammer recht steril wirkt.

- **Geöffnet** ist das Mausoleum tgl. 6 bis 18 Uhr, Eintritt: 110 Rs, Videokamera 25 Rs.

An- und Weiterreise

- Die meisten Touristen besuchen Sikandra im Rahmen der vom Tourist Office in Agra angebotenen **Tagestour.**
- Mit dem **Scooter** sollte man inkl. Wartezeit mit 200 Rs für Hin- und Rückfahrt von Agra rechnen, per **Taxi** sind es ca. 400 Rs.
- Es besteht auch die Möglichkeit, mit einem **Bus** Richtung Mathura vom Agra-Fort-Busbahnhof für 8 Rs nach Sikandra zu gelangen.

Highlight: Fatehpur Sikri

↗ D2

Sehr treffend hat man die auf einem Felsrücken knapp 40 km südwestlich von Agra gelegene Geisterstadt einmal als imposantes Monument der Macht und gleichzeitig der Ohnmacht des Mogul-Reiches bezeichnet.

Glaubt man der Legende, kam Akhbar nach Sikri, um bei dem oberhalb der Ortschaft auf einem Felsen lebenden Heiligen *Shaikh Salim Chisti* um den Segen für die Geburt eines männlichen Nachfolgers zu bitten. Nachdem sein Wunsch in Erfüllung gegangen war, erkor er die Einsiedelei des Sufis zum Standort einer neuen Hauptstadt des Mogul-Reiches.

Die Bauarbeiten begannen 1571 zunächst mit der Errichtung der 10 km langen Stadtmauer. Die Moschee wurde auf dem höchsten Punkt des Felsens errichtet. Nach einem erfolgreichen Feldzug in Gujarat benannte Akhbar die neue Hauptstadt in Fatehpur („Stadt des Sieges") um.

Doch ebenso abrupt wie die Geschichte Fatehpur Sikris 1571 begonnen hatte, endete sie kaum 15 Jahre später auch wieder. Als Akhbar für mehrere Jahre als oberster Feldherr unterwegs war und die von Anfang an problematische Wasserversorgung endgültig zusammenbrach, verließ der Hofstaat das ehrgeizige Projekt und verlegte sich nach Lahore im heutigen Pakistan. 1619 kehrte *Akhbars* Sohn *Jehangir* noch einmal für wenige Monate nach Fatehpur zurück, um einer in Agra grassierenden Pest zu entfliehen,

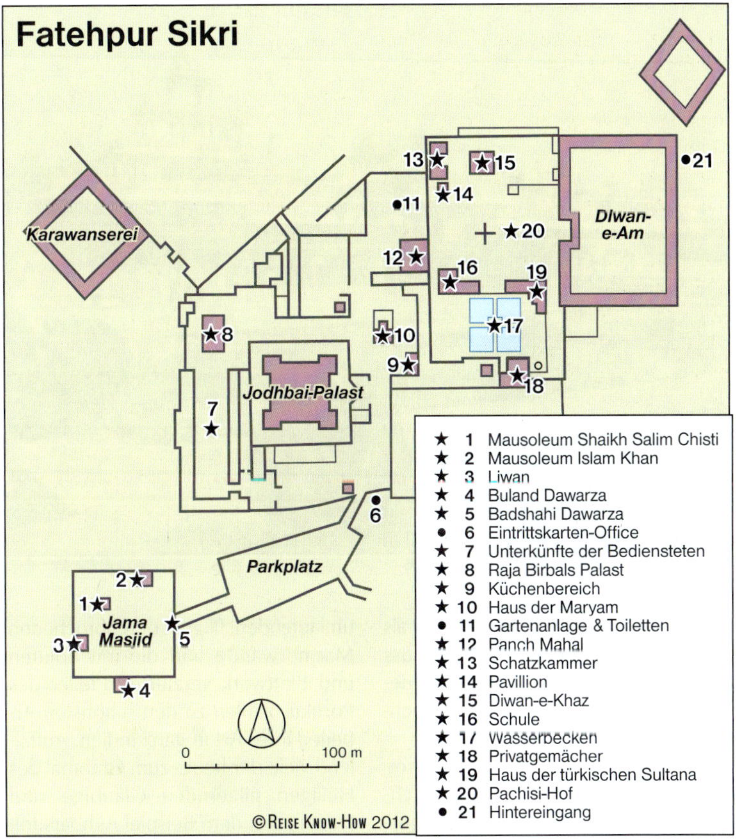

und dessen Sohn besuchte mehrfach das Grabmal des Heiligen.

Mit dem Niedergang des Mogul-Reiches geriet Fatehpur Sikri endgültig in Vergessenheit. Nur die Bewohner der unterhalb der Anlage liegenden Ortschaft zogen noch Nutzen aus der Geisterstadt, indem sie die Gebäude als willkommenen Steinbruch für ihre eigenen Häuser zweckentfremdeten.

Rundgang

Mit der **Moschee** im Süden und der etwa 100 m weiter nordöstlich sich anschließenden **Palastanlage** wird Fatehpur Sikri in zwei deutlich zu unterscheidende Teile geteilt. In den Innenhof der flächenmäßig größten Moschee Indiens führen zwei Tore, das **Königstor** (Badshahi Dawarza) und das gewaltige, 54 m hohe **Siegestor**

829ra Foto: tb

(Buland Dawarza), welches Akhbar als eine Art Triumphbogen im Anschluss an den Sieg über die Truppen Ahmedabads in Gujarat im Jahr 1573 errichten ließ.

Hat man das über eine breite Freitreppe zu erreichende Siegestor durchquert, fällt der Blick auf das **Marmormausoleum,** welches Akhbar etwa zehn Jahre nach dessen Tod für den Heiligen *Shaikh Salim Chisti* errichten ließ. Das von einem Baldachin aus Ebenholz überwölbte Kenotaph in der zentralen Kammer des Mausoleums wird von eifrig um möglichst hohe Spendengaben bemühte Grabwächter umstanden. Die die Zentralkammer umlaufenden, filigran durchbrochenen Marmorwände und die mit Voluten und Blattwerk verzierten Pfeiler des Portikus zählen zu den schönsten Arbeiten ihrer Art in ganz Indien. Auffallend viele der heute zum Grabmal des Heiligen pilgernden Gläubige sind Frauen, die, dem Beispiel Akhbars folgend, um die Geburt eines Sohnes bitten. Dazu binden sie kleine, bunte Baumwollfäden um die Sprossen der Marmorfenster. Für die Ehefrauen in Indien ist dies auch heute noch die zentrale Aufgabe, da sie sonst in den Augen ihrer Männer und deren Familien ihrer wichtigsten Verpflichtung im Leben nicht nachgekommen sind.

Die nach Westen gerichtete Front des Hofes wird von der Freitagsmo-

Fatehpur Sikri

schee eingenommen, die mit einer Länge von 90 m und einer Breite von 20 m Mitte des 16. Jh. als die größte Moschee des Mogulreiches galt.

Nachdem man die nordöstlich der Moschee gelegene eigentliche Palastanlage betreten hat, befindet man sich zunächst im **Haremsbereich.** Auf der linken Seite steht der nach der Mutter *Jehangirs* benannte **Jodhbai-Palast,** von dem man annimt, dass er das erste in Fatehpur errichtete Gebäude gewesen ist. Mit seinen hohen Mauern und dem Wächterhäuschen am Eingang erinnert der fensterlose Bau an eine stark gesicherte Festung.

Der Zugang zum Hof liegt axial, damit man von außen nicht den Haremsbereich einsehen konnte. In dem hinduistische und muslimische Elemente vereinigenden Bau, der früher über einen Gang mit dem Privatgemächern des Herrschers verbunden war, lebte ein Großteil der über 300 Konkubinen.

Begibt man sich nach Verlassen des um einen großen Innenhof angelegten Baus nach links, so fällt einem das **Haus der Maryam** ins Auge, welches früher wegen seiner prächtigen Wandbemalung „Goldenes Haus" (Sunhara Makan) genannt wurde. Von den meisten einheimischen Führern als Haus der portugiesischen Gemahlin Akhbars beschrieben, die es allerdings nachweislich nicht gegeben hat, diente es aller Wahrscheinlichkeit nach als Residenz der Mutter Akhbars. Im Inneren des von einem Pavillon gekrönten Gebäudes lohnen die hinduistische Motive zeigenden Wand- und Deckenmalereien einen Besuch.

Geht man von hier nach links, entlang der Außenmauer des Jodhbai-Palastes, so gelangt man nach etwa 100 m zu dem zweigeschossigen **Haus von Birbal,** welches der französische Autor *Victor Hugo* einmal mit einer überdimensionalen Schmucktruhe verglich. Obwohl der Bau ausschließlich aus Stein errichtet wurde, erweckt die detailgenaue Verzierung der Außenwände durch die hinduistischen Steinmetze den Eindruck, als handele es sich um einen Holzbau. Auch hier finden sich wieder viele Hindu-Elemente wie das Lotosmotiv, die an einer Kette herabhängende Tempelglocke oder ein Wasserkrug. Die Kuppeln über dem Obergeschoss und die Satteldächer über den Eingangsbauten des Untergeschosses sind zweischalig ausgeführt, um eine übermäßige Aufheizung der Räume im Sommer zu vermeiden – eine „raumklimatechnische" Methode, die unter anderem auch im Roten Fort Anwendung fand.

Der Name *Birbal* bezieht sich auf einen Hindu, der am Hofe *Akhbars* großen Einfluss hatte, wiederum ein Beleg für die oft gepriesene Toleranz *Akhbars.* Man nimmt jedoch an, dass nicht er, sondern Haremsdamen das Haus bewohnten.

Anschließend an den Birbal Bhawan findet sich ein u-förmiger Hof, der lange als Stallung für 200 Pferde und Kamele angesehen wurde. Der damit einhergehende Lärm und Gestank sowie die Anwesenheit von Männern in unmittelbarar Nähe zum Haremsbereich erscheint jedoch mehr als ungewöhnlich, und so geht man heute davon aus, dass es sich um die Unterkünfte der weiblichen Bediensten des angrenzenden Harems gehandelt haben muss.

Zurück zum Haus der Maryam sind es nur wenige Meter zum **Panch Mahal,** dem beherrschenden Bauwerk des **königlichen Palastbereiches.** Die insgesamt 176 Säulen des fünfgeschossigen, sich nach oben verjüngenden Gebäudes weisen in ihrer Ornamentierung erneut viele hinduistische und jainistische Stilelemente auf. Vom dritten Stock (die oberen beiden Stockwerke sind gesperrt) dieses ursprünglich zur Entspannung in luftiger und damit kühlender Höhe für die Haremsdamen erbauten Bauwerkes aus bietet sich ein herrlicher Blick über die gesamte Anlage. Von hier aus eröffnet sich dem Betrachter der für die damalige Zeit ungewöhnliche, fast schon revolutionäre Architekturentwurf Akhbars. Die scheinbar alle Begrenzungen sprengende leichte Anordnung der einzelnen Gebäude bricht mit islamischen wie auch hinduistischen Traditionen und spiegelt so den unabhängigen Geist und selbstbewussten Charakter Akhbars wieder.

Der **Pachisi-Hof,** der wie eine überdimensionale Kopie des gleichnamigen Brettspiels, das der Kaiser hier gespielt haben soll, aussieht, bildet mit dem Wasserbecken an der Südseite den eigentlichen Mittelpunkt der Anlage. Der Überlieferung nach spielte man nicht mit herkömmlichen Holzfiguren, sondern mit Sklavinnen in verschiedenfarbiger Kleidung. Der Hofhistoriker *Abul Fasl* gibt Einblick in die damaligen Spielgewohnheiten: „Zeitweise nahmen mehr als zweihundert Spieler teil, und niemandem war es erlaubt, nach Hause zu gehen, bevor er sechzehn Runden gespielt hatte. Das konnte unter Umständen drei Monate dauern. Wenn einer unter ihnen die Geduld verlor und unruhig wurde, musste er einen Becher Wein trinken."

Die **Privatgemächer** des Kaisers schließen die 175 m lange Hofanlage nach Süden ab. Es bedarf schon einiger Fantasie, um sich den ehemaligen Glanz des dreistöckigen, aus mehreren Gebäudeteilen bestehenden Privatpalastes vorstellen zu können. Wesentlich leichter fällt einem die Vorstellung bei dem vorgelagerten **Wasserbecken Anup Talao.** Auf der durch vier Stege mit dem Ufer verbundenen zentralen Plattform sollen in Vollmondnächten musikalische Darbietungen stattgefunden haben.

Wegen seiner reichen, an das Haus *Raja Birbals* erinnernden Verzierung an Außen- wie Innenwänden verdient auch das am nordöstlichen Ende des Wasserbeckens stehende Haus der türkischen Sultana *Ruqaya Begum* Beachtung.

In der nordwestlichen Ecke der Hofanlage findet sich die königliche **Schatzkammer** (Ankh Micholi), von der die um blumige Geschichten nie verlegenen Chronisten des Mogul-Hofes erzählten, dass hier der Kaiser mit seinen Konkubinen Blinde Kuh gespielt haben soll. Ein großartiges Beispiel der einzigartigen Steinmetzkunst und der religiösen Toleranz Akhbars bietet ein direkt vor dem Bau platzierter Pavillon. Die Blumen-, Girlanden-

und Tiermotive des sich vom Dach zu den Säulen windenden *Toranas* sind in bester Jain-Tradition ausgeführt und brauchen den Vergleich mit Dilwara und Ranakpur nicht zu scheuen.

Von außen recht schmucklos und zudem unglücklich proportioniert wirkt der angrenzende **Diwan-e-Khaz.** Um so beeindruckender zeigt sich dafür das Innere des Gebäudes. In der Mitte des zweigeschossigen Raumes erhebt sich eine reich ornamentierte Säule, deren weit ausladender Konsolenring die runde Plattform für den Thron des Kaisers trägt. Schmale Brücken gehen zu den vier Ecken der umlaufenden Galerie. Das Gebäude diente wohl in erster Linie als kaiserliches Studierzimmer, in dem sich der Herrscher zuweilen mit berühmten Philosophen des Reiches austauschte. Die **öffentliche Audienzhalle** mit einem großen Innenhof bildet das nordöstliche Ende der Palastanlage.

Sehr eindrucksvoll ist ein Abstecher auf die Nordseite des Palastes zum **Elephant Tower,** von dem sich ein fantastischer Blick auf die Gesamtanlage sowie die reizvolle Landschaft bietet. Zudem lässt sich hier die Anlage nahezu touristenfrei genießen. Zu erreichen über einen abwärts führenden Weg zum Hathi Pol (Elefantentor) oder indem man einem schmalen Weg östlich des Diwan-e-Am-Hintereingangs um die Anlage herum folgt.

- Der **Eintritt** in die Jama Masjid ist frei, für die Palastanlage sind 250 Rs zu zahlen, Video 25 Rs. Eine einstündige Führung mit den am Eingang wartenden Guides sollte nicht mehr als 120 Rs kosten.

Unterkunft

(Vorwahl: 05613)

- Eine der besten Unterkünfte in Fatehpur Sikri ist das **Hotel Goverdhan Tourist Complex** €-€€ (Tel.: 282643, www.hotelfatehpursikriviews.com) mit Garten und sauberen Zimmern mit Heißwasser, die teureren mit TV. Gäste haben 10 Min. Internet tgl. frei. Mit Dachterrassenrestaurant, ein weiteres Restaurant liegt direkt daneben.
- Ebenfalls in Ordnung ist der staatliche **Gulisham Tourist Complex** €-€€ (Tel.: 282490). Der architektonisch sehr ansprechende Bau, etwa 500 m vom Ort an der Hauptstraße Richtung Agra, bietet geräumige, gepflegte Zimmer, die teuren mit AC. Das hauseigene Restaurant wirkt unpersönlich.
- Wer im Dorf wohnen will, trifft mit dem **Ajay Palace** € (Agra Rd., Tel.: 282950) eine gute Wahl. Die Zimmer sind einfach, teils mit Gemeinschaftsbad, das Dachrestaurant bietet gute Aussichten und gutes Essen. Ganz billig wohnt man im **Ashoka Guest House** € (Tel.: 284904) in der Nähe.
- Das **Maurya Rest House** € (Tel.: 282348) direkt unterhalb des Buland Dawarza bietet kleine Zimmer, teilweise mit Balkon, die billigen mit Gemeinschaftsbad.

An- und Weiterreise

- **Bahn:** Die tgl. vier Züge zwischen **Agra** und Fatehpur Sikri sind nicht zu empfehlen, da oft hoffnungslos überfüllt und verspätet.
- **Bus:** Tgl. sechs Busse vom Igdah-Busbahnhof in **Agra** (1,5 Std.) nach Fatehpur Sikri. Man sollte darauf achten, einen der kleineren Busse nach Fatehpur Sikri Town zu erwischen, da nur diese nah am Mausoleum halten. Die häufigen Busse zum nur 22 km entfernt gelegenen **Keoladeo-Nationalpark** in **Bharatpur,** Rajasthan (45 Min.), fahren knapp 1 km vom Mausoleum entfernt vorbei. Ein Tipp für Busfahrten zum Keoladeo-Nationalpark: Alle Busse von Fatehpur Sikri nach Bharatpur passieren den 500 m vom Eingang zum Vogelpark entfernten Tourist Bungalow am Saras Circle, um den sich die meisten Unterkünfte gruppieren. Es empfiehlt sich, bereits dort auszusteigen, da der Busbahnhof von Bharatpur weitere 4 km entfernt ist.

304ra Foto: tb

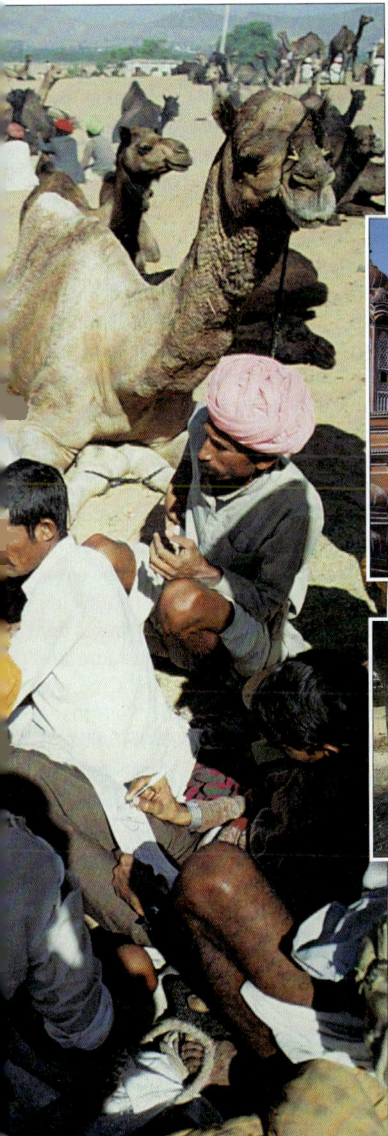

Ost-Rajasthan

316ra Foto: tb

010raj Foto: tb

Die Pushkar Mela macht die kleine Wüstenoase Pushkar jedes Jahr im November zum größten Wallfahrtsort Indiens. Das Pilgerfest ist zugleich Heiratsmarkt und Volksfest

Detailansicht des Hawa Mahal in Jaipur

Dörfliches Leben bei Ajmer

Highlight:
Jaipur

↗ C2

(ca. 3,3 Mio. Einwohner, Vorwahl: 0141)

Rosarote Märchenpaläste, eine orientalisch anmutende Altstadt, mit Menschen und Waren überfüllte Basare, Elefanten und Kamele, die gemächlich durch die quirligen Straßen marschieren – in Jaipur ist das Klischee vom malerischen Indien Wirklichkeit. Die Hauptstadt Rajasthans ist aufgrund der geografischen Nähe zu Delhi und einer hervorragenden touristischen Infrastruktur die nach Delhi und Agra meistbesuchte Stadt Indiens. Die verspielte **Mogularchitektur** mit ihren in zartes Rosa getauchten Häuserfassaden zusammen mit den weitläufigen, boulevardähnlichen Straßen voll orientalischer Lebensfülle faszinierte die Reisenden seit jeher. „Fast könnte man glauben, diese Stadt sei der üppigen Fantasie eines Dichters entsprungen", notierte der Italiener *Luciano Magrini,* der Jaipur in den zwanziger Jahren des 20. Jh. besuchte.

Shilpa Shastra und Prinz *Albert* sind dafür verantwortlich, dass Jaipur heute **eine der beeindruckendsten Städte Indiens** ist. Shilpa Shastra ist nicht etwa ein rajputischer Herrscher, sondern ein altes indisches Lehrbuch der Baukunde und Prinz Albert nicht irgendein britischer Adliger, sondern der spätere König *Edward VII.*

Als sich *Sawai Singh II.* nach dem Tod *Aurangzebs* (1707) und dem dadurch eingeleiteten Niedergang der Mogulherrschaft dazu entschloss, das alte, 700 Jahre als Hauptstadt dienende Amber zu verlassen und seine neue Metropole elf Kilometer weiter südöstlich zu errichten, wollte er seine neugewonnene Unabhängigkeit auch dadurch dokumentieren, dass er sie entsprechend den Regeln des Shilpa Shastra errichten ließ. Von der Lage der Stadt über die Breite der Haupt- und Nebenstraßen bis zur Zuordnung der verschiedenen Kasten auf die einzelnen Stadtteile ist dort jedes Detail genauestens festgelegt. So entstand eine für indische Verhältnisse im Grunde ganz untypische **Reißbrettstadt** mit sehr breiten, rechtwinklig aufeinander zulaufenden Straßen, die in neun Blöcke unterteilt ist und von einer sechs Kilometer langen, zinnengekrönten Stadtmauer umschlossen ist.

Als Prinz Albert anlässlich eines Staatsbesuches 1876 nach Jaipur kam, wurden ihm zu Ehren alle Häuser der Altstadt mit der Begrüßungsfarbe **Rosa-Orange** gestrichen. **Pink City,** wie die heutige Hauptstadt Rajasthans seither genannt wird, ist in der Altstadt seit den Tagen Prinz Alberts nahezu unverändert geblieben – und wird es auch bleiben, da diese unter Denkmalschutz steht.

Um etwaigen Enttäuschungen vorzubeugen, sollte man sich im Klaren sein, dass in den Außenbezirken all die negativen Aspekte einer indischen Großstadt wie Luftverschmutzung, Lärm und hässliche Zweckbauten das

Hawa Mahal, der Palast der Winde – Jaipurs Wahrzeichen

Bild bestimmen. Der Charme der Stadt entfaltet sich ausschließlich in der **ummauerten Altstadt.**

Geschichte

Flagge zeigen, das bedeutet bei den Maharajas von Jaipur mehr als bei allen anderen Herrschergeschlechtern Rajasthans auch heute noch, ihre Besonderheit zu dokumentieren. Als Zeichen der Anwesenheit des Herrschers flattert über dem Stadtpalast von Jaipur zusätzlich zur üblichen mit dem Herrschaftssymbol versehenen Flagge ein weiterer kleiner Wimpel, genau ein Viertel so groß: *Sawai* – ein und ein Viertel, ein Ehrentitel, der *Jai Singh II.*, dem Gründer Jaipurs, bei seinem Antrittsbesuch vom Großmogul *Aurangzeb* in Delhi auf Grund seiner besonderen Leistungen verliehen wurde und der den Führungsanspruch gegenüber den anderen Rajputenstaaten begründen sollte.

Doch schon lange vorher waren die **Kachwahas von Amber,** deren Herrschergeschlecht Sawai Udai Singh II. entstammte, durch besonders enge Beziehungen zu den Moguln zu Ehre und Wohlstand gelangt. Während andere Rajputenstaaten durch fortwährende Unabhängigkeitskämpfe gegen die Herrscher von Delhi geschwächt wurden (Chittorgarh, Udaipur), war es *Raja Biharimal* aus dem Hause Amber, der 1556 als erster Rajputenfürst seine Tochter Kaiser *Akhbar* zur Frau gab, wofür er und all seine Nachfolger mit lukrativen Posten als Generäle bzw.

:30ra Foto: tb

Gouverneure belohnt wurden. So entwickelten sich die Kachwahas schnell zu einem der mächtigsten Rajputengeschlechter, und die Palastanlage in Amber vermittelt auch heute noch einen lebendigen Eindruck ihres scheinbar unermesslichen Wohlstandes.

Daran sollte sich auch nach dem Niedergang der Moguln nichts ändern und so konnte Sawai Jai Singh II. an dem von Astrologen festgelegten Datum vom 27.11.1727 den Grundstein für seine neue Hauptstadt Jaipur legen. Auch weiterhin verstanden es die Kachwahas durch geschickte Diplomatie, ihre führende Stellung unter den Rajputenfamilien zu wahren. So standen sie Mitte des 18. Jh. bei der Niederschlagung der indischen Unabhängigkeitsbewegung ebenso auf seiten der Briten wie während des Zweiten Weltkrieges, als der Maharaja von Jaipur als Major in Italien kämpfte. Erst zwei Jahre nach der Unabhängigkeitserklärung wurde Jaipur Mitglied der Indischen Union.

Stadtrundfahrt

- Vom Bahnhof starten täglich um 8, 11.30 und 13.30 Uhr jeweils **fünfstündige Rundfahrten** von RTDC (Rajasthan Tourism Development Corporation, Tel.: 22020778), die zum Preis von 150 Rs alle bedeutenden Sehenswürdigkeiten innerhalb Jaipurs wie etwa Hawa Mahal, Stadtpalast, Jantar Mantar ohne die recht lange Mittagspause der Ganztagestour beinhalten.
- Die **Ganztagestour** von 9 bis 18.30 Uhr (200 Rs) schließt außerdem noch die Besichtigung der königlichen Gräber in Gaitor, des sehenswerten Jaigarh Fort, Amber Fort, des Birla-Planetariums sowie des Nahargarh Fort ein, wo auch eine Mittagspause (jedoch erst recht spät gegen 14.30 Uhr) eingelegt wird. Sicherlich eine gute und zudem relativ preiswerte Möglichkeit, um die vielfältigen Sehenswürdigkeiten der Stadt in kurzer Zeit zu besuchen. Allerdings wirkt alles etwas gehetzt und natürlich wird auch der übliche Stopp in einem Laden eingelegt. Die genannten Preise beinhalten nicht die Eintrittspreise und Kamera-/Videogebühren.

Die Busse beider Stadtrundfahrten nehmen am Tourist Information Bureau am Busbahnhof noch weitere Interessierte auf. Auch hier können noch Tickets erstanden werden.

- Zudem wird eine vierstündige **Abendtour Pink City by Night** (18.30–22.30 Uhr) angeboten, die die meist angestrahlten wichtigsten Sehenswürdigkeiten inkl. Amber Fort passiert. Sie beinhaltet auch ein Abendessen im Nahargarh Fort, das im Gesamtpreis von 250 Rs enthalten ist.

Alle genannten Preise beinhalten nicht die Eintrittskosten für die Sehenswürdigkeiten.

Altstadt

Im Grunde ist die in ihrer Architektur seit der Gründung vor fast 300 Jahren unveränderte Innenstadt von Jaipur ein einziges Gesamtkunstwerk. Dementsprechend gehört das Schlendern durch die von pulsierendem Leben erfüllten Gassen zu einem der schönsten Erlebnisse in der Stadt. Besonders beeindruckend wirkt die Altstadt am Spätnachmittag, wenn die Häuserfassaden mit ihren winzigen Fenstern, bogenförmigen Eingängen, geschwungenen Balkonen und Kuppeldächern im Licht der tiefstehenden Sonne in einem satten Rosa erstrahlen.

Unübersehbar ist jedoch auch die in letzter Zeit rasant voranschreitende Verwestlichung und Modernisierung im täglichen Leben der Inder. So gehört das bis vor wenigen Jahren selbstverständliche Bild der vorbeiziehenden Kamelkarren mit ihren stolzen, turbangeschmückten Antreibern inzwischen fast der Vergangenheit an. Dafür bestimmen neben den nach wie vor die Straßen verstopfenden Fahrradrikshas immer mehr PKW und Busse die Szene. Dazu passt es, dass neben traditionellen Produkten wie Gewürzen, Schmuck, Textilien, Gemüse und Obst zunehmend Farbfernseher, Klimaanlagen und Autoersatzteile angeboten werden. Dieses Nebeneinander von alt und neu verdeutlicht den für ganz Indien charakteristischen Wandlungsprozess von einer agrarischen Dorfgesellschaft zu einer mobilen, zukunftsorientierten Industrie- und Dienstleistungsgesellschaft.

Rundgang

Im Labyrinth der Altstadtgassen verliert man schnell die Orientierung. Wer sich zunächst einen Überblick verschaffen möchte, bevor er sich treiben lasst, dem sei der folgende Rundgang empfohlen. Beginnen wir beim **Singh Pol,** einem jener sieben Eingangstore der Altstadt, welches noch bis zum Anfang dieses Jahrhunderts abends verschlossen wurde. Das sieben Meter hohe und drei Meter dicke Tor hinterlässt mit seinen Türmchen, Balkonen und Schießscharten einen burgähnlichen Eindruck. Mit der rosafarbenen Bemalung und dem bunten Treiben drumherum bildet es ein hübsches Fotomotiv.

Entlang des sich nördlich anschließenden **Khajane Walon Ka Rasta** finden sich zahlreiche **Marmorgeschäfte** und Werkstätten. Die ursprüngliche Einteilung der Altstadt in sogenannte *mohallas*, in denen, ähnlich den mittelalterlichen Zünften in Europa, bestimmten Handwerks- und Händlerschichten spezielle Viertel zugeteilt waren, ist hier noch gut zu erkennen.

Begibt man sich an der Kreuzung zum **Chand Pol Bazar** nach rechts, so gelangt man nach wenigen Hundert Metern zum breiten **Chhoti Chaupar.** Dies ist eine von drei großen Kreuzungen, an denen die Hauptstraßen der Altstadt aufeinander treffen. Die an den Straßenständen von der Dorfbevölkerung der Umgebung feilgebotenen Früchte und die Blumenhändler bieten ein farbenprächtiges Bild.

Ein idealer Ort, um das einzigartig bunte, chaotische Treiben aus erhöhter Perspektive zu beobachten, ist ein kleiner, als solcher kaum erkennbarer Tempel an der nordwestlichen Ecke des Platzes Chhoti Chaupar. Über zwei Treppenaufgänge gelangt man zu einer Plattform (10 Rs Eintritt), von wo aus sich eine faszinierende Aussicht bietet.

Neben der oberhalb der Stadt gelegenen Festung Nahargarh Fort fällt der Blick auf das **Iswari Minar Swarga Sal,** das westlich vom Tripolia Gate gelegene, höchste Gebäude innerhalb der Altstadt. Das **Minarett** kann zwischen 9 und 16.30 Uhr über eine Wendeltreppe bestiegen werden (Eintritt 10 Rs, Kamera 10 Rs, Zugang entweder hinter den Geschäften des Chand Pol Bazar 50 m nach Osten oder durch den Durchgang vor dem

Jaipur
Bani Park
Bikaner, Sikar, Samode
Nahargarh Fort
Tulsi Marg
Sawai Jai Singh Marg
Devi Marg
Durga Marg
Behari Marg
Bank Road
Collectorate Circle
Kabir Marg
Shiv Marg
Jhotwara Road
Kanti Chandra Road
Ayurveda Kendra
Powerhouse Road
Chand Pol
Gopinath Tempel
Chand Pol Bazar
Bagroowalon Ka Rasta
Lalal Munshi Ka Rasta
Fort Rd.
Nahargarh
Station Road
Sansar Chand Road
Vanasthli Rd.
Chhoti Chaupar
Rajasthan Tourism
Hauptbahnhof
India Tourism
Kalyan Ji Ka Rasta
Khajane Walon Ka Rasta
Baba Harish Chandra Marg
Kishan Pol Bazar
Gopi Nath M.
Mirza Ismail Road
Singh Pol
India Bazar
RTDC
Panch Batti
Ajmeri Gate
Ajmer Road
Raj Mandir Kino
Jacob Road
Ajmer (130 km)
Sardar Patel Marg
Ashok Marg
Mahavir Road
Ram-Niwas-Park
Central Museum
Kerala Ayurveda Kendra
Jamma Lal Bajaj Road
Prithviraj Marg
Statue Circle
Vivekanand Marg
Hospital Road
Sawai Ram Singh Marg
Tilik Marg
Birla Planetarium
Bhagwan Das Road
Sawai Mansingh Hospital
Bais Godam Bahnhof
Bhawani Singh Marg
Central Park (Rambagh)
Ambedkar Circle
Rambagh Polo & Golf Club
Narain Singh Rd.
Jawahar Lal Nehru Marg
Jyoti Nagar
Ram Bagh Circle
Santokba Durlabhji Hospital
Sakhar Road
University Marg
Shanti Path
0 500 m
Malviya Nagar, 56 (5 km), Entertainment Paradise (5,5 km), Choki Dhani (18 km)
Rajasthan University Campus
Lakshmi-Narajan-Tempel
55 (2 km), Flughafen (12 km), Saganer, Sawai Madhopur, Kota
©Reise Know-How 2012

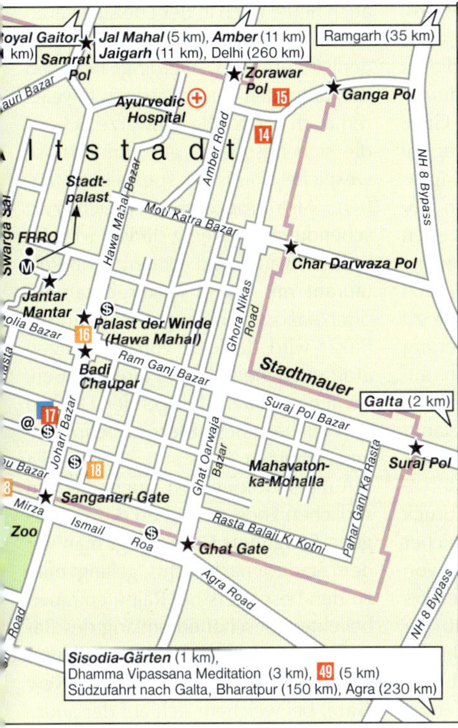

Essen und Trinken
5 Gayatri's
12 Traffic Jam
17 LMB Hotel
21 Baskins & Robbins
27 Pizza Hut, Swaag, Celebrations
29 Hotel Arya Niwas
30 Chocolate Boutique
31 Peacock Restaurant
33 Revolving Tower Restaurant
36 Little Italy
38 Four Seasons
39 Handi, Copper Chimney
40 Dasaprakash
41 Reds Fun Dining, Barista
42 Lassiwala
43 Indian Coffee House
44 Restaurants Niro's und Natraj, Jal Mahal Café, Surya Mahal, Bake Hut
46 McDonald's
52 Rambagh Palace
56 Indian Spice

Verkehr
11 Central Bus Station, Riksha Prepaid Stand
16 Busse nach Amber
18 Rajasthan Auto Center
19 Rajasthan Royal Tour
20 Railway Reservation Office
23 Jaipur Tower (Travel Care), Kingfisher Airlines
27 Air India
48 Lufthansa
55 Air India

Unterkunft
1 Hotel Meghniwas
2 Umaid Mahal
3 Umaid Bhawan
4 Hotel Madhuban
6 Om Niwas
7 Shahpura House
8 Anuraag Villa
9 Tara Niwas
10 Jaipur Inn
13 Hotel Bissau Palace
14 Saba Haveli
15 Samode Haveli
17 LMB Hotel
22 Sunder Palace
25 Hotel Aangan
26 Jwala Niketan, Karni Niwas
28 Alsisar Haveli
29 Hotel Arya Niwas
31 Hotel Pearl Palace
32 Pearl Palace Heritage
33 Om Tower Hotel
34 Jai Mahal Palace Hotel
35 Trident Jaipur
49 The Oberoi Raj Vilas
50 Hotel Diggi Palace
52 Rambagh Palace
53 Narain Niwas Palace Hotel
54 Ridhi Sidhi G.H., Sumer Niwas, Ashirwad G.H.

Einkaufen
24 Jodhpur Tailors
27 Ganpati Books
31 Silver Shop
37 Anokhi
45 Books Corner
47 Rajasthali
51 Mojari
56 Gaurav Tower

Tripolia Gate, dann nach Westen). Herrliche Ausblicke über ganz Jaipur belohnen die Mühe. Erbauer dieses „Minarettes, das den Himmel durchstößt" war *Maharaja Iswari Singh*. Ganz im Gegensatz zu seinem Vater *Jai Singh*, dem Gründer Jaipurs, ging er als schwächlicher Herrscher in die Stadtchronik ein, der seinem Leben durch Selbstmord mittels Schlangebiss ein Ende setzte, um dem Zugriff durch die anrückende Marathen-Armee zu entgehen. Bei seiner Einäscherung 1853 ließen sich 21 Ehefrauen auf dem Scheiterhaufen mitverbrennen.

Kurz hinter dem Minarett gelangt man durch das Tripolia Gate nach wenigen Hundert Metern zum Observatorium Jantar Mantar (s.u.). Zurück zum Tripolia Bazar, entlang zahlreicher Geschäfte, deren Angebotspalette von Küchenutensilien über Eisenwaren bis zu kleinen Götterfiguren reicht, gelangt man zum **Badi Chaupar.** In der Mitte dieser großen Kreuzung befindet sich ein bereits von Jai Singh angelegter Springbrunnen, der von einem unterirdischen Leitungssystem gespeist wurde. Geht man nach links, also in nördlicher Richtung vom Badi Chaupar, so steht man nach wenigen Metern vor der Fassade des Palastes der Winde (Hawa Mahal, s.u.). Lange wird man hier jedoch wegen der aufdringlichen Bettler und Händler kaum verweilen.

Die Gassen entlang des südlich vom Badi Chaupar verlaufenden **Johari Bazar** sind die traditionelle Heimat der berühmten **Gold- und Silberschmiede.** Über 50.000 Menschen sollen auch heute noch in der Edelsteinverarbeitung Jaipurs, die weltweiten Ruhm genießt, arbeiten. Allerdings befinden sich unter den hier ansässigen Juwelieren auch zahlreiche schwarze Schafe, die sich besonders auf ahnungslose westliche Touristen spezialisiert haben. Also Vorsicht! Wer sich zwischendurch ein wenig stärken will, der sollte sich am Stand vor dem LMB-Restaurant mit einem leckeren *samosa* oder *pakora* verköstigen. Der Johari Bazar wird flankiert von unzähligen Stoffgeschäften, die mit ihren großen, bunten, zur Straße hängenden Decken und Tüchern besonders farbenprächtig erscheinen.

Äußerst fotogen ist auch das am südlichen Ende des Johari Bazar gelegene **Sanganeri Gate.** Biegt man vor dem Stadttor nach rechts, gelangt man zu den besonders bei Rajputenfrauen beliebten Geschäften entlang des **Bapu Bazar** mit vielen Seiden-, Sari- und Schmuckgeschäften. Vorbei am **New Gate,** bei welchem sich auf der anderen Seite der M.I. Road zwei weitere Sehenswürdigkeiten befinden – der Ram Niwas Garden und das darin gelegene Central Museum (s.u.) – führt der Weg über den **Nehru Bazar** zurück zum Singh Pol, dem Ausgangspunkt des Rundgangs.

Palast der Winde (Hawa Mahal)

Obwohl kaum mehr als eine **Fassade,** hinter der sich nur ein **Treppenaufgang** verbirgt, gilt der Palast der Winde heute als das Wahrzeichen Jaipurs und gehört zu den meistfotografierten Gebäuden Indiens. Wie ein überdimensionaler, steinerner Fächer wirkt der Hawa Mahal, und tatsächlich hat er neben dem Aussehen auch einige Funktionen des Fächers wie die des Verbergens übernommen. Das 1799 von *Maharaja Pratab Singh II.* errichtete, fünfstöckige, mit 953 Nischen und Fenstern versehene Bauwerk diente einzig und allein dazu, den Haremsdamen den Ausblick auf die pompösen Festumzüge zu ermöglichen, ohne selbst gesehen zu werden. Damit ist der Palast der Winde wohl das beste Symbol für den verschwenderischen Lebensstil der Rajputenfürsten. Ein Luftschloss im wahrsten Sinne des Wortes mit seinen winddurchzogenen Erkern und Balkonen (daher der Name, der eine weitere Anlehnung an die Idee des Fächers erkennen lässt), das auch durch den Ausblick auf die sich darunter ausbreitende Altstadt bzw. auf die weitläufige, ein Siebtel der gesamten Altstadtfläche einnehmende Palastanlage beeindruckt.

Auf der dem Hawa Mahal gegenüberliegenden Straßenseite versuchen einige clevere Geschäftsleute, die günstige Lage ihrer Läden zu versilbern, indem sie Touristen das Dach ihres Geschäftes als ideale Aussichts- und Kameraplattform angeblich kostenlos zur Verfügung stellen – selbstverständlich nicht, ohne später um so nachdrücklicher auf einen Besuch ihres „very, very cheap and nice" Geschäftes zu drängen.

Der Eingang zum Palast der Winde liegt etwas versteckt auf dessen Rückseite und ist nicht leicht zu finden. Man erreicht ihn, indem man zunächst zur links des Palastes gelegenen Hauptkreuzung geht, sich dort nach rechts wendet und nach wenigen Metern wieder nach rechts in eine kleine, von einem Torbogen überspannte Gasse einbiegt. Nach etwa 30 Metern liegt auf der rechten Seite der Eingang.

- **Öffnungszeiten:** tgl. außer Mo und Fr 9–16.30 Uhr, Eintritt: 50 Rs, Audioguide 110 Rs, Tel.: 2618862. Wer die Fassade gänzlich im Sonnenlicht erleben möchte, sollte im Winter vor 10 Uhr morgens kommen.

Freiluftobservatorium Jantar Mantar (Weltkulturerbe)

Die vielen beim Bau Jaipurs zu verzeichnenden Abweichungen gegenüber den Vorschriften des Shilpa Shastra rühren in erster Linie daher, dass die Stadt beim Tode Jai Singhs noch nicht fertig gestellt war und seine Nachfolger sich wenig um dessen Konstruktionspläne kümmerten – angeblich sollen sie später als Packpapier zweckentfremdet worden sein.

Für eine zentrale Veränderung war der Stadtgründer allerdings selbst verantwortlich, ließ der begeisterte Astrologe doch in der Mitte der Stadt nicht, wie im Shilpa Shastra vorgegeben, einen Tempel, sondern eine Sternwarte errichten. Von den insgesamt fünf von *Udai Singh* errichteten Observatorien ist dieses zwischen 1728 und 1734 erbaute, im Jahr 1901 restaurierte das beeindruckendste. Es gilt zudem als das größte steinerne Observatorium der Erde.

Einen seltsam faszinierenden Eindruck vermitteln die einzelnen, verstreut liegenden kubischen Konstruktionen, erscheinen sie doch futuristisch und archaisch zugleich. Überhaupt ist der von der Anlage ausgehende ästhetische Reiz weitaus höher einzuschätzen als der wissenschaftliche Wert der meisten **aus Marmor und Sandstein gefertigten Messinstrumente.** So fußte ein grundsätzlicher Konstruktionsfehler in der fälschlichen Annahme, dass mit der Größe der Geräte auch deren Messgenauigkeit zunehmen würde. Das genaue Gegenteil ist jedoch der Fall, wie sich vor allem beim größten Instrument der Anlage, der über 30 Meter hohen **Sonnenuhr,** zeigte, da deren Schatten zu weit und dementsprechend ungenau gestreut wird. Sehr genaue Informationen vermittelte dafür das ausgeklügelte, futuristisch anmutende Jai Prakash Yantra.

Da die Funktionsweise der einzelnen Instrumente auf den installierten Informationstafeln erklärt wird, ist es nicht nötig, die Dienste eines der sich am Eingang zur Verfügung stellenden Führer in Anspruch zu nehmen. Im Übrigen kann man sich im Bedarfsfall immer noch einer der vielen Gruppenführungen anschließen. Schließlich werden vor dem Observatorium für die besonders Interessierten diverse Bücher angeboten, die detailliert jedes einzelne Instrument erklären.

• **Öffnungszeiten:** tgl. von 9 bis 16.30 Uhr, Tel.: 2610494, Eintritt 100 Rs inkl. Kamera und Audioguide. Ein Führer kann für 250 Rs gebucht werden.

831ra Foto: tb

Stadtpalast

Kaum anschaulicher könnte das gewandelte machtpolitische Selbstbewusstsein der Rajputen nach dem durch Aurangzebs Tod eingeleiteten Niedergang der Mogulherrschaft zutage treten als beim Vergleich zwischen dem alten Palast der Kachwahas in Amber und dem neuen, von Udai Singh errichteten in Jaipur. Nun hatte man es nicht mehr nötig, seine Palastanlagen auf einem Bergrücken zu erbauen, sondern konnte sich in der Ebene ansiedeln. Nicht mehr der festungsartige, wehrhafte Unterbau, sondern das ebenerdige Nebeneinander der einzelnen Gebäudeteile kennzeichnete von nun an alle neuerbauten Rajputenpaläste.

Dabei zeigt sich, wie geschmacksbildend der **Mogulstil** nach über fünfhundertjähriger Fremdherrschaft auf die Maharajas gewirkt hatte. Darüber hinaus vermittelt der Rundgang durch die verschiedenen Räume, Hallen, Säle und Innenhöfe des Stadtpalastes von Jaipur einen lebhaften Eindruck vom legendären Reichtum der Herrscherfamilien Rajasthans.

Zunächst betritt man mit dem **Mubarak Mahal** („Willkommenspalast“) einen großen, quadratischen Innenhof, in dessen Mitte ein schönes zweistöckiges Marmorgebäude steht, welches früher als königliches **Gästehaus** diente. Heute werden hier vornehmlich Kleider und Schmuck der königlichen Familie ausgestellt. Die über und über mit Gold und Edelsteinen besetzten Gewänder zeigen anschaulich den märchenhaften Reichtum der Herrscher von Jaipur. Schwer zu tragen hatte im wahrsten Sinne des Wortes der Maharaja *Madhu Singh I.*, der mit seinen 250 kg Lebendgewicht eine Gürtelweite von 1,80 Metern benötigte. Was zu viel ist, ist zu viel, und so starb der dicke Herrscher bereits im Alter von 32 Jahren.

Die frühere **Residenz der Maharani**, im Südwesten des Hofes gelegen, beherbergt heute das bestausgestattete **Waffenmuseum** ganz Indiens. Wer die Vielfalt der unter Verwendung edelster Materialien bis ins letzte Detail filigran gearbeiteten Waffen gesehen hat, kann sich im Grunde alle weiteren Waffenschauen in den anderen Palastanlagen Rajasthans schenken.

Ein von zwei Marmor-Elefanten flankiertes **Bronzetor** führt vom Mubarak Mahal in einen zweiten Hof mit einer **privaten Audienzhalle** in der Mitte (Diwan-e-Khaz), in der der Maharaja seine Minister empfing. Geschmückt wird sie von den zwei größten Silbergefäßen der Welt, je 345 kg schwer, die der Maharaja *Madhu Singh II.* in mehrjähriger Arbeit unter enormem Kostenaufwand einzig und allein zu dem Zweck fertigen ließ, 9.000 Liter Gangeswasser zur Krönung *Edwards II.* nach England zu transportieren. Wie sich die Zeiten ändern: Heute be-

Teil der Sternwarte Jantar Mantar – der ästhetische Reiz dieses steinernen Observatoriums aus dem 18. Jh. ist weit größer als sein wissenschaftlicher Wert

gnügt sich der Herrscher von Jaipur mit Leitungswasser, das freilich aus goldenen Wasserhähnen fließt.

Links von der Audienzhalle führt ein Tor zum **Pfauenhof,** einem kleinen Innenhof mit reich verzierten, die vier Jahreszeiten symbolisierenden Toren. Darüber erhebt sich der siebengeschossige, mit seinen vorspringenden Erkern und Pavillons deutlich von Mogul-Architektur geprägte **Chandra Mahal,** in dem sich heute die Privatgemächer der Maharaja-Familie befinden. Ein etwa 45-minütiger Rundgang (zwischen 9.30 und 17 Uhr möglich) durch bestimmte Teile dieses ansonsten nicht zugänglichen Palastbereichs kostet 2.500 Rs.

Wieder zurück zum Diwan-e-Khaz, findet sich auf der rechten Seite der Eingang zur **öffentlichen Audienzhalle** (Diwan-e-Am) mit monumentalen Kronleuchtern, Wandbehängen und Elefantensänften (*haudas*) in der Mitte. Sie beherbergt auch eine handgeschriebene Miniaturkopie der kompletten „Bhagvad Gita" und anderer heiliger hinduistischer Schriften. Diese sollte im Falle des Falles vor dem Zugriff des islamischen Herrschers *Aurangzeb* versteckt werden können, der mit hinduistischen Heiligtümern nie zimperlich umgegangen ist.

• **Öffnungszeiten:** tgl. von 9.30 bis 16.45 Uhr, Tel.: 2608055, Eintritt 300 Rs inkl. Audioguide und Kamera, Video 200 Rs. Die zwei Tage gültige Eintrittskarte berechtigt auch zum Besuch des Jaigarh Fort oberhalb des Amber Fort.

Sehenswertes außerhalb der Altstadt

Ram-Niwas-Park und Central Museum

Verlässt man die Altstadt durch das Saganer Gate und überquert die Mirza Ismail Road, gelangt man zu dem ausgedehnten Ram-Niwas-Park. Zwar ist das Areal nicht gerade sonderlich einfallsreich gestaltet, doch dafür bietet es genug Platz, Ruhe und frische Luft zum Ausruhen. Für indische Verhältnisse relativ tierfreundlich ist der auf dem Parkgelände beheimatete **Zoo** gestaltet.

Im Süden des Ram-Niwas-Parks steht die **Albert Hall,** ein beeindruckendes Gebäude im indo-sarazenischen Stil, das wie so viele andere Prunkbauten Jaipurs aus Anlass des Besuches des Prince of Wales erbaut wurde. Heute beherbergt es das **Central Museum,** in dem neben archäologischen Funden und hübschen kunsthandwerklichen Arbeiten aus Rajasthan (Tonarbeiten, Schmuck, Kostüme) auch persische Teppiche aus dem 17. Jh. und eine ägyptische Mumie ausgestellt sind.

• **Öffnungszeiten** des Museums: tgl. 9.30 bis 17 Uhr, Tel.: 2570099, Eintritt 150 Rs, Audioguide 110 Rs, Fotografieren verboten.

Birla-Planetarium

Das Birla-Planetarium (am Prithviraj Marg/Statue Circle) bietet täglich um 17 Uhr einstündige **astronomische Vorführungen** in Englisch an. Ein Abstecher kann mit einer Verschnaufpause im angenehm-weitläufigen **Central Park** nebenan verbunden werden.

- **Eintritt:** 25 Rs, Tel.: 2382267, 2381594.

Lakshmi-Narayan-Tempel

Beim Anblick des in strahlend weißem Marmor vom Industriellen *Birla* errichteten Tempels im Süden der Stadt fühlt man sich unwillkürlich an das Taj Mahal erinnert. Der Tempel ist zwar in recht konventionellem Stil errichtet, beachtenswert sind jedoch die in den Nischen platzierten Skulpturen von Religionsstiftern wie Jesus, Buddha, Zarathustra und Konfuzius, die die Toleranz der Jains gegenüber anderen Religionsgemeinschaften zum Ausdruck bringen sollen.

- **Öffnungszeiten:** 6.30–12 u. 15–20.30 Uhr.

Der besondere Tipp: Nahargarh Fort zum Sonnenuntergang

1734 ließ Jai Singh das spektakulär auf einem Felsrücken platzierte **„Tigerfort"** als eine Art überdimensionalen Wachturm errichten. Von hier konnten eventuell anrückende Feinde frühzeitig gesichtet und bekämpft werden. Wenn auch von den einzelnen Bauten der 1868 restaurierten und erweiterten Festungsanlage kaum Sehenswertes erhalten geblieben ist, so lohnt der Ausflug (entweder über die 8 km lange Zufahrt oder einen 2 km langen, gewundenen Fußweg) allein wegen des sehr schönen Panoramablickes auf Jaipur und Umgebung. Wer sich etwa eine Stunde vor Sonnenuntergang einfindet, erlebt, wie die Millionenstadt sich nach und nach in ein **Lichtermeer** verwandelt. Das ganze wird untermalt von den in der Ferne ertönenden Gesängen der Muezzine – magisch!

- **Öffnungszeiten:** 10–17.30 Uhr, Eintritt 30 Rs, Kamera 20 Rs, Video 70 Rs, Tel.: 2671848, 5148044. Die angeschlossene Cafeteria ist 10.30–22.30 Uhr geöffnet.

Information

- Von den zahlreichen Touristenbüros Jaipurs ist das rund um die Uhr geöffnete **Government of Rajasthan Tourist Information Bureau** (Tel.: 2200778, 2315714 oder 1364, 24 Std. erreichbar, www.rajasthantourism.gov.in) auf Bahnsteig 1 im Bahnhof das beste. Hier ist auch die informative „City Guide Map Jaipur" mit einem sehr übersichtlichen Stadtplan, zahlreichen Adressen und einer knappen Beschreibung der wichtigsten Sehenswürdigkeiten erhältlich. Außerdem ist man bei der Vermittlung von Unterkünften bei Familien *(Paying Guest Houses)* behilflich.
- Weniger gut ist die **Filiale am Busbahnhof** (Tel.: 5064102) beim Bussteig 3, die offiziell von 8 bis 18 Uhr geöffnet ist.
- Auch im **IndiaTourism-Büro** (Mo–Fr 9–18 Uhr, Tel.: 2372200, indtourjpr@raj.nic.in) beim Hotel Khasa Kothi erhält man meist nur allgemein gehaltene Informationen.
- Etwas schleppend geht auch es beim **RTDC Tourist Office** (Sardar Patel Marg/M.I. Rd., Tel.: 5155137, Mo–Fr 9.30–18 Uhr) in Zi. 21 des ehemaligen RTDC Tourist Hotel zu.
- Staatlich geprüfte **Stadtführer** können über das Tourist Information Bureau am Bahnhof oder über IndiaTourism gebucht werden. 8 Std. kosten für bis zu 4 Pers. 400 Rs, 4 Std. 280 Rs bzw. 530/400 Rs bei bis zu 15 Pers.
- Eine verlässliche und preiswerte Reiseagentur für Rundreisen in Rajasthan ist **Rajasthan Royal Tour** (New Loco Hasanpura, nahe G.M. Nursing Home, Tel.: 2220146, (0)992 9139781, www.rajasthanroyaltour.com).
- Im **Foreigner's Regional Registration Office** (FRRO, Tel.: 2618508, Mo–Sa 10–17 Uhr) auf dem Gelände des Stadtpalastes hin-

ter dem Hawa Mahal kann man den Versuch unternehmen, sein Visum zu verlängern. Dies dürfte jedoch nur in dringenden Fällen von Erfolg gekrönt sein. Da es nicht ganz leicht zu finden ist, sollte man sich durchfragen.

Stadtverkehr

Riksha

- Vom Bahnhof zum Hawa Mahal, zur M.I. Rd. oder zur Albert Hall sollte es mit der Fahrradriksha etwa 30 Rs kosten, mit der Autoriksha höchstens das Doppelte. Zum 15 km vom Zentrum entfernten Flughafen sind bis zu 200 Rs zu zahlen. Für eine halb-/ganztägige Stadtrundfahrt sollten 200/350 Rs anfallen, wofür jedoch feilschen nötig ist. Nach Galta kostet es 200 Rs, wer über die schönere Südroute anreist, zahlt 50 Rs mehr. Ganz früh morgens und spät abends zahlt man um 25 % mehr.

Jaipurs Rikshafahrer gelten neben denen in Agra und Varanasi als die unangenehmsten Vertreter ihrer insgesamt nicht gerade hoch angesehenen Zunft. Auch bei ihnen meint man, eine Registrierkasse in den Augen rattern zu sehen, wenn sie einen der zahlreichen Touristen erspähen. Man sollte grundsätzlich jene meiden, die sich auf westliche Besucher spezialisiert haben und sich gar nicht mehr am normalen Fahrbetrieb beteiligen. Vor allem bei der Ankunft am Bahnhof wird man von ihnen bedrängt, da sie sich eine saftige Hotelkommission versprechen, meist mit dem Angebot: „10 Rs anywhere". Oft weigern sie sich standhaft, eine Unterkunft anzufahren, die nicht am florierenden Schleppergeschäft beteiligt ist. Am Bahnhof und Busbahnhof sollte man auf jeden Fall auf die **Prepaid-Schalter** zurückgreifen, obwohl zumindest der am Busbahnhof auch nicht immer ganz zuverlässig ist. Ganz umgehen kann man das Problem kaum und so tut man gut daran, sich vor der Ankunft auf die nervige Anmache durch Rikshafahrer einzustellen.

Taxi

- Alle Fahrten in der Innenstadt kosten nicht mehr als 50–80 Rs. Für die Fahrt zum 15 km entfernten **Flughafen** werden 350 Rs, für das Abholen vom Flughafen 400 Rs verlangt. Am Bahnhofsvorplatz können die Preise auch für weiter entfernte Ziele oder Stadtrundfahrten (s.u.) ausgehandelt werden. Nervenschonender ist meist die Buchung über die jeweiligen Hotels oder Mericar (s.u.), zumal dies eine sichere Abwicklung und bessere Fahrzeuge wahrscheinlich macht.
- Telefonisch bestellbare Taxiservices: **Jain Taxi Services** (Tel.: (0)9314561919), **Pink City Radio Taxi** (Tel.: 2205000).
- Am **Busbahnhofseingang** steht ein Prepaid-Counter für Taxis.
- Will man mit dem Touristentaxi **Jaipur und Umgebung** erkunden, sollte man für 4 Std. mit einem nicht klimatisierten Kleinwagen 550 Rs, für 8 Std. 1.000 Rs rechnen. Für AC-Modelle wird es etwas teurer. Als verlässlich hat sich **Mericar** (Tel.: 4188888, www.mericar.in, 24 Std. erreichbar) erwiesen.

Motorrad-Miete

- Nahe dem Sanganeri Gate in der Altstadt vermietet, repariert und verkauft das **Rajasthan Auto Centre** (Sanjay Bazaar, Tel.: 2568074, www.royalenfieldsalim.com) Motorräder (natürlich auch Enfield-Maschinen) zwischen 400 und 600 Rs/Tag.

Unterkunft

Aufgrund der großen Zahl an Unterkünften und der damit verbundenen Konkurrenz bekommt man in Jaipur in jeder Preisklasse besonders viel fürs Geld. Hier nur eine Auswahl der besten.

Untere Preiskategorie

- Die Tourist-Informationen am Bahnhof sowie in der M.I. Rd. haben Informationen über Unterkünfte in Familien *(Paying Guest Houses)*. Gelobt wurde hierbei von Lesern das **Prity Guest House** €-€€ (Kamalkatta Colony, Tal Katora Rd., Tel.: 2633509, prity_guest_house007@hotmail.com) in zentraler Lage nahe dem Stadtpalast. Da nur 3 Zimmer mit Bad zur Verfügung stehen, sollte man resevieren. Recht weit im Westen der Stadt sind auch **Rajputana Paying Guest House** (Tel.: (0)9929113297) und **Jaipur Friendly Villa** hervorragend und freundlich.

- Das beste Preis-Leistungs-Verhältnis in dieser Kategorie bietet das liebevoll geführte **Hotel Pearl Palace** €-€€€ (Hari Kishan Somani Marg, Tel.: 2373700, 2373752, (0)941 4236323, www.hotelpearlpalace.com) mit erstklassigem Service in einer ruhigen Gasse nahe der Ajmer Rd. Es verfügt über sehr saubere, meist bunt bemalte und bestens ausgestattete AC- und Non-AC-Zimmer mit TV, einige mit Balkon. Das erstklassige, toll gestaltete Dachrestaurant Peacock ist die angenehmste Speiseadresse der Stadt (siehe „Essen und Trinken"). Außerdem gibt's Internet-Zugang im Haus. Der hilfreiche Besitzer vermittelt zudem Mietwagen und Taxis zu günstigen Preisen. Da meist ausgebucht (obwohl oft ein, zwei Zimmer für nicht angemeldete Besucher zurückgehalten werden), sollte man unbedingt reservieren.
- Als gute Ausweichadresse ist das etwa 100 m entfernte **Sunder Palace** €€€ (Sanjay Marg, Tel.: 2360178, (0)9828012795, www.sunderpalace.com) zwar nicht ganz so gut, aber immer noch eines der besten. Die geräumigen, liebevoll gestalteten Zimmer sind sauber, die Korbmöbel auf der herrlichen Terrasse laden zum Relaxen ein. Auch hier gibt's Internetverbindung und weitere Annehmlichkeiten.
- Eine sehr gute Wahl ist das Hotel **Karni Niwas** €€-€€€ (C-5, Motilal Atal Road, Tel.: 2365433, (0)9414769489, www.hotelkarniniwas.com) hinter dem Neelam Hotel. Geräumige, hübsch dekorierte Zimmer mit Bad und je nach Preis mit und ohne AC und Balkon. Auf einer großen Terrasse kann man relaxen oder köstliche Gerichte genießen.
- Weit billiger ist der Nachbar, das hervorragende **Jwala Niketan** €-€€ (Tel.: 5108303, (0)9829174857). Für den kleinen Preis gibt's angenehme, ruhige Zimmer mit TV in günstiger Lage.
- Eine akzeptable Billigadresse, wenn auch nicht so ruhig gelegen, ist das **Hotel Aangan** €-€€ (Tel.: 2373449, aangan25@hotmail.com), nicht weit entfernt in der Park Scheme Road.
- Das im Bani Park an der Shiv Marg gelegene **Jaipur Inn** €€€ (Tel.: 2201121, (0)98290 13660, www.jaipurinn.com) verfügt über saubere, etwas klein geratene Zimmer mit TV sowie einen Schlafsaal für 80 Rs. Der Service des Hotels hat in letzter Zeit etwas nachgelassen. Wegen des tollen Rundumblicks lohnt im Dachrestaurant (Abendbüffet mit Voranmeldung) ein Mahl. Interessant für den Langzeitaufenthalt sind die preiswerten Apartments mit Küche.
- Drei Unterkünfte im Süden der Stadt, eine Gasse von der Moti Dungri Rd. nahe dem Narain Singh Circle hinein, sind eine gute Ausweichmöglichkeit, wenn die Innenstadt ausgebucht sein sollte. Im leicht überteuerten **Ridhi Sidhi Guest House** €€-€€€ (M.D. Rd., Peelwa Garden, Tel.: 2616084) wohnt man in hellen Zimmer mit Bad. Angenehm sind die Rasenfläche und die Terrasse, auf der Frühstück serviert wird. Auch die beiden anderen Herbergen in dieser ruhig gelegenen, kurzen Gasse können empfohlen werden: das **Sumer Niwas** €€ (Tel.: 2618137, (0)9 351560187) mit sauberen Zimmern und Garten zum Sitzen sowie das preisgleiche **Ashirwad Guest House** €€ (Tel.: (0)9887729508) mit sauberen, etwas dunklen Zimmern.
- Im 1. Stock des Bahnhofs sind die **Retiring Rooms** €-€€€ (Reservierungs-Tel.: 131) passend, falls man gleich am nächsten Morgen seine Reise per Zug fortsetzen will. Vom billigen Schlafsaal (150 Rs, nur für das männliche Geschlecht) über akzeptable, billige und einfache Zimmer bis zu recht komfortablen und ebenfalls preiswerten, größeren Zimmern reicht die Palette.

Mittlere Preiskategorie

Bereits in dieser Preiskategorie hat man die Auswahl zwischen mehreren alten Kolonialhotels und Rajputen-Residenzen.

- Als ein luxuriöserer Ableger des Hotel Pearl Palace ist das neue **Pearl Palace Heritage** €€€-€€€€ (54 Gopari Bari, Lane No. 2, nahe Ajmer Rd., Tel.: 2375242, (0)9414066311, www.pearlpalaceheritage.com) in dessen Nähe eine herrlich gelungene Mischung aus verschiedenen Baustilen und die beste Bleibe dieser Preiskategorie. Individuell gestaltete Komfortzimmer mit Balkon, einige mit Säulen, in einem palastähnlichen Gebäude zu extrem günstigen Preisen erfordern unbedingte Voranmeldung. Der erstklassige Service des Hotel Pearl Palace kann auch hier erwartet werden.

- Ausgesprochen angenehm wohnt man trotz seiner inzwischen 94 Zimmer im makellos sauberen, teils klimatisierten **Hotel Arya Niwas** €€€-€€€€ (Tel.: 4073450, 2372456, www.aryaniwas.com) in einer kleinen Seitengasse der Sansar Chandra Rd. Das professionell und freundlich geführte Hotel bietet eine Menge Annehmlichkeiten wie die Möglichkeit zum Geldwechseln, Fahrradverleih, Internetcafé, Dachterrasse, ein luftiges Restaurant mit sehr leckeren vegetarischen Gerichten zu niedrigen Preisen und einen hübschen kleinen Garten zum Draußensitzen (abends oft klassische indische Musik).
- Seine herrliche Lage inmitten eines großen, sehr schön gepflegten Gartens am Ende einer kleinen Seitengasse der Sawai Ram Singh Marg machen das **Hotel Diggi Palace** €€€€ (Tel.: 2373091, www.hoteldiggipalace.com) zu einer preisgerechten Adresse. Es handelt sich um einen ehemaligen Palast, wobei nur der frühere Wohntrakt der Bediensteten in ein Hotel umgewandelt wurde. Die mit Wandmalereien geschmückten Zimmer mit Terrassen und Sitznischen zum Garten sind gemütlich. Es gibt auch einfachere, recht billige Zimmer. Eine stilvolle und vor allem friedvolle Unterkunft.
- Ruhig und nicht weit vom Bani-Park liegt das **Anuraag Villa** €€-€€€€ (Devi Marg, Tel.: 2201679, 2206884, www.anuraagvilla.com), ein kleines Kolonialgebäude mit schön eingerichteten, großen Zimmern, alle mit TV, sowie einem Restaurant und Garten für erstaunlich wenig Geld – eine sehr gute Wahl.
- In der Nähe des Bani-Parks findet sich auch das ausgezeichnete **Hotel Madhuban** €€€€ (Behari Marg, Tel.: 2200033, www.madhuban.net) mit schönen, großen AC- und Non-AC-Zimmern und Restaurant. Zur ruhigen, familiären Atmosphäre trägt auch der große Garten des Hauses bei.
- Ganz hervorragend und äußerst preiswert ist das **Umaid Mahal** €€€€ (Bihari Marg, Bani Park, Tel.: 2201952, (0)9314503423, www.umaidmahal.com), nicht weit entfernt. Das in rajasthanischem Stil erbaute Haus besticht mit stilgerecht gestalteten Zimmern mit grünem Marmorboden, Flat-Screen-TV und WiFi, alle Zimmer mit kleinem Balkon. Ein gutes Restaurant, ein Pool im Keller und ein Internetcafé sind zudiensten. Auch das alteingessene **Umaid Bhawan** €€€€ (am Ende der Bank Rd., Tel.: 2316184, (0)9314503423, www.umaidbhawan.com), ebenfalls in Bani Park und vom gleichen Besitzer, ist eine sehr schmuckvoll ausgemalte Unterkunft, mit entsprechendem Interieur dekoriert, dessen Zimmer ebenfalls sehr geschmackvoll möbliert sind. Auch das hübsche Dachrestaurant und der Swimmingpool sind Pluspunkte.
- Eine ausgezeichnete Unterkunft ist das von einem ruhigen Garten mit Pool umgebene Kolonialgebäude des **Hotel Meghniwas** €€€€-€€€€€ (S.J.S. Highway, Tel.: 4060100, (0)9324507008, www.meghniwas.com) beim Bani-Park. Geschmackvoll eingerichtete Zimmer, ein gutes Restaurant und die nette Atmosphäre runden das Bild ab.
- Ein Relikt aus den Tagen alter Rajputengröße ist das 1919 von einem lokalen Fürsten erbaute **Hotel Bissau Palace** €€€€€ (Tel.: 2304391, www.bissaupalace.com), das etwas versteckt an einer kleinen Straße nördlich des Chand Pol steht. Dieses von dem sehr freundlichen Manager George aus Kerala geführte Palasthotel mit hübschen Wandmalereien vermittelt nicht zuletzt aufgrund seiner überschaubaren Größe eine gemütliche Atmosphäre. Zum inzwischen etwas überteuerten Haus gehören ein Swimmingpool, ein schöner Garten, eine hübsche Bibliothek und ein jedoch mittelmäßiges Restaurant mit Bar.
- Das **LMB Hotel** €€€€-€€€€€ (Johari Bazar, Tel.: 2565844, www.hotellmb.com) reicht als recht unscheinbares Mittelklassehotel zwar atmosphärisch in keiner Weise an den Charme der zuvor genannten Hotels heran und ist eigentlich überteuert, dafür bietet es als eines der ganz wenigen Hotels in Jaipur den Vorteil, mitten im Herzen der Altstadt nur wenige Hundert Meter vom Hawa Mahal und dem Stadtpalast zu stehen.
- Großzügig ist die Anlage des zentral gelegenen **Alsisar Haveli** €€€€€ (Sansar Chandra Marg, Tel.: 2368290, 5107157, www.alsisar.com) mit vielen Terrassen und Erkern. Dem

Baustil entsprechend möblierte Zimmer sind luftig und komfortabel, die in den oberen Etagen vorzuziehen. Da die Zimmer alle unterschiedlich ausfallen, sollte man sich umschauen, bevor man wählt. Dies ist auch nach vorheriger Reservierung oft möglich, da einige Zimmer meist zur Auswahl stehen. Morgens und abends Büffet möglich. Verlockend ist der recht große Pool im Gartenbereich (200 Rs für Besucher).

- Wer sein eigenes Reich benötigt, hat die Möglichkeit, ganze, sehr komfortable **Apartments** mit gut ausgestatteter Küche auf Tagesbasis oder längerfristig zu mieten. Einmal im **Tara Niwas** €€€-€€€€ (Shiv Marg, Tel.: 2206823, www.taraniwas.com, nur teilweise mit Küchenzeile, 18.000–24.000 Rs monatl.), und im ruhigeren **Om Niwas** €€€€-€€€€€ (Kaushalya Path, Durga Marg, Tel.: 5109090-2, www.omniwas.co.in, Monatsmiete zwischen 25.000 und 38.000 Rs, Strom extra). Beide im Bezirk Bani Park gelegen.

Obere Preiskategorie

- Eines der schönsten Hotels Jaipurs ist das bezaubernde **Shahpura House** €€€€€-€€€€€€ (Devi Marg, Tel.: 4089100, 202293, www.shahpurahouse.com) in der Nähe des Bani Park. Die ehemalige Residenz einer Adelsfamilie vereint alle Vorzüge eines Heritage-Hotels: typisch rajputische Architektur, in diesem Falle mit Shekhawati-Einflüssen, Individualität, Tradition, Liebe zum Detail, Sauberkeit, Pool und Dachterrasse – eine Oase im quirligen Jaipur. Herrlich auch das reich dekorierte Restaurant mit Bar (lange Wein- und Cocktailkarte), abends ist das Dachrestaurant (Hauptgericht 500–600 Rs) geöffnet.
- Wer kühlen Luxus vorzieht, wird im Stadtzentrum an der Mirza Ismail Rd. vom **Hotel Om Tower** €€€€€€ (Ecke Church Rd., Tel.: 4046666, www.hotelomtower.com) entsprechend und teuer bedient. Zweckmässig eingerichtete AC-Zimmer mit allen für diese Kategorie üblichen Annehmlichkeiten sowie dem sich drehenden **Revolving Tower Restaurant** mit ebenfalls saftigen Preisen und toller Aussicht auf der Spitze des Om Tower.
- Das glatte Gegenteil ist der alte Kolonialbau des **Narain Niwas Palace Hotel** €€€€€-€€€€€€ (Narain Singh Rd., Tel.: 2561291, www.hotelnarainniwas.com) mit großen, individuell und geschmackvoll eingerichteten Zimmern im wunderschönen Garten und ebensolchem Swimmingpool – ein Platz mit Atmosphäre. In dem herrlichen Pool können Nicht-Gäste für 150 Rs plantschen.
- Das über 200 Jahre alte **Samode Haveli** €€€€€€ (Ganga Pol, Tel.: 2632370, www.samode.com) gehört zu den stilvollsten Unterkünften Jaipurs. Die ehemalige Residenz eines Premierministers Jaipurs diente des öfteren als Filmkulisse und ist eine der ganz wenigen höherklassigen Unterkünfte in der nordöstlichen Ecke der Altstadt. Auch hier ist ein Pool vorhanden. Allerdings sind einige der *standard rooms* nicht mehr als ehemalige Bedienstetenzimmer und ihr Geld nicht wert.
- Wer weniger ausgeben will, aber dennoch in einem 200 Jahre alten Haveli wohnen möchte, findet im nicht weit entfernten, riesig wirkenden **Saba Haveli** €€€€€ (Ganga Pol, nahe Zarovar Gate, Tel.: 2630521, (0)9414 069073, www.sabahaveli.com) eine weniger luxuriöse, aber stilvolle Bleibe mit eindrucksvoller Speisehalle mit Außenveranda und einem Garten.
- Nicht nur wegen seiner einzigartigen Lage direkt gegenüber vom Jai Mahal an der Amber Rd., sondern auch wegen der schönen, großen Balkonzimmer mit Ausblick und dem vorbildlichen Management, ist das **Trident Jaipur** €€€€€ (Tel.: 2670101, www.tridenthotels.com) eine ausgezeichnete Unterkunft.
- Das fantastische **The Oberoi Raj Vilas** €€€€€€ (Gooner Rd., Tel.: 2680101, www.oberoihotels.com/oberoi_rajvilas) ist nicht nur das mit Abstand beste Hotels Jaipurs, sondern gehört mit all seiner Pracht zu einem der eindrucksvollsten Hotels ganz Indiens. Architektonisch eine sehr harmonische Synthese rajputischer und islamischer Elemente, bietet es mit seinen 71 Suiten, teils mit Privatpool, und geräumigen Edelzelten einen dem königlichen Preis entsprechenden Luxus. Das Resort liegt eingebettet in einer weitläufigen Parklandschaft gut 5 km außerhalb.
- Neben dem Lake Palace Hotel in Udaipur symbolisiert der **Rambagh Palace** €€€€€€ (Bhawani Singh Rd., Tel.: 2211919, www.tajhotels.com), der 1974 in ein 5-Sterne-Luxus-

hotel umgewandelte ehemalige Palast der Maharajas von Jaipur, wie kaum ein anderes Gebäude das Klischeebild vom Märchenland Indien. Selbst die billigsten Zimmer in diesem eleganten Marmorbau, der in einem weitläufigen Parkgelände steht, sind sicher nichts für Budget-Traveller. Doch selbst wer nicht über das nötige Kleingeld verfügt, sollte sich einen Drink auf der majestätischen Terrasse mit Blick auf die im Garten stolzierenden Pfauen gönnen. Auch ein persönlicher Butler ist rund um die Uhr möglich.

- Weniger gewaltig, dafür etwas intimer kommt das herrliche **Jai Mahal Palace Hotel** €€€€€€ (Jacob Rd., Tel.: 6601111, www.tajhotels.com) daher. Der ehemalige Palast der Maharajas von Jaipur verbindet den nostalgischen Charme vergangener Tage mit dem Luxus der Neuzeit.

Essen und Trinken

- Ausgezeichnete, frisch zubereitete Barbecue-Gerichte serviert das gemütliche Restaurant **Handi** (12–15.30 und 18.30–23 Uhr, Hauptgerichte zwischen 140 und 300 Rs) an der M.I. Road schräg gegenüber der Hauptpost. *Chicken tikka tandoori* und das vegetarische *stuffed kulfa* werden empfohlen.
- Erstklassige rajasthanische Gerichte serviert das nur wenige Meter von der Hauptpost entfernte, elegante Restaurant **Copper Chimney** (M.I. Rd., Tel.: 2372275, 12–15.30 und 18.30–23 Uhr). Neben weiteren indischen Gerichten gibt es auch westliche und chinesische Speisen sowie Bier. Pro Gericht sollte man 100 bis 220 Rs veranschlagen.
- Seit 1949 verwöhnt **Niro's** (M.I. Rd., Tel.: 2374493, 10–23 Uhr) die Gaumen der Pink City. Gleichbleibend superb ist vor allem die indische Küche (100–350 Rs) in dieser Institution der Stadt.
- Sicher eines der besten Restaurants Jaipurs ist das **Four Seasons** (Subash Marg, Tel.: 2373700, 12–15.30 und 18.30–23 Uhr, 100–200 Rs, kein Alkohol). Das zweigeschossige Restaurant ist angenehm eingerichtet und hat eine lange Speisekarte mit rajasthanischen und und anderen vegetarischen Gerichten, z.B. Pizza.
- Das wohl gelungenste Restaurant der Stadt ist das Dachrestaurant **Peacock** (7–23 Uhr) des Hotel Pearl Palace mit eigenwilligen, selbst entworfenen Möbeln und schönem Rundum-Blick auf Jaipur und das nahe Hathroi Fort. Erstklassige vegetarische und fleischliche Küche (indisch, chinesisch, italienisch etc.) zum kleinen Preis (50 Rs für gute Thalis bis etwa 150 Rs für Huhngerichte) in luftiger Höhe lockt allabendlich (dann hübsch mit Lichterketten illuminiert) viele Besucher, sodass oft kaum ein Platz zu finden ist. So sollte man besser reservieren. Völlig unaufdringlich ist auch der Schmuckladen auf dem Dach.
- Ähnlich wie bei den Hotels gibt es erstaunlicherweise so gut wie keine Restaurants in der Altstadt. Eine Ausnahme bildet das vegetarische Restaurant des **LMB** (11.30–15.30 und 19–23 Uhr, 100–200 Rs pro Gericht) am Johari Bazar. Der Grund für die Attraktivität ist neben der ungewöhnlichen Fünfziger-Jahre-Einrichtung das durchaus schmackhafte Essen. Die allzu offensichtlich auf ein dickes Trinkgeld spekulierenden Kellner wirken jedoch nicht gerade appetitfördernd. Sehr gut ist allerdings der Imbissstand am Eingang mit köstlichen *somosas, pakoras,* Süßigkeiten und diversen Eissorten.
- Im vegetarischen **Surya Mahal** (M.I. Rd., Tel.: 2362811, 100–180 Rs, 8–23 Uhr) kann man aus der umfangreichen Speisekarte zwischen südindischen, chinesischen und europäischen Gerichten wählen. Hier sind die Preise sehr moderat und man ist freundlich. Auch das nahe, fast preisgleiche **Natraj** ist zu empfehlen.
- Hinter dem Surya Mahal sorgt die köstliche **Bake Hut** (Arvind Marg) für den Gebäck-Nachtisch. Weiter westlich Richtung Bahnhof sind die Törtchen, Pralinen und Kekse der **Chocolate Boutique** (68 Gopalbari, Gasse parallel zur Sanjay Marg, Mo–Sa 10–20.30 Uhr, So nur abends) einfach köstlich.
- Fast-Food-Freunde können wählen zwischen **Pizza Hut** im Ganpati Plaza an der M.I. Rd. sowie **Dominos Pizza** (Zustellservice, Tel.: 2367943-46) und **McDonald's** beim Raj-Mandir-Kino. Gegenüber dem Kino lockt die **Barista Espresso Bar.** Im hinteren Teil des Busbahnhofs verkürzt das saubere

Traffic Jam bis Mitternacht die Wartezeit auf den Bus, ebenfalls mit Fast-Food, indischen Snacks und *thalis*.

- Unbedingt probieren sollte man die köstlichen *lassis* im **Lassiwala** an der M.I. Road., Shop 312 ist das Original. Es gibt inzwischen aufgrund des Erfolgs viele Nachahmer dieser mehr als stadtweit bekannten Institution.
- Eine kleine Filiale von **Baskins & Robbins** (Sanjay Marg/M.I. Rd.) versorgt mit köstlichem Eis. Näher an der Altstadt wässern die Eiskreationen des **Jal Mahal Café** (M.I. Rd., bis 12 Uhr geöffnet) gegenüber von Lassiwala den Mund.
- Nicht ganz billig, aber gut südindisch isst man im schön eingerichteten **Dasaprakash** (11–23 Uhr) an der M.I. Rd. Snacks kosten um die 90 Rs, *thalis* um 150 Rs. Als Nachtisch bieten sich riesige Eiskreationen oder eine große Auswahl an Kaltgetränken an.
- Billig speist man im wunderbar altmodischen **Indian Coffee House** (tgl. 8–21 Uhr), einen Durchgang von der M.I. Road hinein, kleine südindische Speisen und Snacks (*idli, dosas* etc.) und natürlich Kaffee.
- Für Reisende, die im Bereich des Bani Park wohnen, ist das **Gayatri's** mit köstlichen indischen Gerichten, von denen die meisten um 100 Rs kosten, eine ausgezeichnete Wahl. Leider wird so gut wie kein Englisch gesprochen.
- Trotz Erwähnung im Unterkunftsteil sei hier nochmals auf das schöne Restaurant bzw. die grünen, baumbestandenen Rasenflächen des Selbstbedienungsrestaurants vom **Arya Niwas** hingewiesen, das recht preiswert ist.
- Mit dem **Swaag** und dem **Celebrations** finden sich zwei empfehlenswerte Restaurants im Ganpati Plaza an der M.I. Rd. Das erstgenannte ist bei westlichen Reisenden wegen der umfangreichen Auswahl an indischen, chinesischen und westlichen Gerichten sowie den moderaten Preisen das mit Abstand beliebtere der beiden. Das wesentlich mondänere Celebrations ist ein rein vegetarisches Restaurant und wird in erster Linie von der Upper Class Jaipurs frequentiert.
- Wem mal wieder nach Pizza und Pasta in moderner Umgebung zumute ist, der sollte das **Little Italy** (Prithviraj Marg, KK Square, 3. Stock, Tel.: 4022444, 12–15.30 und 18.30–23 Uhr) etwas südlich der M.I. Rd. aufsuchen. Die wohl beste italienische (und andere internationale) Küche der Stadt ist mit 170–220 Rs pro Hauptgericht nicht mal besonders teuer.
- Ausblick aufs Raj-Mandir-Kino gegenüber und das Tiger Fort in der Ferne bei einem Bier, Cocktail oder auch härteren Mischungen im obersten, 5. Stock der Mall 21 im **Reds Fun Dining** (Tel.: 4007710, 11–23 Uhr) sind der perfekte Tagesausklang nach anstrengendem Sightseeing. Außerdem können im coolen rotschwarzen Dekor bei entsprechenden Beats auch vorzügliche indische und chinesische Speisen, Burger und Nudelgerichte verzehrt werden. Für zwei Personen ca. 500–1.000 Rs veranschlagen.
- Nach ausgiebigen Shopping-Touren in Malviya Nagar im Süden der Stadt ist das **Indian Spice** eine der besten Adressen für gehobene indische Küche. Das exquisit gestaltete AC-Restaurant im Gaurav Tower bietet ebensolche Gerichte zum fairen Preis.
- Wer sich an einem fürstlichen Abendessen im mondänen Hotel **Rambagh Palace** laben möchte, sollte neben genügend Kleingeld (2.000–3.000 Rs pro Person) auch das angemessene Outfit dabei haben. Besucher in ausgefransten Jeans und Gummischlappen werden nicht eingelassen. Bezahlbar ist der Lychee-Mint-Lassie mit 225 Rs – ein Gedicht. Auch ein Besuch der Polobar (Bier ca. 400 Rs, Cocktail ca. 500 Rs) ist nicht ganz billig.

Einkaufen

Neben (für manche sogar noch vor) Delhi ist Jaipur als touristische Shopping-Metropole beliebt. Dabei ist es sicherlich auch das historische Flair der Altstadt von Jaipur, das vor allem viele gutbetuchte Pauschalreisende zum Kauf animiert. So lassen sich viele gern vom Glanz der prunkvoll ausgestatteten Geschäfte verführen und zahlen astronomisch hohe Preise, zumal die Händler von Jaipur zu den pfiffigsten ihrer Branche zählen. Wer sich also auf einen Kauf einlässt, sollte hart verhandeln können. Kommt man über Rikshafahrer oder von Reiseagenturen und Hotels vermittelt zu einem der Geschäfte, kann man sicher sein, eine heftige Kommission mitzubezahlen.

• Gerade deshalb sollte man sich vorher einen Überblick über Angebot und Preise verschaffen. Der beste Ort hierfür ist das stattliche und staatliche **Rajasthali** (Tel.: 2367176, Mo–Sa 11–19.30 Uhr) an der Mirza Ismail Rd. gegenüber dem Ajmeri Gate. Wie üblich ist das Angebot riesig und die Preise fixed, d.h. nicht verhandelbar. Wer sich für spezielle Objekte interessiert, sollte die Preise notieren und damit in die entsprechenden Läden der Altstadt gehen.

• Berühmt ist Jaipur über die Grenzen Indiens hinaus für seine juwelenverarbeitende Industrie, in der über 30.000 Menschen beschäftigt sein sollen. Wer sich auskennt, kann sagenhaft günstig einkaufen, wer nicht, wird ebenso sagenhaft übers Ohr gehauen. Eine Vielzahl verlockender **Juweliergeschäfte** findet man in der Haldion-ka-Rasta, einer kleinen Gasse neben dem Johari Bazar, beim Siredeori Bazar beim Badi Chaupar und in der Gopalji-ka-Rasta in der Nähe des Tripolia Bazar.

• Will man sicher gehen, dass der Schmuck, den man kaufen möchte, echt ist, findet man Hilfe im **Gem Testing Laboratory** (Tel.: 256 8221, Mo–Sa 10–17 Uhr, www.gtljaipur.info) im Rajasthan Chamber Bhawan (2. Stock) an der M.I. Rd. beim New Gate. Wer bis 12 Uhr sein Testobjekt abgibt, erhält am Nachmittag zwischen 16 und 17 Uhr das Ergebnis. Für den Test sind mindestens 550 Rs zu zahlen.

! Eine Touristenfalle ist der gelegentlich in Jaipur von Männern, die Touristen auf der Straße in ein Gespräch ziehen, mit großen Gewinnaussichten angebotene **Transport** (oder Ankauf und Wiederverkauf im Heimatland) von **Edelsteinen.** Egal, mit welchen Tricks es probiert wird, auf jeden Fall ist dies eine Falle und abzulehnen.

• Am Bapu Bazar und sich westlich anschließenden Nehru Bazar entlang der südlichen Stadtmauer westlich des Sanganeri Gate und am Kishan Pol Bazar werden **Textilien, Saris und Stoffe,** bei den erstgenannen auch **Parfüm,** die berühmten flachen, *jootis* genannten **Rajasthani-Schuhe,** und **Edelsteine** feilgeboten.

• Erstklassiges **Rajasthani-Schuhwerk** für erstaunlich wenig Geld (400–800 Rs) verkauft **Mojari** (Shiv Heera Marg, Mo–Sa 11–18 Uhr, www.mojari.com), eine Gasse von der Sardar Patel Rd. hinein. Träger von Übergrößen werden jedoch nicht fündig. Das UN-gestütze Projekt sichert bis zu 3.500 Arbeitern aus ländlichen Regionen ihre Existenz.

• Eine weitere Möglichkeit, guten Gewissens zu shoppen, besteht bei **Anokhi** (KK Square, 2. Stock, Mo–Sa 9.30–20 Uhr, So 11–19 Uhr, www.anokhi.com) an der Prithviraj Marg, wo qualitativ hochwertige **Textilien** verkauft werden. Die Produkte werden nahe Jaipur unter ethisch einwandfreien Bedingungen hergestellt. Ein kleines Café und ein guter **Buchladen** sind ebenfalls erstklassig.

• Maßgeschneidert wird bei den **Jodhpur Tailors** (Motilal Atal Rd., Ksheer Sagar Hotel, nahe der Station Rd., Mo–Sa 9–20.30 Uhr, So bis 17 Uhr, www.jodhpurtailors.com). Ein Hemd kostet um 800 Rs, ein Anzug zwischen 8.000 und 17.000 Rs.

• Wer entspannt hübschen Schmuck einkaufen möchte, kann dies im **Silver Shop** (tgl. 7–22 Uhr) auf dem Dach des Hotel Pearl Palace ohne großes Feilschen zu einem fairen Preis tun.

• Im Vorzeigebezirk **Malviya Nagar,** etwa 6 km südlich der Altstadt, kann man das boomende Indien bestaunen und natürlich shoppen, was das Zeug hält. Neben dem riesigen, futuristischen **World Trade Center** werden hier ununterbrochen protzige Shopping Malls und Wohnkomplexe aus dem Boden gestampft. Viele der großen internationalen Marken haben etwa im **Gaurav Tower** ihre Geschäfte. Eine Riksha aus der Innenstadt sollte nicht mehr als 70 Rs, ein Taxi höchstens 150 Rs kosten.

• Jaipur ist auch ein guter Ort, um seine Reisebibliothek ein wenig aufzufrischen, gibt es hier doch eine ganze Reihe hervorragender **Buchhandlungen.** Eine der besten mit einem großen Angebot an Reisebüchern, Bildbänden, Belletristik, Sachbüchern, aktuellen Magazinen und Zeitungen sind **Universal Books** und **Books Corner** gleich neben Niro's Restaurant. Auch **Ganpati Books** im gleichnamigen Plaza hat eine recht umfangreiche Auswahl.

Bank

- Abgesehen von vielen **ATMs,** die außer Visa-, Visa Electron-, Master-, Maestro-, und Cirruskarten auch AmEx-Karten akzeptieren (in der Altstadt etwa der HDFC ATM neben dem LMB Hotel), gibt es eine Vielzahl von Banken und Exchange-Countern, großteils an der M.I. Rd.
- **Thomas Cook** ist gleich zweimal vertreten: eine kleine Wechselstube schräg gegenüber dem Hawa Mahal und das Hauptbüro im Jaipur Tower an der M.I. Rd. (Mo–Sa 9.30–17.30 Uhr, Tel.: 2360940, 2360801).
- An der M.I. Road zwischen Singh Pol und Ajmeri Gate ist **UAE Exchange** (Mo–Sa 9.30–18 Uhr, Tel.: 2363919) zuverlässig. Effizient bedient wird man auch bei **VKC Forex** (Mo–Sa 9.30–18 Uhr) an der rechten Seite des Ganpati Plaza und bei **Weizman Forex** (M.I. Rd., Mo–Sa 9.30–18.30 Uhr) ca. 500 m vom Bahnhof entfernt neben dem Jaipur Tower.
- Die **State Bank of India** westlich des Ghat Gate tauscht Bargeld und Travellerschecks.

Medizinische Versorgung

- Das beste Krankenhaus der Stadt ist das private **Santokba Durlabhji Memorial Hospital** (Bhawani Singh Road, Tel.: 2566251-8, www.sdmh.in).
- Für die Notaufnahme und bei Unfällen muss man sich ins größte, staatliche **Sawai Mansingh Hospital,** kurz SMS Hospital (Sawai Ramsingh Road, Tel.: 2560291) begeben.
- Die kleine Praxis von **Kerala Ayurveda Kendra** (Devi Marg nahe Shapura House, Tel.: 4006060, (0)9314643574, Hauptpraxis: Jamnalal Bajaj Marg, beim Rajmahal Hotel, Tel.: 5106743) hilft bei kleineren Beschwerden mit ayurvedischer Medizin und verabreicht recht preisgünstige ayurvedische Massagen.
- Ein **ayurvedisches Krankenhaus** (Tel.: 2672285) findet sich in der Amber Rd. beim Jarawar Singh Gate.
- In den meisten Krankenhäusern gibt es 24 Stunden geöffnete **Apotheken.**
- **Notfall-Nummern** in Jaipur: Polizei: 100, Krankenwagen: 102.

Post und Telefon

- Das **GPO Jaipur** gilt als eine der zuverlässigsten Adressen Rajasthans, um Post in Empfang zu nehmen oder Pakete zu verschicken (Eingang hierfür auf der Rückseite des Gebäudes). Vor dem Gebäude sitzt meist ein Mann, der für das entsprechende Entgelt (je nach Paketgröße zwischen 20 und 60 Rs) das zu verschickende Paket ordnungsgemäß verpackt und versiegelt.
- **DHL** (Tel.: 2361159, G-7A der Geeta Enclave, Mo–Sa 9.30–20 Uhr, www.dhl.co.in) hat in der Vinobha Marg nahe M.I. Rd. hinter der Standard Chartered Bank eine günstig gelegene Filiale.
- Hat man kein eigenes Handy, erledigt man **Telefongespräche,** egal ob inländische oder *long distance,* am besten von einem der vielen privaten Büros. Man sollte sich jedoch zuvor erkundigen, ob der genannte Minutentarif ein Nettopreis ist oder ob diesem noch eine „Bearbeitungsgebühr" hinzugerechnet wird. Der Durchschnittspreis in Jaipur liegt derzeit bei 7 Rs/Min. für ein Gespräch nach Europa. Gelegentlich ist in Internetcafés das billige Telefonieren über Internet möglich (s.u.).

Internet, Fotografieren

- Die durchschnittliche Internetgebühr beträgt 20 bis 30 Rs pro Stunde. Einige Internetcafés sind entlang der M.I. Rd. zu finden, etwa **Modern Internet** eine Gasse gegenüber dem Natraj Restaurant hinein und das **Dhoom Cyber Café** wenig weiter östlich im Innenhof, die außerdem billige Net-to-Phone-Telefonverbindungen (4,50 Rs/Min.) anbieten sowie die Möglichkeit, Fotos von Digitalkameras auf CD zu brennen (ca. 100 Rs inkl. CD). Die regulären Fotogeschäfte verlangen hierfür bis zu 200 Rs. Eine Ausnahme ist **Sentosa Colour Lab** im Ganpati Plaza, die auch nur 100 Rs verlangen. Ausdrucke im Format

10x15 cm kosten dort 5 Rs. Hier gibt's natürlich auch Filme und Memory Cards.

- Als eine der ganz wenigen Internetcafés in der Altstadt bietet sich **Shree Ram Communications** an (20 Rs./Std.), nicht weit vom LMB Hotel zwischen den Toren 81 und 82 die Gasse 50 m hinein, zum Surfen an.

Kino

- Wer sich einmal einen der verschwenderisch inszenierten indischen Filme in einem adäquat opulenten Ambiente zu Gemüte führen möchte, für den ist das herrliche **Raj Mandir** eine der besten Adressen Indiens. Es ist einer jener stuckverzierten, riesigen Kinopaläste, wie es sie in Europa leider schon lange nicht mehr gibt. Trotz eines Fassungsvermögens von mehreren Tausend Personen ist es oft ausverkauft, besonders bei Aufführung ganz neuer Filme. Vorführungen um 12.30, 15.30, 18.30 und 21.30 Uhr, Reservierungen zwischen 10 und 18 Uhr ab eine Stunde vor Aufführungsbeginn bis zu 7 Tage im Voraus (Tel.: 2379372). Ohne Reservierung sind Tickets ab 45 Minuten vor Aufführungsbeginn mit viel Glück und Durchsetzungsvermögen an der Kasse zu ergattern, Ticketpreise zwischen 50 und 110 Rs.

  Gegenüber dem Raj Mandir kann im **Reds** (Tel.: 4007710) in der Mall 21 das Tanzbein geschwungen werden.

- Inzwischen hat das neue Multiplex-Kino des **Entertainment Paradise,** gut 5 km vom Stadtzentrum entfernt südlich in Malviya Nagar, bei den Einheimischen dem Traditionshaus den Rang abgelaufen. Auch in Indien wird inzwischen mehr Wert gelegt auf genügend Parkplätze und vielfältiges Zusatzangebot, was dort gegeben ist.

Sport und Erholung

- Für eine gute, entspannende Massage und andere Anwendungen ist **Kerala Ayurveda Kendra** (F30 Jamnalal Bajaj Marg, 8–12 und 16–20 Uhr, Tel.: 5106743, (0)9314643574, www.keralaayurvedakendra.com) bekannt. Einstündige, fachkundige Massagen kosten 500 Rs inkl. Transport vom/zum Hotel. Anmeldung erforderlich. Auch die Filiale in Bani Park (D 259 Devi Marg) nahe dem Shapura House verkauft ayurvedische Medizin und Produkte.
- An Meditation Interessierte sollten sich zum **Dhamma Vipassana Meditation Centre** (Tel.: 2680220), etwa 3 km von Jaipur entfernt in Galta, begeben, wo 10-Tages-Kurse auf Spendenbasis angeboten werden.
- Viele der Mittelklasse- und Luxushotels bieten die Möglichkeit, in ihren **Pools** zu schwimmen. Preiswert und schön sind der Pool des Hotel Megh Niwas (100 Rs/Tag), der zentral gelegene Gartenpool des Alsisar Haveli (200 Rs/Std.) oder der herrliche Gartenpool des Narain Niwas Palace Hotel für 150 Rs/Tag.
- Wer mit Kindern unterwegs ist, kann sich im **Pink Pearl Fun City** (Main Ajmer Rd., Tel.: 51411210/1), 16 km von Jaipurs Zentrum entfernt, im Wellenpool, mit Wasserrutschen, Go-Kart, Minigolf etc. vergnügen (Eintritt 150 Rs für Erwachsene und 75 Rs für Kinder, 10–19 Uhr). Für Erwachsene sind die Pools der großen Hotels besser.

Feste

- Das berühmte **Elefantenfestival** findet alljährlich einen Tag vor dem Holi-Fest im Februar/März im Chaugan-Stadion etwas nördlich der Altstadt statt. Die prunkvollen Umzüge mit bunt geschmückten Elefanten sind bei Einheimischen wie Touristen beliebt und äußerst sehenswert.
- Ebenfalls ein prächtiger Umzug durch die Straßen Jaipurs steht im Mittelpunkt des zu Ehren von Shivas Gemahlin Parvati veranstalteten **Gangaur-Festivals** im März/April. Tänzer, Trommler, Kamele und Elefanten sorgen für eine ebenso farbenfrohe wie laute Mischung.
- Das **Teej-Fest** wird jedes Jahr im Juli/August zu Beginn des Monsuns gefeiert und ist der Hochzeit von Shiva und Parvati gewidmet. Vor allem die Rajputen-Frauen feiern das Fest mit farbenprächtigen Umzügen, Gesang und Tanz.
- Das **Jaipur Heritage International Festival** (Tel.: 2222728, www.jaipurfestival.org) wie

auch der **Rajasthan Day** (jedes Jahr 21.–30.3.) setzen sich zum Ziel, die Traditionen Rajasthans mit einer Vielzahl von Veranstaltungen (klassischer Tanz und Musik, Lesungen und Ausstellungen) im gesamten Stadtgebiet und im Amber Fort wachzuhalten.

An- und Weiterreise

Flug

- **Flugtickets: Travel Care** (Tel.: 2371832, www.travelcareindia.com) im Erdgeschoss des Jaipur Tower, tgl. außer So 10–19 Uhr, ist ein verlässliches Reisebüro.
- **Air India,** Nehru Place, Tonk Road, flughafennah, Tel.: 2743500, am Flughafen: 2721 333, www.airindia.com.
- **Jet Airways,** Flughafen, Tel.: 2725027, www.jetairways.com.
- **Kingfisher Airlines,** links neben dem Jaipur Tower, M.I. Rd., Tel.: 4030372/3, Mo–Sa 9.30–18.30 Uhr, am Flughafen Tel.: 2723485, www.flykingfisher.com.
- **IndiGo,** Tel. am Flughafen: 2743500, www.goindigo.com. Täglich oder mehrmals wöchentlich Flüge von Jaipur nach Delhi, Mumbai, Jodhpur, Udaipur, Kalkutta, Ahmedabad und Udaipur.
- Über aktuelle Verbindungen informiert übersichtlich die Website **www.yatra.com.**

Bahn

- Im **Railway Reservation Office** links vor dem Bahnhof (Inquiry Tel.: 131, 133) ist Schalter 749 u.a. für Touristen vorgesehen. Das Gebäude ist Mo–Sa 8–20 Uhr (15 Min. Pause um 14 Uhr) und So 8–14 Uhr geöffnet. Hier können Tickets nur bis mindestens 5 Stunden vor Abfahrt gebucht werden. Für Buchungen am Tag der Abfahrt muss man sich zum Schalter 10 im nördlichen Teil von Bahnsteig 1 begeben (6–6.30, 14–14.30 und 20–22.30 Uhr) oder ein nicht zu empfehlendes, unreserviertes Ticket an einem der vielen normalen Schalter im Bahnhofsgebäude kaufen.
- In die **Shekhawati-Region** fahren derzeit nur langsame Passenger-Züge.
- Wichtige **Verbindungen** sind im Anhang aufgeführt.

Bus

- Besonders komfortabel sind die **Deluxe-Busse** und klimatiserten **Luxusbusse** von RTRTC (Rajasthan Roadways, die mit nur wenigen Stopps das jeweilige Ziel anfahren), die von Bussteig Nr. 3 in der rechten hinteren Ecke des Busbahnhofs abfahren. Hier befindet sich auch ein Reservierungsbüro (Tel.: 5116032, 7–21 Uhr tgl.). Eine frühzeitige Buchung ist empfehlenswert, da die Nachfrage während der Hauptsaison sehr groß ist.
- Nach **Delhi** (5 Std., Non-AC/AC 320/420 Rs, AC-Volvo 550 Rs) fahren tgl. 31 Deluxe- und AC-Volvo-Busse zwischen 5.30 und 1.30 Uhr von Plattform 3, teils zum Bikaner House, teils zum ISBT in Delhi. Zahlreiche Verbindungen bestehen u.a. nach **Jodhpur** (alle 2 Stunden, 7,5 Std., Exp./Del./AC 160/240/305 Rs, AC (6.30 Uhr) und Deluxe-Verbindungen um 13.30 und 23.30 Uhr von Plattform 3), **Agra** (11 Busse, 5,5 Std., Express-/Deluxe-/AC-Busse (140/195/370 Rs) alle über Bharatpur (130 Rs, 4 Std.), rund um die Uhr, viele Deluxe-Verbindungen zwischen 6.30 und 0 Uhr (Plattform 3), **Ajmer** (13 Busse, 2,5 Std., 76/99 Rs, AC 160 Rs), **Alwar** (halbstündig zwischen 4.30 und 22 Uhr), **Chittorgarh** (6 Verb., 7 Std., 210/330 Rs), **Udaipur** (8 Busse, 10 Std., 300 Rs, Volvo AC 600 Rs, Deluxe um 10, 11.15, 13.30 sowie 22 und 0 Uhr), **Bundi und Kota** (5 bzw. 5,5 Std., um 6.45, 8.45 und 15.15 Uhr, 126/161 Rs, AC-Deluxe-Busse (203/239 Rs) von Plattform 3, Express-Busse (150 Rs) von Plattform 2), **Mathura** (6 Busse, 15.45 Uhr auch über Vrindavan, 151 Rs, um 13.30 und 22.30 Deluxe-Verbindungen), **Nawalgarh** und **Jhunjhunu** (4/5 Std., halbstündig Express-Busse und ein Deluxe-Bus um 16.30 Uhr, 95 bzw. 140 Rs, Plattform 4, alle via Sikar) und **Bikaner** (nur einfache Exp.-Busse zwischen 5 und 22 Uhr, 8 Std., 182 Rs) über Sikar. Nach **Sawai Madhopur** (Ranthambore, Plattform 2, 6 Std., Plattform 4, nur Exp.-Busse, 101 Rs) um 14.30 und 17.15 Uhr, ansonsten über Tonk (halbstündige Verbindungen). Kein Direktbus nach Mandawa (Shekhawati), umsteigen in Mukundgarh.

- Zwei Direktbusse nach **Pushkar,** von denen aber nur der Deluxe-Bus um 13 Uhr (Plattform 3) zu empfehlen ist.
- Weitere **Auskünfte:** Rajasthan Roadways Tel.: 5116032 (Reservierungen), für Deluxe-Busse Tel.: 2204445, 5116031, für Exp.-Busse Tel.: 2207906, 5116043/4, außerdem das hilfsbereite Tourist Information Bureau im Bahnhofsgebäude und die Filiale am Busbahnhof.

Umgebung von Jaipur

Highlight: Amber

↗ C2

Es gibt kaum einen Besucher Jaipurs, der nicht die nur 11 km nördlich gelegene **Palastanlage** von Amber besucht. Amber war für über sechs Jahrhunderte die Hauptstadt der Kachwahas, bevor sich *Jai Singh II.* 1727 entschloss, seine neue Residenz in Jaipur zu errichten.

Wohl niemand wird diesen Ausflug bisher bereut haben, ja vielen gilt das Fort als die schönste Festung ganz Indiens. Spektakulär ist allein schon der erste Anblick nach der Ankunft, wenn sich die auf einem steilen Berghang gelegene Trutzburg in den Wassern des ihr zu Füßen gelegenen kleinen Sees spiegelt.

Durch den **Mogul-Garten Dil-e-Aram** führt ein steiler, gewundener Kopfsteinpflasterweg zum **Suraj Pol,** dem Haupttor der sehr weiträumigen Anlage.

Hat man das Suraj Pol passiert, befindet man sich in einem weiträumigen, von Souvenirläden, Erfrischungs- und Essensständen gesäumten **Innenhof,** in dem früher die Besucher des Regenten ihre Pferde und Elefanten zurückließen. Von hier führt eine breite Treppe zu einem zweiten Hof mit dem **Audienzsaal** (Diwan-e-Am), in dem der Maharaja die offiziellen Empfänge abhielt. Um dieses Schmuckstück aus Marmor vor dem Zugriff des neidischen Mogul-Kaisers *Jehangir* zu bewahren, soll es *Jai Singh I.* einst mit einer Gipsschicht überzogen haben.

Durch das wunderschön ornamentierte **Ganesha-Tor** (Ganesha Pol) führt der Weg zu den erneut auf einer höheren Ebene angesiedelten **Privatgemächern** der Herrscherfamilie.

Besondere Aufmerksamkeit bei den täglich Tausenden von Besuchern erregt u.a. der kleine, gänzlich mit kleinen Spiegeln ausgeschmückte **Jai Mandir** und der daneben gelegene **Shak Mandir.** Mit seinen filigranen Marmorgitterfenstern gewährt der Shak Mandir einen weiten Blick in das von den Aravalli-Bergketten eingeschlossene Amber-Tal. Den dem Jai Mandir gegenüber gelegenen **Saal der Freuden** *(Sukh Niwas)* durchfloss einst ein Bach. Inmitten der Paläste, Pavillons, Terrassen und Galerien findet sich ein blühender kleiner **Garten.** Auch hier manifestiert sich der Versuch der durch räuberische und grausame Feldzüge zu Macht und Reichtum gelangten Herrscher, ihr Privatleben in einer Ruhe ausstrahlenden Umgebung zu verbringen.

Für die meisten Touristen galt über viele Jahre der **Ritt auf dem Rücken eines Elefanten** hinauf zur Burg als eine der Hauptattraktionen Ambers. Vergessen wurde dabei, dass dies bei der sengenden Hitze für die mit bis zu vier schweren Personen beladenen Elefanten und bis zu fünf Ritten pro Tag nichts anderes als Tierquälerei war. 2005 entlud sich der jahrelang ertragene Schmerz eines Elefanten, indem er einen zufällig vor ihm stehenden einheimischen Reiseleiter gegen eine Mauer schleuderte. Der Tod des Reiseleiters machte landesweit Schlagzeilen und warf ein Schlaglicht auf das Leid der Elefanten. Seither darf jeder Vierbeiner nur noch dreimal pro Tag zur Burg hinaufschnaufen und das auch nur noch mit zwei statt vier Passagieren. Daher stehen nicht immer Elefanten bereit, auch in der Mittagszeit werden keine Ritte durchgeführt (8–11 und 15.30–17.30 Uhr). Preis für zwei Personen 900 Rs. Am Fuß des Aufstiegs warten Jeeps, die den Fußlahmen für 200 Rs zum Fort hinaufbringen. Ein Aufstieg zu Fuß dauert je nach Kondition etwa 10–15 Min.

- **Geöffnet** ist der Palast tgl. 9–18 Uhr, Eintritt 150 Rs inkl. Kamera und Video. Ein Audioguide kostet 200 Rs. Am Eingang können **Guides** gebucht werden, 90 Min. kosten 200 Rs/4 Pers.
- **Anfahrt:** Von Jaipur fahren ständig Busse für 10 Rs vom Badi Chaupar (ab der nordwestlichen Kurve des Platzes), ein paar Meter vom Hawa Mahal entfernt, in knapp einer halben Stunde nach Amber. Eine Riksha sollte für die Hin- und Rückfahrt mit Wartezeit ca. 500 Rs kosten, die einfache Fahrt etwa 150 Rs.

Der besondere Tipp: Jaigarh Fort

Wer nach der Besichtigung des Palastes noch genügend Ausdauer besitzt, sollte sich das oberhalb von Amber gelegene Jaigarh Fort nicht entgehen lassen. Die meisten Gebäude in der 1726 von *Jai Singh* errichteten Festungsanlage sind verfallen, doch auch die Ruinen vermitteln noch einen interessanten Eindruck der ehemaligen Pracht. Zurzeit lässt der Schwiegersohn des Maharajas einige Gebäude restaurieren. Im Übrigen wird man für den ca. 15-minütigen Anstieg mit **herrlichen Ausblicken** in die Umgebung belohnt. Man entgeht hier oben dem Touristenrummel der Palastanlage. Eine kleine Cafeteria bietet sich für Snacks und Getränke an.

Im östlichen Bereich der Anlage findet sich die ehemalige **Kanonengießerei,** die nach Rückkehr von *Man Singh I.,* General in Akhbars Armee, von einer Reise nach Kabul errichtet wurde. Dort erwarb er die Kenntnisse zum Bau der Kanonen, von denen einige noch heute im Museum des Forts zu besichtigen sind. Die größte, eine 50 Tonnen schwere, *Jaivan* genannte Kanone, ist im Südteil des Forts zu besichtigen. Sie gilt als **größte Kanone der Welt** und hat eine Reichweite von 20 km, kam allerdings, bis auf einen Probeschuss, nie zum Einsatz.

Nördlich von Museum und zwei hinduistischen Tempeln, dem Sri Ram Hari und dem Kal Bhairava, gelangt man zum Palastbereich, von dessen Gärten und Pavillons sich ein herrlicher Blick auf Amber und Amber Fort bietet. Im Mittelpunkt des nationalen Interesses stand das Fort Mitte der 1970er Jahre, als es die damalige Ministerpräsidentin *Indira Gandhi* weiträumig absperren ließ. Hunderte von Polizisten durchsuchten die Katakomben, um das dort angeblich gelagerte, auf mehrere Zigmillionen Rupies, Juwelen und Gold geschätzte Vermögen der Kachhawas von Amber zu konfiszieren. Gefunden wurde nichts.

• **Geöffnet** ist der Palast tgl. 9–17 Uhr, Eintritt 75 Rs, Kamera/Video 50 Rs. Ein Guide kostet 200 Rs. Das Ticket für den Stadtpalast berechtigt auch zum Besuch des Jaigarh Fort innerhalb von zwei Tagen.

Royal Gaitor

Die **Grabstätten von Gaitor** (Chattris, 9–16.30 Uhr, Eintritt 10 Rs, Kamera/Video 10/20 Rs), etwas nördlich der Stadtmauern Jaipurs, wirken wie kleine **Marmorkunstwerke** in der schönen Gartenlandschaft. In der seit dem 18. Jh. auch als Verbrennungsstätte der Herrscher von Jaipur genutzten Anlage beeindruckt besonders der mit mythologischen Szenen verzierte Kenotaph des Stadtgründers *Jai Singh II.* (50 m rechts vom Eingang eine steile Treppe hinauf), dessen weiße Marmorkuppel auf 20 skulptierten Säulen ruht. Zudem bietet sich hier ein schöner Blick über die Gesamtanlage. Es führt ein Weg zu einem Ganesh-Tempel mit Swastika-Symbol.

Jal Mahal

Auf der Fahrt von Jaipur nach Amber liegt nach ca. 6 km auf der rechten Straßenseite das **„Wasserschloss" Jal Mahal.** Heute ist es als solches jedoch kaum mehr zu identifizieren, da der das Jal Mahal umgebende See die meiste Zeit im Jahr ausgetrocknet ist. Doch auch so vermittelt das Bauwerk immer noch viel von seiner ursprünglich romantischen Atmosphäre. Seit langem existieren Pläne, das Jal Mahal zu einem Luxushotel umzubauen.

Nebenan gelegen, ist die **Maharani ki Chattri** das Pendant zum Royal Gaitor, beherbergen die marmornen Kenotaphe mit prächtigen Blumenmotiven doch die sterblichen Überreste der Frauen der Herrscher von Jaipur.

Sisodia-Gärten

Vorbei am hübschen Vidhyadhar's Garden, der zu Ehren des Architekten Jaipurs errichtet wurde, führt die Straße Richtung Agra zum zierlichen, mit Wandmalereien geschmückten **Sisodia-Rani-Palast.** Auch diese verspielte Palastanlage inmitten gepflegter, terrassenförmig angelegter Gärten stammt aus der Regierungszeit Jai Singhs. Der offensichtlich nicht gerade knauserige Herrscher ließ das Schloss für seine zweite Frau erbauen. Heute ist es eines der beliebtesten Ausflugsziele in der Umgebung von Jaipur und an Wochenenden von Einheimischen überlaufen.

Galta

Drei Kilometer östlich von Jaipur findet sich mit der **Schlucht** von Galta, die stufenförmig mit vielen kleinen Tempeln und Teichen ausgefüllt ist, ein Ort ganz besonderer sakraler Atmosphäre. Die unzähligen Tempelaffen werden von den Pilgern eifrig gefüttert, da man sich von ihnen Glück verspricht. Der hoch oberhalb der Schlucht gelegene **Tempel** zu Ehren des Sonnengottes Surya aus dem frühen 18. Jh. ist von Norden aus über einen 2 km langen steilen Anstieg zu erreichen. Die schöne, längere Südzufahrt per Auto führt, vorbei an Sisodia Gardens und durch eine naturbelassene Landschaft mit vielen Tieren, ebenfalls nach Galta.

• **Geöffnet** von 6 bis 19 Uhr. Gelegentlich wird am Eingang eine Foto-/Videogebühr von 50 Rs erhoben.

Choki Dhani

Eine gelungene Mischung aus Unterhaltung und dem Erleben des traditionellen Lebens Rajasthans ist im 18 km südlich von Jaipurs Zentrum gelegenen Choki Dhani zu erfahren. In diesem einem **rajasthanischen Dorf** nachempfundenen **Vergnügungsgelände** werden neben kulinarischen Genüssen (Rajasthani-Thalis im Eintrittspreis enthalten, weitere Restaurants im Umfeld) Tanzvorführungen, Puppenspiel, Zauberei, Kunststücke sowie Kamel- und Elefantenausritte nicht nur Kinder faszinieren. Die Wochenenden sollte man wegen des starken Zulaufs meiden.

• **Öffnungszeiten:** 18–23 Uhr, Eintritt Erw./Kind 350/175 Rs. Choki Dhani ist am komfortabelsten per Taxi zu erreichen. Die Hin- und Rückfahrt inkl. Wartezeit sollte nicht mehr als 600 Rs kosten.

Saganer ↗ C2

Dieses kleine, 16 km südlich von Jaipur gelegene Städtchen mit einem verfallenen Palast und einigen schönen Jain-Tempeln ist überregional für die hier ansässigen **Papier- und Textildruckereien** bekannt. Eine besondere Spezialität der Familienbetriebe Saganers ist der Blockdruck, wobei die verschiedenen Muster in Holz geschnitzt und von Hand auf der ganzen Länge der Stoffbahn gedruckt werden. Ein beliebtes Souvenir sind die dazu verwandten Druckblöcke, die meist nicht viel größer als ein normaler Stempel sind. Man sollte sich den Weg zum Flussufer nicht entgehen lassen, wo die fertigen Stücke in der Sonne trocknen. Busse vom Ajmeri Gate starten alle 5–10 Min. nach Saganer (10 Rs, eine Std. Fahrtzeit).

Der besondere Tipp: Abhaneri

Das heute unbedeutende, kleine Dorf Abhaneri, etwa 95 km von Jaipur entfernt auf dem Weg nach Agra, war einmal ein bedeutendes hinduistisches Pilgerzentrum. Das innerste Heiligtum des heute verfallenen **Harshat-Mata-Tempels** aus dem 9. Jh. wird über einen breiten Zugang mit fünf Tempelterrassen erreicht, von dem heute nur noch die mit Reliefs versehenen **Säulen** erhalten sind. Diese bilden zusammen mit weiteren wiederverwendeten Reliefblöcken des ehemaligen Tempels auch heute noch eine von der ländlichen Bevölkerung verehrte heilige Stätte. Auf einer der oberen Tempelterrassen wird ein **Shiva-Lingam** verehrt. Zudem lohnen die beiden oberen Tempelterrassen mit **ikonischen Darstellungen** diverser hinduistischer Götter einen Blick.

Anschließend an die Tempelanlage ist auch der **Chand Baoli,** einer der größten **Stufenbrunnen** Rajasthans, einen Besuch wert. An einer Seite des im 11. Jh. äußerst aufwendig errichteten Bauwerks sind mehrere übereinander gebaute Pavillons zu bestaunen.

Die Sehenswürdigkeiten erreicht man von Jaipur kommend entweder per Bus bis Sikandra und von dort per Jeep die letzten 10 km oder mit dem Bus bis Gular, von wo weitere 5 km zurückzulegen sind. Mit eigenem Gefährt auch über den NH 11 Richtung Agra, vom National Highway abbiegen nach Bandikui hinein und etwa nach 10 km, vor Erreichen des Ortes, an der Kreuzung eines kleinen Dorfes (bei einer Statue mit rotem Turban) rechts abbiegen. Nach nur wenigen Kilometern wird die Tempelanlage passiert.

Samode

↗ C2

Folgt man der alten Karawanenstraße von Jaipur über das Shekhawati nach Bikaner, so gelangt man ca. 35 km nördlich von Jaipur in die kleine Provinzstadt **Chomu.** Wie die von hohen Mauern umstellte Festung vermuten lässt, hat der heute unbedeutende Ort eine abwechslungsreiche Geschichte hinter sich. Biegt man hier rechts ab, so gelangt man entlang einer verlassenen Serpentinenstrecke, die sich durch eine faszinierende Berglandschaft schlängelt, nach 15 km zu einer der bezauberndsten **Palastanlagen** ganz Rajasthans. Hier, sozusagen am Ende der Welt und zu Füßen einer Bergfestung, ließ sich der Finanzminister des Maharajas von Jaipur Mitte des 19. Jh. sein Märchenschloss errichten.

Hat man den imposanten Treppenaufgang hinter sich gelassen, gelangt man in herrlich ausgestattete Räumlichkeiten. Schmuckstück des heute als exquisites **Heritage Hotel** dienenden Prachtbaus ist der **Diwan-e-Khas** mit seinen über und über mit Wandmalereien und kleinen Spiegelchen verzierten Wänden. Als eines von vielen entzückenden Details fallen die verstellbaren Jalousien ins Auge, hinter denen die Damen des Hauses die Geschehnisse der Männerwelt verfolgten. Alles wirkt ein wenig wie eine Filmkulisse und tatsächlich wurden hier schon bedeutende Filmszenen gedreht (zum Beispiel für den Film „Palast der Winde" nach dem Roman von *Paul Scott*).

Unterkunft

- Das herrliche **Samode Palace Hotel** €€€€€ (Tel.: 0141-2632370, 01423-240014, www.samode.com) gilt als eines der besten Palasthotels des Landes. Ausstattung und Lage der liebevoll eingerichteten 35 Zimmer sind gleichermaßen bezaubernd. Auch die zeltdachüberspannten Bungalows sowie der schöne Garten mit Restaurant und Swimmingpool sind hervorragend. Von Besuchern, die nicht im Hotel wohnen, wird ein Eintrittsgeld von 500 Rs verlangt, der aber mit einem Mahl (ca. 1.000–1.200 Rs) im Restaurant verrechnet wird.

An- und Weiterreise

- Mehrere **Direktbusse** von Jaipur (Plattform 4) fahren nach Samode, ansonsten über Chomu. Zu **Taxipreisen** von Jaipur aus siehe Jaipur/Information.
- Auch der **9733/4 Shekhawati Exp.** verbindet tgl. mit Jaipur, Dundhloh, Nawalgarh und Sikar, Busse sind aber wegen eventueller Verspätung des Zuges vorzuziehen.

Bharatpur

↗ D2

(ca. 265.000 Einwohner, Vorwahl: 05644)

Wegen des 5 km südlich vom Stadtzentrum gelegenen **Keoladeo-Vogelschutzparks** gilt Bharatpur heute als Mekka für Ornithologen aus aller Welt. Im 17. und 18. Jh. war es die Hauptstadt eines einflussreichen Regionalreiches, dessen Herrschaftsbereich zeitweise bis an die Grenzen Delhis und Agras reichte.

Noch heute beherrscht das mächtige, von einem Wassergraben umschlossene **Fort** die ansonsten uninteressante Stadt. Seinen Namen Lohagarh (Eiserne Festung) hat es sich verdient, da es erfolgreich verschiedenen Angriffen der Mogul-Heere und später der Briten trotzte. Die beiden großen Festungstürme Jawahar Burj und Fateh Burj sowie zwei von einem erfolgreichen Beutezug aus Delhi mitgebrachte Eingangstore sind die beeindruckendsten Bauelemente des ansonsten deutliche Spuren des Verfalls aufweisenden Forts. Eines der insgesamt drei Palastgebäude innerhalb der Festungsmauern beherbergt allerdings ein interessantes **Museum.**

- **Öffnungszeiten:** tgl. außer Fr 10–16.30 Uhr, Eintritt 3 Rs, Kamera/Video 10/20 Rs.

Information

- Den Besuch im **Tourist Reception Centre** (Mo–Sa 10–17 Uhr, jeder 2. Sa geschlossen, Tel.: 222542) am Saras Circle ist bis auf die Aushändigung eines Stadtplans und für Informationen über Bus- und Bahnzeiten nur hilfreich, wenn man etwas insistiert. Wesentlich umfangreichere Informationen zum Vogelpark bekommt man am Eingang desselben, wo auch eine informative Broschüre zum Keoladeo-Nationalpark erhältlich ist.

Stadtverkehr

Bharatpur ist eine sehr weitläufige Stadt. So liegt der Bahnhof 2 km nördlich des Stadtzentrums und 7 km vom Nationalpark entfernt, der Busbahnhof immerhin noch unangenehme 5 km.

- Mit der **Autoriksha** kostet die Fahrt vom Bahnhof zum Nationalpark für Einheimische maximal 40 Rs, vom Busbahnhof 30 Rs, verlangt wird von Touristen jedoch meist das Doppelte.
- Ähnliches gilt für die **Fahrradrikshas,** die für die gleiche Strecke eigentlich nicht mehr als 30 bzw 25 Rs verlangen dürften. Meist hat man nur dann eine Chance auf den lokalen Fahrpreis, wenn man ein vom Rikshafahrer empfohlenes Hotel wählt, da dieser dann die Kommission zusätzlich kassiert.
- Am geeignetsten zur Erkundung des Vogelparks sind die von vielen Hotels verliehenen **Fahrräder** (Preis ca. 50 Rs pro Tag).

Unterkunft

Die meisten Unterkünfte der unteren und mittleren Preiskategorie gruppieren sich um die Verkehrskreuzung **Saras Circle** knapp 400 m östlich vom Parkeingang. Deshalb sollte man aus Richtung Agra und Fatehpur Sikri kommend auf jeden Fall schon an der Kreuzung zum Keoladeo-Nationalpark (Saras Circle) aussteigen, da man sich dann den weiten Rückweg vom Busbahnhof zum Nationalpark sparen kann, für den zudem immer weit überhöhte Rikshagebühren verlangt werden. Von der Kreuzung aus sind die meisten der aufgeführten Unterkünfte zu Fuß erreichbar.

- Eine sehr kommunikative Atmosphäre herrscht im nahegelegenen **Evergreen Guest House** € (Tel.: 225917) mit Garten. Der gewiefte und humorige Manager bietet einfache, aber völlig ausreichende Zimmer an, alle mit Bad, für wenig Geld – eine gute Wahl. Ein Dachrestaurant ist angeschlossen.
- Das hübsche kleine **Spoonbill Hotel & Restaurant** €-€€ (Tel.: 223571, www.hotelspoon

Unterkunft

3 The Bagh
4 Laxmi Vilas Palace Hotel
5 Kiran Guest House
6 The Babbler Guest House
7 Sanctuary Tourist Lodge
8 Hotel The Park
9 Park Regency
10 Bharatpur Ashok
11 Hotel Pelican
12 Birders Inn
13 Eagle's Nest
14 Evergreen Guest House
15 Spoonbill Hotel
16 Falcon Guest House
17 New Spoonbill
18 Royal Guest House

Essen und Trinken

3 The Bagh
15 Spoonbill Restaurant
16 Falcon Guest House

Verkehr

1 Main Busstand
2 Roadways Busbahnhof

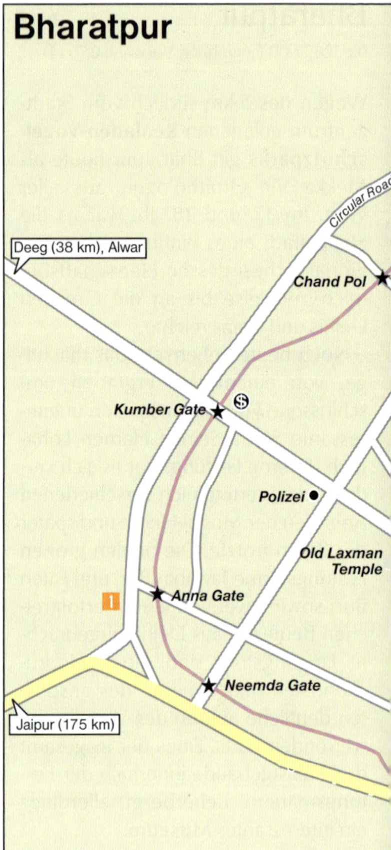

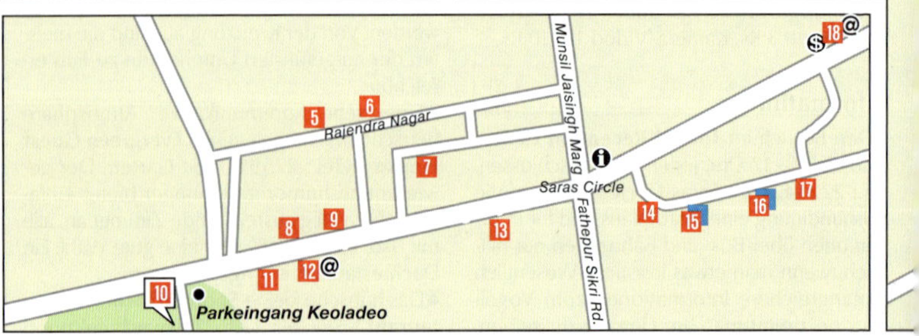

Ost-Rajasthan

bill.com) ist nicht mehr das neueste, hat aber recht ansprechende, teils klimatisierte Zimmer im Angebot. Das Open-Air-Lokal wird von einem pensionierten General betrieben, der köstliches Essen zu günstigen Preisen serviert. Nicht weit entfernt hat sein Sohn das gute **New Spoonbill** €-€€ (Tel.: 223571, (0)9414023246, harishsingh@rediffmail.com) mit komfortableren Zimmern eröffnet.

- Mehr fürs gleiche Geld gibt's im hübschen und relativ ruhigen, weil ein wenig von der Hauptstraße zurückversetzten **Falcon Guest House** €-€€ (Tel.: 223815, www.falconguesthouse.com) mit Gartenrestaurant. Alle Zimmer, teils mit AC, TV und Badewanne, haben einen Balkon.
- Von einer Wechselstube mit Internetcafé zu einer empfehlenswerten Unterkunft hat sich das **Royal Guest House** €€ (Tel.: (0)9414315457, www.royalguesthousebharatpur.com) gewandelt. Geld wechseln und surfen kann man immer noch, doch zusätzlich stehen fünf sehr saubere Zimmer zur Verfügung.
- Von den ruhig an der Rajendra Nagar gelegenen Unterkünften bieten das **Kiran Guest House** € (Tel.: 223845, www.kiranguesthouse.com) und das **The Babbler Guest House** € (Tel.: 226164) große helle Zimmer für wenig Geld, allerdings dauert die Essenszubereitung lange. Auch die neue, kleine **Sanctuary Tourist Lodge** € (Tel.: 233488, www.sanctuarytouristlodge.com) in der Nähe, in der man selbst kochen darf, ist empfehlenswert.
- Die unmittelbare Nähe zum Parkeingang, das höchste Dachrestaurant und teils recht hübsche und preiswerte Zimmer mit Balkon und TV machen das billige **Hotel Pelican** € (Tel.: 224221) empfehlenswert.
- Das **Birders Inn** €€€-€€€€ (Tel.: 227346, www.birdersinn.com) hat schöne und ruhige, nach hinten gelegene AC- und Non-AC-Zimmer, einen hübschen baumbestandenen Garten mit Sitzgelegenheiten und ein gutes (und recht teures) Restaurant.
- Schön möblierte Zimmer mit Terrasse davor, die teureren mit TV, hat das **Eagle's Nest** €€-€€€ (Tel.: 225144) zu bieten.
- In der Nähe des Parkeingangs liegen zwei neuere Hotels, die die luxuriösesten in Parknähe sind. Beide haben schöne, große AC- und Non-AC-Zimmer mit TV und AC-Restaurant. Das weiträumig von Rasenflächen umgebene **Hotel The Park** €€€-€€€€ (Tel.: 233192) mit Swimmingpool (die Zimmer haben einen Kühlschrank) wirkt aber etwas kühl, während das **Park Regency** €-€€€ (Tel.: 224232, www.hotelparkregency.com) fast nebenan mit zusätzlichem Gartenrestaurant und einer Menge Rosen eine angenehmere Atmosphäre ausstrahlt.
- Den Vogel außerhalb des Parks schießt das **Laxmi Vilas Palace Hotel** €€€€ (Tel.: 223523, www.laxmivilas.com) ab. Dieser alte Palast mit sehr schön antik möblierten, teils klimatisierten Zimmern mit viel Atmosphäre inmitten einer friedvollen Gartenlandschaft bietet viel fürs Geld, auch ein Swimmingpool ist vorhanden. Einziger Nachteil: Es liegt etwas ab vom Schuss.
- Noch etwas weiter Richtung Agra liegt das erstklassige **The Bagh** €€€€€ (Agra Achmera Rd., Tel.: 225415, www.thebagh.com) inmitten eines großen, vogelreichen Gartens mit Pool. Zwischen 11 und 15 Uhr wird es allerdings recht hektisch, wenn zahlreiche Tourgruppen zur Mittagspause im hauseigenen Restaurant eintreffen.
- Die mit Abstand teuerste Unterkunft ist das **Bharatpur Ashok** €€€€€ (Tel.: 222760, www.theashokgroup.com) mitten im Park. Umgeben von Vogelstimmen, kann man sich in den renovierten Zimmern oder auf der Terrasse des teuren Restaurants der friedvollen Atmosphäre des Parks hingeben. Die Tiere sind derart an den Hotelbetrieb gewöhnt, dass sie sich ohne Scheu in unmittelbarer Nähe aufhalten. Während der Hochsaison zwischen November und März ist eine Voranmeldung unbedingt erforderlich. Wie üblich bei staatlichen Hotels lässt der Service zu wünschen übrig.

Bank und Internet

- Etwas östlich von der Kreuzung Saras Circle beim Vogelpark bietet sich das **Royal Forex** (Tel.: 230283, 10–22 Uhr) im Royal Guest House zum Wechseln von Bargeld, Travellerschecks und Kreditkarten (3 % Gebühr) an. Angeschlossen ist ein schnelles **Internetcafé** mit guter Ausrüstung und STD-Laden.

- Ein weiteres gutes Internetcafé ist das **Book House** nahe dem Birders Inn, wo 50 Rs/Std. verlangt werden. Hier können auch Fotos der Digitalkamera auf CD gebrannt werden.

An- und Weiterreise

Bahn:

Bharatpur liegt verkehrsgünstig an der Strecke von Delhi nach Mumbai sowie an der Strecke Delhi - Agra - Jaipur - Jodhpur - Ahmedabad und bietet dementsprechend eine vielfältige Auswahl an Zugverbindungen. Wichtige Verbindungen finden sich im Anhang.

Bus:

Bharatpur liegt an der Hauptstraße zwischen Agra und Jaipur.

- Alle Busse von und nach **Fatehpur Sikri** (1 Std.) bzw. Agra passieren die Hotelgegend um den Saras Tourist Bungalow. Es empfiehlt sich, hier auszusteigen, da man ansonsten später den 5 km langen Weg vom Busbahnhof wieder zurückfahren muss - wenig sinnvoll. Auch Deluxe-Busse der Silver Line passieren hier.
- Stündliche Verbindungen bestehen nach: **Agra** (1,5 Std., über Fathepur Sikri), **Jaipur** (4,5 Std.), **Deeg** und **Mathura** (1,5 Std.) sowie **Delhi** (5 Std.). Außerdem gibt's drei Busse nach **Gwalior, Jodhpur** und **Udaipur** sowie weitere nach **Alwar, Deeg, Vrindavan** und **Lucknow.** Die genauen Abfahrtszeiten können im Tourist Reception Centre in Erfahrung gebracht werden.

Keoladeo-Ghana-Nationalpark

D2

Das Gebiet des 29 km² großen Nationalparks liegt in einer natürlichen Senke, die sich während der Monsunzeit im Sommer mit Wasser füllt. So sammelten sich hier seit jeher **Wasservögel,** die für die Maharajas von Bharatpur willkommene Beuteobjekte waren. An manchen Tagen sollen bis zu 4.000 Vögel ihrer Schießwut zum Opfer gefallen sein. Um ihrem Hobby ganzjährig frönen zu können und nicht, wie zuvor, nach der Regenzeit, wenn mit dem zurückgehenden Wasserspiegel auch die Vögel abzogen, mit leeren Händen dazustehen, ließen die Herrscher von Bharatpur künstliche Bewässerungskanäle und Dämme errichten. Das so von Menschen gestaltete Feuchtgebiet entwickelte sich rasch zu einem Magnet für die Vogelwelt.

Heute zählt es zu den bedeutendsten **Vogelschutzgebieten** der Erde. Etwa 370 Vogelarten wurden bisher in Bharatpur beobachtet, davon allein über 100 Zugvogelarten aus nordasiatischen Gebieten wie Japan und Sibirien. Speziell in den Wintermonaten November bis Mai und während der Brutzeit in den Monsunmonaten von Juli bis Mitte September sind die beiden großen seichten **Seen** mit den kleinen Bauminseln in der Mitte des Parks Heimatstätte von Zehntausenden von Kormoranen, Reihern, Fasanen, Löfflern, Gänsen, Adlern, Enten und Störchen sowie unzähligen anderen Vogelarten. Wenn man weiß, dass allein die über 2.000 Störche täglich etwa fünf Tonnen Futter benötigen, erstaunt es immer wieder, welch enorme Fischmenge die seichten Gewässer in sich bergen.

Die mit Abstand beste Jahreszeit zum Besuch des Parks sind die Wintermonate Oktober bis Februar. Zwischen März und September ist nur ein Bruchteil der Vögel vor Ort.

- **Öffnungszeiten:** im Sommer 6–18 Uhr, im Winter 6.30–17 Uhr, Eintritt 200 Rs pro Person (gilt allerdings nur für einen Eintritt pro Tag) plus 3 Rs für ein Fahrrad. Fotokameras sind gebührenfrei, für eine Videokamera müssen happige 400 Rs berappt werden. Guides kosten 150 Rs/Std. bis 5 Personen, ab 6 Personen 120 Rs. Im Park gibt es beim Keoladeo-Tempel einen Kiosk mit Tee/Kaffee und Snacks. Viele Hotels verleihen für bis zu 50 Rs Ferngläser.

Radtour durch den Park

Das von einer mitten durch die beiden Seen führenden Dammstraße durchzogene Gebiet ist ideal, um mit dem Fahrrad erkundet zu werden. Um speziell an Feiertagen und Wochenenden den Besuchermassen zu entgehen, sollte man vornehmlich auf den Nebenstraßen und im südlichen Teil des Parks auf Erkundungstour gehen, da man dort oft stundenlang kaum Menschen begegnet. Zur Abenddämmerung ist besonders die Gegend um den Keoladeo-Tempel interessant, da die großen Wasservögel dort ihre Schlafplätze haben. Fahrräder werden sowohl am Parkeingang als auch in den meisten Unterkünften meist für 30 Rs/Tag vermietet. Statt bei den Händlern vor dem Eingang sollte man sein Fahrrad besser direkt an der Kasse des Nationalpark buchen, da sie hier billiger sind. Da die Nachfrage speziell während der Hauptreisezeit sehr groß ist, empfiehlt es sich, schon einen Tag vorher seinen Drahtesel zu reservieren. Man sollte darauf achten, ein gut gewartetes, relativ neues Rad zu ergattern, da viele Drahtesel uralt, verrostet und kaum fahrbar sind. Wasserflasche nicht vergessen!

Mit der Fahrradriksha

Eine andere Möglichkeit zur Parkerkundung sind die zahlreichen am Parkeingang und um den Tourist Bungalow auf Gäste wartenden Fahrradrikshas an. Allerdings besitzen nur die mit einem gelben Schild an der Vorderseite ausgestatteten Rikshas die Lizenz für den Nationalpark. Viele Rikshafahrer sind äußerst freundliche Zeitgenossen und verfügen über erstaunliche Fachkenntnisse. Der große Nachteil der Rikshas, die hinter dem Fahrer zwei Personen Platz bieten, besteht jedoch darin, dass sie auf dem asphaltierten Hauptweg bleiben müssen, während man mit dem eigenen Fahrrad jeden schmalen Seitenweg benutzen kann. Für eine Rikshafahrt (die Fahrer kommen umsonst in den Park) sollte man zuzüglich Eintrittspreis pro Stunde etwa mit 70 Rs rechnen. Einer von vielen am Parkeingang wartenden Riksha-Fahrern namens *Dilip* (dilip_kn pbtp@yahoo.co.in) wurde von zahlreichen Lesern empfohlen.

Bootstour

Alternativ kann man am Eingang für 150 Rs pro Stunde für 2-Sitzer, 75 Rs für 4-Sitzer sowie 25 Rs für größere Boote eine Bootstour auf einem der Seen buchen. Dabei kommt man besonders nah an die Tiere heran, weshalb man sich sehr zurückhaltend verhalten sollte.

Alwar

↗ D2

(ca. 320.000 Einwohner, Vorwahl: 0144)

Die Ende des 18. Jh. von einem ehemaligen Vasallen Jaipurs, der sich unabhängig gemacht hatte, erbaute Stadt wirkt trotz ihrer Größe recht beschaulich, liegt verkehrsgünstig zwischen Delhi und Jaipur und besitzt einen der schönsten Rajputenpaläste Rajasthans. Schade nur, dass das am Rande des **Aravalli-Gebirges** gelegene Alwar von nur wenigen Touristen besucht wird. Wer von hier, wie die meisten der wenigen Besucher, zum nur 35 km südwestlich gelegenen **Sariska-Nationalpark** aufbricht, sollte zumindest die Gelegenheit nutzen, um den 3 km außerhalb des Stadtzentrums gelegenen Palast zu besichtigen.

Der besondere Tipp: Stadtpalast

Eine Kulisse besonderer Art bietet sich dem Besucher bereits auf dem Palastvorplatz. Unter riesigen Baumkronen haben Schreiber kleine Holztischchen aufgestellt und bearbeiten mit ihren altertümlichen Schreibmaschinen Stapel von Antragsformularen. Die ungeduldig wartenden Bürger eilen schließlich mit den fertiggestellten Dokumenten in den Stadtpalast, der heute zum großen Teil von Behörden genutzt wird und deshalb bei den Einheimischen vornehmlich als „Government-Palast“ bekannt ist.

Eher in einem italienischen Rokokoschloss denn in einem Rajputenpalast wähnt man sich, sobald man über die Mitteltreppe in den **Innenhof** des Palastes gelangt ist. In einer höchst gelungenen Synthese aus strenger Symmetrie und verspielter Formgebung finden sich elegant verzierte und ornamentierte Pavillons, geschwungene Bengaldächer, offene Säulenhallen, freilaufende Treppenaufgänge, durchbrochene Marmorfenster, winzige Erker und Balkone. Eine passendere Filmkulisse für die ausufernden, von Herz, Schmerz und wehenden Kostümen geprägten Hindi-Filme lässt sich kaum denken. Ganz deutlich stehen die Bauten unter dem Einfluss des späten Rajputenstils, der stark vom manierierten Mogul-Geschmack beeinflusst wurde.

Prunkstücke des im oberen Stockwerk beheimateten **Museums** sind eine innerhalb von 15 Jahren angefertigte Ausgabe des „Kalisthan“, eine Sammlung moralischer Erzählungen des 1292 verstorbenen Dichters *Shadi*, sowie eine 24 Meter lange Rolle mit einer Abschrift der „Bhagavad Gita“. Daneben verdient auch die Sammlung hervorragender Miniaturmalereien Beachtung. Insgesamt gehört das Museum zu einem der interessantesten Rajasthans, wenn es auch wegen der Unterschiedlichkeit seiner Ausstellungsobjekte zunächst etwas verwirrend erscheint.

Geht man vom Museum entlang einer kleinen Balustrade um das Gebäude herum, bietet sich eine beeindruckende Aussicht auf den dahinter gelegenen, künstlich angelegten **Palastteich** mit seinen Pavillons und Badetreppen. Wer sich vor der reichlich schmalen und wenig Vertrauen erweckenden Umrundung scheut, kann auch von der hinteren linken Ecke des Vorhofs über eine Treppe zum See gelangen. An dessen Südseite steht der marmorne **Chattri** von *Raja Bakhtawar Singh,* dem Herrscher Alwars von 1781 bis 1815. Die Gedenkstätte bildet mit dem umlaufenden Balkon und dem halbkreisförmigen Bengaldach noch einmal ein Beispiel des als indischer Rokoko bezeichneten Baustils Alwars.

Nordwestlich des Sees führt ein schmaler, steiler Weg auf den sich dahinter befindenden **Hügel,** der von den Überresten einer mittelalterlichen Festung gekrönt wird. Da hier ein Radiosender installiert wurde, ist die Besteigung jedoch nur mit einer speziellen Genehmigung erlaubt. Außer einer allerdings sehr beeindruckenden **Aussicht** auf die Stadt gibt es hier kaum etwas zu bewundern.

- **Öffnungszeiten:** tgl. außer Fr 10–16.30 Uhr.

Fort Bala Quila

Das riesige, 5 x 1,6 km große Fort Bala Quila, 300 m über der Stadt, wurde als eines der wenigen in Rajasthan schon vor der Zeit der Moguln in der Regierungszeit von *Nikumbh Rajputen* im 9. Jh. v. Chr. erbaut. 15 große und 51 kleinere Türme sowie 6 Zugangstore zeigen die Ausmaße der heute verfallenen Anlage. Nach mehreren Eroberungen fiel sie 1775 in die Hände von *Pratab Singh,* dem Begründer des Staates Alwar. Leider kann das Fort, das heute durch einen Radiosendemast verunstaltet ist, nur mit spezieller Genehmigung vom Superintentent of Police (Tel.: 2337453) besichtigt werden. Man genießt jedoch eine Rund-um-Aussicht nach einem Aufstieg, der beim Collectorate Office beginnt.

Information

- Das **Touristenbüro** (Tel.: 2347348) in der Stadtmitte gegenüber dem Company Park ist tgl. außer So von 10 bis 17 Uhr geöffnet. Neben Informationen zur Stadt selbst werden auch bereitwillig Auskünfte zum nur 35 km südlich gelegenen Sariska-Nationalpark erteilt. Außerdem können **Hotelreservierungen** für Sariska vorgenommen werden.

Stadtverkehr

- Der Stadtpalast, die Hauptsehenswürdigkeit Alwars, liegt etwa 3 km vom Bahnhof entfernt. Die Fahrt mit der **Autoriksha** sollte nicht mehr als 15 Rs, mit der **Fahrradriksha** 10 Rs kosten.
- Nahe dem Bahnhof können **Fahrräder** für 20 Rs/Tag ausgeliehen werden.

Bank

- Geld und Reiseschecks werden in der **State Bank of Bikaner & Jaipur** nahe dem Busbahnhof gewechselt.

Unterkunft, Essen und Trinken

- Am angenehmsten wohnt man im **Alwar Hotel** €€€€ (Tel.: 2700012, www.alwarhotel.com) mit seinem gepflegten, Ruhe ausstrahlenden Garten, großen Zimmern, einem guten Restaurant und hilfsbereitem Personal.
- Nur wenige Meter vom Bahnhof entfernt liegt das **Aravali Hotel** €-€€ (Tel.: 2373684) mit einer großen Auswahl qualitativ sehr unterschiedlicher Zimmer. Die Räume nach hinten sind wegen der ruhigeren Lage vorzuziehen. Im Erdgeschoss befindet sich eine düstere Bar, deren arktische Temperaturen leider

die lautstarke Stimmung der Gäste nicht abmildert. Das Restaurant ist hingegen gut.

- Empfehlenswert ist das weiter südlich gegenüber dem Stadion gelegene **Phool Bagh Palace Hotel** €€-€€€ (Tel.: 2347253). Die Preise sind angemessen.
- Eine empfehlenswerte Adresse in unmittelbarer Bahnhofsnähe ist das **Hotel Natraj** €€-€€€ (Tel.: 2447355). Die Zimmer sind zwar recht spartanisch, doch für eine Nacht akzeptabel. Das große Plus des Natraj ist sein ausgezeichnetes Restaurant.
- Ein passables Mittelklasse-Hotel ist das staatliche **Hotel Meenal** €€ (Tel.: 2347352). Ebenso passabel ist das angeschlossene Restaurant (*veg* und *non-veg*).
- Eine gute Wahl ist auch das **New Tourist Hotel** €-€€€ am Manu Marg (Tel.: 2322047). Die Zimmer sind sauber und relativ groß, ein preiswertes Restaurant ist angeschlossen. Preise zwischen 300 und 700 Rs für das Zimmer.
- Das bei Siliserh, ca. 20 km südwestlich von Alwar, gelegene **Hotel Lake Palace** €€-€€€ (Tel.: 2886322) bietet eine gute Möglichkeit, um für relativ wenig Geld in einem zum Hotel umgewandelten Maharaja-Palast zu wohnen. Das Haus liegt an einem kleinen See wenige Kilometer abseits der Straße, die zum Sariska-Park führt.
- **Narula's** mit vielseitiger Küche (indisch, chinesisch, westlich) und schönem Ambiente an der Road No. 2 ist empfehlenswert.
- Zu Recht sehr beliebt ist das **Prem Pavitra Bhojnalaya** beim Busbahnhof. Serviert werden schmackhafte vegetarische Gerichte zu Preisen zwischen 50 und 90 Rs.

An- und Weiterreise

- **Bahnverbindungen** s. Anhang.
- Direkte Busverbindungen u.a. alle 30 Min. zum **Sariska-Nationalpark** (ca. 1 Std.), nach **Bharatpur** (ca. 3,5 Std./Exp.), nach **Deeg** (ca. 2,5 Std./Exp.), **Jaipur** und **Mathura** (ca. 3 Std./Exp.) und **Delhi** (4 Std./Exp.).

Deeg

↗ D2

(ca. 40.000 Einwohner)

Für den Durchreisenden stellt sich dieser 34 km nördlich von Bharatpur gelegene Ort nur als verstaubtes Provinznest mit einem etwas zu groß geratenen Busbahnhof dar. Doch der hier Mitte des 18. Jh. vom Herrscher von Bharatpur errichtete **Sommerpalast Suraj Mahal** ist auf jeden Fall einen Besuch wert. Ebenso wie der Stadtpalast von Alwar repräsentiert er einen Baustil, der in seiner stark manieristischen Prägung der Spätzeit der Palastarchitektur zuzuordnen ist. Das beeindruckende Äußere des Palastes diente als Hintergrund bei der Verfilmung von *Hermann Hesses* Roman „Siddharta". Bis in die siebziger Jahre wurde der Palast von dem Maharaja bewohnt.

Gopal Bhawan

Hat man den Palastbezirk von Norden her durch das Singh Pol betreten, befindet man sich in einem sehr schönen, durch vier Wasserläufe gegliederten **Mogul-Garten.** Die Beschwingtheit, die das hierin eingebettete Hauptgebäude der Anlage, der Gopal Bhawan, mit seiner verspielten Architektur ausstrahlt, wird durch dessen von vier Pavillons am Ende der Kanäle flankierten Garten aufgenommen und zusätzlich verstärkt. Insgesamt 500 Fontänen wurden zu speziellen Festen in Betrieb gesetzt und erzeugten mit ihren gefärbten Wassern, künstlich erzeugten Geräuschen und geheimnisvoller Beleuchtung während der Nacht ein einzigartiges Schauspiel. Vor dem Gopal Bhawan steht, herausgehoben auf einer separaten Marmorplatte, eine **Marmorschaukel.** *Suraj Mall,* der Erbauer des Palastes, soll sie 1763 von einem Beutezug aus dem Roten Fort in Delhi mitgebracht haben. Besonders eindrucksvolle Bilder bieten sich, wenn die Rajputen-Frauen in ihren bunten Kleidern zum Wasserholen kommen.

Von den Decken des sich zur Gartenseite öffnenden Gopal Bhawan hängen sogenannte **Pahannas,** lange, reich verzierte Stoffbahnen. Sie dienten nicht nur als dekorativer Blickfang, sondern hatten durchaus praktischen Nutzen. Über Schnüre konnten sie von Dienern bewegt werden und wurden so als manuelle, überdimensionierte Windfächer für die unter der Sommmerhitze leidenden Herrschaften eingesetzt.

Die diversen Räume des **Hauptgebäudes** beeindrucken vor allem durch ihre exquisite Möblierung. Allerdings wirkt vieles etwas heruntergekommen und renovierungsbedürftig.

Besonders beeindruckend wirkt der Palast durch den an seiner Südseite angrenzenden **Gopal Sagar,** einen kleinen, künstlich angelegten See. Speziell mit den beiden flankierenden Pavillons wirkt er wie ein kleiner Wasserpalast. Sehr schön, wenn auch weniger verspielt wirkt der südlich des Teichs von Suraj Mahalls Stiefvater errichtete **Purana Mahal** mit schönen Rajputen- und Mogul-Wandmalereien im Inneren.

- **Eintritt:** 100 Rs, tgl. außer Fr 10–17 Uhr.

An- und Weiterreise

- Fast stündliche **Busverbindungen** nach Alwar (3 Std.), Bharatpur (1,5 Std., alle 30 Min.), Mathura (1 Std.) und 1 Direktbus nach Agra über Mathura (3,5 Std.).

Sariska-Nationalpark

↗ D2

Tragikomisch, aber wahr: Gerade weil die Tigerpopulation durch Wilddieberei im Sariska-Nationalpark ausgerottet war, sind heute die Chancen, hier einen Tiger zu sehen, so groß wie in kaum einem anderen Nationalpark Indiens. Des Rätsels Lösung? In einer Art Wiedergutmachungsaktion für den enormen Image-Schaden entschloss sich die Regierung, fünf Tiger aus anderen Nationalparks in Sariska anzusiedeln. Selbige wurden dann äußerst „touristenfreundlich“ mit GPS ausgestattet, sodass diese „ferngesteuerten Raubkatzen“ problemlos zu orten sind.

Doch selbst für den Fall, dass man keinen Tiger sichtet, ist der 1979 mit einer Kernzone von 498 km² dem Project Tiger zugeordnete Park wegen seiner zahlreichen anderen Wildtiere und seiner landschaftlichen Schönheit einen Besuch wert. Wer allerdings in seiner Zeit begrenzt ist, sollte den Ranthambore-Nationalpark vorziehen, zumal dort wesentlich bessere Unterkünfte zur Verfügung stehen. In Sariska bieten sich gute Chancen, einen der rund 50 im Park lebenden **Leoparden** zu sichten, denen das felsige Gelände ideale Lebensbedingungen bietet. Besonders faszinierend ist der Anblick der Tiere, wenn sie durch die Ruinen des malerisch auf einem Berg gelegenen Kanwari-Forts (gut 20 km vom Forest Reception Centre entfernt) streifen. Hierfür ist das Mitführen eines Fernglases empfehlenswert, da die gefleckten Großkatzen in den Felsen eine nahezu perfekte Tarnfarbe besitzen und nur schwer aus der Ferne auszumachen sind.

Auch die verlassene Stadt **Bangarh** aus dem 17. Jh. ist einen Abstecher wert. Sie kann außer mit Jeeps auch mit einem der den Nationalpark durchfahrenden Busse zum nahegelegenen Dorf Golaba erreicht werden.

Weitere den Park bevolkernde Tiere sind **Sambarhirsche, Antilopen,** die bevorzugten Beutetiere für den Tiger, sowie **Schakale, Füchse** und **Wildschweine.** Die am Rande des Schutzgebietes gelegenen Seen bei Tekla sind im Winter ein Sammelplatz fur viele Arten von **Wasservögeln.** Überdies ist Sariska eines der besten Gebiete, um Indiens Nationalvogel, den **Pfau,** zu beobachten. Die Balzzeit beginnt wenige Wochen vor Eintritt der Regenzeit im Mai/Juni und setzt sich bis Juli/August fort. Daher wird dem wunderschönen Tanz der Pfauenhähne die Kraft zugeschrieben, den Regen herbeizurufen.

Besichtigung

Alle hier gemachten Angaben sind mit Vorsicht zu genießen, da es sehr wahrscheinlich ist, dass der **Skandal um die gefälschten Tigerbestände** weitreichende Auswirkungen auf die Verwaltung des Parks haben wird. Selbst von einer längerfristigen **Schließung** des Parks war zwischenzeitlich die Rede. Schon jetzt ist ein deutlicher Rückgang der Besucherzahlen zu registrieren.

Wie für die anderen Nationalparks Indiens, stellen auch für Sariska die Monate Oktober bis März die **Hauptreisezeit** dar. Zwischen Dezember und Januar sowie an Wochenenden ist eine Vorbestellung für die Parkunterkünfte unbedingt vonnöten. Da die Hauptstraßen im Park asphaltiert sind und somit auch während der **Regenzeit** befahren werden können, ist Sariska ganzjährig geöffnet, Oktober bis März tgl. 7–16 Uhr, April bis September 6–16.30 Uhr.

Jeeps für die jeweils morgens von 7 bis 9.30 Uhr oder nachmittags von 15 bis 17.30 Uhr bzw. als Ganztagestour durchgeführte **Parkbesichtigung** können beim Forest Reception Centre (Tel.: 2841333) an der Jaipur Rd. gegenüber vom Sariska Palace für 1.050 Rs (2,5 Stunden) bis 3.200 Rs (ganzer Tag, max. 5 Personen) gemietet werden. Hinzugerechnet werden muss noch die **Eintrittsgebühr** pro Fahrzeug (250 Rs) und pro Person (450 Rs). Teilt man sich den Jeep mit 5 Personen, kostet die Besichtigung also ca. 1.100 Rs. Die Videokameragebühr beträgt weitere 200 Rs, Fotokamera ist frei.

Unterkunft

(Vorwahl: 0144)

Interessierte sollten bedenken, dass in der unmittelbaren Nähe des Parks keine empfehlenswerten Unterkünfte zur Verfügung stehen, sodass man entweder von Alwar oder den in der Umgebung gelegenen Alternativen anreisen muss.

- Der staatliche **RTDC Tiger Den** €-€€ (Tel.: 2841342) ist die einzige Unterkunft in unmittelbarer Parknähe. Einfache, schmucklose und nicht moskitosichere Zimmer mit Balkon in einem wenig ansprechenden Gebäude können nicht wirklich empfohlen werden.
- Abgesehen von den allerdings auch nur bedingt zu empfehlenden Hotels in Alwar bietet sich das 20 km vom Park entfernte **Alwar Bagh** (Tel.: 2885231, www.alwarbagh.com) als Alternative an. Ein Heritage Hotel ist es zwar nur dem Namen nach, da die Gäste im Neubau neben dem Palast wohnen, doch die

Zimmer sind sehr geräumig und die gesamte Anlage umgibt eine friedvolle Stimmung. Der Service lässt allerdings zuweilen zu wünschen übrig. Touren zum Sariska-Park können hier gebucht werden.

An- und Weiterreise

Der Eingang zum Nationalpark liegt an der Hauptverkehrsstraße zwischen Alwar und Jaipur und entsprechend unproblematisch sind die Verkehrsverbindungen mit dem **Bus.** Allerdings sind die am Forest Reception Centre vorbeifahrenden Busse oft bis zum Bersten gefüllt. Zum gut eine Stunde entfernt gelegenen **Alwar** ist das erträglich, die knapp vierstündige Fahrt zum 160 km südöstlich gelegenen **Jaipur** ist da schon problematischer. Als Alternative könnte man zunächst zum 50 km entfernten Verkehrsknotenpunkt **Shahpura** fahren und dort in einen weniger besetzten Bus umsteigen. Alle Busse nach Jaipur passieren übrigens die nur 11 km nördlich gelegene Festungsstadt **Amber.**

Highlight: Ranthambore-Nationalpark

↗ D2

In seltener Einmütigkeit zählen Naturliebhaber diesen 1957 gegründeten Nationalpark zu einem der schönsten Indiens. Der ehemals nur 392 km² große Wildpark wurde später auf 1.300 km² erweitert, um den Lebensraum des Tigers zu vergrößern. Die geologische Prägung der 275 km² großen Kernzone des Schutzgebietes mit ihren schroffen Felswänden und steilen Hängen haben die Wildnis in Ranthambore über Jahrhunderte vor einer Umwandlung in Ackerland bewahrt. So konnte sich im von kleinen, krokodilbevölkerten Flüssen und Seen durchzogenen Park eine wunderschöne Naturoase entwickeln, die eine einzigartige Faszination ausstrahlt.

Das inmitten des Parks gelegene **Fort,** von dem sich ein wunderschöner Ausblick über die eindrucksvolle Parklandschaft bietet, weist noch heute deutliche Spuren vergangener Kämpfe auf und dokumentiert damit, dass das Gebiet in früheren Jahrhunderten kein unberührtes Naturparadies, sondern ein hart umkämpftes Schlachtfeld war. Die bereits im 10. Jh. errichtete Trutzburg als Mittelpunkt eines lokalen Herrscherhauses wurde mehrfach erobert, so z.B. 1301 durch den Sultan von Delhi und 1569 durch die Truppen *Akhbars.* Später wurde aus dem wildreichen Gebiet das Jagdgebiet der Maharajas von Jaipur.

Ranthambore wurde als einer der ersten Nationalparks dem **Project Tiger** angeschlossen, wobei die Parkverwaltung konsequenter als irgendwo sonst den speziellen Lebensbedürfnissen dieser scheuen Wildkatzen Rechnung trug. Seit dem landesweit Aufsehen erweckenden Skandal im Jahr 2006 wegen gefälschter Zahlen der Tigerpopulation (s. Exkurs „Project Tiger“) schätzt man die Tigerpopulation in Ranthambore auf nur noch 30 Tiere. Dementsprechend gering sind die Chancen, einen Tiger zu Gesicht zu bekommen. Nichtsdestotrotz lohnt Ranthambore wie kaum ein anderer Nationalpark einen Besuch, ist es doch gerade die Vielfältigkeit von Natureindrücken und verfallenden Gebäuden, die den besonderen Charme von Ranthambore ausmacht. Besonders häufig sind die **Sambarhirsche** als Hauptbeutetiere des Tigers zu beobachten. Weitere anzutreffende Säugetiere sind die indischen Gazellen, **Chinkaras, Schakale** und **Antilopen.** Äußerst selten werden **Streifenhyänen** und **Leoparden** gesichtet. Darüber hinaus haben über 270 Vogelarten das Gebiet zu ihrer Heimat gemacht. Neben **Geiern** und **Adlern** zählen **Zugvögel** wie der Schwarzstorch, die Streifengans und der Fischadler zu den meistgesehenen Arten.

Besichtigung

(Vorwahl: 07462)

Beliebteste **Reisezeit** für Ranthambore sind wegen des milden Klimas die Wintermonate November bis Februar, allerdings sinken die Nachttemperaturen dann manchmal bis zum Gefrierpunkt. Mit Tagestemperaturen von bis zu 40 °C heiß und dementsprechend weniger populär ist die Zeit zwischen März und Juni. Allerdings sind diese Monate für Tierbeobachtungen günstig, weil sich das Leben im Park dann weitgehend an den Seen konzentriert. Während der Monsunzeit vom 1. Juli bis 1. Oktober bleibt das Reservat geschlossen, da die unbefestigten Wege aufweichen und nicht befahrbar sind.

Man kann eine Safari (3 Std.) in einem **offenen Bus** (10–20 Personen, 812 Rs p.P.) oder per **Jeep** mit maximal 5 Personen (890 Rs p.P.) unternehmen. Es gibt drei Möglichkeiten, die Safaris zu reservieren: persönlich beim **Forest & Project Tiger Office** (Tel.: 223402), etwa 500 m vom Bahnhof der Stadt Sawai Madhopur, gegen einen Aufpreis über das jeweilige Hotel oder online über www.rajasthanwildlife.in. Da es bei der Online-Buchung immer wieder zu Komplikationen kommt und die Buchung vor Ort sehr zeitaufwendig und bürokratisch ist, lohnt sich der recht bescheidene Aufschlag für die Buchung über das Hotel vor Ort. Während der Hauptsaison sind die Jeeptouren jedoch oft ausgebucht. Über die Verfügbarkeit der jeweiligen Touren kann man sich auf der oben genannten Webseite informieren. Abfahrt: Okt.–Feb. 7 Uhr und 14.30 Uhr, März–Juni 6.30 Uhr und 15.30 Uhr. Video 400 Rs, fotografieren frei.

Information

- Das **Tourist Reception Centre** (Tel.: 220808, Mo–Sa 10–17 Uhr, 30 Min. Pause um 13 Uhr) befindet sich in **Sawai Madhopur** im RTDC Vinayak Tourist Complex, es gibt noch einen Ableger im Bahnhof (Mo–Sa 10–17 Uhr, Tel.: 2220808).

Stadtverkehr

- Der **Bahnhof von Sawai Madhopur** liegt 12 km vom Eingang zum Nationalpark entfernt. Sobald man den Zug verlassen hat, wird man von Riksha-, Tempo- und Tongafahrern umringt, die einen „for two Rupies only" zu einem Hotel ihrer Wahl fahren wollen – um dann die saftige Kommission zu kassieren. Die Hotels in der Stadt sind alle zu Fuß erreichbar. Vom Bahnhof zum Park sollte es, egal mit welchem Transportmittel, auf keinen Fall mehr als 60 Rs kosten, eher etwas weniger. Fahrräder zum Preis von 40 Rs pro Tag verleihen einige Läden vor dem Bahnhof.

Unterkunft

Einfache Unterkunftsmöglichkeiten finden sich in **Sawai Madhopur,** während die besseren an der Straße zum Nationalpark bzw. in der Umgebung des Parks liegen.

- Sehr schlicht, dafür billig ist das etwa einen halben Kilometer vom Bahnhof entfernte **Hotel Swagat** € (Tel.: 220601). Ähnlich in Preis und Qualität ist das in der gleichen Straße gelegene **Hotel Vishal** € (Tel.: 220504).
- Besser ist das bei der Bahnüberführung gelegene **Hotel Pink Palace** €-€€ (Tel.: 220722).
- Empfehlenswert ist das nach 1,5 km folgende Hotel **Ankur Resort** €€€€ (Tel.: 220792). Es überzeugt durch saubere, gepflegte Zimmer, wobei besonders die Cottages zu empfehlen sind, und eine angenehme Atmosphäre. Teil der schön begrünten Anlage ist ein hauseigener Pool.

Rettung in letzter Sekunde – Project Tiger

Das Thema Umweltschutz schafft es in die Schlagzeilen der indischen Presse ungefähr so häufig wie Cricket in Deutschland. So kam es auch einem Erdbeben gleich, als Ende 2005 alle großen Tageszeitungen nur ein Thema kannten: Die weltberühmte Tigerpopulation des Landes ist am **Aussterben.** Die Naturschutzbürokratie musste eingestehen, dass in einem der größten Nationalparks, dem **Sariska,** kein Tiger mehr lebt. Die Behörden hatten dies jahrelang vertuscht.

Unter dem Druck von Naturschützern und der Presse, die Reporter in andere Parks ausschwärmen lässt, entpuppen sich Indiens offizielle Tigerstatistiken als **Bilanzskandal** mit ungeahnten Ausmaßen. Über Jahre hatten die Behörden die Öffentlichkeit mit **geschönten Zahlen** ruhig gestellt, denen zufolge Indiens Tigerbestände stabil seien. Premierminister *Manmohan Singh* machte die Aufarbeitung des Skandals zur Chefsache, indem er den Leiter des Sariska-Nationalparks und mit ihm sieben weitere führende Angestellte feuerte, Krisensitzungen einberief und die Bundespolizei in die Parks schickte, um die Wahrheit herauszufinden.

Pessimisten befürchten, dass es für Indiens Tiger bereits zu spät ist. Sicher ist lediglich, dass die offizielle Zahl von 3.723 Großkatzen im ganzen Land aus der Luft gegriffen ist. Naturschützern zufolge sind es im besten Fall 1.500, vielleicht aber viel weniger.

Indiens Nationalseele wurde von einem Skandal erschüttert, in dem sich all jene negativen Seiten des indischen Alltags spiegeln, gegen die immer mehr Inder rebellieren: **Korruption, eine abgehobene Bürokratie und verbreitete Armut,** gegen die staatlicherseits wenig unternommen wird. Für Normalbürger stehen die Schuldigen außer Zweifel: Es sind die Beamten. Die jahrelange, systematische Täuschung des Landes durch seine Bürokraten ist symptomatisch für deren größtes Manko in den Augen ihrer Untertanen: Ihnen fehlt jedes Verantwortungsgefühl als „Volksdiener". Jahrelang genügte es dem Apparat, den wachsenden Schwund an Tigern seelenruhig zu verwalten, statt Alarm zu schlagen oder einzuschreiten. Viel zu wenige, chronisch unterbezahlte und unbewaffnete Aufseher sind den **Wilderern** nicht gewachsen. Und die Anreize, sich von Wilderern bestechen zu lassen, statt sich ihnen unter Lebensgefahr entgegenzustellen, sind groß: Ein **Tigerfell** ist bis zu 50.000 Dollar wert – das Hundertfache des durchschnittlichen Jahreseinkommens eines Inders.

Die meisten toten Tiere finden den Weg nach **China.** Dort schürt schnell steigender Reichtum die Nachfrage nach Tigerorganen, die in der traditionellen Medizin als **potenzsteigernde Substanzen** gelten. Die Kombination aus Chinas Aberglauben und Kaufkraft mit indischer Laxheit und Korruption konfrontiert das ambitionierte **„Project Tiger"** mit der realen Gefahr des Scheiterns.

raj_x269

Ins Leben gerufen wurde das Projekt 1973 von Premier *Rajiv Gandhi* - schon damals geboren aus der Furcht, dass der König des Urwalds vom Aussterben bedroht sei. Dabei handelt es sich um eine der weltweit größten **Rettungsaktionen,** die je zum Erhalt einer Tierart durchgeführt wurden. Ziel war es jedoch nicht, nur den Tiger, sondern auch seine gesamte Biosphäre zu schützen, zu der neben Elefanten und Nashörnern auch seine Beutetiere wie Gazellen und Sambarhirsche gehören.

Die zunächst neun ausgesuchten Tierschutzgebiete sind bis heute auf 23 mit einer Gesamtfläche von über 20.000 km² erweitert worden, wobei die meisten und bekanntesten von ihnen wie etwa Corbett, Sariska, Ranthambhore und Kanha in Nordindien liegen. Jedes dieser Schutzgebiete besteht aus einer gänzlich geschützten Kernzone und einer Pufferzone, in der den Bewohnern der Umgebung eine eingeschränkte Nutzung wie das Weiden ihres Viehs und das Sammeln von Feuerholz erlaubt ist.

Doch selbst für den Fall, dass man dieser Gefahrenmomente Herr werden sollte, hängt der zukünftige Erfolg des Project Tiger von der Eindämmung des nach wie vor größten Problems des Landes ab - dem rasanten **Bevölkerungswachstum.** Seit dem Start der Rettungsaktion vor fast 30 Jahren ist die indische Bevölkerung um weitere 350 Millionen auf heute ca. eine Milliarde angewachsen. Die meisten Einwohner sind auf Brennholz, Gras für ihr Vieh und Wasser angewiesen. Je mehr die Pufferzonen der Schutzgebiete von Kühen, Büffeln, Schafen, Ziegen und Kamelen abgegrast werden, desto häufiger treiben die Leute ihr Vieh in die noch weitgehend unberührten Kernzonen. Offiziell ist dies verboten, doch die Dorfbewohner berufen sich verständlicherweise auf ihr jahrtausendealtes Gewohnheitsrecht. Zwar verehren sie den Tiger als Inbegriff des Majestätischen, Erhabenen und Machtvollen, doch im täglichen Überlebenskampf sehen sie in ihm in erster Linie ein gefährliches Raubtier, welches ihr höchstes Gut, das Vieh, tötet. In den letzten Jahren kam es immer wieder zu Übergriffen, da die Tiger ihrerseits wegen der zunehmenden Nahrungsverknappung in die angrenzenden Dörfer einfielen.

In der Erkenntnis, dass nur eine Verbesserung der Lebensbedingungen der Parkanwohner den Schutz der Tiger-Refugien gewährleisten kann, wurde daraufhin von Regierungsseite ein Bündel von Maßnahmen beschlossen. Hierzu zählen Projekte zur Verbesserung der Weidequalität, die Anlage leistungsfähiger Bewässerungssysteme und die Zucht ertragreicher Kühe, damit diese heiligen Tiere mehr Milch geben. So bestätigt auch der neueste Skandal die Einsicht, dass es nicht reicht, Mensch und Tier durch hohe Mauern voneinander zu trennen, sondern dass das Überleben des Tigers letztlich vom Wohlergehen des größten „Raubtieres" der Erde abhängt - des Menschen.

Bei der Jagd auf die seltenen Wildkatzen waren weder die Briten noch die Maharajas besonders zimperlich

●Nach Renovierungen ist auch der nach etwa einem Kilometer folgende **RTDC Vinayak Tourist Complex** €€-€€€ (Tel.: 221333) eine gute Unterkunft mit großen Zimmern. Auch hier gibt es ein Restaurant. Die Rasenflächen und Lagerfeuer im Winter sind ebenfalls einladend.

●Eine Topadresse ist das etwa 4 km vom Bahnhof Sawai Madhopur entfernte **Tiger Safari Resort** €€-€€€€ (Ranthambore Rd., Tel.: 221137, www.tigersafariresort.com). Die geschmackvoll eingerichteten und sauberen Zimmer (besonders Nr. 114 ist zu empfehlen) mit Wandbemalungen, das gute Dachrestaurant mit Ausblick sowie der aufmerksame Service bieten ein ausgezeichnetes Preis-Leistungs-Verhältnis.

●Wunderschön in den Bergen, 2 km von der Hauptstraße entfernt, liegt das RTDC-Hotel **Jhoomar Baori Castle** €€€€€ (Tel.: 220495). Das ehemalige Jagdschloss des Maharajas von Jaipur verfügt über einen sehr stilvolen Aufenthaltsraum sowie eine Dachterrasse mit fantastischem Ausblick. Leider wirken die Zimmer reichlich vernachlässigt und auch das Personal macht einen uninteressierten Eindruck.

●Mit seinen stilvoll eingerichteten Zimmern, der weitläufigen Gartenanlage, dem tollen Pool und dem exzellenten Service ist das **WelcomHeritage Ranthambore Forest Resort** €€€€€€ (Tel.: 221120/22, www.welcomheritagehotels.com) eine der besten Unterkünfte.

●Das **Khem Villas** €€€€€ (Tel.: 252099, www.khemvillas.com) vereint so gut wie alle Eigenschaften einer hervorragenden Safari-Lodge. Die Lage inmitten einer von Grasland und Wald umgebenen Naturlandschaft, in der sich die einheimischen Tiere zu Hause fühlen, die fast ausschließlich mit Naturmaterialien eingerichteten Zimmer, Bungalows und Zelte sowie der sich um den Erhalt des Ranthambore-Parks bemühende Besitzer sind vorbildlich.

●Über einen romantischen Touch verfügt die knapp 500 m weiter Richtung Park gelegene **Sawai Madhopur Lodge** €€€€€€ (Tel.: 220541, www.vivantabytaj.com). Das von einem schönen Garten umgebene Anwesen war früher im Besitz des Maharajas von Jaipur und dementsprechend luxuriös sind auch die Räume ausgestattet. Versteht sich, dass auch die Preise fürstliches Niveau besitzen. Darin enthalten sind jedoch alle Mahlzeiten.

●Die mit Abstand luxuriöseste, beste (und teuerste) Unterkunft ist das von der noblen Oberoi-Gruppe geführte **Vanyavilas** €€€€€€ (Tel.: 223999, www.oberoihotels.com). Wer in den mit allem Luxus ausgestatteten Zelten inmitten herrlicher Landschaft übernachtet, wird sich in alte Kolonialzeiten zurückversetzt fühlen, wird er doch ständig von einer Schar von Bediensteten verwöhnt.

Bank und Internet

●Geld und Reiseschecks werden in der **State Bank of Bikaner and Jaipur** (Mo–Fr 10–14 Uhr, Sa 10–12 Uhr) in der Altstadt von Sawai Madhopur zu Rupien gemacht.

●Da Internetcafés selten sind, ist der Preis mit 60 Rs/Std. auch recht hoch. Möglich ist Surfen etwa bei **Tiger Track** an der Ranthambore Rd.

An- und Weiterreise

Bahn:

Sawai Madhopur liegt an der Breitspurstrecke von Delhi nach Mumbai und der Meterspur nach Jaipur und Bikaner, daher viele Auswahlmöglichkeiten, oft jedoch ungünstige Abfahrtszeiten. Das Reservierungsbüro im Bahnhofsgebäude ist Mo–Sa 8–20 und So 8–14 Uhr geöffnet.

●Eine schnelle Verbindung nach **New Delhi** über **Bharatpur** bietet der 2903 Golden Temple Mail: Abf. 12.40 Uhr, Bharatpur an 15.15 Uhr, Mathura 16.10 Uhr, New Delhi an 18.35 Uhr. Als Nachtverbindung bietet sich der 9091 Dehra Dun Exp. an: Abfahrt Sawai Madhopur 21.30 Uhr, Ankunft Delhi Hazrat Nizzamuddin 5.15 Uhr. Dieser Zug fährt weiter in den Norden bis Dehra Dun.

●Täglich mehrere Züge von und nach **Jaipur** in 3 Std., z.B. der 2465 Ranthambore Exp.: Abf. **Sawai Madhopur** 14.35 Uhr, Ank. Jaipur 16.45 Uhr. Der Zug fährt um 17.05 Uhr weiter nach Jodhpur, Ank. 22.35 Uhr. Andere Richtung 2466 Intercity Exp.: Abf. in Jaipur

834ra Foto: tb

Pilger im Dargarh in Ajmer

10.55 Uhr, Ank. Sawai Madhopur 13.15 Uhr. Dieser aus Jodhpur kommende Zug (Abf. dort um 5.55 Uhr) fährt weiter nach Kota, Ujjain und Indore.

- Nach **Udaipur** empfiehlt sich der 2963 Mewar Exp.: Abf. 23.35 Uhr, Ank. 7 Uhr.
- **Mumbai** wird über Nacht mit dem 2956 Jaipur Mumbai Central erreicht: Abfahrt 16.10 Uhr, über Kota (an 17.25 Uhr), Ankunft 7.45 Uhr. Dieser Zug startet um 14.10 Uhr in Jaipur, kann also nicht viel Verspätung ansammeln.

Bus:

Generell sind die Zugverbindungen vorzuziehen, da schneller und bequemer.

- Tgl. mehrere Busse nach **Jaipur** (4,5 Std.), **Kota** (4 Std.), **Bundi** (3,5 Std.) und **Gwalior** (6 Std.). **Agra** und **Delhi** besser mit Umsteigen in Jaipur.

Ajmer

↗ C2

(ca. 500.000 Einwohner, Vorwahl: 0145)

Dieser bedeutendste **Wallfahrtsort der Muslime** in Indien liegt umschlossen von kargen Bergen in einem Hochtal auf 486 m Höhe am Rande eines künstlichen Sees. Seit Jahrhunderten strömen die Pilger aus allen Teilen des Landes zum Grab eines muslimischen Heiligen, der hier im 13. Jh. gewirkt haben soll und seine letzte Ruhestätte fand. Schon die letzten Mogulherrscher *Akhbar, Jehangir* und *Shah Jahan* nahmen die beschwerliche Reise zum „Mekka Indiens" auf sich, um am Grab des Sufi für die Erfüllung ihrer Wünsche zu beten. In den engen, verwinkelten, stets von Pilgermassen gesäumten Gassen mit ihren von muslimischen Kaufleuten geführten Geschäften fühlt man sich unversehens in eine arabische Basarstadt in Tunesien oder Marokko versetzt. Trotz seiner pittoresken Altstadt, einer sehr schönen Moschee und dem landschaftlich reizvoll gelegenen See Ana Sagar ist die Stadt für den westlichen Reisenden kaum mehr als ein Tagesausflug vom nur 11 km entfernten Pushkar.

Ganzjährig, aber vor allem während der großen muslimischen Feiertage sind Ajmers Straßen und heilige Stätten von **Menschenmassen** gekennzeichnet. Im Jahresdurchschnitt besuchen allein den Dargarh jeden Tag 125.000 Pilger. Dementsprechend **laut, eng und hektisch** ist das Treiben. Wer Ruhe und Entspannung vorzieht und Personen, die unter Klaustrophobie leiden, sollten den Ort besser meiden. Im Übrigen sollte man stets auf seine **Wertsachen** achten, da das Getümmel Taschendiebe anzieht.

Sehenswertes

Dargarh

Egal, zu welcher Jahreszeit man nach Ajmer kommt, die Altstadtgassen scheinen 365 Tage im Jahr erfüllt von Pilgerströmen, die alle nur ein Ziel zu kennen scheinen: Dargarh, den **Grabbezirk Khwaja-ud-din-Chistis.** Geboren 1145 n. Chr. in Persien, soll er mit den Truppen *Muhammed-e-Ghurs* 1191 n. Chr. nach Indien gekommen sein und fortan bis zu seinem Tode 1236 n. Chr. vornehmlich als Missionar des muslimischen Glaubens tätig gewesen sein. Die tiefe Verehrung, die dieser *Sufi* auch heute noch erfährt, findet ihren Ausdruck in einer Stimmung reger Geschäftigkeit und tiefer Frömmigkeit, die den Bereich um das gewaltige, die umgebenden Häuser weit überragende silberne Eingangstor prägen. Nachdem man Schuhe ausgezogen und seinen Kopf mit einem der überall erhältlichen Muslimkäppchen bedeckt hat (Taschentuch reicht auch), reiht man sich ein in den Strom der Richtung Zentrum ziehenden Pilger.

Zwei große Kessel mit Feuerstellen begrenzen den zu passierenden **Vorhof.** Hier werden die von den reichen Pilgern gespendeten Reisgerichte zubereitet, die danach kostenlos verteilt werden. Daneben fällt eine von *Akhbar* während einer seiner vielen Pilgerfahrten gestiftete **Sandsteinmoschee** ins Auge.

Die religiöse Inbrunst der Pilger erreicht ihren Höhepunkt beim Betreten des inmitten des Haupttores gelegenen weißen **Marmorschreins,** in dem der Sarkopharg des Heiligen steht. Viel Zeit zum Schauen bleibt im mit silbernen Platten ausgeschlagenen Heiligtum nicht, denn, eingezwängt zwischen den ekstatisch Betenden, wird man schnell zum Ausgang gedrängt.

Mindestens so beeindruckend wie der Schrein ist die von Shah Jahan aus reinem Marmor errichtete **Moschee** mit sehr schönen persischen Inschriften entlang der Vorderseite.

Gezeichnet von den Strapazen der oft tagelangen Anfahrt, sitzen die Pilger unter den schattenspendenden Bäumen im **Innenhof** und lauschen den Gesängen der verschiedenen die Taten der Heiligen verherrlichenden Sänger. Gelegentlich wird dem westlichen Touristen die friedvolle Stimmung durch aggressive Spendeneintreiber verleidet, die einem vom Eingang bis zum Sarkopharg nachstellen.

- **Geöffnet:** Juli bis März 5–21 Uhr, April bis Juni 4–21 Uhr, wegen Gottesdiensten jeweils 15–16 und Do 14.30–15.30 Uhr geschlossen.

Adai-din-ka-Jhopra-Moschee (Zweieinhalb-Tage-Hütte)

Wendet man sich nach Verlassen des Dargarh nach links, erreicht man nach etwa 300 m Anstieg auf der Hauptbasarstraße eine Moschee, die Ende des 12. Jh. aus den Überresten eines Jain-Tempels errichtet wurde. Der recht merkwürdige Name des Bauwerks, Zweieinhalb-Tage-Hütte, soll sich der Legende nach auf dessen kurze Bauzeit beziehen. Von den Minaretten sind nur noch die Stümpfe erhalten, doch der eigentliche Reiz der Moschee liegt in der siebenbögigen, mit Schrift- und Ornamentverzierungen versehenen Bogenfassade, die vor die von jeweils unterschiedlich verzierten insgesamt 124 Pfeilern gestützte Haupthalle gesetzt wurde.

Obwohl architektonisch von großer Bedeutung (die Moschee gilt als eines der bedeutendsten Beispiele des frühen indo-arischen Baustils), kann der Ort in keiner Weise an die von tiefer Religiosität geprägte Atmosphäre des Dargarh heranreichen. Dafür wird man jedoch auch nicht ständig von Spendeneintreibern belästigt.

Von hier führt ein sehr steiler, drei Kilometer langer Anstieg zum im 12. Jh. erbauten **Taragarh Fort** (Sonnenauf- bis Sonnenuntergang geöffnet), von wo sich eine beeindruckende Aussicht auf Ajmers exponierte Lage in den Aravalli-Bergen genießen lässt.

Akhbars Fort

Etwas versteckt am Ostrand der Altstadt liegt der von *Akhbar* anlässlich einer seiner vielen Pilgerfahrten 1772 erbaute Palast, in dem er dem britischen Gesandten *Sir Thomas Rowe* seine erste Audienz als britischem Gesandten erteilte, ein Vorgang heute etwa vergleichbar mit der Akkreditierung von ausländischen Diplomaten. Der Palast beherbergt neben einigen Verwaltungseinrichtungen das städtische **Museum** (tgl. außer Fr 10–16.30 Uhr), in dem neben der üblichen Waffensammlung u.a. Skulpturen und Gemälde ausgestellt sind. Obwohl das älteste Museum Rajasthans, gehört es sicherlich nicht zu den besuchenswertesten. Alles wirkt reichlich dunkel und lieblos.

- **Geöffnet:** tgl. außer Fr 10–17 Uhr.

Nasijan-Tempel

Weithin sichtbar ist der große, aus rotem Sandstein gefertigte, jainistische Nasijan-Tempel. Nur ein kleiner Teil des 1865 erbauten zweigeschossigen Gebäudes ist zugänglich, wobei das in der zweiten Etage ausgestellte vergoldete Modell einer jainistischen Idealwelt die meiste Aufmerksamkeit bei den Besuchern hervorruft. Der freund-

liche Sohn des Hausmeisters erklärt auf Wunsch die einzelnen Figuren.

- **Geöffnet:** tgl. 8.30–16.30 Uhr.

Ana Sagar

Im Nordwesten der Stadt an der Straße nach Pushkar liegt dieser im 12. Jh. durch die Aufstauung des Luni-Flusses entstandene **kleine See.** Seine ursprüngliche Funktion als Wasserreservoir für Ajmer konnte er nur bedingt erfüllen, da er während der Sommermonate zeitweilig vollständig austrocknete. Dafür erfreute sich der See vornehmlich bei Mogul-Kaiser Shah Jahan aufgrund seiner idyllischen Lage

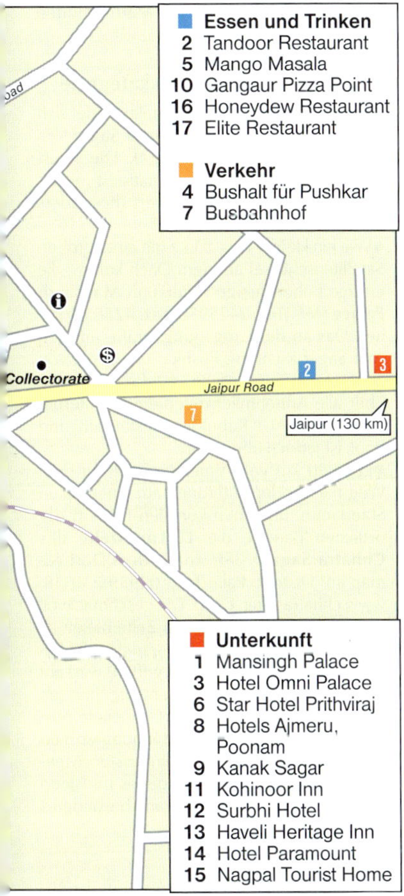

großer Beliebtheit, und so ließ dieser 1637 an den Ufern des Sees sehr schön ins Landschaftsbild eingepasste Marmorpavillons errichten.

Heute gehört der hierum errichtete **Daulat Bagh** mit seinen teilweise recht kitschigen Freizeiteinrichtungen zu einem der beliebtesten Ausflugsziele der Stadt. Vom angrenzenden Hügel lassen sich speziell bei Sonnenuntergang herrliche Ausblicke in die Umgebung genießen. Auch Tretboote können ausgeliehen werden.

Information

- Auskunftsfreudig und freundlich ist der Leiter des im Khadim Tourist Bungalow beheimateten **Touristenbüros** (Tel.: 2627426, Mo–Sa 8–12 und 15–18 Uhr, So geschlossen). Stadtpläne und Hotellisten für Ajmer und Pushkar werden kostenlos ausgegeben und Fragen bereitwillig beantwortet.
- Auch das **Tourist Reception Centre** im Bahnhof (Mo–Sa 10–17 Uhr, um 14 Uhr 30 Min. Pause) ist hilfsbereit.

Stadtverkehr

- Ajmer lässt sich im Innenstadtbereich problemlos **zu Fuß** besichtigen.
- Entlang den Hauptstraßen, wie etwa zwischen dem Hauptbahnhof und dem 2 km entfernt gelegenen Busbahnhof, verkehren **Tempos,** mit der Autoriksha kostet es ca. 25 Rs.
- Die Strecke zwischen Bahnhof und Tourist Bungalow sollte mit der **Autoriksha** etwa 25 Rs, mit der **Fahrradriksha** 20 Rs kosten.

Unterkunft

Ajmer verfügt über ein breites Spektrum an Unterkunftsmöglichkeiten, doch viele dienen vornehmlich als Übernachtungsstätte für muslimische Pilger. Generell sind die Hotels im nur 10 km entfernten Pushkar vorzuziehen. Beachten sollte man auch die bei den meisten Hotels geltende 24-Std.-Check-Out-Regel. Wichtig könnte Ajmer als Herbergsort während der Pushkar Mela sein.

Untere Preiskategorie

- Eine gute Wahl im Budget-Bereich findet sich mit dem neuen **Hotel Ajmeru** €€ (Tel.:

2431103) in einer kleinen Straße links hinter dem Hotel Payal, die durch die Stadtmauer von der Hektik der Hauptstraße abgeschottet wird. Viele Zimmer haben AC und TV.

- Alternativ kommt gleich nebenan das saubere und helle **Poonam** €-€€ (Tel.: 2621711) in Frage.
- Für Zugreisende noch empfehlenswert ist das direkt gegenüber dem Bahnhof gelegene **Hotel Paramount** €-€€ (Tel.: 2431347). Von außen sieht der Betonklotz wenig einladend aus, doch die 26 Zimmer sind sauber und, sofern nicht zur Straße gelegen, recht ruhig, allerdings renovierungsbedürftig (AC, Farbfernseher, Cooler). Im Hotel befindet sich ein Restaurant.
- Eine bessere Unterkunft in Bahnhofsnähe ist das etwas billigere **Nagpal Tourist Home** €-€€ (Tel.: 2429503) in der Nähe des Paramount. Es bietet eine Reihe von frisch renovierten und dementsprechend sauberen Zimmern unterschiedlicher Ausstattung, meist mit TV.
- Ebenfalls preiswert ist das **Surbhi Hotel** €-€€ (Tel.: 2620822), etwas zurück an der Prithviraj Marg, mit recht billigen und geräumigen AC-Zimmern.
- Seine Lage in der Nähe des Delhi Darbar Gate und damit in Gehdistanz zum Bahnhof wie auch zum Dargarh, sein überaus freundlicher Service sowie die einfachen, aber makellos sauberen Zimmer machen das **Star Hotel Prithviraj** (Tel.: 3290310, www.ajmerhotelprithviraj.com) zu einer der besten Unterkünfte der unteren Preiskategorie.
- Gut ist auch das **Hotel Omni Palace** €€€ (Tel.: 2428503). Die großen, sauberen und freundlichen Zimmer in dem professionell geführten Haus überzeugen ebenso wie das angeschlossene Restaurant. Einziger Nachteil ist die etwas abseitige Lage an der Jaipur Rd.
- Um einen kleinen, grünen Innenhof angelegt, sind die Zimmer des familiären **Haveli Heritage Inn** €€-€€€ (Tel.: 2621607, www.haveli.biz) eine gute Wahl. Wie der Name schon andeutet, handelt es sich um ein über 100 Jahre altes Kaufmannshaus mit gutem Restaurant. Vorsicht vor dem Schäferhund!
- Ein sehr gutes Preis-Leistungs-Verhältnis bietet das **Kohinoor Inn** €€-€€€ (Kutcheri Rd., Tel.: 2632464) im Ajmer Tower mit großen und sauberen Zimmern mit Marmorboden und TV.

Mittlere und obere Preiskategorie

- Im ganz neuen Bhansa Complex findet sich das gute Mittelklassehotel **Kanak Sagar** €€€-€€€€ (Tel.: 5100427, 2621427). Die meist geräumigen Zimmer, alle klimatisiert mit TV und Balkon, sind ihr Geld wert (besonders die nach hinten).
- Wie ein kleiner Palastklotz mit einer großen Satellitenschüssel auf dem Dach kommt die einzige höherklassige Unterkunft **Mansingh Palace** €€€€ (Tel.: 2425956, Fax: 425858) daher. Das an der Umgehungsstraße um den Ana Sagar Richtung Pushkar gelegene, von außen recht ansehnliche Hotel verfügt zwar über alle Annehmlichkeiten eines 3-Sterne-Hotels wie AC, Kabel-TV, Restaurant und Pool, ist jedoch überteuert.
- Etwa 90 km von Ajmer entfernt auf dem Weg nach Jodhpur thronen auf einem alten Staudamm, umgeben von den Feldern der örtlichen Bauern, die 11 **Luxuszelte des Chhatra Sagar** €€€€€€ (nahe dem Dorf Nimaj im Distrikt Pali, Tel.: 02939-230118, www.chhatrasagar. com). Die geschmackvoll im Wüstenstil eingerichteten Zelte bieten allen notwendigen Luxus. Die traditionelle Rajasthani-Küche (im Preis inbegriffen) wird auf dem Staudamm mit der entsprechenden prachtvollen Aussicht serviert. Geleitete Ausflüge in die vogelreiche Umgebung und zu den vom Tourismus unbeeinflussten Menschen der Region sind per pedes und Jeep möglich. Alles in allem ein ganz besonderes Angebot.

Essen und Trinken

Gegenüber dem Bahnhof findet sich eine Reihe von einfachen Restaurants, die vor allem die schwere Mughlai-Küche servieren.

- Bahnhofsnah ist besonders das Restaurant **Honeydew** neben dem Nagpal Tourist Home empfehlenswert. Hier kann auch Poolbillard gespielt werden. Das etwas weiter südlich an der gleichen Straße gelegene **Elite Restaurant** ist stadtbekannt für seine köstlichen Thalis (ca. 70 Rs).

- Eine große Auswahl an einheimischen wie internationalen Gerichten zu günstigen Preisen bietet das **Mango Masala** am Sardar Patel Marg. Gewöhnungsbedürftig ist das etwas ausgefallene Ambiente.
- Für Eilige ist der **Gangaur Pizza Point** nahe der Kutcheri Rd., der außer Pizza auch anderes Fast-Food sowie Eiskrem offeriert, der richtige Platz.
- Da noch östlich des Busbahnhofs gelegen, liegt das **Tandoor Restaurant** nicht gerade „auf dem Weg", es ist aber wegen der in einem ruhigen Garten in kleinen Strohhütten platzierten Tische und des guten Essens (Hauptgericht ca. 100–150 Rs) auf jeden Fall einem Abstecher Wert.

Bank und Internet

- Neben der **Bank of Baroda** (Mo–Fr 10–15 Uhr, Sa 10–12.30 Uhr) und der **State Bank of India,** die Bargeld und Travellerschecks zu recht guten Raten eintauschen, gibt es zahlreiche **ATMs** im Innenstadtbereich, so einen der ICICI-Bank an der Kutcheri Rd., der Visa-, Master-, Maestro- und Cirruskarten annimmt, sowie einen der HDFC-Bank (in der Nähe des Embassy Hotel), der auch mit AmEx-Karten seinen Dienst versieht.
- Außerdem gibt es mehrere Internetcafés, z.B. das **J.M.D.** (25 Rs/Std.) im Bhola Hotel und das **Satguru Internet** (30 Rs/Std.).

An- und Weiterreise

Bahn

Ajmer liegt an der Hauptstrecke Delhi – Jaipur – Ahmedabad, und so bieten sich viele günstige Verbindungen in beide Richtungen. Das Reservierungsbüro ist Mo–Sa 8–20 Uhr, So bis 14 Uhr geöffnet. Da kaum Tourist-Quota-Tickets vorrätig sind, sollte man unbedingt frühzeitig reservieren.

Bus

- Häufige Verbindungen nach **Jaipur** (2,5 Std., 110 bzw. 220 Rs für Exp./Del.), **Bharatpur** (8 Std., 195 Rs), **Bikaner** (8 Std., 165 Rs), **Bundi** (5 Std., 110 Rs), **Chittorgarh** (5 Std., 115 Rs), **Delhi** (8 Std., 265/570 Rs für Exp./Del.), **Jodhpur** (155/287 Rs), **Kota** (165 Rs), **Udaipur** (8 Std., 178 Rs sowie 2 AC-Busse) und **Agra** (10 Std., 178 Rs), **Alwar, Abu Rd.** Weitere Infos unter Tel.: 2429398.
- Darüber hinaus Verbindungen nach **Jaisalmer** (10 Std., 325 Rs), **Ranakpur** und **Sawai Madhopur.**
- Außerdem viele weitere Abfahrten mit **privaten Luxusbussen.** Die privaten Busunternehmer sitzen fast alle an der Kutcheri Road.
- Die Busse nach **Pushkar** fahren häufig vom Busbahnhof (Fahrkarten am Extraschalter), sowie fast alle 20 Min. von einem kleinen Extrastand an der Kreuzung beim Nasiyan-Tempel.

Highlight: Pushkar

↗ C2

(ca. 15.000 Einwohner, Vorwahl: 0145)

Kennzeichnet die Altstadt Ajmers eine Atmosphäre hingebungsvoller, ja zum Teil ekstatischer Religiosität, so beeindruckt der nur 11 km entfernte, über den steil ansteigenden Schlangenpass zu erreichende uralte **hinduistische Wallfahrtsort** Pushkar mit seiner geruhsamen, fast schon weltentrückten Gelassenheit. Bereits in den hinduistischen Epen wird der kleine Ort um den **heiligen See** als Wallfahrtsort erwähnt, und Anfang des 5. Jh. berichtete der chinesische Reisende *Fa Hsien* von den Pilgerscharen, die hierher aus ganz Indien anreisten. Selbst die großen Mogulherrscher *Akhbar* und *Shah Jahan* sollen ihrer Pilgerreise nach Ajmer einen Besuch in Pushkar angeschlossen haben. Erst der fanati-

315ra Foto: tb

sche *Aurangzeb* ließ fast alle der bis dahin über 100 den See säumenden Tempel zerstören.

Im erzähl- und fantasiefreudigen Indien werden Name und Ursprung eines solch religionsträchtigen Ortes selbstverständlich mit einer **Legende** ausgeschmückt. Danach soll dem Schöpfer des Universums Brahma auf der Suche nach einem geeigneten Opferplatz eine Lotusblüte *(pushkar)* aus der Hand geglitten sein. An der Stelle, wo die Blüte den Boden berührte, öffnete sich eine Quelle und ließ einen See entstehen. Diesen Ort nannte er Pushkar.

Die weltentrückte Atmosphäre des Wallfahrtsortes lockt viele Rucksacktouristen an

Tatsächlich regt dieser wie eine Oase inmitten der Wüste gelegene winzige Ort mit unzähligen Tempeln, Ghats und seinen stufenförmig ansteigenden, weiß gekalkten Häuserfronten die Fantasien indischer Pilger genauso an wie die der westlichen Besucher. So ist es kein Wunder, dass viele **Rucksacktouristen** und Aussteiger auf der Suche nach dem ewigen Indien Pushkar neben Rishikesh, Puri und Goa zu ihrem Lieblingsort erkoren haben. Leider verwechseln viele dabei die heiter gelassene Atmosphäre der Stadt mit uneingeschränkter Freizügigkeit und verletzen damit die strikten

Moralvorstellungen der Inder. Vor allem unter der einheimischen Bevölkerung führt dies zunehmend zu Verärgerung. Allerdings bedroht auch eine in den letzten Jahren immer deutlicher zu Tage tretende Kommerzialisierung die spirituelle Atmosphäre Pushkars.

Sehenswertes

Ghats

Pushkars Charme beruht auf der einzigartig meditativ-spirituellen Atmosphäre, die das Leben in der Kleinstadt kennzeichnet. Seit alters her scheint sich hier nichts geändert zu haben. So bieten sich einem immer wieder beeindruckende Bilder zeitloser Schönheit, etwa wenn die Frauen in ihren leuchtenden Saris im Angesicht der aufgehenden Sonne ins Wasser eintauchen oder alte, hagere Männer mit goldglänzenden Messingbehältern ihre Kulthandlungen vollziehen. Die meisten Ghats wurden von den verschiedenen Regionalfürsten angelegt und befinden sich in einem guten Zustand.

Allerdings sollte man beim Besuch der Ghats ein äußerst **zurückhaltendes Verhalten** an den Tag legen. So sollte man Arme und Beine bedeckende Kleidung tragen, die Schuhe ausziehen, nicht rauchen und das strikte Fotografierverbot beachten.

Brahma-Tempel

Wer sich vom geheiligten Ort Pushkar uralte Tempelanlagen verspricht, wird allerdings eher enttäuscht sein. Trotz der in vielen Epen und historischen Reiseberichten belegten, über Jahrtausende zurückreichenden spirituellen Bedeutung des Ortes ist wegen der Zerstörungswut *Aurangzebs* kaum ein Tempel älter als 300 Jahre. Als bedeutendster Sakralbau Pushkars gilt der Brahma-Tempel, der in seiner heutigen Form 1809 von einem Minister des Maharajas von Gwalior errichtet wurde. Zwar ist er nicht, wie immer wieder behauptet wird, der einzige Tempel zu Ehren dieser höchsten hinduistischen Gottheit in ganz Indien, doch die silberne, in den Boden eingelegte Schildkröte am Tempeleingang sowie die viergesichtige Brahmastatue mit den golden leuchtenden Augen im Allerheiligsten lohnen durchaus einen Besuch. Im Übrigen bieten sich von den umlaufenden Mauern der Tempelanlage schöne Aussichten in die Umgebung.

Saraswati-Tempel

Frühmorgens bzw. nachmittags sind die besten Zeiten, um den etwa einstündigen steilen Aufstieg zum südwestlich auf der Spitze des Ratna Gir (Juwelenhügel) gelegenen Saraswati-Tempel in Angriff zu nehmen. Dieser zu Ehren von Brahmas Gattin (und gleichzeitig Tochter) erbaute Tempel ist Ziel ungewöhnlich vieler Männer, da ein hier erbrachtes Opfer garantieren soll, dass die Ehemänner nicht vor ihren Frauen sterben. In Anbetracht des kärglichen Daseins indischer Witwen dürfte dieser Wunsch auch im Sinne der meisten Frauen liegen. Egal, ob dieser Wunsch nun in Erfüllung geht oder nicht, einmal sollte man, ganz diesseitig orientiert, den großartigen Blick auf den Pushkar-See genießen, der wie ein schwarzer Diamant inmitten der von Bergketten umsäumten Wüstenlandschaft liegt.

Highlight: Pilgerfest Pushkar Mela

Jedes Jahr im November windet sich eine unüberschaubare Menschenmasse von Pilgern, Touristen und internationalen Kamerateams von Ajmer aus über den Schlangenpass ins sonst so verschlafene Pushkar, um **eines der faszinierendsten Feste Asiens** zu erleben. Pushkar Mela (Pushkar-Fest) heißt das Zauberwort, welches die kleine Wüstenoase während der letzten Tage bis zur November-Vollmondnacht *(Kartik Purnima)* zum größten Wallfahrtsort ganz Indiens werden lässt. Den Höhepunkt des Festes stellt für die indischen Pilger ein Sünden erlassendes **Bad im heiligen Pushkar-See** in der Vollmondnacht dar.

200.000 Rajputen in ihren verschwenderisch bunten Kleidern und bis zu 20.000 Kamele lassen vor der Wüstenkulisse das so oft bemühte Klischee vom Märchenland Indien ganz real erscheinen. Wie auf einem Laufsteg präsentieren sich die jungen, noch unverheirateten Frauen in ihrer ganzen Schönheit, ist doch die Pushkar Mela nicht nur Pilgerfest, sondern auch Heiratsmarkt und Volksfest, bei dem die strengen Konventionen des wenig abwechslungsreichen Dorflebens für einige Tage abgeschüttelt werden. Unter die Pilger mischen sich

Während die ersten vier Tage des Festes hauptsächlich dem Viehmarkt vorbehalten sind (wobei die ersten Tage wegen der größeren Zahl der Händler am interessantesten sind), ist der zweite Teil der Pushkar Mela vorwiegend den religösen Zeremonien gewidmet. Man sollte, wenn möglich, schon einige Tage vor Beginn anreisen, da man dann die einzigartige Atmosphäre besser auf sich wirken lassen kann.

Die **nächsten Termine** der immer von Halbmond bis Vollmond stattfindenden Pushkar Mela:
- 20.–28.11.2012
- 9.–17.11.2013
- 30.10.–6.11.2014

Zauberer, Sadhus, Wahrsager, Akrobaten, Musikanten, Sänger, Gurus, Gaukler und Gauner. Von dieser einzigartigen Lebensfülle werden die das Fest besuchenden westlichen Touristen, und das sind jedes Jahr immerhin mehrere Tausend, fast gänzlich absorbiert.

Information

- Das **Tourist Information Bureau** (Mo–Fr 10–17 Uhr sowie jeden 1. und 3. Sa) ist hilfsbereit.

Unterkunft

Pushkars jahrzehntelange Beliebtheit gerade bei Rucksacktouristen hat dazu geführt, dass besonders viele Billigunterkünfte zur Verfügung stehen. Die folgende Auflistung beinhaltet nur eine kleine Auswahl. Die Entfernungen innerhalb des kleinen Ortes sind derart gering, dass man sich problemlos mehrere Unterkünfte anschauen kann, bevor man sich für eine entscheidet. Zu beachten ist, dass die Tarife während des achttägigen Pushkar-Festes im November um das Fünf- bis Zehnfache erhöht werden.

Untere Preiskategorie

- Das **Hotel Om** € (Tel.: 2772672, www.hotelompushkar.net) ist ein alter Favorit in der Travellerszene. Es verfügt über einen schönen Innenhof und einen hübschen, kleinen Garten sowie über einen kleinen Swimmingpool. Von ganz billigen und einfachen Schlafstätten bis zu schönen, recht großen Balkonzimmern ist alles zu haben.
- Ruhige Atmosphäre, einen Garten zum Sitzen und gute, billige Zimmer mit Terrasse, teils mit Gemeinschaftsbad, bietet das **Shyam Krishna Guest House** € (Tel.: 2772461) neben dem Venus Restaurant.
- Ein Tipp für den untersten Preisbereich ist das etwas abseits der Hauptstraße in der verwinkelten Altstadt gelegene **Hotel Shanti Palace** € (Tel.: 2772422). Das von zwei sympathischen Brüdern geführte Haus vermittelt mit seinen überhängenden Erkern die Atmosphäre eines romantischen kleinen Palastes. Ein weiteres Plus ist das gemütliche Dachterrassen-Restaurant. Die Zimmer sind allerdings sehr einfach. Noch günstiger ist das nur 30 m weiter gelegene **Hotel Sunrise** €.
- Seinem Namen alle Ehre macht das sympathische **Lake View Guest House** € (Tel.: 2772106, www.lakeviewpushkar.com), liegt es doch direkt am See und bietet von der großen Dachterrasse schöne Ausblicke auf die Bade-Ghats. Obwohl es zu den ältesten Hotels Pushkars zählt, ist es immer noch ein Favorit der Traveller-Szene. Allerdings sind viele Zimmer sehr klein und ohne Fenster, zudem verfügt keines über ein eigenes Bad.
- In einem mit einem uralten Baum und vielen weiteren Bäumen und Beeten versehenen, riesigen Garten liegt das **Raghav Resort** € (Tel.: 2772207, raghupareek@yahoo.com) desselben Besitzers. Auch die Zimmer und der Dachgarten sind ihr Geld wert, ideal für Kinder.
- In der Nähe hiervon und vom Marwar-Bushalteplatz befindet sich das populäre **White House** €-€€ (Tel.: 2772147, www.pushkarwhitehouse.com). Das Hotel verfügt über Zimmer unterschiedlicher Größe und ein empfehlenswertes Dachrestaurant. Auch Massage ist möglich (s.u.). Ebenso empfehlenswert ist das nur einen Steinwurf entfernte **Maharaja** €-€€ (Tel.: 2773527).
- Von außen ein wenig steril wirkt das in der Nähe des Brahma-Tempels gelegene **Hotel Navratan Palace** €-€€ (Tel.: 2772981, 2772145), die teureren Zimmer mit AC und TV. Dennoch ist es mit seiner Lage unmittelbar am See, dem freundlichen Personal, der Gartenanlage und einem eigenen Pool eines der guten Hotels der Stadt.
- Auch direkt am See liegt der **Bharatpur Palace** €-€€ (Tel.: 2772320, bharatpur-palace@yahoo.com). Besonders die oberen, allerdings recht einfachen Räume bieten speziell morgens herrliche Aussichten auf das sich direkt darunter ausbreitende bunte Treiben am Ghat.
- Nordwestlich des Sees, durch die ansteigenden Gassen Pushkars führt der Weg zum etwas versteckt gelegenen **Hotel Paramount Palace** €-€€€ (Tel.: 2772428, palacehotelparamount@hotmail.com). Von badlosen Einzelzimmern bis Balkonzimmern mit schöner Aussicht reicht die Bandbreite des guten Angebots, und das in etwas abgelegener, ruhiger und friedvoller Lage. Auch ein Dachrestaurant ist vorhanden.
- Im Ostteil des Dorfes an der Heloj Road findet sich mit dem **Venus Holiday Resort** €-€€ (Tel.: 2773217, www.hotelvenuspushkar.com) eine saubere Unterkunft. Helle, recht große Zimmer mit Balkon und weitem Ausblick, einige klimatisiert, sind ihr Geld wert.

Mittlere und obere Preiskategorie

Immer mehr Hotels werden südöstlich des Sees in großteils recht unberührter bzw. von Rosenfeldern bedeckter Landschaft gebaut, was zwar nicht unbedingt der Landschaft, aber den Gästen durch eine sehr ruhige Atmosphäre zugute kommt. Die meisten liegen preislich im Mittelklassebereich.

- Pushkars beste Unterkunft im Mittelklassebereich ist das sehr gelungen renovierte Haveli **Inn Seventh Heaven** €€€-€€€€ (Tel.: 5105455, www.inn-seventh-heaven.com). Alle liebevoll und unterschiedlich gestalteten Zimmer, einige mit schöner Aussicht, sind jeden Penny wert. Außerdem trägt der schönste Dachgarten des Dorfes mit gutem Restaurant zum dem Namen entsprechenden Gesamteindruck bei.

- Das **Sajjan Bagh Resort** €€€€ (Vamdev Rd., Tel.: 2773821, (0)9414006150, www.sajjanbagh.com), etwa 200 m von der Hauptstraße entfernt, offeriert einzeln stehende, zweigeschossige Bungalows, deren schön eingerichtete Zimmer teils klimatisiert sind, sowie saubere Doppelzimmer. Insgesamt ein gutes Preis-Leistungs-Verhältnis.
- Deutlich in die Jahre gekommen, aber immer noch empfehlenswert ist die Anlage des **New Park** €€€ (Panch Kund Rd., Tel.: 277464, www.newparkpushkar.com) mit großer Dachterrasse, einem Restaurant und Swimmingpool. Hübsche, wenn auch renovierungsbedürftige Zimmer mit AC, Kühlschrank und TV sowie Balkonausblick runden die Sache ab.
- Während die ehemals schöne Unterkunft des **Peacock Holiday Resort** €-€€€ (Tel.: 2772414, www.peacock-pushkar.com) unter den Jahren gelitten hat und einer Rundumrenovierung bedürfte, ist das neue **Pushkar Villas Resort** €€€ (Panch Kund Rd., Tel.: 2772688/9, www.pushkarvillas.com) dessel-

Unterkunft
2 Maharaja
3 White House
4 Raghav Resort
5 Hotel Shanti Palace
6 Hotel Sunrise
7 Inn Seventh Heaven
8 Hotel Paramount Palace
10 Hotel Navratan Palace
11 Bharatpur Palace
13 Lake View Guest House
16 Venus Holiday Resort
18 Shyam Krishna Guest House
19 Pushkar Palace Hotel
23 Jagat Palace
24 Hotel Om
25 Sajjan Bagh Resort
26 Hotel Kishan Palace
27 New Park
28 Pushkar Villas Resort
30 Peacock Holiday Resort

Essen und Trinken
7 Inn Seventh Heaven
9 Sun-n-Moon Restaurant
12 Raju Terrace Garden Restaurant
15 Venus Restaurant
20 Moon Dance Café
21 Sunset Café, Bro-Sis Restaurant

Verkehr
1 Callede Marvar Busstand
22 Ajmer Busbahnhof

Einkaufen, Sonstiges
13 King's Good Music Zone
14 Vijay Bookhouse
17 Kaka Book Centre
29 Büros für Kamelsafaris

ben Besitzers in der Nähe das mehr an Geld sicher wert. Alle Zimmer mit AC und TV, kleiner Rundpool.

- Erwähnt werden soll noch, dass der Manager des Tourist Office in Jaipur (Tel.: 0141-2200778) **Privatzimmer** in Pushkar vermitteln kann, auch während der Engpass-Zeit der Pushkar Mela.
- Ein typisches Beispiel für die in letzter Zeit neu eröffneten hervorragenden Unterkünfte der höheren Preiskategorie ist das ausgezeichnete **Hotel Kishan Palace** €€€€ (Tel.: 2773056, www.kishanpalacepushkar.com). Saubere, helle und hübsch eingerichtete Zimmer und ein ausgezeichnetes Dachterrassenrestaurant machen es zu einer der besten Unterkünfte der Stadt.
- Eines der teuersten Hotels Pushkars ist der **Jagat Palace** €€€€ (Tel.: 2772952, www.hotelpushkarpalace.com), etwas vor den Toren des Dorfes. Hinter einer hohen Mauer lockt ein bis ins kleinste Detail mit Steingravierungen einem alten Palast sehr gelungen nachempfundenes Hotel. Die Zimmer sind indivi-

duell eingerichtet, alle haben einen Balkon. Leider sind die Betten sehr hart und der Service ist recht unmotiviert. Im herrlich gepflegten Garten steht ein Swimmingpool zur Verfügung.

- Die Bewertung des **Pushkar Palace Hotel** €€€€ (Tel.: 2773001, www.pushkarpalace.com) fällt nicht leicht. Auf der einen Seite besticht die ehemalige Residenz des Maharaja von Kishangarh durch seine tolle Lage an der Westseite des Pushkar-Sees und auch der begrünte Innenhof und die hübsch eingerichteten Zimmer tragen zum angenehmen Ambiente bei. Jedoch sind die Zimmer teilweise recht klein geraten und die knallharten Betten äußerst unbequem.

Zeltdörfer

Während der Pushkar Mela bieten viele Privatunternehmer Zelte zur Übernachtung an, die vor den Toren des Dorfes zu kleinen Zeltstädten anwachsen. Hier besteht eine Vielzahl preislich und qualitativ sehr unterschiedlicher Angebote von ca. 1.000 Rs bis 300 US-$. Für weitere Infomationen wende man sich an das Tourist Office. Einige Anbieter:

- Einfach und verhältnismäßig billig ist **Bhadrawati Royal Camps** €€€ (Tel.: (0)9414 220301).
- Teuer bis richtig teuer und mit mehr Komfort sind **Sajjain Desert Camps** €€€€ (Tel.: 2773821), **Raj Resorts** (Tel.: (0)9829 052814), **Royal Desert Camp** (Tel.: 2772957), 125 US-$, und **Royal Tent** (Tel.: 2300603), 200–300 US-$.

Essen und Trinken

Die Auswahl ist riesig und reicht von Müsli über Spaghetti, Apfelstrudel und braunem Brot bis zu guter indischer Küche. Wer in Pushkar nicht auf den Geschmack kommt, ist selbst schuld. Das gilt allerdings nur für Vegetarier, denn ganz Pushkar is(s)t **ausschließlich vegetarisch. Auch alkoholische Getränke wird man vergebens suchen.**

Es gibt unzählige Garten- und Dachterrassenrestaurants, wobei der große Renner die von vielen Restaurants angebotenen **Büffets** zum Mittag- und Abendessen sind. Doch meistens flaut die Schlacht um die oft nur lauwarmen Büffets (jedes Mahl 80 Rs) nach den ersten Tagen erheblich ab, weil alles recht ähnlich schmeckt.

Man sollte bei Joghurt am Morgen vorsichtig sein, mehrere Traveller berichteten über Magenprobleme. Bei den gerade in Pushkar so beliebten **Bhang Lassis,** einer Mischung aus Joghurtgetränk, Eiswasser und Marihuana-Extrakten, ist vor allem bei heißem Wetter Vorsicht geboten – Vielen bekommt die Mixtur nicht, was Übelkeit und Erbrechen zur Folge haben kann.

- Nur allzu oft muss man die Lage mit recht flauem Essen und schlechtem Service bezahlen. Ein Beispiel hierfür ist das **Venus Restaurant,** von dem sich ein interessanter Blick auf das Treiben der Straße bietet.
- Fast schon idyllisch unter Bäumen sitzt man in dem sehr schönen Garten des **Sun-n-Moon** am Ende einer kleinen Gasse, die von der Straße zum Brahma-Tempel führt. Neben der sehr friedvollen Atmosphäre kann man sich am köstlichen Essen und an den Lassis laben – und das alles zu moderaten Preisen.
- Gegenüber dem Vishnu-Tempel lockt das **Moon Dance Café** mit gleichbleibend guter italienischer, mexikanischer und indischer Kost (Hauptmahlzeiten 50–120 Rs), die auf Matratzen liegend oder auf bequemem Mobiliar im Garten eingenommen werden kann. Als Nachtisch sollte man einen der köstlichen Kuchen probieren.
- Sehr empfehenswert ist auch das mit Pflanzen dekorierte **Raju Terrace Garden Restaurant,** ein typisches Traveller-Restaurant mit schöner Atmosphäre und romantischer Aussicht auf den See. Die einheimischen Gerichte sind eher enttäuschend.
- Beliebtester Treffpunkt zu Sonnenuntergang ist das direkt neben dem Pushkar Palace Hotel gelegene **Sunset Café.** Bei Apfelstrudel, Käsekuchen, Croissants und Zimtbrötchen, Kaffee oder Tee bietet es tatsächlich eine perfekte Kulisse, um den Tag zu beenden. Allerdings versuchen hier inzwischen auch eine Menge Händler, Schlangenbeschwörer und Musikanten von der Beliebtheit des Platzes zu profitieren.

● Wesentlich ruhiger, wenn auch ohne Sicht auf den See sitzt man im wenige Meter entfernten Garten des **Bro-Sis Restaurant.**
● Nicht nur wegen der schönen Atmosphäre auf dem Dach, sondern auch wegen des guten Essens ist das **Inn Seventh Heaven** ein Mahl wert.

Einkaufen

Praktisch jedes Haus entlang der Hauptstraße beherbergt im Erdgeschoss ein Geschäft, welches um die Gunst der Touristen buhlt. Besonders im Angebot sind die hübschen **Rajasthani-Kleider** und knallig bunten Hosen und Hemden im Flower-Power-Look – Goa lässt grüßen. Bevor man sich zum Großeinkauf entschließt, sollte man sich jedoch fragen, ob man das, was in Indien in und modern aussieht, auch zu Hause tragen würde. Die große Auswahl an Geschäften auf engstem Raum bietet den Vorteil, dass man problemlos Angebot und Preise vergleichen kann. Dies ist um so ratsamer, weil Pushkar oftmals bei weitem nicht so billig ist, wie es auf den ersten Blick erscheinen mag. Viele Verkäufer machen sich die lockere Atmosphäre zunutze, indem sie den meist jungen Individualtouristen sehr schnell und elegant einen Tee, „big friendship" und „very special price" anbieten. Nach einigen Tagen stellt der gutgläubige Käufer fest, dass er für das gleiche Souvenir einige Shops weiter nur die Hälfte hätte zahlen müssen.

Wer sich Zeit nimmt und vergleicht, wird sicherlich einige gute und billige Sachen finden. Besonders groß ist die Auswahl an **Silberschmuck** und großen, oft mit kleinen Spiegelchen verzierten **Stoffdecken,** die sich gut als Bettüberwurf und Wandteppich eignen. Mehrere **Musikläden** bieten eine große Auswahl an anspruchsvoller klassischer indischer und meditativer Musik. Weniger zu empfehlen sind jedoch die Raubkopien bekannter westlicher Rock- und Popgruppen, da sie oft von miserabler Qualität sind. Wer seine ausgelesenen Bücher gegen neue eintauschen möchte, kann dies bei einem der zahlreichen sehr gut bestückten **Second-Hand-Bookshops** tun, z.B. Vijay Bookhouse nahe der Post.

> **!** Leider wird einem die friedvolle Atmosphäre an den Ghats durch dort auf westliche Touristen lauernde **Brahmanen** allzu oft verdorben. Ständig wird man von ihnen zu sogenannten *pujas* eingeladen, bei denen unter anderem Mantras nachgesprochen werden. Am Ende wird einem ein gelb-rotes Bändchen ums Handgelenk gebunden (weithin als „Puskar Passport" bekannt), was selbstverständlich mit der Bitte um eine Spende einhergeht. Die Höhe wird zunächst mit „as you like" benannt, doch 10 oder 20 Rs sind dem Priester dann doch zu wenig. 200 Rs sollten es schon mindestens sein, häufig werden bis zu 1.000 Rs verlangt. Das ganze hat mit Religiosität nichts zu tun und ist reine **Geschäftemacherei.** Dementsprechend sollte man keine moralischen Skrupel haben, sich auf eine solche Prozedur gar nicht erst einzulassen. Auch die Mädchen und Frauen, die die Haut der Touristen mit **Henna-Verzierungen** bemalen wollen, können unangehm werden, wenn sie ihr Ziel nicht erreichen.

Bank

Wer Geld wechseln möchte, sollte dies bei einem der privaten Geldwechsler tun, da es dort recht gute Raten gibt und zügig geht, allerdings werden auf Kreditkarten meist recht heftige 3–5 % Gebühr erhoben.
● Eine gute Adresse ist **King's Good Music Zone** (Varath Ghat, Tel.: 2772465, hier gibt's natürlich auch CDs), wo auch für Visa- und Mastercard Geld ausgezahlt wird.
● Verlässlich ist auch die **LKP-Forex-Filiale** an der Hauptstraße, allerdings werden bei dieser Kette immer etwas schlechtere Raten als im indischen Durchschnitt ausgezahlt.
● Die **State Bank of Bikaner and Jaipur** (Mo–Fr 10–17 Uhr, Sa 10–12 Uhr) wechselt Travellerschecks. Hier gibt's auch einen **ATM.** Ein weiterer ist nahe dem Brahma-Tem-

pel nicht weit vom Hotel Navratan Palace zu finden.

Medizinische Versorgung

- Im Hotel Om findet sich das **Pushkar Raj Hospital** (Tel.: 2772928, 2772672), das tgl. zwischen 8 und 20 Uhr geöffnet ist.

Internet, Fotografieren

Internetcafés sind meist recht langsam, dafür aber zahlreich. Der Durchschnittspreis liegt bei 30 Rs/Std.

- Eine Möglichkeit, Digitalfotos auf CD zu brennen, bietet **Chanderkant** (Tel.: 2772353) nahe dem Markt, Ramghat, alle Memory-Chips können gelesen werden. Preis: 50 Rs für die CD, Minimum 150 Rs.

Aktivitäten

Schwimmen und Massage

- Wer im heißen Pushkar ein wenig Abkühlung sucht, darf im Pool des **Jagat Palace** für 300 Rs/Tag plantschen.
- Eine gute Massage gibt's von **Deepak** (Tel.: 2772147) im bzw. auf dem Dach des White House, der auch im Inn Seventh Heaven arbeitet.

Der besondere Tipp: Kamel- und Pferdesafaris

Die äußerst attraktive, abwechslungsreiche Umgebung Pushkars mit hübschen Dörfern macht die Region zu einem mindestens ebenso attraktiven „Kamelsafarigebiet" wie Jaisalmer. Inzwischen gibt es in Pushkar etliche Reisebüros, die Kamel- und Pferdesafaris von einigen Stunden bis hin zu mehreren Tagen anbieten. Viele von ihnen befinden sich in der Panch Kund Road. Als Richtwert für eine viertägige Kamelsafari können 700 Rs pro Tag veranschlagt werden, was drei Mahlzeiten und ein Kamel pro Teilnehmer beinhaltet. Wasser muss selbst mitgebracht werden. Im Gegensatz zu Jaisalmer ist es hier noch möglich, tagelang unterwegs zu sein, ohne einem „Weißgesicht" zu begegnen. Wer also eine kleine Gruppe zusammenbekommt, sollte die entsprechenden Angebote vergleichen.

An- und Weiterreise

Bahn

- Gegen eine Durchschnittsgebühr von 90 Rs kann man in einigen Reisebüros Fahrscheine für Züge ab **Ajmer** kaufen. Verbindungen von dort siehe Anhang.

Bus

- Die beste An- und Abreise ist die über das nahegelegene **Ajmer,** da es von dort mehr Bus- und auch Bahnverbindungen gibt. Busse nach Ajmer (Fahrtzeit 20 Min., 10 Rs) fahren zumindest alle halbe Stunde vom Pushkar-Busbahnhof. Per Autoriksha kostet die Fahrt etwa 80 Rs, mit dem Taxi etwa 120 Rs. Bei Ankunft am Busbahnhof warten „Träger" mit handgeschobenen Karren, die bei Bedarf das Gepäck den Berg hinaufbefördern (ca. 15 Rs).
- Das kleine Pushkar hat zwei Busbahnhöfe. Während vom südlichen **Ajmer Busstand** nahe dem Hotel Om die Busse hauptsächlich Ajmer zum Ziel haben (1x stdl. sowie um 14.20 Uhr ein Express-Bus nach Jaipur und 2 Busse nach Chittorgarh um 8.20 und 12.30 Uhr sowie einige Privatanbieter in der Saison nach Udaipur), fahren die meisten Busse vom nördlichen **Callede Marvar Busstand** hauptsächlich in Richtung Norden und Westen, aber auch nach Ajmer und Jaipur (6 Busse, der 16.45-Uhr-Bus ist ein Deluxe-Bus). Weitere Ziele: Bharatpur (8,5 Std.), Bikaner (7 Std., 12 Busse), Delhi (9 Std.), Jodhpur (4,5 Std.), Kota (über Bundi) und Udaipur. Genaue Abfahrtszeiten sind auch im Tourist Office zu erfragen.
- In Pushkar verkaufen einige Reisebüros Tickets von **privaten Busgesellschaften.** Man sollte versuchen, einen Direktbus von Pushkar zu bekommen, ansonsten muss man in Ajmer umsteigen. Der Zubringerbus von

Pushkar zur Abfahrtsstelle in Ajmer ist zwar im Fahrpreis enthalten, doch kostet die ganze Prozedur viel Zeit. Bei einigen Anbietern ist dies auch ein (meist recht vollgepackter) Jeep. Da viele private Gesellschaften Busse mit Video-Dauerberieselung einsetzen, sollte man seine Augenklappen und Ohrstöpsel griffbereit halten.

Kuchaman

↗ C2

Abseits der Hauptverkehrswege, versteckt zwischen den Touristenzentren Jaipur, Jodhpur und Bikaner, befindet sich mit dem Städtchen Kuchaman ein Ort, welcher noch viel von seiner **Ursprünglichkeit** bewahrt hat. Entsprechend herzlich und liebenswert ist die Bevölkerung. Mit etwas Glück kann man die farbenfrohen, musikalisch untermalten **Straßenumzüge** von heiratenden Einheimischen verfolgen.

Mit seinen hohen und massiven Mauern, 32 Bastionen, zehn Toren und vielen Wehranlagen thront das Fort Kuchaman wie ein Adlerhorst auf einem Berg in der Wüstenlandschaft. Die Stadt kontrollierte mehr als 1250 Jahre lang den Salzhandel und die **Salzabbaugebiete,** die von Kuchaman bis zum 40 km entfernten Salzsee von Sambarh reichen und noch heute besichtigt werden können. Zu diesem Zweck baute die Gurjar-Pratihara-Dynastie erste Teile einer Burg um 760 n. Chr. Als weitere Herrscherhäuser folgten die Chauhans, die Gaurs und die Rathores, die das Gebiet von 1724 bis zur Unabhängigkeit Indiens und zum Zusammenschluss der früheren Fürstentümer beherrschten.

Fort Kuchaman

Das gesamte Innere des Forts besticht wie viele Rajputenpaläste durch **prunkvolle Farben und Designs** in reizvollem Kontrast zu den nüchternen Befestigungsanlagen. Für die Wasserversorgung und -bevorratung der Burg wurden verschiedene unter- und oberirdische Tanks angelegt, die noch heute existieren. Die unterirdischen Verstecke, geheimen Fluchtwege, Kerker und die altertümliche Getreidemühle sind einmalig und können ebenso besichtigt werden wie verschiedene **Paläste und Tempel.** Das Fort Kuchaman wurde dank großer Anstrengungen der Nachkommen der Rathores wieder zu altem Glanz gebracht. Dabei kamen dieselben Materialien und Techniken zum Einsatz, die seit Jahrhunderten verwendet wurden. Man sollte die einzelnen Hallen und Räume in Ruhe besichtigen.

Sabha Prakash

Die unterhalb der Burg gelegene, 1832 erbaute prachtvolle **Audienzhalle** dient heute als Foyer des in ein Hotel umgewandelten Forts. Sie ist mit schönen Miniaturmalereien, vergoldetem Stuck, kostbaren Edelsteinen und Deckengemälden der Vorfahren der Herrscher ausgestattet. Von dort kann man sich nebst Gepäck in geländegängigen Jeeps zur Burg hinauffahren lassen.

Meena Bazaar

Dort, wo früher die Kaufleute und Handwerker verschiedenster Zünfte wie Schuster, Silberschmiede, Waffenschmiede, Schreiner, Eisenschmiede, Töpfer oder Juweliere ihre Waren den königlichen Herrschern anboten, versuchen heute **Händler** den Touristen Souvenirs zu verkaufen, natürlich stets „very good price for you".

China Gate

Das China Gate hat im Inneren außergewöhnlich strukturierte, im chinesischen Stil gehaltene **Malereien,** die die Erlebnisse während der Indienreise eines **chinesischen Reisenden** im 18. Jh. darstellen.

Meera Mahal

Das Meera Mahal stellt das Leben der **Heiligen Meera Bai** in Miniaturbildern dar. Meera war eine große Verehrerin des Gottes Krishna und vielleicht die erste Feministin der Welt. Als Rajputen-Prinzessin verließ sie den Palast, um dem heiligen Pfad des „Bhakti" zu folgen. Sie tauschte das komfortable königliche gegen ein einfaches spirituelles Leben und wählte einen Flickschuster (aus der Kaste der Unberührbaren!) zu ihrem Guru – wahrlich couragiert im spätmittelalterlichen Indien. Meeras Neffe *Raja Ranjit Singh Ji* ließ diesen Palast 1832 im Andenken an seine heilige Tante bauen.

Lok-Devatas-Tempel

Derselbe Herrscher ließ innerhalb des Meera Mahal diesen Tempel bauen, aus Dankbarkeit gegenüber seinem Volk, das in Massen (freiwillig?) dem Rathore-Heer beitrat und half, feindliche Invasoren zu vertreiben und so letztlich das Fortbestehen seiner Dynastie ermöglichte.

Jal Mahal (Swimming Pool)

Das für die Königinnen und Prinzessinnen vor 250 Jahren gebaute **unterirdische Bad** mit seinen hohe Bögen und Galerien kann heute noch benutzt werden. Während des Schwimmens kann man die Decken- und Wandmalereien betrachten, die u.a. Gott Krishna mit den Gopies spielend zeigen.

Dewan-e-Khas

Die **Privatgemächer,** die außer den Herrschern früher nur engste Vertraute wie Minister oder Generäle betreten durften, dienen heute als **Speisesaal und Bar.**

Sheesh Mahal

Der **Glaspalast** besteht rundherum aus erlesenen, in Gold eingelassenen Spiegeln mit wunderschönen Mustern und strahlt den Glanz und die Pracht vergangener Zeiten aus. Im schönen, in Schachbrettform gestalteten Hof davor pflegte der Hofstaat **Schach** zu spielen – mit Menschen, die anstelle der Figuren benutzt wurden.

Sunehari Burj

Der **Goldene Palast** erhielt seinen Namen aufgrund der verschwenderischen, hervorragend erhaltenen Goldmalereien, die verschiedene Vögel und andere Tiere bei der Paarung zeigen. Die mit Fresken verzierten Wände sowie herrliche Wandgemälde im Hof sind eine Mischung aus persischem und typischem Kuchaman-Stil.

Kaali-Tempel

Die **Statue von Maa Kaali** ist etwa 1200 Jahre alt und wurde von den Rathores nach einer siegreichen Schlacht vom südindischen Karnataka nach Kuchaman gebracht.

Tempel Nazvar Lal Ji

Die **Krishna-Statue** ist etwa 2000 Jahre alt und wurde 1741 nach einer siegreichen Schlacht von *Raja Shivnath Singh* von Ahmedabad nach Kuchaman gebracht. Der Tempel selbst wurde 1814 erbaut.

Shiva-Tempel

In dem Shiva geweihten Tempel stehen **elf Shiva-Figuren.**

Unterkunft

- Das große Plus von **Fort Kuchaman** €€€€€ (Tel.: 01586-20882, Kuchaman 341508, Dist. Nagaur Rajasthan) ist seine spektakuläre Lage auf der Spitze des weit aufragenden Felsrückens. Wer sich hier einmietet, sollte jedoch zunächst einige der 51 angebotenen Zimmer checken, da sie in Größe, Lage, Ausstattung und Einrichtung extrem variieren. So romantisch die Räume in der alten Festungsanlage auch sind, qualitativ sind speziell die Zimmer im Altbau eher enttäuschend. Am besten ist man noch im Neubau aufgehoben. Insgesamt scheinen die Zimmer 101–120 am empfehlenswertesten. Beim (allerdings eher durchschnittlichen) Essen auf der Terrasse des Forts wird man mit einem tollen Ausblick über Kuchaman und seine reizvolle Umgebung verwöhnt. Insgesamt scheint der offizielle Preis angesicht der genannten Mängel deutlich zu hoch. Bei geringer Auslastung lassen die Verwalter über zum Teil erhebliche Nachlässe mit sich reden.

An- und Weiterreise

Einige **Fernzüge** von Kuchaman City wie der 2467 Bikaner Jaipur Intercity Exp. (Abf. 9.30 Uhr, Jaipur an 11.35 Uhr), der 4853/4863 Marudhar Exp. (Abf. 13.38 Uhr, Jodhpur an 17.30 Uhr) und der 2308A Bikaner Howrah Superfast (Abf. 23.38 Uhr, Jaipur an 1.40 Uhr, Bharatpur an 5.15 Uhr, Agra an 6.35 Uhr) verbinden mit wichtigen touristischen Zielen. Ansonsten per **Bus** von Jaipur oder Ajmer oder per **Taxi.**

836ra Foto: tb

Süd-Rajasthan

836ra Foto: tb

018raj Foto: tb

Der Stadtpalast von Udaipur

Im „schwimmenden“ Lake Palace Hotel in Udaipur kann man den märchenhaften Lebensstil der Maharajas nachempfinden – das spektakulärste Hotel Indiens ist jedoch nicht gerade preiswert

Relief im Jaintempel von Ranakpur

Kota

↗ C3

(ca. 700.000 Einwohner, Vorwahl: 0744)

Obwohl Bundi und Kota nur 37 Kilometer voneinander entfernt sind, scheinen Welten zwischen den beiden Orten zu liegen. Während im verschlafenen Bundi die Zeit seit dem Mittelalter stehen geblieben zu sein scheint, ist im benachbarten Kota in den letzten Jahrzehnten das Atomzeitalter ausgebrochen.

Das gilt nicht nur im übertragenen, sondern im wörtlichen Sinn, ist die Stadt doch Standort eines Kernkraftwerkes, das zusammen mit den Wasserkraftwerken des Chambal-Flusses, der trotz seiner Verschmutzung noch Krokodile beherbergt, die **Industriebetriebe** der Distrikthauptstadt mit

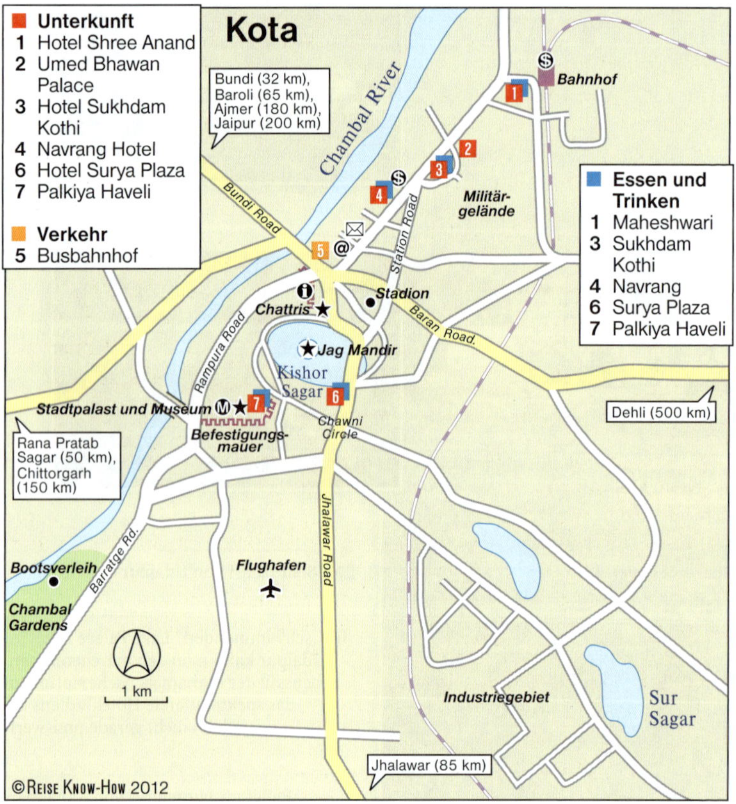

Energie versorgt. Asiens größte Düngemittelfabrik mit ihren weithin sichtbaren Schornsteinen ist nur ein Symbol für die wirtschaftliche Prosperität dieses Industriezentrums Rajasthans.

Da sich die Industriebetriebe vornehmlich in den Außenbezirken angesiedelt haben, erscheint die **Innenstadt** mit ihren vielen Parks und Gärten sowie einem großen künstlichen See trotzdem angenehm. Insgesamt hat die sehr weitläufige Stadt touristisch weit weniger zu bieten als Bundi, unter dessen Oberherrschaft sie bis zum Jahr 1625 stand, als sie durch Verfügung des Mogul-Herrschers *Jehangir* den Status eines selbständigen Fürstentums erhielt. Auf jeden Fall besuchenswert ist Kota während des **Hadoti-Festivals** im Februar, wenn anlässlich eines dreitägigen Volksfestes Musikanten, Tänzer und Akrobaten durch die Stadt ziehen.

Sehenswertes

Stadtpalast

Nach der Unabhängigkeit von Bundi begann *Rao Madho Singh* mit dem Bau dieses an den Ufern des Chambal-Flusses gelegenen Palastes. Zwar kann er bei weitem nicht mit der spektakulären Ansicht des Palastes von Bundi konkurrieren, bietet dafür jedoch den großen Vorteil, dass ein Teil zum **Rao Madho Singh Museum** (Tel.: 2385040, tgl. außer Fr 10–16.30 Uhr, Eintritt 100 Rs, Kamera/Video 50/100 Rs) umgewandelt wurde. Gebrauchsgegenstände der Herrscherfamilien, Fotos, Waffen und Mobiliar sind zu besichtigen.

Ebenso wie in Bundi flankieren zwei steinerne Elefanten das Haupteingangstor (Hathi Pol). Insgesamt zeichnet sich das Palastmuseum durch hervorragende englische Erläuterungen aus und bietet neben den üblichen Waffen-, Jagdtrophäen- und Münzabteilungen einen vorzüglichen Einblick in die Bundi-Malschule. Bereits die große Eingangshalle (Chitrashala) schmücken **Wandmalereien** des 17. Jh., wobei auch hier, wie in Bundi, vornehmlich Szenen aus dem Leben Krishnas dargestellt sind. Die schönsten Wandmalereien finden sich jedoch in den nicht zum Museum gehörenden Räumen des Palastes. Für einen Extraobulus von 20 Rs werden diese in einer speziellen Führung gezeigt. Die Erklärungen des vor sich hinschlurfenden Wärters sind zwar wenig hilfreich („Here you see another room"), doch die wunderschönen Wandmalereien, vor allem im Arjun Mahal und Bada Mahal, sind allemal das Geld wert.

Im Übrigen bieten die verschiedenen Balkone und Terrassen interessante **Aussichten** auf die nähere Umgebung. Nördlich vom Palast erstrecken sich die Überreste der urwüchsigen, dicht bewaldeten Flusslandschaft, auf der anderen Uferseite erheben sich die hohen Fabrikschornsteine des Industrieviertels.

• **Öffnungszeiten** des Stadtplastes: tgl. außer Fr und an Feiertagen 10–17 Uhr, Zugang zum Palast von der Südseite durch das Naya Darwaza (Neues Tor).

Chambal Gardens

Dem Fluss weiter in südwestlicher Richtung folgend, ist besonders der **von vielen Krokodilen bevölkerte Teich** in den Chambal Gardens ein Anziehungspunkt. Von hier starten Boote zu Rundfahrten auf dem Fluss, von denen nach Verlassen des sich unmittelbar anschließenden Industriegebietes eine reiche Fauna, etwa viele Vogelarten und Krokodile, und Flora zu erspähen sind. Die Ausfahrten dauern normalerweise nur 20 Minuten (50 Rs), was eigentlich zu kurz ist. Nach Verhandeln sollte eine einstündige Bootsfahrt nicht mehr als 250 Rs kosten.

Kishor Sagar

Zwischen dem Palast und dem Tourist Bungalow befindet ein großer, im 14. Jh. künstlich angelegter See mit dem fotogenen, 1740 erbauten Pavillon Jagmandir in der Mitte, der aber leider für die Öffentlichkeit geschlossen ist. Gut besucht sind dafür die ganz in der Nähe in einem schönen Park gelegenen, kürzlich restaurierten Chattris der Fürsten von Kota.

Festival

Das mehrtägige **Dussehra-Festival** zu Ehren des Sieges Ramas über Ravana wird in Kota jeweils im Oktober besonders prunkvoll gefeiert. Die nächsten Termine:

- 22.–24.10.2012
- 12.–14.10.2013
- 1.–3.10.2014

Information

- Die Angestellten des **Tourist Office** (Tel.: 2327695, Mo–Sa 10–17 Uhr, 2. und 4. Sa des Monats geschlossen) im RTDC Chambal Tourist Bungalow sind sehr hilfsbereit und freundlich.

Stadtverkehr

Kota ist sehr weitläufig, zudem verteilen sich die für die Touristen wichtigen Bereiche wie Bahnhof, Busbahnhof und der Stadtpalast auch noch von Norden bis Süden. Man ist also auf öffentliche Verkehrsmittel angewiesen. Da Englisch kaum verbreitet ist, sollte man sich vor Fahrtbeginn vergewissern, dass der Rikshafahrer das gewünschte Ziel auch tatsächlich verstanden hat, andernfalls landet man eventuell am anderen Ende der Stadt.

- **Minibusse und Tempos** verkehren u.a. zwischen Busbahnhof und Bahnhof.
- **Autorikshas** sieht man erstaunlich wenig. Falls man eine erhascht, sollte die Fahrt vom Busbahnhof zum Bahnhof etwa 40 Rs, zum Tourist Bungalow und zum Stadtpalast jeweils 30 Rs kosten.
- **Fahrradrikshas** sind aufgrund der großen Entfernungen wenig geeignet.

Unterkunft, Essen und Trinken

- Wer nur ein schmales Reisebudget zur Verfügung hat, ist im **Hotel Shree Anand** € (Tel.: 2462473) gegenüber dem Bahnhof mit hinreichend sauberen und kleinen Zimmern akzeptabel bedient. Wirklich gut ist das hauseigene **Maheshwari Restaurant.**
- Mit seinen geräumigen, freundlichen Zimmern, der zentralen Lage und dem angeschlossenen Restaurant bietet das **Hotel Surya Plaza** €€-€€€ (Tel.: 5100550, www.suryaplaza.com) an der Kotri Gumanpura Rd. ein gutes Preis-Leistungs-Verhältnis.
- Empfehlenswert ist das an der Straße zum Bahnhof gelegene **Navrang Hotel** €€-€€€ (Tel.: 2451253). Das Personal ist sehr bemüht, die Zimmer, wenn auch etwas abgewohnt, sind sauber und geräumig. Dem Haus angeschlossen ist ein gutes und preiswertes vegetarisches Restaurant.

● Reizend ist das in der Nähe des Stadtpalastes gelegene **Palkiya Haveli** €€€€ (Tel.: 2387497, www.palkiyahaveli.com). Das von einer sehr bemühten Familie geführte Haveli besticht neben seiner warmen Atmosphäre und den individuell gestalteten Räumen (alle mit AC) auch durch das sehr gute Restaurant.

● Eine sehr gute Wahl ist das **Hotel Sukhdam Kothi** €€€€ (Tel.: 2320081, www.sukhdamkothi.com). Die geräumigen Zimmer in dem inmitten eines Gartens gelegenen Kolonialhaus aus der Mitte des 19. Jahrhunderts sind sehr gemütlich. Zu empfehlen ist auch das angeschlossene Restaurant.

● In dem von dem britischen Stararchitekten *Swinton Jacob* zu Beginn des 20. Jahrhunderts im indosarazenischen Stil entworfenen **Umed Bhawan Palace** €€€€-€€€€€ (Tel.: 2325262, www.welcomheritagehotels/umedbhawan-kota.com) im Norden der Stadt fühlt man sich ins britische Raj zurückversetzt. Eingebettet in eine weitläufige Gartenanlage, wirken die langen Arkadengänge, die riesigen Empfangszimmer, Speisesäle und Schlafzimmer ebenso beeindruckend wie verstaubt und renovierungsbedürftig – auch das Personal macht zuweilen einen recht verspäteten Eindruck.

Bank und Internet

● Die **State Bank of India** am Chawni Chowk und die **State Bank of Jaipur and Bikaner** wechseln Bargeld und Travellerschecks. Darüber hinaus bieten sich diverse **ATMs** zum Bargeldabheben an, wobei die der HDFC-Bank nahe dem Navrang Hotel und im Bahnhofsgebäude neben Master-, Maestro, Visa- und Cirrus-Card- auch Amex-Karteninhaber zufriedenstellen.

● Internet kostet 40 Rs/Std., das **Shiva Shakti** nicht weit vom Busbahnhof ist recht schnell.

An- und Weiterreise

Bahn

Kota liegt an der Breitspurlinie Mumbai – Delhi, dementsprechend viele Züge fahren tgl. nach Jaipur und Delhi.

● Nach **Delhi** (Hazrat Nizzamuddin) benötigt der 2953 Rajdhani Exp. 5,5 Std.: Abf. Kota 5.30 Uhr, über **Sawai Madhopur** (Ranthambore-Nationalpark, an 6.36 Uhr), **Mathura** (an 9 Uhr), Delhi an 10.50 Uhr, oder der 2903 Golden Temple Mail: Abf. 11.25, Ank. in Delhi Hazrat Nizzamuddin um 18.35 Uhr (Zug fährt weiter bis Amritsar). Andere Richtung der 2904 Golden Temple Mail: Abf. New Delhi 7.55 Uhr, über Mathura (ab 10.25 Uhr), Ank. in Kota um 14.45 Uhr. Der Zug fährt weiter bis **Mumbai** (Ank. 5.40 Uhr). Eine weitere gute Verbindung nach Mumbai ist der 2956 Jaipur Mumbai Central Exp.: Abf. 17.35, Ank. 7.45 Uhr.

● Nach Sawai Madhopur (Ranthambore-Nationalpark) und Delhi z.B. der 9019A NMH Kota Exp.: Kota (Abf. 19.45 Uhr), **Sawai Madhopur** (an 21.25 Uhr), **Bharatpur** (an 0.55 Uhr), **New Delhi** (an 6.05 Uhr), **Delhi** (6.30 Uhr).

● Nach **Jaipur** (Ank. 12.45 Uhr) fährt z.B. der 2955 Mumbai Central Jaipur Exp.: 8.50 Uhr über **Sawai Madhopur** (an 10.05 Uhr), viele weitere Verbindungen.

● Mit dem 281B Halighati Exp. in 11 Std. bis Agra: 19.30 Uhr ab Kota über **Ranthambore-Nationalpark** (Ank. 23.35 Uhr), **Fatehpur Sikri** (4.49 Uhr), nach **Agra** (6.05 Uhr).

● Außerdem tgl. zwei Verbindungen nach **Bundi** und **Chittorgarh,** z.B.: Abf. 9.05 Uhr, Bundi an 9.36 Uhr, Chittorgarh an 12.05 Uhr mit dem 9020A Dehra Dun Exp.

Bus

● Alle 15 Min. fahren Busse nach **Bundi** (45 Min. Fahrtzeit), halbstündige Verbindungen nach **Ajmer** (6 Std.) und **Jaipur** (6 Std.). Außerdem Busse nach **Chittorgarh** (4,5 Std.), **Udaipur** (6,5 Std.), **Jodhpur** (11 Std.) und **Bikaner** (12 Std.).

Umgebung von Kota

Badoli ↗ C3

55 km südwestlich von Kota an der Straße zum Rama-Pratap-Stausee finden sich mehrere **Shiva-Tempel,** die

zu den ältesten noch erhaltenen Tempelanlagen Rajasthans zählen. Obwohl sie zum Teil aus dem 8. und 9. Jh. stammen, weisen sie noch besonders detailliert und gut erhaltene Skulpturen auf. Die Bildhauer versahen die Nischen an den Tempelmauern mit außergewöhnlich schönen Einzelfiguren, die Shiva u.a. als kosmischen Tänzer Natraja zeigen. Das Hauptheiligtum, der über 20 m hohe Ghateshwara-Tempel, ist mit schönen Affenskulpturen geschmückt.

- **Anreise:** Etwa stündliche Busverbindungen zwischen Kota und Baroli, 1,5 Std. Fahrtzeit. Man sollte den Fahrer bitten und erinnern, am Ausstiegspunkt Bescheid zu sagen. Per Taxi inkl. Rückfahrt sollten 500 Rs genügen.

Der besondere Tipp:

Bundi

⇗ C3

(ca. 95.000 Einwohner, Vorwahl: 0747)

Im Südosten Rajasthans zwischen den Hügeln des Aravalli-Gebirges gelegen, scheint sich dieses kleine Städtchen hinter der Flanke des sie begrenzenden Bergrückens vor den Veränderungen der Neuzeit verstecken zu wollen. Der Wind of Change, der in den letzten Jahren auch das Bild vieler indischer Städte merklich verändert hat, scheint an der ehemaligen Hauptstadt eines kleinen Fürstentums vorbeigezogen zu sein. Beim Durchstreifen der verwinkelten Altstadtgassen, die durch den teils blauen Anstrich der Häuser an Jodhpur erinnern, fühlt man sich um Jahrzehnte zurückversetzt.

Überragt wird die Stadt von der sich am Berghang hochziehenden, riesigen **Palastanlage** und dem auf dem Gipfel erbauten **Fort.** Erst 2005 gewährte die Herrscherfamilie den Zugang zum größten Teil der Anlage, einige andere Sehenswürdigkeiten der Stadt sind nur von außen zu bewundern.

Die meisten der insgesamt nur wenigen Touristen besuchen Bundi im Rahmen einer Tagestour vom nur 37 km entfernten Kota aus. Das ist schade, denn für jeden, der ein Stück unverfälschtes Indien kennenlernen möchte, ist diese scheinbar so weltentrückte Stadt ein idealer Ort für einen mehrtägigen, entspannenden Aufenthalt, um die Atmosphäre besonders der Altstadt mit ihren gewundenen Gassen und Torbögen, die vielen Tempel und die Märkte genießen zu können.

Geschichte

1241 gründete *Rao Deva,* Anführer der **Hara-Chauhana-Rajputen,** die zuvor aus Delhi und danach aus Ranthambore vor den muslimischen Invasoren flüchten mussten, an der strategisch günstigen Stelle am Rande des Aravalli-Gebirges seine neue Hauptstadt. Zunächst gelang es ihm und seinem Sohn und Nachfolger *Rao Samar* durch Erfolge über benachbarte Fürstentümer (u.a. Kota), das Herrschaftsgebiet erheblich zu erweitern. Doch schon bald wurden sie erneut von den weiter nach Süden vorrückenden Truppen des Sultans von Delhi besiegt, dem gegenüber sie nun tributspflichtig wurden. Mitte des 15. Jh. mussten sie sich

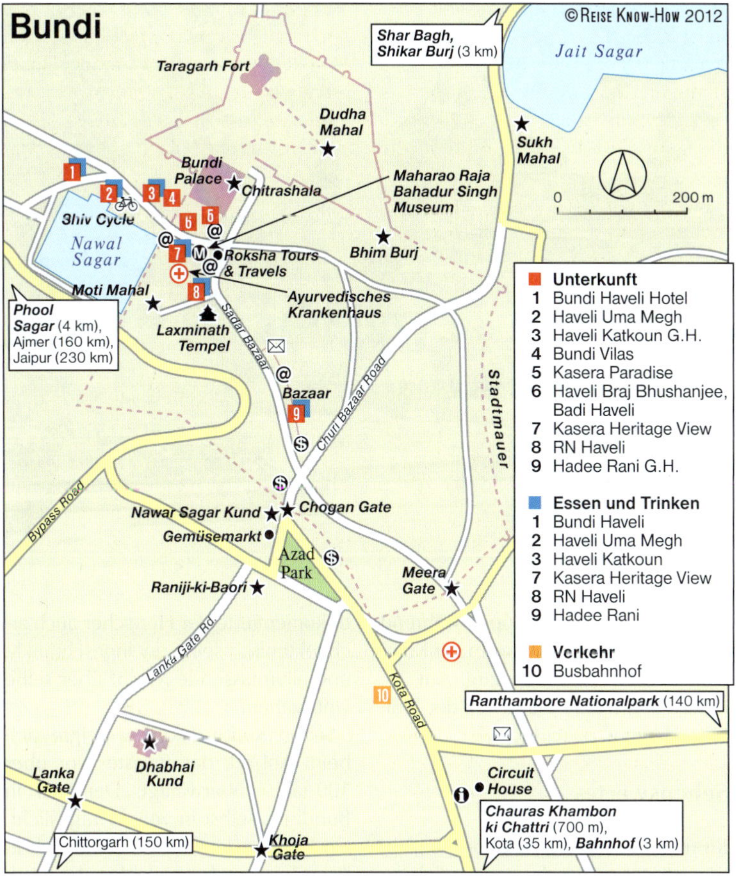

den Mewaris unterwerfen, die während der Regierungszeit *Rana Kumbhas* vom benachbarten Chittorgarh aus weite Teile Rajasthans eroberten.

Nachdem *Akhbar* die riesige Festung Chittorgarhs 1568 erobert hatte, fanden sich die *Hara Chauhana* unversehens erneut von den Moguln beherrscht. 1625 erklärte Akhbars Nachfolger *Jehangir* das bis dahin zum Fürstentum Bundi gehörige Kota zum eigenständigen Rajputenstaat, womit Bundi einen schmerzlichen Gebiets- und Bedeutungsverlust erlitten hatte.

Nachdem das Fürstentum 1818 unter die Oberhoheit der Engländer ge-

312ra Foto: tb

riet, kämpften seine Truppen während des 2. Weltkrieges auf Seiten der Kolonialmacht im Burmafeldzug. Am 25. März 1948 wurde Bundi Teil der Indischen Union.

Sehenswertes

Bundi Palace (Chitrashala)

Es ist immer wieder erstaunlich zu sehen, wie es sich selbst die Herrscher kleiner und unbedeutender Fürstentümer wie etwa Bundi leisten konnten, solch riesige und aufwendige Palastanlagen zu erstellen. Das kleine Städtchen scheint fast erdrückt zu werden vom gewaltigen, an den Berghang gebauten Palast (Garh Palace) und dem darüberliegenden Taragarh Fort. So dokumentierte der Herrscher auch architektonisch seine uneingeschränkte und allumfassende Macht über seine Untertanen.

Schon *Rudyard Kipling* zeigte sich beim Anblick des Palastes vor über 100 Jahren überwältigt: „Der Palast in Bundi ist, selbst in vollem Tageslicht, ein Palast, wie Menschen ihn sich in ihren Träumen bauen – eher das Werk von Elfen als von Menschen. Er ist in und an den Berg gebaut, gigantisch, Terrasse über Terrasse, und dominiert die ganze Stadt wie eine Lawine aus Mauerwerk, die jeden Augenblick hinabgleiten und die Schlucht blockieren kann."

Es überrascht, wieviele eigenständig **rajputische Stilelemente** der verwit-

terte Palastbau trotz der jahrhundertelangen Mogul-Herrschaft aufweist. Hierin, wie in vielen anderen Aspekten zeigen sich auffällige Parallelen zum Palastbau der Mewaris von Udaipur. Auf einem festungsartigen, fensterlosen und wenig attraktiven Unterbau erhebt sich ein Neben- und Übereinander ineinander verschachtelter Wohn- und Repräsentationsbauten. Sie wurden von den verschiedenen Herrschergenerationen über einen Zeitraum von fast fünf Jahrhunderten dem ersten, 1342 von Rao Deva errichteten Gebäudekomplex hinzugefügt. Trotz seiner enormen Ausmaße und unterschiedlicher Baustile wirkt der Palast durch die vielen vorspringenden Erker, Balkone, Kuppeldächer und Pavillons nicht im geringsten schwerfällig.

Trotz der zunächt scheinbar undurchsichtigen Anordnung der verschiedenen Bauten lassen sich bei näherem Hinsehen fünf verschiedene Gebäudekomplexe unterscheiden. Von links nach rechts sind dies der **Queens Palace** (eine der größten zusammenhängenden Einheiten, der Palast der Fürstin), daneben der **Phool Mahal** (Blumenpalast), auf dessen Wandgemälden u.a. eine imposante

Der Chitrashala besteht aus ineinander verschachtelten Gebäudeteilen unterschiedlicher Baustile, die über etwa 500 Jahre hinweg nach und nach hinzugefügt wurden

königliche Prozession zu bewundern ist, dann der **Bada Mahal** (Wolkenpalast) mit den drei übereinander hängenden Balkonen und den am besten erhaltenen Wandgemälden mit geometrischen Mustern, Pfauen und Krishna-Darstellungen, daran anschließend der an seinem großen, von zwei Pavillons gekrönten Balkon erkenntliche, recht baufällige **Ratan Daulat** (Edelsteinpalast), die **öffentliche Audienzhalle** (Diwan-i-Am) mit einem weißen Marmorthron und schließlich auf der äußersten rechten Seite der 1644 erbaute, nach seinem Erbauer *Rao Raja Chattra Shabiji* benannte, **Chattra Mahal.**

Bei der außergewöhnlichen Schönheit, die der Palast ausstrahlt, stimmt es traurig, bei näherer Betrachtung die teilweise fortgeschrittenen **Verfallserscheinungen** einzelner Gebäude zu sehen. Mögen die aus Mauern, Treppen und Dächern herauswachsenden Sträucher und Bäumchen noch einen gewissen Reiz vermitteln, ist es umso bedauerlicher, wie die wunderschönen, in ganz Indien einmaligen **Wandmalereien** des Chattra Mahal verkommen.

Die Motive der vollständig mit **Miniaturmalereien** der Bundi-Schule bedeckten Wände und Decken vermitteln einen guten Einblick in das höfische Leben von vor 300 Jahren. Wie in einem Film ziehen Bilder des Maharajas bei der Jagd, bei gefährlichen Schlachten, feierlichen Umzügen und Vergnügungen mit seinen Konkubinen am Betrachter vorbei. Der eigentliche Liebling der unbekannten Maler war jedoch offensichtlich der Gott Krishna, der in allen Aspekten seines verspielten Lebens dargestellt wird. Natürlich fehlt dabei auch nicht jene für das Krishna-Bild so prägende Szene, in der er den im Yamuna badenden Jungfrauen die Kleider stiehlt.

Um den im 18. Jh. von *Rao Ummed Singh* erbauten **Chitrashala** (Ummed Mahal) zu erreichen, wende man sich nach Durchschreiten des Elefantentors (Hathi Pol) nach links und steige den Hang hinauf. Oberhalb des Rang-Vilas-Hofgartens sind mehrere Räume mit herrlichen Malereien und Fresken verziert. Die hinteren Räume bilden den Sheesh Mahal, der trotz schlechten Zustands einige sehenswerte Details bereithält.

Der Weg hinauf zum Palast verläuft über sehr unebenes Steinpflaster. Dies sollte einkalkulieren, wer nicht gut zu Fuß ist. Das Fotografieren mit Blitz ist in den Räumen mit Wandmalereien verboten.

- **Öffnungszeiten:** tgl. 8–18 Uhr, Eintritt 100 Rs, Kamera 50 Rs, Video 100 Rs. Ein lizensierter Guide verlangt für eine ca. 1,5-stündige Führung 250 Rs. Auch das Ticket für das Taragarh Fort ist hier zu kaufen.

Taragarh Fort

Das oberhalb des Palastes liegende, über einen steilen Aufstieg entlang des Berges zu erreichende Taragarh Fort (Sternenfestung), mit dessen Bau *Rao Deva,* der Gründer Bundis, 1354 begann, erlaubt einen sehr schönen Panoramablick vom Palast über den quadratischen, in der Mitte mit einem Tempel für den Wassergott Varuna versehenen **See Nawal Sagar** hin zur Stadt und in die nähere Umgebung. Außer einigen auf die Stadt gerichteten Kanonen, zwei immer noch Wasser haltenden Reservoirs aus dem Mittelalter, frechen Affen und verfallenen, pflanzenüberwucherten Bauten hat das Fort keine Sehenswürdigkeiten zu bieten. Etwas entfernt am südöstlichen Rand der Anlage steht die riesige **Kanone Garbh Gunjam** auf der im 16. Jh. erbauten Bastion Bhim Burj.

• **Öffnungszeiten:** tgl. 8–17 Uhr, Eintritt 100 Rs, Kamera 50 Rs, Video 100 Rs.

Raniji-ki-Baori

Bekannt ist Bundi auch für seine einstmals über fünfzig **Tiefbrunnen** *(baori)*, von denen die meisten nicht mehr existieren und die verbliebenen aufgrund des gesunkenen Grundwasserspiegels meist kein Wasser mehr führen. Der eindrucksvollste von ihnen ist nach seiner Erbauerin, der Frau des Maharajas, *Raniji-ki-Baori,* benannt. Ein mit Pavillons bestandener Park umgibt den Eingang zu diesem 1699 erbauten Baori. Mit seinen reich verzierten Torbögen und schönen Wandreliefs sieht der 46 Meter in die Tiefe führende Treppenschacht eher wie der Eingang zu einer unterirdischen Palastanlage aus. Man kann sich unschwer vorstellen, welch lebhaftes Treiben sich früher, als der Baori neben seiner Funktion als Wasserquelle auch noch beliebter Treffpunkt war, entlang der 70 Treppenstufen abspielte. Leider ist der Brunnen heute mit einem massiven Gittergerüst abgedeckt, sodass man sich mit einem Blick in die Tiefe begnügen muss.

Weitere schöne Exemplare sind die beiden Brunnen am See des Nagar Sagar Kund gleich vor der Stadtmauer am **Chogan Gate.** Hier sollte man sich einen Spaziergang durch die umgebenden lebendigen Gassen und Märkte nicht entgehen lassen.

Phool Sagar

Außen vor bleibt man beim etwa vier Kilometer außerhalb der Stadt gelegenen, Anfang der 1940er Jahre erbauten **Palast** am von einem hübschen Garten umgebenen Phool Sagar. Während des zweiten Weltkrieges fungierte der Maharaja von Bundi als persönlicher Sekretär *Lord Mountbattens* im Burmafeldzug und die gefangengenommenen italienischen Soldaten wurden in der Nähe Bundis untergebracht. Quasi als Freizeitbeschäftigung ließ sie der Maharaja in seinem neuen Palast einige **Wandmalereien** ausführen, womit der Phool Sagar wohl der einzige Palast Indiens sein dürfte, den neben Darstellungen Bundis auch italienische Landschaftsgemälde zieren. Von November bis Februar ist der See Heimat vieler Vogelarten, die dort beobachtet werden können.

Weitere Sehenswürdigkeiten

Nördlich der Stadt in der Nähe des Jait Sagar liegt in landschaftlich reizvoller Umgebung mit dem **Shikar Burj,** die heute gern als Ausflugsziel indischer Familien dient, die palastähnliche königliche „Jagdhütte" aus dem

18. Jh. Wenige hundert Meter weiter befindet sich eine weitere Parkanlage (Shar Bagh) mit den Kenotaphen der Herrscher von Bundi. Besonders gelungen sind die Elefantenfriese entlang der Basis des Hauptkenotaphs.

Der in der Regierungszeit von *Rao Raja Vishnu Singh* 1773 erbaute **Sukh Mahal** (tgl. 10–17 Uhr) diente den Herrschern von Bundi als Sommerpalast. Der pittoresk am See gelegene, vor einigen Jahren renovierte Bau diente auch *Rudyard Kipling* während seines Aufenthaltes in Bundi Ende des 19. Jh. als Unterkunft. Angeblich soll ein unterirdischer Tunnel den Sukh Mahal mit dem Taragarh Fort verbinden.

Einen Besuch lohnt auch der ca. einen Kilometer südlich der Altstadt gelegene **Chauras Khambon ki Chattri,** eine Ende des 17. Jh. von *Rao Raja Anirudh Singh* für den Sohn seiner Amme errichtete Totengedenkstätte. Der aus 84 zum Teil hübsch verzierten Säulen gefertigte Bau dient auch als Tempel, wie der Shiva Lingam verdeutlicht.

Das **Maharao Raja Bahadur Singh Museum** (9–13 und 14–17 Uhr, Eintritt 50 Rs, Kamera 50 Rs) im Moti Mahal, dem heutigen Wohnsitz der Herrscherfamilie, gewährt Einblick in die fürstliche Lebensweise der letzen Jahrhunderte.

Festivals

Wer im Juli/August in der Region ist, sollte das **Teej-Fest,** mit dem die Wiedervereinigung von Parvati und Shiva am Beginn des Monsuns gefeiert wird, in Bundi verbringen. Zwar wird es in allen Städten Rajasthans gefeiert, doch in Bundi hat es eine besondere Note. Hauptattraktion ist die **Prozession** der aufwendig dekorierten Statue der Göttin Teej in einer Sänfte vom Naval Sagar zum Azad Park. Die von Tausenden Zuschauern begleitete Prozession wird von prachtvoll geschmückten Elefanten, Kamelen, Musikkapellen und Akrobaten flankiert. Abends treten die Künstler in den hell erleuchteten Gassen der Altstadt auf.

Auch das im Oktober/November gefeierte **Bundi Utsav** mit Musik, Tanz, Feuerwerk und vielen weiteren Attraktionen zieht viele Besucher an.

Information

- Das **Tourist Office** (Mo–Fr 10–18 Uhr, um 13.30 Uhr 30 Min. Pause, Tel.: 2443697) ist sehr hilfsbereit. Es befindet sich leider etwas außerhalb des touristischen Zentrums südlich des Busbahnhofs an der Kota Rd.

In Bundi gibt es mit *Billu* einen selbsternannten lokalen Reiseführer, der **Führungen** durch den Palast, zum Stufenbrunnen und (am besten mit dem Fahrrad) in die hübsche Umgebung macht: Billu Guide, gegenüber dem Wasserturm, Indra Market/Azad Park.

Stadtverkehr

- Bundi ist klein, und zudem liegt ein Reiz der Stadt gerade darin, die verwinkelten **Altstadtgassen** zu Fuß zu erkunden. Wer dennoch die gut 1 km lange Strecke vom Busbahnhof zum Palast mit der Riksha zurücklegen will, sollte dafür nicht mehr als 20–30 Rs zahlen.

● Der **Bahnhof** liegt 5 km außerhalb. Per Riksha sind es max. 60 Rs, abends und nachts 50 Rs mehr.
● **Taxis** können über die Unterkünfte für ca. 800–1.200 Rs pro Tag gemietet werden.
● Viele Verleiher, z.B. **Shiv Cycle,** und Unterkünfte vermieten für 30–40 Rs/Tag **Fahrräder. Motorroller** und -räder kosten ca. 200–300 Rs.

Unterkunft, Essen und Trinken

● Besonders das herrliche, preiswerte Gartenrestaurant am Nawal Sagar des **Haveli Uma Megh** €-€€ (Tel.: 2442191) ist einen Besuch wert. Die zum See ausgerichteten, mit Wandmalereien dekorierten Zimmer sind hell, geräumig und preisgünstig, die anderen recht dunkel. Die Besitzer können Fahrräder besorgen und geben gute Tipps für Ausflüge in die Umgebung.
● Eine weitere gute Billigadresse ist das **Hadee Rani Guest House** €-€€ (Sadar Bazar, Tel.: 2442903, hadeeranipg@yahoo.com) mit preiswertem exzellenten Restaurant. Auch die billigen Zimmer sind geräumig. Das alte Haveli liegt etwas weiter östlich Richtung Stadtzentrum.
● Besonders für weibliche Reisende dürfte das **RN Haveli** €/€€€ (Tel.: 2443278, (0)978 1186851, rnhavelibundi@yahoo.com) die richtige Bleibe sein, wird sie doch von einer engagierten Frau mit ihren beiden Töchtern geleitet. Die hübsch eingerichteten Zimmer dieses weitläufigen alten Haveli mit Garten und die köstliche vegetarische Küche sind bemerkenswert. Die klimatisierten Zimmer sind etwas überteuert.
● Das in einem alten Haveli untergebrachte **Kasera Heritage View** €€-€€€€ (Tel.: 244 4679, (0)9983790314, www.kaseraheritage view.com) wird von einer freundlichen Familie geleitet. Man sollte sich in eines der Zimmer mit Palastblick einmieten. Empfehlenswert ist auch das hauseigene Dachrestaurant. Ganz ähnlich in Preis und Leistung und dementsprechend auch empfehlenswert ist das **Kasera Paradise** €€€ (Tel.: 2444679, (0)99 29170982, www.kaseraparadise.com) in der Nähe. In beiden sind die meiste Zeit Abschläge auf die Zimmerpreise auszuhandeln.
● Alternativ bietet sich das **Haveli Katkoun Guest House** €€-€€€€ (Tel.: 2444311, haveli katkoun.free.fr) an, dem man seine Geschichte von außen nicht mehr ansieht. Im Innern wirken die geräumigen Zimmer jedoch gediegen. Schon recht preiswert beginnend, sind es die ruhige Lage, das baumbestandene Gartenrestaurant und die nette Atmosphäre, die den Reiz des Hauses ausmachen. Für die klimatisierten Zimmer im Obergeschoss, teils mit Blick auf den Palast, muss man etwas tiefer in die Tasche greifen.
● Gelungen renoviert, bietet das **Bundi Haveli Hotel** €€€-€€€€ (Tel.: 2447861, (0)9460 447777, www.hotelbundihaveli.com) genügend Komfort für die meisten Ansprüche. Große, helle, geschmackvoll eingerichtete Zimmer, das hübsche Innenhofrestaurant und die Dachterrasse zum Cappuccino-Trinken mit Rundumblick sowie Internetzugang und sorgsamer Service machen es zu einer hervorragenden Komfortadresse.
● Außergewöhnlich schön und sympathisch ist das direkt unterhalb des Palastes gelegene **Haveli Braj Bhushanjee** €€€€-€€€€€ (Tel.: 2442322, (0)9783355866, www.kiplingsbun di.com). Das knapp 200 Jahre alte viergeschossige Haus ist im Besitz einer freundlichen Familie, welche die Räume geschmackvoll im typischen Rajasthani-Stil renoviert hat. Die Übernachtung ist in den meisten Zimmern allerdings recht teuer. Das gleiche gilt für das hervorragende Essen, welches in dem sehr stilvollen Restaurant im Erdgeschoss oder abends mit Blick von der Dachterrasse über den sich direkt über dem Haveli erhebenden Palast serviert wird. Dort befindet sich auch ein kleiner Laden, in dem man hübsche Souvenirs erwerben kann. Insgesamt die beste Adresse in Bundi.

Mit dem nebenan gelegenen, preiswerteren **Badi Haveli** €€€ (Tel.: 2442322), in dem besonders die nach hinten gelegenen Zimmer herrliche Blicke auf Ort und Landschaft gewähren, bildet es einen Doppelkomplex, der auch durch den begrünten Innenhof mit Bourgainvilleen harmonisch wirkt.
● Obwohl die meisten Zimmer nicht besonders geräumig sind, rechtfertigt das **Bundi**

Vilas €€€€-€€€€€ (Tel.: 5120694, (0)9414 175280, www.bundivilas.com, Preise inkl. Frühstück) als luxuriöseste Adresse Bundis durch warme Ausstrahlung und geschmackvolles Design die Erwartungen an dieses 300 Jahre alte Haveli. Es ist über einen kurzen Anstieg von der Straße aus zu erreichen.

Bank und Internet

- Geldwechsel ist nur bei einer privaten **Wechselstuben,** meist in Reisebüros, etwa in der Charbhuja Rd., möglich. Ein **Geldautomat** der Axis Bank findet sich an Sadan Bazaar etwas nordwestlich des Chokan Gate.
- Internetsurfen für meist 40 Rs/Std. bieten einige Internetcafés im touristischen Teil unterhalb des Palastes wie **Roksha Tours & Travels,** das auch ein hilfsbereites, zuverlässiges Reisebüro ist, ein weiteres im **A & R Café** oder das **Cyber World** neben dem Kasera Heritage View.

An- und Weiterreise

Bahn

Das Reservierungsbüro ist Mo–Fr 8–20 Uhr und So 8–14 Uhr geöffnet. Wer sich den weiten Weg zum Bahnhof, 5 km vom Ortszentrum entfernt, sparen will, kann natürlich auch im touristischen Zentrum bei einem der Reisebüros gegen einen kleinen Aufpreis sein Ticket ordern.

- Tgl. zwei Verbindungen nach **Chittorgarh** (z.B.: 29020 Dehradun Exp., Abf. 9.38 Uhr, Ank. 12.05 Uhr) sowie nach Sawai Madhopur (Ranthambore N.P.) und Delhi, z.B. 29019A NMH Kota Exp.: Bundi ab 17.35 Uhr, über **Kota** (an 18.15 Uhr), **Sawai Madhopur** (an 21.10 Uhr), **Mathura** (an 2.25 Uhr) nach **Delhi Hazrat Nizamuddin** (an 5.12 Uhr).
- Mit dem 59811 Halighati Exp. in 12 Std. bis Agra: 17.50 Uhr ab **Bundi,** über **Kota** (an 20.20 Uhr), **Ranthambore-Nationalpark** (Ank. 23.28 Uhr), **Fatehpur Sikri** (4.50 Uhr), **Agra Fort** (an 6 Uhr).
- Von **Kota** aus gibt's viele weitere Bahnverbindungen.

Bus

Aus Richtung Ajmer und Jaipur kommend, kann man auch schon am Nawal Sagar den Bus verlassen, falls man in diesem Bereich seine Unterkunft wählen möchte. Man erspart sich so den Rückweg vom Busbahnhof. Von dort sind es nur etwa 100 m zu den ersten Unterkünften.

- Jede Viertelstunde fahren Busse nach **Kota** (alle 15 Min., 45 Min., 20 Rs), alle halbe Stunde nach **Ajmer** (4,5 Std., 111 Rs, morgens um 8.30 Uhr auch ein Direktbus nach **Pushkar**) und **Jaipur** (126 Rs, 5 Std., halbstündig). Außerdem zwei Abendbusse nach Chittorgarh in 4 Std. (110 Rs), vier Busse nach **Sawai Madhopur** (Ranthambore-Nationalpark, 60 Rs, 4,5 Std.), **Jodhpur** (176 Rs, 10 Std., 3 Busse), **Udaipur** (175 Rs, 7 Std., 2 Abendbusse) und **Delhi** (270 Rs, 11 Std., 3 Busse).

Umgebung von Bundi

6 km nördlich befinden sich **Akoda und Thikarda,** zwei Dörfer, in denen Einheimische handwerkliche Produkte (vorwiegend Töpferware) feilbieten. Hierbei ist eher der Weg dorthin durch die liebliche Landschaft, evtl. mit Fahrrad, das eigentlich reizvolle.

22 km westlich auf dem Weg nach Jaipur sollte man einen Zwischenstopp bei **Hindoli** einlegen, falls man mit Taxi oder Mietwagen unterwegs ist. Dort ist neben einem verfallenen Bergfort der große See besuchenswert.

34 km südlich von Bundi beeindrucken einige Felsmalereien an einem Flussufer, die über 15.000 Jahre alt sein sollen. Da sie nicht ganz leicht zu finden sind, sollten Interessierte einen Guide engagieren.

Jhalawar

↗ C3

Das auf den ersten Blick recht unscheinbare Jhalawar, 87 Kilometer südlich von Kota gelegen, ist eine von jenen Städten, die vielleicht gerade weil sie nicht über außergewöhnliche Sehenswürdigkeiten verfügen einen Zwischenstopp wert sind. Beim Bummel durch die verstaubten und wahrlich nicht immer sauberen Gassen von Jhalawar, das im 19. Jh. als Hauptstadt der Jhala-Rajputen diente, stößt man überall auf Szenen unverfälschten Alltagslebens und staunende Gesichter, sind westliche Besucher hier doch noch die absolute Ausnahme.

Einen Besuch lohnen die Überreste des **alten Forts,** in dessen Mauern sich auch ein recht interessantes **Museum** befindet. Kunsthistorisch äußerst bedeutend ist der sieben Kilometer nördlich gelegene **Sat Sahelion ka Mandir,** ein Surya-Tempel aus dem 19. Jh. mit einer der schönsten Sonnengott-Darstellungen ganz Indiens.

Unbedingt einen Besuch lohnt auch das imposante zehn Kilometer südlich von Jahalawar äußerst pitturesk in einer Flussschleife gelegene **Gagron Fort.** Ähnlich wie in Chittogarh, meint man beim Durchstreifen des weitläufigen, von vielen zerfallenen Gebäuden gesäumten Areals die ebenso ruhmreichen wie tragischen Schlachten der Rajputenheere unmittelbar spüren zu können. Viele Muslim-Pilger finden sich beim in unmittelbarer Nähe zum Forts gelegenen **Schrein eines Sufi-Heiligen** ein, der hier 1353 gestorben sein soll. Die hübsche Grabanlage kann auch von Nichtgläubigen besucht werden, man erwartet jedoch eine Spende.

Immer noch ein echter „Geheimtipp" ist Jhalawar während des **Chandrabhaga-Viehmarktes** im Oktober/November. Fast vollkommen unbemerkt vom Tourismus finden sich zu jener Zeit Tausende von Pilgern und Händlern ein und bieten ein ebenso buntes wie faszinierendes Bild der ethnischen Vielfalt dieser Region. Genau das richtige für jene, die eine Alternative zur weit bekannteren Pushkar Mela suchen. Die nächsten Termine:

- 27.–29.11.2012
- 16.–18.11.2013
- 5.–7.11.2014

Unterkunft

- Die beste Unterkunftsmöglichkeit bietet das **RTDC Hotel Chandrawati** €€ (Tel.: 07432-230081), das in einem hellen und freundlichen Gebäude untergebracht ist. Dem Hotel angeschlossen ist ein akzeptables Restaurant.

An- und Weiterreise

- Von **Kota** fahren zumindest stündlich Busse Richtung Jhalawar. Die gut zweistündige Fahrt wird meist in hoffnungslos überfüllten Bussen zurückgelegt.

Chittorgarh

↗ C3

(ca. 100.000 Einwohner, Vorwahl: 01472)

Wie kein anderer Ort repräsentiert die sich 150 Meter aus der Ebene erhebende **Festungsanlage** von Chittorgarh die von Heldentum und Kampfesmut geprägte Geschichte Rajasthans. Nirgends sonst scheint die Vergangenheit so nah wie in ihren Palästen, Tempeln und Siegestürmen. Dass dabei gerade dieser Ort nicht etwa durch ruhmreiche Siege, sondern durch vernichtende Niederlagen in die Geschichtsbücher eingegangen ist, wirft ein bezeichnendes Licht sowohl auf die von achthundertjähriger Fremdherrschaft geprägte Geschichte Nordindiens als auch auf das Selbstverständnis der Rajputen, für die die Erhaltung ihrer Ehre letztlich immer mehr bedeutete als der Tod.

Geschichte

Bei der für die indische Geschichtsschreibung so bezeichnenden Vermischung von historischer Realität und Legenden verwundert es nicht, dass die Anfänge der legendenumwobenen Felsenfestung in die **indische Mythologie** zurückversetzt werden. Danach soll die Gründung auf den König *Bhima* aus dem Mahabharata zurückgehen. Tatsächlich wird der für Verteidigungszwecke geradezu ideale Tafelberg schon früh besiedelt und befestigt worden sein. Historisch nachweisbar ist erst *Bappa Rawal,* Ahnherr der **Sisodias von Mewar,** der das Fort Anfang des 8. Jh. unter seine Kontrolle brachte.

Für weitere sechs Jahrhunderte verliert sich dann wieder die historische Spur, bis die vom Norden vorstoßenden **islamischen Invasoren** Chittorgarh erreichten. Nach der indischen Geschichtsschreibung belagerte *Ala-ud-din-Khalji,* der Sultan von Delhi, die Festung, weil er *Padmini,* die schöne Gemahlin des Herrschers, begehrte. Das klingt allemal romantischer als kriegerische Machtpolitik zur Erweiterung des eigenen Territoriums, die der eigentliche Grund für die Belagerung gewesen sein dürfte.

Ihre aussichtslose Lage vor Augen, kleideten sich die Männer in ihre safrangelben Hochzeitsroben, öffneten die Stadttore und stürmten dem zahlenmäßig weit überlegenen Feind und dem sicheren Tod entgegen, während die Frauen den Freitod auf dem Scheiterhaufen suchten. Noch zwei weitere Male sollte sich dieser grausame, **Jauhar** genannte Ritus wiederholen, der den Mythos von den selbst im Tode unbeugsamen Rajputen begründete.

Doch zunächst eroberten die Sisodias von Mewar Chittorgarh zurück und entwickelten sich zum **führenden Herrscherhaus Rajasthans.** Vor allem während der Regierungszeit *Maharana Kumbhas* (1433–1468) entstanden viele der heute nur noch in Ruinen vorhandenen Bauwerke.

Doch schon wenige Jahre später (1535) nahm der rasche Aufstieg ein ebenso abruptes wie grausames Ende, als der Sultan von Gujarat, *Bahadur Shah,* die Festung stürmte und beim

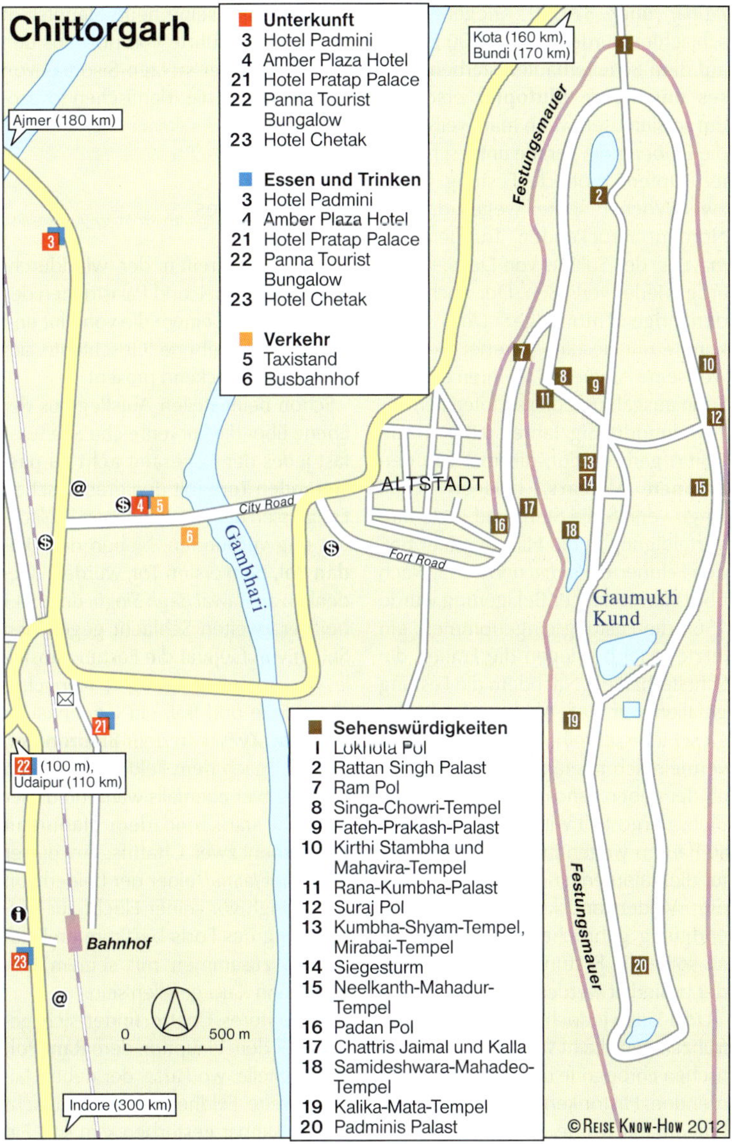
Chittorgarh
Unterkunft
3 Hotel Padmini
4 Amber Plaza Hotel
21 Hotel Pratap Palace
22 Panna Tourist Bungalow
23 Hotel Chetak
Essen und Trinken
3 Hotel Padmini
4 Amber Plaza Hotel
21 Hotel Pratap Palace
22 Panna Tourist Bungalow
23 Hotel Chetak
Verkehr
5 Taxistand
6 Busbahnhof
Sehenswürdigkeiten
1 Lokhola Pol
2 Rattan Singh Palast
7 Ram Pol
8 Singa-Chowri-Tempel
9 Fateh-Prakash-Palast
10 Kirthi Stambha und Mahavira-Tempel
11 Rana-Kumbha-Palast
12 Suraj Pol
13 Kumbha-Shyam-Tempel, Mirabai-Tempel
14 Siegesturm
15 Neelkanth-Mahadur-Tempel
16 Padan Pol
17 Chattris Jaimal und Kalla
18 Samideshwara-Mahadeo-Tempel
19 Kalika-Mata-Tempel
20 Padminis Palast
Ajmer (180 km)
Kota (160 km), Bundi (170 km)
Festungsmauer
ALTSTADT
City Road
Fort Road
Gambhari
Gaumukh Kund
Bahnhof
22 (100 m), Udaipur (110 km)
Indore (300 km)
0
500 m
Festungsmauer
©Reise Know-How 2012

Jauhar über 32.000 Krieger abgeschlachtet wurden und 13.000 Frauen auf dem Scheiterhaufen starben. Dieses **ungeheure Blutopfer** erscheint um so sinnloser, wenn man weiß, dass die Eroberer die gerade unter schwersten Opfern eroberte Festung schon zwei Wochen später wegen der aus Norden anrückenden Truppen *Humayuns,* des Sultans von Delhi, fluchtartig wieder verließen. Der noch minderjährige Thronfolger *Udai Singh* konnte nur deshalb gerettet werden, weil seine Amme ihn für ihren eigenen Sohn ausgab und diesen töten ließ.

Dreiunddreißig Jahre später wurde Chittorgarh erneut, diesmal von den **Truppen Akhbars,** belagert. Udai Singh verließ die Stadt und legte ihre Verteidigung in die Hände seiner beiden Feldherren *Jaimal* und *Patta.* Nach über viermonatiger Belagerung wurde 1568 die Festung eingenommen; ein letztes Mal bestiegen die Frauen die Scheiterhaufen. Nachdem die Festung gefallen war, ließ Akhbar, der in der Geschichtsschreibung wegen seiner vermeintlich toleranten Führung gern als der neben *Ashoka* größte Kaiser Indiens dargestellt wird, 30.000 wehrlose Bauern wegen ihrer Unterstützung für die Rajputen hinrichten. Damit war die Widerstandskraft Chittorgarhs endgültig gebrochen, denn von nun an sollte die Festungsanlage nie wieder besiedelt werden.

Udai Singh jedoch, der wegen seiner frühzeitigen Flucht von den die romantischen Ehrbegriffe ungefragt übernehmenden Historikern als Feigling gebrandmarkt wurde, gründete noch im gleichen Jahr seine neue Hauptstadt Udaipur und führte von dort aus den Widerstand der stolzen Sisodias von Mewar gegen die islamischen Invasoren fort.

Sehenswertes

Beim Durchstreifen der winddurchzogenen Tempel- und Palastruinen des Forts erscheint einem die von Blut und Feuer geschriebene Geschichte auf einmal erschreckend präsent.

Schon beim steilen Aufstieg aus der Ebene über die kurvenreiche Straße ist fast jedes der insgesamt **acht zu passierenden Tore** mit den dramatischen Ereignissen der verschiedenen Schlachten eng verbunden. Neben dem **Padan Pol,** dem ersten Tor, wurde in Gedenken an *Rawal Bagh Singh,* der 1543 bei der zweiten Schlacht gegen den Sultan von Gujarat die Festung anstelle des noch unmündigen Herrscher verteidigte und fiel, ein Gedenkstein errichtet. Zwischen dem **Bhairon Pol,** benannt nach dem Feldherrn *Bhairon Das,* der hier ebenfalls während dieser Schlacht starb, und dem **Hanuman Pol** stehen zwei Chattris. An dieser Stelle soll *Jaimal,* einer der beiden von Udai Singh vor seiner Flucht zur Verteidigung des Forts bestimmten Feldherren, zusammen mit seinem Gefolgsmann *Kalla* gefallen sein.

Ein weiteres Chattri findet sich gegenüber dem Haupttor, dem **Ram Pol,** an der Stelle, wo *Patta,* der neben Jaimal zweite Feldherr, in der Schlacht gegen Akhbar gestorben sein soll. Ein mit sehr schönen Inschriften verzierter Gedenkstein erinnert an diesen Helden der rajputischen Geschichte, dessen heldenhafter Mut noch heute in vielen Volksliedern überliefert ist. Steigt man beim Ram Pol auf die Außenmauern bietet sich ein schöner Überblick über Chittorgarh und Umgebung. Die ringförmige Asphaltstraße entlang der Festungsmauer führt zu den insgesamt über 50 verschiedenen Gebäuden, von denen im Folgenden die wichtigsten beschrieben werden sollen.

Wendet man sich hinter dem Ram Pol nach rechts, liegt nach etwa hundert Metern auf der rechten Straßenseite der im 13. Jh. erbaute **Rana-Kumbha-Palast,** der, obwohl nur noch in Ruinen erhalten, einen lebendigen Eindruck von der Schönheit rajputischer Architektur vermittelt. Ebenso wie der Stadtpalast von Udaipur besitzt er ein Tripola- und ein Badi-Pol, und nicht nur wegen dieser Namensgleichheit meinen Kunsthistoriker deutliche Ähnlichkeiten zwischen beiden Palästen erkannt zu haben. Die Sisiodas von Mewar haben den Verlust Chittorgarhs nie verwunden und wollten so wohl zumindest architektonisch die Erinnerung an ihre alte Hauptstadt aufrechterhalten. *Udai Singh,* der spätere Gründer Udaipurs, soll in diesem Palast geboren worden sein, und in einem der zahlreichen unterirdischen Gewölbe soll Padmini, derentwegen *Ala-ud-din-Khalji* angeblich Chittorgarh belagert haben soll, den Feuertod auf dem Scheiterhaufen gesucht haben. Legenden regen bekanntlich die Fantasie an, und so deutet jeder Führer bedeutungsvoll auf eine andere Stelle, wenn es um die genaue Lokalisierung des Tatortes geht.

Die Straße weitergehend, gelangt man an eine Kreuzung, auf deren linker Seite der relativ modern wirkende, Anfang des 20. Jh. errichtete **Fateh-Prakash-Palast** steht, der in ein **archäologisches Museum** umgewandelt wurde. Zu sehen gibt es unter anderem eine Waffensammlung, Skulpturen und Stupas (täglich außer Fr 10–17 Uhr).

Biegt man, vom Rana-Kumbha-Palast kommend, an der Kreuzung rechts ab, erreicht man nach wenigen Metern einen auf der linken Straßenseite liegenden Tempelkomplex. Zunächst betritt man den von einer hohen Tempelmauer umschlossenen **Kumbha-Shyam-Tempel,** der 1449 auf den Grundmauern eines schon im 9. Jh. erbauten, später jedoch von den Moguln zerstörten Tempels errichtet wurde. Im Sanktotum des Tempels findet sich eine Statue, in der Vishnu in seiner Verkörperung als Eber dargestellt wird. Im gleichen Komplex schließt sich südlich der **Tempel der Mirabai** an, benannt nach einer Rajputenprinzessin aus Nagaur, die Anfang des 16. Jahrhunderts an den Hof der Könige von Mewari verheiratet wurde. Nach dem Tod ihres Ehemannes gab sie sich ganz ihrer Liebe zum Gott Krishna hin, dem sie viele Gedichte und Balladen widmete, von denen heute noch einige in Rajasthan gesungen werden. Der Tempel selbst stammt wohl aus dem 15. Jh. und muss ihr so nachträglich gewidmet worden sein. Im Tempelinneren findet sich eine Darstellung *Mirabais* an der Seite Krishnas. Gegenüber steht ein kleines Chattri mit den Fußabdrücken ihres Gurus, der angeblich ein *Harijan* gewesen sein soll.

In unmittelbarer Nähe hierzu steht der 38 Meter hohe **Siegesturm** (Vijay Stambha), das wohl schönste Bauwerk der gesamten Festungsanlage. Der neungeschossige Turm wurde anlässlich des Sieges über die Sultane von Gujarat und Malwa errichtet und 1468 nach siebenjähriger Bauzeit für einen Kostenaufwand von 9 Mio. Rs fertig gestellt. Über eine sehr schmale Treppe mit 157 Stufen ist der von außen fast gänzlich mit detaillierten Szenen aus den beiden großen Hindu-Epen Ramayana und Mahabharata verzierte Sandsteinturm zu ersteigen. Bei der nach einem Blitzeinschlag notwendig gewordenen Renovierung der Turmspitze blieb die Treppe unberücksichtigt, sodass der Aufgang im achten Stock endet. Einige offensichtlich lebensmüde Besucher versuchen dennoch immer wieder, mit halsbrecherischen Kletterübungen auch noch das letzte Stockwerk zu erklimmen, wobei es schon zu einigen schweren Unfällen gekommen ist.

Auf dem Weg zum nur wenige Meter entfernten Samideshwara-Mahadeo-Tempel passiert man einen kleinen, mauerumgrenzten Platz. Bei Ausgrabungsarbeiten wurde hier eine dicke Ascheschicht entdeckt, die von der zweiten **Jauhar** stammen soll, bei der sich 1554 über 13.000 Frauen verbrannten.

Im **Samideshwara-Mahadeo-Tempel,** der zunächst im 11. Jh. vom Maharaja von Malwa errichtet und 1428 vom *Rana Makhal* in einen Shiva-Tempel umgebaut worden sein soll (darum auch unter dem Namen Makhalji-Tempel geführt), findet sich eine sehr schöne Trimurti-Darstellung.

Hinter dem Tempel führt eine steile Treppenflucht hinunter zu einem malerisch, direkt am Felsrand gelegenen **Teich.** Er wird aus einer unterirdischen Quelle gespeist, deren Wasser aus einer als Kuhkopf gestalteten Felsspalte fließt, weshalb er **Gaumukh Kund** (Kuhkopfbrunnen) genannt wird.

Nach etwa anderthalb Kilometern entlang der Hauptstraße in Richtung Süden gelangt man an den romantischsten Ort der Festungsanlage. Umgeben von einer sehr gepflegten Gartenanlage stehen die Überreste von **Padminis Palast,** und inmitten des angrenzenden Sees liegt malerisch ein nur per Boot zu erreichendes Wasserschloss. Der Legende zufolge soll hier *Sultan-Ala-ud-din-Khalji,* auf den Treppenstufen des Palastes schmachtend, das Spiegelbild der sich im Schloss aufhaltenden Padmini gesehen haben. Das klingt nicht nur zu schön, um wahr zu sein, sondern ist es auch ganz sicher nicht, denn „Padminis Palast" wurde nachweislich erst Jahrhunderte nach ihrem Tod erbaut. Heutzutage müsste sich der Sultan mit dem Spiegelbild eines Affen zufriedengeben, denn selbige haben inzwischen die Palastanlage komplett besetzt.

Von hier geht es wieder zurück nach Norden, diesmal jedoch entlang der östlichen Festungsmauer. Vom **Suraj Pol** bietet sich ein beeindruckender Blick auf die flache, dünn besiedelte Landschaft. Etwa auf Höhe des Kumbha-Palastes findet sich mit dem **Kirti Stambha** (Ruhmesturm) das zweite Wahrzeichen Chittorgarhs. Ein reicher jainistischer Kaufmann ließ den 22 Meter hohen Turm Anfang des 14. Jh. zu Ehren des ersten Tirthankaras, *Adinath,* errichten. Auch dieser Turm ist von der Basis bis zum obersten, siebten Stockwerk mit unzähligen Figuren verziert. Ebenso wie der direkt daneben liegende **Mahavira-Tempel** wurde der Ruhmesturm vor wenigen Jahren aufwendig renoviert, was seinen hervorragenden Zustand erklärt.

Auf der Straße weiter nach Norden befinden sich keine weiteren Sehenswürdigkeiten, sodass man die nach Westen abzweigende Straße benutzen sollte, um wieder zum Ausgangsort der Tour zuruckzukehren.

- **Eintritt:** 100 Rs, geöffnet von Sonnenaufhis Sonnenuntergang. Eine von Lesern als sachkundig und engagiert empfohlene Führerin für das Fort ist Frau *Sukhwal* (Tel.: 01472-243245, (0)919414110090).

Information

- Das von freundlichen und hilfsbereiten Mitarbeitern geführte **Touristenbüro** (Tel.: 241089) befindet sich direkt gegenüber dem Bahnhof und ist Mo–Sa von 10 bis 17 Uhr geöffnet. Zwischen 13 und 14 Uhr gönnen sich die gestressten Beamten eine Mittagspause.

Stadtverkehr

- Vom Bahnhof bis zum Fuß des Forts sind es 6 km. Selbst vom Busbahnhof ist es noch ein langer Weg, zumal der lange Aufstieg und der 7 km lange Rundweg im Fort mitgerechnet werden müssen. **Zu Fuß** dauert die Besichtigung aller Sehenswürdigkeiten der Anlage mindestens 4 Stunden, Hin- und Rückweg nicht mitgerechnet.
- **Autorikshas** berechnen, egal ob vom Bahnhof oder Busbahnhof, einen Preis von 200–250 Rs für die dreistündige Besichtigung aller Sehenswürdigkeiten. Man sollte sich auf eine zweistündige Fahrt nicht einlassen, da dann viel zu wenig Zeit bleibt, selbst drei Stunden sind noch knapp bemessen. Wer 50 Rs mehr bezahlt, kann dann alles gemütlich in vier Stunden besichtigen.
- Zwischen Busbahnhof und Stadt verkehren **Tongas.**

Unterkunft, Essen und Trinken

- Für den kleinen Geldbeutel empfiehlt sich am ehesten das **Hotel Chetak** €-€€ (Tel.: 241679). Die Zimmer mit sauberen, gekachelten Badezimmern mit Warmwasser und teilweise AC bieten viel für wenig Geld. Das klimatisierte Restaurant im Erdgeschoss ist preisgünstig und gut.
- Eines der besten Preis-Leistungs-Verhältnisse bietet das **Amber Plaza Hotel** €€ (Tel.: 249799, www.hotelamberplaza.com) ganz in der Nähe vom Busbahnhof. Neben den geräumigen, sauberen Zimmern verfügt das Haus über ein Restaurant mit schmackhaften einheimischen Speisen für um die 80 Rs pro Hauptgericht.
- Günstiger wohnt man im **Panna Tourist Bungalow** €-€€€ (Tel.: 241238), etwa 1,5 km vom Bahnhof Richtung Fort. Auch hier gibt es ein gutes Restaurant.
- Eine der besten Unterkünfte der Stadt ist das **Hotel Pratap Palace** €€-€€€ (Tel.: 243563, www.hotelpratappalacechittaurgarh.com) mit sauberen und angenehmen,

teils klimatisierten Zimmern, allerdings sind die „Superdeluxe"-Zimmer überteuert. Ein weiterer Pluspunkt ist das gute Restaurant zum Garten.

- Das **Hotel Padmini** €€-€€€ (Tel.: 241718) liegt etwas außerhalb am Bearch-Fluss. Die ruhige Atmosphäre, die freundlichen Bediensteten und das hauseigene vegetarische Restaurant stehen auf der Plusseite, der zuweilen zu wünschen übrig lassende Service nicht.
- Wer sich etwas Gutes tun will und nicht auf den Geldbeutel achten muss, sollte sich im **Bassi Fort Palace** €€€€-€€€€€ (Tel.: 225321, (0)9414111080, www.bassifortpalace.com), 20 km nordöstlich von Chittorgarh, einquartieren. Dieses Heritage-Hotel ist ein Juwel mit 18 individuell eingerichteten Zimmer-Suiten. Die Besitzer sind auf das Rührendste ums Wohl der Gäste bemüht. Zudem ist das Essen köstlich und Jeeptouren in die nähere Umgebung können auch gebucht werden.

Bank und Internet

- Die **State Bank of Bikaner and Jaipur** wechselt nur Bargeld. Am ATM der **State Bank of India** werden alle wichtigen internationalen Kreditkarten bis auf AmEx klaglos akzeptiert.
- Mit 50 Rs noch recht teuer ist Internetsurfen in der Stadt. Halbwegs fix geht's bei **Sanwariya Computers** neben dem Hotel Meera und im **Mahavir Cyber Café** am Collectorate Circle (bis 22 Uhr).

An- und Weiterreise

Bahn

- Eine gute Nachtverbindung nach **Delhi:** 2964 Mewar Exp.: Abf. Chittorgarh 20.50 Uhr, über **Kota** (an 23.30 Uhr), **Sawai Madhopur** (an 1 Uhr), Bharatpur (3 Uhr), an Delhi (Nizamuddin) 6.15 Uhr. Umgekehrt der 2963 Mewar Exp.: Delhi (Nizamuddin) ab 19 Uhr, über **Bharatpur** ab 21.42 Uhr, **Sawai Madhopur** ab 23.45 Uhr, Chittorgarh an 4.45 Uhr. Dieser Zug fährt um 4.55 Uhr weiter nach **Udaipur** (Ank. 7 Uhr).
- Nach **Jaipur** bietet der 2966 UDZ GWL SUP Exp. (Abf. 0.35 Uhr, Ank. 6 Uhr) eine gute Verbindung. Der Zug fährt weiter über Bharatpur (an 9 Uhr), Agra (an 10.15 Uhr) bis Gwalior (an 12.45 Uhr).
- Nach Agra auch der 281B Halighati Exp.: Abf. 14.15 Uhr, über **Bundi** (an 17.13 Uhr), **Kota** (an 19 Uhr), **Ranthambore-Nationalpark** (an 23.05), **Fatehpur Sikri** (an 4.49 Uhr), **Agra** (an 6.05 Uhr).

Bus

- Verbindungen nach **Bundi** (4 Std., 83 Rs), **Ajmer** (4 Std., 89 Rs), **Jaipur** (8 Std., 155 Rs), **Jodhpur, Udaipur** (3 Std., 56 Rs) und **Delhi** (14 Std.).

Der besondere Tipp: Fort Begu

Das **Dörfchen Begu,** 60 km südöstlich von Chittorgarh gelegen, bietet die Möglichkeit, abseits der Touristenströme in einem noch kaum von westlichen Reisenden entdeckten **Palasthotel** zu wohnen. Das erst vor wenigen Jahren in ein Hotel umgewandelte **Fort Begu** €€€€€ (Tel.: 9460920444, www.fortbegu.com) befindet sich in einer Festungsanlage aus dem 15. Jahrhundert und verfügt über gerade einmal vier Zimmer. „Klein, aber fein" ist hier jedoch nicht das Motto, sind doch die Zimmer ebenso geräumig wie gemütlich und geschmackvoll eingerichtet und die Anlage äußerst weitläufig. Das Essen ist absolut köstlich und der Besitzer kümmert sich zusammen mit seinem Sohn rührend um die wenigen Gäste. Neben sehr interessanten Führungen durch die Fortanlage lohnen sich auch ein Gang durch das Dorf und Ausflüge in die Umgebung.

Der Jag Mandir auf einer Insel im Pichola-See

Highlight:
Udaipur

↗ B3

(ca. 400.000 Einwohner, Vorwahl: 0294)

„Ich stand entzückt und schaute auf das majestätische Panorama, das sich zu meinen Füßen ausbreitete. Ich hatte niemals gehofft, etwas so Schönes zu sehen. Es glich einer der Märchenstädte aus Tausendundeiner Nacht."

Ein gutes Jahrhundert ist vergangen seit dieser Liebeserklärung eines französischen Reisenden an Udaipur, doch geblieben sind die fast einhellig euphorischen Beschreibungen für diese seither im Altstadtkern fast unverändert gebliebene Stadt am Pichola-See. **„Venedig des Ostens"** wird sie genannt und gilt als der romantischste Ort ganz Indiens.

Vor allem dem harmonischen Zusammenspiel von Altstadt, Palast, See und Bergkulisse verdankt die Stadt ihre elegante Schönheit. Die Stadt wechselt ihr Gesicht wie keine andere mit dem sich verändernden Lichteinfall, und zu jeder Tages- und Nachtzeit ist der Blick von den Dächern der Altstadt atemberaubend schön. Morgens erstrahlt die Stadt im leuchtenden Weiß ihrer Häuser, der Sonnenuntergang hinter den sanften Hügeln des Aravalli-Gebirges taucht den See und die Stadt in ein majestätisches Violett und nachts scheint das Lake Palace Hotel inmitten des im Mondlicht schimmernden **Pichola-Sees** zu schweben.

Die besten Orte zum „Seele baumeln lassen"

Im Zuge der in den letzten Jahren immer beängstigendere Ausmaße annehmenden Motorisierung und Kommerzialisierung im Altstadtbereich scheint die vermeintlich „romantischte Stadt Indiens" immer mehr auf der Strecke zu bleiben. Dennoch lassen sich auch heute noch genügend Oasen der Ruhe finden, so zum Beispiel beim **Blick vom Jag Mandir** über den Pichola-See auf den Stadtpalast, beim Müßiggang unter den schattigen Bäumen des Ambrai Restaurant am südlichen Ende der **Brahm-Puri-Halbinsel** oder beim Sundowner in einem der zahlreichen **Dachterrassencafés** in der Altstadt. „Seele baumeln lassen" statt in Hektik die Sehenswürdigkeiten abhaken – das gilt in Udaipur noch mehr als anderswo.

So ist Udaipur inzwischen neben Jaipur und Jaisalmer die **am meisten besuchte Stadt Rajasthans,** wobei aufgrund der entspannten Atmosphäre, der sehr interessanten Ausflugsziele in der Umgebung und der in jeder Kategorie qualitativ außergewöhnlich guten Unterkunftsmöglichkeiten die meisten Touristen weit länger bleiben als ursprünglich geplant. Nachteil dieser Beliebtheit ist natürlich, wie in anderen Städten mit ähnlich starkem touristischen Zulauf, dass typisch indisches Alltagsleben, zumindest aus dem Altstadtbereich, nahezu vollständig verdrängt ist.

Geschichte

Gleichzeitig mit der dritten und letzten Eroberung der Mewar-Hauptstadt Chittorgarh durch *Akhbar* 1568, der noch einmal über 30.000 Menschen zum Opfer fielen, begann die Geschichte Udaipurs. *Udai Singh,* Herrscher der Mewaris, hatte sich schon vor der Erstürmung der Festung abgesetzt und begann noch im gleichen Jahr mit dem Bau seiner neuen, nach ihm benannten Hauptstadt, die strategisch günstig zwischen Hügeln und einem See angesiedelt war.

Udai Singh war der Anführer des ältesten rajputischen Geschlechts, der **Sisodias von Mewar,** die ihre Abstammung auf die Sonne zurückführten. Der sich daraus ableitende besondere Stolz und Unabhängigkeitswille der Mewaris hatte sich schon in ihrer selbst in der Niederlage unbeugsamen Haltung in Chittorgarh bewiesen und war auch mit dem Verlust ihrer ehemaligen Hauptstadt nicht erloschen.

Nichts war den Mewaris wichtiger als die **Reinhaltung ihres Stammbaums,** die Töchter durften nur innerhalb des eigenen Clans verheiratet werden. So musste es zwangsläufig zum Konflikt kommen, als sich *Pratap,* der Sohn und Nachfolger Udai Singhs, entschieden weigerte, eine seiner Töchter mit der Familie Akhbars zu verheiraten. Akhbars Wunsch, durch diese „politischen Heiraten" die feindlichen Rajputenstaaten an sich zu binden, waren zuvor alle wichtigen Rajputenfamilien in Anbetracht der Machtverhältnisse widerwillig nachgekommen.

Doch Stolz war, wie sich in Chittorgarh wiederholt gezeigt hatte, letztlich für die Sisodias von Mewar von größerer Bedeutung als der mögliche Untergang, und so wurde auch dieser Konflikt nicht diplomatisch, sondern auf dem **Schlachtfeld** entschieden. Am 21. Juni 1576 standen sich die Truppen Akhbars und Prataps bei Halighat, 48 km nördlich von Udaipur, gegenüber. Wieder siegte Akhbar, wieder gab es ungeheure Verluste und wieder gingen die Mewaris wegen ihrer tapferen Gegenwehr in die Geschichtsbücher ein. Pratap, der die Schlacht überlebte und bis zu seinem Tode 1597 große Teile Mewars zurückeroberte, ist in einem Park Udaipurs ein Denkmal gewidmet. 1614 musste jedoch Prataps Sohn und Nachfolger *Amar Singh I.* endgültig die Vorherrschaft der Moguln anerkennen.

Die Unabhängigkeit war zwar verloren, doch dafür setzte in den folgenden, vergleichsweise **friedlichen Jahren** eine rege Bautätigkeit ein. Der Palast wurde erheblich erweitert, der Jagdish-Tempel erbaut und eine erste Blütezelt von Kunst und Kultur setzte ein.

Ein jähes Ende fand diese Periode, als der fanatische Moslem *Aurangzeb* mit seinem Heer durchs Land zog und alles an hinduistischer Kultur und Architektur zerstörte, was ihm in die Hände fiel. Mit seinem Tod begann jedoch auch der endgültige **Niedergang der Mogul-Herrschaft.** Die wiedergewonnene Unabhängigkeit von den Moguln spiegelte sich auch deutlich in der Architektur, die nun wieder vom Rajputenstil geprägt wurde.

1818 schließlich mussten sich die Mewari der **britischen Oberherrschaft** unterwerfen, seit 1948 ist Mewar mit der Capitale Udaipur Teil der Indischen Union.

Sehenswertes

Stadtrundfahrt

- Täglich eine **Stadtrundfahrt** veranstaltet das Touristenbüro von 8.30 bis 13 Uhr vom Kajiri Tourist Bungalow (Tel.: 2410501) aus. Die Exkursion kostet 150 Rs (zuzüglich Eintrittsgelder) und umfasst – neben dem üblichen Abstecher in ein Emporium – Moti Magri, Sahelion-ki-Bari, Lok Kala Mandal, Fatheh Sagar, Jagdish-Tempel und den Stadtpalast. In der Hauptsaison ist eine Voranmeldung unbedingt erforderlich.
- Eine weitere vom Touristenbüro organisierte **Exkursion** führt jeden Nachmittag von 14 bis 19 Uhr (108 Rs) nach **Eklingji, Nathdwara** und **Haldi Ghati.** Da insgesamt drei Fahrtstunden im Bus verbracht werden müssen, sollte man sich eine Teilnahme gründlich überlegen.
- Als **Stadtführer** kann der geprüfte und gut Englisch sprechende *Narayan Singh Karwar* (Mob.-Tel.: (0)9828144055, narayansingh78 @yahoo.co.in) empfohlen werden.

Stadtpalast

Die wahren Ausmaße dieses **größten Palastes Rajasthans** lassen sich nur von der Seeseite erkennen. Über einen Zeitraum von vier Jahrhunderten verwirklichten hier die verschiedenen Herrschergenerationen ihre von oftmals recht unterschiedlichen Stilepochen beeinflussten Wohn- und Repräsentationsbauten. So entstand am östlichen Ufer des Pichola-Sees ein langgestreckter **Palastkomplex,** der eigentlich aus vier Hauptpalästen und vielen kleinen Zusatzgebäuden besteht. Nur für sich genommen wirkt der Palast im Grunde wenig attraktiv, doch durch seine pittoreske Hanglage über dem Pichola-See und das zarte Weiß seiner Wände, die sich harmonisch in die umgebende Altstadt einfü-

Udaipur
Unterkunft
4 Trident Hotel
5 Udai Vilas
6 Taj Lake Palace Hotel
8 Rang Niwas Palace Hotel
Essen und Trinken
1 Berry's
3 Natraj Lodge
9 Café Hill Park
Verkehr
2 Jet Airways
7 Busbahnhof
Nathwara (48 km), Kumbalgarh (85 km), Ranakpur (90 km), Ajmer (300 km)
Shilpgram (3 km)
Fateh Sagar
Fateh Sagar Road
Sahelion-ki-Bari
Moti Margi Rd.
Moti Magri
Sukhadia Circle
Bootsverleih
Rock Garden
Nehru Park
Saheli Road
Stadion
Bharatiya Lok Kala Museum
Ahar
Rani Road
Chetak Circle
Chetak Cinema
Hospital Road
Court
Choraya Circle
Ashok
Ahar-Totengedenkstätten (2 km)
Hathia Pol
Shastri Circle
Nagar Rd.
Ashwani Road
Delhi Gate
Sajjan Garh, Monsun-Palast (7 km)
Swaroop Sagar
Sitiyat Vari Rd
Clocktower
Brahmapol Rd.
Town Hall
Brahm-Puri-Halbinsel
Gangaur Ghat
Ashoka Cinema
Jagdish Tempel
Airport Road
Suraj Pol
Flughafen (25 km), Chittorgarh (110 km)
Hanuman Ghat
Stadtpalast
Vintage & Classic Car Collection
Baqu Bazar
Udai Pol
Gefängnis
Lake Palace Road
Sajjan Niwas Gardens
Ausschnitt Altstadt
Station Road
Pichola-See
Jag Mandir
Sunset Point
0
1 km
Bahnhof
Dungarpur (110 km)
©Reise Know-How 2012

gen, entsteht ein äußerst harmonischer Gesamteindruck.

Auch heute noch dient ein Teil des Palastes als Residenz des Maharajas; der Südflügel wurde in ein Luxushotel umgewandelt, sodass nur das **City Palace Museum** für Besucher zugänglich ist.

Man betritt den Palast durch das **Badi Pol,** welches zum großen **Innenhof** führt, auf dessen linker Seite sich acht Torbögen finden, unter denen sich früher die Maharajas in Gold aufwiegen ließen, um es danach unter der Bevölkerung zu verteilen. Zu verschenken haben die Maharajas heute nichts mehr, und so findet sich im Innenhof nun ein Restaurant mit überhöhten Preisen. Zur Rechten zeigt sich sozusagen die Schokoladenseite des Palastes. Mit seinen unzähligen Erkern, Balkonen, Gesimsen und Pavillons diente sie oft als Filmkulisse und unterscheidet sich so auffällig von der strengen, festungsartigen Seefassade. Die so wechselhafte, immer auf Eigenständigkeit bedachte Geschichte der Sisodias von Mewar spiegelt sich auch in ihrer Palastarchitektur, die sich in ihrer eher eckigen und kantigen, kräftige Konturen betonenden Linienführung deutlich unterscheidet von der verspielten, runde und gewölbte Formen bevorzugenden Mogularchitektur, die etwa die Palastanlagen von Jaipur und Alwar auszeichnen.

Marmorbetten, Glas- und Porzellansammlungen, Jagdtrophäen und mit Goldfarbe ausgeführte Wandmalereien zieren die unter Verwendung edelster Materialien eingerichteten Zimmer. So beeindruckend diese Pracht der Maharajas dem Besucher auch erscheinen mag, so sollte man dabei nicht ganz vergessen, dass es die hungernden Bauern waren, die zu hohen Abgaben an Steuern und Naturalien gezwungen wurden und mit ihren krummen Rücken das dekadente Leben einer verschwindend kleinen Oberschicht finanzieren mussten.

- **Öffnungszeiten:** tgl. 9.30–16.40 Uhr, Eintritt 75 Rs, Kinder 30 Rs, Audiotour 250 Rs, Kamera- und Videogebühr 200 Rs.

Pichola-See

Die Verärgerung eines reichen Kaufmanns über die seine Handelswege blockierenden Überschwemmungen in der Monsunzeit ließ ihn Mitte des 15. Jh. einen Damm errichten. Durch das aufgestaute Wasser entstand der Pichola-See, an dessen östlichem Ufer 200 Jahre später der aus Chittorgarh vertriebene *Udai Singh* seine neue Hauptstadt Udaipur gründete. Zu jener Zeit war die umgebende Landschaft noch mit dichtem Wald bewachsen, doch durch die seither betriebene intensive Abholzung ist davon heute kaum noch etwas übrig geblieben.

Ähnlich wie der Palast wurde auch der See über die Jahrhunderte von den verschiedenen Herrschern mehrfach erweitert und ist heute etwa 4 km lang und 3 km breit. Genau lässt sich das nicht festlegen, da der See äußerst flach ist und während der Trockenzeit bis auf die Hälfte schrumpft.

Malerisch inmitten des Sees liegen zwei jeweils **mit einem Palast bebaute Inseln.** Mit dem Bau des heute nur noch in Ruinen erhaltenen Palastes auf der größeren der beiden, dem **Jag Mandir,** wurde unter der Regentschaft *Karan Singhs* Anfang des 17. Jh. begonnen. Der Palast diente dem späteren Kaiser *Shah Jahan* 1623 als Zufluchtsort, als er nach einer Revolte gegen seinen Vater fliehen musste. Beim Bau des sieben Jahre später unter seiner Regentschaft begonnenen Taj Mahal sollen Ideen des symmetrischen Kuppelpalastes des Jagdish Mandir mit eingeflossen sein. Über 200 Jahre später diente die Insel erneut als Zufluchtsort, als hier 1857 während des Sepoy-Aufstandes europäische Frauen und Kinder Schutz vor den meuternden indischen Soldaten suchten. Heute suchen und finden Touristen hier herrliche Ausblicke auf den See und den Stadtpalast sowie die Möglichkeit, bei überteuerten Speisen und Getränken in einem der Restaurants Geld auszugeben.

Wer es noch etwas edler mag, kann auch gleich die ganze Insel nebst internationalen Showgrößen für seine Hochzeitsgala mieten. Es ist keine Seltenheit, dass die Industriellenfamilien Indiens hier ihre Söhne und Töchter inklusive *Shakira* und *Shah Ruk Khan* als Beiprogramm für mehrere Millionen Dollar vermählen – man gönnt sich ja sonst nichts.

Nachts bietet die Silhouette des angestrahlten Ruinenpalastes einen reizvollen Kontrast zu der in glänzendem Weiß erstrahlenden Marmorfassade des die benachbarte Jag-Niwas-Insel gänzlich bedeckenden **Lake Palace Hotel.** Der 1746 fertig gestellte ehemalige Sommerpalast der Maharajas von Udaipur gilt heute als eines der besten Hotels der Welt und diente vor allem wegen seiner einmaligen Lage in vielen Filmen als Kulisse. Der traumhafte Blick von hier auf den Palast und die ihn umgebende Altstadt vermittelt einen Eindruck vom märchenhaften Lebensstil der Maharajas. Ein englischer Kolonialbeamter, der ihn aus nächster Nähe miterlebte, schreibt: „Hier lauschten sie den Erzählungen des Sängers und verschliefen ihren mittäglichen Opiumrausch. Die kühle Brise des Sees wehte den zarten Duft von Myriaden von Lotusblüten heran, die das Wasser bedeckten. Und wenn sich die Wirkung des Gifttrankes gelegt hatte, öffneten sie ihre Augen auf eine Landschaft, zu der nicht einmal ihre Opiumträume etwas Gleichwertiges erfinden konnten. Diese Szenerie bildete den Rahmen für die Zerstreuungen, denen sich zwei Generationen von Sisodia-Prinzen und Herrschern hingaben, indem sie das Geklirr der Waffen gegen die Trägheit eines wollüstigen Lebens eintauschten."

- Eine einstündige **Bootsfahrt** vom Rameshwar Ghat jeweils zur vollen Stunde kostet 300 Rs (Kinder 150 Rs), die halbstündige (200 Rs) hält nicht auf Jagmandir Island. Die letzte Fahrt startet um 17 Uhr.

Jagdish-Tempel

Mit seinen 32 steil ansteigenden, oben von zwei Elefanten flankierten Treppenstufen und den ihn umgebenden meterhohen Mauern wirkt der nur 150 Meter unterhalb des Palasteinganges gelegene **Vishnu-Tempel** von außen eher wie eine Festungsanlage. Vielleicht war dies mit ein Grund dafür, dass dieser 1651 von *Jagad Singh I.* erbaute Tempel als einer der wenigen der Zerstörungswut *Aurangzebs* entging. In einer Zeit, als fast alle Tempel Nordindiens vom Mogul-Stil geprägt waren, setzten die so auf ihre Unabhängigkeit bedachten Sisodias ein Zeichen, indem sie den Jagdish-Tempel mit dem für damalige Verhältnisse enormen Kostenaufwand von 1,5 Mio. Rs in rein indo-arischem, d.h. vorislamischem Stil errichten ließen. Vor der Säulenhalle befindet sich ein Schrein mit der Abbildung eines Garudas, dem Reittier Vishnus. Im Tempelinneren wird Vishnu in Gestalt des Jagannath, des Herrn der Welt, dargestellt. Beachtenswert sind auch die Steinmetzarbeiten an den Außenwänden. Wer genau hinschaut, erkennt auch einige erotische Darstellungen. Der Tempel ist von 14 bis 16 Uhr geschlossen.

Bagore-ki-Haveli/ West Zone Cultural Centre

Nach dem Stadtpalast ist das **Haveli-Museum** im Bagore-ki-Haveli das interessanteste Museum Udaipurs. Neben einer Ausstellung durchaus sehenswerter zeitgenössischer Bilder und Skulpturen sind es vor allem die Gebrauchsgegenstände, die einen lebendigen Einblick in die Lebensbedingungen vor 100 Jahren bieten. In einer nachgebauten Küche werden beispielsweise Geschirr und Besteck präsentiert, Musikinstrumente sowie ein Diwan mit Schachbrett und Figuren sind im Konferenzzimmer ausgestellt. In Räumen für die Frauen und das Personal sind weitere Dinge des früheren Alltagslebens zu sehen.

Angenehm sind die überall vorhandenen und leicht verständlichen englischen Erläuterungen. Das mehrere Jahrhunderte alte Kaufmannshaus besitzt zudem ein ansprechendes Ambiente. Nicht entgehen lassen sollte man sich den sehr schönen Blick vom Obergeschoss auf die Waschfrauen beim Ghat.

In einem anderen Trakt des Bagore-ki-Haveli ist das **West Zone Cultural Centre** (Tel.: 2422567, wzcccom_jp1 @sancharnet.in) untergebracht, das sich um die Förderung der darstellenden Künste, besonders im Verschwinden begriffener, traditioneller Kunstformen im westlichen Indien, kümmert. Dies soll z.B. durch die Organisation von Festivals wie Shilpgram Utsav (s.u.) erreicht werden.

Jeden Abend um 19 Uhr findet Dharohar, eine **Musik- und Tanzvorführung,** statt (s. Unterhaltung)

- **Öffnungszeiten:** tgl. 10–17 Uhr, Eintritt 30 Rs, Fotogebühr 30 Rs.

Bharatiya Lok Kala Museum

Dieses inmitten der Neustadt nahe dem Chetak Circle gelegene **ethnologische Museum** vermittelt einen interessanten Einblick in die vielfältige Kultur Rajasthans. Gezeigt und auf englischen Begleittexten gut erklärt werden **Kleider, Gebrauchsgegenstände und Musikinstrumente.** Bekannt ist das Museum vor allem für seine **Puppen-**

sammlung, die Puppen aller Kontinente beinhaltet. Wer das Museum im Rahmen der morgendlichen Stadtrundfahrt besucht, kommt in den Genuss einer kurzen Vorführung.

• **Öffnungszeiten:** tgl. 9 bis 17.30 Uhr, Eintritt 50 Rs, Kamera 10 Rs, Video 50 Rs. Längere Vorführungen finden täglich um 12 und 18 Uhr statt (50 Rs).

Fateh Sagar

„The City of Lakes" wird Udaipur auch genannt. Und tatsächlich ist es der gerade im sonst so kargen Rajasthan auffällige Wasserreichtum in Verbindung mit der fast schon tropisch anmutenden Vegetation, der mit zum besonderen Flair der Stadt beiträgt. So findet sich nördlich des Pichola-Sees und mit ihm durch zwei kleinere Seen verbunden der an seinem östlichen Ufer von schönen Parkanlagen flankierte **See** Fateh Sagar. Ursprünglich 1678 von *Maharaja Jai Singh* angelegt, wurde er während der Regierungszeit *Maharajas Fateh Singh* auf seine heutige Größe erweitert.

Auf der in der Mitte des Sees liegenden Insel wurde anlässlich des Geburtstags des ersten indischen Präsidenten am 14. November 1967 der **Nehru-Park** eröffnet, der mit seinen verschiedenen kirmesähnlichen Freizeiteinrichtungen und einem in Form eines Bootes gebauten Restaurant zu einem beliebten Ausflugsziel indischer Familien gehört.

Moti Magri

Ein landschaftlich sehr schöner Weg durch eine elegante Parkanlage mit einem vom Finanzminister Udai Singhs angelegten japanischen Felsengarten führt vom Ufer des Fateh Sagar auf den „Perlenhügel", von wo sich ein sehr schöner Ausblick auf Udaipur und die umliegende Landschaft bietet. Als Hauptattraktion gilt hier jedoch ein bronzenes **Reiterstandbild** *Pratap Samaks,* der durch seinen heldenhaften Mut in der Schlacht von Haldighat gegen die Truppen *Akhbars* in die Geschichtsbücher einging.

Saheliyon-ki-Bari

Nördlich des Moti Magri befindet sich das „Haus der Freundinnen". Dieser im 18. Jh. zwischen Rosenbeeten angelegte Park mit seinen Wasserspielen, Pavillons, Lotusteichen und lebensgroßen Steinelefanten war ein **Lustgarten,** in dem die Maharajas sich mit ihren Konkubinen trafen. Je nach Jahreszeit konnte sich hier der Potentat im Monsun-, Sommer-, Holi- und Regenwald vergnügen. Wenn per Handklatschen scheinbar wie von Geisterhand die Wasserfontänen sprudeln, so hat – ganz profan für 5 Rs – ein Parkbediensteter am Wasserhahn gedreht. Leider machen die Anlagen in letzter Zeit einen recht vernachlässigten Eindruck. Eintritt: 20 Rs.

Ahar

Allein schon wegen des sehr harmonischen optischen Eindrucks lohnt ein Ausflug zu den 2 km östlich der Stadt gelegenen **Totengedenkstätten** der Sissodias von Mewar. Die über 250 schneeweißen Kenotaphe erinnern mit ihren ebenso weißen Kuppeldächern an die Erinnerungsstätten der Herrscher von Amber in Jaipur.

Monsun-Palast

Der spektakulär auf einer Bergspitze westlich des Pichola-Sees gelegene Palast ist zwar über die Jahrhunderte ziemlich verfallen, doch die grandiose **Aussicht** speziell zum Sonnenuntergang lohnt einen Ausflug.

- Seit es auf der steilen und kurvenreichen Strecke zu einigen schweren Unfällen gekommen ist, dürfen **Scooter** nur noch bis zum Eingangstor des den Monsun-Palast umgebenden **Parks Sajjan Garh** fahren. Hier muss eine Eintrittsgebühr von 80 Rs plus 200 Rs für Kamera/Video bezahlt werden. Dann geht es weiter mit bereitstehenden Taxis (100 Rs). Jeden Abend gegen 17 Uhr gehen vom Gangaur Ghat in der Altstadt auch **Sunset-Touren** mit Minivans zum Sajjan Garh (200 Rs pro Person).

Shilpgram

Das drei Kilometer nordwestlich des Fateh-Sagar-Sees gelegene **Freilicht museum,** das vom West Zone Cultural Centre gemanagt wird, beherbergt auf einer Fläche von 80 ha insgesamt 27 originalgetreu aufgebaute Häuser aus den Staaten Rajasthan, Gujarat, Maharashtra und Goa. Neben der interessanten Architektur und der kunstvollen Verzierung der in traditioneller Lehmbauweise errichteten Häuser beeindrucken die hier lebenden Bewohner mit ihrer farbenfrohen Kleidung sowie Musik- und Tanzdarbietungen. Ein weiteres Plus sind die lokalen **Handwerker,** denen man beim Herstellen von traditionellem Kunsthandwerk zuschauen kann. Selbstverständlich gibt es auch Möglichkeiten zum Shoppen. Vom 21. bis 30. Dezember findet alljährlich das **Shilpgram Utsav** statt, ein mit Musik-, Tanz- und Theateraufführungen sowie vielerlei Verkaufsständen mit Kunsthandwerk aufwartendes **Festival.** Informationen über das Programm und den Termin erhält man über das Tourist Office in Udaipur. Sehr empfehlenswert ist auch das angeschlossene **Shilpgram Restaurant.**

- **Öffnungszeiten:** tgl. 11–19 Uhr, Eintritt 50 Rs, Kamera 50 Rs, Rikshafahrt ca. 60 Rs, Tel.: 2431304.

Sajjan Niwas Gardens

Der große, hübsch angelegte Sajjan Niwas Gardens bietet eine gute Möglichkeit zum Verschnaufen oder mit Einheimischen ins Gespräch zu kommen. Allerdings sind die dahindösenden Tiere des kleinen Zoos bemitleidenswert.

Vintage & Classic Car Collection

Cadillac, Rolls Royce oder Ford in Indien? Dem Maharaja war und ist nichts zu teuer, um seinem Autohobby zu frönen. Schön, dass nun auch Normalbürger seine in der Tat beeindruckende Sammlung von über 20 **Oldtimern** nahe dem Sajjan Niwas Gardens besichtigen können. Wer den Besuch noch mit einem köstlichen vegetarischen Mittag- oder Abendessen verbinden möchte, kann das angeschlossene Restaurant aufsuchen.

- **Öffnungszeiten:** tgl. 9–21 Uhr, Eintritt 150 Rs, mit Mittagessen (11.30–15 Uhr) oder Abendessen (7.30–22 Uhr) 250 Rs.

Udaipur Altstadt
Shilpgram (4 km)
Chandpol
Uhrturm
Fußgänger-
brücke
Brahm-
Puri-
Halbinsel
Gangaur Ghat Road
Gangaur
Ghat
Bagore ki
Haveli
Jagdish-
Tempel
Bhattiayani Chotta Rd.
Pichola-
See
Tripola
Gate
Palastmauer
Eintritts-
kartenschalter
City Palace
Museum
Stadtpalast
Palast-
vorplatz
Thomas
Cook
Bootsableger für
Lake Palace Hotel
Ablegestelle für
Lake Pichola Bootstouren
südl. Einfahrt Stadtpalast
0
100 m
1
2
3
4
5
6
7
8
9
10
11
12
13
14
15
16
17
18
19
20
21
22
23
24
25
26
27
28
29
30
31
32
33
34
©Reise Know-How 2012

Unterkunft
2 Amet Haveli
3 Wonder View Palace
4 Lake Pichola Hotel
5 Udai Kothi
6 Dream Heaven Guest House, Karohi Haveli
8 Nukkad Guest House
10 Jheel Guest House
11 Anjani Hotel
12 Gangaur Palace
14 The Tiger
15 Badi Haveli
16 Baba Palace
17 Lal Ghat Guest House
20 Jagat Niwas Palace Hotel, Kankarwa Haveli
22 Aashiya Haveli
23 Jaiwana Haveli
24 Mewar Haveli
27 Fateh Prakash Palace
28 Shiv Niwas Palace
33 Hotel Raj Palace

Essen und Trinken
1 Ambrai Restaurant
7 Jasmin
9 Savage Garden
13 Café Edelweiss, Sunrise
16 Baba Palace
18 Natural City View Restaurant
19 Rainbow Restaurant
26 Sunset View Terrace
29 Gallery Restaurant
30 Pall Khana Restaurant
31 Whistling Teal
32 Lotus Café
34 Samor Bagh Restaurant

Einkaufen
21 Janak Arts
25 Landmark Shoppers Paradise (Internet, Bücher, Süßigkeiten)

Information

- Das **Touristenbüro** findet sich im Fateh Memorial Building in der Nähe des Suraj Pol (Tel.: 2411535, 2521971) und ist täglich außer sonntags von 10 bis 17 Uhr geöffnet. Die Bediensteten sind recht freundlich und, wenn man insistiert, auch auskunftsfreudig.
- Zwei weitere Informationsschalter befinden sich am **Bahnhof** (gleiche Öffnungszeiten) und am **Flughafen** (Tel.: 2655433, Öffnungszeiten nur während der Flugstunden).

Stadtverkehr

- Ein Taxi vom 25 km nordöstlich des Zentrums gelegenen **Dabok-Flughafen** kostet ca. 450 Rs. Billiger ist es mit einem der öffentlichen Busse, die etwa 500 m vor dem Flughafengelände entlang der Hauptstraße fahren.
- Die **Rikshafahrer** Udaipurs sind kräftig im Kommissionsgeschäft tätig, sodass man nach der Ankunft am besten nur Jagdish-Tempel als Fahrtziel angibt, da sich die allermeisten Unterkünfte in unmittelbarer Nähe befinden. Vom Busbahnhof zum Jagdish-Tempel sollte es eigentlich nicht mehr als 20 bis 25 Rs kosten, vom Bahnhof ca. 30 Rs. Verlangt wird jedoch meist das Doppelte.
- Mehrere kleine Geschäfte in der Altstadt, wie zum Beispiel Heera Bicycle Store vermieten **Fahrräder** für ca. 50 Rs, bzw. Motorräder ab 150 Rs pro Tag. Zwar ist die Altstadt etwas hügelig, doch die Umgebung Udaipurs bietet sich geradezu an, um mit dem Fahrrad erkundet zu werden.

Unterkunft

Kaum eine Stadt Nordindiens hat eine derart große Auswahl hervorragender Hotels zu bieten wie Udaipur. In jeder der aufgeführten Kategorien finden sich Unterkünfte, die für den jeweiligen Preis einen erstklassigen Gegenwert offerieren. Die meisten der genannten Hotels sind umgebaute Altstadthäuser, Villen oder Paläste und fügen sich so nahtlos in das traditionelle Stadtbild ein. Fast alle besitzen eine Dachterrasse, von wo aus man

837ra Foto: tb

speziell am Morgen beziehungsweise zum Sonnenuntergang den einzigartigen Blick über die Altstadtdächer auf den Pichola und die liebliche Umgebung in aller Ruhe genießen kann. In der folgenden Auflistung werden deshalb auch, bis auf einige Ausnahmen, nur die in der Altstadt und um die beiden Seen gelegenen Hotels berücksichtigt, da die zahlreichen Unterkünfte in der hektischen Neustadt nichts von der einzigartigen Atmosphäre zu vermitteln vermögen.

Untere Preiskategorie

- Ein Klassiker der ersten Stunde ist das nach wie vor beliebte **Lal Ghat Guest House** €€-€€€€ (Tel.: 2525301, www.lalghat.com) mit sehr schönem Blick auf den angrenzenden Pichola-See. Trotz eines Erweiterungsbaus herrscht eine gemütliche Atmosphäre, auch das Restaurant ist zu empfehlen.
- Eine der beliebtesten Traveller-Unterkünfte in der Jagdish-Gegend ist das **Gangaur Palace** €€-€€€€ (Tel.: 2422303, www.ashokahaveli.com). Die Zimmer variieren von einfach und klein bis großräumig-stilvoll. Vor allem das Dachterrassen-Restaurant mit herrlichem Blick über die Altstadt und den Pichola-See sowie die zentrale Lage tragen zur Popularität des Hauses bei.
- Das **Anjani Hotel** €-€€€ (Tel.: 2421770, www.anjanihotel.com) bietet auf drei Etagen eine große Auswahl an Zimmern von recht unterschiedlicher Qualität. Die billigeren sind oft etwas dunkel in die Ecken gezwängt, während die teureren schöne Aussichten bieten. Erwähnenswert sind der Swimmingpool und das Dachrestaurant.
- Eine der beliebtesten Unterkünfte für Reisende mit kleinem Geldbeutel ist das **Nukkad Guest House** €-€€ (Tel.: 2411403). Die Zimmer sind dem Preis entsprechend einfach, aber sauber, die Atmosphäre ist freundlich und das gute hauseigene Restaurant preiswert. Insgesamt ein sehr gutes Preis-Leistungs-Verhältnis.
- Etwas versteckt in einem Hinterhof, an der vom Jagdish-Tempel zum See herunterfüh-

renden Straße, liegt das hübsche Hotel **Badi Haveli** €€ (Tel.: 2412588). In dem verwinkelten, über 100 Jahre alten Haus in typisch rajasthanischem Stil finden sich auf mehreren Ebenen insgesamt elf unterschiedlich gestaltete Räume, leider alle mit Gemeinschaftsbad. Von den drei Aussichtsterrassen bietet sich ein schöner Blick über die Dächer Udaipurs und den Pichola-See.

- Die einzig empfehlenswerte Billigunterkunft auf der kleinen, West- und Ostufer verbindenden Brahm-Puri-Halbinsel ist das **Dream Heaven Guest House** € (Tel.: 243 1038, www.dreamheaven.co.in). Die Zimmer, die teureren mit Seeblick, sind durchschnittlich, aber die Atmosphäre und das schöne Dachrestaurant sind zu empfehlen.
- Direkt am Jagdish-Tempel kann das **Baba Palace** €€-€€€ (Tel.: 2427126, www.hotelbabapalace.com) mit sauberen, teils klimatisierten und mit TV und Badewanne bestückten Zimmern sowie einem guten Dachrestaurant mit Rundblick über die Stadt aufwarten.
- Das von außen wie ein etwas zu bunt geratener Palast aussehende **Hotel Raj Palace** €-€€€ (Tel.: 2410364, www.hotelrajpalaceudaipur.com) besticht durch einen schönen Palmengarten mit Restaurant und zum Teil sehr hübsche, traditionell eingerichtete Zimmer. Leider zeigt einem das Personal nur recht widerwillig die preiswerteren Räume, obwohl oder gerade weil diese oft sehr viel bieten fürs Geld. Insgesamt hat es mit geräumigen, sauberen und teils klimatisierten Zimmern, von denen die meisten über eine große Badewanne verfügen, eines der besten Preis-Leistungs-Verhältnisse der Stadt.
- Durch seine sehr attraktive Lage direkt am See bei den Ganghaur-Ghats überzeugt das **Jheel Guest House** €€€-€€€€ (Tel.: 2421352, www.jheelguesthouse.com). Die meisten Zimmer haben einen kleinen, die Ghats und den See überblickenden Balkon, und selbst eine Badewanne fehlt nicht. Auf der Dachterrasse befindet sich ein gutes, rein vegetarisches Restaurant.

Der Stadtpalast von Udaipur thront majestätisch über dem Pichola-See. Ein Teil ist noch immer Residenz des Maharajas, ein anderer kann besichtigt werden

Mittlere Preiskategorie

- Zu Recht sehr populär ist das **Rang Niwas Palace Hotel** €€€-€€€€€ (Tel.: 2523890/1, www.rangniwaspalace.com) an der Lake Palace Road, wie der Name vermuten lässt, ein ehemaliger kleiner Palast, geführt vom sympathischen Bruder des Maharajas. Dieses um einen schönen Innenhof mit Pool angelegte, zweigeschossige Hotel besteht aus dem alten Flügel und einem nach hinten versetzten modernen Gebäudekomplex sowie einem kleinen, in einem Extragebäude untergebrachten Restaurant, das allerdings eher mäßig ist. Die Zimmer im Obergeschoss sind größer und besser ausgestattet als die im Untergeschoss, die im hinteren Bereich ruhiger als die der Straße zugewandten.
- Zu recht gelobt wird das im traditionellen Stil errichtete **Mewar Haveli** €€€-€€€€ (Tel.: 2521140, www.mewarhaveli.com). Hübsch eingerichtete Zimmer (alle mit AC) mit tollen Badezimmern, dazu ein sehr hilfsbereiter Service und ein Dachterrassenrestaurant mit schöner Aussicht machen es zu einer der besten Adressen der mittleren Preiskategorie.
- Sehr empfehlenswert ist das mitten in der Altstadt gelegene **Jaiwana Haveli** €€€€ (Tel.: 2411103, www.jaiwanahaveli.com). Einige Zimmer haben viele Fenster mit Seeblick, die teuren AC, zudem kostenloses WiFi. Besonders schön ist Zimmer Nr. 10 mit herrlichem Seeblick. Auch hier gibt's ein allerdings recht teures Dachrestaurant. Eine gute Alternative ist das daneben gelegene **Aashiya Haveli.**
- Wegen seiner ansprechenden Zimmer, der attraktiven Lage etwas oberhalb des Gangaur Ghat, dem guten Dachgartenrestaurant und dem ausgezeichneten Management ist das **The Tiger** €€€-€€€€ (Tel.: 242030, www.thetigerudaipur.com) eine der empfehlenswertesten Altstadtunterkünfte.
- Äußerst pittoresk unmittelbar am Ufer des Pichola-Sees liegt das stilvolle **Jagat Niwas Palace Hotel** €€€ (Tel.: 2422860, www.jagatniwaspalace.com). Der herrliche, begrünte Innenhof in diesem alten Herrschaftshaus lädt ebenso zum Verweilen ein wie die Liegen in den Nischen und das gute Dachrestaurant.
- Billiger ist das **Kankarwa Haveli** €€€ (Tel.: 2411457, www.kankarwahaveli.com) gleich

Süd-Rajasthan

nebenan, ganz ähnlich im Aufbau. Hier gibt es viel Atmosphäre, einfache, aber geschmackvoll eingerichtete Zimmer, viele davon mit schönem Ausblick, den besonders das tolle Dachrestaurant bietet.

- Ein sehr gutes Preis-Leistungs-Verhältnis bieten wegen der schönen Ausblicke die Eckzimmer des **Wonder View Palace** €€€ (Tel.: 2432494, www.wonderviewpalace.com) auf der Brahm-Puri-Halbinsel neben dem Lake Pichola Hotel. Besonders Zimmer Nr. 104 und 203 sind zu empfehlen.
- Eine der besten Unterkünfte dieser Preiskategorie ist das **Udai Kothi** €€€€-€€€€€ (Tel.: 2432810-2, www.udaikothi.com) auf der Brahm-Puri-Halbinsel. Die schönen, wenn auch nicht überragenden Zimmer, das gute Dachrestaurant und der architektonisch gelungene Swimmingpool auf dem Dach des Hauses sind jede Rupie wert.
- Leicht verwohnt ist das etwa 100 Jahre alte **Lake Pichola Hotel** €€€€ (Tel.: 2431197, www.lakepicholahotel.com) auf der Brahm-Puri-Halbinsel direkt am See. Die mit schönen alten Holzmöbeln, AC, Fernseher und Balkon ausgestatteten Zimmer haben Palastsicht und tragen zur sehr angenehmen Atmosphäre bei. Die Dachterrasse ist ideal zum Erholen.
- Im Besitz des Maharajas von Udaipur befindet sich das **Shikar Bari Hotel** €€€€ (Tel.: 2583200/1). Das ehemalige Jagdschloss liegt 5 km südlich der Stadt inmitten einer weitläufigen Gartenanlage. Hier werden auch Pferde-Safaris zu allerdings sehr fürstlichen Preisen angeboten.
- Ausgezeichnet ist das **Karohi Haveli** €€€€-€€€€€ (Tel.: 3290228,www.karohihaveli.com), ebenfalls auf der Brahm-Puri-Halbinsel. Von der schönen Lage mit toller Aussicht auf den Pichola-See und den Stadtpalast über die sehr geschmackvoll eingerichteten Zimmer (besonders Nr. 201 und 205 sind zu empfehlen), zwei exzellente Restaurants bis zum sehr geschulten Service – für diese Preiskategorie ist das Patrizierhaus aus dem 19. Jh. eine sehr gute Wahl!

Obere Preiskategorie

- Ganz nah am See, am südlichen Ende der Brahm-Puri-Halbinsel, hat das **Amet Haveli** €€€-€€€€ (Tel.: 2431085, www.amethaveliudaipur.com) 15 Zimmer parat. Alle sind sehr hübsch möbliert und bieten einen schönen Blick auf Stadtpalast und See. Außerdem liegt das gemütliche **Ambrai Restaurant** um die Ecke.
- Die Zimmer im **Trident Hotel** €€€€€ (Tel.: 2432200, www.tridenthotels.com/udaipur) auf der Brahm-Puri-Halbinsel sind gut, aber nicht überragend, dafür verfügt das bei Gruppen sehr beliebte Haus über eine weitläufige Gartenanlage mit einem schönen Pool. Gutes Preis-Leistungs-Verhältnis.
- Traumhaft wie ein schwimmendes Schiff inmitten des Pichola-Sees gelegen, ist das **Taj Lake Palace Hotel** €€€€€€ (Tel.: 2528800, www.tajhotels.com). Das spektakulärste Hotel Indiens repräsentiert den märchenhaften Lebensstil der Maharajas wie kein anderes Gebäude. Inmitten verschwenderisch verzierter Kuppeln, Säulen und Spiegel fühlt man sich wie in eine andere Zeit versetzt. Wegen der sehr hohen Nachfrage sollte man Monate im Voraus buchen.
- Das **Shiv Niwas Palace** €€€€€ (Tel.: 2528016, crs@udaipur.hrhindia.com) nimmt den südlichen Teil des Stadtpalastes ein. Vom Ambiente und der Lage her sicherlich eine tolle Unterkunft, doch viele Zimmer sind ihr Geld bei weitem nicht wert. Im selben Komplex befindet sich das kleine, aber feine **Fateh Prakash Palace** €€€€€ (Tel.: 2528008, sales@udaipur.hrhindia.com) mit nur neun exquisit ausgestatteten Zimmern.
- Ähnlich wie das Amarvilas in Agra gibt's auch in Udaipur vor den Toren der Stadt ein von der Außenwelt durch Mauern und Leerflächen abgeschirmtes Superluxusresort. Im **Udai Vilas** €€€€€€ (Tel.: 2433300, www.oberoihotels.com) haben alle Zimmer neben jeglichen sonst denkbaren Bequemlichkeiten einen eigenen Swimmingpool, die teureren auch Ausblick auf die Stadt in der Ferne.

Essen und Trinken

Dachgartenrestaurants sind der Renner, kaum ein Hotelbesitzer, der nicht diese zusätzliche Einnahmequelle genutzt hätte und seinem Hotel oder Guest House ein Freiluftrestaurant aufs Dach gesetzt hätte. Leider hinkt die Qualität des Essens dabei nur allzuoft weit hinter der Aussicht her. Im von Anfang an zum Scheitern verurteilten Wunsch, es allen Nationalitäten recht machen zu wollen, kommt am Ende ein Einheitsbrei heraus, bei dem man kaum noch zwischen *Alu Gobhi* und Lasagne unterscheiden kann.

- Viele Restaurant Udaipurs werben zu Recht mit ihrer schönen Aussicht. Doch nirgendwo sitzt man derart „weltvergessen" direkt am See unter Bäumen mit herrlichem Blick auf den Stadtpalast bzw. das Lake Palace Hotel wie im **Ambrai Restaurant** (Tel.: 2431085) am südlichen Ende der Brahm-Puri-Halbinsel. Ein idealer Ort zum „die Seele baumeln Lassen". Hier stimmt nicht nur das Ambiente, auch das Essen ist köstlich, wenn auch mit Preisen von 100 bis 250 Rs über dem Durchschnitt. Beliebt ist das Ambrai speziell am Abend – Voranmeldung unbedingt erforderlich!
- Das **Natural City View Restaurant** oberhalb des Gangaur Ghat zählt zu Recht zu den beliebtesten Adressen unter den unzähligen Dachterrassen-Restaurants. Die ausladende Terrasse bietet insbesondere bei Sonnenuntergang herrliche Ausblicke und auch das Essen kann sich sehen lassen. Das köstliche Thali kostet 120 Rs. Nachteilig ist der fehlende Bierausschank, auch ist das Restaurant wegen seiner Popularität relativ laut und jeden Abend wird per Video, wie auch in vielen anderen Lokalitäten, derselbe James-Bond-Film gezeigt: „Octopussy".
- Direkt am See sitzt man im **Rainbow Restaurant.** Wer ganz nach oben will, sollte das Dachrestaurant des **Baba Palace Hotel** wählen. Nirgendwo hat man solch tolle Aussicht über Udaipur und Umgebung.
- Relaxed und gleichzeitig stilvoll mit Blick auf den See und das Gangaur Ghat ist das zu Recht sehr beliebte **Jasmin** bei der Fußgängerbrücke auf der Brahm-Puri-Halbinsel. Die Speisekarte ist ebenso ambitioniert wie weit gefächert (von indisch bis Thai), die Preise (60–100 Rs) für das Gebotene sind sehr moderat.
- Hübsch sitzt man im Garten des neben dem südlichen Eingang zum Palastgelände gelegenen **Samor Bagh Restaurant.**
- Seit Jahren zu Recht eine der beliebtesten Adressen bei Travellern ist das kleine **Café Edelweiss** an der Straße zum Gangaur Ghat. Ausgezeichneter Kaffee, leckere Sandwiches und Kuchen sind der Renner. Im Übrigen auch ein schöner Ort zum *people watching.*
- Ein beliebtes Frühstücksrestaurant ist auch das nahe gelegene **Sunrise.** Man sollte auch einmal die sehr schmackhaften einheimischen Gerichte versuchen. Vom Dach des frisch renovierten Hauses gibt es mit die schönsten Ausblicke auf den See.
- Recht edel und dementsprechend teuer (Sandwiches 250 Rs) ist das **Pali Khana Restaurant** auf dem Palastvorplatz.
- Neben dem oben erwähnten Ambrai Restaurant ist das **Gallery Restaurant** im 3. Stock des Shiv Niwas Palace Hotel der beste Ort, um bei prächtiger Aussicht seinen Nachmittagstee zu genießen. Zwar ist die offizielle Teatime (Tee 300 Rs) von 15 bis 17 Uhr, doch wird auch bedient, wer bereits ab 14 Uhr erscheint, was den zusätzlichen Vorteil hat, dass man dann noch die freie Sitzplatzauswahl hat. Zum Sonnenuntergang sollte man sich dann nach unten auf die **Sunset View Terrace** begeben, wo man den Tag stilvoll bei einem Drink und Livemusik ausklingen lassen kann.
- Mit seiner innovativen Speisekarte mit interessanten einheimischen wie internationalen Gerichten (100–200 Rs) gehört das stilistisch sehr gelungene **Savage Garden,** etwas zurückversetzt vom Chandpol, zu den besten Restaurants Udaipurs.
- Viele positive Bewertungen bekommt das ausgezeichnete **Whistling Teal.** Auch hier stimmt die Mischung aus köstlichen indischen wie internationalen Gerichten (60–200 Rs), gemütlichem Ambiente im Garten und ausgezeichnetem Service.
- Etwas weniger edel und dementsprechend günstiger (40–80 Rs) geht es in dem ganz in der Nähe gelegenen **Lotus Café** zu. Neben den leckeren Gerichten trägt auch die Musik dazu bei, dass es eines der beliebtesten Traveller-Restaurants der Stadt ist.
- Wegen seiner „uncoolen" Lage und Einrichtung nur von wenigen Westlern besucht ist **Berry's** am Chetak Circle. Wer mehr Wert auf hervorragende Küche ohne Schnick-

schnack legt, ist hier gut aufgehoben. Es gibt auch einen Zustellservice: Tel.: 2429027.

- Ebenfalls vornehmlich von Einheimischen besucht ist die Rajasthan-weit für schmackhafte *thalis* (50 Rs) bekannte **Natraj Lodge** beim New Bapu Bazaar nahe dem Udai Pol, hinter dem Ashoka-Kino.
- Hübsch oberhalb des Sees sitzt man im **Café Hill Park** südlich der Sajjan Niwas Gardens.

Einkaufen

Die stetig zunehmende Touristenzahl hat dazu geführt, dass gerade im Altstadtbereich um den Jagdish-Tempel fast jedes verfügbare Häuschen in einen Souvenirladen umgebaut wurde. Mehr Quantität geht auch hier auf Kosten der Qualität, und generell lässt sich sagen, dass man in Jaipur und Pushkar besser und billiger einkaufen kann.

Mit am beliebtesten unter Travellern sind die in unzähligen kleinen Läden oder *Art Galleries,* wie sie sich unter Suggerierung künstlerischer Exklusivität nennen, angebotenen **Miniaturmalereien.** So unterschiedlich wie Qualität und dargestellte Motive sind die Preise. Weit entscheidender als die Größe des Bildes ist deren Detailgenauigkeit und das Material auf dem sie aufgetragen wurden. Bei **Janak Arts** (12, Lal Ghat, Tel.: 2415373) können dreistündige Einführungskurse (200 Rs) in die Miniaturmalerei besucht werden. Es ist erstaunlich, was so alles auf einen Fingernagel passt.

Bei Touristen sehr beliebt sind die vor allem an der Straße vom Jagdish-Tempel zum Palasteingang angebotenen **Puppen.** Nicht zuletzt wegen des in Udaipur ansässigen Museums Bharatiya Lok Kala mit seiner landesweit berühmten Puppenabteilung und Vorführungen gibt es eine große Auswahl zum Teil sehr schöner Puppen. Bevor man sich zum Kauf entschließt, sollte man sich aber Gedanken zum Transport machen, denn die vielgliedrigen Puppen sind äußerst zerbrechlich und kaum zum Verschicken geeignet.

Gut bestückt ist der **Kiosk** am Gleis Nummer 1 auf dem Bahnhof. Aktuelle internationale Bestseller finden sich hier ebenso wie angesehene Sachliteratur zu Indien und europäische Zeitungen.

Ein umfangreiches Sortiment an Romanen und Zeitschriften hat auch **Landmark Shoppers Paradise.**

Bank

- Die meisten Banken, die neben den privaten Geldwechslern um den Jagdish-Tempel Bargeld, Travellerschecks und für Kreditkarten wechseln, finden sich passenderweise an der Bank Rd. zwischen Delhi Gate und Udia Pole. So wechselt z.B. die **State Bank of India** (Mo–Fr 10–14 und 14–15 Uhr, Sa 10–13 Uhr, Tel.: 2523108) etwas nördlicher beim Court Circle in der Hospital Road schnell und – für indische Verhältnisse – unbürokratisch Bargeld und Travellerschecks oder die **Viyaja Bank** (Bank Rd., Mo–Fr 10–15.50 Uhr, um 14 Uhr 30 Min. Pause, Sa 10–12.30 Uhr) und die **Bank of Baroda** (Mo–Fr 10–14.30 Uhr, Sa 10–12 Uhr), die außerdem Visa- und Mastercard (1 % Gebühr) annehmen.
- **Thomas Cook** auf dem Palastvorplatz ist Mo–Sa 9–17 Uhr geöffnet.
- Der dem Jagdish-Tempel nächstgelegene **ATM** ist von der UTI-Bank, er findet sich zwischen diesem und dem Palastzugang und nimmt die wichtigen Kreditkarten außer Amex an. Die meisten ATMs finden sich an der Bank Rd.

Post und Internet

- Die **Hauptpost** befindet sich am Chetak Circle hinter dem Kino. Näher am Jagdish-Tempel liegen, auf halber Strecke zwischen Hathi Pol und Stadtpalast, ein kleines Postamt und eine Filiale gleich neben dem Ticketbüro des Palastes (Mo–Sa 10.30–17 Uhr). Die Post kommt an, auch wenn es nicht sehr vertrauenerweckend aussieht. Zum Abholen **postlagernder Sendungen** muss man sich zur kleinen City Post Office an der Kreuzung Hospital Rd./Mandi Rd. begeben.
- Von den vielen Internetcafés im Altstadtbereich ist das **Landmark Shoppers Paradise** (30 Rs/Std.), das auch Bücher, Zeitschriften

und Süßigkeiten verkauft, eines der schnellsten. Hier können auch Digitalfotos auf CD gebrannt werden (100 Rs inkl. CD). Am Chetak Circle ist **Sourabh Enterprises** (30 Rs/Std.) recht zuverlässig.

Notrufnummern

- **Ambulanz:** 102
- **Polizei:** 100
- **Tourist Police:** 2412693

Unterhaltung, Aktivitäten

- Am günstigsten gelegen und qualitativ ausgezeichnet sind die allabendlichen, **Dharohar** genannten, traditionellen Rajasthani-Musik- und Tanzvorführungen im Bagore-ki-Haveli (siehe „Sehenswertes", Beginn um 19 Uhr, Eintritt 60 Rs, Kinder 30 Rs, Kamera 10 Rs, Video 50 Rs, Tel.: 2423610 nach 17 Uhr).
- Im Museum Bharatiya Lok Kala wird tgl. zwischen 18 und 19 Uhr eine allerdings eher durchschnittliche **Puppenshow** aufgeführt (Eintritt 40 Rs).
- Ein sehenswertes **Folkloreprogramm** mit traditionellen Tanz-, Musik- und Akrobatikaufführungen gibt es tgl. von 19–20 Uhr im Meera Kala Mandir in der Nähe des Pars Theatre zu sehen. Zum Preis von 60 Rs muss man auch noch die Rikshafahrt von 25 Rs hinzurechnen.
- Wenn man dran glaubt oder einfach nur zum Vergnügen, kann man sich im Innenhof des Gangaur Palace von *Akhand Pratap Singh* (onlywayisom@indiatimes.com) **aus der Hand lesen lassen,** Kostenpunkt 200 Rs.
- Besonders die teureren Hotels verfügen über **Swimmingpools.** Um drin zu plantschen, muss man zwischen 100 und 200 Rs. zahlen, wobei der tolle Pool auf dem Dach des Udai Kothi (130 Rs) besonders lohnt.

Medizinische Versorgung

- Das **Krankenhaus** von Udaipur (Hospital Rd., Tel.: 2528811) liegt in der Altstadt nahe dem Chetak Circle zwischen dem Shaheli Marg und der Ashwani Road.
- Eine private Klinik ist z.B. das **Soni Hospital,** 4 Sahelion-ki-Haveli, Tel.: 2528811-9). Ein Bereitsschaftsarzt ist *Dr. Shailender Singh* (Tel.: 2410212, mobil: (0)9829040312.
- Wer sich einmal für wenig Geld massieren lassen oder ein Heilkräuterbad nehmen will, sollte die **Ayurvedische Klinik** an der Ambamata Rani Rd. aufsuchen.

An- und Weiterreise

Flug

- **Air India,** 222/16 Mumal Towers, Saheli Marg, Tel.: 2410999, Flughafen: 2655453.
- **Jet-Airways,** Tel.: 2561105, am Flughafen: 2656288.
- Über aktuelle Flugverbindungen aller Airlines informiert übersichtlich www.yatra.com.

Bahn

Die Bahnverbindungen sind teilweise eingeschränkt wegen Spurverbreiterungen auf einigen Strecken.

- Die beste Verbindung nach **Delhi** bietet der tgl. fahrende 2964 Mewar Exp. (ab Udaipur 18.30 Uhr, Chittorgarh an 20.35 Uhr, Bundi an 22.46 Uhr, Kota an 23.45 Uhr, Sawai Madhopur an 1 Uhr, Bharatpur an 3.15 Uhr, Delhi (Nizamuddin) an 6.15 Uhr). In der anderen Richtung (Zug-Nr. 2963) geht es von Delhi (Nizamuddin) um 19 Uhr über Mathura (ab 21.15 Uhr), Bharatpur (ab 21.42 Uhr), Kota (ab 1.40 Uhr) und Chittorgarh (ab 5 Uhr) nach Udaipur (an 7 Uhr).
- **Jaipur** wird am besten mit der Nachtverbindung 2966 Udaipur City Jaipur Exp. erreicht: Abf. 22.20 Uhr, Chittorgarh (an 23.35 Uhr), Sawai Madhopur (an 4.40 Uhr), Ank. Jaipur 7.10 Uhr. Der Zug fährt weiter bis Bharatpur (an 9 Uhr), Agra (an 10.15 Uhr) und Gwalior (an 12.15 Uhr). Umgekehrt der 2965 Jaipur Udaipur City Exp.: Abf. Jaipur um 22.40 Uhr, über Ajmer (ab 0.50 Uhr), Chittorgarh (ab 4.10 Uhr), Ank. Udaipur um 6.10 Uhr.
- Nach **Mt. Abu** geht es schneller per Bus.

Bus

- Die aktuellen **Abfahrtszeiten** von Udaipur erfragt man besser beim Tourist Office als am chaotischen Busbahnhof (Tel.: 2484191). Die meisten Guest Houses um den Jagdish-Tempel verkaufen Tickets für **Luxusbusse,** die etwa doppelt so teuer sind wie staatliche Busse. (Diese fahren die gleichen Ziele sowie Bundi/Kota, Jaisalmer, Junagardh und Rajkot an.) Gerade auf längeren Strecken dürfte sich diese Mehrausgabe lohnen, doch sollte man zunächst fragen, ob die Busse auch in der Nähe der Guest Houses oder vom Busbahnhof starten.
- Fahrtziele staatlicher Busse und Zeiten (in Std.): **Agra** (13 Std., 1 Bus, Star Line 14.45 Uhr), **Ajmer** (Pushkar, 7 Std., ca. 25 Busse zwischen 5 und 23.30 Uhr), **Bikaner** (15 Std., 1 Bus, Star Line 16.30 Uhr), **Chittorgarh** (2,5 Std., ca. 20 Busse zwischen 6 und 22 Uhr), **Delhi** (14 Std., Delhi Transport Corporation (DTC) fährt jeden Abend um 18 Uhr mit einem klimatisierten Luxusbus für 790 Rs nach Delhi), **Indore** (10 Std.), **Jaipur** (7,5 Std., ca. 20 Busse), **Jodhpur** (7 Std.), **Ranakpur** (3 Std.).
- Wer nach **Mt. Abu** (5 Std.) reisen will, sollte sich zunächst erkundigen, ob der jeweilige Bus auch bis auf das Hochplateau oder nur bis Abu Road fährt, von wo aus es noch einmal 27 km steilen Anstiegs sind.

Umgebung von Udaipur

Falls sich mehr als vier Personen zusammenfinden, bieten viele Reisebüros in Udaipur **Ganztagestouren** in die Umgebung an – eine gute Gelegenheit, um stressfrei die zahlreichen sehenswerten Orte zu besuchen. Bewährt hat sich hier Gangaur Tours & Travels (Tel.: 2411476, gangaur@hotmail.com) in der Gangaur Ghat Road. Der Preis beträgt für einen Tagesausflug mit dem Taxi etwa 1.500 Rs.

Nagada und Eklingji ↗ B3

Bei einem Halbtagesausflug zu den 22 km nordöstlich von Udaipur gelegenen Tempelanlagen von Nagada und Eklingji ist allein schon die Fahrt über den 784 m hohen Chirwa-Ghata-Pass mit schönen Ausblicken auf das Aravalli-Gebirge ein Erlebnis für sich. Kurz vor Eklingji biegt an einem kleinen Stausee eine Nebenstraße nach links ab und führt zu den Tempeln von **Nagada.** Neben dem ältesten, nur noch in Ruinen erhaltenen jainistischen Adbhutji-Tempel steht ein Hindu-Tempelkomplex aus dem 11. Jh. mit dem geheimnisvollen Namen *Sas Bahu* (Schwiegermutter – Schwiegertochter), der vor allem wegen seiner schönen Steinreliefs an den Außenwänden gefällt.

Im nur einen Kilometer entfernten **Eklingji** findet sich inmitten des Tempelkomplexes ein ursprünglich 754 erbauter Tempel, mit einem schönen, viergesichtigen Shiva-Bildnis aus schwarzem Marmor im Allerheiligsten. In seiner heutigen Form entstand der von hohen Mauern umschlossene weiße Marmortempel im 16. Jahrhundert. Eklingjis besonderer Reiz liegt in der pulsierenden religiösen Atmosphäre, die diesen Ort auszeichnet. Sobald sich die Pforten zum Tempel geöffnet haben (4.45–7.30 Uhr, 10.30–13.30 und 17.30–19.30 Uhr, Eintritt frei), setzt eine marktschreierische Betriebsamkeit ein, und die Blumen-, Schriften- und Süßigkeitenverkäufer versuchen, ihre Produkte unters Volk zu bringen. Man sollte diesen Ausflug nachmittags unternehmen, um sowohl an einer Tempelzeremonie teilnehmen zu können als auch gegen Sonnenuntergang in das dann golden leuchtende Udaipur zurückzukehren.

- **Anreise:** Wer nicht im Rahmen der vom Touristenbüro angebotenen Exkursion nach Eklingji fahren möchte: Stündlich fährt ein – allerdings fast immer brechend voller – **Bus** vom Busbahnhof.
- **Unterkunft:** Eine schöne, wenn auch nicht billige Unterkunft ist das auf einem kleinen Berg oberhalb von Nagada gelegene **Heritage Resorts** €€€-€€€€ (Tel.: 0294-2440382).

Haldighat und Nathdwara

↗ B3

Das 48 km nördlich von Udaipur gelegene **Schlachtfeld von Haldighat,** auf dem die Truppen *Pratap Singhs* am 21. Juni 1576 erst nach erbittertem Widerstand den Moguln unterlagen, ist historisch zwar von großer Bedeutung, zu sehen gibt es allerdings außer einer Gedenkstätte für Pratap Singhs berühmtes Pferd *Chetak* so gut wie gar nichts.

Der 8 km entfernte **Vishnu-Tempel** von Nathdwara stammt aus dem 18. Jh. Im Tempelinneren (für Nicht-Hindus geschlossen) steht ein Abbild Vishnus, das 1669 von Mathuras hierher gebracht wurde, um es vor der Zerstörungswut *Aurangzebs* zu bewahren.

- **Anreise:** Wer die beiden Sehenswürdigkeiten nicht im Rahmen des vom Tourist Office angebotenen Ausfluges besichtigt, kann einen der zu jeder vollen Stunde vom Busbahnhof in Udaipur fahrenden Busse nehmen.
- **Unterkunft:** Im staatlichen **Gokul Tourist Bungalow** €€ (Tel.: 02953-22685) in Nathdwara kann man in sauberen Zimmern nächtigen. Ein Restaurant steht ebenfalls zur Verfügung. Besser wohnt man im **Hotel Utsav** €€-€€€ (Tel.: 02935-22278).

Kumbhalgarh

↗ B3

Äußerst pittoresk krönt die gewaltige Burg, einem Vogelhorst ähnlich, einen sich steil über die Ebene erhebenden Felsen. Die von einem mächtigen Mauerring von insgesamt 12 km Länge umgebene Anlage war die nach Chittorgarh **zweitgrößte Festung Rajasthans.** Im Gegensatz zur Heldenstadt der Rajputen, die insgesant dreimal von den vereinten Mogul-Heeren erobert wurde, konnte das 1458 von *Rana Kumbha* angelegte Fort nur ein Mal, Ende des 16. Jh., von den islamischen Eroberern erstürmt werden.

Obwohl Teile der Anlage Anfang des letzten Jahrhunderts renoviert wurden, ist in den einzelnen Räumen, abgesehen von einigen Wand- und Fliesenmalereien, nichts zu sehen. Die eigentliche Faszination Kumbhalgarhs ist der grandiose Gesamteindruck.

Die Räumlichkeiten sind fast völlig leer und die Farbe bröckelt von den Wänden. Wer sich zum Aufstieg entscheidet, sollte Trinkwasser und einen kleinen Snack mitnehmen.

Der steile Aufstieg zur Burg durch die z.T. mit dicken Eisendornen gegen Elefantenangriffe versehenen Tore lohnt aber auch aus einem anderen Grund: Von dem auf 1.100 m Höhe gelegenen Palast bietet sich eine sehr schöne **Aussicht** auf die wild zerklüftete Landschaft des **Kumbhalgarh-Reservats** (Eintritt 100 Rs, Jeep 65 Rs, Guide 200 Rs). Dieses 578 km² große Tierschutzgebiet ist ein Rückzugsgebiet des vom Aussterben bedrohten indischen Wolfes. Außerdem ist er

Heimat von Leoparden, Bären und Antilopen. Unterkunft und Jeeptouren werden im Shirika Lake Hotel (Tel.: 02934-285078) in Ranakpur arrangiert. Für den Zugang zum Park benötigt man eine Erlaubnis des Forest Department im nahen Kelwara.

- **Öffnungszeiten:** 8–18 Uhr, Eintritt zur Festung 100 Rs.

Anreise

- Da Kumbhalgarh individuell nur unter sehr großem Zeitaufwand erreicht werden kann, besucht man das Fort am besten im Rahmen eines der von vielen Reisebüros in Udaipur angebotenen **Tagesausflüge** in Kombination mit den Jain-Tempeln in Ranakpur oder aber im Rahmen einer Tagestour mit dem **Taxi,** wofür man ungefähr 1.500 Rs veranschlagen sollte (200 Rs mehr, wenn man zudem noch Nagada besichtigen möchte).
- Wer es dennoch **auf eigene Faust** versuchen will, muss zunächst am frühen Morgen mit einem Bus um 7.30 Uhr nach **Kumbhalgarh** fahren. Dieser fährt jedoch nicht bis zur Burg selbst, sondern setzt einen etwa 8 km entfernt ab. Einige fahren auch näher ans Fort bis zum Hotel The Aodhi. Von dort muss man den Rest des Weges entweder per Anhalter oder zu Fuß zurücklegen. Mit dem Taxi von Udaipur sollte ein Tagesausflug um die 1.200 Rs kosten.

Unterkunft

(Vorwahl: 02954)

- Am günstigsten, dafür aber auch einfach und relativ weit vom Fort wohnt man im 8 km entfernten Dorf Kelwara im **Hotel Ratandeep** €€ (Tel.: 242217). In Kelwara gibt es das bessere, saubere **Karni Palace Hotel** €€-€€€ (Bus Stand Rd., Tel.: 242033, www.karnipalace.com), von Feldern umgeben.
- Verglichen mit dem beeindruckenden Äußeren wirken die recht spartanischen Zimmer des **The Kumbhal Castle** €€€€ (Fort Rd.,

791ra Foto: tb

Tel.: 292041, www.thekumbhalcastle.com) recht nüchtern. Angesichts der schönen Aussichten, des bemühten Personals und des verhältnismäßig günstigen Preises ist es dennoch eine empfehlenswerte Unterkunft.

- Mit dem **Hotel The Aodhi** €€€€ (Tel.: 242341, crs@udaipur.hrh.india.com) findet sich 2 km von der Burg entfernt eine ausgezeichnete Unterkunft. Die in einen Hang gebaute Anlage allein lohnt schon einen Ausflug in diese Gegend. Vom freundlichen Management werden u.a. auch Ausflüge zu Pferd angeboten. Die Zimmer verfügen alle über eine eigene Terrasse mit Ausblick über den hauseigenen Swimmingpool hinweg ins weite Tal. Ein weiterer Vorteil ist die Nähe zum Kumbalgarh Fort. Für den schönen Spaziergang sollte man mit Fotostopps etwa 30 Minuten veranschlagen.
- Eine preisgünstigere Alternative zum Aodhi ist das gelungene, auf einem Hügel gelegene Hotel **Kumbalgarh Fort** €€€-€€€€ (Tel.: 242057). Die 21 AC-Räume sind groß und angenehm, fast alle verfügen über kleine Balkone mit Aussichten ins Tal. Die gesamte Anlage ist in einem gepflegten Zustand und das Personal sehr bemüht. Auch hier gibt's einen Pool.

Highlight: Ranakpur

↗ B3

Zusammen mit dem Dilwara-Tempel in Mount Abu gehören die **Tempel** von Ranakpur zum schönsten, was die **Jain-Kunst** je hervorgebracht hat und damit zu den beeindruckendsten Sakralbauten Nordindiens. Bereits der erste Eindruck der Marmorbauten vor der Bergkulisse, zusammen mit den großen schattenspendenden Bäumen, den lilafarbenen Bougainvilleas, den frechen Affen und den umherstolzierenden Pfauen, nimmt einen sofort für den Ort ein.

Verglichen mit den 200 Jahre früher entstandenen Tempeln von Dilwara bei Mount Abu wirkt der im 15. Jh. nach 60-jähriger Bauzeit fertig gestellte Haupttempel wesentlich größer. Hierin spiegelt sich die veränderte machtpolitische Situation unter dem Mitte des 15. Jh. regierenden *Rana Kumbha* wieder. Nachdem der muslimische Bildersturm, dem so viele hinduistische und jainistische Heiligtümer zum Opfer gefallen waren, Ende des 14. Jh. abflaute und das Reich Rana Kumbhas mit der Hauptstadt Chittorgarh auf dem Höhepunkt seiner Macht stand, besann man sich auf die alte Stärke. Dieses neue Selbstbewusstsein äußert sich in der Monumentalität der Tempel von Ranakpur, die nicht zuletzt auch die Größe und Macht Rana Kumbhas symbolisieren sollen.

Der bedeutendste Tempel des von einer Mauer umschlossenen Komplexes ist der dem Ersten Furtbereiter der Jains, *Adinath,* gewidmete **Chaumukh-Tempel.** Da er an einem westlichen Hügelhang liegt, wurde der Sockel unter dem westlichen Haupteingang deutlich erhöht. Den Türschwellen mit ihren böse Geister abwehrenden Dämonenmasken *(kirthimukhas)* sind ebenso wie in Dilwara halbrunde „Teppiche" zur Reinigung der Seele von negativen Eigenschaften vorgelagert. Daneben sind die bei allen Jain-

Gegen Angriffe mit Elefanten wurden die Tore mit Eisendornen gesichert – die Festung von Kumbalgharh ist nur ein einziges Mal, im ausgehenden 16. Jh., erstürmt worden

Heiligtümern im Eingangsbereich zu findenden Muschelhörner zu sehen, deren Klang als heilig gilt und der Silbe „Om" besonders nahe kommen soll.

Die Ausmaße (62x60 m) und Höhe des Heiligtums erinnern den Besucher im Innern zunächst an eine gotische Kathedrale. Der für den Bau verwendete Marmor aus den Steinbrüchen von Sonana und Sewadi reicht nicht an die Wärme und Leuchtkraft des Marmors von Dilwara heran. Die Kultfigur im Innern ist mit vier Gesichtern *(chaumukh)* dargestellt, die Himmelsrichtungen und damit den Kosmos beherrschend. Ursprünglich wurde er, wie die meisten anderen Bauten Ranakpurs, im 15. Jh. errichtet. Da jedoch auch hier die religiöse Intoleranz *Aurangzebs* wütete, sind viele der heute so makellos erscheinenden Bauten das Resultat kunstvoller Restaurationsarbeiten. Die quadratisch um das Sanktotum verlaufenden 86 Schreine beinhalten Statuen untergeordneter Gottheiten. Durch die vier den Hof begrenzenden Eckschreine erhält der Bau zugleich die Form eines *pancharatha* (fünfschreiniger Tempel), eine bei den Hindus besonders häufig anzutreffende Tempelgrundform.

Ebenso wie bei der Anlage von Dilwara fasziniert die überwältigende Vielfalt an ungemein **detailgenau gemeißelten Skulpturen.** Jeder Zentimeter scheint mit grazilen Tänzerinnen, Göttern, Tieren und Blumenmotiven verziert zu sein. Diese vitale Lebensfreude bildet einen spannungsreichen Kontrast zu den scheinbar weltentrückt in den jeweiligen Nischen sitzenden Jain-Figuren mit ihren gespenstisch silbrigen Augen. Von den insgesamt 1.444 vom Sockel bis zur Spitze ornamentierten Marmorsäulen, auf denen die 29 Dächer der Tempelhallen ruhen, gleicht keine der anderen. Beim näheren Betrachten ist leicht zu erkennen, dass die einzelnen Figuren nicht immer höchstes Ansehen genießen. Sie sollten nicht den Eigenwert betonen, sondern dienten ausschließlich dekorativen Zwecken. Einen besonderen Blickfang bildet die Kuppeldecke der Haupthalle, die in verschwenderischer Ausstattung die sechzehn Göttinnen der Weisheit (Vidyadevi) zeigt.

• **Geöffnet** ist der Tempel für Nicht-Jains offiziell tgl. von 12 bis 17 Uhr. So genau scheint es jedoch niemand zu nehmen, sodass man meist auch schon früher eingelassen wird. Eintritt frei, Kamera 50 Rs, Video 150 Rs.

Unterkunft, Essen und Trinken

(Vorwahl: 02934)

• Hübsche, kleine Bungalows in einem friedvollen Garten, zusammen mit dem sehr hilfsbereiten Besitzer, machen das **Shivika Lake Hotel** €-€€ (Tel.: 285078, shivikalake@rediffmail.com) zur besten Adresse im unteren Preisbereich.

• **The Castle** €€-€€€ (Tel.: 223733) liegt tatsächlich umgeben von einem hübschen Garten wie ein Schloss auf einem kleinen Hügel. Die Zimmer sind recht geräumig. Nicht nur wegen der deutlich geringeren Preise, son-

Die imposanten Tempel von Ranakpur, ein Meisterwerk der Jain-Kunst, beeindrucken durch ihren reichen Skulpturenschmuck

761ra Foto: tb

dern auch wegen des freundlichen Personals ist das Haus eine Alternative zum teuren Maharani Bagh.

- Das ursprünglich ausschließlich als Restaurant dienende **Roopam Hotel & Restaurant** €€ (Tel.: 223921) an der Ranakpur Rd vermietet sechs recht hübsche Bungalows in der grünen Gartenoase, in der Papageien, viele weitere Vogelarten und stiebitzende Affen beobachtet werden können. Im Restaurant wählt man zwischen à la carte und Büffet.
- Etwa 10 km entfernt von der Tempelanlage in den Bergen Ranakpurs, bietet das **Aranyawas** €€€€ (Tel.: 294-2524163, www.aranyawas.com) eine hübsche Mischung aus naturbelassener Friedfertigkeit und modernem Ambiente im Landhausstil. Die sehr geräumigen Zimmer verfügen jeweils über eine Aussichtsterrasse, auch ein hübscher Pool ist vorhanden. Die gesamte Anlage macht einen gepflegten, ruhigen Eindruck, das Personal ist sehr freundlich.
- Die schönste Unterkunft Ranakpurs ist das ganz in der Nähe gelegene, großzügig angelegte **Ranakpur Hill Resort** €€€-€€€€ (Tel.: 286411, www.ranakpurhillresorts.com), ein im Rajasthani-Stil errichtetes Hotel mit liebevoll eingerichteten Zimmern (alle mit AC) und Swimmingpool. Sollten die 15 Zimmer belegt sein, was in der Hochsaison häufig der Fall ist, stehen drei komfortabel eingerichtete Zelte zur Verfügung.
- Der gut 10 km von Ranakpur gelegene, im 17. Jh. erbaute **Palast von Ghanerao** €€€ (Tel.: 02934-284035, www.ghaneraoroyalcastle.com) besticht durch seinen mittelalterlichen Charme und die verspielte Architektur mit Kuppeldächern und offenen Balkonen. Die 20 Zimmer befinden sich weitgehend noch in ihrem ursprünglichen Zustand.
- Etwa 10 km entfernt von Ghanerao gibt es in dem verschlafenen kleinen Ort Narlai ein weiteres Heritage Hotel, das **Rawla Narlai** €€€-€€€€ (Tel.: 0291-237410). Die 12 Zimmer dieses im 17. Jh. gebauten Palastes sind im traditionellen Stil eingerichtet.
- Nicht entgehen lassen sollte man sich die köstlichen Thalis, die jeden Mittag in der Es-

505ra Foto: tb

Ranakpur Hill Resort

senshalle des **Dharamsala** gleich links am Haupteingang ausgegeben werden.

An- und Weiterreise

- Die häufigsten Verbindungen bieten sich vom 98 km südöstlich gelegenen **Udaipur,** wo tgl. fünf **Express-Busse** in 2,5 Std. nach Ranakpur fahren.
- Einige, aber nicht alle **Deluxe-Busse Udaipur – Jodhpur** legen einen Zwischenstopp in Ranakpur ein.
- Schließlich bieten viele Reisebüros bei entsprechender Nachfrage in Udaipur einen **Tagesausflug per Minibus** an, der u.a. Kumbhalgarh und Ranakpur beinhaltet. Kumbhalgarh ist 50 km von Ranakpur entfernt.

Dungarpur

↗ B3

Der Weg lohnt sich, könnte man in Anspielung auf eine bekannte Zigarettenreklame sagen, wenn man an den im äußersten Südwesten Rajasthans an der Grenze zu Gujarat und Madhya Pradesh gelegenen Ort Dungarpur denkt. Neben dem verschlafenen Charme dieses nur selten von Touristen besuchten Städtchens lockt vor allem das schöne Heritage Hotel.

Unterkunft

- Ganz spartanisch kann man im **Pratibha Palace** € (Shastri Colony, Tel.: 230775) unterkommen.
- **Udai Bilas Palace** €€€€ (Tel.: 02964-230808, www.udaibilaspalace.com), dieses im Besitz des örtlichen Prinzen befindliche Anwesen

liegt sehr pittoresk an einem kleinen See und gilt als eines der schönsten Heritage Hotels der Region. Eine ideale Unterkunft, um den ländlichen Charme Rajasthans in einem sehr schönen Ambiente kennenzulernen. Besonders gelungen ist der scheinbar in den See übergehende hauseigene Pool.

Anreise

- Täglich mehrere Busse von **Udaipur,** die für die 110 km lange Strecke etwa 3 Stunden benötigen. Langsamer, aber gemütlicher ist der kleine Zug, der die Strecke in 5 Stunden bewältigt.

Mount Abu

↗ B3

(ca. 22.000 Einwohner, Vorwahl: 02974)

Auf einem der für das Dekhan so charakteristischen Inselberge liegt in über 1.200 m Höhe *Rajasthan's only hill-station.* Und tatsächlich durchweht Mount Abu ein Hauch von europäischer Nostalgie, gemischt mit der Vitalität der indischen Mittel- und Oberschicht, für die der Ort ein bevorzugtes **Ferienziel** während der heißen Sommermonate ist. Der Poloplatz in der Mitte des Ortes fehlt ebensowenig wie die christliche Kirche und die Villen im Kolonialstil, die äußerst malerisch in die Berge rund um den kleinen idyllisch gelegenen Nakki-See stehen.

Früher hatten hier die Maharajas von Rajasthan ihre Wohnsitze. Eine der spektakulärsten **Villen,** mit einzigartigem Ausblick über die mit ihren Palmenhainen, Orchideen und ihrer bunten Blumenpracht fast schon mediterran wirkende Landschaft, diente dem britischen Gouverneur von Rajasthan in den Sommermonaten als Amtssitz.

Mit dem Abzug der Kolonialherren 1947 rückten die sich kaum weniger snobistisch benehmenden, auf englischen Eliteschulen ausgebildeten indischen Verwaltungsbeamten nach.

Sehr beliebt ist der Ort aufgrund seiner romantischen Atmosphäre vor allem bei jungvermählten Paaren, die sich hier zum ersten Mal näherkommen, in der Hoffnung, dass ihre Eltern die richtige Wahl getroffen haben.

Mount Abu hat jedoch weitaus mehr zu bieten als ein angenehmes Klima und liebliche Landschaft. Schon lange vor der Ankunft der britischen Kolonialherren besaß der Ort eine besondere Bedeutung als **Pilger- und Wallfahrtsort,** und auch heute noch sind die vielen Felsenhöhlen vor allem südlich des Nakki-Sees von Eremiten und Sadhus bewohnt. Schon im großen Heldenepos „Mahabharata" wird die Entstehungsgeschichte Mount Abus mit Shiva in Verbindung gebracht.

Für die Rajputen liegt hier der Legende nach der Geburtsort ihres Clans, und für die Jains ist der Mount Abu einer ihrer insgesamt vier heiligen Berge. Mit der Dilwara-Tempelanlage errichteten sie eines der schönsten Bauwerke ganz Indiens. Von der spirituellen Atmosphäre dieses Ortes inspiriert, siedelte sich hier schließlich die weltweit vertretene hinduistische Gruppierung der Brahma-Kumaris an.

Obwohl von nur wenigen westlichen Touristen besucht, ist Mount Abu aufgrund seines angenehmen Klimas, seiner fast schon mediterran anmuten-

Der besondere Tipp: Heritage Hotel in Deogarh

Vor die undankbare Aufgabe gestellt, unter der Vielzahl sehr schöner Heritage-Hotels Rajasthans das schönste auswählen zu müssen, würden wir uns letztlich für das entzückende **Deogarh Mahal** (Tel.: 02904-252777, 253333, www.deogarhmahal.com) entscheiden. Das in ein Hotel umgewandelte Schloss hat all das zu bieten, was das Wohnen in diesen traditionsreichen Häusern zu einem unvergesslichen Erlebnis macht.

Da ist zunächst einmal der in der Mitte der touristischen Hochburgen Jodhpur, Ajmer, Chittorgarh und Udaipur gelegene Ort selbst. Durch seine Lage auf 700 Metern Höhe herrscht ein **angenehmes Klima,** welches dazu einlädt, die auffallend sauberen, mittelalterlich anmutenden Marktstraßen zu durchstreifen und die liebliche, von Hügeln und Seen geprägte Landschaft zu erwandern. Darüber hinaus ist das 1670 vom lokalen Herrscher *Rawat Dwarka Dasji* erbaute **Schloss** in geradezu vorbildlicher Weise restauriert worden. Jeder der insgesamt 50 Räume ist anders geschnitten und mit viel Liebe zum Detail restauriert worden, von den Teppichen über die Nachttischlampen bis zu den herrlichen Miniaturmalereien an den Wänden und Decken, für die Deogarh in ganz Rajasthan bekannt ist. Die hervorragende Küche, das freundliche, wenn auch zuweilen ungeschulte Personal, der architektonisch sehr gelungene Swimmingpool und die Dachterrassen runden das Bild dieses von den sympathischen Söhnen des *Rawat* geführten Kleinodes ab. Die Zimmer kosten zwischen 110 und 230 US-$.

● **Anreise:** Jeder der ständig zwischen Udaipur und Jaipur entlang der N8 verkehrenden Busse hält nahe dem kleinen Ort. Von dort aus sind es gerade noch einmal 10 km per Bus oder Taxi (ca. 80 Rs) bis Deogarh.

838ra Foto: tb

den, lieblichen Landschaft, die zu Spaziergängen einlädt, und der einzigartigen Tempel von Dilwara für jeden, der etwas Abstand und Ruhe sucht, ein geradezu idealer Ort.

Dies gilt allerdings nicht für die Zeit der großen hinduistischen Feiertage wie Diwali im November, zu Weihnachten/Neujahr und während der heißen Sommermonate Mai bis Juli. Dann stürmen Tausende von indischen Touristen den Ort – von Ruhe und frischer Luft kann keine Rede mehr sein.

Sehenswertes

Stadtrundfahrt

● Das **Tourist Office** bietet jeweils morgens von 8.30 bis 13 Uhr und nachmittags von 13.30 bis 17 Uhr eine Stadtrundfahrt (90 Rs) an, die auch die relativ weit außerhalb gelegenen Sehenswürdigkeiten wie Achalgarh und Guru Sikhar einschließt. Eine sehr gute Gelegenheit, um die landschaftlich sehr schöne Umgebeung Mt. Abus zu erleben. Die Nachmittagstour ist allerdings vorzuziehen, da dann mehr Zeit für den erst ab 12 Uhr für Nicht-Jains geöffneten Dilwara-Tempel zur Verfügung steht und zudem der Sonnenuntergang vom Sunset Point gegen 18 Uhr vielversprechender erscheint als am Vormittag ... In den Monaten März bis Juni ist die Nachfrage besonders groß, sodass man möglichst schon einen Tag vorher buchen sollte. Neben dem Tourist Office bieten noch mehrere private Veranstalter Rundfahrten an.

Nakki-See

Während des Tages bildet der kleine, malerisch von Bergkegeln umgebene Nakki-See den Mittelpunkt des touristischen Treibens. Seinen Namen bezieht der See von einer Sage, wonach er von den Göttern nur mit ihren Fingernägeln *(nakki)* ausgegraben worden sein soll. Der See ist entlang der ihn umgebenden, kaum befahrenen Straße gemütlich in einer halben Stunde zu umwandern, wobei sich schöne Ausblicke auf Mount Abu und die tropisch wuchernde Natur bieten.

Die in der Mitte des Sees aufragenden bizarren Felsformationen haben die Fantasie der Inder offensichtlich nachhaltig angeregt, denn die ihnen zugedachten Namen sind doch nur recht schwer mit ihrem Aussehen in Verbindung zu bringen. Einzige Ausnahme bildet der *Toad Rock,* denn er erinnert tatsächlich auffallend an eine Kröte auf dem Sprung ins Wasser. Am kleinen, in den See hineingebauten Steg können Tret- und Ruderboote gemietet werden.

Sunset Point

Jeden Nachmittag gegen 17 Uhr setzt sich die halbe Stadt, einem Pilgerzug gleich, in Bewegung, um zum zwei Kilometer entfernten Sunset Point zu gelangen. Ausgangspunkt ist das obere Ende der zum See hinunterführenden Straße. Eine ganze Kolonie kitschig bunt geschmückter Pferde und Kamele (nicht zu vergessen die Bollerwagen) wird dort von ihren Besitzern bereitgestellt, um die weniger Gehfreudigen gegen Bezahlung zum Aussichtspunkt zu transportieren. Die weltabgeschiedene Ruhe während des Tages verwandelt sich dann in einen jahrmarktsähnlichen Trubel. Die Aussicht in die flache Ebene ist sicherlich sehr beeindruckend, doch der Sonnenuntergang verschwimmt allzu häufig im diesigen Horizont.

Interessant und wirklich beeindruckend ist so auch weniger das Objekt der Verehrung selbst, sondern sind die Betrachter. Den Blick nicht nach Westen, sondern nach Osten wendend, offenbart sich einem ein beeindruckendes Bild: Das vielfältige und bunte Spektrum der indischen Bevölkerung scheint hier wie in einem Mikrokosmos vereint in der Verehrung der göttlichen Sonne. Wie auf einem Vogelhorst sitzen die in ihre bunten Saris und Anzüge gekleideten indischen Urlauber auf den steilen Treppenstufen und Terrassen und so bieten sich immer wieder interessante Fotomotive.

Achaleshwar-Mahadev-Tempel

Über 200 Treppenstufen muss man erklimmen, bis man zu dem an einem Berghang gelegenen kleinen Shiva-Tempel gelangt, von wo sich ein herrlicher Ausblick auf das wildzerklüftete Hochplateau des Mount Abu bietet. Um den Ursprung des sich am Fuße des Berges befindenden Tempels rankt sich eine hübsche **Legende:** Als der Mount Abu kurz nach seiner Errichtung noch recht wackelig am Abgrund gestanden hat, soll ihn Shiva durch einen energischen Fußtritt in die heutige, stabile Lage gebracht haben. Dabei verlor Shiva jedoch seinen großen Zeh, und selbiger wird nun in Form eines Felsens am Tempel verehrt. Das sich unter dem Felsen-Zeh abzeichnende Loch, so wird einem versichert, soll bis zum Mittelpunkt der Erde führen. Achtung beim Betreten des sehr niedrigen Tempels – „please watch your head"! Im Tempelhof ist ein sehr schöner Nandi (Shivas Reittier, ein Bulle) aus dem 15. Jh. zu sehen.

Der besondere Tipp: Dilwara-Tempel – ein Traum in Marmor

„Ein Traum in Marmor" sind die Jain-Tempel im fünf Kilometer nordöstlich von Mount Abu gelegenen Dilwara einmal euphorisch und treffend zugleich genannt worden. Doch wer nach einer hübschen Wanderung schließlich am Tempelgelände anlangt, mag zunächst ein wenig enttäuscht sein, weist doch von außen wenig auf die angebliche Pracht des Ortes hin. Eher versteckt zwischen Felsenhügeln und Mangohainen liegen die insgesamt vier Tempel, und auch ihre Fassaden wirken recht schmucklos.

Um so überwältigender ist dann allerdings der Eindruck im Inneren des **Vimala-Tempels,** des ältesten und bedeutendsten der Tempelgruppe. Man weiß gar nicht, wohin man zuerst schauen soll, so überreich sind die Wände, Säulen, Dächer und Arkaden mit kunstvoll aus dem weiß schimmernden, scheinbar durchsichtigen Marmor gehauenen Figuren besetzt. Derart fein sind die Musikanten, vollbusigen Tänzerinnen und Göttergestalten in ihren eleganten Körperhaltungen aus dem Marmor gemeißelt, dass man meint, sie würden schweben. Wenn man dann noch die beinahe jeden Ast und jedes Blatt in all seinen Feinheiten erfassenden Blumen-

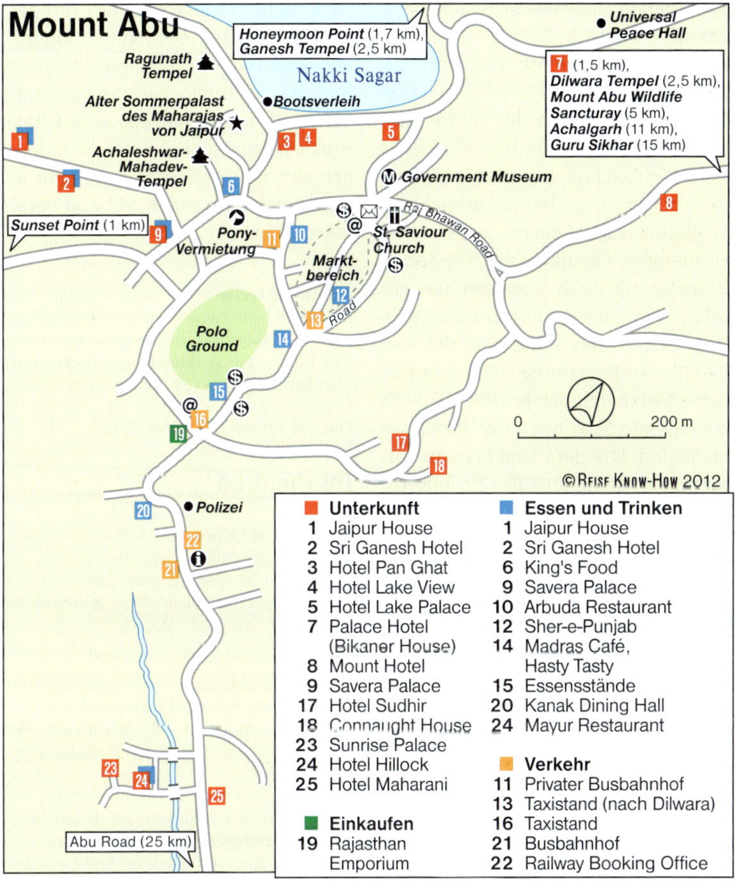

und Blütenmotive sieht, die sich um die einzelnen figürlichen Darstellungen ranken, kann man ermessen, warum 2.700 Arbeiter und Kunsthandwerker 14 Jahre benötigten, um dieses einmalige Kunstwerk zu erstellen.

Angeblich soll der Bauherr, ein Minister des Königs von Gujarat, nach der Fertigstellung des Tempels im Jahre 1031 so beglückt gewesen sein, dass er die Handwerker mit Silber entsprechend dem Gewicht des während der

Bauarbeiten angefallenen Staubes entlohnte.

Trotz der zunächst verwirrenden Vielfalt von Figuren, Hallen und Innenhöfen ist der Aufbau des Tempels im Grunde recht einfach. Im Mittelpunkt steht die Cella mit dem Jain-Heiligen, dem der jeweilige Tempel geweiht ist, in diesem Falle *Adinath*, dem ersten Furtbereiter. Die daran anschließende Vorhalle mit ihren wunderschön geschnitzten Säulen führt in einen großen rechteckigen Innenhof, der von 52 aneinandergereihten Zellen umgeben ist, in denen sich jeweils identisch aussehende Skulpturen der Tirthankaras finden. Die dem Sanktuarium vorgelagerte Zwischenhalle beherbergt eine kleine silberne Pagode, die die himmlische Predigthalle des Tirthankara nach seiner Erleuchtung symbolisieren soll.

Bei aller Vielfalt innerhalb des 33 m langen und 14 m breiten Tempels ragt doch der einzigartige **Tanzpavillon** als Höhepunkt der Anlage heraus. Die acht Säulen des von drei Seiten frei zugänglichen *ranga-mandapa* sind mit floralen, geometrischen und figuralen Motiven überreich verziert und durch geschwungene, bis ins kleinste Detail verzierte Bögen miteinander verbunden. In der Mitte hängt ein Pendentif in Form einer Lotosblüte, ein immer wiederkehrendes Motiv, welches sowohl mikrokosmisch die Erleuchtung des Einzelnen als auch makrokosmisch das All als Ganzes darstellen soll. Wie ein Strahlenkranz umgeben 16 Wissensgöttinnen auf Konsolen das Mittelmotiv.

Die beiden **benachbarten Tempel,** 200 Jahre später entstanden, folgten, von kleinen Abweichungen abgesehen, ihrem Vorbild. Nur der vierte, im 16. Jh. als letzter hinzugefügte **Chaumukh-Tempel** unterscheidet sich deutlich von den drei anderen, reicht jedoch auch bei weitem nicht an deren Niveau heran.

- **Öffnungszeiten:** Der Tempelkomplex ist für Nicht-Jains täglich von 12 bis 18 Uhr geöffnet. Leider gilt für diesen wunderschönen Tempel ein **striktes Fotografierverbot!** Händler auf dem Weg zum Tempel verkaufen Fotos davon – handeln ist angebracht! Die Anfahrt mit Taxi kostet 50 Rs.

Information

- Das **Tourist Office** (Tel.: 243151) liegt günstig direkt gegenüber dem Busbahnhof. Zu Individualreisenden ist man jedoch leider weit weniger freundlich als zu gutsituierten Touristen.

Wer sich der Massenbewegung zum Sunset Point nicht anschließen möchte, dem bietet sich als Alternative ein wunderschöner, etwa anderthalbstündiger **Spaziergang** durch weitgehend unberührte Natur an. Der nach einem britischen Offizier, der im 19. Jahrhundert auf diesem Weg spurlos verschwand, **Balley's Walk** benannte Weg beginnt am nordöstlichen Ende des **Nakki-Sees.** Nach den ersten recht steilen 5 Fußminuten verläuft der Trampelpfad kontinuierlich und ohne große Höhenunterschiede um den Berg. Man sollte früh genug aufbrechen, um die unterwegs sich immer wieder bietenden grandiosen Aussichten in die steil abfallende Ebene in aller Ruhe genießen zu können. Zur Regenzeit ist der Weg zugewachsen und nur schwer passierbar. Man sollte nicht allein gehen, da es gelegentlich zu Überfällen gekommen ist.

Stadtverkehr

- Mt. Abu ist eine Stadt, die erwandert werden kann, zumal die Entfernungen gering sind. Autorikshas stehen dementsprechend auch nicht zur Verfügung, dafür jedoch eine Fortbewegungsart, die mir nirgendwo sonst in Indien begegnet ist: **Bollerwagen.** Vornehmlich beim Busbahnhof stehen meist ältere Herren mit diesen kleinen Blechkisten, um entweder das Gepäck oder einen selbst zum Hotel zu schieben. Wem's gefällt ...
- **Taxis** können zum Einheitspreis von 50 Rs gemietet werden.

Unterkunft

Die Auswahl ist mit über 100 Hotels und Guest Houses enorm. Dennoch kann es in der Hauptsaison zwischen Mai und Juli sowie zum Diwali-Fest im November und um Weihnachten zu Engpässen kommen. Speziell zum fünftägigen Diwali explodieren die Preise förmlich. Für ein Zimmer, welches normalerweise 1.000 Rs kostet, muss man dann 3.000 bis 4.000 Rs zahlen.

Außerhalb der Saison stehen dagegen viele Hotels leer. Viel hängt vom persönlichen Verhandlungsgeschick ab, und so können die folgenden Preisangaben der Nebensaison auch nur eine Orientierungshilfe sein. Da Mount Abu nur selten von Westlern oder Geschäftsreisenden besucht wird, liegt der Hotelstandard bis auf wenige Ausnahmen unterhalb des ansonsten in Touristenorten gebotenen Niveaus. Dies gilt speziell im unterem Preissegment.

Untere Preiskategorie

- Das mit Dachgarten, Internet, Gästeküche sowie gutem Restaurant versehene **Sri Ganesh Hotel** € (Tel.: 237292, lalit_ganesh@yahoo.co.in) ist beliebt. Die Zimmer sind allerdings von sehr unterschiedlicher Qualität.
- Das **Hotel Sudhir** €-€€ (Tel.: 243120) in einer ruhigen Seitenstraße bietet eine passable Alternative.
- Was die See-Nähe betrifft, ist das direkt oberhalb des Nakki-Sees gelegene **Hotel Lake View** €-€€ (Tel.: 238659) unschlagbar. Um diese Lage würden sich sicherlich viele First-Class-Hotels reißen, denn die Aussicht auf den hübschen See und die ihn umgebenden Berge ist wirklich nur traumhaft zu nennen. Die hervorragende Aussicht kompensiert die schmucklose Ausstattung der Zimmer und den renovierungsbedürftigen Allgemeinzustand allerdings nur bedingt.
- Sehr freundlich ist der Manager des **Hotel Pan Ghat** € (Tel.: 238386) direkt nebenan. Auch diese Unterkunft besticht durch ihre vorzügliche Lage mit einem sehr schönen Blick von der Dachterrasse. Ähnlich wie beim Lake View sind die Zimmer bescheiden eingerichtet.
- Wen die Lage etwas außerhalb der Stadt an der Straße zu den Dilwara-Tempeln nicht stört, der findet in der unteren Preiskategorie kaum eine schönere Unterkunft als das **Mount Hotel** €-€€ (Tel.: 235150). Friedvolle Atmosphäre, hübsche Zimmer und freundliches Personal, das alles zu einem äußerst günstigen Preis.

Mittlere Preiskategorie

- Empfehlenswert und in der Nebensaison ausgesprochen preiswert ist das **Hotel Lake**

Wer einmal mit einem ebenso engagierten wie informierten und zudem äußerst vertrauenswürdigen und sympathischen Führer die sehr attraktive Landschaft in der Umgebung Mt. Abus kennenlernen möchte, findet mit **Guide Charles** eine ideale Person. Er bietet von Halbtages- (380 Rs) über Eintagestouren (800 Rs) bis zu Treks mit Übernachtung in einem Dorf in der Umgebung (1.500 Rs inkl. drei Mahlzeiten) eine Vielzahl von Touren an, bei denen man einen tiefen Einblick in die Lebensbedingungen der einheimischen Bevölkerung erhält. Charles, der sehr gut Englisch spricht, wird immer wieder von Lesern empfohlen, die beeindruckende Touren mit ihm erlebt haben. Er ist über das Lake Palace Hotel zu kontaktieren, seine Tel.-Nr.: 237154, www.mount-abu-treks.blogspot.com.

Palace €€€ (Tel.: 237154, savshanti@hotmail.com), die ehemalige Sommerresidenz eines Maharajas. Die Lage unmittelbar am See, der hübsche Garten und das freundliche Personal - alles zusammen in Verbindung mit dem niedrigen Preis machen es zu einer empfehlenswerten Adresse.

- Unter gleichem Management läuft das an der Straße zum Sunset Point gelegene **Savera Palace** €€-€€€ (Tel.: 238354). Zwar verfügt es nicht über den stilvollen Charme des Lake Palace, bietet dafür jedoch andere Annehmlichkeiten wie z.B. einen Swimmingpool und ein hervorragendes Restaurant. Eine besonders von Familien mit Kindern bevorzugte Unterkunft.
- Eines der besten Hotels der Stadt ist zweifelsohne das äußerst gepflegte und freundliche **Hotel Hillock** €€€€ (Tel.: 238463, www.hotelhillock.com). Die Zimmer sind hell und geräumig, das Personal sehr freundlich und bemüht, und zudem verfügt das Hotel über ein sehr gutes Restaurant.
- Etwas preiswerter ist das ebenfalls sehr empfehlenswerte, gegenüber dem Hillock gelegene **Hotel Maharani** €€€ (Tel.: 238510).
- Wer es eher etwas romantischer mag, dem sei der oberhalb des Hillock gelegene **Sunrise Palace** €€€ (Tel.: 238775) empfohlen. Der ehemalige Sommerpalast des Maharajas von Bharatpur ist zwar etwas in die Jahre gekommen und könnte eine Generalüberholung ganz gut gebrauchen, doch das Flair vergangener Schönheit gibt dem ganzen einen speziellen Reiz.
- Das nostalgisch schöne **Palace Hotel (Bikaner House)** €€€€ (Tel.: 238673, www.palacehotelbikanerhouse.com) war einst die Sommerresidenz des Maharajas von Bikaner und gehört heute zu den schönsten Hotels von Mount Abu. Die 24 elegant gestalteten Zimmer tragen hierzu ebenso bei wie die schöne Lage in der Nähe des Dilwara-Tempels. Das Haus ist umgeben von einer sehr gepflegten Gartenanlage und verfügt über zwei Tennisplätze. Geleitet wird das Hotel vom sehr sympathischen Schwiegersohn des Maharajas. Es ist vergleichsweise preiswert und dementsprechend oft ausgebucht.

Obere Preiskategorie

- Nur wenige Minuten zu Fuß vom Stadtzentrum entfernt liegt das **Connaught House** €€€€€ (Tel.: 238560, www.jodhanaheritage.com), die ehemalige Sommerresidenz des Maharajas von Jodhpur. Während die Zimmer im Hauptgebäude wegen ihres kolonialen Ambientes zu gefallen wissen, verfügen jene im Neubau über eine schöne Terrasse mit Ausblick.
- Aus Maharaja-Zeiten stammt das **Jaipur House** €€€€-€€€€€ (Tel.: 235176, www.royalfamilyjaipur.com) oberhalb der Stadt mit toller Aussicht auf See, Stadt und Umgebung. Besonders schön sitzt es sich im Garten des auch Nicht-Gästen zugänglichen Dachrestaurants. Leider halten die Zimmer (viele etwas klein geraten und renovierungsbedürftig) und der wenn überhaupt durchschnittliche Service nicht, was das Äußere verspricht.

Essen und Trinken

Ebenso groß wie bei den Unterkünften ist auch die Auswahl beim Essen. Weniger erfreulich ist das Preisniveau, welches erheblich über dem Landesdurchschnitt liegt, unabhängig von Haupt- und Nebensaison.

- Nicht nur wegen seiner günstigen Lage etwas oberhalb des Busbahnhofs, sondern vor allem aufgrund seiner guten und für Mt.-Abu-Verhältnisse preiswerten südindischen Küche erfreut sich die **Kanak Dining Hall** großer Beliebtheit.
- Exzellent ist auch das **Sher-e-Punjab-Hotel** beim Gemüsemarkt. Besonders lecker ist z.B. das *chicken special.*
- Im **Madras Café** kann sowohl an der Straße wie auch innen oder auf dem Dach gespeist werden. Gute, aber überteuerte Fruchtsäfte, Eis und Kaffee gibt's im **Hasty Tasty** vor dem Madras Café.
- Ausgezeichnet ist das **Mayur Restaurant** im 1. Stock des Hotel Hillock. Ausgezeichnete *thalis* sowie chinesische Gerichte machen es zum besten Hotel-Restaurant der Stadt.
- **Kings' Food** bietet kulinarisch nichts außergewöhnliches, dafür ist es ein guter Ort, um bei einem nachmittäglichen Kaffee das bunte Treiben an sich vorbeiziehen zu lassen.

● Günstig und lecker und das auch noch in angenehmer Umgebung isst man im **Arbuda Restaurant.** Das Open-Air-Restaurant bietet Gerichte von 50 bis 120 Rs.

● Gar nicht zu verachten sind die vielen kleinen **Essensstände** entlang der Hauptstraße mit diversen Snacks, z.B. frisch zubereiteten Omelettsandwiches.

● Aussicht und Essen sind gleichermaßen vorzüglich auf der Terrasse des **Jaipur House.** Selbst wer nicht 200–300 Rs für ein Gericht ausgeben will, sollte zumindest einmal auf einen Drink vorbeischauen (Lassi 125 Rs) und den Ausblick auf den See genießen.

Bank, Internet

● Die **State Bank of Bikaner & Jaipur** wechselt Bares (hier gibt's auch einen ATM für die wichtigen Kreditkarten bis auf Amex), die **Union Bank of India** nimmt auch Reiseschecks und die meisten Kreditkarten.

● Internetsurfen kostet in Mt. Abu 30–50 Rs/Std. In der Nähe des Marktes ist das **Yanj-Ya Cyber Zone** am besten, hier kann man auch CDs oder DVDs brennen. Auch **Shree Krishna Cyber** (9–22 Uhr) ist schnell genug.

An- und Weiterreise

Mt. Abu selbst kann **nur per Bus bzw. Taxi** angefahren werden. Der **nächstgelegene Bahnhof** ist Abu Road am Fuße des Tafelberges, 27 km entfernt. Von dort fahren ständig Busse, die den steilen Anstieg in etwa einer Stunde bewältigen. Da sie jedoch oftmals hoffnungslos überfüllt sind, bieten sich Taxen als Alternative an. Preis ca. 250 Rs, maximal 5 Personen. Egal wie man ankommt, jeder muss beim Passieren der Einlassschranke eine **Gebühr** von 10 Rs zahlen. Generell sind Busverbindungen vorzuziehen, da dann das umständliche und zeitaufwendige Umsteigen in Abu Road entfällt.

Bahn

Das **Railway Booking Office** in Mt. Abu findet sich über dem Tourist Office (Tel.: 221205, 8–20 Uhr geöffnet). Hier können Reservierungen für Züge ab Abu Rd. vorgenommen werden. Wichtige Verbindungen sind im Anhang aufgelistet.

Bus

● Eine Vielzahl von privaten Busgesellschaften bieten Fahrten zu fast allen größeren Städten Rajasthans und Gujarats an. Die Abfahrtszeiten liegen meist um 8.30 Uhr früh für längere Entfernungen. Sechs Busse tgl. nach **Udaipur** (5,5 Std.). Nach **Jaipur** (12 Std.) und **Ajmer** (10 Std.) zwei Busse tgl. Nach **Jodhpur** (7 Std.), **Jaisalmer** (11 Std.) und **Delhi** (18 Std.) jeweils ein Bus.

306ra Foto: tb

West-Rajasthan

008raj Foto: tb

021raj Foto: tb

Blick vom Meherangarh-Fort auf Jodhpur, die zweitgrößte Stadt Rajasthans

Fassade eines Haveli in Jaisalmer

Bunt bemalte Tonfiguren indischer Gottheiten auf einem Markt in Khimsar

Jodhpur

↗ B2

(ca. 850.000 Einwohner, Vorwahl: 0291)

Mit dem fantastischen Meherangarh Fort, dem Umaid Bhawan, einem gewaltigen, erst Mitte des 20. Jahrhunderts fertig gestellten Palast, und der schönen Altstadt gehört Jodhpur zu den besuchenswertesten Städten Rajasthans und rechtfertigt einen mehrtägigen Aufenthalt, bevor man sich von hier auf den langen Weg in die alte Karawanenstadt Jaisalmer an der Grenze zu Pakistan begibt.

„Stadt des Lichts" wird die zweitgrößte Stadt Rajasthans auch genannt. Und tatsächlich bekommt man hier einen ersten Eindruck vom einzigartigen Licht- und Farbenspiel der **Wüste Thar,** an deren Rand die ehemalige Hauptstadt des Marwar-Reiches liegt. Besonders beeindruckend ist das **Indigo-Blau** vieler Häuser in der Altstadt. Ursprünglich als Farbe den Brahmanen vorbehalten, ist es heute zu einem der markantesten Merkmale der „blauen Stadt" geworden.

Geschichte

1459 sah sich *Rao Jodha* (1451–1492), Anführer der **Rathor,** eines der bedeutendsten Fürstengeschlechter Rajasthans, angesichts der von Delhi anrückenden islamischen Invasoren gezwungen, seine Hauptstadt vom wenig befestigten Mandore, das seit 1395 als Hauptstadt gedient hatte, ins nur acht Kilometer südlich gelegene Jodhpur zu verlegen. Hier wurde umgehend mit dem Bau des Meherangarh-Forts begonnen. Schnell konnten die Rathors aus dem Hause Marwar ihre Machtbasis erweitern, woran vornehmlich *Rao Bi Katshi,* einer der Söhne *Rao Singhs,* mit der Gründung der großen Festungsstadt Bikaner im Norden 1488 großen Anteil hatte. *Jodhas* Enkel *Ganga* musste jedoch nach mehreren Niederlagen (an der Seite Chittorgarhs) gegen den ersten Großmogul Babur die **Oberherrschaft der Moguln** anerkennen.

Er trat, wie so viele andere Rajputenfürsten auch, in die Dienste der Herrscher von Delhi. So eroberte *Raja Singh* (1594–1619) im Auftrage *Akhbars* große Teile Gujarats und des Dekhan. Jodhpurs Lage an der den Handel zwischen Delhi und den Hafenstädten Gujarats verbindenen Karawanenroute war der eigentliche Grund für den Aufstieg der Rathors zu einem der bedeutendsten Rajputengeschlechter. *Raja Singhs* Enkel *Jaswant Singh* (1635–1678) führte die Truppen *Shah Jahans* gegen dessen aufsässigen Sohn *Aurangzeb,* dem es schließlich 1679 gelang, Jodhpur zu annektieren. Im nun folgenden dreißigjährigen **Befreiungskampf** verbündeten sich die Rathors von Marwar mit den Sissodias von Udaipur, und ein Jahr nach dem Tod *Aurangzebs* im Jahre 1707 bestieg mit *Ajid Singh* wieder ein Rathor den Thron Jodhpurs.

1818 schließlich erkannten die Marwaris unter *Man Singh* die **britische Oberherrschaft** offiziell an, konnten jedoch, zumindest nominell, ihre Unabhängigkeit bewahren. Dies erwies sich schon 1857 als nützlich, als sich die indischen Truppen in der britischen Armee erhoben und auch in der Legion von Jodhpur Meuterei ausbrach. Die Maharajas, den Briten für die gesicherte Position zu Dank verpflichtet, standen ihrem Vertragspartner zur Seite, und so konnte der Aufstand schließlich niedergeschlagen werden. Auch in den beiden Weltkriegen unterstützte Jodhpur die Kolonialherren, so zum Beispiel im Palästinafeldzug 1917. So verwundert es nicht, dass Jodhpur nur widerstrebend am 30. März 1949 der Indischen Union beitrat.

Sehenswertes

Stadtrundfahrt

- Das **Tourist Office** (Tel.: 2545083, High Court Rd.) führt täglich zwei Stadtrundfahrten von 9–13 und 14–18 Uhr durch. Neben dem Meherangarh Fort, dem Umaid Bhawan-Palast und dem Jaswant Thada sind darin auch die Mandore-Gärten 9 km außerhalb enthalten. Preis pro Person 90 Rs, ohne Eintrittsgelder, Abfahrt vom Tourist Bungalow.

Highlight: Meherangarh-Fort

„Von Titanen erbaut" erschien das gewaltige, inmitten der Altstadt von Jodhpur gelegene Meherangarh-Fort schon *Rudyard Kipling*. Tatsächlich dokumentiert der Anblick dieser im wahrsten Sinne des Wortes alles überragenden **Palastanlage** auch architektonisch die uneingeschränkte und allumfassende Herrschaft der Rajputenfürsten. Wer mochte es angesichts dieser geradezu erdrückenden Macht schon wagen, gegen die Potentaten zu rebellieren?

Vor die schwierige Aufgabe gestellt, unter all den faszinierenden Festungsanlagen Rajasthans die beeindruckendste auszuwählen, würde das Meherangarh-Fort in Jodhpur sicherlich am häufigsten genannt. Geradezu märchenhaft, wie diese riesige, aus einem 120 Meter hohen Felsen scheinbar herauswachsende Palastanlage im Abendlicht rosarot über der Stadt erstrahlt. Genauso beeindruckend ist der morgendliche Blick von den bis zu 32 Meter hohen Festungsmauern auf die Altstadt mit ihren tiefblau bemalten Brahmanenhäusern.

Jedes der insgesamt **sieben Festungstore,** die während des steilen, serpentinenartigen, von hohen Mauern begrenzten Aufstiegs zum Palast zu durchqueren sind, trägt Spuren der ereignisreichen Geschichte des Hauses Mewar. Die farblich markierten Einschläge beim Lakkan-Tor stammen aus den Kanonenkugeln der Truppen Jaipurs, die Anfang des 19. Jh. vergeblich versuchten, das Fort zu erobern. Das heute als Eingangstor zum Fort dienende Jaya Pol (Siegestor) ließ *Maharaja Man Singh* anlässlich dieses Sieges 1809 errichten.

Ein im wahrsten Sinne des Wortes markantes (und makabres) Beispiel des **Sati-Kultes** findet sich mit den 32 Handabdrücken zu beiden Seiten des mit Eisenstacheln übersäten Loha Pol. Hier hinterließen die Prinzessinnen der verschiedenen Maharajas eine letzte Erinnerung, bevor sie sich auf dem Scheiterhaufen ihres verstorbe-

775ra Foto: tb

nen Mannes mitverbrennen ließen. Obwohl von den Briten schon Anfang des 19. Jh. verboten, soll sich noch 1953 die letzte Sati aus dem Königshaus von Jodhpur selbst verbrannt haben.

Ähnlich verwinkelt wie der Aufstieg zum **Palast** sind die Treppen und Gänge innerhalb des vor allem durch seine sehr schönen Ornamentierungen beeindruckenden Sandsteinpalastes. Die filigranen Steinmetzarbeiten an den überhängenden Erkern und Balkonen gehören zu den schönsten ganz Rajasthans, ebenso wie die Ausstattung der einzelnen Räume des Palastes mit antiken Möbeln, vergoldeten Sänften, Kostümen, Musikinstrumenten, Kinderwiegen, Waffen und Schmuckvitrinen. Besonders beeindruckend sind dabei die Miniaturmalereien in Umaid Vilas.

Nach Beendigung des Rundganges sollte man auf jeden Fall den einzigartigen **Ausblick** von den mit Kanonen bestückten südlichen Festungsmauern auf die sich weit ausbreitende Altstadt Jodhpurs genießen.

● **Geöffnet** ist der Palast tgl. von 9 bis 13 und 14 bis 17.30 Uhr. Der Eintritt beträgt 300 Rs, Kameragebühr 100 Rs, Video weitere 200 Rs. Ein meist fachkundiger Guide, ebenfalls am Tickethäuschen zu buchen, kostet 100 Rs.

Ganz ausgezeichnet und unübertroffen in Indien ist die im Preis inbegriffene **Audioführung** (auch auf Deutsch). Anhand von über 30 ausgewählten Objekten wird der Besucher mit fundierten Informationen durch den Palastkomplex geführt. Außerdem erhält man hochinteressante Hintergrundinformationen zu Themen wie dem Gebrauch von Opium oder dem Sati-Kult. Darüber hinaus erzählt der derzeit regierende Maharaja von Jodhpur von seinen Erfahrungen während der Krönungszeremonie und berichtet über weitere Erlebnisse seiner fünfzigjährigen Herrschaft.

Der besondere Tipp: Ziplining über Jodhpur

Sightseeing mal anders – aus der **Vogelperspektive.** Alles, was man hierfür benötigt, ist ein wenig Abenteuerlust und ein bisschen Kleingeld. Belohnt wird man mit einem einzigartigen Erlebnis! Beim Ziplining hängt man angegurtet an einem **Stahlseil** und „fliegt" etliche Meter über den Boden hinweg. In Jodhpur wurde

313ra Foto: tb

jüngst eine riesige Anlage installiert: Entlang sechs miteinander verbundener Stahlseile schwebt man an der Nordseite des **Meherangarh Fort** über Paläste, Festungsmauern und Seen hinweg und kommt ob all der grandiosen Aussichten aus dem Staunen gar nicht mehr heraus. Besonders empfehlenswert am Morgen und am späteren Nachmittag, wenn das Licht einen besonderen Farbtupfer setzt. Das Ganze macht einen sehr professionellen und sicheren Eindruck. Mit 1.660 Rs (Kinder 1.330 Rs) für den gesamten Rundkurs (330 Rs für eine Route) ist dieses einmalige Erlebnis jede Rupie wert. Bei Online-Buchung unter www.flyingfox.asia erhält man Ermäßigung und sollte spätestens 30 Minuten vor „Flugbeginn" erscheinen.

Handabdrücke von Satis

Jaswant Thada, das Grabmal der letzten Maharajas von Jodhpur

Jaswant Thada

Wer der vom Fort in die Stadt führenden Straße folgt, erreicht nach wenigen Hundert Metern eine Abzweigung nach links, die zum **Grabmal** des 1895 verstorbenen *Maharajas Jaswant Singh II.* und aller weiteren nach ihm verstorbenen Herrscher von Jodhpur führt. Die leuchtend weißen Marmorpavillons wecken eher Assoziationen an einen Palast denn an eine

Jodhpur
Padamsar
Ranisar
Jaswant Thada (500 m)
Jaya Pol
Chand Pol
Meherangarh Fort
Fateh Pol
Ausschnitt
Moolnayak-Jika-Tempel
Haveli aus dem 17. Jh.
Krishna Tempel
Novechokiya Road
Clocktower
City Road
Kunj-Bihariji-ka-Mandir
Nai Sarala Road
Tripolio Road
Sovati Gate
Sivanchi Gate
Ranchodji Tempel
Raj Ranchodji's Mandir
Station Rd.
M.G. Road
Jalori Gate
M.G. Hospital
Hauptbahnhof
Goyal Hospital (1 km), Rohet (40 km), Udaipur (260 km), Mt. Abu (320 km)
1
2
3
4
5
6
7
8
9
11
12
14
15
16
17
18
19
26

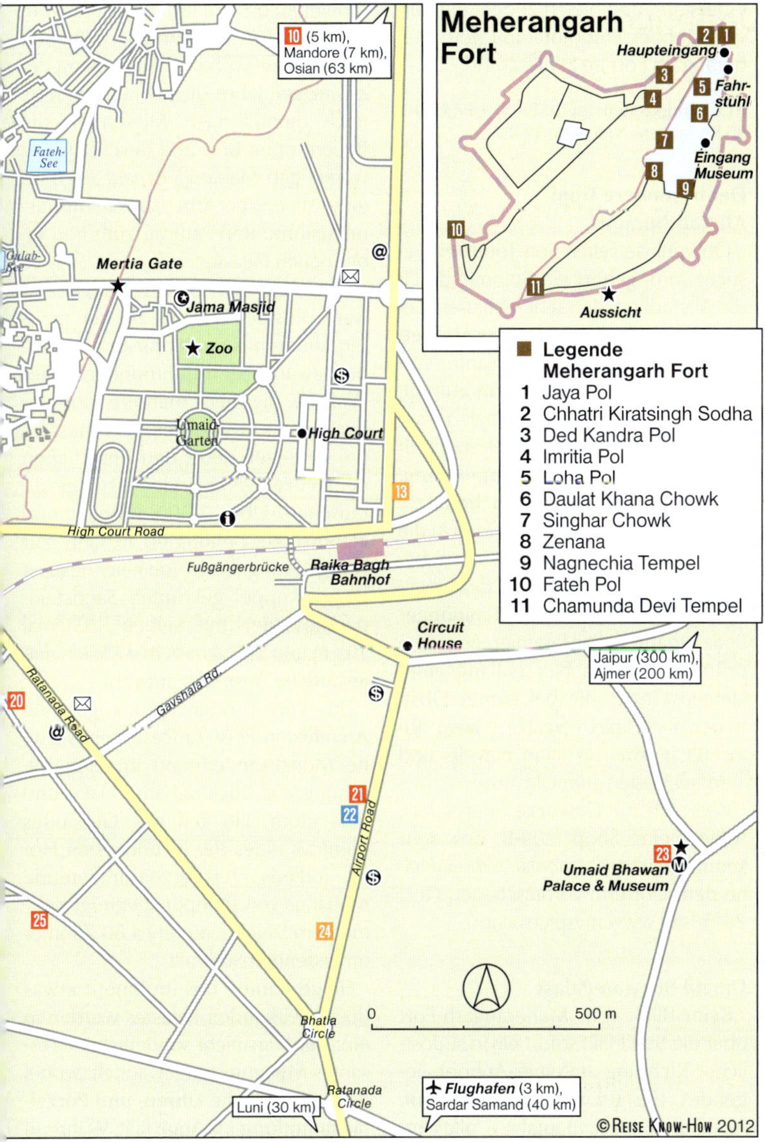
10 (5 km),
Mandore (7 km),
Osian (63 km)
Fateh-See
Gulab-See
Mertia Gate
Jama Masjid
Zoo
Umaid-Garten
High Court
13
High Court Road
Fußgängerbrücke
Raika Bagh
Bahnhof
Circuit House
Jaipur (300 km),
Ajmer (200 km)
20
Ratanada Road
Gavshala Rd.
21
22
Airport Road
23
Umaid Bhawan
Palace & Museum
25
24
0
500 m
Bhatia Circle
Ratanada Circle
Luni (30 km)
Flughafen (3 km),
Sardar Samand (40 km)
©Reise Know-How 2012
Meherangarh Fort
Haupteingang
Fahr-stuhl
Eingang Museum
Aussicht
Legende Meherangarh Fort
1 Jaya Pol
2 Chhatri Kiratsingh Sodha
3 Ded Kandra Pol
4 Imritia Pol
5 Loha Pol
6 Daulat Khana Chowk
7 Singhar Chowk
8 Zenana
9 Nagnechia Tempel
10 Fateh Pol
11 Chamunda Devi Tempel

Grabstätte und bieten zudem ein hervorragendes Fotomotiv mit dem Meherangarh Fort im Hintergrund.

• **Öffnungszeiten:** tgl. 10 bis 17 Uhr. Eintritt 30 Rs, Kamera/Video 25/50 Rs.

Der besondere Tipp: Altstadtbummel

Obwohl sie selten von Touristen besucht wird, gehört ein Bummel durch die Altstadt um den sehr lebhaften Gewürz- und Obstmarkt **Sardar Market,** in dessen Mitte der imposante, von den Briten erbaute **Uhrturm** aufragt, zu einem Jodhpur-Aufenthalt unbedingt dazu. Wer das Meherangarh Fort nicht über den Hauptausgang, sondern durch das selten benutzte Südwesttor verlässt, gerät mitten in die von dunkelblau bemalten Häusern bestandenen Gassen entlang der Novechokiya Rd. Ein etwa 30-minütiger Spaziergang voller faszinierender Eindrücke führt von hier entlang einer kleinen Gasse, die bei einem Obstmarkt nach links vom Hauptweg abzweigt, vorbei an alten Havelis und Tempelanlagen zum Uhrturm.

Wer sich für **Gewürze** interessiert, sollte beim Shop 209-B des sehr kenntnisreichen *Mahonlal Verhonal* nahe dem Uhrturm vorbeischauen (Tel.: 2615846, www.mvspices.com).

Umaid-Bhawan-Palast

Beim Blick vom Meherangarh-Fort über die Stadt fällt sofort ein in südöstlicher Richtung auf einer Anhöhe liegendes, riesiges **Palastgebäude** auf. Ausmaß, Baustil, Baujahr – alles erscheint an diesem fünf Kilometer vom Stadtzentrum entfernten Gebäude äußerst ungewöhnlich. Als Anfang der zwanziger Jahre dieses Jahrhunderts nach mehrjährigen Missernten die Bauern ohne Brot und Beschäftigung waren, gab Maharaja *Umaid Singh* als eine Art riesige Arbeitsbeschaffungsmaßnahme den Auftrag zum Bau eines neuen Palastes.

Sicherlich ebenso ausschlaggebend war wohl auch hier, wie bei den meisten anderen Rajputenfürsten Anfang des zwanzigsten Jahrhunderts, der Wunsch, die meist mehrere Jahrhunderte alten Residenzen zu verlassen, um sie gegen neue, den Ansprüchen der Neuzeit genügende Paläste einzutauschen. Über 3.000 Arbeiter und Handwerker benötigten 15 Jahre zur Fertigstellung dieses von einer riesigen Doppelkuppel gekrönten Sandsteinpalastes, der mit seinen 195 mal 103 m und 348 Zimmern wahrlich majestätische Ausmaße aufweist.

Das vom prominenten englischen Architekten *H.W. Lancaster* entworfene Monstrum erinnert an eine Mischung aus Buckingham Palace und Petersdom. Ein Teil des Gebäudes dient als eines der luxuriösesten Hotels Indiens. Der derzeit amtierende Maharaja von Jodhpur „begnügt sich“ mit dem kleinen, nur etwa 80 Zimmer umfassenden Südtrakt.

Einige Räume des im Innern etwas düster wirkenden Palastes wurden in ein allerdings nicht sonderlich interessantes **Museum** umgewandelt, wobei die umfangreiche **Uhren- und Porzellansammlung** ins Auge fällt. Während

Toilettengänge im übrigen Indien nicht gerade zu den touristischen Höhepunkten zu zählen sind, vermittelt das stille Örtchen im Umaid Bhawan einen lebendigen Ausdruck majestätischen Lebensstils der Maharajas selbst in den profanen Dingen des Lebens.

- **Geöffnet** ist das Museum tgl. außer Fr von 9 bis 17 Uhr, Eintritt 50 Rs.
- Für Nicht-Gäste wird für das Hotel ein horrender **Eintrittspreis** von 350 Rs pro Person verlangt, der mit den im Hotel gegessenen Speisen bzw. gekauften Waren verrechnet wird.

Umaid Gardens

Ganz hübsch zum Verschnaufen sind die baumbestandenen **Parkanlagen** des Umaid Gardens im Zentrum. Auch ein kleiner **Zoo** ist vorhanden. Das im Park befindliche **Sardar Government Museum** (Sa–Do 10–16.30 Uhr) mit antiken Waffen, Skulpturen, alten Manuskripten, Miniaturmalereien und leicht angestaubten ausgestopften Tieren ist nicht sonderlich besuchenswert.

Marwar Festival

Alljährlich findet das Marwar Festival statt, mit **rajasthanischem Tanz, Musik und Kamelumzügen.** Das Festival wird auch in Osian, 65 km nördlich von Jodhpur, abgehalten. Während dieser Zeit gibt es zusätzliche, vom Tourist Office organisierte Busse von Jodhpur dorthin. Die nächsten Termine:

- 20.–29.10.2012
- 9.–17.11.2013
- 30.10.–6.11.2014

Legende Stadtplan Jodhpur

Unterkunft

1 Singhvi's Haveli
2 Cosy Guest House
3 Raas
4 Yogi Guest House, Krishna Prakash Heritage Haveli
6 Achal Niwas Paying Guest House, Hotel Haveli
7 Pal Haveli
8 Havellee Inn Pal
10 Balsamand Lake Palace
11 The Blue House
14 Govind Hotel
20 Raman Guest House
21 Hotel Ajit Bhawan
23 Umaid Bhawan Palace
25 Ratan Vilas
26 Taj Hari Mahal Palace

Essen und Trinken

5 Jhankar Choti Haveli
6 Jharokha
7 Indique
8 Panorama
9 Nirvana Café
17 Kalinga Restaurant
18 Midtown Restaurant
22 On the Rocks

Verkehr

13 Busbahnhof
15 Railway Reservation Office
19 Taxistand
24 Air India

Einkaufen

12 Sardar Market
16 Saryodava Bookshop

Information

- Das **Touristenbüro** (Tel.: 2545083) befindet sich an der Highcourt Rd. am Umaid Gardens und ist tgl. außer So 8–20 Uhr geöffnet.

> Besonders im Bereich um den Uhrturm werden westliche Reisende oft von gut gekleideten jungen Männern angesprochen, häufig sogar in gutem Deutsch. Was folgt, ist eine **Einladung in eines der blauen Häuser,** damit man einen Einblick in die traditionelle Wohnweise gewinnen kann, wie es heißt. Klingt gut, sollte aber auf keinen Fall angenommen werden. Viele, die es taten, beklagten hinterher, dass sie in agressiver Weise zur Zahlung eines hohen Eintritts- und Verpflegungsgeldes aufgefordert wurden.

Stadtverkehr

- Der **Flughafen** liegt nur 5 km vom Stadtzentrum entfernt. Mit dem Taxi sollte es nicht mehr als 200 Rs kosten, mit der Autoriksha max. 100 Rs.
- Die Preise für die von Touristen am häufigsten befahrenen Strecken vom Bahnhof zum Clocktower, Meherangarh Fort und Umaid Bhawan Palace sollten per **Autoriksha** nicht mehr als 40 bzw. 50 Rs kosten. Verlangt wird vom reichen Sahib natürlich wesentlich mehr.

Unterkunft

Die gute Nachricht: Jodhpur verfügt über eine große Auswahl an Unterkünften aller Preiskategorien. Besonders zu empfehlen sind die in der Altstadt angesiedelten, zu Hotels umgewandelten Havelis. Die schlechte Nachricht: Hier treibt das Kommissionsunwesen der **Rikshafahrer** besondere Blüte. Mit irreführenden Hinweisen (Hotels ausgebucht, schlechtes Essen) werden grundsätzlich nur jene Hotels angefahren, von denen die Fahrer eine saftige Kommissionen (bis zu 50 %) kassieren. Viele der hier aufgeführten Unterkünfte beteiligen sich nicht am Kommissionsgeschäft und werden so von den Rikshafahrern nicht angefahren – es lohnt ein Anruf beim Hotel, welches dann einen kostenlosen Abholservice arrangiert. Im Übrigen befinden sich die meisten Hotels in der Altstadt in Gehdistanz zum Uhrturm, sodass man dem Rikshafahrer einfach „Clocktower" als Fahrtziel angibt und von dort sein auserkorenes Ziel zu Fuß ansteuert.

Untere Preiskategorie

- Eine der schönsten Adressen in der pittoresken Altstadt ist das **Singhvi's Haveli** €-€€€€ (Tel.: 2624293, www.singhvihaveli.com). Das in einem restaurierten Haveli angesiedelte Haus bietet in Größe und Ausstattung unterschiedliche Räume. Alle Zimmer sind ihren Preis wert, doch wer mal fürstlich zu erschwinglichen Preisen logieren möchte, sollte sich in der Maharani Suite einquartieren. Das gemütliche Dachrestaurant bietet köstliche und preiswerte Gerichte. Ein idealer Ort, um die besondere Atmosphäre der Altstadt von Jodhpur in aller Ruhe auf sich wirken zu lassen.
- Ganz in der Nähe findet sich mit dem **Cosy Guest House** €-€€ (Novechokiya Rd., Tel.: 2612066, (0)9829023390, www.cosyguesthouse.com) eine weitere sehr empfehlenswerte Billigunterkunft. Nahe dem rückwärtigen Eingang zum Fort gelegen, bietet es saubere, hübsch eingerichtete und preiswerte Zimmer mit TV und schöner Atmosphäre.
- Viel für wenig Geld bietet auch das **Hotel Haveli** €-€€€ (Tel.: 2614615, www.hotelhaveli.net). Allerdings sollte man sich in einem Zimmer zum Innenhof einmieten, da die nach außen gelegenen Räume sehr unter dem Straßenlärm leiden. Von den nach vorn gelegenen und dem sehr beliebten Dachrestaurant bieten sich schöne Ausblicke auf das Fort und die blau strahlende Stadt. Auch ein Internetcafé ist vorhanden.
- Das alteingesessene **The Blue House** €-€€€ (Tel.: 2621396, www.bluehousejodhpur.com) mitten in der Altstadt, mit Restaurant, bietet sehr unterschiedliche Zimmer, von fensterlosen EZ mit Gemeinschaftsbad bis zu großen, klimatisierten Räumen mit TV.

● Schöne Zimmer mit Bad und die familiäre Atmosphäre machen das **Achal Niwas Paying Guest House** €-€€ (Tel.: 2618004, achal niwas_gh@yahoo.com) in der gleichen Ecke zu einer Empfehlung.

● Wer Wert auf Atmosphäre legt, sollte sich in **Yogi Guest House** €-€€€ (Tel.: 2643436, www.yogiguesthouse.com) einmieten. Obwohl etwas versteckt in einer kleinen Gasse gelegen, ist es recht leicht zu finden, da mehrere Schilder den Weg weisen. Das über 400 Jahre alte Haus verfügt über Zimmer mit Gemeinschaftsbad, AC-Räume mit Balkon und TV sowie ein gutes Dachrestaurant. Einziger Nachteil des ansonsten sehr zu empfehlenden Hauses ist der oftmals bemängelte Service.

● Das **Govind Hotel** €-€€€ (Tel.: 2622758, www.govindhotel.com) an der Station Road im 2. Stock über einer Bankfiliale hat saubere Zimmer, manche mit TV, manche ohne Fenster. Dafür bietet sich vom guten Dachrestaurant ein toller Blick auf das Meherangarh Fort. Ein billiger Ticket-Service für Bus und Bahn, Internet im Haus, Kamelsafaris im Angebot sowie der sehr hilfsbereite Manager machen es zur besten Wahl dieser Preiskategorie außerhalb der Altstadt. Da dieses Haus nicht von Rikshafahrern angefahren wird (es wird keine Kommission gezahlt), sollte man den nahegelegenen Bahnhof oder das Rail Reservation Office gegenüber dem Hotel als Fahrtziel angeben. Auch privates Wohnen im komfortablen neuen Haus des Besitzers ist möglich.

● Gut ist das **Raman Guest House** €-€€€ (Shiv Rd., Tel.: 2513980), eine Seitenstraße der Ratanada Rd. hinein, noch in Gehdistanz zum Zentrum. Saubere Zimmer, die teuren mit AC, TV und teils Balkon, freundlicher Service, ruhige Lage, gute Küche und Dachterrasse mit weitem Ausblick sind ein gutes Angebot.

Mittlere Preiskategorie

● Eine der schönsten Unterkünfte in der Altstadt ist das entzückende **Pal Haveli** €€€ (Tel.: 2439615, www.palhaveli.com). Das Mitte des 19. Jh. vom Baron von Pali errichtete Herrscherhaus besticht neben seiner stilvollen Atmosphäre durch seine gemütlichen, im typischen Rajputenstil eingerichteten Zimmer und ein ausgezeichnetes Restaurant. Besonders zu empfehlen am Abend bei Kerzenlicht und herrlicher Aussicht über die Stadt.

● Sehr weitläufig und friedlich wohnt es sich im südlich der Altstadt gelegenen **Ratan Vilas** €€€ (Tel.: 2614418, www.ratanvilas.com). Auch hierbei handelt es sich um eine stilvolle Villa mit hervorragendem Service und ausgezeichnetem Restaurant.

● Nah am Uhrturm liegt das schöne, 180 Jahre alte **Havellee Inn Pal** €€€ (Tel.: 2612519, www.haveliinnpal.com) mit altem Mobiliar und stilvoller Atmosphäre.

● In die gleiche Kategorie gehört das **Krishna Prakash Heritage Haveli** €€€ (Tel.: 2633448, www.kpheritage.com) am Fuße des Meherangarh Fort mit 28 Zimmern.

Obere Preiskategorie

● Schön ist die Anlage des **Hotel Ajit Bhawan** €€€€€ (Tel.: 2511410, www.ajitbhawan.com) an der Straße zum Flughafen. Die 20 stilvoll eingerichteten Bungalows liegen in einem gepflegten Garten mit Swimmingpool (50 Rs für Nicht-Gäste) und sehenswerter Oldtimer-Sammlung. Jeden Abend findet eine Musik- und Tanzvorführung im typisch rajasthanischen Stil statt.

● Das strahlend weiße **Taj Hari Mahal Palace** €€€€€€ (Tel.: 2439700) ist das Flaggschiff der Taj-Gruppe und bietet inmitten einer weitläufigen Gartenanlage riesige Zimmer mit luxuriösen Bädern und einen sehr schönen Pool. Einzig das Essen entspricht nicht ganz den Erwartungen.

● Das von der renommierten Taj-Gruppe gemanagte **Umaid Bhawan Palace** €€€€€€ (Tel.: 2510101, www.tajhotels.com) gehört zu den beeindruckendsten Palasthotels der Erde. So ist es auch keine Seltenheit, dass es als Kulisse für in- wie ausländische Filme dient und *Prince Charles* von England ein ebenso häufiger wie gern gesehener Gast ist. Die 64 Suiten sind mit allem Luxus ausgestattet. Ein Augenfang ist allein schon der Swimmingpool.

● Architektonisch am ambitioniertesten und gleichzeitig gelungensten ist das neu eröffnete **Raas** €€€€€ (Tel.: 2636455, www.raasjodhpur.com). Mitten in der Altstadt und verborgen hinter einem typisch rajputischen Eingangstor öffnet sich ein Boutique-Hotel internationaler Klasse. Diese Oase der Ruhe besticht durch ihren minimalistischen Stil inmitten traditioneller Baustruktur. Alle 37 Zimmer sind mit modernsten Annehmlichkeiten ausgestattet. Das Restaurant ist ausgezeichnet und ein Spa angeschlossen.

In der Umgebung

- Das ehemalige Lustschlösschen **Balsamand Lake Palace** €€€€ (Tel.: 0291-2545991) des Maharajas von Jodhpur ist 8 km von Jodhpur entfernt. Es liegt inmitten einer großzügigen Parklandschaft idyllisch an einem künstlichen See und wurde vor kurzem in eine luxuriöse Unterkunft umgewandelt.
- **Luni:** Ein stilvolles Heritage Hotel findet sich in dem kleinen Dorf Luni, etwa 30 km südlich von Jodhpur. Das dortige **Fort Chanwa** €€€€ (Tel.: 0291-2532400) ist eine geglückte Umwandlung von historischen Gebäuden in ein hübsches Hotel unter Beibehaltung der typisch rajputischen Atmosphäre. Die 45 Zimmer sind von äußerst unterschiedlicher Qualität und sollten zunächst inspiziert werden. Das Hotel verfügt über einen Pool und organisiert Jeep- oder Kamelsafaris zu den umliegenden Bishnoi-Dörfern.
- **Sardar Samand:** Eine weitere Möglichkeit, in einem Heritage Hotel ein paar Tage der Erholung einzulegen, bietet das an den Ufern des gleichnamigen Sees gelegene **Sardar Samand Palace Hotel** €€€€ (Tel.: 0291-2545591), ein 1933 als Jagdschloss des Maharajas von Jodhpur im Bauhaus-Stil errichteter Palast.

Der besondere Tipp: Idealer Zwischenstopp – Manvar Desert Camp

- Ein idealer Ort für einen Zwischenstopp auf halber Strecke **zwischen Jodhpur und Jaisalmer** bietet die sehr hübsche Anlage des **Manvar Desert Camp** €€€€ (Tel.: 0291-2511600, www.manvar.com). Obwohl die meisten Besucher nur einen kleinen Snack bzw. ein Getränk zu sich nehmen, um dann ihre Fahrt fortzusetzen, lohnt sich auch eine Übernachtung in den hübschen, geschmackvoll eingerichteten Lehm-Bungalows. Die gesamte Anlage wurde im typisch rajputischen Stil errichtet und überzeugt durch ihre Ruhe und das freundliche Personal. Im Übrigen bietet sich die wüstenartige Umgebung für **Safaris per Kamel oder Jeep** an. Hierbei erhält man einen hochinteressanten Eindruck der Lebensverhältnisse der Dorfbewohner und kann auf vom Massentourismus noch recht unberührten Sanddünen den Sonnenuntergang bewundern. Im etwa 10 km vom Resort entfernten **Camp** kann man sich in luxuriösen Zelten einmieten.

Essen und Trinken

Eine besondere Spezialität Jodhpurs ist der *makhani lassi* (Butter-Lassi), ein wunderbar cremiges und gleichzeitig erfrischendes Getränk, erhältlich in vielen Restaurants und an Getränkeständen.

- Was im allgemeinen eher nicht zu empfehlen ist, macht in Jodhpur durchaus Sinn: Essen im Hotel. Die allermeisten Unterkünfte speziell in der Altstadt verfügen über sehr gemütliche **Dachterrassenrestaurants.** Wer möchte nicht bei Kerzenlicht unter dem Sternenhimmel sitzen, mit Blick auf das majestätisch angestrahlte Fort, und dazu klassischer indischer Musik lauschen – das Ganze zu erstaunlich günstigen Preisen? Bei manchen dieser *rooftop restaurants* verspricht das Ambiente wesentlich mehr als das Essen letztlich halten kann. Einige verbinden jedoch Ambiente mit feiner Küche. Zu nennen sind unter anderem das ausgezeichnete **Indique** auf dem Pal Haveli, das **Jharokha** (Hotel Haveli) mit seiner köstlichen vegetarischen Küche und das romantische **Panorama** auf dem Havellee Inn Pal.
- Ein Liebling der Travellerszene ist das **Jhankar Choti Haveli** in der Nähe des Uhrturms. Mit der umfangreichen Speisekarte von indisch über chinesisch bis europäisch scheint für jeden Geschmack etwas dabei zu sein, bei günstigen Preisen (70–130 Rs), freundlichem Service und toller Aussicht.

● Ein weiterer Favorit der Individualreisenden ist das **Nirvana Café** in der Ghandi Street. Der eigentliche Clou ist seine Lage inmitten eines bunten Hindutempels. Die Speisekarte ist umfangreich, die Aussicht von der Dachterrasse beeindruckend, das Essen jedoch dem wenig würzigen Geschmack der westlichen Klientel angepasst.

● Weder Schnickschnack noch tolle Aussicht auf irgendwas, dafür authentische indische Gerichte zu günstigen Preisen (80–130 Rs) bietet das **Midtown Restaurant** in der Nähe des Bahnhofs.

● Sehr gut isst man auch im **Kalinga Restaurant** (AC). Dass es sich hierbei um ein authentisch indisches Restaurant handelt, sieht man daran, dass es sich bei den Einheimischen großer Beliebtheit erfreut. Mit Gerichten zwischen 130 und 320 Rs ist es jedoch relativ teuer.

● Umfangreich und zudem in schöner Open-Air-Atmosphäre und bei Volksmusik aus Rajasthan (Beginn 20 Uhr) kann man für 250 Rs im **Hotel Ajit Bhawan** dinieren.

● Für indische Verhältnisse richtiggehend angenehm sitzt es sich im direkt an das Ajit Bhawan angrenzenden und unter gleichem Management befindlichen Restaurant **On the Rocks.** In diesem Gartenrestraurant, zu dem auch eine allerdings recht dunkle Bar gehört, ist die indische Küche sehr schmackhaft. Hauptgerichte 130–340 Rs.

Bank, Post und Internet

● Die **State Bank of India** (Tel.: 2543649, Mo–Fr 10–14 und 15–16 Uhr, Sa 10–13 Uhr) im Gerichtsviertel und die **Bank of Baroda** (Mo–Fr 10–15 Uhr, Sa 10–12.30 Uhr) nahe dem Sojati Pol wechseln Bares und Reiseschecks. Letztere gibt auch auf Visa- und Mastercard für nur 1 % Gebühr Geld. Gegenüber steht ein UTI-Bank-ATM für alle gängigen Karten außer AmEx. Weitere **ATMs** gibt es 50 m rechts vom Govind Hotel in der Station Rd. (ICICI-Bank) sowie einige an der Airport Rd. (an deren Anfang beim Circuit House auch ein LKP-Forex-Büro zu finden ist), wobei der dortige ATM der idbi-Bank auch AmEx-Karten annimmt.

● Die **Hauptpost** nahe dem Bahnhof hat kleinere Ableger in der Altstadt sowie nördlich des High Court an der Mertia Gate Rd. (Mo–Fr 9–15 Uhr, Sa 9–12 Uhr).

● Im Hotelbereich der Altstadt finden sich viele **Internetcafés,** alle durchschnittlich fix zum Stundenpreis von 20–30 Rs. Auch am Clocktower und vor dem Bahnhof gibt's Surfmöglichkeiten.

Medizinische Versorgung

● Das staatliche **M.G. Hospital** (Tel.: 2639851, 2636437, 2636438) wie auch besonders das private **Goyal Hospital** (Residency Rd. gegenüber Rotary Hall, Tel.: 2432144, www.goyalhospital.org) werden empfohlen.

An- und Weiterreise

Flug

● **Indian Airlines,** 2, West Patel Nagar, Circuit House Rd., Tel.: 2510758, Flughafen: 2512617.

● **Jet Airways,** Tel.: 2625004.

● Über aktuelle Flugverbindungen informiert übersichtlich die Website www.yatra.com.

Bahn

Das **Reservierungsgebäude** liegt etwa 200 m nördlich des Hauptbahnhofs neben der Hauptpost und ist Mo bis Sa von 8 bis 20 Uhr geöffnet, So von 8 bis 14 Uhr. Schalter 786 ist Touristen vorbehalten.

● Es kommt des öfteren vor, dass der aus Delhi kommende 4059 Delhi Jaisalmer Exp. nach **Jaisalmer** (Abf. Jodhpur 5.15 Uhr, Ank. Jaisalmer 11 Uhr) mehrere Stunden Verspätung hat bzw. ganz abgesagt wird. Deshalb sollte man die im Anhang aufgeführten Verbindungen nach Jaisalmer vorziehen.

● **Mt. Abu** ist, schon weil die Züge nur bis Abu Rd. fahren, wesentlich schneller mit dem Bus zu erreichen.

● Wichtige Verbindungen im Anhang.

Bus

Der leicht chaotische staatliche Busbahnhof findet sich östlich der Innenstadt, während die Busbahnhöfe der Privatanbieter (ehemals am Bahnhof) ca. 2 km weiter nach Südwesten verlegt worden sind. Dennoch befinden sich die meisten ihrer Büros weiterhin in Bahnhofsnähe. Im Folgenden werden staatliche Busverbindungen erwähnt.

- Viele Verbindungen täglich nach **Jaipur** (7 Std.), **Ajmer** (4 Std.) und **Bikaner** (5 Std.).
- Wer nach **Udaipur** will (7 Std.), sollte den Deluxe-Bus nehmen, da dieser über **Ranakpur** fährt, wo die wunderschönen Jain-Tempel einen Zwischenstopp lohnen. Der letzte Bus vom staatlichen Busbahnhof nach Ranakpur (6–7 Std.) fährt um 15 Uhr.
- Von den 15 Bussen, die täglich nach **Jaisalmer** fahren, ist der morgens um 6 Uhr vom privaten Busbahnhof abfahrende Deluxe-Bus einer der bequemsten und schnellsten (5,5 Std.).
- Weitere Verbindungen gibt es nach **Mt. Abu, Kota** (über Bundi) und **Chittorgarh.**

Umgebung von Jodhpur

Jeeptouren

Fast alle Hotels, Guest Houses und das Tourist Office bieten sogenannte **Village Safaris** in die Umgebung von Jodhpur an (einige, wie das Govind, zusätzlich Kamelsafaris). Sie sind besonders für jene interessant, die ansonsten keine Möglichkeit haben, das ländliche Rajasthan zu besuchen. Besichtigt werden verschiedene Dörfer, wobei die Bishnoi besonders sehenswert sind. Die meisten Angebote kosten um die 500 Rs pro Person. Enthalten sind die Jeeptour sowie Mittagessen und Tee. Allerdings sollte man vor Fahrtbeginn sicherstellen, dass auch tatsächlich genügend Zeit für die Besichtigung der Dörfer zur Verfügung steht. Nicht selten kommt es vor, dass ein Großteil der Zeit mit dem Bewältigen der Entfernungen im Jeep verbracht wird.

- **Marwar Eco Cutural Tours & Travels** (Tel.: 5123095, (0)9414418596, marwar.ngo@gmail.com, www.nativeplanet.org/tours/india), die sich zum Ziel setzen, rajasthanische Kultur zu bewahren, bieten eine Vielzahl von Ausflügen zu den Volksstämmen der Umgebung wie auch in andere Teile Rajasthans und natürlich Kamelsafaris an. Genaueres auf der detaillierten Website.

Mandore ↗ B2

Vorbei am Maha Mandir, einer Siedlung mit einem großen Shiva-Tempel, führt die Straße ins 8 km nördlich gelegene Mandore. Der Ort war für ein halbes Jahrhundert **Hauptstadt der Marwaris,** bevor diese ihre Residenz nach Jodhpur verlegten. Bei Einheimischen ist Mandore mit seinen Rosenbeeten, Wasserläufen, frei umherlaufenden Pfauen und alten Bäumen, in denen sich die Affen austoben, ein beliebtes Ausflugsziel. Inmitten der Gärten am Fuße des alten Forts stehen die äußerst fotogenen Gedenkstätten der ehemaligen Herrscher von Marwar. Die schönsten Chattris wurden *Maharaja Jaswant Singh* und *Maharaja Ajit Singh* gewidmet. In der sogenannten Heldenhalle stehen 16 überlebensgroße, aus dem Fels gemeißelte, bunt bemalte Skulpturen, die historische Figuren und lokale Gottheiten darstellen sollen.

- **Anreise:** Busse fahren die 9 km lange Strecke zwischen Jodhpur und Mandore den ganzen Tag, der letzte zurück nach Jodhpur etwa um 21.30 Uhr.

Unterkunft: Billige Unterkünfte sind das **Deviratan Guest House** € (Tel.: 0291-257 1479) und das **Mandore Guest House** €-€€ (Tel.: 0291-2545620) mit schönem Garten.

Rohet

Dieser kleine Ort 40 km südlich von Jodhpur ist eine auf den ersten Blick unscheinbare Ortschaft, die jedoch jenen zeitlosen Charme vermittelt, der die eigentliche Faszination des ländlichen Rajasthans ausmacht.

- **Anreise:** Täglich mehrere Busse innerhalb von 1,5 Stunden von Jodhpur oder für ca. 300 Rs per Taxi.
- Ein schöner Ort, um hier einige Tage zu verbringen ist das Heritage Hotel **Rohet Garh** €€€€ (Tel.: 02932-266231), ein über 350 Jahre altes Herrschaftshaus, in dem schon der berühmte Reiseschriftsteller *Bruce Chatwin* wohnte.
- Luxus und Exklusivität vom Feinsten mitten in der Wüste bietet das neu eröffnete **Mihir Garh** €€€€€€ (Tel.: (0)9829023453, www.mihirgarh.com), ein Boutique-Hotel, welches die seltene Synthese zwischen traditioneller Handwerkskunst und modernem Design bis ins kleinste Detail zelebriert. Jedes der nur neun Zimmer (bzw. Suiten) verfügt über eine Terrasse und einen eigenen Pool oder Jacuzzi sowie über Flachbildschirm und DVD-Player. Im fürstlichen Preis sind drei tägliche Mahlzeiten und eine Jeep-Safari in die Umgebung inbegriffen.

Salawas

Nicht nur für Freunde handgewebter Baumwollteppiche lohnt ein Besuch des knapp 30 Kilometer südlich von Jodhpur gelegenen Dörfchens Salawas. Seit Jahrhunderten gilt das kaum je von Touristen besuchte Städtchen als eine der bekanntesten Adressen Indiens, wenn es um die Herstellung schöner **Baumwollteppiche** geht. Beim Gang durch die Altstadtgassen kann man überall die an ihren antiquierten Webstühlen sitzenden Dhurrai-Weber im Einsatz erleben. Die Menschen sind äußerst aufgeschlossen und so wird man nicht selten zu einer Tasse indischen Tees eingeladen. Dass dabei auch einige Teppiche zum Verkauf angeboten werden, versteht sich von selbst.

- **Anreise:** Jeden Tag verbinden Salawas mindestens sieben Direktbusse mit Jodhpur, Fahrtzeit etwa eine Stunde.

Osian

↗ B2

Der heute in der Hitze der Wüste Thar vor sich hin dösende Ort war vom 8. bis 12. Jh. eine lebhafte Handelsstadt am Kreuzungspunkt wichtiger Karawanenstraßen. Aus jener Zeit haben sich insgesamt 16 sehr schöne **Hindu-** und **Jain-Tempel** erhalten. Die ältesten Sakralbauten stehen auf einer erhöhten Terrasse am Ortsrand und sind in der Tradition des Gupta-Baustils konstruiert. Am beeindruckendsten ist ein sehr fein ornamentierter **Sonnentempel** aus dem 8. Jh. Der in der Nähe befindliche **Stufenbrunnen** war ursprünglich Teil eines Sommerpalastes, von dem jedoch nur noch bescheidene Ruinen erhalten geblieben sind.

Zum **Tempel Sachiya Mata** (Tempel der Wahrhaftigen Mutter), der aus dem 12. Jh. stammt, pilgern vor allem junge Ehepaare und kinderlose Frauen, um bei dieser Fruchtbarkeitsgottheit um die Erfüllung ihres Kinderwunsches zu beten. Besonders gelungen ist der von schön verzierten Torbögen (Toranas) überspannte Treppenaufgang zu dem auf einem Hügel errichteten Tempel. Oben angelangt verdienen die gut erhaltenen Götterfiguren an den Außenwänden der diversen Shikaras Beachtung. Dies gilt insbesondere für die nur selten zu findende Darstellung Shiva und Vishnus in der gemeinsamen Figur der Hari-Hara.

Auch in Osian beeindruckt der große, dem Stifter der Jain-Religion *Mahavira* gewidmete **Jain-Tempel** (7–20.30 Uhr, Eintritt 10 Rs, Kamera 100 Rs) mit einer Fülle an Skulpturenschmuck. Die Götterfiguren, Tempeltänzerinnen, Blumen und Elefantenfriese erinnern an die großartigen Tempelanlagen von Dilwara und Ranakpur. Hauptunterschied der vom Grundriss traditionell gestalteten Anlage ist das ausschließlich als Baumaterial verwandte rote Sandstein.

Jeweils Ende Oktober findet hier wie auch in Jodhpur das **Marwar Festival** statt, siehe Jodhpur.

Unterkunft

- Der Tempelpriester der Jain-Tempel vermietet 20 Zimmer in seinem **Guest House** € (Tel.: 02922-273296).
- Viel Komfort gibt's beim **Camel Camp** €€€€ (Tel.: 0291-2437023). Die auf einer Düne platzierten Zelte belohnen mit angenehmem Wohnkomfort und Blick über den Ort.

Anreise

- Von Jodhpur fahren halbstündig **Busse** in 1,5 Std. ins 65 km entfernte Osian. Per **Taxi** von Jodhpur müssen inkl. Rückfahrt etwa 600 Rs bezahlt werden.

841ra Foto: tb

Khimsar

↗ B2

Ein schöner Ort, um abseits der ausgetretenen Touristenpfade einige Tage der Ruhe und Entspannung im ländlichen Rajasthan zu verbringen, ist der kleine Ort Khimsar, 60 km nördlich von Jodhpur. Khimsar selbst ist ein unscheinbares Dorf, wäre da nicht jenes zum Hotel umgebaute **Fort,** welches zu einem der schönsten **Heritage-Hotels** der Region zählt. Von dem im 17. Jh. erbauten Burghotel Royal Castle lassen sich interessante Ausflüge in die wüstenartige Umgebung unternehmen. Besonders beliebt sind nachmittägliche **Safaris** zu den in der Gegend vorkommenden Antilopen-Herden und den hier besonders zahlreichen Bishnoi-Dörfern. Kehrt man nach dem von der Spitze einer Sanddüne genossenen Sonnenuntergang nach Khimsar zurück, wird einem die zeitlose Schönheit des Ortes bewusst.

Unterkunft

- Das Heritage Hotel **Royal Castle** €€€€€ (Tel.: 01585-262345, www.khimsarfort.com) ist um einen sehr schönen Swimmingpool herum angelegt. Zum Ausklang des Tages sollte man sich das allabendlich auf den Festungsmauern mit folkloristischer Untermalung angebotene rajasthanische Abendessen nicht entgehen lassen.
- Der umtriebige Besitzer des Royal Castle hat sieben Kilometer vom Fort entfernt das sehr gelungene **Khimsar Dunes Village** €€€€€ (gleiche Angaben) errichtet. Die 16 äußerst geschmackvoll im Country-Stil eingerichteten Lehmhütten sind um einen kleinen, von Dünen eingerahmten See platziert – eine ideale Kombination aus Wüstenoase und elegantem Wohnen!

Figurenschmuck am Jain-Tempel von Osian

Anreise

- Alle Busse von **Jodhpur** nach Nagaur passieren auch Khimsar. Sie fahren stündlich zwischen 8 und 20 Uhr.

Highlight: Jaisalmer

↗ A2

(ca. 60.000 Einwohner, Vorwahl: 02992)

Goldene Stadt, Traum aus Tausendundeiner Nacht, – solche und ähnliche Vergleiche werden immer wieder bemüht, um den unvergleichlichen Charme dieser inmitten der **Wüste Thar** weitab der nächsten größeren Ansiedlung gelegenen Stadt zu beschreiben. Tatsächlich fällt es schwer, beim Anblick dieser uralten **Karawanenstadt** nicht ins Schwärmen zu geraten. Wie eine Fata Morgana erhebt sich das auf einem achtzig Meter hohen Felsen gelegene und von einer mit 99 Wehrtürmen versehenen Mauer umgebene Fort aus der hitzeflimmernden Wüste.

Dieser Eindruck wird noch verstärkt, betritt man die unterhalb des Forts von einer Stadtmauer eingegrenzte Altstadt. Der allgegenwärtige Wüstenstaub scheint sich hier wie ein Konservierungsmittel über die gänzlich aus gelbbraunen Sandsteinen kunstvoll gefertigten Häuser gelegt zu haben. In den engen Gassen, zwischen den farbenfroh gekleideten Nomaden der umgebenden Wüste, glaubt man sich tatsächlich in eine orientalische Märchenstadt versetzt.

Wenig scheint sich hier seit dem Mittelalter verändert zu haben, als die Kamelkarawanen nach tagelangen, anstrengenden Märschen durch die unbarmherzige Wüste einen langersehnten Zwischenstopp einlegten, bevor sie sich wieder auf den Weg Richtung Vorderer Orient machten, um dort ihre wertvollen Stoffe, Gewürze, Elfenbein und Opium zu verkaufen. Fast nichts, sollte man besser sagen, denn unter das bunte Gemisch der Wüstenvölker hat sich eine typische Erscheinung des 20. Jahrhunderts gemischt – der ob all dieser Pracht staunende und allzeit kamerabereite westliche Tourist.

Kein Wunder, dass die jährlich Tausenden von einheimischen wie internationalen Touristen ihre Spuren hinterlassen haben. „Rotenburg ob der Tauber Indiens" ist ein durchaus zutreffender Vergleich, verbergen sich doch hinter den pittoresken Häuserfassaden anstatt kleiner, lokaler Geschäfte inzwischen mehr und mehr Reisebüros, Hotels und Souvenirläden. Gleichzeitig hat das durch den Tourismus in die Stadt fließende Kapital zur Restaurierung vieler noch vor wenigen Jahren vom Verfall bedrohter Patrizierhäuser und Tempel geführt. Insgesamt ist es bei allem Wandel eher erstaunlich, wieviel traditioneller Charme sich in der Goldenen Stadt erhalten hat.

Blick vom Fort auf die Wüstenstadt Jaisalmer

Geschichte

Ähnlich wie die *Rathors* von Jodhpur sah sich 1156 auch der Rajputenfürst *Jaisal* vom Geschlecht der *Bhati* wegen der zunehmenden muslimischen Bedrohung gezwungen, seine mangelhaft befestigte Hauptstadt Lodruwa zu verlassen, um 18 km östlich davon auf einem steil aus der Wüste aufragenden Felsen seine neue Hauptstadt zu errichten. Langsam entwickelte sich Jaisalmer zu einem bedeutenden Stützpunkt an der Karawanen-Route zwischen Indien und dem Vorderen Orient.

Strategisch wie wirtschaftlich wurde die Stadt zu einem begehrten Objekt der muslimischen Eroberer. Nach mehrjähriger Belagerung eroberten 1315 die Truppen *Ala-ud-Din-Khalis* die Stadt. Zuvor hatten sich die Bewohner der Stadt, im Angesicht der Hoffnungslosigkeit ihrer Lage, zu dem selbstmörderischen Ritual des *Jauhar* entschlossen. Nach nur zwei Jahren gaben die Eroberer jedoch die Festung wieder auf, und die Bhatis konnten in ihre alte Festung zurückkehren. Weiterhin jedoch blieb Jaisalmer umkämpft, und noch zwei weitere Male zogen ihre Bewohner das grausame Jauhar-Ritual der Unterwerfung vor. Zwischenzeitlich versank die Stadt in Anarchie, wurde zeitweise sogar ganz aufgegeben und verkam zur Geisterstadt.

Erst als sich die Bhatis Mitte des 16. Jh. dem Großmogul unterwarfen und *Maharawal Bhim* den 1562 geschlossenen Vertrag der Verheiratung einer seiner Töchter an den Mogul-

310ra Foto: tb

Hof besiegelte, trat eine längere Phase des Friedens und **Wohlstands** ein, von dem auch heute noch einige der einzigartigen **Havelis,** der Kaufmannshäuser, zeugen.

1819 schloss auch Jaisalmer unter seinem Herrscher *Rawal Akshey Singh* einen Vertrag mit der East India Company. Doch mit dem Aufkommen Bombays als Umschlagplatz des Seehandels begann Mitte des 19. Jh. der **Niedergang** Jaisalmers. Die alten Handelsrouten verloren mehr und mehr an Bedeutung, zumal das von den Engländern rasch ausgebaute Schienennetz, an das Jaisalmer nicht angeschlossen wurde, die vorher von den Kamelkarawanen durchgeführten Transporte schneller und sicherer abwickelte. Ganz ähnlich wie im Shekhawati, verließen daraufhin die reichen Kaufleute die Stadt und siedelten sich im aufstrebenden Bombay an. Von den 1850 noch über 30.000 Einwohnern in Jaisalmer, bewohnten 100 Jahre später nur noch wenige Tausend Menschen die scheinbar vergessene Stadt. Durch die Abtrennung Pakistans 1947 und den damit einhergehenden Verlust des Hinterlandes schien das Schicksal Jaisalmers endgültig besiegelt.

Doch noch einmal sollte sich das Schicksal der so launischen indischen Geschichte zugunsten Jaisalmers wenden. Die beiden **indisch-pakistanischen Bruderkriege** ließen die besondere strategische Bedeutung der Stadt als Vorposten zum Erzfeind Pakistan wieder in den Vordergrund treten. 1968 wurde Jaisalmer ans Schienennetz angebunden, die Straßenverbindungen ausgebaut und eine Militärbasis in der Nähe der Stadt stationiert. Mit dieser **verkehrstechnischen Anbindung** an den Rest Rajasthans kamen auch die ersten Touristen, und heute ist der Tourismus die Haupteinnahmequelle der Stadt – Tendenz: rapide steigend.

Das Fort

Im Gegensatz zu allen anderen Festungsanlagen Rajasthans beherbergte das auf dem 120 m langen und 500 m breiten **Trikuta-Felsen** gelegene Fort zunächst nicht nur den Herrscherpalast, sondern auch alle weiteren Wohn- und Geschäftshäuser der Stadt. Erst Anfang des 17. Jh., als der Platz innerhalb des Forts erschöpft war, mussten sich neuansiedelnde Bürger ihre Häuser unterhalb des Forts errichten. Der damals in Jaisalmer herrschende Wohlstand zog schnell viele Handelsleute in die entlegene Wüstenstadt, sodass diese Neustadt bald größer war als der ursprüngliche Ort.

Auch in Jaisalmer wurde der Aufstieg zum Fort aus verteidigungstechnischen Gründen im Zickzackkurs angelegt. Entlang einer windungsreichen, von einigen Souvenirläden flankierten Zufahrt gelangt man schließlich durch das mit reich verzierten Balkonen versehene Hawa Pol auf den großen **Palastvorplatz.** Von dem auf einer Empore neben dem Palasteingang platzierten Marmorthron aus hielt der Rawal von Jaisalmer die Paraden, Feste und Militärzeremonien ab.

Alle Wege innerhalb der Festungsanlage führen zu den das Fort umlaufenden **drei Mauerringen,** von wo sich insbesondere bei Sonnenuntergang ein herrlicher Ausblick genießen lässt.

Raj Mahal (Stadtpalast)

Der siebenstöckige, reich verzierte Stadtpalast Raj Mahal besteht aus fünf Gebäudeteilen, die über einen Zeitraum von fünf Jahrhunderten entstanden. Die Wände der Innenräume sind zum Teil mit schönen Malereien versehen, jedoch hat der Palast im Inneren, gerade verglichen mit vielen anderen Rajputenresidenzen, wenig zu bieten. Dafür bietet sich von oben ein sehr schöner Blick über die Altstadtdächer auf die sich anschließende Wüste.

● **Öffnungszeiten:** 9–18 Uhr, im Eintrittspreis von 150 Rs sind ein Audioguide und Kameragebühr enthalten, Video kostet zusätzlich 150 Rs.

Gassen des Forts

Wenn man vom Palast über den Vorplatz schaut, sieht man hinten rechts eine kleine Straße, die in die extrem engen, kaum Sonnenlicht gestattenden Gassen des Forts führt. Hier scheint sich seit Jahrhunderten nichts verändert zu haben. Offene stinkende Kanäle, Ratten, Hunde und Kühe bestimmen das mittelalterlich anmutende Bild. Viele der oft verfallenen Häuser stehen leer, da die Bewohner in den letzten Jahren aufgrund der dort herrschenden besseren hygienischen Verhältnisse in die unterhalb des Forts gelegene Neustadt gezogen sind.

Jain-Tempel

Besonders deutlich wird der Platzmangel bei den fünf Jain-Tempeln, die von den in Jaisalmer stark vertretenen Jains zwischen dem 14. und 16. Jh. erbaut wurden. Die Tempel sind derart ineinander verschachtelt, dass sie wie ein einziges Bauwerk wirken. Wie so oft bei Jain-Heiligtümern zeichnen sich auch diese durch ihre ungemein **reiche Ornamentierung** aus. Blumenornamente, Tänzerinnen, Liebespaare und Tiere bedecken Säulen, Wände und Decken. In den Nischen des Korridors, der das Tempelinnere umgibt, sitzen unzählige, immer gleich aussehende Tirthankaras.

● **Öffnungszeiten:** tgl. 8–12.30 Uhr, Eintritt 10 Rs, Foto- und Videogebühr 50/100 Rs.

Gyan-Bhandar-Bibliothek

Unterhalb des **Sambhavanath-Tempels,** in dem das mit vollbusigen Tempeltänzerinnen verzierte Tempeldach auffällt, findet sich in einem engen unterirdischen Raum die Gyan-Bhandar-Bibliothek mit wertvollen, z.T. auf Palmblättern geschriebenen **Jaina-Manuskripten.** Von hier soll ein 16 km langer Tunnel zur alten Hauptstadt Lodhruva führen.

● **Öffnungszeiten:** 8 bis 17 Uhr.

Havelis

Jaisalmer ist ein einziges Freilichtmuseum voller Lebensfülle und exotischer Eindrücke. An jeder Straßenecke bieten sich dem Besucher neue unverwechselbare Motive, und er weiß gar nicht, wo er zuerst hinschauen soll.

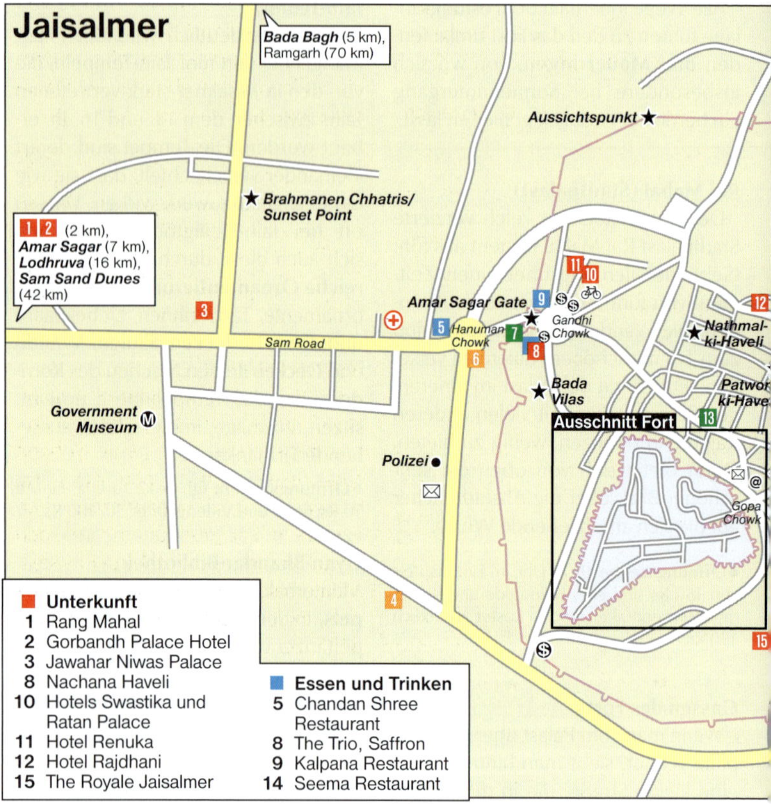

Dennoch stellen die von reichen Geschäftsleuten erbauten **Wohn- und Geschäftshäuser** *(haveli)* die eigentliche Kostbarkeit Jaisalmers dar. Es gibt diese Havelis zwar auch in anderen Orten Rajasthans, vor allem in der Shekhawati-Region, doch nirgendwo sonst sind sie so betörend schön wie in Jaisalmer. Im weichen und damit leicht zu bearbeitenden Sandstein Jaisalmers haben die muslimischen Handwerker wahre Wunderwerke filigraner Baukunst hervorgebracht, und man muss schon zweimal hinschauen, um zu erkennen, dass es sich tatsächlich um **Steinmetzarbeiten** und nicht um Holzschnitzkunst handelt.

Salim-Singh-ki-Haveli

Eines der auffälligsten Kaufmannshäuser ist das um 1815 erbaute Salim-Singh-ki-Haveli. Der recht schmale Un-

terbau wird von einem weit auskragenden Obergeschoss mit unzähligen pavillonartigen Kuppeldächern überragt. *Salim Singh Mota* war von 1784 bis 1824 Premierminister, übte jedoch de facto die Macht im Fürstentum aus. Zur Herrschaftssicherung schreckte der Tyrann auch vor der Ermordung zweier seiner Konkurrenten nicht zurück. Um seine herausragende Stellung auch architektonisch zu dokumentieren, plante er, eine Brücke von seinem Haveli zum Palast zu bauen. Schließlich wurde er jedoch von dem bis dahin von ihm abhängigen Maharaja ermordet.

● Das Haveli ist für einen Obulus von 20 Rs (Video 15 Rs) zwischen 8 und 18 Uhr zugänglich. Ein schöner Blick bietet sich auch vom Dach des gegenüber gelegenen Souvenirshops. Dass der Ladeninhaber für diesen Service nachher eine Besichtigung in seinem Geschäft erwartet, ist selbstverständlich – just for looking natürlich.

Natmal-ki-Haveli

Auch das 1885 erbaute Natmal-ki-Haveli gehörte einem ehemaligen Premierminister und noch heute wohnen hier dessen Nachkommen. Zwei Brüder waren für die Steinmetzarbeiten verantwortlich. Jeder übernahm einen Flügel des Hauses, und obwohl kein Motiv dieses ungemein detailreich verzierten Gebäudes zweimal vorkommt, wirkt der Bau insgesamt äußerst harmonisch (Eintritt 20 Rs).

Patwon-ki-Haveli

Das mit Abstand beeindruckendste Haveli ist jedoch das von einem Gold- und Silberhändler errichtete Patwon-ki-Haveli. Eigentlich sind es fünf Havelis, die der Kaufmann zwischen 1800 und 1860 für seine fünf Söhne errichten ließ. Kaum zu zählen sind die unvergleichlich reich verzierten Erker, Pavillons und Balkone der einen ganzen Straßenzug einnehmenden Häuserfassade. Das Patwon-ki-Haveli wurde in den letzten Jahren zu einem kleinen **Basar** umgebaut. Den Innenhof schmücken riesige Wändbehänge.

Qualität und Preise sind hier gleichermaßen hoch. Besonders gegen Sonnenuntergang ist der Anblick vom Dach über die Altstadt auf das Fort unvergesslich.

● **Öffnungszeiten:** 9–19 Uhr, Eintritt 120 Rs, Kamera-/Videogebühr 50/120 Rs.

Palast Bada Vilas

Etwas südlich des Haupteingangstors zur Stadt, dem Amar-Sagar-Tor, findet sich der Ende des letzten Jahrhunderts erbaute Palast Bada Vilas der Herrscher Jaisalmers mit dem schönen, pagodenartigen **Tarsia-Turm** in der Mitte. Der Palast ist noch heute Sitz der Maharajas von Jaisalmer und nicht für die Öffentlichkeit zugänglich.

Gadi Sagar

Etwa einen Kilometer südöstlich der Stadt liegt dieser 1367 zur Wasserversorgung angelegte **See.** In seiner Mitte steht ein hübscher kleiner Pavillon, und speziell frühmorgens bietet dieser von vielen Tempeln umstandene See ein idyllisches Bild.

Das mächtige, sehr hübsche **Eingangstor,** welches die kleine Straße zum See überspannt, soll ursprünglich von einer in Jaisalmer geborenen Konkubine während einer ihrer alljährlichen Pilgerreisen erbaut worden sein. Da jedoch auch Angehörige des Hofes den See regelmäßig zu ihren Opferhandlungen aufsuchten und das Passieren des Tores als Schande empfanden, sollte es abgerissen werden. Daraufhin ließ die Konkubine ein Götterbild am Tor anbringen und funktionierte es so zu einem Heiligtum um, das natürlich nicht abgerissen werden konnte. Forthin mussten sich die Hoheiten gezwungenermaßen einen anderen Zugang zum See suchen.

● Zwischen 8 und 21 Uhr können **Ruderboote, Tretboote** und **Shikaras** (Zweisitzer-Gondeln) ausgeliehen werden. Wer auf den See hinausfährt, wird mit sehr schönen Aussichten belohnt. Alle Boote 50 Rs p.P. für 30 Min., in der Nachsaison billiger.

Folklore-Museum und Desert Cultural Centre

Einen kurzen Besuch lohnt das 1984 von dem pensionieren Lehrer *N.K. Sharma* gegründete Folklore-Museum. Das an der Zufahrt zum Gadi Sagar gelegene Haus bietet in seinen sechs Räumen eine über die Jahre liebevoll zusammengestellte Sammlung **rajputischen Kunsthandwerks.** Besondere Beachtung findet dabei die Region um Jaisalmer. Gezeigt werden u.a. traditionelle Kleidungsstücke, Stickereien, Miniaturmalereien, Opiumbehälter, alte Münzen, Briefmarken, Musikinstrumente und Porträts der Herrscherfamilie von Jaisalmer. Mit dem Besuch erhält man nicht nur einen interessanten Einblick in die Kultur West-Rajasthans, sondern unterstützt auch das

Die Havelis in Jaisalmer zeichnen sich durch besonders filigrane Steinmetzarbeiten an den Sandsteinfassaden aus

307ra Foto: tb

Lebenswerk des liebenswerten Herrn Sharma. Übrigens gibt es hier auch einen tollen Fotoblick aufs Fort, speziell bei Sonnenauf- und Sonnenuntergang. In einem zweiten Museum von Herrn Sharma, dem **Desert Cultural Centre,** sind Exponate rajasthanischer Kultur zu besichtigen. Jeden Abend finden Puppenvorführungen statt (in Englisch 18.30–19.10, Eintritt 30–50 Rs, Kamera 20 Rs, Video 50 Rs). Danach sind jeweils 20 Minuten für den Museumsbesuch vorgesehen.

- **Öffnungszeiten Folklore-Museum:** 9–13 und 15–18 Uhr, Eintritt 10 Rs.
- **Öffnungszeiten Desert Cultural Centre:** 10–14 und 16–17 Uhr, Eintritt 10 Rs, Eintritt: 30–50 Rs, Kamera 20 Rs, Video 50 Rs.

Information

- Das **Tourist Office** (Gadi Sagar Rd., Tel.: 252406) befindet sich recht ungünstig etwa 1 km südöstlich der Altstadt Jaisalmers nahe Gadi Sagar. Geöffnet ist es tgl. außer So von 8 bis 17 Uhr. Die Zweigstelle am Bahnhof sollte zu den jeweiligen Ankunfts- und Abfahrtszeiten der Züge geöffnet sein, ist dies aber nicht immer.
- Das Tourist Office führt tgl. von 9 bis 12 Uhr sowie von 15 bis 19 Uhr (Sunset Tour) **Wüstenausfahrten** per Jeep (150 Rs p.P., Minimum 5 Pers.) durch. Außerdem werden **Halb- und Ganztages-Kamelsafaris** angeboten.

Stadtverkehr

In Jaisalmer muss jeder Besucher an einer „Mautstelle" vor der Einfahrt in die Stadt 20 Rs **Eintrittsgebühr** zahlen.

Jaisalmer ist so klein, dass man alle Sehenswürdigkeiten zu Fuß erreichen kann. Auch vom Bahnhof in die Altstadt sind es kaum mehr als 15 Minuten.

- **Fahrräder** (3 Rs/Std., 20 Rs/Tag) können an vielen Stellen ausgeliehen werden, sind allerdings im hügeligen Innenstadtbereich nur bedingt von Nutzen.
- Eine **Rikshafahrt** vom Bahnhof zum Forteingang sollte nicht mehr als 30 Rs kosten, zum Gandhi Chowk höchstens 40 Rs.

Unterkunft

In kaum einer anderen Stadt Nordindiens herrscht ein derart verbissener Wettbewerb um die zahlungskräftigen westlichen Touristen wie in Jaisalmer. Das erfährt der Besucher meist schon kurz vor der Ankunft, wenn er im Bus oder Zug von unzähligen **Schleppern** umringt wird. Am Bahnhof angekommen, wartet dann auch noch eine ganze Armada von Jeeps mit unübersehbaren Transparenten des jeweiligen Hotels auf die noch unentschlossene Kundschaft. Hat man sich erst einmal zu einer Jeepfahrt in die Stadt überreden lassen, wird man von einer Unterkunft zur nächsten gekarrt, bis man sich schließlich genervt irgendwo einquartiert hat, wo man eigentlich gar nicht hinwollte. Zudem darf man noch eine saftige Kommission für die Schlepper zahlen. Im Grunde ist es völlig unnötig, sich auf die ganzen Lockangebote von „free transport" bis „best and cheapest hotel in Jaisalmer" einzulassen, da die Wüstenstadt klein genug ist, um sich in Ruhe nach einem genehmen Hotel umzuschauen.

Der enorme **Konkurrenzkampf** hat für den Kunden auf der anderen Seite natürlich den positiven Effekt, dass das Preisniveau relativ niedrig ist. Andererseits sind viele Hotelbesitzer, die übrigens oft gar nicht aus Jaisalmer stammen, sondern nur während der Hauptsaison von Oktober bis März die Häuser von Einheimischen gemietet haben, unter einem derartigen Kostendruck, dass sie ihre Gäste unbedingt auf die von ihnen angebotenen Kamelsafaris verpflichten wollen. Es hat sogar schon Fälle gegeben, in denen Touristen, die

842ra Foto: tb

sich darauf nicht einlassen wollten, zum Verlassen des Hotels aufgefordert wurden.

Es ist sicherlich nicht leicht, die schwarzen Schafe immer gleich zu erkennen, doch sollte man mit den hier gegebenen Vorüberlegungen in Ruhe aussuchen. Im Folgenden kann nur eine kleine Auswahl der insgesamt über 100 Hotels und Guest Houses gegeben werden. Die Preise sind gerade in Zeiten geringer Auslastung des jeweiligen Hotels verhandelbar.

Untere Preiskategorie

Viele Billigunterkünfte finden sich in zwei kleinen Gassen, die gegenüber der State Bank of India am Amar Sagar Gate/Gandhi Chowk abzweigen. Zunächst Unterkünfte außerhalb des Forts:

- Sehr populär ist das alteingesessene **Hotel Renuka** €-€€ (Chain Pura St., Tel.: 252757, hotelrenuka@rediffmail.com). Das Haus ist im Besitz eines sehr bemühten Ehepaares und bietet vom Dach eine schöne Aussicht. Auch die angebotenen Kamelsafaris werden allgemein gelobt.
- Der Erfolg des Renuka hat die Familie dazu veranlasst, in der gleichen Straße mit dem **Ratan Palace** € (Tel.: 253615) eine zweite Unterkunft zu eröffnen. Die geräumigen, sauberen Zimmer mit modern gestalteten Badezimmern inklusive heißer Dusche bieten ein ausgezeichnetes Preis-Leistungs-Verhältnis.
- Viele positive Bewertungen erhält auch stets das **Hotel Swastika** € (Tel.: 252483) am oberen Ende der Chain Pura Street. Man kann wählen zwischen sauberen Zimmern mit Bad und Schlafsaal.
- Etwas weit weg vom Schuss, aber dafür um so angenehmer wohnt man im **Hotel Rajdhani** € (Tel.: 252746) in der Nähe des Patwon-ki-Haveli. Die Zimmer sind nicht gerade billig, haben dafür jedoch eine heiße Dusche, und man kann sich in aller Ruhe auf die Atmosphäre Jaisalmers abseits des großen Touristenstromes einlassen. Zudem bietet sich speziell am Nachmittag vom Dach des Hauses ein schöner Blick auf das Fort.

Mehr Atmosphäre bieten natürlich die innerhalb des Forts gelegenen Unterkünfte, auch wenn dann naturgemäß der Blick aufs Fort wegfällt. Der Blick in die Ferne ist aber oft umso imposanter.

- Ein gutes Preis-Leistungs-Verhältnis bieten die insgesamt 7 Zimmmer (4 mit angeschlossenem Bad) des **Hotel Temple View** €-€€ (Tel.: 252832, jaisalmertempleview@hotmail.com). Alle sind liebevoll eingerichtet, besonders zu empfehlen sind die teureren mit schönem Blick auf den Jain-Tempel.
- Ganz in der Nähe haben schon die billigen der teilweise sehr schön eingerichteten Zimmer des 450 Jahre alten **Desert Haveli** €-€€ (Tel.: 251555, hoteldeepak@rediff.com) mit gemütlichem Dachrestaurant tolle Ausblicke zu bieten – sicher eine der besten Billigadressen Jaisalmers.
- Die billigste Unterkunft im Fort selbst bietet das reichlich versteckt direkt an der Fort-Mauer gelegene **Deepak Rest House** € (Tel.: 252665). Die verschachtelten und verwinkelten Räume vermitteln einen gemütlichen Eindruck. Von den insgesamt 14 Zimmern, die meisten mit Gemeinschaftsbad, ist die Nr. 9 das schönste, weil es über einen eigenen kleinen Balkon verfügt. Im Schlafsaal kann man ebenfalls nächtigen und unter freiem Himmel auf dem Dach bekommt man den tollen Sternenhimmel fast geschenkt.
- Ebenfalls sehr preiswert sind die Zimmer, teils mit Gemeinschaftsbad, des **Hotel Desert** € (Tel.: 250602, ajitdeserthotel@yahoo.com), dennoch mit weiten Ausblicken in die Wüste.
- Das am südwestlichen Ende des Palastvorplatzes gelegene **Hotel Paradise** €-€€€ (Tel.: 252674, hotelparadise_jsm2001@yahoo.co.in) ist eine der alteingesessenen und erfolgreichsten Unterkünfte im Fort. Die Qualität, Größe, Ausstattung und Aussicht der 24 um einen großen Innenhof angelegten Zimmer variiert recht stark, wobei die teureren auch die empfehlenswerteren sind. Insgesamt macht die Anlage einen weitläufigen und großzügigen Eindruck.

Blick auf das Fort

●Eine der schönsten Unterkünfte dieser Preisklasse im Fort ist das **Desert Boys Guest House** €-€€€ (Tel.: 253091, www.desertboysguesthouse.com). Die individuell und sehr gemütlich gestalteten Zimmer mit Bad, Balkon und weitem Blick in die Ferne sowie ein gutes Dachrestaurant sind die Pluspunkte.
●Mit weiten Ausblicken aus den Fenstern in der Fortmauer, schönen und sauberen Zimmern sowie einem luftigen Dachrestaurant kann das 700 Jahre alte Haveli des **Suraya Paying Guest House** €-€€€ (Tel.: 252558, adventurecamel@yahoo.co.in) aufwarten - viel für wenig Geld.
●Das vielfach gelobte, von vier Brüdern geführte **Shahi Palace** €-€€€ (Shiv Rd., Tel.: 255920, www.shahipalacehotel.com) bietet geschmackvoll eingerichtete Zimmer, eine ruhige Lage an der westlichen Außenmauer des Forts und tolle Aussichten vom Rooftop. Gute Kritiken erhalten auch die vom Haus angebotenen Kameltouren.
●Eine der schönsten Adressen innerhalb dieser Preiskategorie ist das im Nordwesten des Forts gelegene **Hotel Victoria** €€ (Tel.: 252150, www.hotelvictoriajaisalmer.com). Es überzeugt mit hübsch eingerichteten Zimmern, tadellosen Badezimmern und einer angenehmen Atmosphäre.
●Äußerst familiär und romantisch geht es in den beim Jain-Tempel im Fort gelegenen Hotels **Suraj** €-€€ (Tel.: 251623, www.hotelsurajjaisalmer.webs.com) und **Shreenath Palace** €€ (Tel.: 252907, shreenath52907@hotmail.com) zu. Beide sind um 400 Jahre alte Rajasthan-Häuser, deren große Zimmer mit Holzdecken, Wandgemälden und kleinen Erkern sehr stilvoll eingerichtet sind. Der günstige Zimmerpreis im Shreenath erklärt sich durch die Tatsache, dass keines der Zimmer (alle mit Balkon) über ein eigenes Bad verfügt, was allerdings kaum störend wirkt, da die Gemeinschaftsbäder sehr sauber sind und beide Hotels meist nur wenige Gäste beherbergen.

Unterkunft
2 Hotel Victoria
7 Hotel Desert
9 Hotel Garh Jaisal
14 Killa Bhawan
16 Suraya Paying Guest House
17 Shahi Palace
18 Desert Boys Guest House
19 Deepak Rest House
20 Hotel Shreenath Palace
21 Desert Haveli
22 Hotel Paradise
24 Hotels Suraj, Temple View

Essen und Trinken
4 Bhang Shop
5 German Bakery Joshi
6 Fort View
11 Ristorante Italiano Om, Daadi
13 Little Tibet
15 8th of July Restaurant
23 Surya Restaurant

Verkehr
8 KK Travels
10 Adventure Travel Agency
12 Ganesh Travels

Einkaufen
1 Hari Om Jewellers
3 Gemüsemarkt

Mittlere Preiskategorie

●Die ruhige und gleichzeitig zentrale Lage etwas zurückversetzt vom Gandhi Chowk, das atmosphärereiche, fast 300 Jahre alte Haveli und die traditionelle Einrichtung der 14 um einen Innenhof angelegten Zimmer machen das Hotel **Nachana Haveli** €€€€ (Tel.: 252110, nachana_haveli@yahoo.com) zu einer der besten Adressen in dieser Preiskategorie.
●Zu Recht blendende Kritiken erhält das in den Außenmauern des Forts angesiedelte **Hotel Garh Jaisal** €€€€ (Tel.: 253836, www.hotelgarhjaisal.com). Die insgesamt nur sieben Zimmer sind im traditionellen Stil mit Erkern und Spiegeldecken sowie typisch rajputischem Mobiliar und kräftigen, erdenen Farben eingerichtet. Der Service ist sehr zuvorkommend und vom Dachterrassenrestaurant bietet sich ein herrlicher Blick.
●Mit stilecht und komfortabel eingerichteten Zimmern glänzt das neue **The Royale Jaisalmer** €€€€-€€€€€ (Tel.: 252601, (0)9252808707, www.royalejaisalmer.com), ca. 10 Fuß-

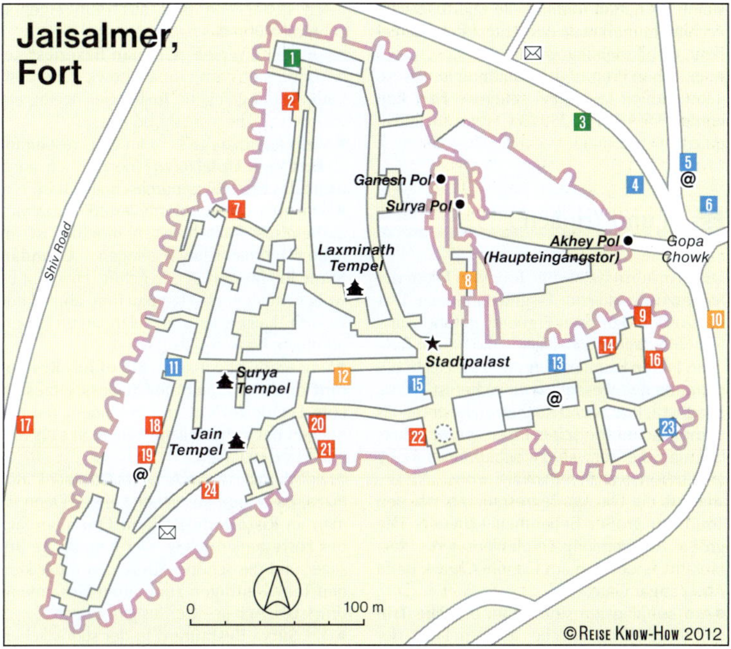

minuten vom Fort entfernt. Auch der sehr hübsche Pool, ein Internetcafé, ayurvedische Massagen sowie das gute Restaurant und die Bar sind erwähnenswert.

Obere Preiskategorie

- Die mit Abstand beste Wahl innerhalb des Forts ist das hervorragende **Killa Bhawan** €€€€€ (Tel.: 2251204, www.killabhawan.com). Die Kombination aus sehr geschmackvoll eingerichteten Zimmern, diversen mit lokalem Kunsthandwerk dekorierten Erkern und Lounge-Plätzen, der Lage und dem ausgezeichneten Service sind fabelhaft und jede Rupie wert.
- Einige der besten hochklassigen Unterkünfte befinden sich westlich von Jaisalmer. Etwa 1 km westlich der Stadt bietet der alte, sehr schön restaurierte **Jawahar Niwas Palace** €€€€€ (Tel.: 252288, www.jawaharniwaspalace.co.in) mit prunkvoll ausgestatteten Zimmern Luxus vom Feinsten. Auf der Negativseite steht der nicht gerade als sauber zu bezeichnende Pool (200 Rs für Nicht-Gäste) und das einen recht verschlafenen Eindruck machende Personal.
- Von den Resorts macht das **Rang Mahal** €€€€€ (Tel.: 250907-9, www.hotelrangmahal.com) ca. 2 km westlich von Jaisalmer den überzeugendsten Eindruck. Die großzügige Anlage, natürlich mit Coffee Shop, Traveldesk, Internetcafé, Billard, großem Pool und hervorragenden Büffets, ist trotz seiner Größe oft ausgebucht, also reservieren.
- Das um einen schönen Swimmingpool (200 Rs für Nicht-Gäste) angelegte **Gorbandh Palace Hotel** €€€€€ (Tel.: 251511) nebenan bietet ähnliche Ausstattung zu fast gleichem Preis. Die 64 Zimmer des Sand-

steinbaus haben traditionelle rajasthanische Architekturmerkmale und sind über verschiedene Gebäudetrakte verteilt.

- Ähnlich in Preis und Ausstattung ist das ca. 3 km südlich Jaisalmers gelegene **Fort Rajwada** €€€€€ (Tel.: 253233, www.fortrajwada.com).

Essen und Trinken

Dem Ansturm westlicher Touristen folgte der Siegeszug westlicher Essgewohnheiten. Das hat zu dem kuriosen Ergebnis geführt, dass es heutzutage in einer Stadt, die bis vor fünfzehn Jahren kaum ein Westler zu Gesicht bekommen hat, wesentlich einfacher ist, Müsli, Spaghetti, Pizzas und Kuchen zu bestellen als authentisches indisches Essen. Andererseits hat man die Auswahl zwischen einer Reihe sehr schön gestalteter Lokale, wobei sich besonders die Dachgartenrestaurants bei den Touristen großer Beliebtheit erfreuen. Die größte Ansammlung empfehlenswerter Restaurants findet sich am Gandhi Chowk beim Amar Sagar Gate.

- Am auffälligsten sind dabei das **The Trio** und das **Saffron,** welches auf dem Dach der in einem sehr schönen, alten Haveli untergebrachten State Bank of India platziert ist. In beiden preislich etwas höher anzusiedelnden Restaurants mit Blick aufs Fort werden bei abendlicher Live-Musik köstliche Gerichte serviert.
- Keine Live-Musik und keine großartigen Ausblicke bietet das **Kalpana Restaurant,** ebenfalls am Gandhi Chowk gelegen. Dafür gibt es sehr leckeres und preiswertes Essen, sodass sich das Lokal in den letzten Jahren zu einem der Favoriten in der Traveller-Szene entwickelt hat.
- Dasselbe gilt für das **Little Tibet** im Fort, bietet es doch eine Vielzahl sehr schmackhafter Gerichte. Zusätzlicher Vorteil: der Blick vom Dach.
- Eine gute Restaurantadresse ist das etwas versteckt im 1. Stock gelegene **Seema Restaurant** gegenüber dem Salim-Singh-ki-Haveli (Blick auf eben dieses und aufs Fort). Besonders zu empfehlen sind das superleckere, frisch gebackene Brot aus dem eigenen Lehmofen und das *palak paneer.*
- Von den diversen **„German Bakeries"** sei besonders das am Gopa Chowk nahe dem Forteingang gelegene **Joshi,** gleichzeitig ein Internetcafé, hervorgehoben.
- Allein die tolle Aussicht im Dachrestaurant im **Fort View Hotel** lohnt einen Besuch, auch wenn das Essen eher durchschnittlich ist.
- Wer im „touristendominierten" Jaisalmer authentisch indisch essen möchte, ist im beim Hanuman Chowk gelegenen **Chandan Shree Restaurant** genau richtig. Hier gibt es weder Müsli noch Pfannkuchen, aber dafür leckere Thalis, Rotis und Gulab Jamun zu vernünftigen Preisen (70–150 Rs).
- Sehr schön sitzt man im **8th of July Restaurant** direkt oberhalb des Schlossplatzes im Fort. Ein idealer Ort, um bei einem Tee mit Kuchen das gemächliche Leben an sich vorbeiziehen zu lassen.
- Endlich mal was anderes als Curries? Dafür Pizza, Pasta und köstlicher Kaffee? Dann ist man im **Ristorante Italiano Om** innerhalb des Forts genau richtig. Der freundliche Besitzer und die schöne Aussicht von der kleinen Terrasse tragen zum guten Gesamteindruck bei. Ach ja – Curries gibt's auch ...
- Das **Surya Restaurant** in der südöstlichen Ecke des Forts ist vor allem wegen der gemütlichen Atmosphäre zu empfehlen. Am schönsten sitzt (liegt) es sich auf dem kleinen Balkon mit herrlichem Blick über die Stadt. Das Essen ist eher durchschnittlich.
- Zu erwähnen ist noch der staatlich zugelassene (!) **Bhang-Shop** am Gopa Chowk. *Lassis* mit „Schuss" kosten zwischen 30 und 40 Rs. Auch Kekse und anderes Süßes sind geladen, also Vorsicht.
- Und dann ist da noch Großmutter **Daadi** gegenüber dem Ristorante Italiano Om. Die sympathische alte Dame besaß vor vielen Jahren ein eigenes Restaurant und kocht nun für Interessierte in ihrem kleinen Haus innerhalb der Altstadtmauern absolut authentische indische Gerichte vor den Augen der Gäste. Ihre Spezialität sind vegetarische Thalis. Gegessen wird im Wohnzimmer – eben wie bei Muttern zu Hause.

Einkaufen

Der Tourismusboom zog neben Hotels und Restaurants auch unzählige Souvenirshops im Schlepptau nach Jaisalmer. An Shopping-Versuchungen besteht also kein Mangel, wobei sich die bis zu 3x5 m großen, mit **Spiegelchen verzierten Decken** als besondere Verkaufsschlager erwiesen haben. Je nach Qualität und Größe werden hierfür zwischen 500 und 5.000 Rs verlangt. Eine vielfach gelobte Adresse ist **Jaisalmer Handloom** an der Court Rd., nur wenige Schritte vom Gandhi Chowk entfernt.

Gern gekauft wird auch der schwere **Silberschmuck** der Nomaden, der sich allerdings wohl eher als Dekorationsobjekt denn zum Tragen eignet. Man sollte sich jedoch vor dem Kauf versichern, dass dem Silber nicht ein großer Teil anderer Metalle wie Kupfer beigemischt ist. Ein seit Jahren verlässliches Geschäft für feine Silberarbeiten ist **Hari Om Jewellers** in der nördlichen Ecke des Forts.

Verhältnismäßig billig, zumindest wenn man in den Läden abseits der Hauptstraße kauft, kann man **Kleidungsstücke aus Kamelleder** wie z.B. Hüte, Gürtel und Schuhe erstehen. Ein hübsches, zudem preiswertes Souvenir sind die vielfach leuchtend bunten **Turbane.** Auf jeden Fall sollte man kräftig feilschen und selten glauben, welche Qualitäten den Produkten zugeschrieben werden.

Wer sich zunächst einen Überblick über das Kunsthandwerk Rajasthans verschaffen möchte, sollte sich im **Jaisalmer Handicrafts Emporium** am Amar Sagar Gate umschauen.

Bank

- Die **Bank of Baroda** am Gandhi Chowk und die **State Bank of Bikaner & Jaipur** (Mo–Fr 10–14 und 15–16, Sa 10–12.30 Uhr) tauschen Travellerschecks und Cash.
- Private Geldwechsler wie **P.S. Securities** (tgl. 10–20.30 Uhr), **Chinnu Forex** und **LKP Forex** (Tel.: 253679, 9.30–19.30 Uhr), alle drei am Gandhi Chowk, wechseln Bares und Reiseschecks, außerdem erhält man gegen 2 % Gebühr auf Visa- und Mastercard Geld. Darüber hinaus gibt es eine Reihe von **ATMs,** die meisten um den Gandhi Chowk.

Post

Briefe und Karten gibt man am besten beim kleinen Postamt am Gopa Chowk direkt im Zentrum ab. Eine weitere Filiale (Mo–Sa 10–15 Uhr) gibt's innerhalb des Forts nahe dem Desert Boys Guest House.

Zwei Touristen beklagten sich darüber, dass ihre in Jaisalmer aufgegebenen Pakete auch nach 5 Monaten noch nicht in der Heimat eingetroffen waren. Vielleicht liegt's an der Abgeschiedenheit der Wüstenstadt. Man wartet also besser bis Jaipur oder Delhi mit dem Verschicken von Souvenirs.

Internet

- Als typischer Travellerort ist Jaisalmer natürlich gut mit Internetcafés (30–40 Rs/Std.) versorgt. Ein gutes ist das **Joshi Cybercafé** am Gopa Chowk, das praktischerweise auch eine German Bakery betreibt. U.a. ist hier auch das Auslesen des Memorysticks der Digitalkamera und Brennen auf CD möglich.
- Das kann auch **Desert Cyber Inn** (100 Rs inkl. CD) im Fort, das zudem gutes Equipment zum Surfen für 40 Rs/Std. bereitstellt.

Fest

Ebenso wie das Elefantenfest von Jaipur ist auch das jedes Jahr im Januar/Februar stattfindende **Desert Festival** in Jaisalmer eine Erfindung cleverer Tourismusmanager und beruht nicht auf einem traditionellen Hintergrund. Turban-Wettbinden und Tauziehen sind denn auch nur alberne Entgleisungen, doch ansonsten sind die Kamelrennen und vor allem die herrlich geschmückten Wüstenbewohner schon einen Besuch wert. Die nächsten Termine:
- 23.–25.2.2013
- 12.–14.2.2014

An- und Weiterreise

Bahn

- Das Reservierungsbüro am Bahnhof (Tel.: 252354, 251301) ist 8–20 Uhr geöffnet.
- Folgende Verbindungen sind von touristischer Bedeutung: Mit dem 4060 JSM DEE Exp. ab Jaisalmer um 17.15 Uhr, **Osian** (an 21.05 Uhr), **Jodhpur** (an 21.45 Uhr), **Jaipur** (an 4.50 Uhr), Alwar (an 7.17 Uhr) bis **Delhi** (an 11.05 Uhr).
- Nachts verbindet der 4809 JSM JU Exp. Jaisalmer (Abf. 23.15 Uhr) mit **Jodhpur** (Ank. 5.20 Uhr). Von Jodhpur der 4810 JUJSM Exp.: Jodhpur ab 23 Uhr, über Osian (an 0.04 Uhr), Jaisalmer an 5 Uhr.
- Der aus **Delhi** (Abf. 17.40 Uhr am Vortag) kommende, in Jodhpur um 5 Uhr haltende 4059 DEE JSM Exp. sollte, wenn möglich, nicht benutzt werden, da er oft viele Stunden Verspätung hat bzw. ganz ausfällt.

Bus

- Obwohl der **Busbahnhof** in der Nähe des Bahnhofs liegt, starten alle Busse auch vom City Bus Stand an der Kreuzung vor dem Amar Sagar Gate. Wer sich den zeitaufwendigen Weg zum Busbahnhof zum Buchen des Tickets sparen möchte, kann gegen einen Aufpreis von ca. 30 Rs pro Fahrschein auch über das jeweilige Hotel buchen.
- Nach **Jodhpur** (6 Std., 100/125 Rs semi-/deluxe) fahren tgl. 8 Express-Busse zwischen 5.30 und 22.30 Uhr.
- Nach **Udaipur** (12 Std.) und **Chittorgarh** (15 Std.) nur wenige Direktbusse. Alternative: in Jodhpur umgesteigen, dort viele Anbindungen.
- Mit einem der tgl. 3 Express-Busse (6.30, 14 und 20.30 Uhr) benötigt man zwischen 6 und 7 Std. nach **Bikaner** (145 Rs für Deluxe-Busse).
- Nach **Jaipur** (260 Rs) über **Jodhpur** und **Ajmer** (9 Std., 200 Rs) sind es mit dem Deluxe-Bus 12–13 Std.
- Nach **Mt. Abu** (11 Std.) tgl. ein Direktbus um 5.30 Uhr.
- Nach **Bikaner** tgl. 3 Busse um 6.30, 14 und 20.30 Uhr in 7 Stunden.
- Nach **Bhuj** (15 Std.) ein Bus tgl., Abfahrt 14.30 Uhr.
- Privatanbieter bieten dieselben Strecken an, allerdings ist häufig ein Umsteigen in Jodhpur nötig, wo man dann evtl. ein Problem mit der Anerkennung des weiter geltenden Tickets haben kann.

Umgebung von Jaisalmer

Eine gute Möglichkeit, die zahlreichen Sehenswürdigkeiten in der näheren und weiteren Umgebung von Jaisalmer im Rahmen einer Tagestour zu erleben, bieten die von diversen Reisebüros angebotenen **Jeeptouren** (Kostenpunkt: um die 1.200 Rs).

Amar Sagar

Die hübsche Gartenanlage im Nordwesten Jaisalmers mit einem kleinen Palast, Tempeln und Chattris stammt aus dem 17. Jh. Der dazugehörige **See** ist nur wenige Monate im Jahr mit Wasser gefüllt. Bis zum nächsten Monsun, wenn sich die Senke wieder auffüllt, werden Seerosen und Gemüse gezogen. Am besten erhalten sind die nach einem aufwendigen Restaurationsvorhaben im alten Glanz erstrahlenden **Jain-Tempel** mit ihrem immer wieder beeindruckenden Skulpturenreichtum (Eintritt 20 Rs, Kamera 50 Rs, Video 100 Rs).

Bada Bagh

↗ A2

Die 5 km nördlich, inmitten einer kleinen Oase gelegenen Kenotaphe der Herrscher von Jaisalmer lohnen vor allem am späteren Nachmittag einen Besuch, wenn die Abendsonne die aus gelbem Sandstein gefertigten

790ra Foto: tb

Pavillons in ein sanftes Licht hüllt. Im Übrigen bietet sich ein schöner Blick auf die am Horizont auftauchende Altstadt von Jaisalmer. Die **Grabsteine** der verstorbenen Adligen zeigen neben einem stolz reitenden Rajputenkrieger auch die – selbstverständlich wesentlich kleiner dargestellten – Umrisse der mit ihm auf dem Scheiterhaufen verbrannten Frauen (Eintritt 30 Rs, Kamera 10 Rs, Video 20 Rs).

Lodhruva

↗ A2

Von Lodhruvas ehemaliger Größe als der Hauptstadt der Bhati-Herrscher, bevor sie nach Jaisalmer umzogen, zeugt nur noch ein sehr schön restaurierter **Jain-Tempel.** In seinem Inneren verbirgt sich mit einem Wunschbaum, dem *Kalpavriksha*, eine seltene Kostbarkeit. Zu diesem aus Kupfer gefertigten Baum mit Blättern, Früchten und Vögeln pilgern viele Jains, um für die Erfüllung ihrer Wünsche zu beten. Ansonsten scheinen die aus alten Reiseberichten überlieferten Paläste, Tempel und zwölf Stadttore des 16 km nordwestlich von Jaisalmer gelegenen Lodhruva über die Jahrhunderte im Wüstenstaub versunken zu sein.

Totengedenkstätte der Herrscher von Jaisalmer in Bada Bagh

Sam Sand Dunes

Sanddünen bis zum Horizont, in goldenes Licht gehüllt vom Schein der untergehenden Sonne – wer diesem

Kamelsafaris in die Wüste Thar

Mehrtägige Kamelsafaris in die Wüste Thar mit Ausgangs- und Endpunkt **Jaisalmer** gehören für die allermeisten Individualtouristen zu den Höhepunkten, ja fast schon zum Muss einer Nordindienreise. So findet sich denn auch unter den westlichen Besuchern Jaisalmers kaum jemand, der nicht auf dem Rücken eines dieser klassischen Wüstentiere losreiten wollte. Wer dabei aber vom klassischen Lawrence-von-Arabien-Klischee der menschenleeren, sich endlos bis zum Horizont erstreckenden Sanddünen ausgeht, wird am Ende in dieser Beziehung enttäuscht sein. Damit die Reise tatsächlich ein unvergessliches Erlebnis wird, gilt es vor der Buchung einige wichtige Dinge zu beachten.

Zunächst muss man sich im klaren sein, dass Kamelsafaris in Jaisalmer Big Business sind. Der Wettbewerb ist dementsprechend verbissen, und unter den zahlreichen Anbietern befinden sich einige schwarze Schafe. Am besten, man erkundigt sich unter bereits von einer Safari zurückgekehrten Reisenden nach ihren Erfahrungen. Derartige aktuelle Informationen aus erster Hand sind unbezahlbar. Fragen sollte man z.B. nach Menge und Qualität des Essens (immer nur *dhal* und Reis oder eine abwechslungsreiche Küche), nach der täglich zurückgelegten Strecke (es gibt Fälle, in denen man gerade drei Stunden pro Tag reitet und den Rest des Tages nichts zu tun hat) oder der Übernachtungsart (unter freiem Himmel – welche Qualität hat der Schlafsack – oder im Zelt). Generell gilt: Je mehr man zahlt, desto mehr Gegenwert erhält man auch. Man kann z.B. nicht erwarten, für einen Preis von 300 Rs pro Tag, von dem das Hotel oder Guest House auch noch eine Vermittlungsgebühr von 30 % einbehält, täglich drei Festmahle serviert zu bekommen. 600 bis 800 Rs pro Tag muss man mindestens für eine anständige Safari zahlen, mit Zeltübernachtung bis ca. 800 Rs. Bei Allem, was darunter liegt, muss man mit schlechtem, einfallslosem Essen und missgelaunten, weil unterbezahlten Kameltreibern rechnen. Die Kameltreiber bekommen allerdings immer am wenigsten ab. Ein Trinkgeld am Ende der Tour ist also sicherlich angebracht.

Unbedingt vor Antritt der Safari sollte man sicherstellen, dass man auch wirklich allein auf dem Kamel sitzt. Das sollte eigentlich eine Selbstverständlichkeit sein, doch bei einigen Billiganbietern mussten sich auch schon zwei Touristen ein Kamel teilen.

Da inzwischen die seit vielen Jahren immer wieder begangenen Routen sehr stark frequentiert werden und man kaum noch die Atmosphäre eines einsamen Wüstenausritts genießen kann, sind viele Anbieter dazu übergegangen (und werben auch damit), zusätzlich zum Üblichen auch „unberührte" Wüstenabschnitte aufzusuchen. Allerdings muss diese Unberührtheit gelegentlich mit Eintönigkeit der Landschaft und weniger Sehenswürdigkeiten bezahlt werden, sodass einige Teilnehmer dieser Touren schon nach zwei Tagen leicht gelangweilt waren. So muss also immer ein Kompromiss zwischen Vielfalt der Landschaft mit Sehenswürdigkeiten in ausgetretenen Pfaden und Unberührtheit in eintönigerer Umgebung gefunden werden. Auch hier hört man sich am besten bei schon zurückgekehrten Teilnehmern um.

Eine der am häufigsten durchgeführten Safaris dauert zweieinhalb Tage und beginnt am Mittag des ersten Tages mit einer Jeepfahrt zu den **Sam-Sand-Dünen,** wo man meist mit Hunderten von anderen Touristen einen Sonnenuntergang in einer Bilderbuchkulisse erlebt. Während der folgenden zwei Tage, in denen man verlassene Wüstenstädte und Tempelanlagen wie **Amar Sagar, Lodruwa** und **Mul Sagar** passiert, wird das Bild jedoch eher von kars-

715ra Foto: tb

tigen, weit weniger spektakulären Landschaften bestimmt. Speziell in der Hauptreisesaison (von November bis März) ist es eher die Regel als die Ausnahme, gelegentlich anderen Karawanen zu begegnen.

Wer beabsichtigt, eine längere Safari zu unternehmen, sollte auf jeden Fall vorher einmal probereiten. **Kamelreiten** sieht romantisch aus, ist jedoch sehr **anstrengend,** besonders für den Rücken und dessen Verlängerung. Es gibt nicht wenige, die deswegen nach euphorischem Beginn bereits am zweiten Tag aufgeben. Gerade deshalb ist es besonders wichtig, eine weiche Sattelauflage wie etwa einen Wollpullover mitzunehmen. Selbiger ist auch für die oft sehr kühlen Nächte unter freiem Himmel nützlich. Außerdem sollte man eine Wasserflasche, Wasserentkeimungstabletten, eine Kopfbedeckung (Turban ist ideal), Taschenlampe und Sonnencreme auf die Tour mitnehmen. Das wichtigste jedoch ist gutes Sitzfleisch.

Einen seit Jahren guten Ruf in der Traveller-Szene hat der sogenannte, allerdings auch etwas teurere „Mr. Desert" (Adventure Travel Agency, Tel.: 252558, www.adventurecamel.com), der meist in der Nähe des Eingangstores zum Jaisalmer-Fort auf Kunden wartet. Auch die vom Hotel Renuka veranstalteten Safaris (s. Unterkunft) werden von Travellern gelobt. Die verlässlichsten und aktuellsten Infos über Seriosität und Leistungen der Anbieter erhält man bei gerade von einer Safari zurückgekehrten Reisenden.

Wüsten-Klischee frönen will, der muss sich zu den 42 km südwestlich von Jaisalmer gelegenen Sam Sand Dunes aufmachen, wo das klassische Lawrence-von-Arabien-Klischee mit kilometerlangen Sanddünen die kamerabewehrten Touris erwartet. Allerdings sollte man sich vorher darüber im Klaren sein, dass Hunderte anderer Touristen den gleichen Wunsch haben. Dementsprechend marktschreierisch geht es dort zu: Aufdringliche Kameltreiber sind zugegen, die einen unbedingt zum Ritt in den Sonnenuntergang überreden wollen, Musiker, die um die Wette fiedeln und singen, sowie Verkäufer, die alles – von traditioneller Kleidung über Musikinstrumente bis zur Miniaturmalerei – verkaufen wollen. Da muss man schon weit laufen, um sich dem jahrmarktähnlichen Trubel zu entziehen.

Khuri

↗ A2

Das 40 km südwestlich von Jaisalmer gelegene Khuri war lange Zeit eine friedvolle Wüstenoase abseits ausgetrampelter Touristenpfade. Tatsächlich bietet das von **halbnomadischen Bewohnern** aus der Rajputenfamilie der Sodhas bewohnte Dorf einen interessanten Einblick in die Bau- und Wohnweise eines **traditionellen Wüstendorfes** im Westen Rajasthans. Von einer Lehmmauer umgeben, stehen die meisten Häuser inmitten eines kleinen Hofes, der mit einer zementartigen Masse ausgelegt ist, dessen Hauptbestandteil Kuhdung ist. Sehr hübsche geometrische Ornamente verzieren die Eingänge der weiß gekalkten, runden **Lehmbauten.**

Leider hat sich Khuri in den letzten Jahren zu einem zweiten Sam Sand Dunes entwickelt. Auch wenn die Touristenzahlen bei weitem noch nicht so hoch sind, ist die ursprüngliche Atmosphäre einem ungehemmten Profitdenken gewichen. Niemand wird den Einwohnern übelnehmen, dass sie am Touristeninteresse profitieren wollen, doch wer nach Khuri kommt, um unverfälschtes Dorfleben zu sehen, ist hier falsch. Auch aufdringlich bettelnde Kinder erhöhen nicht das Vergnügen. Wer das weiß und darauf eingestellt ist, kann noch immer Gewinn aus dem Besuch ziehen. Besonders der Ritt auf einem Kamel durch die Sandwüste zu den in der Umgebung aufragenden **Sanddünen,** von wo sich ein herrlicher Blick auf die untergehende Sonne bietet, ist für viele ein unvergessliches Erlebnis.

Unterkunft

(Vorwahl: 03014)

- Als eine typische Übernachtungsmöglichkeit steht das vom freundlichen Herrn *Singh* geführte **Badal House** €€ (Tel.: 03014-274042) zur Verfügung. Wie bei allen anderen Unterkünften handelt es sich um Lehmhütten, die um einen Innenhof angelegt wurden. Der Übernachtungspreis schließt drei Mahlzeiten ein. Der Besitzer organisiert auch Kamelsafaris zum Preis von 350 Rs pro Tag.

Typisches Anwesen in der Wüste Thar

- Alternativen, ebenfalls inkl. Mahlzeiten, sind **Sodha Guest House** € (Tel.: 274003) oder **Rajputana Desert Resorts** €, die über einfach ausgestattete Rundhütten verfügen, sowie **Mama's Guest House** € (Tel.: 274023) im Dorfkern.

An- und Weiterreise

- Vier meist gerammelt volle **Busse** am Tag legen die Strecke (20 Rs) in gut 1 Std. zurück.

Bikaner

↗ B1

(ca. 550.000 Einwohner, Vorwahl: 0151)

Bis vor wenigen Jahren lag die 1488 nach ihrem Begründer *Rao Pikaji*, einem Sohn des Herrschers von Jodhpur, benannte Stadt noch im touristischen Abseits, doch inzwischen profitiert sie quasi als Trittbrettfahrer von der enormen Popularität der 300 km westlich gelegenen Wüstenstadt Jaisalmer. Viele Reisende legen hier, von Delhi oder Shekhawati kommend, einen Zwischenstopp ein und so sind die Touristenzahlen in den letzten Jahren kontinuierlich gestiegen.

Tatsächlich hat sie mit einem der am besten ausgestatteten **Forts** Rajasthans und der in ganz Indien einmaligen, etwa 10 km außerhalb liegenden **Kamelzuchtfarm** auch zwei Sehenswürdigkeiten zu bieten. Insgesamt jedoch wirkt die sehr weitläufige Stadt recht spröde. Allerdings findet auch hier ein sehenswertes **Camel Festival** statt (www.camelfestival.com).

E43ra Foto: tb

Sehenswertes

Junagarh Fort

Mag Bikaner auch nicht zu den schönsten Städten Rajasthans gehören – der Stadtpalast ist zweifelsohne einer der schönsten überhaupt. Zwei besondere Merkmale unterscheidet das Fort von den meisten anderen Palästen Rajasthans: Es liegt weder erhöht auf einem Bergrücken oder Felsplateau, noch war die Anlage Ausgangspunkt für die sich daran ansiedelnde Stadt, denn sie wurde erst über 100 Jahre nach der Stadtgründung erbaut.

Man betritt die von einem Wassergraben und einer 986 m langen, 20 m hohen und bis zu 9 m breiten Mauer umgebene **Palastanlage** durch das von zwei riesigen Elefanten flankierte

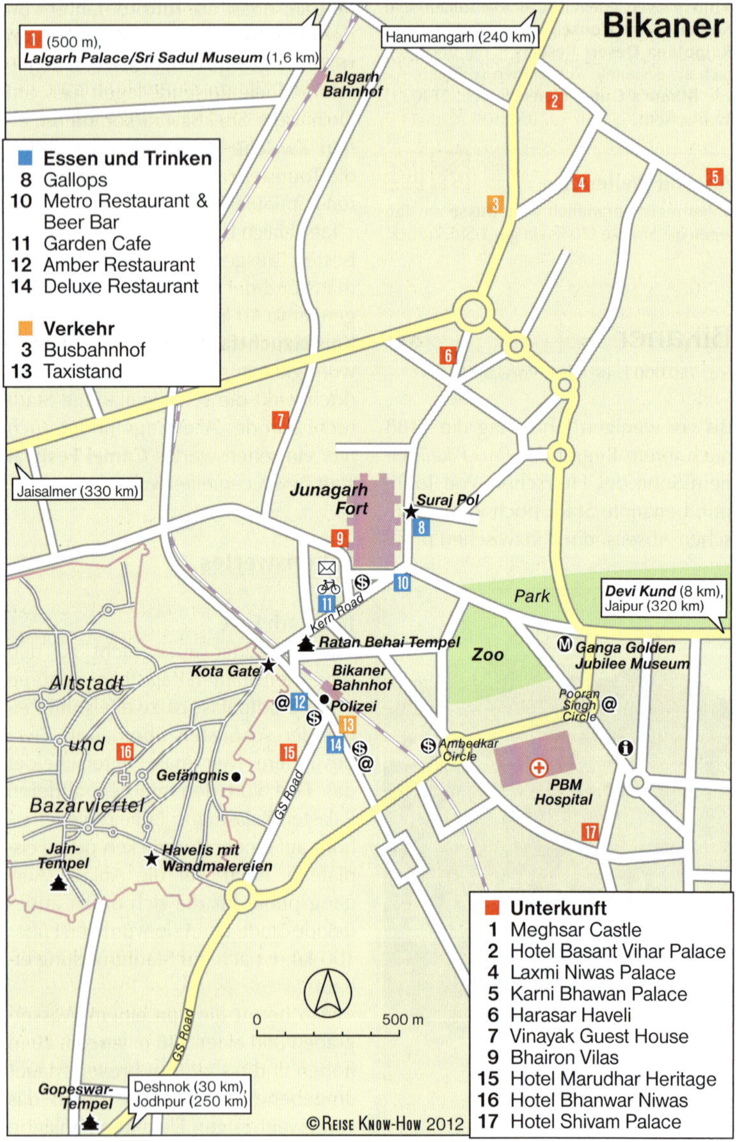
Bikaner
1 (500 m),
Lalgarh Palace/Sri Sadul Museum (1,6 km)
Hanumangarh (240 km)
Lalgarh Bahnhof
Essen und Trinken
8 Gallops
10 Metro Restaurant & Beer Bar
11 Garden Cafe
12 Amber Restaurant
14 Deluxe Restaurant
Verkehr
3 Busbahnhof
13 Taxistand
Jaisalmer (330 km)
Junagarh Fort
Suraj Pol
Kern Road
Park
Devi Kund (8 km),
Jaipur (320 km)
Ratan Behai Tempel
Zoo
Ganga Golden Jubilee Museum
Kota Gate
Bikaner Bahnhof
Polizei
Altstadt und Bazarviertel
Pooran Singh Circle
Ambedkar Circle
Gefängnis
GS Road
PBM Hospital
Jain-Tempel
Havelis mit Wandmalereien
0
500 m
Gopeswar-Tempel
Deshnok (30 km),
Jodhpur (250 km)
©Reise Know-How 2012
Unterkunft
1 Meghsar Castle
2 Hotel Basant Vihar Palace
4 Laxmi Niwas Palace
5 Karni Bhawan Palace
6 Harasar Haveli
7 Vinayak Guest House
9 Bhairon Vilas
15 Hotel Marudhar Heritage
16 Hotel Bhanwar Niwas
17 Hotel Shivam Palace

Suraj Pol. An den nächsten beiden Toren (Daulat Pol und Karan Pol) finden sich ähnlich wie im Meherangarh Fort in Jodhpur die Handabdrücke der Frauen, die ihren fürstlichen Ehemännern nach deren Ableben auf dem Scheiterhaufen mehr oder weniger freiwillig folgten und so zu **Satis** wurden.

Durch eine kleine Unterführung betritt man den Eingangshof zum Palast. Im nun folgenden Gewirr der unzähligen Empfangsräume, Höfe, Hallen, Schlafräume, Dachterrassen und Tempel wäre der Besucher hoffnungslos verloren, und so wird man von gut ausgebildeten Führern durch die Palastanlage geleitet.

Begonnen wurde mit dem Bau der Palastanlage Ende des 16. Jh. unter *Raja Singh* (1571–1611), der zu einem der mächtigsten Heerführer *Akhbars* zählte. Er und seine Nachfolger, die als letzte treue Vasallen auf Seiten des letzten, verhassten Mogul-Herrschers *Aurangzeb* standen, steckten ihr in Kriegszügen angesammeltes Vermögen in den weiteren Ausbau dieses Palastes.

Besonders sehenswert sind der **Phul Mahal und Chandra Mahal** (Blumenpalast und Mondpalast) aus dem 18. Jh. mit ihren sehr schönen Spiegelintarsien und Wandmalereien. Interessant ist auch der **Hari Mandir,** der Haupttempel des Palastes, in dem die fürstlichen Hochzeiten und Geburten zelebriert wurden.

- **Öffnungszeiten:** 10 bis 16.30 Uhr, Eintritt 200 Rs (inkl. Museum), Kamera 30 Rs, Video 100 Rs, die Audioführung kostet noch einmal 250 Rs extra.

Ganga Golden Jubilee Museum

Dieses etwa 2 km östlich des Forts beim Gandhi-Park gelegene Museum befindet sich in einem Rundbau, der zur Hälfte von Verwaltungsbüros belegt ist. Im Innern finden sich ein buntes Sammelsurium von **archäologischen Funden** aus der Harappa- und Gupta-Periode. Als Einzelstücke fallen ein Seidenumhang des Mogul-Herrschers *Jehangir* sowie eine Miniatureisenbahn mit reich ausgeschmückten Wohn-, Arbeits- und Schlafwaggons ins Auge. Englischsprachige Erläuterungen finden sich leider nirgends, der recht lange Anfahrtsweg lohnt nur für wirklich kulturhistorisch interessierte Besucher.

- **Öffnungszeiten:** tgl. außer Fr 10–16.30 Uhr.

Jain-Tempel

Der Jain-Tempel stellt eine Besonderheit dar. Ungleich allen anderen bekannten Jain-Tempeln besitzt er keine plastische Ausschmückung, keine Skulpturen. Er ist im Inneren jedoch, ähnlich den Miniaturen in Bundi, mit fantastischen, ausgezeichnet erhaltenen Aufputzmalereien geschmückt. Auch kann der „Turm" bestiegen werden, was ebenfalls ungewöhnlch ist.

Lalgarh-Palast/Sri Sadul Museum

Etwa 3 km nördlich der Stadt liegt dieser zwischen 1902 und 1926 von Maharaja *Ganga Singh* erbaute Palast, der wegen seiner festungsartigen Architektur und seines Baumaterials auch *Red Fort* genannt wird. Äußeres Erscheinungsbild, Bauzeit, Ambiente und heutiger Verwendungszweck des Gebäudes erinnern stark an den Umaid Bhawan in Jodhpur.

Das Bauwerk beeindruckt durch seine exquisite Innenausstattung und perfekte Bearbeitung. Der Lalgarh-Palast ist heute in drei Bereiche unterteilt: die Privaträume des Maharajas, ein Hotel und das Sri Sadul Museum im 1. Stock (Mo–Sa 10–17 Uhr, Eintritt 50 Rs, Video 150 Rs). Bekannt aus vielen anderen Rajputenpalästen sind die Waffen- und Trophäensammlung, wirklich beeindruckend ist jedoch die ausgezeichnete **Fotogalerie,** die einen hervorragenden Einblick sowohl in das private wie öffentliche Leben der Maharajas zur Zeit der britischen Besatzung gewährt.

- **Öffnungszeiten:** tgl. außer Mi 10–17 Uhr, Eintritt 20 Rs.

Information

- Das **Touristenbüro** (Tel.: 2544125) befindet sich in der Nähe des Pooram Singh Circle und wird von einem freundlichen und hilfsbereiten Angestellten geleitet. Geöffnet ist es tgl. außer So von 9 bis 17 Uhr. Hier können auch Guides zum Preis von 300 Rs für zwei Stunden vermittelt werden.
- Sehr informativ ist die website **www.realbikaner.com.**

Stadtverkehr

- Vom 3 km nördlich des Stadtzentrums gelegenen Busbahnhof bis zum Bahnhof sollte es mit der **Autoriksha** 30–40 Rs kosten, vom Bahnhof zum Junagarh Fort maximal 30 Rs und ebenso viel zum Tourist Bungalow.
- **Tempos** verkehren auf den Hauptstrecken zwischen Bahnhof, Altstadt und Busbahnhof.
- Für ca. 30 Rs pro Tag kann man sich gegenüber vom Bahnhof **Fahrräder** leihen. Eine sehr gute Alternative für Bikaner.

Unterkunft

- Eine gute Wahl im unteren Preissegment ist das familiäre **Vinayak Guest House** €-€€ (Tel.: 2202634, (0)9414430948, vinayakguesthouse@gmail.com). Neben den sechs eher einfachen, aber preiswerten Zimmern ist besonders der hilfsbereite und äußerst freundliche Betreiber, der auch individuelle Touren in die Wüste organisiert, zu erwähnen. Da er keine Komission zahlt, wird seine Bleibe ungern von Riksha-Fahrern angefahren, so holt er seine Gäste auch selbst vom Bahnhof ab.
- Ein ausgezeichnetes Preis-Leistungs-Verhältnis bietet das neue **Hotel Shivam Palace** €€-€€€ (Tel.: 2203112, www.hotelshivampalace.com). Blitzblanke Zimmer und das freundliche Personal sind nur zwei der Pluspunkte. Einziger Nachteil ist die Lage etwa 2 km östlich des Stadtzentrums.
- Mit dem **Meghsar Castle** €-€€€ (Tel.: 2527315, www.hotelmeghsarcastle.com) findet sich eine für den Preis gut geführte Unterkunft an der Gajner Rd. im Norden der Stadt. Neben großen, wenn auch etwas altmodischen Zimmern verfügt es über ein Gartenrestaurant und Internet-Anschluss.
- Ein sehr empfehlenswertes Mittelklassehotel ist das **Harasar Haveli** €-€€€ (Tel.: 2209891, www.nivalink.com/harasar) in der Nähe der Karni Singh am Stadion. Da die verschiedenen Zimmer in Größe und Ausstattung stark variieren, sollte man sich zunächst mehrere anschauen. Die Dachterrasse mit Blick auf die Stadt und leckerem indischen Essen bietet sich zum Verweilen an.
- Ein gutes Preis-Leistungs-Verhältnis bietet das **Hotel Marudhar Heritage** €€€ (Tel.: 2522524) in der Gangashhar Rd., nicht weit vom Bahnhof. Die sauberen Zimmer in dem angenehmen Haus haben teilweise AC.
- Eine ausgezeichnete Wahl in der mittleren Preiskategorie ist das in einem alten Pratizierhaus untergebrachte **Bhairon Vilas** €€€-€€€€ (Tel.: 2544751, hotelbhaironvilas.tripod.com)

an der Westseite des Forts. Die stilvoll eingerichteten Zimmer in dem fast 200 Jahre alten Gebäude, das hervorragende hauseigene Restaurant und die Atmosphäre einer untergegangenen Epoche – das alles zu einem vergleichsweise günstigen Preis!

- Der nur 300 m vom Lalgarh Palace entfernte **Hotel Basant Vihar Palace** €€€€ (Tel.: 2528162, www.basantviharpalace.com) wurde ursprünglich als Lustschloss errichtet. Es bietet große, komfortable, aber wie bei Hotels dieser Art häufig auch etwas abgewohnte Zimmer. Sehr freundliches Personal.
- Mitten im Altstadtzentrum liegt das stilvoll renovierte **Hotel Bhanwar Niwas** €€€€-€€€€€ (Tel.: 261880, www.bhanwarniwas.com). Die 26 Zimmer sind mit erlesenem Mobiliar ausgestattet und jedes für sich eine Augenweide. Das in einem schönen Marwari-Haveli untergebrachte Heritage Hotel ist die mit Abstand beste Unterkunft in der Altstadt.
- Eine gute Wahl ist das in den 1940er Jahren vom Maharaja im Art-déco-Stil errichtete **Karni Bhawan Palace** €€€€-€€€€€ (Tel.: 2524701). Das in einem weitläufigen Garten gelegene, rot-weiße Gebäude hat 20 hübsch eingerichtete, allerdings auch in die Jahre gekommene Zimmer. Wirklich erfreulich sind das sehr engagierte Management und das hilfsbereite Personal.
- Das **Laxmi Niwas Palace** €€€€€ (Tel.: 220 2777, www.laxminiwaspalace.com) ist ein selbst für rajasthanische Verhältnisse überdimensionales Palasthotel. Das stilvoll restaurierte ehemalige Herrscherhaus bietet sehr weitläufige Suiten, teils aus mehreren Zimmern bestehend. Alles atmet noch den Geist des untergegangenen Raj und wirkt zum Teil ein wenig altbacken, doch für Liebhaber alter Palasthotels ist dies sicher die erste Adresse in Bikaner.
- Etwas außerhalb der Stadt, dafür aber auch in einer Oase der Ruhe wohnt man im **Marudyan Resort** €€€-€€€€ (Tel.: 2101735, www.marudyan.com). Die weitläufige Anlage mit ihren großen, von Schatten gebenden Bäumen bestandenen Rasenflächen und dem Swimmingpool ist genau der richtige Ort, um sich nach einem anstrengenden Besichtigungstag zu entspannen. Man hat die Wahl zwischen Zimmern im Haupthaus oder über die gesamte Anlage verstreuten Bungalows. Teilen muss man sich das Glück mit den zahlreichen Hunden des freundlichen Besitzerehepaares. Die hier gebuchten Kamelsafaris genießen einen sehr guten Ruf.

Essen und Trinken

- Hübsches Ambiente in schönem Garten, mittelmäßiges Essen – so lässt sich das bei Travellern sehr beliebte **Garden Café** neben dem Handicraft Emporium beschreiben. Serviert werden snackähnliche indische Gerichte, ein Internetcafé ist angeschlossen.
- Ob vor oder nach dem Besuch des Forts – das beim Eingangstor gelegene **Gallops** ist bei Touristen wegen seiner relaxten Atmosphäre ein Hit. Man hat die Wahl zwischen der Terrasse im Freien und AC im Inneren. Das Essen ist jedoch deutlich dem Touristengeschmack angepasst und zudem recht teuer (Bier 375 Rs).
- Das saubere und klimatisierte **Metro Restaurant & Beer Bar** südlich des Junagarh Fort versorgt mit indischer und chinesischer Küche sowie Pizza.
- Mit dem **Deluxe Restaurant** (südindische Küche) und dem vegetarischen **Amber Res-**

Kamelsafaris

Bikaner hat sich in den letzten Jahren zu einer interessanten Alternative zu Jaisalmer für Kamelsafaris entwickelt. Das Angebot reicht auch hier von ein bis zwei Übernachtungen bis zu ein- (Kichan) oder sogar zweiwöchigen (Jaisalmer) Safaris. Der Durchschnittspreis pro Tag beläuft sich auf 1.300 Rs pro Person. Entsprechend dem deutlich geringeren Touristenaufkommen gibt es wesentlich weniger Agenturen als in Jaisalmer. Das hat jedoch den großen Vorteil, dass die wenigen Agenturen zum größten Teil sehr verlässlich sind. Zwei der empfehlenswertesten:

- **Camel Man**, Tel.: 2231244, www.camelman.com; **Vinayak Desert Safari**, Tel.: 2202634, www.vinayakdesertsafari.com.

taurant finden sich zwei gute und günstige, bei Einheimischen (immer ein gutes Zeichen) beliebte Restaurants mit authentisch indischem Essen in der Station Rd.

Bank und Internet

- Die **State Bank of Bikaner & Jaipur** (Ambedkar Circle, Mo–Sa 12–16 Uhr) wechselt Bares und Reiseschecks, die **Bank of Baroda** (Mo–Fr 10–14, Sa 10–12.30 Uhr) nur das zweite. Die **ATMs** der Corporation Bank und der ICICI-Bank verarbeiten die wichtigen Kreditkarten bis auf AmEx.
- Internet bei **New Horizon,** eine Straße an der Station Rd. hinein, und **Reliance Webworld** an der Station Rd. für 20 Rs/Std.

An- und Weiterreise

Bahn

Verbindungen finden sich im Anhang. Zurzeit keine Verbindungen nach Delhi.

Bus

Der staatliche Busbahnhof befindet sich etwa 3 km nördlich der Stadt. Wer also aus dem Süden anreist, sollte sich schon vor Erreichen des Busbahnhofs absetzen lassen. Diverse private Busgesellschaften haben sich an der Südseite des Forts angesiedelt.

- Da es zurzeit keine Bahnverbindungen nach **Delhi** gibt, muss auf Busse zurückgegriffen werden. Von den täglich drei Verbindungen (Exp. 11 Std.) passieren zwei **Jhunjhunu** im Shekhawati. Diese verlassen Bikaner um 11 und 14.30 Uhr.
- Viele Verbindungen nach **Ajmer** (7 Std., mehrere über Pushkar), **Jaipur** (7 Std., über Fatehpur und Sikar) und **Jodhpur** (6 Std., alle Jodhpur-Busse halten am Rattentempel von Deshnok).
- Weitere Verbindungen u.a. nach **Udaipur** (12 Std., Abf. 18.30 Uhr), **Agra** (12 Std., Abf. 5 Uhr) und **Jaisalmer** (8 Std., 2 Direktbusse um 5.30 und 12.15 Uhr).
- Eine Verbindung täglich um 17.45 Uhr nach **Amritsar** (15 Std.).

Umgebung von Bikaner

Devi Kund

↗ B1

Die von einer Mauer eingegrenzten **Totengedenkstätten** für die Herrscher von Bikaner, 8 km östlich der Stadt, wirken mit ihren verspielten Kuppeldächern aus Ziegeln, Sandstein oder Marmor und den sie stützenden reich ornamentierten, freistehenden Säulen eher wie heitere Sommerpavillons. Am beeindruckendsten ist der weiße Marmorchattri von *Maharaja Sardhul Singh* (1943–49).

- Mit der **Autoriksha** sollte die Hin- und Rückfahrt etwa 100 Rs kosten.

Kamelzuchtfarm

Das knapp 10 km nördlich Bikaners gelegene, staatliche **National Research Centre on Camels** ist das einzige seiner Art in Asien und führt die Tradition des legendären Kamelkorps Ganga Rissala fort, mit dem Maharaja *Ganga Singh* im Ersten Weltkrieg an der Seite der Engländer gegen die Türken kämpfte. Auch heute noch werden Kamele für die Einheit der Border Security Force gezüchtet, doch vornehmlich kommen die Wüstentiere bei **Paraden und Filmaufnahmen** zum Einsatz.

- **Geöffnet** 14–18 Uhr, Eintritt 20 Rs, Kamera/Video 30/50 Rs. Für Hin- und Rückfahrt mit der **Autoriksha** inkl. einstündiger Wartezeit sollte man mit ca. 150 Rs rechnen, mit dem Taxi 250 Rs.

Karni-Mata-Tempel (Rattentempel) in Deshnok

↗ B1

Einer der bizarrsten Tempel Nordindiens findet sich an der Straße nach

Jodhpur, 36 km südwestlich von Bikaner. Abscheu und Neugierde zugleich sind wohl – zumindest für Westler – die beherrschenden Gefühle beim Gang durch die sehr schöne, von Maharaja *Ganga Singh* gestiftete, silberbeschlagene Eingangstür. Ein ekelerregender Gestank und tausendfaches Gequieke beherrschen das Innere des einer Inkarnation der Göttin Durga geweihten Tempels. Hervorgerufen wird diese wenig einladende Atmosphäre von Tausenden von **Ratten und Mäusen,** die im Tempelkomplex verehrt und gefüttert werden. Als besonders glücksverheißend gilt der Anblick der äußerst seltenen weißen Ratten. Manche Reisende finden einen Ausflug interessant, andere weniger.

- **Geöffnet** 4–22 Uhr, Kameragebühr: 20 Rs, Videogebühr 50 Rs.
- **Anreise:** Der 2308a Bikaner Howrah Superfast verbindet mit Jaipur: Abf. 18.58 Uhr, über Nagaur (an 20.16 Uhr), Kuchaman (an 23.36 Uhr) bis Jaipur (Ank. 1.40 Uhr.) Zwei Busse stündlich fahren vom Busbahnhof in Bikaner nach Deshnok (Fahrtzeit ca. 1 Std.). Mit dem Taxi sind es für Hin- und Rückfahrt inkl. Wartezeit ca. 600 Rs.

Nagaur

⇗ B2

Auf dem Weg von Bikaner Richtung Jodhpur erreicht der Reisende nach 110 km die vom Tourismus unberührte, alte **Rajputenstadt** Nagaur. Nur im Januar/Februar, wenn hier ein viertägiger, großer **Kamelmarkt** stattfindet, zu dem Tausende farbenfroh gekleideter Wüstenbewohner strömen, lassen sich in der malerischen Altstadt, die von einer mächtigen Schutzmauer umschlossen ist, einige Westler blicken. Zu diesem Zweck errichtet das Tourist Office eine Zeltstadt für die Unterbringung von Pauschaltouristen. Viele ziehen die **Nagaur Fair** der wesentlich bekannteren Pushkar Fair wegen ihrer ursprünglicheren Atmosphäre vor. Doch selbst wenn man das von jahrmarktähnlichen Vergnügungen begleitete Fest nicht erleben kann, lohnen die malerische Altstadt und das unter anderem aus Spenden des Ghetty-Fonds und des Maharajas von Jodhpur herrlich restaurierte **Ahichatragarh Fort** (Eintritt 50 Rs, Kamera-/ Videogebühr 25/100 Rs) mit einem reich bemalten Palastkomplex im Innern unbedingt einen Besuch.

Unterkunft

- **Hotel Bhaskar** € (Station Rd., Tel.: 01582-240100) hat einfache, leicht verwohnte Zimmer mit Hocktoiletten für wenige Rupien.
- Etwas besser ist das **Hotel Sujan** € (Tel.: 01582-240283) in Fortnähe am Nakash Gate.
- Neben den oben erwähnten Zelten können zur Nagaur Fair auch die teuren **Royal Tents** €€€€€€ (Reservierung über Balsamand Lake Palace in Jodhpur, Tel.: 0291-2571991, reservation@jodhanaheritage.com, www.jodhpurheritage.com) reserviert werden.

An- und Weiterreise

- **Bahn:** Eine Tagesverbindung nach Jaipur ist der 2467 Bikaner Jaipur Exp.: Abf. in Nagaur um 6.43 Uhr, über Kuchaman (an 9.27 Uhr), Ank. in Jaipur um 11.35 Uhr. Derselbe Zug in umgekehrter Richtung nach Bikaner ist der 4888 Barmer Kalka Exp., der Nagaur um 14.08 Uhr verlässt und über Deshnok (an 15.26 Uhr) um 16.40 Uhr in Bikaner eintrifft.
- Es verkehren stündlich **Busse** von und nach Jodhpur, Fahrtzeit etwa 3 Std.

317ra Foto: tb

Shekhawati

763ra Foto: tb

750ra Foto: tb

Unterwegs im Shekhawati, der Wüstenrandzone zwischen Delhi, Bikaner und Jaipur

Eingang eines Haveli in Mandawa

In manchen Orten der Shekhawati-Region scheint die Zeit stehen geblieben zu sein

Überblick

Der Name der Wüstenrandzone zwischen Delhi, Bikaner und Jaipur beruht auf dem Rajputenherrscher *Rao Shekhaja*, der hier 1471 ein kleines Fürstentum gründete. Die **Marwaris,** wie die Bewohner dieser Region genannt werden, häuften mit der ihnen eigenen Kombination aus Geschäftstüchtigkeit und Sparsamkeit recht schnell einen bescheidenen Wohlstand an. Hierbei schlugen sie vor allem aus der geografisch sehr günstigen Lage ihrer Provinz Nutzen, die am Knotenpunkt bedeutender Handelsrouten lag, die bis nach China, Afghanistan und Persien führten. Durch den intensiven Handel mit Gold, Juwelen, Seide und anderen wertvollen Gütern reich geworden, versuchten sich die einzelnen Kaufmannsfamilien durch den Bau prunkvoller Wohn- und Geschäftshäuser, den sogenannten **Havelis,** gegenseitig zu übertrumpfen.

846ra Foto: tb

Alle in diesem Abschnitt aufgeführten Städte liegen relativ nahe beieinander, mit Maximalentfernungen von 60 km, und werden häufig von **Direktbussen und Sammeljeeps** angefahren, sodass auf deren Erwähnung im Folgenden verzichtet wird. Ideal zur Erkundung der Shekhawati-Region ist natürlich ein **Mietwagen oder Taxi.** Die Preise hierfür sind Verhandlungssache, es geht los bei etwa 1.500 Rs pro Tag, abhängig von Fahrzeugtyp, Klimatisierung und gefahrenen Kilometern. Bei kürzeren Entfernungen ist auch eine **Riksha** akzeptabel.

Leider verkehren innerhalb des Shekhawati und zu den umliegenden Regionen derzeit nur langsame **Bahnverbindungen** und nur seltene Verbindungen nach Delhi und Bikaner. Von und nach Jaipur bestehen bis zu sechs Bahnverbindungen täglich mit Sikar, Fatehpur, Nawalgarh und Jhunjhunu. In den meisten Fällen sind Bus-, Jeep- oder Taxifahrten vorzuziehen.

Jhunjhunu

↗ C1

(Vorwahl: 015972)

Jhunjhunu, die Distrikthauptstadt, verfügt als eine der größten Städte des Shekhawati mit mehreren Hotels, einer Bank sowie dem einzigen und zudem hervorragenden Touristenamt der Region über eine vergleichsweise gute touristische Infrastruktur. Sie liegt relativ zentral, sodass alle weiteren Städte innerhalb kurzer Zeit zu erreichen sind, und ist zudem nur sieben Stunden Zugfahrt von Delhi entfernt. Schließlich berherbergt die Stadt einige der beeindruckendsten Gebäude im Land der bemalten Havelis. Man nimmt an, dass die Stadt mit dem ungewöhnlichen Namen von den Jats gegründet wurde. Mitte des 15. Jh. wurde sie von *Muhammed Khan*, dem Anführer der Kamikhani-Nawabs, eingenommen, die das herrschende Geschlecht Jhunjhunus blieben, bis 1730 *Sardul Singh*, ein Rajputenfürst, der zu seiner Zeit der ranghöchste Minister am Hofe der Nawabs war, einen Putsch durchführte. Seither ist Jhunjhunu Distrikthauptstadt und einer der wohlhabendsten Orte der Region.

Sehenswertes

Den besten Überblick über die Stadt verschafft man sich von einem festungsähnlichen muslimischen Gebäudekomplex **Badalgarh** unterhalb des hoch aufragenden Kana-Hügels. Ursprünglich Ende des 17. Jh. vom Nawab *Fazl Khan* als Stallung für seine Pferde und Kamele gebaut, denen im Krieg die entscheidende Bedeutung

Havelis – die Paläste der Kaufleute

Das Wort Haveli, eine Bezeichnung für die manchmal fast wie kleine Paläste wirkenden **Häuser rajasthanischer Kaufleute,** stammt aus dem persischen Sprachraum und bedeutet so viel wie „umschlossener Platz". Damit ist auch schon das Gestaltungsprinzip dieser in Rajasthans Wüstenstädten und in der Shekhawati-Region zu findenden Bauten benannt, gruppierten sie sich doch um einen bzw. zwei **Innenhöfe.** Die größten unter ihnen weisen sogar vier dieser umschlossenen Plätze auf und sind bis zu sechs Stockwerke hoch. Die Gebäude erfüllten sowohl die kaufmännischen Erfordernisse – Lagerung und Schutz der wertvollen Ware – als auch die Abschottung des Wohnbereichs vor der Hitze und dem Staub der Wüste. Darüber hinaus dienten die Havelis der Repräsentation.

Die Wände sind außen und innen reich mit **Fresken** geschmückt. Kulturhistorisch interessant ist dabei der in der Mitte des 19. Jh. deutlich auszumachende Wandel in der Motivwahl. Waren es zunächst vornehmlich religiöse Darstellungen aus der indischen Mythologie sowie bäuerliche Szenen, so wurden diese allmählich von typisch westlichen Motiven wie Autos, Zügen und Telephonen verdrängt. Ungefähr zeitgleich mit diesem Wandel benutzten die Maler seit 1860 nicht mehr vornehmlich gelb-braune Naturfarben, sondern aus Deutschland importierte chemisch hergestellte Anilinfarben mit einem bläulichen Grundton.

Selbst bei Außentemperaturen von über 40 °C herrscht in den um den Innenhof angelegten Räumen ein angenehmes, erfrischendes Klima. Die zur Straße hin gelegenen Repräsentationsräume sind meist zweigeschossig gestaltet, während die Privaträume oft winzig klein sind.

beikam, umschließen die massiven Mauern heute neben mehreren Mausoleen muslimischer Heiliger, einer Moschee und einer Koranschule auch das Grab des Sohnes von *Major Henry Foster*, der Mitte des 19. Jh. nach Jhunjhunu geschickt wurde, um die immer einflussreicher werdenden lokalen Räuberbanden zu eliminieren.

Weiter unterhalb des Grabbereichs steht mit dem **Khetri Mahal** einer der architektonisch beeindruckendsten Bauten des ganzen Shekhawati. Errichtet wurde der elegante Palast 1760 von *Bhopal Singh*, einem Enkel *Sardul Singhs*. Eine Rampe führt im Zickzack durch die verschiedenen Stockwerke, sodass der Hausherr mit seinem Pferd bis zum Dach reiten konnte. Als eine Art natürlicher Klimaanlage wurden anstelle von Wänden meist Marmorsäulen verwendet, sodass der Wind frei zirkulieren konnte. Während die ockerfarbenen Fresken um das Eingangstor und im Innenhof des um 1735 von Sardul Singh errichteten Gopinath-Tempel aus der Frühphase stammen, wurden jene im Inneren, in der Nähe des Schrein erst Ende des 19. Jh. aufgetragen. Das sehr hübsche, um zwei Innenhöfe angelegte Haveli von *Nurudin Farooqi* ist eines der schönsten muslimischen Kaufmannshäuser der Region. Im Unterschied zu den meisten anderen Gebäuden sind hier keine Menschen, sondern nur dekorative Muster und Blumen abgebildet.

Lokal berühmt ist der **Rani-Sati-Tempel,** der einer der Kaufmannsklasse entstammenden Frau gewidmet ist, die 1595 nach dem Tod ihres Mannes zur Sati wurde.

Eines der schönsten Kaufmannshäuser Jhunjhunus ist das **Kaniram Narsinghdas Tibrewala Haveli** aus den achtziger Jahren des 19. Jh. Neben Fresken, die Handwerker bei der Arbeit, Handelsleute und Züge zeigen, findet sich auch ein Europäer mit einem kleinen Hund auf seinem Schoß. Das **Modi Haveli,** einige Meter weiter entlang der Basarstraße, weist schöne Motive an den Außenwänden auf. Während diese 1896 gemalt wurden, müssen die Autoszenen im Innenhof späteren Datums sein.

Besuchenswert ist auch der sehr große **Sri-Bihariji-Tempel,** bei dem besonders die an der Südwand aufgemalten Szenen aus dem Ramayana beeindrucken. Den größten **Stufenbrunnen** der Stadt (Mertanyi Baori) ließ die Witwe Sardul Singhs, *Mertanyi,* 1750 erbauen. Insgesamt 159 Stufen führen zu dem 32 m tiefen und 17 m breiten Baori hinunter. Zweifelsohne ein imposanter Anblick, doch dass der schöne Schein durchaus trügerisch sein kann, verdeutlichen neben dem durch diverse Exkremente hervorgerufenen Gestank die Aufzeichnungen eines britischen Beamten, der 1831 über die Wasserqualtät Folgendes zu berichten wusste: „Jene, die das giftige Wasser getrunken hatten, mussten sich innerhalb von zwei Stunden übergeben und starben wenig später.“ Also: Micropur nicht vergessen!

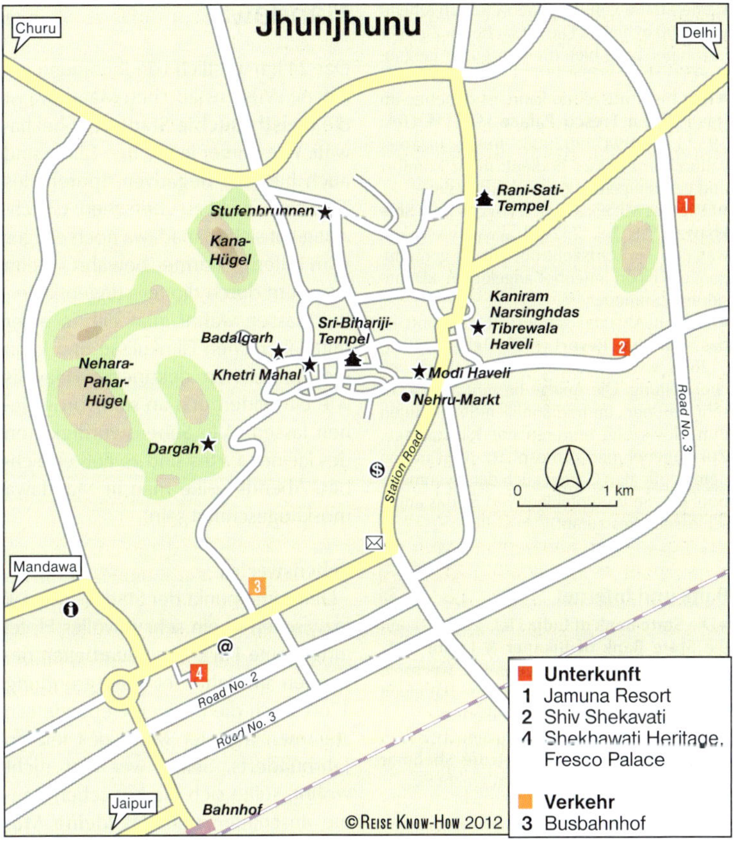

Shekhawati

Information

● Das **Tourist Office** (Tel.: 232909, tgl. außer So 10–17 Uhr) befindet sich an der Straße nach Mandawa und damit leider ungünstig, weil recht weit vom Zentrum entfernt.

Stadtverkehr

● Zwischen Stadtzentrum, Busbahnhof und Bahnhof pendeln sowohl Tempos als auch viersitzige Autorikshas. Eine Autoriksha kostet ca. 20 Rs vom Stadtzentrum zum Busbahnhof und 40 Rs zum Bahnhof.

Unterkunft

● Recht komfortabel ist das **Shekhawati Heritage** €€ (Tel.: 237134, 235727, (0)9887 385177, www.hotelshekhawatiheritage.com), etwa 300 m westlich vom Busbahnhof eine kleine Straße von der Station Rd. abgehend etwa 100 m hinein. Die 20 sauberen Zimmer in ruhiger Lage bieten einen guten Gegenwert.

- Wer mehr ausgeben kann, ist daneben im freundlichen **Fresco Palace** €€€-€€€€ (Tel.: 395233, (0)9414902905, fresco_palace@yahoo.com) besser bedient: mehr Komfort und geräumigere, supersaubere Zimmer.
- Ein gutes Mittelklassehotel ist das **Shiv Shekhawati** €€€ (Tel.: 232651, www.shivshekhawati.com) im Ortszentrum mit 20 geräumigen, um einen Innenhof angelegten, klimatisierten Zimmern.
- Die mit Abstand schönste Unterkunft ist das **Jamuna Resort** €€€€ (Tel.: 232871, 512696, www.jamunaresort.com) unter gleicher Leitung. Die Anlage besteht aus ca. 10 sehr schönen, im traditionellen Stil erbauten Bungalows, die teureren mit Klimaanlage. Zur angenehmen Atmosphäre trägt neben dem gepflegten Garten auch der Swimmingpool bei. Sehr empfehlenswert ist das angeschlossene Restaurant.

Bank und Internet

- Die **State Bank of India** (Tel.: 232327) und die **State Bank of Bikaner & Jaipur** (Tel.: 232628), beide in der Station Rd., wechseln Bargeld und Reiseschecks. Erstere hat einen ATM für die wichtigsten Kreditkarten.
- An der Station Rd. schräg gegenüber dem Busbahnhof ist das **Internetcafé Shalimar** (1. Stock, 9–21 Uhr, 20 Rs/Std.) recht fix.

An- und Weiterreise

- Abgesehen von den vielen **Bussen** in die benachbarten Orte des Shekhawati bestehen fast stündliche Verbindungen von und nach **Delhi** (7 Std.), **Jaipur** (4 Std.) und **Bikaner** (5,5 Std.). Nach Delhi der letzte Bus um 23.30 Uhr. Da sich die Anfahrt über Gurgaon und die südlichen Stadtteile Delhis besonders in den Abendstunden wegen starken Verkehrs lange hinzieht, sollte man in Delhi baldmöglichst den Bus verlassen und in Riksha, Taxi oder, falls eine Haltestelle in der Nähe ist, am besten in die Metro umsteigen.

Mandawa

↗ C1

Das 24 km westlich von Jhunjhunu gelegene Wüstenstädtchen Mandawa ist die **meistbesuchte Stadt** des Shekhawati. Wie immer in solchen Fällen sind auch hier die negativen Spuren des Tourismus nicht zu übersehen. Gleichzeitig hat sich Manadawa noch einiges vom alten Charme bewahrt. Beim Wandern durch die teils ungepflasterten Gassen wähnt man sich in einer mittelalterlichen Filmkulisse und kann die zahlreichen dekorierten Havelis wie ein Bilderbuch an sich vorbeiziehen lassen. Alle Sehenswürdigkeiten des kleinen Ortes sind zu Fuß erreichbar. Abends sollte man in Mandawa moskitogeschützt sein.

Sehenswertes

Den Mittelpunkt der Stadt bildet das inzwischen in ein sehr stilvolles Hotel umgebaute **Fort.** Die Bauarbeiten begannen im Jahr der Stadtgründung 1760, doch die meisten Gebäudeteile stammen aus der Mitte des letzten Jahrhunderts. Selbst wer hier nicht wohnt, sollte sich die hübschen Räume anschauen und das **kleine Museum** im Haus besuchen. Im Übrigen bietet sich vom Dach des Hotels ein herrlicher Blick auf Mandawa.

Unter den zahlreichen beeindruckenden Handelshäusern der Stadt ragt das wunderschöne **Gulab Rai Ladia Haveli** heraus. Über und über ist es mit vielfältigen, teilweise erotischen Szenen bemalt. Das um 1870 erbaute Schmuckstück ist in den verwinkelten Altstadtgassen südwestlich des Forts

765ra Foto: tb

nicht leicht zu finden, doch im touristisch bereits recht erfahrenen Mandawa warten viele Tourist Guides darauf, einen herumzuführen. Allerdings sind sie offensichtlich von den vornehmlich italienischen und französischen Pauschaltouristen derart verwöhnt, dass sie recht abenteuerliche Summen verlangen. Mehr als 20 Rs pro Stunde sollte man dennoch nicht zahlen, da man sonst das Gehaltsgefüge durcheinanderbringt.

Das ebenfalls reich bemalte **Lakshminarayan Ladia Haveli** gleich nebenan weist vor allem religiöse Szenen auf. Zwei weitere sehr schöne Havelis finden sich entlang der Basarstraße mit dem 1910 erbauten **Bansidhar Nerwatia Haveli** und dem älteren **Akhramka Haveli** (1880). Bei der Motivsuche finden sich u.a. Flugzeuge, Fahrräder, Teleskope und ein Junge beim Telefonieren. Aber auch traditionellere Bilder wie Kamele, Pferde und Jagdszenen sind zu sehen.

Im Südwesten Mandawas ist das **Jhunjhunuwala Haveli** einen Abstecher wert. Besonders der überaus reich mit Goldmalerei ausgestattete Empfangsraum beeindruckt.

Von der ursprünglichen Stadtmauer ist kaum noch etwas erhalten geblieben, und so existiert mit dem **Sonilia Gate** nur noch eines der ehemals vier

Haveli in Mandawa

Stadttore. Der Raum in der Spitze des Tores ist mit sehr schönen Wandmalereien des letzten großen Freskenmalers des Shekhawati, *Balu Ram*, geschmückt. Sehr eindrucksvoll wirken auch die unmittelbar neben dem Tor platzierten Chattris lokaler Geschäftsleute.

Unterkunft, Essen und Trinken

(Vorwahl: 01592)

- Die einzige preiswerte Bleibe Mandawas ist das **Hotel Shekhawati** €-€€€ (Tel.: 223036, www.hotelshekhawati.com), in dem jedes Zimmer mit Wandmalereien verziert ist. Die billigen Zimmer sind jedoch recht einfach ausgestattet, erst die teuren klimatisierten sind angenehm, aber leider überteuert. Nicht sonderlich empfehlenswert ist das hauseigene Restaurant, dieser Eindruck wird jedoch durch den tollen Rundblick vom Dach gemildert. Hier gibt's einen kleinen Innenbereich gegen zu starke Sonnenstrahlen oder Moskitos am Abend.
- Stilvoll ist das in einem 120 Jahre alten Haveli untergebrachte **Heritage Mandawa** €€€-€€€€€ (Tel.: 223742/3, 325177, www.hotelheritagemandawa.com). Auch hier sind die recht günstigen Zimmer mit Wandmalereien verziert, die großen Suiten sind weit teurer. Das obere Stockwerk ist vorzuziehen, ist es im Erdgeschoss doch recht dunkel. Schmackhafte Mahlzeiten gibt's entweder à la Carte oder vom Buffet (Frühstück/Mittag- und Abendessen 175/300–400 Rs). Der hilfsbereite Manager ist bemerkenswert.
- Die im Gesamtbild stimmigste Adresse Mandawas ist das herrlich restaurierte, eher kleine **Chobdar Haveli** €€€-€€€€€ (nahe Gulab Rai Ladia Haveli, Tel.: 223262, (0)941 4540318, www.shekhawatimandawahotels.com) im Südwesten des Ortes. Nicht sonderlich aufwendig, aber sehr stilsicher instandgesetzt, sind die komfortablen, unterschiedlichen Zimmer mit erstklassigen Bädern sehr angenehm. Die Mahlzeiten werden im Innenhof oder auf kleinen Terrassen eingenommen. Auch durch den freundlichen, familiären Service und das gute Essen die harmonischste Unterkunft der Stadt.
- Das **Mandawa Haveli** €€€€-€€€€€ (Tel.: 223088, www.hotelmandawa.com) ist ein geschmackvoll eingerichtetes, 180 Jahre altes Kaufmannshaus und für viele die Unterkunft des Ortes, die am meisten Raj-Feeling hat. Das im Jahr 2000 zum Hotel umgebaute Haus verfügt über zehn mit schönen Wandmalereien verzierte Zimmer. Der exzellente Service, die familiäre Atmosphäre und die friedliche Ruhe runden das äußerst positive Gesamtbild ab.
- Erste Adresse im Ort ist das prächtige **Castle Mandawa** €€€€€-€€€€€€ (Tel.: 223124, www.castlemandawa.com). Sicherlich eine sehr stilvolle Adresse, doch die Zimmer variieren stark, die teureren haben Kühlschrank, die billigeren Einzelzimmer sind recht klein. Schön ist das Abendessen unter freiem Himmel bei Live-Musik. Auch der große Gartenpool ist bemerkenswert.
- Eine nahezu preisgleiche, sehr schöne Alternative für den Fall, dass das Castle durch Pauschaltouristengruppen belegt ist, bietet das unter gleichem Management stehende Hotel **Mandawa Desert Resort** €€€€€ (Tel.: 223123, 223151, www.castlemandawa.com). Die etwas außerhalb auf einem Hügel gelegene, schön gestaltete Anlage verfügt über einen Pool mit Blick in die Steppe und strahlt eine angenehm, friedvolle Atmosphäre aus. Man sollte eine Übernachtung in den stilvollen Lehmbungalows einem Zimmer im Haupthaus vorziehen.
- Am Main Market in einem von Mauern versteckten Innenhof lockt das **Paawana** mit authentischer indischer Küche in fröhlicher Atmosphäre. Die Preise liegen zwischen 70 und 200 Rs, ein *thali* kostet 120 Rs. Leider ist's etwas fliegenreich.
- Freundliche Bedienung und gute Küche sind die Merkmale des **Monica Restaurant** (Shekhawat Haveli Ward No. 5, Tel.: (0)992 8207523) auf dem Dach eines hübsch bemalten Havelis, eine von der Hauptstraße südlich abgehende Gasse etwa 100 m hinein. Es gibt einen überdachten Innenbereich auf dem Dach. Hauptgericht etwa 200 Rs inkl. Kingfisher-Bier, tgl. 9–22.30 Uhr.

● Besonders bei Touristen findet das **Bungli Restaurant** (Hauptgericht 70–170 Rs) nahe dem Goenka Chowk reichlich Zulauf. Das Freiluftrestaurant mit Grasdach serviert schmackhafte indische Gerichte. Besonders das Tandoori kann empfohlen werden. Hier gibt's auch Bier.

Bank und Internet

● Die **State Bank of Bikaner & Jaipur** wechselt Bares und Reiseschecks Mo–Fr 10–16, Sa 10–13 Uhr. Es gibt keinen ATM in Mandawa.
● Am Subash Chowk versorgt **SN Computers** (8–18.30 Uhr) und gegenüber der State Bank of Bikaner & Jaipur **Gayatri Travels** (8–20 Uhr) mit schnellen Verbindungen. Beide verlangen 60 Rs/Std.

An- und Weiterreise

● Jhunjhunu ist der nächste **Bahnhof** mit Verbindungen nach Jaipur, Sikar und Nawalgarh.
● Häufige **Busverbindungen** u.a. nach Jhunjhunu, Fatehpur (zwischen 7.30 und 20.35 Uhr, auch vom Goenka Chowk), Mukundhgarh (zwischen 6.15 und 18.30 Uhr) und Nawalgarh (umsteigen in Mukundhgarh) und einige Direktverbindungen zwischen 9 und 16.15 Uhr nach Bikaner (3,5 Std.). Im Zentrum am Subash Chowk wird ein- und ausgestiegen.
● Am Subash Chowk warten **Jeeps** auf Kundschaft, die nach Jhunjhunu fahren, wenn sie voll sind (20 Rs, 10 Rs pro Gepäckstück). Jeeps nach Fatehpur starten am Goenka Chowk.

Bissau

↗ C1

Das im Norden und Westen von Sanddünen flankierte Bissau wurde 1746 von *Keshri Singh,* dem jüngsten Sohn *Sardul Singhs,* gegründet. Das hübsche kleine Städtchen, 40 km von Jhunjhunu entfernt, weist eine Vielzahl sehenswerter Havelis auf und lohnt besonders im Oktober einen Besuch, wenn auf einer im örtlichen Bazar installierten Bühne während eines zehntägigen Festivals Episoden aus dem Ramayana aufgeführt werden.

Sehenswertes

Obwohl es keine erwähnenswerten Wandmalereien aufzuweisen hat, bietet sich das zwischen 1751 und 1755 erbaute, heute weitgehend verfallene **Fort** wegen des schönen Ausblicks vom Dach als Ausgangsort für den Stadtrundgang an. Das bei der Busstation gelegene **Chattri von Hamir Singh** soll pikanterweise 1875 von seiner Konkubine finanziert worden sein. Direkt daneben findet sich das zehn Jahre später erbaute **Tibrewala Haveli,** unter anderem mit einer schönen Szene, in der Vishnu sich beim Melken einer Kuh versucht.

Nur wenige Meter weiter südlich der Gasse steht das **Sigtia Haveli,** wobei das hier dargestellte Motiv mit Krishna, der den im Fluss badenden Hirtenmädchen die Kleider stiehlt, eine der beliebtesten Szenen der hinduistischen Mythologie ist.

Eines der schönsten Havelis der Stadt ist das **Jainarayan Tibrewala Haveli.** Die interessanten Malereien an den Außenwänden werden noch übertroffen von denen innerhalb der Räume, wobei besonders jene im zweiten Stockwerk beeindrucken. Dargestellt sind vornehmlich religiöse Motive mit Krishna und Rama im Mittelpunkt. Verstärkt wird der Eindruck noch von den hübschen Spiegelverzierungen.

Ein typisches Beispiel für den Baustil Mitte des 19. Jh. bietet das **Kedia Haveli.** Interessant auch die vornehmlich in Ocker gemalten Fresken, wobei besonders eine britische Militärparade ins Auge fällt. Die Szene bezieht sich wahrscheinlich auf das Jahr 1831, als Bissau von einer britischen Armeeinheit unter Oberst *Lockett* eingenommmen wurde.

Eine bunte Mischung religiöser und weltlicher Motive bietet auch das **Kemka Haveli** südlich des Forts. Beachtenswert sind hier auch die gelungenen Holzschnitzereien an den Verstrebungen. Südlich eines moslemischen Grabbezirkes (Samas Khan ka Dargah) befindet sich ein unscheinbares Grab eines französischen Soldaten. Seit Mitte des 19. Jh. wurden in Indien zunehmend europäische Söldner von den lokalen Herrschern verpflichtet.

An- und Weiterreise

- **Busverbindungen** mindestens jede Stunde nach Jhunjhunu (45 Min.), Fatehpur (30 Min.) und Churu (dort Fernverbindungen auch per Bahn).

Churu

↗ C1

Streng genommen liegt Churu nicht mehr in den Grenzen der Shekhawati-Region, doch seine Geschichte und Architektur ist eng mit dieser Region verbunden. Die im Süden und Westen von Sanddünen flankierte Stadt soll 1563 von den Jats gegründet worden sein. Ihr eigentlicher Aufstieg zu einer der mächtigsten und wohlhabendsten Städte der Region begann jedoch erst im 18. Jh. und ist untrennbar mit der Kaufmannsfamilie der *Poddars* verbunden. Diese waren vornehmlich durch den Handel mit Kaschmirwolle zu Reichtum gelangt, was sich nicht zuletzt in den vielen von ihnen erbauten Havelis niederschlug. Als der *Thakur* (Baron) von Churu, *Sheo Singh,* auf die wenig weitsichtige Idee kam, den Handel mit Wolle mit einer deftigen Steuer zu belegen, war es mit der Herrlichkeit vorbei. Verärgert verließen die Poddars die Stadt und schlugen ihre Zelte im wenige Kilometer südlich gelegenen Ramgarh auf.

Der endgültige Tiefpunkt der einstmals so blühenden Handelsmetropole war 1813 erreicht, als die Stadt vom Maharaja von Bikaner eingenommen wurde und *Sheo Singh* daraufhin Selbstmord beging. Als eine britische Delegation den Ort 1830 besuchte, war der Handel völlig zum Erliegen gekommen und der Basar geschlossen. Schließlich gelang es dem Maharaja von Bikaner jedoch, viele Geschäftsleute nach Churu zurückzuholen.

Heute weist die Stadt eine der größten Ansammlungen von Havelis auf.

Bei der Reiseplanung sollte man bedenken, dass Churu als die Stadt mit den größten Temperaturschwankungen ganz Nordindiens gilt. Während in den Monaten Mai und Juni Temperaturen bis zu 50 °C keine Seltenheit sind, wurden im Januar schon Minusgrade gemessen.

Rundgang

Ein ebenso plastisches wie trauriges Zeugnis von der Niederlage Churus im Kampf gegen die übermächtigen Truppen des Maharajas von Bikaner geben die spärlichen Überreste des 1713 erbauten **Forts.** Glaubt man den örtlichen Geschichtsschreibern, soll hier der unglückliche Sheo Singh im Angesicht der Niederlage einen Diamanten geschluckt haben, um seinem Leben ein Ende zu setzten – der Mann hatte offensichtlich Stil.

Ein eindrückliches Zeugnis jener Epoche, als Churu wieder Anschluss an die Prosperität der Region fand, ist das im Süden der Stadt gelegene **Surana Double Haveli.** Hierbei sind es nicht in erster Linie die Fresken, sondern die schiere Größe des Gebäudes, die seine Bedeutung ausmachen. Wegen der angeblich über 1.000 Fenster wird es in Anspielung an den Palast der Winde in Jaipur auch *Hawa Mahal* genannt.

Einige amüsante Motive finden sich an der nördlichen Fassade des ca. 1925 erbauten **Suryamal Banthia Haveli.** Erwähnenswert ist hier vor allem ein Jesus-Porträt, welches seinen besonderen Reiz daraus erlangt, dass der Sohn Gottes genussvoll an einer Zigarre zieht. Ironisch könnte man anmerken, dass man es im hinduistischen Indien damit nicht so genau nimmt, doch tatsächlich dokumentiert dieses skurrile Beispiel, dass die Maler völlig ahnungslos europäische Motive aufnahmen, ohne etwas über deren Hintergründe zu wissen.

Das vielleicht schönste Fresko ganz Rajasthans findet sich an der Südwand des **Kanhaiyalal Bagla Haveli.** Dargestellt ist eine Szene des in Rajasthan äußerst beliebten Dhola-Maru-Volksmärchens, in dem ein Liebespaar auf einem Kamel flüchtet. Der Besitzer des Kanhaiyalal Haveli war gleichzeitig der Erbauer des sehr hübschen **Balayi-Tempels** beim Uhrturm. Zwei von vielen hübschen Motiven finden sich oberhalb des Torbogens; auf der rechten Seite ist die Heirat zwischen Sita und Rama und auf der linken Seite die zwischen Krishna und Rukmini dargestellt.

Das **Haveli der Mantri-Familie** entstand um das Jahr 1860. Genau zu jener Zeit wurden die ersten synthetischen blauen Farben aus Deutschland verwendet, wie einige allerdings noch recht kleine Motive verdeutlichen. Aus der gleichen Zeit stammt das schöne **Poddar Haveli,** von wo aus der Stadtrundgang zurück zum Ausgangspunkt, dem Fort führt.

Unterkunft

- Die günstigste und gleichzeitig beste Übernachtungsmöglichkeit bietet der Dharamsala des an der Hauptstraße gelegenen **Rama Mandir** € (Tel.: 01595-25024). Man wohnt in einfachen, aber großen und sauberen Zimmern mit gemeinschaftlichen Toiletten und Duschen.

- Mehansar ist ein sehenswertes Dorf zwischen Churu und Ramgarh mit zwei hübschen Palasthotels. Das **Narayan Niwas Castle** €€€-€€€€ (Tel.: 01595-264322, (0)992 8331467, www.mehansarcastle.com) ist im Palast des ehemaligen Thakurs von Mehansar untergebracht. Das imposante Lehmgebäude ist aufgeteilt in das Hotel, zwei private Teile und einen verlassenen Bereich. Das Hotel (ca. 20–25 Betten) lebt von holländischen und französischen Reisegruppen, die ab und zu für eine Nacht unterkommen. Die Gastgeber sind liebenswürdig, die Zimmer eher einfach, dafür ist das Essen sehr gut.
- Kaum teurer, dafür aber ein ganzes Stück gepflegter und besser erhalten ist das **Mahansar Fort Heritage Hotel** €€€€ (Tel.: 01595-2647611, www.mahansarfort.com).

An- und Weiterreise

Bahn:

- Die Züge 485, 165, und 467 verbinden Churu täglich mit Fatehpur, Sikar und Jaipur.

Bus:

- Tgl. viele Verbindungen nach **Jaipur** und **Fatehpur** sowie nach **Jodhpur** (3x), **Alwar** (2x), **Delhi** (3x) und **Bikaner** (4x).

Der besondere Tipp:
Ramgarh

↗ C1

Ein britischer Offizier, der 1841 von Mandawa nach Ramgarh reiste, beschrieb seine erste Begegnung mit Ramgarh wie folgt: „Der erste Eindruck von Ramgarh, wenn man es etwa eine halbe Meile vor der Ankunft über den Sanddünen erspäht, ist einzigartig und scheint alle Träume von Tausendundeiner Nacht Wahrheit werden zu lassen. Die einzelnen mit hübschen Motiven bemalten Häuserwände zusammen mit den Torbögen und Chattris vor dem Hintergrund der Wüste ergeben eine einzigartig entrückende Kulisse." Würde der Kolonialbeamte heute noch einmal das kleine Wüstendorf besuchen, er bräuchte seine Worte nicht zu revidieren. Noch heute sind die Touristen vom unverfälschten Charme der 1791 von einer wohlhabenden Kaufmannsfamilie, den *Poddars*, gegründeten Stadt begeistert. Diese waren vom 20 km nördlich gelegenen Churu hierher übergesiedelt, nachdem der Thakur den für sie besonders lohnenden Woll-Handel mit einer Steuer belegt hatte. In ihrem Stolz gekrängt, legten sie mit dem Bau besonders prachtvoller Havelis ihren Ehrgeiz daran, Churu in den Schatten zu stellen. Dieses Vorhaben ist ihnen voll und ganz gelungen. Kein anderer Ort des Shekhawati, ja wahrscheinlich der ganzen Erde, weist eine derartige Konzentration an (leider nicht in gutem Zustand befindlichen) Wandmalereien auf wie das kleine Ramgarh, das nicht einmal über ein Hotel verfügt.

Berühmt ist das Städtchen darüber hinaus für die Vielzahl der hier hergestellten, meist kunstvoll verzierten **Holzmöbel.**

Sehenswertes

In der Nähe des Busbahnhofs stehen die **Grabstätten** der *Poddars* (Ram Gopal Poddar Chattris), die verschwenderischsten Chattris aller Kaufmannsfamilien im Shekhawati. Leider wurden sie vor einigen Jahren mit einem hässlichen Metalltor verschlossen, sodass die schönen, das Kuppeldach zierenden Fresken mit Motiven aus dem Ramayana nicht zu sehen sind. Man kann dafür die Wandmalereien in den schräg gegenüber liegenden Gedenk- und Grabstätten besichtigen.

Genaues Hinschauen lohnt auch bei den auf den ersten Blick vielleicht nicht so spektakulären Läden entlang der Main Bazaar Road, speziell in der Nähe des Bushalteplatzes. Das ganz in der Nähe beim Churu Gate gelegene kleine **Poddar Haveli** besticht vor allem durch seine kräftigen Naturfarben, die zur Zeit seiner Fertigstellung 1850 besonders beliebt waren.

Auffällig leuchtend helle Farben haben sich durch den geringen Lichteinfall auch im Keller des etwas weiter nördlich gelegenen **Ram-Lakshman-Tempels** erhalten.

Eines der herausragensten und größten Havelis war im Besitz der äußerst wohlhabenden Familie der *Tarachand Ghanshyamdas*. Entsprechend dem Baujahr 1853 dominieren auch hier in Ocker gehaltene Wandmalereien die Fassade.

Ein ebenso krasses wie betrübliche Beispiel für die Rücksichtslosigkeit, mit der die **Gier nach Antiquitäten** befriedigt wird, zeigt ein kleines Haveli im Nordwesten Ramgarhs in der Nähe des Churu Gate. Hier wurden die filigran verzierten Fensterrahmen und die Eingangstür einfach herausgebrochen. Bleibt nur zu hoffen, dass solch schändliche Taten durch das Ansteigen des Tourismus in der Shekhawati-Region in den nächsten Jahren nicht noch mehr zunehmen.

Unterkunft

- Mit dem sehr schön restaurierten **Ramgarh Fresco** €€€€ (Tel.: 01571-240595, www.ramgarhfresco.com) gibt es neuerdings auch eine empfehlenswerte Unterkunft. Die Zimmer sind nicht luxuriös, dafür jedoch groß und mit viel Liebe fürs Detail eingerichtet. Das Essen ist köstlich und die Bediensteten sind sehr freundlich.

An- und Weiterreise

- Die meisten Direktverbindungen per Bus bestehen von **Fatehpur** und **Mandawa.** Von **Jhunjhunu** kann man zunächst bis **Bissau** fahren und von dort die restlichen 10 km mit einem weiteren Bus.

Fatehpur

↗ C1

Fatehpur, 10 km westlich von Mandawa, wurde ähnlich wie Jhunjhunu von 1451 bis 1731 von muslimischen Nawabs aus dem Hause *Kamikhani* regiert, ehe der letzte Nawab, *Sadar Khan,* von *Shiva Singh*, dem rajputischen Herrscher Sihars, besiegt wurde. Die jahrhundertealte muslimische Vergangenheit ist auch heute noch sehr lebendig. Die Stadt gehört sicherlich nicht zu den attraktivsten des Shekhawati, ist aber dennoch einen Zwischenstopp wert, zumal die schönsten Havelis auf engem Raum zusammenliegen.

Klein, aber fein ist das um einen einzigen Innenhof errichtete **Mahaver Prasad Goenka Haveli.** Mehr noch als die Wandbemalungen an der Fassade beeindrucken die religiöse Themen aufnehmenden Wandgemälde im Innenraum. Verstärkt wird der Eindruck noch durch die hübschen Spiegelverzierungen, mit denen die Wände geschmückt sind. Leider ist das Haveli oft verschlossen und so nicht zu besichtigen.

Ein besonders anschauliches Beispiel für die sich im Lauf der Zeit auffällig wandelnde Motivwahl der Künstler, weg von religiösen Themen hin zu neuzeitlichen Erfindungen wie Autos, Telefonen und Flugzeugen, ist das **Jagannath Singhamia Haveli.** Während die Malereien auf der Rückseite aus der Zeit um 1850 stammen, wurden die Bilder auf der Fassade und im Vorhof Ende des 19. Jh. aufgetragen.

Kulturhistorisch interessant ist auch ein Bild im Vorhof des **Ram Gopal Ganeriwala Haveli.** Das Motiv – Krishna in einer Tanzszene – ist identisch mit einem Aufkleber, mit dem eine mit Indien Handel treibende Baumwollfabrik aus Manchester in England Werbung betrieb.

766ra Foto: tb

Das **Gopiram Jalan Haveli** unterstreicht mit seinen Fresken aus dem Jahr 1912, wie sehr die Motivwahl jener Zeit von europäischen Ereignissen bestimmt war. So kann man sich u.a. über die Bilder einer europäischen Hochzeitsfeier amüsieren und die Krönungszeremonie von *George V.* miterleben.

Nach umfangreichen Restaurierungsmaßnahmen erstrahlt das **Haveli Nadine Prince** (Tel.: 01571-233024, www.cultural-centre.com) wieder im einstigen Glanz. Das 1802 errichtete Haveli wurde in eine Galerie mit Kulturzentrum (tgl. 10–18.30 Uhr, Eintritt 100 Rs) umgewandelt, in dem ständig einige Künstler arbeiten. Das angeschlossene **Art Café** ist ein angenehmer Ort für einen Snack.

Unterkunft

- Das **RTDC Haveli Hotel** €-€€ (Tel.: 01571-230293) ist eine akzeptable Unterkunft am südlichen Rand der Stadt. Gut ist das hauseigene Restaurant.

An- und Weiterreise

- Vom östlich der Stadt gelegenen Bahnhof 3 **Züge** tgl. nach Churu (einer davon weiter nach Bikaner) und in umgekehrter Richtung nach Sikar (2 weiter bis Jaipur).
- Von den zwei nahe beieinander gelegenen Busbahnhöfen halbstündliche bis stündliche Verbindungen nach Sikar, Churu, Nawalgarh, Ramgarh, Mandawa und Jhunjhunu. Außerdem **Busse** nach Jaipur, Bikaner (3,5 Std.) und Delhi (7 Std.).

Dundlodh

Obwohl verkehrstechnisch günstig zwischen Mandawa nach Nawalgarh angesiedelt, legen nur sehr wenige Touristen im 1750 vom fünften Sohn *Sardul Singhs* gegründeten Dundlodh einen Zwischenstopp ein. Das ist schade, ist dies doch ein hübsches kleines Örtchen mit einem der skurrilsten Hotels der Region. Gerade während der Hauptreisezeit, wenn in Mandawa und Nawalgarh die Touristen das Bild bestimmen, bietet sich Dundlodh so als willkommener Standort zur Erkundung des Shekhawati an.

Die schönsten Bauwerke des Ortes wurden von den *Goenkas* finanziert. Eine Seitenlinie dieser berühmten Shekhawati-Familie siedelte nach einem Disput mit dem Thakur von Nawalgarh nach Dundlodh.

Die meisten Gebäudeteile des 1750 erbauten **Forts** stammen aus der Mitte des 19. Jh. Schmuckstück des sehr stilvoll restaurierten Schlosshotels ist der Diwan-khana mit einer der wertvollsten Bibliotheken zur Kunst und Kultur Rajasthans. Sehr fotogen wirkt auch die private Audienzhalle *(Diwan-e-khas)* mit europäischen Möbelstücken und interessanten Porträtmalereien an den Wänden (20 Rs Eintritt, die beim Verwalter des Hotels zu zahlen sind, der dann engagiert den Raum erklärt). Im umlaufenden ehemaligen Wassergraben wehrten zu rajputischen Zeiten hungrig gehaltene Krokodile eventuelle Eindringlinge ab.

Die zum Fort führende Straße wird von mehreren **Goenka-Havelis** flankiert, wobei das kleinste dieser Gruppe das erste Wohn- und Geschäftshaus ist, welches die Familie nach ihrem Umzug von Nawalgarh errichten ließ. Das **Jagathia Haveli** unweit des 1911 erbauten Satyanarayan-Tempels weist Darstellungen einiger hübscher Szenen auf. Auf der östlichen Außenmauer finden sich eine europäische Eisenbahn und Tänzerinnen, die für eine gute Ernte tanzen. Weniger nett erscheint der Mann, der seine Frau schlägt.

Das am südlichen Rand der Stadt im Jahre 1888 errichtetete Chattri von **Ram Dutt Goenka** zeigt unter anderem ein Selbstporträt der Steinmetze beim Errichten der Totengedenkstätte.

Die recht gut erhaltenen **Baoris** (Tiefbrunnen) am westlichen Rand des Ortes sind den kurzen Fußmarsch wert.

Unterkunft

- Das **Dundlod Fort Heritage Hotel** €€€€-€€€€€ (Tel.: 252519, 252199, www.dundlod.com) ist ein ehemaliges rajputisches Fort aus dem 17. Jh., das mit Liebe zum Detail zum Hotel umgewandelt wurde. Alle Zimmer sind mit Wandmalereien geschmückt und strahlen ihre eigene historische Atmosphäre aus. Es war sicher einmal ein Schmuckkästchen, aber leider wird nicht mehr viel Wert auf Instandhaltung gelegt, sodass die Zimmer inzwischen überteuert sind. Durch die leichten Verfallserscheinungen, meist wenige Gäste und den eigenartigen Service entsteht eine ganz eigene Atmosphäre, die sicher nicht jedermanns Sache ist. Für Pferdeliebhaber ein Juwel, werden doch Pferdesafaris in die Umgebung angeboten.

An- und Weiterreise

- Regelmäßige **Busverbindungen** nach Nawalgarh (15 Min.) und Jhunjhunu (1 Std.).

- Per **Fahrrad** fährt man von Nawalgarh etwa 30–45 Minuten.

Mukundhgarh

Die um einen Tempelhof angelegte Stadt gehört sicherlich nicht zu den interessanteren Orten des Shekhawati, soll hier aber dennoch erwähnt werden, weil sie mit dem Fort Heritage Hotel über eines der schönsten Hotels der Region verfügt. Aufgrund der geringen Entfernungen innerhalb des Shekhawati bietet sich das von Touristen kaum besuchte Mukundhgarh als Ausgangsort zur Erkundung an.

Unterkunft

- Das **Fort Heritage Hotel** €€€€ (Reservierung in Delhi, Tel.: 011-26968937) ist aus dem ehemaligen Fort der Stadt hervorgegangen und bestiсht unter anderem mit dem auf dem Dach platzierten Swimmingpool. Alle Zimmer verfügen über AC und Kühlschrank. Die Küche des hauseigenen Restaurants ist zwar ausgezeichnet, das gilt jedoch auch für die Preise.

An- und Weiterreise

- Regelmäßige **Busverbindungen** von und nach Jhunjhunu und Sikar (diese Busse fahren alle über Nawalgarh).

Sikar

↗ C2

Da das 1687 von *Daulat Singh* gegründete Sikar recht schnell vom 115 km entfernten Jaipur zu erreichen ist und zudem über gute Bus- und Bahnverbindungen nach Bikaner und Delhi verfügt, wird es von einigen Shekhawati-Reisenden als Verkehrsknotenpunkt genutzt. Es gehört zwar nicht gerade zu den attraktivsten Orten der Region, besitzt aber dennoch einige interessante Bauwerke.

Auffällig viele Handelshäuser sind mit **blauen Fresken** geschmückt. All diese Havelis können erst nach 1860 bemalt worden sein, da die synthetische blaue Farbe in jenen Jahren von Deutschland nach Indien gelangte. Begierig wurde sie von den statusbewussten Kaufmannsfamilien verwendet, konnte man so doch beweisen, dass man seiner Zeit ein Stück voraus war. Ein besonders schönes Beispiel hierfür bietet das **Din Dayal Biyani Haveli.** Die **Jubilee Hall** ließ *Ras Raja Madho Singh* 1897 zur Feier der fünfzigjährigen Thronbesteigung *Queen Victoria's* errichten.

Sein Vorgänger, *Pratap Singh*, ließ 1845 den **Palast** erbauen, der heute im Besitz eines Geschäftsmannes ist, dem der hervorragende Zustand des Gebäudes zu verdanken ist. Besonders gelungen ist der heute als Büroraum genutzte Chini Mahal („Zuckerpalast"), der mit außergewöhnlich schönen Porzellankacheln geschmückt ist, auf denen vornehmlich höfische Motive zu sehen sind.

Während das fast vollständig verfallene **Fort** wegen der guten Aussicht von den Mauern einen Besuch lohnt, kann Sikar den besterhaltenen **Stufenbrunnen** des ganzen Shekhawati aufweisen. Das um 1750 erbaute Prachtexemplar ist zwar nicht bemalt, wurde dafür jedoch mit einigen hübschen

Steinreliefs versehen. Allerdings ist der Baori im Strassengewirr nur sehr schwer zu finden.

Unterkunft, Essen und Trinken

- Im **Hotel Natraj** €€ gleich beim Bahnhof kann man zwischen einer Reihe von EZ/DZ wählen.
- Außer dem Restaurant im **Natraj** gibt es in der Bahnhofsgegend eine Reihe weiterer kleiner Lokale.

An- und Weiterreise

- Täglich drei **Bahnverbindungen** von Sikar über Fatehpur nach Churu. Nach Jhunjhunu über Nawalgarh fünf Züge täglich, von denen der 9735 am Nachmittag eine Express-Verbindung ist. Nach Jaipur sechs Züge.
- Ständige **Busverbindungen** von und nach Jhunjhunu (2 Std.), Jaipur (2 Busse, 2,5 Std., 7.15 und 7.45 Uhr), Ajmer (5 Busse), Agra (9.45 und 13.45 Uhr), Delhi über Jhunjhunu (zwischen 5.30 und 22.30 Uhr, 9 Std.), Nawalgarh und Mandawa. Churu und Ramgarh werden 6-mal tgl. zwischen 8 und 19.30 Uhr angefahren. Außerdem Verbindungen nach Bikaner (zwischen 5.30 und 0.15 Uhr).

Lakshmangarh

↗ C1

Wie keine andere Stadt des Shekhawati erinnert das weitläufige Lakshmangarh mit seinem rechtwinkligen Straßenmuster und dem Kreisverkehr an die Hauptstadt Rajasthans, Jaipur. Gegründet wurde die Stadt von dem Raja von Sikar, *Lakhsman Singh,* erst recht spät, nämlich 1806, um von dem zu jener Zeit besonders florierenden Karawanengeschäft zu profitieren. Doch schon kurze Zeit später wurde der Ort ausgeplündert und so entschied sich der Herrscher von Sikar, eine Stadtmauer zu errichten, von der jedoch heute nichts mehr zu sehen ist. Auch in Lakshmangarh dominierte die Poddar-Familie, die viele der schönsten Bauten der Stadt errichten ließ. Ein großer Teil des Reichtums wurde nicht in Lakshmangarh selbst, sondern indirekt durch die in Kalkutta ansässigen Poddars erwirtschaftet, die die riesigen Gewinne zum Teil wieder in ihre Heimatstadt investierten.

Hingewiesen sei auf die vielen Kinder in Lakshmangarh, die durch Betteln oder den Verkauf von Souvenirs etwas Geld erwirtschaften und deshalb nicht zur Schule gehen.

Sehenswertes

Beherrscht wird die Stadt vom sich westlich auf einem Ausläufer eines Hügels gelegenen **Fort.** Die runden Bollwerke sind ein Ausdruck der immer größeren Bedeutung, die die Artillerie während der Jahrhundertwende erlangte. Die Gebäude innerhalb des Fort sind wenig beeindruckend, doch die Aussicht von der Terasse lohnt den Aufstieg allemal.

Von hier bietet sich auch ein ausgezeichneter Blick auf das **Char Chowk Haveli,** ein architektonisches Juwel besonderer Art. Wie es der Name „Vier-Innenhöfe-Haveli" schon sagt, besteht das in den vierziger Jahren des 19. Jh. erbaute Gebäude aus vier Innenhöfen und ist der größte Wohnblock des Shekhawati. Abgesehen von seiner architektonischen Bedeutung weist es einige ausgezeichnete Wandmalereien auf, wobei die meisten religiöser Natur sind. Interessant ist die Darstellung einer Giraffe an der Fassade. Man nimmt an, dass diese Zeichnung Mitte des 19. Jh. angefertigt wurde, da der Maharaja von Jaipur 1894 eine Giraffe in seinen Privatzoo aufnahm.

Architektonisch interessant ist der in der Mitte des nördlichsten der drei die Stadt von Süd nach Nord durchziehenden Plätze platzierte **Tempel Radha Murlimanohar,** der 1845 ebenfalls von den Poddars gestiftet wurde.

Rot und Blau sind die dominierenden Farben des zur Jahrhundertwende errichteten **Sanwatram Haveli.** Ein besonders schönes Fresco zeigt Ardhanareshvara, der halb männlich, halb weiblich Shiva und Parvati in einer Person darstellen soll. Eines der am reichsten bemalten Havelis ist das **Chetram Sanganeeria,** wobei der Name darauf schließen lässt, dass der Erbauer aus der für ihren Stoff- und Papierdruck bekannten Stadt Sanganer, südlich von Jaipur, stammt. Reich bemalt sind die Havelis **Jawahar Mal Pansari** und **Shyonarayan Kyal,** wobei Letzteres auch einige erotische Motive aufweist. Guter Dinge war offensichtlich der Maler eines Motivs an der Westwand des **Ram Parasrampuria Naria Haveli,** der eine Frau zu einem Europäer sagen lässt: „I can give you much pleasure." Nun denn ...

An- und Weiterreise

- Von **Nawalgarh** etwa stündlich Busse nach Lakshmangarh zwischen 6.30 und 17.45 Uhr. Von Lakshmangarh regelmäßige Busse nach **Fatehpur,** ansonsten mit einem der bereitstehenden Jeeps. Nach Nawalgarh zunächst per Bus nach Sikar und von dort mit weiterem Bus oder Zug nach Nawalgarh.

Highlight: Nawalgarh

↗ C1

Nach Mandawa und Ramgarh ist das etwa auf halber Strecke zwischen Sikar und Jhunjhunu in einer weiten, spärlich bewachsenen Ebene gelegene Nawalgarh die besuchenswerteste Stadt der Region. Mit über 100 Havelis ist es eine der traditionsreichsten Städte des Shekhawati und verfügt gleichzeitig über eine erstaunliche Zahl sehr schöner Hotels. Gegründet wurde es 1737 vom fünften Sohn *Sardul Singhs,* dem Herrscher Jhunjhunus und bedeutendsten Machthaber des Shekhawati in jenen Jahren. Viele der in den Gründerjahren errichteten Bauten wie das Fort, der Gopinath-Tempel und die Stadtmauern haben sich bis heute in erstaunlich gutem Zustand erhalten.

Das **Bala Qila Fort** beherbergt heute eine Filiale der Bank of Baroda und sein Innenhof dient als der lokale Marktplatz. Die vier Dungaichi Havelis wurden alle um 1890 erbaut und weisen einige interessante Fresken auf, von denen viele von Binja gemalt wurden, einem der berühmtesten Maler seiner Zeit, der aus Mukundgarh stammte.

Eine außergewöhnlich große Vielfalt an Szenen weist auch das **Anandilal Paddar Haveli** (Eintritt 50 Rs) auf, welches erst recht spät, nämlich 1920, mit Tempera-Malereien verziert wurde. Die Palette der dargestellten Szenen reicht von Tempelprozessionen, prächtigen Festtagsumzügen und Badeszenen bis zu Autos, Zügen und Flugzeugen. Vor allem Fotografen sollten sich dieses außergewöhnliche, heute als Schule dienende Gebäude nicht entgehen lassen, erstrahlen doch alle Wandmalereien nach einer umfangreichen Restauration in hellen Farben. Auch wenn Traditionalisten diese „Modernisierung" der alten Fresken nicht gutheißen mögen, so ist das Haveli doch ein nachahmenswertes Beispiel, wie das großartige Erbe der Shekhawati-Region bewahrt werden kann.

Viele reich bemalte **Kaufmannshäuser** flankieren die vom Roop Niwas Palace Guest House westlich zum Bowari Gate führende Straße. Zwei besonders auffällige Beispiele sind die beiden um 1900 bemalten Havelis **Chokhani** und **Jodharaj Patodia.**

Das hübsche **Shyamnarayan Bansidhar Bhagat Haveli** an der gleichen Straße besticht nebem seiner reich bemalten Fassade mit einigen sehr kunstvollen und detaillierten Fresken im Vorhof. Der aus dem Fenster schauende Mann im **Goenka Haveli** ist ein besonders in Nawalgarh gern verwendetes Motiv – sollte er nicht zurückgrüßen, so ist dies also kein Ausdruck von Unfreundlichkeit.

Frisch renoviert ist das in ein Museum umgewandelte **Dr. Ramnath A Podar Haveli** (geöffnet 8–18 Uhr, Eintritt 100 Rs) im Osten des Dorfes. Das farbenfrohe **Museum** zeigt Ausstellungsstücke des Handwerks der Rajasthani-Kultur.

Stadtverkehr

- Eine **Riksha** von der Hauptstraße ins Dorf sollte nicht mehr als 25 Rs kosten, zu den Unterkünften, die östlich vom Dorf liegen, nicht mehr als 40 Rs.
- Nahe der Ausfallstraße nach Dundlodh werden beim **Fahrradverleih Atlas** Drahtesel für 50 Rs/Tag und 5 Rs/Std. vermietet.

Unterkunft, Essen und Trinken

(Vorwahl: 01594)

- Die Zimmer im **Ramesh Jangid's Tourist Pension** €€-€€€ (Tel.: 224060, www.touristpension.com) sind angenehm, doch genauso wie das schmackhafte vegetarische Essen leicht überteuert. Leider scheint man sich nur dann um die Gäste zu kümmern, wenn der häufig auf Reisen befindliche Besitzer anwesend ist. Die Mahlzeiten in dieser bei westlichen Touristen mit weniger üppigem Geldbeutel beliebtesten Adresse werden vorzugsweise gemeinsam im Innenhof zu festen Zeiten eingenommen.
- Ein idealer Ort zum Entspannen, wenn man nicht viel Wert auf Komfort legt, ist **DS Bungalow** €-€€ (Tel.: (0)9828828116, (0)998 3168916) am östlichen Rand des Dorfs. Das freundliche Ehepaar *Bunty* und *Pinky* vermietet 5 Einfachzimmer mit Blick auf die zum Haus gehörenden Felder. Die herzliche Atmosphäre, die Ruhe und das gute Essen sind eine rundum gelungene Billigwahl.
- In traditionellem Baustil sind die Lehm-Stein-Bungalows mit Grasdach des **Apani Dhani** €€€ (Tel.: 222239, www.apanidhani.com) inmitten von Feldern ein herrliches Refugium. Auch die preisgleichen Komfortzelte mit Bad sind ihr Geld wert. Die nach ökologischen Kriterien angebauten Früchte werden auch für die erstklassigen Speisen verwendet.
- Recht angenehm ist das **Heritage Thikana** €€-€€€ (Tel.: 222152, (0)9414082791, www.heritagethikana.com) beim Bawri Gate. Wie der Name schon andeutet, handelt es sich

005raj Foto: tb

um ein altes Haveli mit sehr geschmackvoll eingerichteten Zimmern und Wandbemalungen in gemütlicher Atmosphäre. Im Übrigen betätigt sich die sehr freundliche Besitzerin Frau *Jyoti Basotia* auch als ausgezeichnete Köchin. Serviert wird auf dem Dach. Kamel- und Jeepsafaris werden arrangiert.

● Das stilvolle **Roop Niwas Kothi** €€€€-€€€€€ (Tel.: 222008, 224152, www.roopniwaskothi.com), ca. 1 km östlich des Dorfes, ist eine exzellente Wahl. Das ehemalige Landhaus des Fürsten von Nawalgarh ist eines der besten Hotels der Region. Das von einem schönen Garten umgebene Haus bietet komplett zeitentsprechend eingerichtete, sehr große Zimmer, die nicht luxuriös, aber komfortabel sind. Mehrere Terrassen und ein Swimmingpool (300 Rs für Besucher) laden zum Relaxen ein.

● Das nebenan gelegene, luxuriösere **Club Mahindra Roop Vilas Palace Hotel** €€€€€ (Tel.: 224321, www.roopvilas.com), hat deutlich weniger Flair und ist teurer. Besonders erwähnenswert sind drei Luxuszelte im Garten. Auch hier werden Safaris per Jeep oder Kamel sowie Ausritte auf dem Pferderücken angeboten.

● 18 herrlich restaurierte, komfortable Zimmer mit antikem Mobiliar und moderner Ausstattung wie AC und Flat-Screen-TV im Kulwala Ki Haveli machen das **WelcomHeritage Koolwal Kothi** €€€€€ (Tel.: 225817, (0)982 9167214, www.welcomheritagehotels.com) der WelcomHeritage Group zu einer der stimmigsten Bleiben des Ortes. Umgeben von weiteren, leicht verfallenen Havelis und viel Grün ist dies der ideale Ausgangspunkt für Wanderungen im Ort oder in der Umgebung.

● Das **Jhorkahka Restaurant** (12–15 und 19–23 Uhr, Hauptgericht 250–300 Rs) des Hotels Grand Haveli ist eine stilvolle Adresse, um indische und internationale Küche zu genießen. Die Zimmer sind zwar ebenfalls klasse, aber überteuert.

● Mehrere kleine **Billigrestaurants** im Dorfzentrum und der tägliche **Gemüsemarkt** versorgen zum kleinen Preis.

Bank und Internet

- Ein ATM der **State Bank of India** findet sich südwestlich des Ortskerns. Er akzeptiert die meisten internationalen Karten.
- Die beste Ausrüstung zum Internetsurfen hat **Sri Balaji Cyber** (10–20 Uhr), leider etwas ungünstig an der Hauptstraße beim Bushalt gelegen. Bei **Touch & Try** gegenüber dem Uhrturm und dem Podar College (bis 20 Uhr) gibt's schnelle Breitbandverbindungen. Auch im Dorfzentrum nahe der Bank of Baroda ist ein **Cyber Café.**

An- und Weiterreise

- Vom 2,5 km entfernten Bahnhof nach Jhunjhunu und in umgekehrter Richtung nach Jaipur (über Sikar) tgl. 6 **Züge.**
- Vom 2 km westlich gelegenen Busbahnhof alle 30 Min. **Busse** nach Jhunjhunu (zwischen 8.15 und 20.45 Uhr, 1,5 Std., via Dundlodh), Mandawa, Sikar und Jaipur (zwischen 6 und 20.15 Uhr), 1 Bus nach Ajmer (5 Std.), 5 Verbindungen nach Jodhpur zwischen 9.15 und 23 Uhr. Nach Fatehpur Busse zwischen 7.30 und 19.15 Uhr, wobei die Verbindungen um 11.45, 13.30 und 19.15 Uhr Mandawa passieren. Busse nach Mukundhgarh und Jhunjhunu starten etwa alle Stunde zwischen 8.15 und 20.45 Uhr von einem anderen Halteplatz näher am Dorf, etwas westlich vom *Hotel Koolwal Kothi.* Nach Mandawa bis Mukundgarh City (nicht Mukundgarh Mandi) fahren und dort einen Bus nach Mandawa besteigen.

Umgebung von Nawalgarh

Parsurampura

Einige der ältesten und besterhaltenen **Wandmalereien** des Shekhawati finden sich im kleinen Ort Parsurampura, 20 km südöstlich von Nawalgarh. Sehenswert sind besonders das Chhatri von *Thakur Sardul Singh* aus dem 18. Jh., das Shamji Sharaf Haveli mit einem seltsamen Sammelsurium verschiedenster Motive und der herrlich bemalte Gopinathji-Tempel aus dem Jahr 1742.

An- und Weiterreise

- Von Nawalgarh **Busverbindungen** zwischen 8.15 und 19.30 Uhr. Busse nach Nawalgarh zwischen 6.30 und 18 Uhr alle zwei Stunden.

Bemalung eines Haveli

844ra Foto: tb

Anhang

789ra Foto: tb

845ra Foto: tb

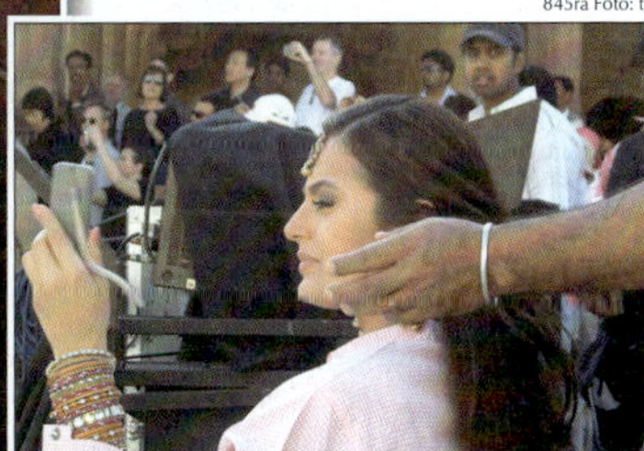

Straßenmusiker

Eingang zu einer Lehmhütte

Bollywood-Star während der Dreharbeiten

Reise-Gesundheits-Information Indien

Stand: 14.8.2012

Die nachstehenden Angaben dienen der Orientierung, was für eine geplante Reise in das Land an Gesundheitsvorsorgemaßnahmen zu berücksichtigen ist. Die Informationen wurden uns freundlicherweise vom **Centrum für Reisemedizin** zur Verfügung gestellt. Auf der Homepage: **www.crm.de** werden diese Informationen stetig aktualisiert. Es lohnt sich, dort noch einmal nachzuschauen.

EINREISE-IMPFVORSCHRIFTEN

Bei Direktflug aus Europa: keine Impfungen vorgeschrieben.

Bei einem vorherigen Zwischenaufenthalt (innerhalb der letzten 6 Tage vor Einreise) in einem der unten aufgeführten Länder (Gelbfieber-Endemiegebiete) wird bei Einreise eine gültige Gelbfieber-Impfbescheinigung verlangt (ausgenommen Kinder unter 6 Monaten). Gelbfieber-Impfung kann gelegentlich auch bei Einreise aus südafrikanischen Ländern (z.B. aus Sambia) verlangt werden.

Gelbfieber-Impfbescheinigung erforderlich bei Einreise aus:

Angola · Äquatorialguinea · Argentinien · Äthiopien · Benin · Bolivien · Brasilien · Burkina Faso · Burundi · Ecuador · Elfenbeinküste · Franz. Guayana · Gabun · Gambia · Ghana · Guinea · Guinea-Bissau · Guyana · Kamerun · Kenia · Kolumbien · Kongo, Rep. · Kongo, Dem. Rep. · Liberia · Mali · Mauretanien · Niger · Nigeria · Panama · Paraguay · Peru · Ruanda · Senegal · Sierra Leone · Sudan · Suriname · Togo · Trinidad & Tobago · Tschad · Uganda · Venezuela · Zentralafrikanische Republik

EMPFOHLENER IMPFSCHUTZ

Generell: Tetanus, Diphtherie, Hepatitis A, Polio, Typhus

Je nach Reisestil und Aufenthaltsbedingungen im Lande außerdem zu erwägen:

Impfschutz	Reisebedingung 1	Reisebedingung 2	Reisebedingung 3
Cholera	x		
Hepatitis B [a]	x		
Tollwut [b]	x		
Jap. Enzephalitis [c]	x		
Meningitis [d]	x		

[a] vor allem bei Langzeitaufenthalten u. engerem Kontakt zur einheimischen Bevölkerung.
[b] bei vorhersehbarem Umgang mit Tieren
[c] bei besonderen Aufenthaltsbedingungen in bestimmten ländlichen Gebieten. Vorkommen ganzjährig ländliche Gebiete im S und SO, saisonal (April–Oktober) im O und NO
[d] Nur bei engerem Kontakt zur einheimischen Bevölkerung. In den letzten Jahren gab es im NO (Meghalaya, Tripura, Mizoram) vermehrt Ausbrüche.

Reisebedingung 1:
Reise durch das Landesinnere unter einfachen Bedingungen (Rucksack-/Trecking-/Individualreise) mit einfachen Quartieren/Hotels; Camping-Reisen, Langzeitaufenthalte, praktische Tätigkeit im Gesundheits- oder Sozialwesen, enger Kontakt zur einheimische Bevölkerung wahrscheinlich.

Reisebedingung 2:
Aufenthalt in Städten oder touristischen Zentren mit (organisierten) Ausflügen ins Landesinnere (Pauschalreise, Unterkunft und Verpflegung in Hotels bzw. Restaurants mittleren bis gehobenen Standards).

Reisebedingung 3:
Aufenthalt ausschließlich in Großstädten oder Touristikzentren (Unterkunft und Verpflegung in Hotels bzw. Restaurants gehobenen bzw. europäischen Standards).

Wichtiger Hinweis

Welche Impfungen letztendlich vorzunehmen sind, ist abhängig vom aktuellen Infektionsrisiko vor Ort, von der Art und Dauer der geplanten Reise, vom Gesundheitszustand sowie dem eventuell noch vorhandenen Impfschutz des Reisenden.

Da im Einzelfall unterschiedlichste Aspekte zu berücksichtigen sind, empfiehlt es sich immer, rechtzeitig (etwa 4 bis 6 Wochen) vor der Reise eine persönliche Reise-Gesundheits-Beratung bei einem reisemedizinisch erfahrenen Arzt oder Apotheker in Anspruch zu nehmen.

Unter www.travelmed.de finden Sie Adressen von
- Apotheken mit qualifizierter Reise-Gesundheits-Beratung (nach Postleitzahlgebieten).
- Impfstellen und Ärzten mit Spezialsprechstunde Reisemedizin (nach Postleitzahlgebieten).
- Abruf eines persönlichen Gesundheitsvorsorge-Briefes für die geplante Reise.

MALARIA

Malaria-Risiko: ganzjährig mit saisonalen Schwankungen.
Übertragungsrisiko abhängig von Ökologie und Klima, speziell betroffen sind ländliche Regionen während und kurz nach Regenperioden. Der Monsunregen zieht zwischen Mai und November von SW nach NO über das Land und dauert jeweils 3–4 Monate; im S gibt es meist eine 2. Regenzeit zwischen Okt. und Dez.

- **Mittleres Risiko** (höher in der Regenzeit, geringer in der Trockenzeit) in den zentralen Landesteilen, im N im Regenwaldgürtel entlang der nepalesischen Grenze (Terai), sowie auf den Andamanen und Nikobaren; relativ am höchsten mit hohem Anteil von P.falciparum ist das Risiko im Hügelland von Orissa und in den tiefer gelegenen Gebieten der Bundesstaaten im NO (nördlich und östlich von Bangladesh);
- **Geringes Risiko** (höher in der Regenzeit, geringer in der Trockenzeit) im Norden entlang des Ganges (Teile von Uttar Pradesh, Bihar und östliches West-Bengal), im NW (Rajasthan), an der Westküste einschließlich Goa, im S südlich der Linie Madras – Goa (gesamtes Kerala, Tamil Nadu, der W von Karnataka, der SO von Andhra Pradesh);
- In den Stadtgebieten ist mit einem geringen Risiko in der Regenzeit zu rechnen, 2009 und 2010 kam es zu Ausbrüchen von Malaria tropica u.a. in Mumbai und Hyderabad;
- **Malariafrei** sind die Höhenlagen oberhalb 2.000 m von Jammu und Kashmir, Himachal Pradesh, Sikkim, Arunachal Pradesh sowie die Lakkadiven.

VORBEUGUNG

Ein konsequenter **Mückenschutz** in den Abend- und Nachtstunden verringert das Malariarisiko erheblich (Expositionsprophylaxe). Ergänzend ist die Mitnahme von Anti-Malaria-Medikamenten zur notfallmäßigen Selbstbehandlung (Stand-by-Behandlung) zu empfehlen. Zu Art und Dauer der Behandlung fragen Sie Ihren Arzt oder Apotheker bzw. informieren Sie sich in einer qualifizierten reisemedizinischen Beratungsstelle. Malariamittel sind verschreibungspflichtig.

Die wichtigsten Maßnahmen sind:

- In der Dämmerung und nachts Aufenthalt in mückengeschützten Räumen (Räume mit Aircondition, Mücken fliegen nicht vom Warmen ins Kalte).
- Beim Aufenthalt im Freien in Malariagebieten abends und nachts weitgehend körperbedeckende Kleidung (lange Ärmel, lange Hosen).
- Anwendung von insektenabwehrenden Mitteln an unbedeckten Hautstellen (Wade, Handgelenke, Nacken). Wirkungsdauer ca. 2–4 Std.
- Im Wohnbereich Anwendung von insektenabtötenden Mitteln in Form von Aerosolen, Verdampfern, Kerzen, Räucherspiralen.
- Schlafen unter dem Moskitonetz (vor allem in Hochrisikogebieten).

AKTUELLE MELDUNGEN

Darminfektionen: Risiko für Durchfallerkrankungen landesweit. Mit Cholera ist regional zu rechnen. Typhus, Paratyphus sowie die oral übertragenen Formen der Hepatitis treten im ganzen Land regelmäßig auf. Milzbrand kommt sowohl in der cutanen wie in der intestinalen Form immer wieder bei Einheimischen vor. Hygiene und Impfschutz (Typhus) beachten.

Malaria: Von Jahresbeginn bis Ende Juni wurden landesweit 328.638 Fälle registriert, der Anteil an Erkrankungen durch Plasmodium falciparum ist hoch (178.137 bzw. 54 %). Auch in großen Städten (Delhi, Mumbai) ist ein guter Mückenschutz wichtig, da in Indien nicht nur im ländlichen Bereich Malaria-Erkrankungen auftreten. In ganz Indien sank die Zahl der bestätigten Malaria-Fälle/Jahr von ca. 2. Mio. im Jahr 2000 auf ca. 1,6 Mio. im Jahr 2010 ab, die Zahl der malariabedingten Todesfälle stieg leicht an. In ganz Indien wurden im vergangenen Jahr offiziell etwa 1.278.760 Fälle bestätigt. Mindestens 463 Menschen sind an der Erkrankung verstorben. Es ist davon auszugehen, dass die tatsächlichen Fallzahlen mehrfach höher sind. Mit der ab Juni im Land beginnenden Monsunzeit wird es zu einer weiteren Zunahme der Fallzahlen kommen und damit steigt natürlich auch das Risiko für Reisende, sich zu infizieren. Sehr guter Mückenschutz ist daher immer zu beachten, die Mitnahme einer Notfallmedikation (standby-Therapie) in der Regel sinnvoll und je nach Ausbruchslage und Risikoprofil auch eine Chemoprophylaxe zu diskutieren.

Poliomyelitis: Mitte März hat die WHO Indien von der Liste der polioendemischen Länder gestrichen. Der einzige im Jahr 2011 in Indien registrierte Fall trat im Januar in West Bengal auf. 2010 traten in Indien noch 42, 2009 noch 741 Erkrankungen auf. Hygiene und Impfschutz weiterhin beachten.

Tollwut: Indien gehört weltweit zu den Ländern mit den höchsten Fallzahlen bei Tieren und Menschen. Hauptüberträger ist der (streunende) Hund. Betroffen sind auch die Großstädte. Bei verdächtigen Tierkontakten sofort Arzt aufsuchen und auf Verwendung moderner Gewebekultur-Impfstoffe achten. Eine vorbeugende Impfung ist für alle Reisenden empfehlenswert.

Chikungunya, Dengue: Beide grippeähnlichen Erkrankungen kommen in Indien regelmäßig vor. Während es DEN in Indien schon immer gab, führte CHIC in den letzten Jahren zu größeren regionalen Ausbrüchen. Schutz vor tagaktiven Überträgermücken (Aedes-Arten) beachten.

Glossar

Geografische Begriffe finden sich im Kap. „Land und Leute: Geografie", Bezeichnungen für Speisen und Getränke unter „Praktische Reisetipps A–Z: Essen und Trinken".

Adivasi: die heute ca. 60 Mio. Ureinwohner Indiens, z.T. noch in Stammesgemeinschaften lebend, trotz staatlicher Fördermaßnahmen unterprivilegiert
Apsaras: himmlische Nymphen
Ashram: religiös fundierte Lebesgemeinschaft, in der eine als heilig verehrte Persönlichkeit ihre Schüler unterrichtet
Ayurveda: wörtl. „Wissenschaft vom langen Leben"; indische Medizin, eine alte Heilkunde, die sich nur pflanzlicher und mineralischer Produkte bedient
Baba: „Väterchen", ehrende Anrede, die vor allem gegenüber Amtspersonen, Älteren und Fremden verwandt wird
Bagh: Park
Bakshish: Trinkgeld, Almosen
Beedi: dünne Zigarette, aus einem zusammengerollten Blatt eines Strauches mit einer Füllung aus kleingehacktem Tabak
Betel: Kaumixtur aus dem Blatt des Betelbaumes, dem kleingehackten Samen der Areka-Palme, einer Kalkpaste sowie Gewürzen und anderen Zutaten
Bhagavadgita: wörtl. „Das göttliche Lied", wichtigstes religiöses Lehrbuch des Hinduismus, welches in das Mahabharata-Epos eingefügt ist
Bhakti: Gottesliebe, vertrauensvolle Hingabe an die Erlösergabe eines Gottes, Erlösungsweg der Bhagavadgita
Bhawan: Haus, Palast
Bowry, Baori: Brunnen
Brahma: Schöpfergott, zusammen mit Vishnu und Shiva gehört er zu den drei bedeutendsten Göttern des Hinduismus.
Brahman: Weltenseele. Alles Leben inklusive der Götter ist aus dem Brahman hervorgegangen.
Brahmane: Priester, Angehöriger der obersten Kaste.
Burj: Turm
Cakra: wörtl. „Scheibe, Rad", in der hinduistischen Mythologie Symbol für die göttliche Weltordnung (Dharma), deren Hüter Vishnu ist; eines seiner Attribute
Chattri: Totengedenkstätte in Form eines offenen Schreins, pfeilertragender Baldachin
Chowk: Prachtstraße
Crore: zehn Millionen
Dargarh: Schrein eines Muslimheiligen
Darwaza: Tor, Torweg
Devadasi: Tempeltänzerin
Devanagari: Schrift der Hindi-Sprache und des Sanskrit
Dharamsala: Pilgerherberge
Dharma: Weltgesetz, allgemein verbindliche kosmisch-ethische Ordnung, an die sich jedes Lebewesen zu halten hat
Dhobi: Wäscher
Dhoti: traditionelles Beinkleid der Männer
Diwan-i-Am: öffentliche Audienzhalle am Moghul-Hof
Diwan-i-Khas: private Empfangshalle des Moghul-Kaisers
Drawiden: Die nicht indoarische Urbevölkerung des indischen Subkontinents
East India Company: britische Handelskompanie mit Monopol für den Indienhandel, gegr. 1600. Betrieb die Kolonialisierung Indiens, bevor das Land 1857 direkt der britischen Krone unterstellt wurde.
Ganesha: hinduistischer Gott mit Elefantenkopf, Sohn Shivas
Ganja: Marihuana (Hanf, Cannabis)
Garh: Fort, Tempel
Garuda: Sonnenvogel, Reittier Vishnus
Ghat: Treppenstufen, die zu einem Fluss, Teich oder See hinabführen und an denen gewaschen wird, Verbrennungszeremonien oder Kulthandlungen stattfinden. Außerdem Bezeichnung für ein Gebirge.
Gopi: Kuhhirtin, Gespielin Krishnas
Guru: Lehrmeister (Sanskrit), nicht nur spiritueller Lehrer, sondern Lehrmeister jedweder Art
Hanuman: Affengeneral aus dem Ramayana, Verbündeter Ramas
Harijan: „Kinder Gottes", Begriff, der den Kastenlosen von Gandhi verliehen wurde, um sie auch sprachlich aufzuwerten
Hauda, Howdah: Elefantensitz
Haveli: Meist reich geschmücktes und verziertes, um einen oder mehrere Innenhöfe angelegtes Handelshaus in Rajasthan
Jami Masjid: Große oder Freitags-Moschee

Jauhar: Kollektiver Selbstmordritus der von übermächtigen Feinden umgebenen Rajputen, die damit der Schmach einer Gefangennahme zuvorkommen wollten
Jaya: Sieg
Kali: furchterregende Erscheinungsform der Parvati, Ehefrau Shivas
Karma: einer der wichtigsten Glaubensgrundsätze des Hinduismus, wonach die Summe aller Taten im jetzigen Leben das Schicksal und die Kastenzugehörigkeit im nächsten Leben bestimmen
Krishna: achte Inkarnation Vishnus, meist als Kind oder flötenspielender Hirtengott dargestellt
Kuli: Tagelöhner, Gepäckträger
Kund: Tempelteich
Lakh: 100.000
Lakshmi: hinduistische Göttin für Wohlstand und Glück.
Lingam: Phallus, Symbol Shivas und der männlichen Energie
Mahabharata: größtes indische Heldenepos mit mehr als 100.000 Doppelversen, beschreibt den Kampf zweier befeindeter Stämme, mit vielen eingeschalteten Erzählungen wie der Bhagavadgita.
Mahal: Palast
Maharaja: Herrscher über ein Fürstentum
Maharani: Gemahlin des Maharaja
Mahout: Elefantenführer
Maidan: Grünfläche in einer Stadt
Mandir: Tempel
Masjid: Moschee
Mela: Fest, Messe, Jahrmarkt
Moksha: Erlösung
Nandi: Stier, Shivas Reittier
Nawab: Herrschertitel eines muslimischen Fürsten, vergleichbar mit dem des Maharaja
Niwas: Haus
Parvati: hinduistische Göttin, wohlwollende Erscheinungsform der Gattin Shivas
Puja: religiöse Zeremonie, verbunden mit Gebeten und Opfergaben
Rai: lokaler Herrscher niederen Ranges
Raj: Herrschaft
Ramayana: eines der beliebtesten und mit 24.000 Doppelversen umfangreichsten Heldenepen des Hinduismus, in dessen Mittelpunkt Rama steht, der seine Frau Sita aus den Klauen des Dämonen Ravana befreit
Rupie: indische Währungseinheit, zum ersten Mal 1542 unter der Herrschaft *Sher Khans* in Nordindien geprägt
Sadhu: wandernder Asket oder Einsiedler
Sagar: künstlich angelegter See
Sanskrit: Priester- und Gelehrtensprache, Grundlage aller heute in Nordindien gesprochenen Sprachen. Alle wichtigen Hindu-Schriften sind in Sanskrit verfasst.
Sati: Gattin Shivas. Verbrannte sich selbst, weil ihr Vater es versäumt hatte, ihren Gatten zu einem Opferfest einzuladen. Vorbild für Frauen im Hinduismus, die sich nach dem Tod ihres Ehemannes auf dem Scheiterhaufen verbrennen ließen und so zur „Sati" wurden.
Sepoy: heute nicht mehr gebräuchlicher Begriff für indische Soldaten
Shikara: Turm eines nordindischen Tempels
Shiva: hinduistischer Gott der Zerstörung und Erneuerung, erkennbar an seinem Haarknoten
Sufi: Islamischer Mystiker
Tilak, Tika: zwischen den Augen mit Farbe aufgetragenes Stirnmal, kann ein Zeichen für Kasten- und Sektenzugehörigkeit sein, ist heute jedoch meist eher ein schmückendes Mal ohne weitere Bedeutung.
Tirthankara: einer der 24 „Furtbereiter" des Jainismus
Tonga: zweirädrige Pferdedroschke zur Personenbeförderung
Torana: wörtl. „Tor", meint nicht nur das eigentliche Eingangstor, sondern den gesamten Eingangsbereich mit dem figürlichen und ornamentalen Schmuck
Trimurti: Bezeichnung der drei höchsten hinduistischen Götter Brahma, Vishnu und Shiva
Vahana: Reit- bzw. Tragtier einer hinduistischen Gottheit
Veden: wörtl. „Heiliges Wissen". Die ältesten heiligen Schriften Indiens unterteilen sich in vier Texte (als wichtigster die Rigveda), die im ersten Jahrtausend von unbekannten Autoren verfasst wurden.
Vilas: Haus, Palast
Vishnu: wichtiger hinduistischer Gott, Welterhalter. Wichtige Inkarnationen sind Rama und Krishna.
Yoni: weibliches Geschlechtsteil, Symbol Parvatis, der Frau Shivas, und der weiblichen Energie

Literaturtipps

- *Abt, Otto:* **Von Liebe und Macht. Das Mahabharata:** das Weltepos aus Indien in einer gelungenen Neuerzählung.
- *Altmann, Andreas:* **Notbremse nicht zu früh ziehen – Von Bettlern und Businessmen, Heiligen und Huren:** herrlich subjektiv, witzig, informativ, nie voreingenommen, immer neugierig erzählt der schreibende Globetrotter seine Begegnungen mit Indern während einer Zugfahrt durch Indien.
- *Behr, Hans-Georg:* **Die Moguln;** Standardwerk zur Geschichte des aus Afghanistan stammenden Herrschergeschlechtes.
- *Clermont, Lothar:* **Jainismus.** Textlich wie fotografisch ausgezeichnetes Buch zum Jainismus und den Tempeln in Mount Abu und Ranakpur.
- *Collins, Larry/Lapiere, Dominique;* **Gandhi – Um Mitternacht die Freiheit:** Musterbeispiel eines gelungenen historischen Romans, in dem Indiens Weg in die Unabhängigkeit ebenso spannend wie kenntnisreich geschildert wird. Unter seinem Originaltitel „Freedom at Midnight" ist das Buch in den meisten Buchläden Indiens erhältlich.
- *Cooper, Illay:* **The painted towns of Shekawati.** Einer der ausführlichsten Führer über die Region der bemalten Havelis im Nordwesten Indiens.
- *Dubois, Abbé Jean Antoine:* **„Leben und Riten der Inder",** Reise Know-How Verlag, Bielefeld. Eine Landesbeschreibung von 1807. Der Klassiker wurde erstmalig ins Deutsche übersetzt.
- *Gunturu, Vanamali:* **Hinduismus.** Einführung in die komplexe Religion.
- ders.: **Das Kaleidoskop des Lebens:** eine Sammlung von Kurzgeschichten, die zum großen Teil in einem Mietshaus namens *Firozsha Baag* im Zentrum Mumbais spielen. Die BewohnerInnen des Gebäudes werden mit viel Empathie dargestellt und durch ihr Auftauchen in unterschiedlichen Geschichten werden diese zu einem abgerundeten Ganzen vernetzt.
- *Hörig, Rainer;* **Indien ist anders** und **Selbst die Götter haben uns beraubt:** Zwei ebenso unausgewogene wie hervorragende politische Reisebücher, welche v.a. die Vergessenen und Entrechteten der Gesellschaft wie die Ureinwohner, Unberührbare und Frauen zu Wort kommen lassen.
- *Kade-Luthra, Veena* (Hrsg.); **Sehnsucht nach Indien.** Ein Lesebuch von Goethe bis Grass: Anhand von Textausschnitten geht die Herausgeberin den Gründen für die seit Jahrhunderten besonders bei deutschen Philosophen und Literaten zu konstatierende Indiensehnsucht nach.
- *Kipling, Rudyard;* **Kim:** Der Roman des englischen Autors, der die meiste Zeit seines Lebens in Indien verbrachte, wurde lange Zeit von der Literaturkritik als Plädoyer zugunsten der englischen Kolonialherrschaft abgelehnt. Inzwischen gilt die Geschichte des irischen Waisen Kim und des tibetanischen Mönchsjungen Tashoo Lama als am besten gelungenes Werk Kiplings, welches die unterschiedlichen Lebensphilosophien der beiden Hauptdarsteller, die als Repräsentanten ihrer Kulturen agieren, zum Mittelpunkt hat.
- *Klein, Stefan:* **Heilige Kühe und Computerchips:** Reportagen, die die unterschiedlichsten Facetten des indischen Lebens beleuchten.
- *Krack, Rainer;* **Hindi – Wort für Wort,** Reise Know-How Verlag, Bielefeld, aus der Kauderwelsch-Reihe. Die handlichen Sprechführer bieten eine auf das Wesentliche reduzierte Grammatik und viele Beispielsätze für den Reisealltag. In der gleichen Reihe erschienen: **Gujarati – Wort für Wort, Marathi – Wort für Wort, Bengali – Wort für Wort** sowie **Englisch für Indien** und **Hindi für Bollywoodfans.** Begleitkassetten oder Audio-CDs als **AusspracheTrainer** sind zu allen Büchern erhältlich. Einige der Bände gibt es als **Kauderwelsch digital** auf CD-ROM.
- *Krack, Rainer;* **KulturSchock Indien,** Reise Know-How Verlag, Bielefeld: Das Buch des Verfassers zahlreicher Reisehandbücher über asiatische Länder und jahrelangen Indienkenners empfiehlt sich als handliche Reiselektüre für all jene, die mehr über das indische Alltagsleben erfahren möchten. Behandelt werden u.a. Themen wie die Bedeutung der Großfamilie, Aberglaube, Sexualität, der Gegensatz von Stadt- und Landleben oder Eunuchen in Indien.
- *Krack, Rainer;* **Hinduismus erleben,** aus der Praxis-Reihe des Reise Know-How Verlages.

• *Mistry, Rohinton:* **Vom Gleichgewicht der Welt:** ein großartiges Buch des in Kanada lebenden Autors, der für sein Epos mit zahlreichen internationalen Literaturpreisen ausgezeichnet wurde. Das Gleichgewicht der Welt lässt den indischen Subkontinent vor den Augen des Lesers entstehen – und es ist ein gewaltiges wie auch gewaltsames Bild einer Gesellschaft, die nur auf den ersten Blick fremd erscheint.

• *Naipaul, V.S.;* **Indien. Ein Land in Aufruhr:** Kein anderer Schriftsteller hat seine Hassliebe zu Indien in derart faszinierender und erhellender Weise zu Papier gebracht wie der in Trinidad geborene Sohn indischer Eltern. Auch dieses Buch Naipauls, welches eine Mischung zwischen einem politischen Reisebuch und einer unkonventionellen soziologischen Analyse ist, hat wieder die Frage nach der Identität Indiens zum Mittelpunkt. Seine Stärke liegt nicht zuletzt darin, dass Naipaul nicht der Versuchung erliegt, das chaotische Neben- und Durcheinander der politischen, kulturellen und religiösen Sub-Identitäten des Landes künstlich zu einem Ganzen zusammenzuschweißen.

• *Rothermund, Dietmar;* **Indische Geschichte in Grundzügen:** Dem bekannten Heidelberger Indologen ist es gelungen, die ereignisreiche und komplexe indische Geschichte auf 150 Seiten zusammenzufassen. Der Zwang zur Komprimierung geht allerdings zu Lasten der alten und der mittleren Geschichte, während die Neuzeit, speziell die Kolonialgeschichte recht ausführlich analysiert wird.

• *Roy, Arundhati:* **Das Ende der Illusion:** die weltberühmte Autorin als engagierte Kämpferin für die Unterdrückten und ausgebeuteten der indischen Atom- und Großmachtpolitik.

• dies.: **Der Gott der kleinen Dinge:** aufsehenerregendes Erstlingswerk der jungen, aus Südindien stammenden Autorin, in dem sie das Kastensystem und die Unterdrückung der Frau in der indischen Gesellschaft anprangert.

• *Rushdie, Salman:* **Des Mauren letzter Seufzer.** Dieser vielschichtige Roman des ebenso berühmten wie umstrittenen Autors der „Satanischen Verse" verwebt auf faszinierende Weise mehrere Generationen einer in Indien lebenden jüdisch-christlichen Gemeinde mit der indischen Geschichte.

• *Schimmel, Annemarie:* **Die schönsten Gedichte aus Pakistan und Indien:** Die international renomierte Orientalistin legt eine umfassende Auswahl von Gedichten vor, die sie selbst übersetzt und mit erklärenden Kommentaren versehen hat.

• *Suri, Manil:* **Vishnus Tod:** Der Debütroman des in den USA lebenden indischen Mathematikers wurde weltweit als literarische Sensation gefeiert. Suri erzählt die Geschichte des alten Vishnu, der auf dem Treppenabsatz eines Mietshauses in Bombay lebt und langsam dem Ende seines irdischen Daseins entgegendämmert. Die Hausbewohner, denen er stets zu Diensten war, streiten, wer die Kosten für einen Krankenwagen übernehmen soll. Derweil wandert Vishnu noch einmal durch sein Leben.

• *Tharoor, Shashi:* **Der große Roman Indiens:** Der indisch-amerikanische Autor beschreibt in seinem Roman die vielschichtigen Probleme des Subkontinents. Die Bedeutung von Tradition und Religion im alltäglichen Leben werden auf unterhaltsame, manchmal parodistische Weise dargestellt.

• Ders.: **Indien – Zwischen Mythos und Moderne:** Sachbuch, in welchem der Autor die großen Umwälzungen der jüngeren indischen Geschichte erläutert. Gleichzeitig ein flammendes Plädoyer für den Säkularismus als entscheidender Grundlage für ein einiges, demokratisches und friedliches Indien.

• *Trojanow, Ilija:* **Der Sadhu an der Teufelswand:** Weniger subjektiv und „frech" wie Altmann (s.o.), dafür sehr informativ, zeichnet der vielfach ausgezeichnete Trojanow in seinen zahlreichen Reportagen ein spannendes Porträt vom Indien zwischen Tradition und Modernite.

• *Zimmer, Heinrich:* **Indische Mythen und Symbole:** Beschreibung der indischen Mythologie und Götterwelt. Viele Legenden beschrieben und erläutert.

• Ders.: **Philosophie und Religion Indiens:** das Standardwerk zu diesem Thema. Es geht nicht nur um die östliche Philosophie, sondern auch um ihre Beziehung zur abendländischen.

HILFE!

Dieses Reisehandbuch ist gespickt mit unzähligen Adressen, Preisen, Tipps und Infos. Nur vor Ort kann überprüft werden, was noch stimmt, was sich verändert hat, ob Preise gestiegen oder gefallen sind, ob ein Hotel, ein Restaurant immer noch empfehlenswert ist oder nicht mehr, ob ein Ziel noch oder jetzt erreichbar ist, ob es eine lohnende Alternative gibt usw.

Unsere Autoren sind zwar stetig unterwegs und versuchen, alle zwei Jahre eine komplette Aktualisierung zu erstellen, aber auf die Mithilfe von Reisenden können sie nicht verzichten.

Darum: Schreiben Sie uns, was sich geändert hat, was besser sein könnte, was gestrichen bzw. ergänzt werden soll. Nur so bleibt dieses Buch immer aktuell und zuverlässig. Wenn sich die Infos direkt auf das Buch beziehen, würde die Seitenangabe uns die Arbeit sehr erleichtern. Gut verwertbare Informationen belohnt der Verlag mit einem Sprechführer Ihrer Wahl aus der über 220 Bände umfassenden Reihe „Kauderwelsch" (siehe unten).

Bitte schreiben Sie an:

REISE KNOW-HOW Verlag Peter Rump GmbH, Postfach 140666, D-33626 Bielefeld,
oder per E-Mail an: info@reise-know-how.de

Danke!

Kauderwelsch-Sprechführer –
sprechen und verstehen rund um den Globus

Afrikaans • Albanisch • Amerikanisch – *American Slang, More American Slang,* Amerikanisch oder Britisch? • Amharisch • Arabisch – Hocharabisch, für Ägypten, Algerien, Golfstaaten, Irak, Jemen, Marokko, • Palästina & Syrien, Sudan, Tunesien • Armenisch • *Bairisch* • Balinesisch • Baskisch • Bengali • *Berlinerisch* • Brasilianisch • Bulgarisch • Burmesisch • Cebuano • Chinesisch – Hochchinesisch, kulinarisch • Dänisch • Deutsch *Allemand, Almanca, Duits, German, Nemjetzkii, Tedesco* • *Elsässisch* • Englisch – *British Slang, Australian Slang, Canadian Slang, Neuseeland Slang,* für Australien, für Indien • Färöisch • Esperanto • Estnisch • Finnisch • Französisch – kulinarisch, für den Senegal, für Tunesien, *Französisch Slang, Franko-Kanadisch* • Galicisch • Georgisch • Griechisch • Guarani • Gujarati • Hausa • Hebräisch • Hieroglyphisch • Hindi • Indonesisch • Irisch-Gälisch • Isländisch • Italienisch – *Italienisch Slang,* für Opernfans, kulinarisch • Japanisch • Javanisch • Jiddisch • Kantonesisch • Kasachisch • Katalanisch • Khmer • Kirgisisch • Kisuaheli • Kinyarwanda • *Kölsch* • Koreanisch • Kreol für Trinidad & Tobago • Kroatisch • Kurdisch • Laotisch • Lettisch • Lëtzebuergesch • Lingala • Litauisch • Madagassisch • Mazedonisch • Malaiisch • Mallorquinisch • Maltesisch • Mandinka • Marathi • Modernes Latein • Mongolisch • Nepali • Niederländisch – *Niederländisch Slang,* Flämisch • Norwegisch • Paschto • Patois • Persisch • Pidgin-English • *Plattdüütsch* • Polnisch • Portugiesisch • Punjabi • Quechua • *Ruhrdeutsch* • Rumänisch • Russisch • *Sächsisch* • *Schwäbisch* • Schwedisch • *Schwiizertüütsch* • *Scots* • Serbisch • Singhalesisch • Sizilianisch • Slowakisch • Slowenisch • Spanisch – *Spanisch Slang,* für Lateinamerika, für Argentinien, Chile, Costa Rica, Cuba, Dominikanische Republik, Ecuador, Guatemala, Honduras, Mexiko, Nicaragua, Panama, Peru, Venezuela, kulinarisch • Tadschikisch • Tagalog • Tamil • Tatarisch • Thai • Tibetisch • Tschechisch • Türkisch • Twi • Ukrainisch • Ungarisch • Urdu • Usbekisch • Vietnamesisch • Walisisch • Weißrussisch • *Wienerisch* • Wolof • Xhosa

Anhang

Wichtige Bahnverbindungen

Erläuterung

Der **fett gedruckte Ort** ist jeweils der Abfahrtsort. Um eine Verbindung zwischen zwei Städten ausfindig zu machen, sollte man nicht nur den jeweiligen Ausgangs- und Zielbahnhof beachten, sondern auch bei den Bemerkungen nachschauen, wodurch sich weitere Zielorte zeigen oder möglicherweise eine für den jeweiligen Bedarf angenehmere und bessere Verbindung findet.

Abu Road	Abfahrt	Ankunft	Zugbezeichnung, Bemerkungen
Bikaner	4:31	15:35	14708 Ranakpur Exp., über Marwar (an 7:41), Jodhpur (9:55), Nagaur (12:31), Deshnok (14:41)
Delhi	22:05	10:10	12915 Ashram Exp., über Ajmer (an 2:18), Jaipur (4:30), Alwar (6:36)
Jaipur	10:02	18:45	19707 Aravali Exp., über Ajmer (an 16:13)
Jodhpur	15:22	20:00	19223 Ahmedabad Jammu Tawi Exp., weiter nach Deshnok (an 0:30), Bikaner (1:45)
Mumbai	17:10	6:45	19708 Aravali Exp., über Ahmedabad (an 22:10), Vadodara (0:25), Ank. in Bandra, weitere Verbindungen

Agra	Abfahrt	Ankunft	Zugbezeichnung, Bemerkungen
Delhi	7:35	11:40	12192 Mahakaushal Exp., über Mathura (an 8:30 Uhr), weitere Verb.
Delhi	20:30	22:30	12001 Ndls Shatabdi Exp., über Mathura (an 21:03 Uhr)
Jodhpur	6:20	17:00	14853/14863 Marudhar Exp., tgl. außer Do, über Bharatpur (an 7:13), Jaipur (11:15), Kuchaman (13:20), Start am Agra Fort Bhf.
Jodhpur	20:10	6:00	12307 Howrah Jodhpur Exp., über Bharatpur (an 21:14), Jaipur (0:05), Start am Agra Fort Bhf., von Merta Rd. als 22307 statt Ziel Jodhpur nach Nagaur, Deshnok und Bikaner
Mumbai	8:55	7:35	12138 Punjab Mail
Udaipur	17:40	6:10	12965 Kurj Udz Sup. Exp., tgl außer Do, über Bharatpur (an 19:00), Mandawar (20:12), Jaipur (22:20), Ajmer (0:40), Chittorgarh (3:50)

Ajmer	Abfahrt	Ankunft	Zugbezeichnung, Bemerkungen
Abu Rd.	11:25	17:00	19708 Aravali Exp., weiter über Vadodara und Ahmedabad bis Mumbai (Ank. in Bandra um 6:45)
Agra	3:50	11:05	12966 Udz Kurj Sup Exp., über Jaipur (an 6:00), Bharatpur (9:11), weiter bis Khajuraho
Delhi	15:50	22:40	12016 Shatabdi Exp., über Jaipur (an 17:45), Gurgaon (21:40)
Delhi	20:50	5:46	19105 Ahmedabad Delhi Mail, über Jaipur (an 23:00), Gurgaon (4:01), mehrere weitere Verbindungen
Jaipur	15:25	17:25	09720 All Jaipur Exp., viele weitere Verbindungen
Jodhpur	14:30	19:30	54802 All Ju Fast Passenger, über Marwar (an 16:55)
Mumbai	20:30	14:35	22996 All BCT Superfast Exp., Di, Do, Sa, über Chittorgarh (an 23:30)
Udaipur	0:50	6:10	12965 Kurj Udz Sup Exp., über Chittorgarh (an 3:50 Uhr)

Alwar	Abfahrt	Ankunft	Zugbezeichnung, Bemerkungen
Ajmer	8:40	12:40	12015 Shatabdi Exp., über Jaipur (an 10:30)
Delhi	6:38	10:10	12915 Ashram Exp.
Delhi	18:40	21:55	12413 All Jammu Exp., viele weitere Verbindungen
Jaipur	7:15	10:00	12414 Jammu All Exp., weiter bis Ajmer
Jodhpur	23:56	7:30	12461 Mandore Exp., über Jaipur (an 2:10), Kuchaman (4:00)

Bharatpur	Abfahrt	Ankunft	Zugbezeichnung, Bemerkungen
Agra	9:13	11:05	12966 Udz Kurj Sup Exp.
Ajmer	6:10	11:45	12195 AF All Exp., über Jaipur (an 9:30), mehrere weitere Verb.
Delhi	6:15	10:40	12925 Paschim Exp., über Mathura (an 7:45), weiter bis Amritsar

Jodhpur	7:15	17:00	14853/14863/14865 Marudhar Exp., über Jaipur (an 11:15), Kuchaman (13:19), Merta Rd (14:51)
Mumbai	10:45	5:35	12904 Golden Temple Mail, über Sawai Madhopur (Ranthambore), Kota (14:25), Vadodara (23:12)
Udaipur	21:42	7:20	12963 Mewar Exp., über Sawai Madhopur (an 23:48), Kota (an 1:10), Chittorgarh (4:45)

Bikaner	Abfahrt	Ankunft	Zugbezeichnung, Bemerkungen
Agra	18:45	6:15	22308 Bikaner Howrah Superfast, über Deshnok (an 13:13), Nagaur (20:47), Merta Rd (21:50), Kuchaman (23:50), Jaipur (an 2:00), Bharatpur (4:50), weiter bis Kolkata
Delhi	9:15	17:25	22471 Delhi Bikaner Intercity Exp., Ank. in Delhi Sarai Rohilla, über Churu (an 12:10), Loharu (14:12)
Jaipur	6:15	12:55	12467 Bikaner Jaipur Intercity Exp., über Deshnok (an 7:13), Nagaur (8:00), Merta Rd. (9:00), Kuchaman (10:50)
Jaisalmer	22:35	4:30	14702 Bikaner Jaisalmer Exp.
Jodhpur	9:30	14:30	14707 Ranakpur Exp., über Deshnok (an 9:53), Nagaur (11:13), weiter nach Abu Rd. (an 19:57) und Mumbai (Bandra, an 10:55)
Kota	22:35	9:35	09733 Hanumangarh Kota Special, über Nagaur (an 0:15), Jaipur (5:15), weiter bis Kota (an 9:30)

Chittorgarh	Abfahrt	Ankunft	Zugbezeichnung, Bemerkungen
Delhi	20:30	6:35	12964 Mewar Exp., Ank. in Nizamuddin, über Bundi (an 22:40), Kota (23:40), Sawai Madhopur (1:06), Bharatpur (3:17)
Mumbai	0:10	14:30	12996 Udz Bdts Superfast Exp., Di, Do, Sa, Ank. in Bandra
Udaipur	5:45	8:35	59605 Cor Udaipur Pass, viele weitere Verbindungen

Delhi	Abfahrt	Ankunft	Zugbezeichnung, Bemerkungen
Agra	6:15	8:12	12002 Bhopal Shatabdi Exp., über Mathura (an 7:32)
Agra	18:40	21:45	12616 GT Exp., über Mathura (an 20:50), viele weitere Verb.
Ajmer	6:05	12:40	12015 Ajmer Shatabdi Exp., über Alwar (an 8:40), Jaipur (10:30), mehrere weitere auch von Old Delhi
Bikaner	7:05	15:15	22472 Bikaner Intercity Exp., Abf. in Delhi Sarai Rohilla, über Churu (an 12:10)
Jaipur	5:05	10:10	04041 Dli Aii SF Sp Exp., über Alwar (an 7:52), weiter bis Ajmer
Jaipur	15:20	20:25	12916 Ashram Exp., über Alwar (an 20:53), weiter über Ajmer und Abu Rd. (an 3:40)
Jaisalmer	17:30	11:00	14659 Delhi Jaisalmer Exp., über Alwar (an 20:52), Jaipur (23:35), Jodhpur (4:45), Osian (6:08), gelegentlich verspätet
Jodhpur	20:55	7:30	12461 Mandore Exp., über Alwar (an 23:55), Jaipur (2:10)
Kota	21:55	7:15	19020 Dehra Dun Exp., über Mathura (1:35), Bharatpur (2:15), Sawai Madhopur (5:20), Start in Delhi Hazrat Nizamuddin
Mumbai	7:40	5:35	12904 Golden Temple Mail, über Bharatpur (an 10:43), Sawai Madhopur (13:03), Kota (14:30), viele weitere Verb.
Udaipur	19:05	7:20	12963 Mewar Exp., Start Delhi Hazrat Nizamuddin, über Bharatpur (21:40), Sawai Madhopur (23:48), Kota (1:10), Chittorgarh (4:45)

Jaipur	Abfahrt	Ankunft	Zugbezeichnung, Bemerkungen
Agra	6:10	11:00	12966 Udaipur Gwalior Sup Exp., weiter bis Khajuraho (19:40)
Agra	15:00	19:30	12988 Udaipur Gwalior Sup Exp., Halt in Agra Fort
Ajmer	9:00	11:15	19708 Aravalli Exp., weiter über Abu Rd (an 17:00) nach Mumbai Bandra (6:45), viele weitere Verbindungen
Bikaner	15:00	21:40	12468 Jaipur Bikaner Intercity Exp., über Kuchaman (an 16:40), Merta Rd. (18:10), Nagaur (19:20), Deshnok (20:45),
Delhi	23:15	5:05	19105 Haridwar Mail
Delhi	4:40	10:10	12915 Ashram Exp., über Alwar (an 6:36)
Jaisalmer	23:45	11:00	14659 Delhi Jaisalmer Exp., über Jodhpur (an 4:45), Osian (6:08), gelegentlich stark verspätet

Jodhpur	17:00	22:00	12465 Ranthambore Exp.
Mumbai	14:10	7:50	12956 Jaipur Mumbai Superfast, über Sawaì Madhopur (an 16:00), Kota (17:25), Halt in Mumbai Central
Sawai Madhopur	6:45	9:15	12466 Intercity Exp., über Sanganer (an 7:01)
Udaipur	22:20	6:10	12965 Khajuraho Udaipur Sup Exp., über Ajmer (an 0:40), Chittorgarh (an 3:50)

Jhunjhunu	Abfahrt	Ankunft	Zugbezeichnung, Bemerkungen
Jaipur	7:51	13:15	19736 Loharu Jaipur Intercity Exp., über Dundlodh (an 8:40), Nawalgarh (9:00), Sikar (10:00)
Jaipur	17:45	22:55	52082 Loharu Jaipur Pass., über Nawalgarh (an 19:00), Sikar (19:45)

Jodhpur	Abfahrt	Ankunft	Zugbezeichnung, Bemerkungen
Agra	20:30	6:15	12308 Jodhpur Howrah Superfast Exp., Ank. in Agra Fort, über Jaipur (an 4:50), Bharatpur (4:50), weiter bis Kolkota
Abu Rd.	14:45	19:57	14707 Ranakpur Exp., über Marwar (an 17:45), weiter bis Mumbai Bandra (10:55)
Bikaner	10:05	15:35	14708 Ranakpur Exp., über Merta Rd. (an 11:41), Nagaur (an 12:36), Deshnok (14:15)
Delhi	20:00	6:25	12462 Mandore Exp., über Merta Rd. (an 21:30), Jaipur (0:50), Alwar (3:04)
Jaipur	9:50	15:25	14854/14864/14866 Marudhar Exp., über Merta Rd. (an 11:21), Kuchaman (12:46), weiter über Bharatpur (an 18:48), Agra (21:00), Lucknow bis Varanasi (8:35)
Jaisalmer	8:30	15:30	54820 Jodhpur Jaisalmer Pass, über Osian (an 9:53)
Jaisalmer	23:45	5:30	14810 Jodhpur Jaisalmer Exp.
Kota	5:45	14:45	12466 Intercity Exp., über Osian (an 7:16), Jaipur (8:35), Sawai Madhopur (an 13:15), mehrere weitere Verb.
Mumbai	18:45	11:45	12479 Suryanagari Exp., Ank. in Bandra, über Abu Rd. (23:33)
Sawai Madhopur	5:45	13:00	2466 Intercity Exp., über Jaipur (an 10:45)

Kota	Abfahrt	Ankunft	Zugbezeichnung, Bemerkungen
Agra	14:50	21:50	19037 Avadh Exp., Mo, Mi, Do, Sa, über Sawai Madhopur (an 16:15)
Chittorgarh	9:00	12:05	29020 Dehradun Exp., über Bundi (an 9:36)
Delhi	23:55	6:30	12964 Mewar Exp., über Sawai Madhopur (an 1:06), Bharatpur (3:17), Mathura (4:25), Ank. in Hazrat Nizamuddin
Jaipur	8:50	12:50	12955 Bombay Central Jaipur Exp., über Sawai Madhopur (an 10:30), mehrere weitere Verb.
Mumbai	17:35	7:50	12956 Jaipur Bombay Central Superfast, mehrere weitere Verb.
Udaipur	1:25	7:20	12963 Mewar Exp., über Bundi (an 2:02), Chittogarh (4:45)

Mathura	Abfahrt	Ankunft	Zugbezeichnung, Bemerkungen
Agra	8:05	9:00	55337 Kasganj Mathura Pass
Agra	20:20	21:50	12404 Mathura Allahabad Exp., viele weitere Verbindungen
Delhi	5:55	9:00	64903 Mathura New Delhi Emu
Delhi	21:50	22:30	12001 New Delhi Shatabdi Exp., viele weitere Verbindungen
Udaipur	21:15	7:20	12963 Mewar Exp., über Bharatpur (an 21:40), Kota (1:10), Bundi (2:02), Chittogarh (4:45)

Udaipur	Abfahrt	Ankunft	Zugbezeichnung, Bemerkungen
Agra	22:20	11:00	12966 Udz Kurj Sup., über Chittorgarh (an 0:15), Ajmer (3:40), Jaipur (6:00), Bharatpur (9:11), weiter bis Khajuraho
Chittorgarh	17:20	19:15	12982 Chetak Exp., weiter über Ajmer bis Delhi, viele weitere Verb.
Delhi	18:15	6:35	12964 Mewar Exp., Ank. in Nizzamuddin, über Chittorgarh (an 20:30), Kota (23:40), Sawai Madhopur (1:06), Bharatpur (3:17), Mathura (4:25)
Mumbai	21:35	14:30	12996 Uds Bdts Sf Exp., Di, Do, Sa, über Chittorgarh (an 23:30), Ank. in Bandra

THÜRMER TOURS

KulturSchock

Diese Reihe vermittelt dem Besucher einer fremden Kultur wichtiges Hintergrundwissen. **Themen** wie Alltagsleben, Tradition, richtiges Verhalten, Religion, Tabus, das Verhältnis von Frau und Mann, Stadt und Land werden praxisnah auf die Situation des Reisenden ausgerichtet behandelt. Der **Zweck** der Bücher ist, den Kulturschock weitgehend abzumildern oder ihm gänzlich vorzubeugen. Damit die Begegnung unterschiedlicher Kulturen zu beidseitiger Bereicherung führt und nicht Vorurteile verfestigt. Die Bücher haben jeweils ca. 240 Seiten und sind reich illustriert.

Hier eine Auswahl:

- Carl D. Gördeler, **KulturSchock Argentinien**
- Elfi H. M. Gilissen, **KulturSchock Australien**
- Carl D. Gördeler, **KulturSchock Brasilien**
- Hanne Chen, **KulturSchock VR China, mit Taiwan**
- Jens Sobisch, **KulturSchock Cuba**
- K. Kabasci, **KulturSchock Frankreich**
- Rainer Krack, **KulturSchock Indien**
- B. David, **KulturSchock Indonesien**
- Martin Lutterjohann, **KulturSchock Japan**
- Muriel Brunswig, **KulturSchock Marokko**
- Klaus Boll, **KulturSchock Mexiko**
- Rainer Krack, **KulturSchock Mumbai (Bombay)**
- Susanne Thiel, **KulturSchock Pakistan**
- L. Deeg, S. Brammerloh, **KulturSchock Russland**
- Andreas Drouve, **KulturSchock Spanien**
- Rainer Krack, **KulturSchock Thailand**
- Manfred Ferner, **KulturSchock Türkei**
- Monika Heyder, **KulturSchock Vietnam**

REISE KNOW-HOW Verlag, Bielefeld

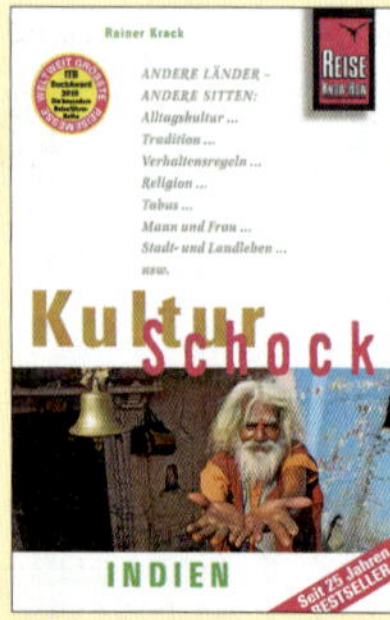

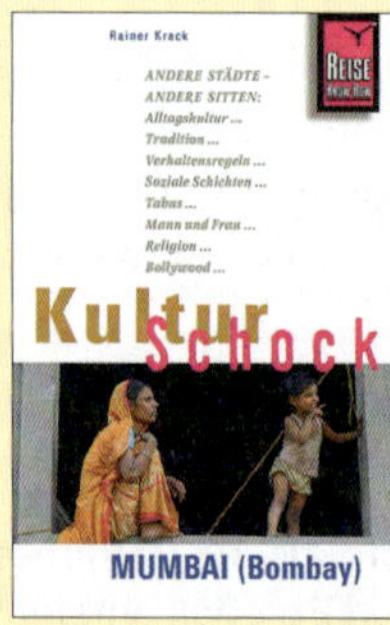

Register

Anhang

Legende zu den Ortsplänen

- Sehenswürdigkeiten
- Unterkunft
- Essen und Trinken
- Nachtleben
- Einkaufen
- Verkehr
- ★ Sehenswürdigkeit
- Museum
- Tempel
- Moschee
- Kirche
- Fort
- Theater
- Tourist-Information
- Post
- Bank
- Flughafen
- Krankenhaus
- Apotheke
- @ Internetcafé
- Kino
- Bibliothek
- Fahrradverleih

Die Autoren

Thomas Barkemeier (rechts), Jahrgang 1958, verbringt seit 1982 jedes Jahr mehrere Monate in Asien. Nach ausgedehnten Reisen in nahezu alle asiatischen Länder führte ihn der Weg 1987 zum ersten Mal nach Indien, und zwar ausgerechnet in das berühmt-berüchtigte Kalkutta.

Seither hat er mehr als vier Jahre in Indien verbracht und während der über 35.000 Kilometer, die er auf Straße und Schiene zurücklegte, fast jeden Winkel des Landes kennengelernt. Neben der einzigartigen ethnischen, kulturellen und landschaftlichen Vielfalt des Landes sind es die dem mitteleuropäischen Denken oftmals entgegengesetzten Wertvorstellungen der Inder, die ihn immer wieder aufs Neue in dieses ebenso faszinierende wie schwierige Reiseland ziehen.

Zwischen seinen Reisen führte er sein Studium der Geschichte, Politik und Philosophie zu Ende. Er arbeitet als Referent für asienspezifische Themen, Reisebuchautor sowie als Studien-Reiseleiter in Asien. Auch in Zukunft wird er sich beruflich und privat vornehmlich in seiner zweiten Heimat Asien aufhalten.

Martin Barkemeier, der Zwillingsbruder von Thomas, reist ebenfalls häufig nach Indien und führte für dieses Buch die Vor-Ort-Recherchen durch.

Im Reise Know-How Verlag erschienen von Thomas und Martin Barkemeier weiterhin die Reiseführer „Indien – der Norden mit Mumbai und Goa", „Indien – der Süden", „Kerala mit Mumbai und Madurai" sowie „Indien – die schönsten Orte und Regionen".

Danksagung

Danken möchten wir unserer Lektorin Caroline Tiemann, die mit ihrem Wissen und nimmermüden Einsatz viel zum Gelingen dieses Projektes beigetragen hat.